L'année de

1re S

W0371820

Cet ouvrage a été rédigé par une équipe de professeurs de lycée.

Français
Sophie Pailloux-Riggi
Jacqueline Turgis

Maths
Gabriel Boissière

Physique-Chimie
Sandrine Schreyeck

Sciences de la vie et de la Terre
Bernard Msihid

Histoire
Norbert Dubouis

Géographie
Gaspard Mbaye

Anglais
Nicole Gandilhon

Allemand
Fabrice Malkani

Espagnol
Sylviane Lucigny

Infographie : Vincent Landrin

Bordas

Présentation

Cet ouvrage présente le **nouveau programme** de la classe de 1re S, applicable en septembre 2011, dans toutes les matières principales.

Chaque notion est présentée sur une double page, en trois étapes.

SAVOIR Les notions principales pour chaque séance. Il s'agit de **l'essentiel** à apprendre et **à mémoriser**.

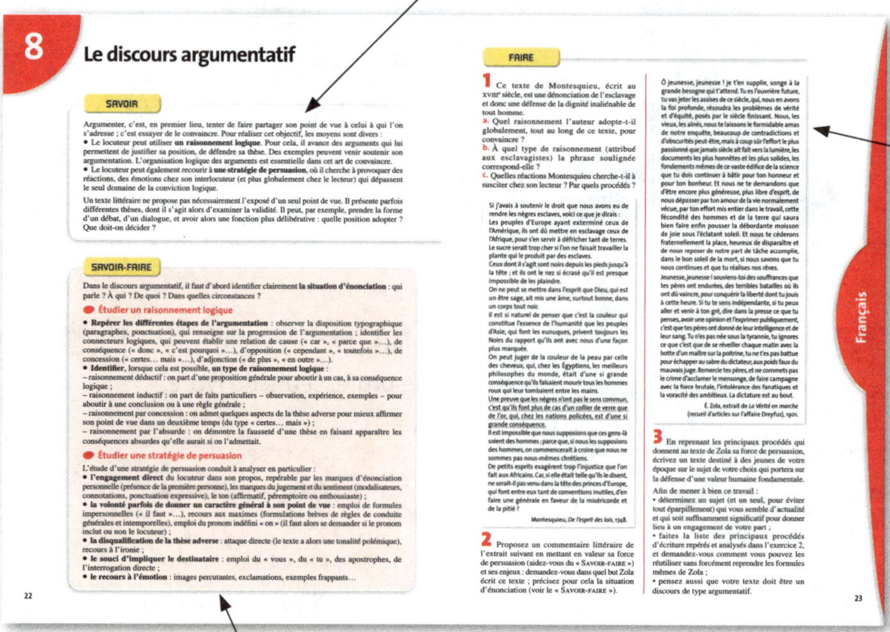

FAIRE Toute une série d'**exercices variés**. Ces exercices suivent un ordre progressif. Ils sont tous corrigés.

SAVOIR-FAIRE Dans cette rubrique, des **méthodes concrètes** pour bien comprendre ce qui vous est demandé en classe.

Adaptation de la maquette : Josiane Sayaphoum. – Mise en page : TYPAO. – Révision des textes : Régine Delay (Maths, Physique-Chimie). – Suivi éditorial : Anne Bleuzen (Français), Luce Camus (Histoire, Géographie), Patricia Kingue-Edeme (SVT), Anne Thomas-Belli (Anglais, Allemand, Espagnol). Iconographie : Clémence Zagorski. – Cartographie : Légendes cartographie.

Crédits photographiques :
p. 13 ht BIS / © Archives Larbor. – p. 13 bas BIS / Ph. Oronoz © Archives Larbor © Succession Picasso 2011. – p. 33 Amédée, où comment s'en débarrasser, mise en scène de Roger Planchon avec Roger Planchon et Colette Dompietrini au Théâtre Sylvia Montfort, le 3 mars 2009. Ph © P. Poirier/CIT'EN SCENE. – p. 121 g Ph © M.Branger/ROGER-VIOLLET. – p. 121 d © Coll KHARBINE-TAPABOR. – p. 147 ht Ph © J.Brzychy/FOTOLIA. – p. 147 bas Ph © Photlook/FOTOLIA. – p. 158 © Pr. A. S. Bajer/Coll. Archives Larbor/T. – p. 159 Ph © Carolina Biological Supply, Co/Visuals Unlimited, Inc./BSIP. – p. 193 g Ph © BSIP SGO. – p. 193 d © INRP/DR. – p. 201 Ph © AKG-images © ADAGP, Paris 2011. – p. 203 g Ph © LEEMAGE. – p. 203 d Ph © AKG-images. – p. 207 ht BIS/Ph. Lou © Archives Larbor. – p. 207 bas Ph © A. Gesgon/CIRIP. – p. 215 © CENTRE HISTORIQUE MINIER, Lewarde. – p. 217 Droits Réservés. – p. 219 Extrait de la carte 37420T © IGN-Paris 2011. Autorisation n° 80-1104. – p. 223 Google Earth. Droits Réservés. – p. 229 © SASI Group (University of Sheffield) and Mark Newman (University of Michigan). – p. 248 © United Nations Development Programme / Droits Réservés. – p. 252 www.nps.gov. Droits Réservés. – p. 262 © SUEDERVERLAG. – p. 272 Droits Réservés. – p. 279 ht et bas g Mafalda, Quino © Quino/Editions Glénat. – p. 279 bas d Droits Réservés. – p. 285 Droits Réservés.

Sommaire

Pour vous entraîner et en savoir davantage sur **les programmes, les épreuves et l'orientation après le bac**, vous pouvez consulter les sites **www.annee-de.fr** et **www.defibac.fr**.

www.annee-de.fr
Le site d'information sur la collection *L'année de...*

www.defibac.fr
Le site d'entraînement au bac de Bordas

Point Bac

Le bac en fin de 1re S

L'épreuve anticipée de français

BO spécial n° 7 du 6 octobre 2011

Épreuve écrite

Durée : 4 heures
Barème questions : 4 points au maximum
Barème sujets d'écriture : 16 points au minimum
Coefficient : 2

L'épreuve écrite s'appuie sur un ensemble de textes (corpus) qui portent sur l'un des objets d'étude au programme. Il peut s'agir :
– d'un **ensemble de 3 ou 4 textes**, éventuellement accompagnés par un document iconographique ;
– d'une **œuvre intégrale brève** ;
– d'un **extrait long** (n'excédant pas 3 pages).
L'épreuve peut comporter des **questions sur le corpus** ; elle comprend obligatoirement un **travail d'écriture**.

Les questions sur le corpus

Vous pouvez avoir à rédiger la réponse à une ou deux questions portant sur l'ensemble du corpus d'œuvres.

Les trois sujets d'écriture

Vous avez ensuite le choix entre trois travaux d'écriture :
– un **commentaire** : celui-ci porte sur un des textes du corpus. Il peut également s'agir de comparer deux textes. Vous devez composer un devoir qui présente **de manière organisée** ce que vous avez retenu de votre lecture en justifiant votre interprétation et vos jugements personnels.
– une **dissertation** : elle consiste à conduire une réflexion **personnelle** et **argumentée** à partir d'une problématique littéraire issue du programme. Votre argumentation s'appuie sur les textes du corpus, sur les objets d'étude du programme de première, ainsi que sur vos lectures et votre culture personnelle ;
– une **écriture d'invention** : elle contribue à tester votre aptitude à lire et comprendre un texte, à en saisir les enjeux, à percevoir les caractères singuliers de son écriture en utilisant une autre forme d'expression écrite que celle de la dissertation ou du commentaire. Vous devez écrire un texte en lien avec celui ou ceux du corpus, suivant un certain nombre de consignes explicitées dans le libellé du sujet. Plusieurs types d'écrits sont prévus : article, lettre, monologue délibératif (dialogue, discours devant une assemblée), récit à visée argumentative, transposition, amplification. Vous serez évalué sur votre capacité non seulement à vous approprier les textes mais aussi à vous en détacher et à les critiquer. Il ne faut pas perdre de vue que **ce sujet n'est pas une épreuve purement imaginative**, mais repose sur le corpus des textes étudiés.

Épreuve orale

Durée : 20 minutes – préparation : 30 minutes
Barème : exposé : 10 points, entretien : 10 points
Coefficient : 2

L'épreuve orale a pour but d'évaluer votre capacité à mobiliser vos connaissances. Elle doit vous permettre :
– de révéler vos compétences de lecture ;
– d'exprimer une sensibilité et une culture personnelles ;
– de manifester votre maîtrise de l'expression orale ainsi que votre aptitude à dialoguer avec l'examinateur.
Elle se déroule en deux temps : un **exposé** de 10 minutes sur le texte que vous avez tiré au sort parmi la liste du descriptif des lectures faites en classe ; un **entretien** de 10 minutes avec l'examinateur.

Le matériel

Le jour de l'épreuve orale, vous devez apporter :
– le descriptif des lectures et activités que vous avez faites en classe ;
– deux exemplaires de votre manuel ;
– un jeu de photocopies des textes ne figurant pas dans le manuel, identique à celui qui a été adressé à l'examinateur ;
– deux exemplaires des œuvres intégrales étudiées.

Le « descriptif des lectures et activités » a été élaboré progressivement au cours de l'année par votre professeur de français. Il présente à l'examinateur les informations suivantes :
– le titre et la problématique de chaque séquence ;
– l'objet (ou les objets) d'étude qui ont été abordé(s) ;
– les textes (groupement ou œuvre intégrale) étudiés à l'intérieur de chaque séquence ;
– la démarche retenue pour cette étude (lectures cursives ou analytiques, approches d'ensemble retenues pour l'étude des œuvres intégrales) ;
– le manuel utilisé en classe, l'édition des œuvres intégrales et les références précises des différents textes indiqués : édition, chapitre, page, début et fin de l'extrait ;

– le cas échéant, les activités complémentaires – en particulier orales – proposées à la classe.
Le descriptif est signé par le professeur et visé par le chef d'établissement.

1re partie : l'exposé

Il porte sur un extrait choisi parmi les lectures répertoriées dans le descriptif (à l'exclusion des lectures cursives). Il vous amène à étudier à partir d'une question initiale posée par l'examinateur, et, en liaison avec l'objet d'étude retenu, un aspect essentiel du texte.
Avant de commencer votre exposé, n'oubliez pas de faire une lecture à haute voix du texte.

2e partie : l'entretien

L'examinateur s'attache à conduire un dialogue avec vous. Ce n'est pas un « corrigé » de la première partie de l'épreuve, ni une récitation pure et simple d'une question de cours. Au contraire, ce dialogue doit chercher à ouvrir des perspectives et à approfondir la réflexion, en partant du texte qui vient d'être étudié, pour aller vers :
– l'œuvre intégrale ou le groupement d'où ce texte a été extrait ;
– une des lectures cursives proposées en relation avec le texte qui vient d'être étudié ;
– l'objet d'étude, ou les objets d'étude, en relation avec le texte qui vient d'être étudié.
L'entretien vise également à évaluer vos connaissances sur l'œuvre ou l'objet d'étude, apprécier votre intérêt pour les textes étudiés ou abordés en lecture cursive, tirer parti de vos lectures ou activités personnelles.

L'évaluation

L'examinateur se donne pour principes, dans les appréciations qu'il porte :
– d'utiliser toute l'échelle de notation ;
– de valoriser les éléments de réussite plutôt que de pénaliser les faiblesses ;
– de valoriser la culture personnelle que vous avez manifestée à bon escient.

Épreuve orale de contrôle (rattrapage)

Durée : 20 minutes – préparation : 30 minutes

Cette épreuve se déroule en même temps que les autres épreuves de rattrapage, en terminale.
Comme pour l'oral obligatoire, vous devez présenter à l'examinateur le descriptif des lectures et activités vues en classe.
Vous êtes interrogés sur un extrait d'œuvre ou un texte choisi dans la liste par l'examinateur :
- 1re partie de l'épreuve : une question vous est posée sur le texte ;
- 2e partie de l'épreuve : l'entretien appelle une mise en relation entre le passage étudié et l'œuvre intégrale ou le groupement de textes d'où le passage étudié a été extrait.

Français

1 Les principaux registres

SAVOIR

Le registre, dans le domaine littéraire, est déterminé par la manière selon laquelle l'auteur envisage la matière qu'il aborde, le sujet qu'il représente. Il communique ainsi un sentiment ou une impression particuliers au destinataire. Un registre se décline dans tous les genres littéraires, même s'il est historiquement souvent lié à un genre précis.

On distingue :

- **Le registre comique** : il cherche à provoquer le rire. On distingue notamment l'humour, la farce, le burlesque, la caricature, la parodie, l'absurde, la satire. Il joue souvent sur les situations, le langage, le décalage ou le contraste.

- **Le registre tragique** : lié à la tragédie antique, il met en scène un héros qui, conscient de son impuissance, subit la fatalité des événements (pouvoir des dieux ou absurdité de l'existence). Le registre tragique peut provoquer la terreur, l'effroi, mais aussi l'admiration envers le héros.

- **Le registre pathétique** : ce registre, lié à l'origine au théâtre, cherche à susciter la pitié, la compassion, par la représentation de la souffrance (« pathos »), de la douleur, mais sans évoquer la fatalité.

- **Le registre épique** : issu de l'épopée, il présente un héros affrontant d'autres hommes ou des forces naturelles, réalisant des exploits et démontrant ses valeurs morale et guerrière. Cet être exceptionnel peut être aidé par des pouvoirs surnaturels. Il apparaît souvent comme le représentant d'une force collective.

- **Le registre lyrique** : associé à la poésie (la lyre d'Apollon, dieu de la Poésie, mais aussi celle d'Orphée, symbole du poète), il est l'expression des sentiments du poète et vise à les faire partager au lecteur. Les thèmes universels de l'amour, de la fuite du temps, du souvenir, sont largement traités, sous la forme d'une énonciation à la première personne. **L'élégiaque** est un registre lyrique douloureux, plaintif, souvent lié au deuil.

- **Le registre fantastique** : il fait intervenir, dans un monde ancré dans le réel, des événements étranges, inquiétants, des personnages apparemment surnaturels. Il génère doute, malaise, peur, angoisse chez le lecteur qui hésite entre explication logique et croyance en le surnaturel.

SAVOIR-FAIRE

Déterminer le(s) registre(s) d'un texte

- Pour déterminer le registre dominant d'un texte, il convient de s'interroger sur :
  - **le genre du texte** ;
  - **le but visé par le texte** : quelle est la réaction, quel est le sentiment du lecteur après la lecture du texte (rire, peur, pitié, admiration…) ?
  - **les indices lexicaux et grammaticaux et les procédés rhétoriques** : champs lexicaux dominants, énonciation, focalisation, procédés d'amplification, métaphores, structures et types de phrases particuliers.
- Mettre en relation les principaux procédés permet de définir le registre du texte. Un texte peut, cependant, jouer sur différents registres, qu'il convient de repérer.
- Il est important, enfin, d'analyser l'effet produit par le choix du registre sur le sens et la portée du texte.

FAIRE

1 **a.** Quels procédés donnent à cet événement historique un caractère religieux ?
b. Comment l'auteur manifeste-t-il son admiration pour le sacrifice du peuple ?
c. Que pouvez-vous en déduire sur le registre du texte ?

En 1792, les armées de l'Europe envahissent la France pour rétablir la monarchie. Michelet raconte le soulèvement du peuple pour défendre la patrie et les acquis de la Révolution.

C'était avec un véritable sentiment religieux que des milliers d'hommes, à peine armés, mal équipés encore, demandaient à traverser l'Assemblée nationale. Leurs paroles souvent emphatiques et déclamatoires, qui témoignaient de leur impuissance pour exprimer ce qu'ils sentaient, n'en sont pas moins empreintes du sentiment très vif de foi qui remplissait leur cœur. Ce n'est pas dans les discours préparés de leurs orateurs qu'il faut chercher ces sentiments, mais dans les cris, les exclamations qui s'échappent de leurs poitrines. « Nous venons comme à l'église », disait l'un. Et un autre : « Pères de la patrie, nous voici ! Vous bénirez vos enfants. »
Le sacrifice fut, dans ces jours, véritablement universel, immense et sans bornes. Plusieurs centaines de mille donnèrent leurs corps et leur vie, d'autres leur fortune, tous leurs cœurs, d'un même élan...

J. Michelet, *Histoire de la Révolution française*, VII, 8, 1853.

2 **a.** Quel est le thème du texte ?
b. Quels sont les différents registres présents ? Justifiez votre réponse.

L'Ennemi

Ma jeunesse ne fut qu'un ténébreux orage,
Traversé çà et là par de brillants soleils ;
Le tonnerre et la pluie ont fait un tel ravage,
Qu'il reste en mon jardin bien peu de fruits vermeils.

Voilà que j'ai touché l'automne des idées,
Et qu'il faut employer la pelle et les râteaux
Pour rassembler à neuf les terres inondées,
Où l'eau creuse des trous grands comme des tombeaux.

Et qui sait si les fleurs nouvelles que je rêve
Trouveront dans ce sol lavé comme une grève
Le mystique aliment qui ferait leur vigueur ?

Ô douleur ! ô douleur ! Le Temps mange la vie,
Et l'obscur Ennemi qui nous ronge le cœur
Du sang que nous perdons croît et se fortifie !

C. Baudelaire, *Les Fleurs du mal*, « Spleen et idéal », X, 1857.

3 Montrez que Voltaire utilise dans ce début de conte les éléments traditionnels du roman. Comment cependant les détourne-t-il ? À quel registre appartient cet extrait ? Nommez précisément les procédés employés. Quelle est la fonction de ce registre ?

Il y avait en Westphalie, dans le château de monsieur le baron de Thunder-ten-tronckh, un jeune homme à qui la nature avait donné les mœurs les plus douces. Sa physionomie annonçait son âme. Il avait le jugement assez droit, avec l'esprit le plus simple ; c'est, je crois, pour cette raison qu'on le nommait Candide. Les anciens domestiques de la maison soupçonnaient qu'il était le fils de la sœur de monsieur le baron et d'un bon et honnête gentilhomme du voisinage, que cette demoiselle ne voulut jamais épouser parce qu'il n'avait pu prouver que soixante et onze quartiers, et que le reste de son arbre généalogique avait été perdu par l'injure du temps.

Monsieur le baron était un des plus puissants seigneurs de la Westphalie, car son château avait une porte et des fenêtres. Sa grande salle même était ornée d'une tapisserie. Tous les chiens de ses basses-cours composaient une meute dans le besoin ; ses palefreniers étaient ses piqueurs : le vicaire du village était son grand aumônier. Ils l'appelaient tous monseigneur, et ils riaient quand il faisait des contes.

Madame la baronne, qui pesait environ trois cent cinquante livres, s'attirait par là une très grande considération, et faisait les honneurs de la maison avec une dignité qui la rendait encore plus respectable. Sa fille Cunégonde, âgée de dix-sept ans, était haute en couleur, fraîche, grasse, appétissante. Le fils du baron paraissait en tout digne de son père. Le précepteur Pangloss était l'oracle de la maison, et le petit Candide écoutait ses leçons avec toute la bonne foi de son âge et de son caractère.

Voltaire, *Candide*, 1759.

4 À la manière de Michelet (exercice 1), choisissez un épisode célèbre de l'histoire de France, documentez-vous soigneusement sur cet événement, puis racontez-le de deux manières en adoptant un registre différent, en une quinzaine de lignes à chaque fois.

Par exemple, vous raconterez la prise de la Bastille en 1789 d'une manière épique, puis lyrique.

2 Les figures de style

SAVOIR

Les figures d'images

• La **comparaison** établit grâce à un outil de comparaison le rapprochement entre le comparé et le comparant (*Le Poète est **semblable au** prince des nuées*, C. Baudelaire).

• La **métaphore** assimile, sans outil de comparaison, deux éléments distincts (*Mon cœur est un palais flétri par la cohue*, C. Baudelaire). Si elle se poursuit au fil du texte, elle devient une métaphore **filée**.

• La **personnification** attribue à une chose, un animal ou une idée des caractéristiques humaines (*Sois sage, ô ma douleur, et tiens-toi plus tranquille*, C. Baudelaire).

• L'**allégorie** représente une abstraction (idée, sentiment) sous une forme concrète et symbolique (par exemple, le *sablier* est une allégorie du *temps*).

Les figures de substitution

• La **métonymie** désigne une chose ou une idée par un terme désignant une chose ou une idée liée par une relation d'appartenance ou de contiguïté à la première (par exemple, *lire **un Zola*** pour *lire un roman de Zola*).

• La **synecdoque**, forme de la métonymie, établit une relation d'inclusion, où la matière remplace l'objet, la partie représente le tout (« *Croiser **le fer*** » pour « *les épées* »).

• La **périphrase** remplace un mot par une expression définissant ce que désigne ce mot (***L'astre solitaire** monta peu à peu dans le ciel*, Chateaubriand [*l'astre solitaire* pour *la lune*]).

• L'**antiphrase** oppose « ce qui est dit » au véritable sens sous-entendu. C'est aussi une figure d'opposition, fonctionnant sur l'implicite (*Quelle beauté !* [pour évoquer une chose laide]).

Les figures d'opposition

• L'**antithèse** oppose deux termes (Ruy Blas se désigne dans la pièce de V. Hugo comme un « ***ver de terre** amoureux d'une **étoile*** »).

• L'**oxymore** relie deux termes sémantiquement opposés venant désigner une même réalité (*le **soleil noir** de la Mélancolie*, Nerval).

• Le **chiasme** consiste à reprendre, dans une seconde expression, deux termes (A et B) d'une première expression, ou deux synonymes (A' et B'), ou deux termes opposés (A' et B'), mais dans l'ordre inverse (ABBA : *Il faut **manger** pour **vivre**, et non pas **vivre** pour **manger***, Molière. ABB'A' : *Un **roi** chantait **en bas**, **en haut** mourait **un Dieu***, V. Hugo).

Les figures d'insistance ou d'atténuation

• L'**anaphore** répète un mot ou une expression en début de proposition ou de vers (***Rome** l'unique objet de mon ressentiment !/ **Rome** à qui ton bras vient d'immoler un amant*, P. Corneille).

• Le **parallélisme** reproduit la même structure syntaxique (*Je ne sais où je vais, je ne sais où je suis*, J. Racine).

• La **gradation** dispose des termes de façon croissante ou décroissante (*Je suis perdu, je suis mort, je suis assassiné*, Molière).

• L'**hyperbole** amplifie la réalité dans un but comique ou dramatique (*Verser un torrent de larmes*).

• L'**euphémisme** atténue par la formulation une idée choquante ou désagréable (*C'est un pic ! c'est un cap ! Que dis-je, c'est un cap ? C'est une péninsule !* E. Rostand [pour parler du long nez de Cyrano]).

• La **litote** atténue l'idée, mais sous-entend davantage ; elle est souvent à la forme négative (*Va, je ne te hais point*, P. Corneille [pour *je t'aime*]).

SAVOIR-FAIRE

Analyser les figures stylistiques

- Il s'agit d'analyser **l'effet précis** de chaque figure :
– que suggère-t-elle ?
– que met-elle en valeur ?
– pourquoi est-elle préférée à un discours plus direct ?
- L'effet ainsi dégagé doit ensuite être replacé dans un **contexte** plus large : l'analyse doit montrer en quoi l'emploi d'une figure stylistique sert la construction du sens dans le texte.

FAIRE

1 **a.** Identifiez, dans le texte suivant, les figures de style auxquelles correspondent les expressions soulignées. Attention, une même expression soulignée peut comporter plusieurs figures.

b. Analysez leur sens et leur effet dans le texte.

Mais qu'une révolution éclate, les hommes d'affaires, les gens habiles, qui semblaient des colosses, ne sont plus que des nains ; toutes les réalités qui n'ont plus la proportion des événements nouveaux s'écroulent et s'évanouissent ; les faits matériels tombent, et les idées grandissent jusqu'au ciel !

C'est ainsi, par cette soudaine force d'expansion que les idées acquièrent en temps de révolution, que s'est faite cette grande chose, l'abolition de la peine de mort en matière politique.

Messieurs, cette grande chose, ce décret fécond qui contient en germe tout un code ; ce progrès, qui était plus qu'un progrès, qui était un principe, l'Assemblée constituante l'a adopté et consacré. Elle l'a placé, je dirais presque au sommet de la Constitution, comme une magnifique avance faite par l'esprit de la révolution à l'esprit de la civilisation ; comme une conquête, mais surtout comme une promesse ; comme une sorte de porte ouverte qui laisse pénétrer, au milieu des progrès obscurs et incomplets du présent, la lumière sereine de l'avenir.

Et, en effet, dans un temps donné, l'abolition de la peine capitale en matière politique doit amener et amènera nécessairement, par la toute-puissance de la logique, l'abolition pure et simple de la peine de mort !

V. Hugo, *Discours sur la déportation du 5 avril 1850.*

2 Relevez dans ce passage les principales figures stylistiques et montrez comment elles donnent toute leur force à ce discours de Bossuet sur la fragilité de l'homme.

Ô nuit désastreuse ! ô nuit effroyable, où retentit tout à coup, comme un éclat de tonnerre, cette étonnante nouvelle : Madame se meurt ! Madame est morte ! Qui de nous ne se sentit frappé à ce coup, comme si quelque tragique accident avait désolé sa famille ? Au premier bruit d'un mal si étrange, on accourut à Saint-Cloud de toutes parts ; on trouve tout consterné, excepté le cœur de cette princesse. Partout on entend des cris ; partout on voit la douleur et le désespoir, et l'image de la mort. Le Roi, la Reine, Monsieur, toute la cour, tout le peuple, tout est abattu, tout est désespéré ; et il me semble que je vois l'accomplissement de cette parole du prophète : *le roi pleurera, le prince sera désolé, et les mains tomberont au peuple de douleur et d'étonnement.*

Bossuet, *Oraison funèbre d'Henriette-Anne d'Angleterre*, 1670.

3 Identifiez les principales figures de style dans ce dizain de Maurice Scève.

Plutôt seront Rhône et Saône disjoints
Que d'avec toi mon cœur se désassemble ;
Plutôt seront l'un et l'autre monts joints,
Qu'avec nous aucun discord s'assemble ;
Plutôt verrons et toi, et moi ensemble
Le Rhône aller contremont lentement,
Saône monter très violentement,
Que ce mien feu tant soit peu diminue,
Ni que ma foi décroisse aucunement :
Car ferme amour sans eux est plus que nue.

M. Scève, *Délie*, 1544 (orthographe modernisée).

3 La lecture de l'image

SAVOIR

On distingue différents types d'images :
- l'image fixe : tableau, photographie, dessin, affiche, bande dessinée…
- l'image mobile : film (avec acteurs, dessin animé…).

Dans le cadre des épreuves écrites de français, l'analyse d'une image fixe peut vous être demandée lors de l'étude du corpus. Il est donc nécessaire de posséder quelques bases d'analyse spécifiques. Par ailleurs, la lecture analytique de l'image se construit, comme pour un texte, de l'observation à l'interprétation. Ainsi, un questionnement précis, utilisant des instruments d'analyse adaptés, est utile pour l'étude de l'image.

SAVOIR-FAIRE

Élaborer une lecture analytique de l'image

- **Identifier la situation d'énonciation**

Un peintre, un photographe, un dessinateur, produisent un énoncé (l'image), et cherchent à atteindre un destinataire (le lecteur, le spectateur…). Le lieu et le moment de production de l'image sont aussi à étudier (contexte historique, politique, courant pictural dominant…).

- **Observer l'image**

– Quel est son **contenu** : abstrait ou figuratif ? Quelle est la nature du sujet (genre) : paysage, portrait, nature morte, sujet religieux, historique… ?
– A-t-elle un **titre** ? Intègre-t-elle un **texte** ? Si oui, quelle est sa fonction ?
– Quelle est la **technique** utilisée : dessin, gravure, collage, photographie… ?
– Quel est le **format** choisi (cadre) : rectangle, carré, rond, ovale ? Quelles sont ses dimensions ?
– Quel est le **point de vue** (la focalisation) choisi ? Observer l'angle choisi : frontal (œil au niveau du sujet), plongée (œil au-dessus du sujet) ou contre-plongée ?
– Étudier le **cadrage** : quels sont les éléments représentés dans le champ (espace délimité par le cadre) ? Un hors-champ (espace n'apparaissant pas dans le champ) est-il suggéré ?
– Étudier la **profondeur de champ** : utilisation du premier plan, des plans intermédiaires, de l'arrière-plan. Comment l'espace est-il suggéré : succession de plans, utilisation des perspectives ?
– Quel est le **plan** choisi : plan général (panoramique), plan moyen (personnage en pied), plan rapproché, gros plan (cadre le visage) ?
– Étudier la **construction** de l'image et la répartition des formes dans le cadre : les lignes (horizontales, verticales, courbes, diagonales…) ; y a-t-il des lignes de force ?
– Étudier la **lumière** et les **couleurs** :
  – l'éclairage (intensité, provenance, contrastes, jeux d'ombre et de lumière) ;
  – le choix du noir et blanc ou de la couleur : pourquoi ?
  – l'étude des couleurs : chaudes, froides, primaires, secondaires, complémentaires ; examen de l'intensité de la couleur, des contrastes et de leurs valeurs symboliques.

- **Interpréter les repérages**

Comme pour un texte, les repérages doivent servir à une interprétation de l'image. Il faut donc aussi s'interroger sur les choix du peintre, du dessinateur, du photographe. Dégager les enjeux de l'image, c'est comprendre **l'effet recherché** par le producteur de l'image en analysant les procédés utilisés. Ainsi, plusieurs procédés développent des effets similaires : dans le portrait en pied d'un monarque, les éléments du décor, le choix de l'éclairage et des couleurs, l'utilisation de la profondeur de champ et des plans, la construction de l'image participent à la célébration du personnage représenté.

FAIRE

1 **a.** Analysez ce tableau en vous servant du questionnaire de la page précédente. Interrogez-vous sur le sens très précis du terme « vanité », utilisé dans le titre.
b. Effectuez une recherche sur le mouvement baroque.
c. Vous mettrez ensuite en évidence l'enjeu du tableau, le but recherché par le peintre.

Simon Renard de Saint-André,
***Vanité*, 1613-1677.**

2 Picasso réalise ce tableau en 1937, à la demande du gouvernement de la République espagnole. Il « représente » la tragédie qui touche la ville basque de Guernica, bombardée par l'aviation allemande, au service de Franco.
Vous montrerez comment Picasso témoigne, à travers ce tableau, de ce drame et vous lirez le poème d'Éluard sur le même événement (p. 21).

Pablo Picasso, *Guernica*, 1937.

3 Vous pouvez rechercher d'autres tableaux sur le thème de la vanité et sur le thème de la guerre, puis analyser les différences de traitement dans la représentation du thème.

4 L'art du sonnet

SAVOIR

• D'origine italienne (avec les recueils amoureux de Pétrarque), le sonnet apparaît en France au XVIe siècle avec Clément Marot, puis son emploi se développe avec les poètes de la Pléiade, du Bellay et Ronsard notamment.

• Il obéit à des règles strictes :
– il est composé de **quatorze vers** isométriques répartis en un huitain (divisé en deux quatrains) et un sizain (divisé en deux tercets) ;
– les quatrains sont formés de **rimes embrassées** et **identiques** (ABBA-ABBA) ; les tercets introduisent un nouveau système de rimes : CCD-EED pour le sonnet régulier, dit « italien », CCD-EDE pour le sonnet dit « français » (soit deux rimes plates suivies de rimes embrassées ou croisées) ;
– Ronsard impose l'alternance de rimes masculines et féminines.

• La structure du sonnet repose généralement sur **un système d'opposition** entre les quatrains, identiques et fonctionnant sur un système pair, et les tercets, introduisant l'impair. Ainsi, on remarque souvent un jeu d'opposition, de complémentarité, ou de question-réponse entre les quatrains et les tercets ; une sous-structure peut aussi apparaître à l'intérieur des quatrains et des tercets.

• **Le dernier tercet**, plus précisément le dernier vers, joue **le rôle de conclusion**, de chute, et éclaire l'ensemble du poème. Dans le sonnet italien, un effet d'attente accentue l'intensité du dernier vers.

• Le sonnet, par sa brièveté, favorise une **écriture concentrée**, riche en oppositions et en images. Les poètes s'affranchiront peu à peu de certaines règles, mais le sonnet reste, aujourd'hui, un exercice poétique encore très pratiqué.

SAVOIR-FAIRE

Comment analyser un sonnet ?

• **Déterminer le mètre utilisé** : décasyllabe ou alexandrin pour les sonnets classiques. Du Bellay privilégie le décasyllabe (césure généralement à la sixième syllabe), tandis que Ronsard prône l'usage de l'alexandrin, créant ainsi une plus grande variété de rythmes.

• **Établir le schéma des rimes** : vérifier si le sonnet se conforme aux règles (deux quatrains identiques…). Le sonnet régulier et classique est le sonnet italien.

• **Étudier la structure du sonnet** : repérer les parallélismes entre les quatrains, les ruptures créées par les tercets (le vers 9 mérite une attention particulière). La règle veut que les quatrains forment chacun une unité syntaxique, et les tercets une autre unité cohérente, mais cela n'est pas toujours respecté.

• **Étudier le rythme et ses variations** : le rythme classique de l'alexandrin est 6//6, mais la structure interne et les variations doivent aussi être mises en évidence. Ainsi, un mot ou une expression peuvent être mis en évidence par un rejet ou un contre-rejet. Ces derniers créent une rupture dans le rythme du vers. En revanche, l'enjambement allonge le rythme et crée un effet d'amplitude.

• **Analyser le dernier tercet et le dernier vers** : quel est son rôle par rapport au poème ? En quoi éclaire-t-il l'ensemble du poème ou en quoi modifie-t-il, nuance-t-il, ce qui précède ? Penser à l'attente créée par la rime du vers 11 dans le sonnet italien, attente comblée par le vers 14.

• **Étudier les réseaux lexicaux, les figures stylistiques** : ils soutiennent la structure formelle du sonnet ou la modifient ; dans les deux cas, ils sont importants.

• **Relier ces remarques formelles au sens du poème** : l'étude de la versification est indissociable de l'analyse et de l'interprétation.

FAIRE

1 **a.** Dégagez la structure syntaxique qui organise le poème et la figure stylistique dominante. Justifiez alors le découpage des quatrains et des tercets. Analysez particulièrement le passage du premier au deuxième tercet.
b. Analysez le rythme des deux derniers vers. Que met-il en évidence ?

Comme le champ semé en verdure foisonne,
De verdure se hausse en tuyau verdissant,
Du tuyau se hérisse en épi fleurissant,
D'épi jaunit en grain, que le chaud assaisonne ;

Et comme en la saison le rustique moissonne
Les ondoyants cheveux du sillon blondissant,
Les met d'ordre en javelle et du blé jaunissant
Sur le champ dépouillé mille gerbes façonne ;

Ainsi de peu à peu crût l'empire romain,
Tant qu'il fut dépouillé par la barbare main,
Qui ne laissa de lui que ces marques antiques,

Que chacun va pillant ; comme on voit le glaneur
Cheminant pas à pas recueillir les reliques
De ce qui va tombant après le moissonneur.

J. du Bellay, *Les Antiquités de Rome*, 1558.

2 **a.** En quoi ce poème est-il un sonnet régulier ? Quelle rupture introduisent les tercets ? Quel rôle joue le dernier vers ?
b. Étudiez le rythme et les sonorités des vers 1, 2 et 8 en mettant en évidence l'effet recherché pour chacun.

Je n'ai plus que les os, un squelette je semble,
Décharné, dénervé, démusclé, dépulpé,
Que le trait de la Mort sans pardon a frappé ;
Je n'ose voir mes bras que de peur je ne tremble.

Apollon et son fils, deux grands maîtres ensemble,
Ne sauraient me guérir ; leur métier m'a trompé.
Adieu, plaisant Soleil ! mon œil est étoupé,
Mon corps s'en va descendre et tout se désassemble.

Quel ami me voyant en ce point dépouillé
Ne remporte au logis un œil triste et mouillé,
Me consolant au lit et me baisant la face

Et essuyant mes yeux par la Mort endormis ?
Adieu, chers compagnons, adieu, mes chers amis !
Je m'en vais le premier vous préparer la place.

P. de Ronsard, *Derniers vers*, 1585.

3 En quoi Verlaine ne respecte-t-il pas les règles du sonnet classique ? Quels sont les effets recherchés par ces écarts ?

Nevermore

Souvenir, souvenir, que me veux-tu ? L'automne
Faisait voler la grive à travers l'air atone,
Et le soleil dardait un rayon monotone
Sur le bois jaunissant où la bise détone.

Nous étions seul à seule et marchions en rêvant,
Elle et moi, les cheveux et la pensée au vent.
Soudain, tournant vers moi son regard émouvant :
« Quel fut ton plus beau jour ? » fit sa voix d'or vivant,

Sa voix douce et sonore, au frais timbre angélique.
Un sourire discret lui donna la réplique,
Et je baisai sa main blanche, dévotement.

— Ah ! les premières fleurs, qu'elles sont parfumées !
Et qu'il bruit avec un murmure charmant
Le premier oui qui sort des lèvres bien-aimées !

P. Verlaine, *Poèmes saturniens*, 1866.

4 Après avoir dégagé la structure du poème, vous analyserez et tenterez d'expliquer les correspondances établies entre chaque voyelle et les images qui lui sont associées.

Voyelles

A noir, E blanc, I rouge, U vert, O bleu : voyelles,
Je dirai quelque jour vos naissances latentes :
A, noir corset velu des mouches éclatantes
Qui bombinent[1] autour des puanteurs cruelles,

Golfes d'ombres ; E, candeurs[2] des vapeurs et des tentes,
Lances des glaciers fiers, rois blancs, frissons d'ombelles ;
I, pourpres, sang craché, rire des lèvres belles
Dans la colère ou les ivresses pénitentes ;

U, cycles, vibrements divins des mers virides,
Paix des pâtis semés d'animaux, paix des rides
Que l'alchimie imprime aux grands fronts studieux ;

O, suprême Clairon plein des strideurs étranges,
Silences traversés des Mondes et des Anges :
— O l'Oméga, rayon violet de Ses Yeux !

A. Rimbaud, *Poésies*, 1870-1871.

1. Bourdonnent.
2. Blancheurs.

Français

5 Les formes poétiques

SAVOIR

La poésie offre des formes très variées. On peut distinguer deux grandes catégories de formes poétiques : les formes fixes, qui sont régies par des règles strictes, et les formes libres.

Quelques formes poétiques fixes

- **Le sonnet** : d'origine italienne, il s'impose, en France, avec les écrivains de la Pléiade, au XVIe siècle. Il est composé de quatorze vers, répartis en deux quatrains et deux tercets, composés d'alexandrins ou de décasyllabes selon un schéma rimique dominant en France du type ABBA / ABBA / CCE / DED (des variantes existent).
- **L'ode** : elle est répartie en strophes égales. D'inspiration lyrique, elle convient surtout à des thèmes élevés. L'odelette (petite ode) aborde des sujets plus légers et familiers.
- **Le rondeau** : très utilisé au Moyen Âge, il est remis à la mode par Jean et Clément Marot au XVIe siècle. Il se compose alors de trois strophes, les strophes 1 et 3 étant de même longueur, la strophe 2 étant équivalente à la moitié des deux autres (ou à la moitié plus un vers si les strophes 1 et 3 ont un nombre impair de vers ; par exemple : 5 vers / 3 vers / 5 vers). Le rondeau comprend seulement deux rimes et reprend à la fin des strophes 2 et 3 le début du vers 1, mais cette reprise ne compte pas dans le décompte du nombre de vers.
- **La ballade** : fixée dans la poésie française aux XIVe et XVe siècles, elle est structurée en trois strophes isométriques, dont le mètre est égal au nombre de vers de la strophe (par exemple, trois huitains d'octosyllabes) et qui se terminent chacune par un refrain. Le poème se clôt sur un envoi au dédicataire (le destinataire de la ballade).

Les formes poétiques de construction régulière

- **La fable** : à fonction didactique, composée d'une narration et d'une morale.
- **Le madrigal** : court poème en vers, au thème souvent précieux.
- **L'élégie** : poème à la tonalité plaintive, aux accents mélancoliques.
- **Les stances** : il s'agit d'une forme poétique qui est notamment utilisée au théâtre et qui a souvent une visée argumentative.

Vers la liberté formelle

En dehors de ces formes fixes, de nombreux poèmes versifiés selon les règles classiques ne correspondent pas à un genre poétique précis, mais à compter du XIXe siècle, une nette évolution de la poésie vers une plus grande liberté formelle se fait jour. On voit ainsi apparaître :

- **le poème en prose** : révélé par Aloysius Bertrand et repris par Baudelaire, il ne comporte ni vers ni rimes. Il se distingue de la prose classique par l'intensité des images et le travail sur le rythme et les sonorités ;
- **le poème en vers libres** : dans cette forme, le vers se libère des contraintes classiques, les mètres varient, la strophe régulière et les rimes sont abandonnées, la ponctuation peut disparaître. Il conserve cependant le retour à la ligne, et le travail sur le rythme et les sonorités est essentiel.

SAVOIR-FAIRE

Reconnaître et analyser une forme poétique

Pour analyser une forme poétique, on doit :

- définir le mètre utilisé ;
- repérer les groupes de vers, le nombre de strophes, le retour ou non de certains vers ;
- à partir des repérages précédents, définir la forme du poème ;
- pour un poème en prose, repérer et analyser le travail sur les images, les sonorités, le rythme ;
- pour un poème en vers libre, repérer et analyser les variations métriques, strophiques, sans oublier le rythme et les sonorités ;

Il convient enfin de comprendre comment cette forme construit les significations du poème.

FAIRE

1 Quelle est la forme poétique du texte de Nerval ? Justifiez votre réponse. Quel en est le registre ?

Une allée du Luxembourg

Elle a passé, la jeune fille
Vive et preste comme un oiseau :
À la main une fleur qui brille,
À la bouche un refrain nouveau.

C'est peut-être la seule au monde
Dont le cœur au mien répondrait,
Qui venant dans ma nuit profonde
D'un seul regard l'éclaircirait !

Mais non, – ma jeunesse est finie...
Adieu, doux rayon qui m'as lui, –
Parfum, jeune fille, harmonie...
Le bonheur passait, – il a fui !

G. de Nerval, *Odelettes*, 1832.

2 Dans ce poème en prose, en quoi peut-on parler d'« écriture poétique » ? Qui est « je » ? Montrez que le regard et l'imagination se complètent dans l'écriture de la « légende » et définissent la création artistique, le travail poétique.

Celui qui regarde du dehors à travers une fenêtre ouverte ne voit jamais autant de choses que celui qui regarde une fenêtre fermée. Il n'est pas d'objet plus profond, plus mystérieux, plus fécond, plus ténébreux, plus éblouissant qu'une fenêtre éclairée d'une chandelle. Ce qu'on peut voir au soleil est toujours moins intéressant que ce qui se passe derrière une vitre. Dans ce trou noir ou lumineux vit la vie, rêve la vie, souffre la vie.

Par-delà des vagues de toits, j'aperçois une femme mûre, ridée déjà, pauvre, toujours penchée sur quelque chose, et qui ne sort jamais. Avec son visage, avec son vêtement, avec son geste, avec presque rien, j'ai refait l'histoire de cette femme, ou plutôt sa légende, et quelquefois je me la raconte à moi-même en pleurant.

Si c'eût été un pauvre vieux homme, j'aurais refait la sienne tout aussi aisément.

Et je me couche, fier d'avoir vécu et souffert dans d'autres que moi-même.

Peut-être me direz-vous : « Es-tu sûr que cette légende soit la vraie ? » Qu'importe ce que peut être la réalité placée hors de moi, si elle m'a aidé à vivre, à sentir que je suis et ce que je suis ?

C. Baudelaire, *Le Spleen de Paris*, 1869.

3 Quelle est la forme poétique de cet extrait ? Montrez comment la structure poétique choisie construit le sens du texte.

Jardin de France

Calme jardin,
Grave jardin,
Jardin aux yeux baissés au soir
Pour la nuit,
Peines et rumeurs,
Toutes les angoisses bruissantes de la Ville
Arrivent jusqu'à moi, glissant sur les toits lisses,
Arrivent à la fenêtre
Penchée, tamisées par feuilles menues et tendres
et pensives.

Mains blanches

Gestes délicats
Gestes apaisants

Mais l'appel du tam-tam
bondissant
par monts
et
continents,
Qui l'apaisera, mon cœur,
À l'appel du tam-tam
bondissant,
véhément,
lancinant ?

L. Sédar Senghor, *Poèmes divers* in *Œuvre poétique*, © Éditions du Seuil, 1990.

4 **a.** Qu'a de particulier ce poème d'Apollinaire ? Recherchez comment se nomme cette forme poétique.
b. Quelle relation faites-vous entre le sens du vers et la forme du poème ?

Chantre
Et l'unique cordeau des trompettes marines.

G. Apollinaire, *Alcools*, 1913.

Français

6 Versification et langage poétique

SAVOIR

Le langage poétique est caractérisé par des règles de versification, mais aussi par la création d'un autre langage.

• **La métrique** : on compte le nombre de syllabes d'un vers en faisant attention :
– au « e muet » en fin de mot, qui se prononce s'il est suivi d'une consonne (sauf en fin de vers) ;
– à la diérèse (prononciation en deux syllabes au lieu d'une) et à la synérèse (une syllabe au lieu de deux).
Exemple : *La chaste, sainte, bell(e) et uniqu(e) Angevin(e)* (P. Ronsard)

• **La rime** : on étudie notamment le schéma des rimes (plates ou suivies, croisées, embrassées…) et leur qualité : rimes pauvres (un son en commun), rimes suffisantes (deux sons), rimes riches (trois sons ou plus). De plus, la poésie classique alterne rime féminine (terminée par un « e muet ») et rime masculine (toutes les autres).

• **La strophe** : les vers peuvent être regroupés en distique (strophe de deux vers), tercet (trois vers), quatrain (quatre vers), quintil (cinq vers), sizain (six vers), huitain (huit vers) et dizain (dix vers).

• **Le rythme** : dans le vers français, l'accent tonique se place sur la dernière syllabe écrite du mot ou du groupe de mots, sauf si celle-ci contient un « e muet » ; dans ce cas, l'accent remonte sur la syllabe écrite précédente. La coupe se place immédiatement après la syllabe accentuée. La coupe principale est la césure.
Exemple : *Souvent/, pour s'amuser//, les hom/mes d'équipage*
Pren/nent des albatros//, vastes oiseaux/ des mers (C. Baudelaire)
L'enjambement, le rejet et le contre-rejet brisent la correspondance entre unité syntaxique et unité du vers.
Le poème en prose crée autrement le rythme en s'appuyant sur la syntaxe, les jeux de reprises, les anaphores, etc.

• **Les sonorités** : les allitérations (produites par les consonnes) et les assonances (produites par les voyelles) créent des échos et des correspondances entre les mots.

• **Les jeux lexicaux et syntaxiques** : le langage poétique, particulièrement dense en images et en figures stylistiques (comparaisons, métaphores, anaphores, parallélismes, antithèses, oxymores, etc.), crée un univers nouveau, suggestif et original.

SAVOIR-FAIRE

Comment analyser l'écriture poétique ?

• **Déterminer le(s) mètre(s) utilisé(s)**, étudier les alternances ou les variations, créant des répétitions ou des effets de surprise.

• **Déterminer les strophes ou groupements de vers**, les rimes, leur disposition et leur qualité. Accorder une attention particulière aux vers isolés, à une disposition inhabituelle des vers ou des rimes.

• **Étudier les répétitions sonores**, analyser les termes mis en relation, interpréter l'effet obtenu.

• **Identifier les rythmes des vers**, en s'attachant aux variations. S'interroger sur les termes mis en valeur par le rythme, les effets de parallélisme ou d'opposition, les effets d'attente.

• **Être attentif à la polysémie**, aux connotations. Repérer et analyser les réseaux lexicaux dominants, les constructions syntaxiques et les figures stylistiques, les jeux sur les mots.

• **Mettre en relation la forme et le sens**, relier le sens du poème aux choix de versification, de forme poétique et de registre : qu'a voulu exprimer le poète ? Comment l'a-t-il exprimé ? Quelle forme poétique, quel langage poétique a-t-il choisis et pourquoi ?

FAIRE

1 Reliez le nom du vers au nombre de syllabes qu'il comprend.

Alexandrin •	• 3 syllabes
Hendécasyllabe •	• 4 syllabes
Octosyllabe •	• 5 syllabes
Tétrasyllabe •	• 6 syllabes
Pentasyllabe •	• 7 syllabes
Heptasyllabe •	• 8 syllabes
Décasyllabe •	• 9 syllabes
Trisyllabe •	• 10 syllabes
Ennéasyllabe •	• 11 syllabes
Hexasyllabe •	• 12 syllabes

2 **a.** Nommez le type de strophe, le schéma des rimes et le mètre utilisés.
b. Étudiez le rythme du premier vers.
c. Analysez les réseaux lexicaux dominants : quelle image de la femme aimée apparaît ? Comment la versification soutient-elle le sens ?

Le soleil, sur le sable, ô lutteuse endormie,
En l'or de tes cheveux chauffe un bain langoureux
Et, consumant l'encens sur ta joue ennemie,
Il mêle avec les pleurs un breuvage amoureux. [...]

S. Mallarmé, *Poésies*, 1899.

3 **a.** Quelle est la forme de ce poème ? Observez aussi le jeu des rimes.
b. Donnez le rythme accentuel des quatre premiers vers.
c. Analysez le jeu sur les sonorités des mots : en quoi contribue-t-il au sens du texte ?

Et la mer et l'amour ont l'amer pour partage,
Et la mer est amère, et l'amour est amer,
L'on s'abyme en l'amour aussi bien qu'en la mer,
Car la mer et l'amour ne sont point sans orage.

Celuy qui craint les eaux, qu'il demeure au rivage,
Celuy qui craint les maux qu'on souffre pour aimer,
Qu'il ne se laisse pas à l'amour enflammer,
Et tous deux ils seront sans hazard de naufrage[1].

La mère de l'amour[2] eut la mer pour berceau,
Le feu sort de l'amour, sa mère sort de l'eau,
Mais l'eau contre ce feu ne peut fournir des armes.

Si l'eau pouvoit éteindre un brasier amoureux,
Ton amour qui me brûle est si fort douloureux,
Que j'eusse éteint son feu de la mer de mes larmes.

Marbeuf,
Recueil de vers de monsieur de Marbeuf, 1628.

1. Ils ne risqueront pas de faire naufrage. 2. Vénus.

4 **a.** Analysez dans le poème proposé la forme poétique et la versification.
b. Comment ce poème traduit-il l'image d'un monde instable et inattendu ? Quel est l'effet produit ?

Un corbeau devant moi croasse,
Une ombre offusque mes regards,
Deux belettes et deux renards,
Traversent l'endroit où je passe,
Les pieds faillent à[1] mon cheval,
Mon laquais tombe du haut mal,
J'entends craqueter le tonnerre,
Un esprit se présente à moi,
J'ois Charon[2] qui m'appelle à soi,
Je vois le centre de la Terre.

Ce ruisseau remonte en sa source,
Un bœuf gravit sur un rocher,
Le sang coule de ce rocher,
Un aspic s'accouple d'une ourse,
Sur le haut d'une vieille tour
Un serpent déchire un vautour,
Le feu brûle dedans la glace,
Le Soleil est devenu noir,
Je vois la Lune qui va choir,
Cet arbre est sorti de sa place.

T. de Viau, *Œuvres poétiques*, *Odes*, 1620-1624.

1. Se dérobent sous. 2. Passeur des morts.

5 **a.** Expliquez la répartition des strophes. Analysez les longueurs différentes des vers.
b. Quelle image de la ville et quelles relations entre l'homme et la ville Guillevic dépeint-il dans ce poème ?

Un homme allait à pied dans une rue quelconque,
La nuit, longeant des maisons, des boutiques,
Des fenêtres, du mur, quelquefois du métal.

Il y avait des lampadaires ;
De loin en loin,
Un peu d'êtres humains.

C'est arrivé à mi-chemin
Entre deux lampadaires.
Il a crié :

« Mais j'existe pourtant. Je cherche où c'est.
Essayez-moi. »

Guillevic, *Ville*, © Éditions Gallimard, 1969.

7 La modernité poétique

SAVOIR

• La seconde moitié du XIXe siècle voit une évolution importante de l'écriture poétique : à la suite de Baudelaire et du développement du poème en prose, **Rimbaud**, **Lautréamont** et **Mallarmé** renouvellent l'inspiration et le langage poétique. Ils déroutent et provoquent le lecteur, soit par des **sujets** d'inspiration considérés alors comme peu poétiques, soit par une utilisation nouvelle de la **syntaxe** et de la **versification**.

• Au XXe siècle, le langage poétique explore alors toutes les possibilités de l'écriture en s'affranchissant des règles traditionnelles. Les principales caractéristiques sont :
– la recherche de **nouvelles formes d'expression**, notamment sous l'influence du mouvement surréaliste, qui prône la libération de l'imagination et la réinvention de l'écriture poétique en privilégiant le pouvoir du rêve et du hasard (écriture automatique, jeux verbaux…) ;
– l'utilisation du **vers libre** et du verset (vers long, parfois séparé du vers suivant par un blanc, utilisé dans la Bible) ;
– **l'effacement de la rime** et la préférence pour les consonances réparties sur l'ensemble du poème ;
– **l'importance du rythme**, qui, uni à la longueur du vers, évoque le chant, le mouvement, le souffle épique… ;
– **l'absence de ponctuation**, développée par Apollinaire et Cendrars ;
– **la concentration ou l'éclatement de l'écriture** sur la page par la présence de blancs entre les mots ou les vers ;
– une écriture unissant le mot et la forme, avec les **calligrammes** ;
– le développement du **poème en prose**, dans une perspective narrative et onirique (Michaux) ou descriptive (Ponge).

SAVOIR-FAIRE

Analyser un poème moderne

Son langage poétique, dans sa démarche créatrice, peut sembler difficile. Il faut alors lire plusieurs fois le texte et l'analyser méthodiquement pour mieux le comprendre :

• identifier des réseaux lexicaux afin de dégager le sens général du texte ;

• repérer et analyser les images (métaphores...) et leurs associations ;

• repérer les changements de longueur dans le vers, étudier les mots ou les groupes syntaxiques mis en évidence ;

• étudier particulièrement les mots et les vers isolés ;

• justifier les blancs et analyser les concentrations de termes ;

• étudier la présence ou l'absence de ponctuation ;

• étudier la syntaxe : types de phrases, organisation des phrases selon la répartition, le découpage des vers ;

• relier la longueur des vers ou la disposition des mots à l'analyse du rythme ;

• rechercher les jeux de sonorités, les phénomènes d'écho, et étudier le lien entre les mots ainsi reliés ;

• étudier les jeux sur les mots, les détournements lexicaux qui peuvent exister dans le texte ;

• mettre en relation la forme et le sens : en quoi la forme et l'écriture poétique choisies rendent-elles compte du dessein de l'auteur ?

FAIRE

1 Après avoir transcrit linéairement le texte, vous montrerez ce qu'apporte la forme poétique du calligramme.

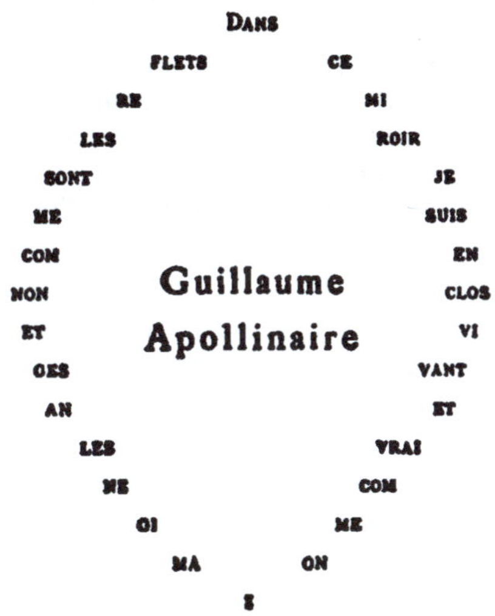

G. Apollinaire, *Calligrammes*, © Éditions Gallimard, 1918.

2 Créez un calligramme sur le thème de votre choix.

3 Guernica, ville du nord de l'Espagne, fut bombardée et détruite par l'aviation allemande soutenant Franco. Ce drame, qui inspira Picasso, est ici évoqué par Éluard.

a. Étudiez la structure du poème. Quel est l'effet recherché ?

b. Analysez le rôle des anaphores et les reprises de vers, les variations, les phénomènes d'écho ; montrez la progression du discours. Quel message apporte le dernier vers ?

La victoire de Guernica

I

Beau monde des masures
De la mine et des champs

II

Visages bons au feu visages bons au froid
Aux refus à la nuit aux injures et aux coups

III

Visages bons à tout
Voici le vide qui vous fixe
Votre mort va servir d'exemple

IV

La mort cœur renversé

V

Ils[1] vous ont fait payer le pain
Le ciel la terre l'eau le sommeil
Et la misère
De votre vie

VI

Ils disaient désirer la bonne intelligence
Ils rationnaient les forts jugeaient les fous
Faisaient l'aumône partageaient un sou en deux
Ils saluaient les cadavres
Ils s'accablaient de politesses

VII

Ils persévèrent ils exagèrent ils ne sont pas de notre monde

VIII

Les femmes les enfants ont le même trésor
De feuilles vertes de printemps et de lait pur
Et de durée
Dans leurs yeux purs

IX

Les femmes les enfants ont le même trésor
Dans les yeux
Les hommes les défendent comme ils peuvent

X

Les femmes les enfants ont les mêmes roses rouges
Dans les yeux
Chacun montre son sang

XI

La peur et le courage de vivre et de mourir
La mort si difficile et si facile

XII

Hommes pour qui ce trésor fut chanté
Hommes pour qui ce trésor fut gâché

XIII

Hommes réels pour qui le désespoir
Alimente le feu dévorant de l'espoir
Ouvrons ensemble le dernier bourgeon de l'avenir

XIV

Parias la mort la terre et la hideur
De nos ennemis ont la couleur
Monotone de notre nuit
Nous en aurons raison.

P. Éluard, *Cours naturel*, © Éditions Gallimard, 1938.

1. Les partisans de Franco.

8 Le discours argumentatif

SAVOIR

Argumenter, c'est, en premier lieu, tenter de faire partager son point de vue à celui à qui l'on s'adresse ; c'est essayer de le convaincre. Pour réaliser cet objectif, les moyens sont divers :

- Le locuteur peut utiliser **un raisonnement logique**. Pour cela, il avance des arguments qui lui permettent de justifier sa position, de défendre sa thèse. Des exemples peuvent venir soutenir son argumentation. L'organisation logique des arguments est essentielle dans cet art de convaincre.
- Le locuteur peut également recourir à **une stratégie de persuasion**, où il cherche à provoquer des réactions, des émotions chez son interlocuteur (et plus globalement chez le lecteur) qui dépassent le seul domaine de la conviction logique.

Un texte littéraire ne propose pas nécessairement l'exposé d'un seul point de vue. Il présente parfois différentes thèses, dont il s'agit alors d'examiner la validité. Il peut, par exemple, prendre la forme d'un débat, d'un dialogue, et avoir alors une fonction plus délibérative : quelle position adopter ? Que doit-on décider ?

SAVOIR-FAIRE

Dans le discours argumentatif, il faut d'abord identifier clairement **la situation d'énonciation** : qui parle ? À qui ? De quoi ? Dans quelles circonstances ?

Étudier un raisonnement logique

- **Repérer les différentes étapes de l'argumentation** : observer la disposition typographique (paragraphes, ponctuation), qui renseigne sur la progression de l'argumentation ; identifier les connecteurs logiques, qui peuvent établir une relation de cause (« car », « parce que »…), de conséquence (« donc », « c'est pourquoi »…), d'opposition (« cependant », « toutefois »…), de concession (« certes… mais »…), d'adjonction (« de plus », « en outre »…).
- **Identifier**, lorsque cela est possible, **un type de raisonnement logique** :

– raisonnement déductif : on part d'une proposition générale pour aboutir à un cas, à sa conséquence logique ;
– raisonnement inductif : on part de faits particuliers – observation, expérience, exemples – pour aboutir à une conclusion ou à une règle générale ;
– raisonnement par concession : on admet quelques aspects de la thèse adverse pour mieux affirmer son point de vue dans un deuxième temps (du type « certes… mais ») ;
– raisonnement par l'absurde : on démontre la fausseté d'une thèse en faisant apparaître les conséquences absurdes qu'elle aurait si on l'admettait.

Étudier une stratégie de persuasion

L'étude d'une stratégie de persuasion conduit à analyser en particulier :

- **l'engagement direct** du locuteur dans son propos, repérable par les marques d'énonciation personnelle (présence de la première personne), les marques du jugement et du sentiment (modalisateurs, connotations, ponctuation expressive), le ton (affirmatif, péremptoire ou enthousiaste) ;
- **la volonté parfois de donner un caractère général à son point de vue** : emploi de formules impersonnelles (« il faut »…), recours aux maximes (formulations brèves de règles de conduite générales et intemporelles), emploi du pronom indéfini « on » (il faut alors se demander si le pronom inclut ou non le locuteur) ;
- **la disqualification de la thèse adverse** : attaque directe (le texte a alors une tonalité polémique), recours à l'ironie ;
- **le souci d'impliquer le destinataire** : emploi du « vous », du « tu », des apostrophes, de l'interrogation directe ;
- **le recours à l'émotion** : images percutantes, exclamations, exemples frappants…

FAIRE

1 Ce texte de Montesquieu, écrit au XVIIIe siècle, est une dénonciation de l'esclavage et donc une défense de la dignité inaliénable de tout homme.

a. Quel raisonnement l'auteur adopte-t-il globalement, tout au long de ce texte, pour convaincre ?

b. À quel type de raisonnement (attribué aux esclavagistes) la phrase soulignée correspond-elle ?

c. Quelles réactions Montesquieu cherche-t-il à susciter chez son lecteur ? Par quels procédés ?

> Si j'avais à soutenir le droit que nous avons eu de rendre les nègres esclaves, voici ce que je dirais :
>
> Les peuples d'Europe ayant exterminé ceux de l'Amérique, ils ont dû mettre en esclavage ceux de l'Afrique, pour s'en servir à défricher tant de terres.
>
> Le sucre serait trop cher si l'on ne faisait travailler la plante qui le produit par des esclaves.
>
> Ceux dont il s'agit sont noirs depuis les pieds jusqu'à la tête ; et ils ont le nez si écrasé qu'il est presque impossible de les plaindre.
>
> On ne peut se mettre dans l'esprit que Dieu, qui est un être sage, ait mis une âme, surtout bonne, dans un corps tout noir.
>
> Il est si naturel de penser que c'est la couleur qui constitue l'essence de l'humanité que les peuples d'Asie, qui font les eunuques, privent toujours les Noirs du rapport qu'ils ont avec nous d'une façon plus marquée.
>
> On peut juger de la couleur de la peau par celle des cheveux, qui, chez les Égyptiens, les meilleurs philosophes du monde, était d'une si grande conséquence qu'ils faisaient mourir tous les hommes roux qui leur tombaient entre les mains.
>
> <u>Une preuve que les nègres n'ont pas le sens commun, c'est qu'ils font plus de cas d'un collier de verre que de l'or, qui, chez les nations policées, est d'une si grande conséquence.</u>
>
> Il est impossible que nous supposions que ces gens-là soient des hommes ; parce que, si nous les supposions des hommes, on commencerait à croire que nous ne sommes pas nous-mêmes chrétiens.
>
> De petits esprits exagèrent trop l'injustice que l'on fait aux Africains. Car, si elle était telle qu'ils le disent, ne serait-il pas venu dans la tête des princes d'Europe, qui font entre eux tant de conventions inutiles, d'en faire une générale en faveur de la miséricorde et de la pitié ?
>
> Montesquieu, *De l'esprit des lois*, 1748.

2 Proposez un commentaire littéraire de l'extrait suivant en mettant en valeur sa force de persuasion (aidez-vous du « SAVOIR-FAIRE ») et ses enjeux : demandez-vous dans quel but Zola écrit ce texte ; précisez pour cela la situation d'énonciation (voir le « SAVOIR-FAIRE »).

> Ô jeunesse, jeunesse ! je t'en supplie, songe à la grande besogne qui t'attend. Tu es l'ouvrière future, tu vas jeter les assises de ce siècle, qui, nous en avons la foi profonde, résoudra les problèmes de vérité et d'équité, posés par le siècle finissant. Nous, les vieux, les aînés, nous te laissons le formidable amas de notre enquête, beaucoup de contradictions et d'obscurités peut-être, mais à coup sûr l'effort le plus passionné que jamais siècle ait fait vers la lumière, les documents les plus honnêtes et les plus solides, les fondements mêmes de ce vaste édifice de la science que tu dois continuer à bâtir pour ton honneur et pour ton bonheur. Et nous ne te demandons que d'être encore plus généreuse, plus libre d'esprit, de nous dépasser par ton amour de la vie normalement vécue, par ton effort mis entier dans le travail, cette fécondité des hommes et de la terre qui saura bien faire enfin pousser la débordante moisson de joie sous l'éclatant soleil. Et nous te céderons fraternellement la place, heureux de disparaître et de nous reposer de notre part de tâche accomplie, dans le bon soleil de la mort, si nous savons que tu nous continues et que tu réalises nos rêves.
>
> Jeunesse, jeunesse ! souviens-toi des souffrances que tes pères ont endurées, des terribles batailles où ils ont dû vaincre, pour conquérir la liberté dont tu jouis à cette heure. Si tu te sens indépendante, si tu peux aller et venir à ton gré, dire dans la presse ce que tu penses, avoir une opinion et l'exprimer publiquement, c'est que tes pères ont donné de leur intelligence et de leur sang. Tu n'es pas née sous la tyrannie, tu ignores ce que c'est que de se réveiller chaque matin avec la botte d'un maître sur la poitrine, tu ne t'es pas battue pour échapper au sabre du dictateur, aux poids faux du mauvais juge. Remercie tes pères, et ne commets pas le crime d'acclamer le mensonge, de faire campagne avec la force brutale, l'intolérance des fanatiques et la voracité des ambitieux. La dictature est au bout.
>
> É. Zola, extrait de *La Vérité en marche* (recueil d'articles sur l'affaire Dreyfus), 1901.

3 En reprenant les principaux procédés qui donnent au texte de Zola sa force de persuasion, écrivez un texte destiné à des jeunes de votre époque sur le sujet de votre choix qui portera sur la défense d'une valeur humaine fondamentale.

Afin de mener à bien ce travail :
- déterminez un sujet (et un seul, pour éviter tout éparpillement) qui vous semble d'actualité et qui soit suffisamment significatif pour donner lieu à un engagement de votre part ;
- faites la liste des principaux procédés d'écriture repérés et analysés dans l'exercice 2, et demandez-vous comment vous pouvez les réutiliser sans forcément reprendre les formules mêmes de Zola ;
- pensez aussi que votre texte doit être un discours de type argumentatif.

9 L'essai

SAVOIR

Définition

• Un essai n'est pas une œuvre de fiction. C'est un texte théorique qui présente la réflexion d'un auteur sur une question particulière.
• L'essai appartient au **genre argumentatif**, et l'auteur recherche l'adhésion du lecteur. Il a aussi **une dimension délibérative** : l'essai n'établit pas un bilan définitif et objectif sur une question ; comme son nom l'indique, il s'agit d'une expérience intellectuelle et personnelle : on soumet un problème à son propre jugement, on fait part de ses doutes, de son questionnement, on pèse les différentes données de l'argumentation communément développée autour du sujet.
L'essai peut aussi prendre **une valeur plus polémique** : la réflexion s'accompagne alors d'une volonté de faire triompher ses positions sur les thèses adverses.

Quelques particularités de son écriture

• **La forme** de l'essai se caractérise par une **grande liberté** : l'essai suit généralement le déroulement de la pensée, ses hésitations, ses parenthèses, ses retours en arrière.
• **Les marques de la subjectivité** sont nombreuses : emploi fréquent de la première personne, marques du jugement et du sentiment, emploi de termes à fortes connotations mélioratives ou péjoratives.
• **Le paradoxe** – l'exposition d'une opinion qui est ou semble être en contradiction avec les idées communément admises – est l'une des figures privilégiées de ce type d'ouvrage. De même, **la ponctuation** est très expressive : fausses interrogations, tournures exclamatives, destinées à rendre compte d'une pensée en mouvement.

Un texte fondateur du genre : les *Essais* de Montaigne (1580-1588)

L'auteur y aborde tous les sujets pouvant concerner la nature humaine (comme le montre la variété des titres de chapitres), en prenant généralement l'angle de sa propre expérience : « Je suis moi-même la matière de mon livre. » Sur ces sujets, au gré des circonstances, l'auteur adopte des positions variables, n'hésitant pas à mettre au jour ses contradictions. Son attitude intellectuelle est celle du doute ; nulle prétention dogmatique dans cet ouvrage : c'est la tentative, l'expérience de la pensée qui prime.

SAVOIR-FAIRE

Étudier un essai polémique

Le débat d'idées prend une dimension polémique lorsque l'auteur s'engage pleinement dans la position qu'il défend, et surtout lorsque sa réflexion s'accompagne **d'une forte remise en cause** de certaines idées qu'il ne partage pas. L'essai peut alors devenir **pamphlet** : le camp adverse est violemment pris à partie ; l'indignation et la révolte l'emportent souvent ici sur le raisonnement logique. Pour un essai polémique, outre les éléments habituels d'un texte argumentatif, il faut étudier :
• **la présentation des thèses** : quelles sont les idées combattues ? Quelles idées leur oppose l'auteur ? Quelle position défend-il ? À l'aide de quels arguments ?
• **le fort degré d'engagement du locuteur dans son propos** : marques de la subjectivité, appui sur son expérience personnelle dans le choix des exemples ;
• **les modalités de la contestation des thèses adverses** :
– dévalorisation (prendre appui sur les marques de jugement, les connotations, les images) ;
– indignation (analyser la ponctuation, la structure des phrases, les répétitions) ;
– ironie (remarquer les antiphrases, l'implicite du propos) ;
– satire (étudier la dimension comique ou absurde que l'on donne à la thèse adverse) ;
– critique virulente (étudier la violence verbale, le choix d'exemples choquants).

FAIRE

1 Parallèlement à son activité de poète, Baudelaire écrit un certain nombre d'articles et de textes consacrés à l'art, où il se révèle un critique redoutable. Répondez aux questions suivantes.

a. 1er paragraphe

– Quel est le sujet abordé par Baudelaire ?
– À quel type d'ouvrages s'oppose son projet d'écriture ?
– Relevez les différentes expressions qui permettent d'assimiler son œuvre à un essai.

b. 2e paragraphe

Quels éléments donnent une dimension polémique à cet essai ? À qui s'oppose Baudelaire ? Pourquoi ?

Je ne veux pas écrire un traité de la caricature ; je veux simplement faire part au lecteur de quelques réflexions qui me sont venues souvent au sujet de ce genre singulier. Ces réflexions étaient devenues pour moi une espèce d'obsession ; j'ai voulu me soulager. J'ai fait, du reste, tous mes efforts pour y mettre un certain ordre et en rendre la digestion plus facile. Ceci est donc purement un article de philosophe et d'artiste. Sans doute, une histoire générale de la caricature dans ses rapports avec tous les faits politiques ou religieux, graves ou frivoles, relatifs à l'esprit national ou à la mode, qui ont agité l'humanité est une œuvre glorieuse et importante. Le travail est encore à faire, car les essais publiés jusqu'à présent ne sont guère que matériaux ; mais j'ai pensé qu'il fallait diviser le travail. [...]
Un scrupule me prend. Faut-il répondre par une démonstration en règle à une espèce de question préalable que voudraient sans doute malicieusement soulever certains professeurs jurés de sérieux, charlatans de la gravité, cadavres pédantesques sortis des froids hypogées de l'Institut, et revenus sur la terre des vivants comme certains fantômes avares, pour arracher quelques sous à de complaisants ministères ? D'abord, diraient-ils, la caricature est-elle un genre ? Non, répondraient leurs compères, la caricature n'est pas un genre. J'ai entendu résonner à mes oreilles de pareilles hérésies dans des dîners d'académiciens. Ces braves gens laissaient passer à côté d'eux la comédie de Robert Macaire[1] sans y apercevoir de grands symptômes moraux et littéraires. Contemporains de Rabelais, ils l'eussent traité de vil et de grossier bouffon. En vérité, faut-il donc démontrer que rien de ce qui sort de l'homme n'est frivole aux yeux du philosophe ?

C. Baudelaire,
Critique d'art, 1868.

1. Antihéros du mélodrame *L'Auberge des adrets*.

2 a. Quel est le sujet de cet extrait ?
b. Observez l'organisation des paragraphes : comment le texte progresse-t-il ?
c. Relevez les expressions qui décrivent l'attitude habituelle des hommes face à la mort. Quelle position Montaigne adopte-t-il ? Comparez. En quoi retrouve-t-on ici un trait caractéristique du genre de l'essai ?
d. Analysez le système de l'énonciation : peut-on dire que ce texte est une réflexion théorique sur l'homme face à la mort ?

Le but de notre carrière, c'est la mort, c'est l'objet nécessaire de notre visée : si elle nous effraie, comment est-il possible d'aller un pas avant sans fièvre ? Le remède du vulgaire[1], c'est de n'y penser pas... Mais de quelle brutale stupidité lui peut venir un si grossier aveuglement ? Il lui faut faire brider l'âne par la queue.
Qui capite ipse suo instituit vestigia retro[2].
Ce n'est pas de merveille s'il est souvent pris au piège. On fait peur à nos gens seulement de nommer la mort et la plupart s'en signent, comme du nom du diable. [...]
Parce que cette syllabe frappait trop rudement leurs oreilles, et que cette voix leur semblait malencontreuse, les Romains avaient appris de l'amollir ou de l'étendre en périphrases. Au lieu de dire : il est mort ; il a cessé de vivre, disent-ils : il a vécu. Pourvu que ce soit vie, soit-elle passée, ils se consolent. Nous en avons emprunté notre feu Maître Jehan[3].
À l'aventure, est-ce que, comme on dit, le terme vaut l'argent[4] ? Je naquis entre onze heures et midi, le dernier jour de février mil cinq cent trente-trois, comme nous comptons à cette heure, commençant l'an en janvier. Il n'y a justement que quinze jours que j'ai franchi trente-neuf ans, il m'en faut pour le moins encore autant. Cependant, s'empêcher du pensement de choses si éloignées, ce serait folie. Mais quoi, les jeunes et les vieux laissent la vie de même condition. Nul n'en sort autrement que comme si tout présentement il y entrait.

M. de Montaigne, *Essais*, I, 20, 1580-1595.

1. Du commun des mortels.
2. Lui qui a décidé de marcher à reculons (Lucrèce, *De la nature des choses*).
3. Monsieur Untel.
4. Le délai vaut de l'argent.

3 Développez à votre tour sous la forme d'un petit essai vos réflexions personnelles sur la condition humaine face à la mort. Vous veillerez à donner à votre écriture les caractéristiques du genre.

10 L'homme, objet de questionnement

SAVOIR

Le programme sur l'argumentation en première invite à considérer l'homme comme objet de réflexion en littérature. Il s'agit donc d'analyser la façon dont les textes littéraires envisagent d'une part **les grandes questions qui hantent l'humanité** (énigmes des origines, du sens de la vie, de la destinée), d'autre part **des problèmes humains, plus particuliers, liés à un contexte socio-historique** précis, dessinant ainsi les contours de différentes conceptions de l'homme. Il est possible d'esquisser, de façon nécessairement schématique, quelques-uns **des idéaux et des lignes de fracture** où vient se révéler, pour une époque donnée, une certaine manière de penser l'homme.

L'humaniste du XVIe siècle

Il incarne **un idéal de sagesse**, lié à sa soif de connaissances et à sa façon de repenser la place de l'homme dans le monde, de lui conférer une nouvelle dignité (voir p. 18). Sans doute peut-on parler d'un optimisme, fondé sur la foi dans l'homme, mais celui-ci ne doit faire oublier ni les obstacles auxquels se sont heurtés, parfois au prix de leur vie, les humanistes, ni le traumatisme des guerres de religion. En tout cas, s'impose au XVIe siècle l'idée que l'homme peut être maître de son jugement, peut agir sur le monde : **l'homme devient un sujet**, c'est-à-dire un être autonome et conscient de son identité propre.

L'honnête homme du XVIIe siècle

La figure de l'honnête homme constitue **un idéal social et moral**, avant de devenir un modèle littéraire, conforme aux préceptes d'ordre et de raison du classicisme. L'honnête homme incarne la juste mesure : en société, il sait se montrer civil, courtois, poli, sans être dupe des manœuvres hypocrites, sans perdre intérieurement son indépendance d'esprit, mais sans se poser publiquement en juge et en censeur. Dans *Le Misanthrope*, Molière oppose ainsi l'attitude de conciliation de Philinte à l'intransigeance d'Alceste. Sur le plan intellectuel, il s'attache à être guidé par sa raison sans jamais faire preuve de pédantisme.

Le philosophe du XVIIIe siècle

Cet idéal trouve sa plus juste expression dans **le courant des Lumières** : éclairé par **le « flambeau de la raison »**, le philosophe s'efforce d'exercer son libre jugement critique pour comprendre le monde et les hommes, et d'établir son savoir sur « la science des faits », comme le dit Montesquieu. Mais il est aussi un homme d'action et de dialogue, qui veut mettre sa réflexion au service des autres, faire partager ses idées. Ainsi, la figure du philosophe n'est pas réductible aux écrivains des Lumières : elle devient un modèle humain qui se diffuse dans toute la société et **le fondement d'une libération de l'homme par l'homme** qui aboutira en 1789 à la **Déclaration des droits de l'homme et du citoyen.**

Le XIXe siècle : du triomphe de l'individu à l'homme aliéné

Le romantisme, qui se développe au début du XIXe siècle, va assurer **la promotion du « moi »** et du sentiment aigu de la singularité de tout homme, que revendiquait déjà Rousseau à la fin du XVIIIe siècle. Les mutations sociales nées de la Révolution et de l'Empire, l'ascension de la bourgeoisie et de ses valeurs, viennent signer **le triomphe de l'individu** ou du moins sa volonté d'affirmer son mérite personnel. Les romans du XIXe siècle relatent ainsi le parcours d'un personnage qui, de Julien Sorel chez Stendhal à Aristide Saccard chez Zola, en passant par Rastignac chez Balzac, tente de faire sa place dans le monde. Mais, sous l'influence de la révolution industrielle qui introduit de nouveaux schémas économiques et sociaux, et de la science qui commence à interroger les phénomènes de l'hérédité, l'homme se trouve également soumis à **des formes modernes de déterminismes** qui l'aliènent : le travail, la famille, le milieu (et qu'illustreront les romans naturalistes de Zola). La **réflexion marxiste** et l'émergence des socialismes viennent alors remettre en question ce triomphe de l'individu pour tenter de construire un autre modèle politique.

L'homme incompréhensible à lui-même au XXe siècle : l'humain en question

Trois phénomènes majeurs font entrer l'homme dans l'ère du soupçon : **les théories freudiennes** qui, en révélant la part de l'inconscient, viennent mettre à bas l'idée d'un moi stable et unifié par sa conscience ; **le sentiment d'absurdité face au monde** qui conduit l'homme à ne plus comprendre ni sa place ni le sens de son existence ; et enfin **le traumatisme des deux guerres mondiales et de la Shoah**, qui annihile toute confiance en l'homme en le découvrant monstrueux, inhumain. Les textes du XXe siècle portent la marque de cette profonde mutation, même si, face à ce vacillement de l'humain, se fait entendre un nouvel humanisme, par exemple dans *L'Homme révolté* de Camus ou dans les œuvres existentialistes de Sartre (*La Nausée*).

FAIRE

Lisez attentivement le corpus suivant, reformulez les idées majeures de chaque texte et dites quelle conception de l'homme se dégage à chaque fois, en veillant à prendre en compte le contexte de rédaction.

Texte 1

Voici le premier progrès que l'esprit de révolte fait faire à une réflexion d'abord pénétrée de l'absurdité et de l'apparente stérilité du monde. Dans l'expérience absurde, la souffrance est individuelle. À partir d'un mouvement de révolte, elle a conscience d'être collective, elle est l'aventure de tous. Le premier progrès d'un esprit saisi d'étrangeté est donc de reconnaître qu'il partage cette étrangeté avec tous les hommes et que la réalité humaine, dans sa totalité, souffre de cette distance par rapport à soi et au monde. Le mal qui éprouvait un seul homme devient peste collective. Dans l'épreuve quotidienne qui est la nôtre, la révolte joue le même rôle que le cogito dans l'ordre de la pensée : elle est la première évidence. Mais cette évidence tire l'individu de sa solitude. Elle est un lieu commun qui fonde sur tous les hommes la première valeur. Je me révolte, donc nous sommes.

Albert Camus, *L'Homme révolté*,

Texte 2

« Le vrai honnête homme est celui qui ne se pique de rien. »
« C'est être véritablement honnête homme que de vouloir toujours être exposé à la vue des honnêtes gens. »
« Les faux honnêtes gens sont ceux qui déguisent leurs défauts aux autres et à eux-mêmes. Les vrais honnêtes gens sont ceux qui les connaissent parfaitement et les confessent. »
« J'ai les sentiments vertueux, les inclinations belles, et une si forte envie d'être tout à fait honnête homme que mes amis ne me sauraient faire un plus grand plaisir que de m'avertir sincèrement de mes défauts. »

La Rochefoucauld, *Maximes*, 1665.

Texte 3

La bourgeoisie a joué dans l'histoire un rôle hautement révolutionnaire. Là où elle est arrivée au pouvoir, la bourgeoisie a détruit tous les rapports féodaux, patriarcaux, idylliques. Elle [...] n'a laissé subsister d'autre lien entre l'homme et l'homme que l'intérêt tout nu, le dur « paiement comptant ». Elle a noyé dans les eaux glacées du calcul égoïste les frissons sacrés de l'exaltation religieuse, de l'enthousiasme chevaleresque, de la mélancolie sentimentale des petits-bourgeois. Elle a dissous la dignité personnelle dans la valeur d'échange et substitué aux innombrables libertés reconnues par lettres patentes et chèrement acquises la seule liberté sans scrupule du commerce. En un mot, elle a substitué à l'exploitation que voilaient les illusions religieuses et politiques l'exploitation ouverte, cynique, directe et toute crue. La bourgeoisie a dépouillé de leur auréole toutes les activités tenues jusqu'ici pour vénérables et considérées avec une piété mêlée de crainte. Elle a transformé le médecin, le juriste, le prêtre, le poète, l'homme de science, en salariés à ses gages. La bourgeoisie a arraché aux relations familiales leur voile sentimental attendrissant et les a ramenées à un pur rapport d'argent.

Marx et Engels,
Manifeste du parti communiste, 1848.

Texte 4

Chaque siècle a son esprit qui le caractérise. L'esprit du nôtre semble être celui de la liberté. La première attaque contre la superstition a été violente, sans mesure. Une fois que les hommes ont osé d'une manière quelconque donner l'assaut à la barrière de la religion, cette barrière la plus formidable qui existe comme la plus respectée, il est impossible de s'arrêter. Dès qu'ils ont tourné des regards menaçants contre la majesté du ciel, ils ne manqueront pas le moment d'après de les diriger contre la souveraineté de la terre. Le câble qui tient et comprime l'humanité est formé de deux cordes ; l'une ne peut céder sans que l'autre vienne à rompre.

Diderot, lettre à la princesse Dashkoff, 3 avril 1771,
Correspondances.

Français

11 Les formes théâtrales

SAVOIR

Le texte théâtral comprend **le texte dit sur la scène** (dialogue ou monologue) et **des didascalies** (indications scéniques). Le lecteur se trouve donc face à un double discours : d'un côté, celui attribué par l'auteur aux personnages (le dialogue), de l'autre, celui pris en charge directement par l'auteur (les didascalies).

Les différentes formes de discours théâtral

Les formes de discours théâtral sont variées :

- **le dialogue** proprement dit, où l'on distingue la répartie (réplique brève), la tirade (longue réplique), la stichomythie (échange rapide de répliques très brèves), le polylogue (où différentes voix mènent un ou plusieurs dialogues dans le même temps), le « faux » dialogue (où les personnages en réalité ne communiquent pas) ;
- **le monologue** (un personnage parle seul sur scène) ;
- **l'aparté** : au milieu d'un dialogue, un personnage parle pour lui-même ou au public sans que l'autre personnage soit censé l'entendre.

Vers ou prose ? Ce choix dépend des époques et du genre : ainsi, au XVIIe siècle, l'alexandrin est réservé aux tragédies et aux comédies sérieuses (mais *Dom Juan* est en prose) ; au XIXe siècle, le drame romantique privilégie parfois la prose pour affirmer sa modernité.

Les genres théâtraux

Les genres théâtraux eux-mêmes concourent à la variété des formes. On note :

- deux « grands » genres, clairement séparés dans la doctrine classique : **la comédie** (personnages communs, situation relevant des caractères ou des mœurs, dénouement heureux) et **la tragédie** (sujet noble, registre élevé, obstacle lié à la fatalité ou aux raisons d'État, dénouement malheureux) ;
- des genres liés à certaines époques : **la tragicomédie**, au XVIIe siècle, qui reprend certains critères du tragique mais avec un dénouement heureux et une liberté de règles ; **le drame bourgeois**, au XVIIIe siècle, qui met en scène des situations et des personnages contemporains avec une visée morale et où domine le pathétique ; **le drame romantique**, au XIXe siècle, qui préconise le mélange des genres et l'abandon des règles classiques pour montrer l'homme et le monde dans leur totalité ; **le vaudeville**, aux XIXe et XXe siècles, qui est un genre populaire, proposant souvent une cascade de rebondissements ; **le théâtre de l'absurde**, au XXe siècle, qui met en scène, par la rupture totale des conventions théâtrales, l'absurdité du langage et de l'existence.

SAVOIR-FAIRE

Analyser un monologue

Pour l'étude d'un monologue, il convient toujours d'être attentif à certains points.

- **À quel moment de l'action ce monologue prend-il place ?** Il intervient souvent à un moment où le personnage se trouve face à un problème à résoudre (d'où la dimension délibérative du monologue) ou lorsqu'il est plongé dans une confusion intérieure extrême (d'où la ponctuation expressive).
- **Quelles sont les caractéristiques de l'énonciation ?** Bien entendu, le public semble être le destinataire privilégié du monologue, mais le monologue est d'abord un dialogue de soi à soi (emploi du « tu » pour se désigner soi-même). Il peut aussi s'adresser à un destinataire absent (usage de l'apostrophe).
- **Quels sont ses enjeux ?** Le monologue permet d'avoir accès à l'intériorité du personnage. Les émotions suscitées chez le spectateur sont donc à analyser. De plus, sa valeur délibérative implique des conséquences sur l'action à venir : quelle décision est prise ? Quels sont ses effets ? Enfin, dans le théâtre moderne, le monologue peut être le signe d'un repli sur soi, d'une impossibilité à communiquer avec l'autre.

FAIRE

Lisez attentivement les textes suivants et répondez aux questions proposées.

a. Identifiez les genres théâtraux auxquels appartiennent ces pièces et la forme de discours proposée.

b. Justifiez l'emploi de cette forme théâtrale à ce moment de l'action.

c. Étudiez pour chaque texte le système d'énonciation. Que traduit-il de la situation du personnage et de son état ? Quels autres procédés stylistiques peuvent soutenir votre analyse ?

d. Quel est l'effet produit sur le spectateur par chacun de ces textes ?

Texte 1

Pyrrhus a obtenu d'Andromaque, la veuve d'Hector, qu'elle accepte de l'épouser. Hermione, délaissée, demande alors à Oreste, qui l'aime éperdument, de tuer Pyrrhus. Le crime vient d'être commis, et Hermione maudit alors Oreste.

ORESTE, *seul.*
Que vois-je ? Est-ce Hermione ? Et que viens-je d'entendre ?
Pour qui coule le sang que je viens de répandre ?
Je suis, si je l'en crois, un traître, un assassin.
Est-ce Pyrrhus qui meurt ? et suis-je Oreste enfin ?
Quoi ? j'étouffe en mon cœur la raison qui m'éclaire ;
J'assassine à regret un roi que je révère ;
Je viole en un jour les droits des souverains,
Ceux des ambassadeurs et tous ceux des humains,
Ceux même des autels où ma fureur l'assiège :
Je deviens parricide, assassin, sacrilège.
Pour qui ? pour une ingrate, à qui je le promets,
Qui même, s'il ne meurt, ne me verra jamais,
Dont j'épouse la rage. Et quand je l'ai servie,
Elle me redemande et son sang et sa vie !
Elle l'aime ! et je suis un monstre furieux !
Je la vois pour jamais s'éloigner de mes yeux !
Et l'ingrate, en fuyant, me laisse pour salaire
Tous les noms odieux que j'ai pris pour lui plaire !

J. Racine, *Andromaque*, 1667 (V, 4).

Texte 2

Suzanne, pour aider sa maîtresse, la comtesse, feint d'accepter un rendez-vous avec le comte pour le confondre. Figaro, le valet du comte, se croit trahi par celle qu'il vient d'épouser.

FIGARO, *seul, se promenant dans l'obscurité, dit du ton le plus sombre.* – Ô femme ! femme ! femme ! créature faible et décevante !... nul animal créé ne peut manquer à son instinct : le tien est-il donc de tromper ?... Après m'avoir obstinément refusé quand je l'en pressais devant sa maîtresse ; à l'instant qu'elle me donne sa parole, au milieu même de la cérémonie... Il riait en lisant, le perfide ! et moi, comme un benêt... Non, monsieur le Comte, vous ne l'aurez pas... vous ne l'aurez pas. Parce que vous êtes un grand seigneur, vous vous croyez un grand génie !... Noblesse, fortune, un rang, tout cela rend si fier ! Qu'avez-vous fait pour tant de biens ? Vous vous êtes donné la peine de naître et rien de plus. Du reste, homme assez ordinaire ; tandis que moi, morbleu ! perdu dans la foule obscure, il m'a fallu déployer plus de science et de calculs pour subsister seulement qu'on n'en a mis depuis cent ans à gouverner toutes les Espagnes : et vous voulez jouter... On vient... C'est elle... ce n'est personne. – La nuit est noire en diable, et me voilà faisant le sot métier de mari, quoique je ne le sois qu'à moitié ! (*Il s'assied sur un banc.*) Est-il rien de plus bizarre que ma destinée ?

P. A. de Beaumarchais, *Le Mariage de Figaro*, 1784 (V, 3).

Texte 3

Lorenzo a pris la décision, pour aider le parti républicain et par soif de pureté, de tuer le duc Alexandre de Médicis. Il s'est d'abord introduit dans l'entourage du tyran en partageant sa débauche. Il veut utiliser maintenant sa tante Catherine comme appât pour attirer le duc, qui souhaite la séduire. La scène se déroule au XVI*e siècle.*

LORENZO. – Va-t'en, Catherine, va dire à ma mère que je te suis. Sors d'ici. Laisse-moi ! (*Catherine sort.*) Par le ciel ! quel homme de cire suis-je donc ? Le vice, comme la robe de Déjanire, s'est-il si profondément incorporé à mes fibres que je ne puisse plus répondre de ma langue, et que l'air qui sort de mes lèvres se fasse ruffian malgré moi ? J'allais corrompre Catherine. – Je crois que je corromprais ma mère, si mon cerveau le prenait à tâche ; car Dieu sait quelle corde et quel arc les dieux ont tendus sur ma tête, et quelle force ont les flèches qui en partent ! Si tous les hommes sont des parcelles d'un foyer immense, assurément l'être inconnu qui m'a pétri a laissé tomber un tison au lieu d'une étincelle, dans ce corps faible et chancelant. Je puis délibérer et choisir, mais non revenir sur mes pas lorsque j'ai choisi. Ô Dieu ! les jeunes gens à la mode ne se font-ils pas une gloire d'être vicieux, et les enfants qui sortent du collège ont-ils quelque chose de plus pressé que de se pervertir ? Quel bourbier doit donc être l'espèce humaine, qui se rue ainsi dans les tavernes avec des lèvres affamées de débauche, quand, moi, qui n'ai voulu prendre qu'un masque pareil à leurs visages, et qui ai été aux mauvais lieux avec une résolution inébranlable de rester pur sous mes vêtements souillés, je ne puis ni me retrouver moi-même ni laver mes mains, même avec du sang.

A. de Musset, *Lorenzaccio*, 1834 (IV, 5).

12 Le langage théâtral

SAVOIR

L'écriture scénique

Le texte théâtral est écrit pour être dit et pour être représenté. **Chaque représentation constitue une interprétation toujours différente du sens du texte** ; l'effet produit sur le spectateur, comme la portée de la pièce, sont fonction des choix de la mise en scène.
Ainsi, malgré la présence des didascalies, le langage théâtral ne peut être réduit au texte, au discours verbal. Il est donc nécessaire de toujours prendre en compte les autres dimensions du langage théâtral, qui font sens dans la représentation :

- **le langage paraverbal**, qui concerne tout ce qui entoure la production orale du discours : la déclamation, les rires, les cris, les gémissements, les pleurs, les silences, mais aussi les éléments sonores (musique, bruitage) ;
- **le langage non verbal**, qui concerne tout ce qui est de l'ordre du visuel : le lieu, les décors, les costumes, les accessoires, la gestuelle.

La double énonciation

L'autre particularité du langage théâtral est que le discours d'un personnage s'adresse à la fois à un autre personnage et au public (il y a **double destinataire**). La parole du personnage peut donc recouvrir un double sens : l'un pour le personnage, l'autre pour le public. C'est le cas en particulier du **quiproquo**, où seul le spectateur comprend la réalité de la situation de confusion dans laquelle sont plongés les personnages. De plus, derrière chaque parole, **c'est le dramaturge qui en dernier lieu s'adresse à son public** : le contenu comme l'objectif de son discours ne recoupent pas ceux du discours du personnage. Ainsi, lorsque, dans *Tartuffe*, le faux dévot s'adresse à Elmire, son discours a pour but de la séduire ; ce que Molière révèle, lui, au public, c'est l'hypocrisie du faux dévot.

La parole comme action

Au théâtre, « dire, c'est faire ». Dire, c'est moins dire quelque chose qu'agir sur l'autre. C'est pourquoi la situation de communication doit toujours être cernée : pourquoi tel personnage prend-il la parole ? Que veut-il obtenir de l'autre ? De plus, les paroles elles-mêmes peuvent être directement des actions : malédiction, prière, ordre, serment… **Les fonctions conative** (agir sur le destinataire du message) et **phatique** (assurer la communication) du langage sont essentielles au théâtre.

SAVOIR-FAIRE

Analyser le rôle des didascalies

- **Identifier leur objet** : les didascalies permettent au lecteur d'accéder au langage extra-verbal du théâtre et peuvent guider mise en scène et interprétation par le comédien du rôle ; elles donnent des indications sur les gestes, les déplacements, l'intonation, le décor, la lumière, etc.
- **Comprendre leur fonction et leur sens dans la signification globale de l'œuvre** : le théâtre moderne (chez Ionesco, pour qui elles sont une part irréductible du texte théâtral, ou chez Beckett, etc.) abonde en didascalies. Celles-ci ne sont pas de simples indications scéniques : elles participent pleinement au sens de la pièce, venant dire par exemple par leur abondance même l'échec ou l'impuissance du langage verbal, ou confèrent au corps et à ce qu'il exprime une place nouvelle. Elles révèlent aussi combien le théâtre est à voir autant qu'à entendre.

FAIRE

1 Préparez la lecture analytique de cet extrait de théâtre en prenant en compte la dimension véritablement théâtrale du texte.

a. Quels éléments du langage paraverbal et non verbal l'extrait suivant met-il en valeur ? Soyez attentif aux didascalies et à la ponctuation, mais aussi aux indications contenues dans le dialogue.

b. Quels sont les effets produits par chacun d'eux ? En quoi contribuent-ils à construire le sens de la scène ?

Un cadavre encombrant envahit progressivement l'appartement d'un couple, Amédée, écrivain raté, et Madeleine.

MADELEINE. – Qu'est-ce qu'il nous fait encore ? Qu'est-ce qu'il veut !

AMÉDÉE. – Il grandit de plus en plus vite !

MADELEINE. – Fais donc quelque chose.

AMÉDÉE, *désolé, désespéré*. – Il n'y a rien à faire ; rien à faire. On ne peut plus rien faire, hélas ! Il a la progression géométrique.

MADELEINE. – La progression géométrique ?

AMÉDÉE, *du même ton*. – Oui... la maladie incurable des morts ! Comment a-t-il pu attraper ça chez nous !

MADELEINE, *éclatant*. – Mais qu'est-ce qu'on va devenir, mon Dieu, qu'est-ce qu'on va devenir ? Je te l'avais bien dit... Je m'en étais doutée...

AMÉDÉE. – Je vais le plier en deux...

MADELEINE. – Il l'est déjà !

AMÉDÉE. – Je vais l'enrouler...

MADELEINE. – Ça ne l'empêchera pas de grandir. Il pousse de tous les côtés à la fois ! Où va-t-on le mettre, qu'est-ce qu'on va en faire, que va-t-on devenir ?

La figure dans ses mains, elle pleure.

AMÉDÉE. – Madeleine, voyons, du sang-froid !

MADELEINE. – Ah ! non, c'est trop fort, c'est plus qu'on en peut supporter...

AMÉDÉE, *voulant la consoler*. – Tout le monde a des ennuis, Madeleine.

MADELEINE, *se tordant les mains*. – Ce n'est plus une vie ! Non, non, ce n'est plus possible.

AMÉDÉE, *même jeu*. – Tiens, mes parents, par exemple, ils avaient...

MADELEINE, *l'interrompant en larmes*. – Il va s'amener ici avec tous ses champignons. Tu en avais déjà trouvé deux, c'était un signe, j'aurais dû comprendre...

On entend des craquements dans la chambre de gauche.

AMÉDÉE, *même jeu*. – Il y en a de plus malheureux que nous !

MADELEINE (*sanglots, larmes, désespoir*). – Tu ne te rends pas compte que ce n'est plus humain, non, ce n'est plus humain, ce n'est vraiment plus humain ! (*Elle s'effondre sur une chaise. La tête entre ses mains, elle sanglote ; de temps en temps, elle répète.*) Ce n'est plus humain, non, ce n'est plus humain... humain... humain... humain...

AMÉDÉE, *pendant ce temps, reste debout, impuissant, les bras ballants ; il regarde tantôt Madeleine, fait un pas vers elle comme pour aller la consoler, renonce, tantôt regarde le mort, en s'épongeant le front ; à part*. – Et mes pièces, alors, je ne vais plus pouvoir les écrire... Nous sommes fichus...

E. Ionesco, *Amédée ou Comment s'en débarrasser*, acte I, © Éditions Gallimard, 1954.

2 Écrivez une suite à la scène d'*Amédée ou Comment s'en débarrasser*.
Consignes d'écriture :
• choisissez une péripétie cohérente ;
• mêlez les registres comique, pathétique et tragique ;
• soignez l'écriture de didascalies en précisant notamment comment évolue la présence du cadavre ;
• respectez enfin la disposition particulière du texte théâtral (vous pouvez souligner les didascalies pour les différencier du dialogue).

3 Reprenez l'extrait du *Mariage de Figaro* proposé au chapitre précédent et insérez dans le monologue des indications scéniques éclairant le jeu du personnage.

4 Tout texte théâtral n'est pas nécessairement écrit pour la scène.

a. Recherchez sur Internet des renseignements sur le volume de Musset intitulé *Un spectacle dans un fauteuil*.

b. Faut-il nécessairement voir une pièce pour l'apprécier ? Développez en deux ou trois paragraphes argumentés votre réponse à cette question. Vous introduirez à l'appui de chaque idée un exemple précis et veillerez notamment à faire référence au *Spectacle dans un fauteuil* de Musset, sur lequel vous avez fait des recherches.

13 La représentation théâtrale

SAVOIR

Les éléments matériels de la représentation

• **Le lieu théâtral** : il peut être varié (théâtre fermé, en plein air, etc.) et sa nature même impose des contraintes ; de même, l'espace scénique (notamment ses dimensions) est une composante essentielle pour les choix de mise en scène et pour le jeu des acteurs.

• **Le décor** : il peut s'appuyer sur le texte même ou dépendre des options de lecture du metteur en scène qui peut décider d'un décor réaliste ou à valeur plus symbolique.

• **Les costumes** : là encore, plusieurs possibilités s'offrent au metteur en scène, libre de choisir des costumes d'époque, d'introduire au contraire des décalages chronologiques, ou de privilégier une symbolique.

• **Les objets et accessoires** : leur présence sur la scène peut être liée au texte et à l'action même (ils ont alors une fonction actantielle, et peuvent être l'objet même de l'action – c'est le cas des chaises dans la pièce du même nom de Ionesco – ou un adjuvant : par exemple, un personnage, Chérubin, se cache derrière un fauteuil pour ne pas être vu du comte dans *Le Mariage de Figaro*, de Beaumarchais). L'accessoire peut aussi jouer un rôle plus symbolique par sa seule présence sur scène (ainsi une simple statue pourrait rappeler, dans la tragédie, la présence et la puissance des dieux).

• **La lumière et la bande-son** : indiquées ou non dans le texte, elles sont un élément du langage scénique ; dans *Rhinocéros*, de Ionesco, la bande-son peut introduire, sans que le spectateur les voie, la présence scénique des rhinocéros.

Le jeu du comédien

L'analyse du jeu du comédien doit être attentive :

• au **langage du corps** : déplacements, gestuelle, mimiques, etc. ;

• à **la mise en voix du texte** : débit, rythme, intonation, silence, etc.

La mise en scène

• Depuis la fin du XIXe siècle, **le metteur en scène a une fonction essentielle** dans le passage du texte à la représentation (auparavant, c'étaient souvent les auteurs eux-mêmes qui dirigeaient les acteurs ou bien ils déléguaient ce travail à un simple directeur de troupe). C'est lui qui orchestre tout : le choix des comédiens, leur jeu, ainsi que les options de représentation du texte, depuis la mise en espace jusqu'aux éléments visuels et sonores.

• **Toute mise en scène est une lecture du texte**, une interprétation ; elle peut s'efforcer, comme l'exigent parfois certains auteurs modernes, de respecter au mieux les didascalies introduites au côté du dialogue ou, comme c'est plus souvent le cas, opérer un véritable travail de création qui confère à la pièce un ensemble de significations qui ne correspondent pas nécessairement aux intentions de l'auteur. Un metteur en scène peut même parfois modifier le texte de l'auteur. Ainsi, chaque mise en scène différente d'une pièce en renouvelle l'approche.

• Enfin, **chaque représentation donnée d'une même mise en scène constitue en elle-même un moment particulier** et ne ressemble ni à la précédente ni à la suivante : le jeu des comédiens se modifie (en fonction d'éléments inhérents à leur personne même ou en fonction des réactions du public), l'ambiance de la salle varie selon les spectateurs qui la composent (tel effet perçu comme comique par le public d'un soir pourra très bien rater sa cible le lendemain).

SAVOIR-FAIRE

Proposer une mise en scène d'un extrait de pièce de théâtre

Rédiger des propositions de mise en scène constitue un travail d'écriture possible. Pour préparer ce type d'exercice, on doit :

- **lire attentivement le texte** : à quel genre théâtral appartient-il ? Quel est le registre dominant ? Comporte-t-il des didascalies ? Sur quels éléments du langage paraverbal ou non verbal ? Le dialogue propose-t-il des pistes, des contraintes pouvant orienter la mise en scène (soyez attentif, par exemple, à la ponctuation) ?
- **réfléchir préalablement au sens que l'on veut donner à cette scène, à l'effet** que l'on veut produire sur le spectateur ;
- **faire des propositions sur les différents aspects du langage théâtral dans la représentation** (ton, silence, cris, pleurs, rires, bruitage, décor, costume, âge des acteurs, accessoires, lumières, position et gestuelle…) ;
- **rédiger, en exposant d'abord les objectifs de la mise en scène** : sens de la scène, effet à produire sur le spectateur, puis en distinguant deux parties, l'une regroupant les indications sur le langage non verbal, l'autre regroupant les indications sur le langage paraverbal, en justifiant toujours ses choix par rapport au texte proposé ; conclure en faisant le bilan de la mise en scène proposée (ce qu'elle met en valeur, ce qu'elle risque de laisser de côté, les difficultés posées par certains choix).

FAIRE

1 Proposez une mise en scène de l'extrait d'*Amédée ou Comment s'en débarrasser* (p. 31), en vous aidant des questions suivantes. Rédigez vos propositions.

a. À quel genre appartient cette pièce ?

b. Quel décor choisiriez-vous ? Quels costumes ? Où se trouve le cadavre ? Quel problème technique peut se poser ?

c. Cette scène repose sur un mélange de différents registres : le tragique, le dramatique, le comique, le pathétique. Identifiez les éléments textuels correspondant à ces différents registres. Par quels choix de mise en scène pouvez-vous les mettre en valeur ? Pensez à l'évolution du ton du dialogue, à la dernière réplique, aux mimiques, aux gestes, aux regards…

2 Observez la photographie de mise en scène de cette même pièce et analysez-la en vous appuyant sur les éléments de la rubrique « SAVOIR » proposée ci-contre.

***Amédée* ou *Comment s'en débarrasser*, mise en scène de Roger Planchon, avec Roger Planchon et Colette Dompietrini, au théâtre Silvia Monfort, le 3 mars 2009**

14 L'évolution du genre romanesque

SAVOIR

Le terme « roman » désigne au Moyen Âge **les textes écrits en langue romane ou en langue vulgaire** par opposition à ceux écrits en latin, qu'ils soient en vers ou en prose, narratifs ou non. Progressivement, le roman désigne **un genre littéraire**, narratif, qui, contrairement à l'épopée, met l'accent sur le parcours dans le monde d'un personnage.

La Renaissance : le roman humaniste

La Renaissance consacre essentiellement deux écrivains : en France, **Rabelais**, avec *Gargantua* et *Pantagruel* ; en Espagne, au début du XVIIe siècle, **Cervantès** avec *Don Quichotte de la Manche*.

Le XVIIe siècle : le triomphe du « romanesque » ?

Le XVIIe siècle considère souvent le roman comme un genre mineur et frivole, un divertissement créé par des nobles oisifs pour un public féminin. Ainsi, le roman offre généralement le récit d'aventures amoureuses ou une fiction à la fois réaliste et burlesque, dans la veine du *Roman comique* de Scarron. Pourtant, *La Princesse de Clèves* de Mme de Lafayette (1678) apparaît, par son analyse subtile de l'âme humaine et son souci de vraisemblance, comme **le fondement du roman moderne**.

Le Siècle des Lumières : l'illusion romanesque en action

S'il garde encore quelques préjugés sur le roman, le XVIIIe siècle offre **une grande variété dans la forme et l'esthétique** romanesques. La portée morale y est affichée (*Manon Lescaut* de Prévost ou *Paul et Virginie* de Bernardin de Saint-Pierre) à travers le récit d'une vie présentée comme réelle, mais cette dimension est souvent malmenée, plus ou moins ouvertement (*Les Liaisons dangereuses* de Laclos ou les œuvres de Sade). C'est aussi le XVIIIe siècle qui dévoile, dans l'écriture même du roman, **les artifices de la fiction** (*Jacques le Fataliste*, Diderot) et annonce les romans d'apprentissage du XIXe siècle, sous l'influence du romantisme allemand.

Le XIXe siècle : le roman-roi

C'est le XIXe siècle qui consacre le roman comme genre majeur : les nouveaux modes de diffusion (la presse, par exemple) permettent un lectorat de plus en plus important, et les critères du genre se consolident. La société contemporaine devient le sujet du roman, elle est traitée dans **une perspective réaliste et naturaliste** : observer, se documenter, comprendre, décrire mais aussi analyser et dévoiler sont les objectifs de romanciers comme Balzac, Flaubert, Maupassant ou Zola. Cependant, le roman du XIXe siècle reflète aussi, par **la multitude des sous-genres** qui le composent, la complexité de son écriture. Cette variété manifeste la liberté que revendiquent les auteurs en matière d'écriture romanesque.

Le XXe siècle : le roman en question

Le goût pour le roman se poursuit au XXe siècle, mais le regard des romanciers sur la société, sur le réel se fait **plus pessimiste** : affirmation de la nécessité d'un engagement ou désillusion face aux atrocités révélées lors des guerres mondiales. La forme romanesque même de l'œuvre est mise en cause : le Nouveau Roman (représenté par Robbe-Grillet, Butor ou Sarraute) rejette le réalisme du XIXe siècle et brouille les repères traditionnels du lecteur. Le roman devient un genre aux frontières indécises, qui semble échapper à tout critère de définition, même si, depuis la fin du XXe siècle, on observe **un retour à une certaine construction** de la narration.

SAVOIR-FAIRE

Connaître les principales étapes du genre romanesque

Siècles	Caractéristiques	Exemples
XIIe	Roman en vers : il s'inspire des mythes et légendes (exemple de « la matière de Bretagne ») ; ce genre s'inspire de l'épopée.	*Perceval*, Chrétien de Troyes.
XVIe	Roman satirique : il tourne en dérision les motifs traditionnels, le monde de la chevalerie ; ce genre mêle réel et imaginaire.	*Pantagruel*, *Gargantua*, Rabelais.
XVIIe	• Développement du roman psychologique : aventures amoureuses « romanesques » dans la sphère privée, analyse approfondie des sentiments. • Roman comique, plus réaliste, voire trivial.	*La Princesse de Clèves*, Mme de Lafayette. *Le Roman comique*, Scarron.
XVIIIe	• Roman de l'émotion, de l'expression de soi : il annonce le romantisme. • Récit d'une vie aventureuse. • Romans philosophiques.	*La Nouvelle Héloïse*, Rousseau. *La vie de Marianne*, Marivaux. *Jacques le fataliste et son maître*, Diderot.
XIXe	• Roman « réaliste » : il décrit la société, les milieux qui la composent avec un souci d'effet de réel même si Flaubert, par exemple, récuse l'étiquette de réaliste. • Roman naturaliste : défini dans le « roman expérimental » de Zola, il s'appuie sur les théories scientifiques pour étudier les lois de l'hérédité et le déterminisme social mais propose aussi une nouvelle mythologie du réel.	*La Comédie humaine*, Balzac. *Madame Bovary*, Flaubert. *Pierre et Jean*, Maupassant. *Les Rougon-Macquart*, Zola.
XXe	• Romans dits « psychologiques ». • Romans historiques, récits de guerre ou romans engagés. • Œuvres du Nouveau Roman : une nouvelle conception du réalisme.	*Les Faux-Monnayeurs*, Gide. *La Condition humaine*, Malraux. *La Peste*, Camus. *Les Gommes*, Robbe-Grillet.

FAIRE

a. Reformulez la conception du genre romanesque exprimée dans l'extrait suivant.

b. À quel moment de l'évolution du genre romanesque rattachez-vous ces conceptions ?

Le plus bel éloge que l'on pouvait faire autrefois d'un romancier était de dire : « Il a de l'imagination. » Aujourd'hui, cet éloge serait presque regardé comme une critique. C'est que toutes les conditions du roman ont changé. L'imagination n'est plus la qualité maîtresse du romancier. [...]

J'insiste sur cette déchéance de l'imagination, parce que j'y vois la caractéristique même du roman moderne. Tant que le roman a été une récréation de l'esprit, un amusement auquel on ne demandait que de la grâce et de la verve, on comprend que la grande qualité était avant tout d'y montrer une invention abondante. Même quand le roman historique et le roman à thèse sont venus, c'était encore l'imagination qui régnait toute-puissante, pour évoquer les temps disparus ou pour heurter comme des arguments des personnages bâtis selon les besoins du plaidoyer. Avec le roman naturaliste, le roman d'observation et d'analyse, les conditions changent aussitôt. Le romancier invente bien encore ; il invente un plan, un drame ; seulement, c'est un bout de drame, la première histoire venue, et que la vie quotidienne lui fournit toujours. Puis, dans l'économie de l'œuvre, cela n'a plus qu'une importance très mince. Les faits ne sont là que comme les développements logiques des personnages. La grande affaire est de mettre debout des créatures vivantes, jouant devant les lecteurs la comédie humaine avec le plus de naturel possible. Tous les efforts de l'écrivain tendent à cacher l'imaginaire sous le réel.

É. Zola, *Le Sens du réel*, 1878.

Français

15 Le personnage de roman

SAVOIR

Étymologiquement, « personnage » vient du latin « *persona* », qui signifie « masque » et qui aurait pour origine un terme étrusque. Le mot est donc d'abord employé au théâtre, puis, par dérivation, il désigne celui qui fait l'action, d'où son emploi actuel.

Son statut : un être à l'existence illusoire

Le personnage de roman, qu'il soit fictif ou inspiré d'un personnage réel, est une création de l'auteur et n'existe que dans le cadre du récit, de l'histoire racontée. Pourtant, le romancier attribue traditionnellement à son personnage les caractéristiques d'un être réel : il lui donne un nom, une fonction ou position sociale, en dresse le portrait physique et moral, lui invente un passé et un entourage. Cette caractérisation peut se faire de façon directe (portrait, par exemple) ou indirecte (à travers notamment le comportement et les actions des personnages, mais aussi les discours rapportés – voir le rôle du dialogue, du monologue intérieur, pour ne citer que quelques exemples).

Ses fonctions

- Le personnage romanesque se définit aussi par **la fonction, le rôle qu'il joue dans l'action** et ses relations avec les autres personnages : dans le schéma actantiel, il peut être sujet ou objet de l'action, destinateur ou destinataire, adjuvant ou opposant.
- Il acquiert également un sens lié à **ce qu'il représente ou symbolise** dans l'univers de l'œuvre romanesque : il peut être un **individu autonome**, **incarner un groupe** ou encore se faire **porte-parole de l'auteur**.
- Dans ce dernier cas, il devient le support et la voix permettant à l'écrivain **d'explorer la société** et de rendre compte de sa vision du monde. Ainsi, le parcours rédempteur de Jean Valjean, dans *Les Misérables*, illustre les convictions religieuses, humanistes et sociales de Victor Hugo.

Son évolution

On note ainsi une évolution du personnage au fil des siècles :

- Il est d'abord **le héros des romans médiévaux**, preux chevalier incarnant les valeurs de la courtoisie, de la bravoure et de la *fin'amor*, soit l'idéal de cette société aristocratique. Porteur de valeurs collectives, **il n'acquiert une certaine individualité que progressivement**.
- Il permettra alors **l'analyse du cœur humain** au XVIIe siècle, puis **l'expression de soi** chez les romantiques.
- Il devient, dans les romans réalistes et naturalistes, **l'incarnation d'un type, d'un caractère ou d'une classe sociale**, comme on peut le voir dans les romans balzaciens du XIXe siècle : ainsi, Rastignac représente le provincial ambitieux, arrivé à Paris, qui s'élève dans l'échelle sociale. Les personnages de Zola expérimentent, eux, les théories naturalistes de leur créateur, dans une nouvelle forme de destin que sont les lois héréditaires et le déterminisme social.
- Mais le personnage peut être aussi un **antihéros** (un marginal, une figure de l'échec moral ou social, etc.), voire **un être privé d'identité**, réduit à une initiale (K. dans *Le Château* de Kafka), un regard, une parole, un pronom : la remise en cause du statut du personnage traditionnel est une des constantes du Nouveau Roman, au XXe siècle, mais on la retrouve aussi dans les œuvres romanesques de Joyce ou de Beckett (*L'Innommable*, 1953). Dénonciation de l'illusion réaliste ou symbole d'une communication impossible, de l'absurdité du monde, le personnage romanesque porte au XXe siècle **le questionnement fondamental de l'homme sur son existence et son rapport au monde**.

SAVOIR-FAIRE

Étudier un personnage de roman

On peut suivre le parcours suivant :

- **Dégager les caractéristiques générales**

– Le personnage est-il éponyme ? Est-il le personnage principal ?
– Est-il précisément caractérisé ? Si oui, quels sont ses attributs (âge, sexe, nom, fonction, statut social, traits physiques, moraux, psychologiques…) ?
– Comment est-il présenté (caractérisation directe et indirecte) ? Repérez dans le roman les passages importants.
– Le personnage est-il un narrateur de l'histoire ? Sinon, qui nous le présente ?

- **Étudier la présence et l'évolution du personnage**

– Sa présence est-elle constante, régulière ? Étudiez les variations.
– Quel rôle joue-t-il par rapport à l'action ? par rapport aux autres personnages ?
– Le personnage évolue-t-il (socialement, psychologiquement…) ? Si oui, quels sont les moteurs de cette évolution ?

- **S'interroger sur le sens, la fonction symbolique du personnage**

– Ce personnage offre-t-il l'image d'un héros ? Est-il au contraire un individu quelconque ? un antihéros ? Permet-il le processus d'identification ?
– Représente-t-il un type social ? Son action ou son comportement ont-ils une dimension morale ?
– Ce personnage a-t-il une valeur symbolique, philosophique ? Si oui, laquelle ?
– Le roman délivre-t-il, à travers ce personnage, un message (voir les romans engagés) ?
– Quelle vision du monde donne-t-il au lecteur ?

FAIRE

1 Quelles conceptions du personnage et de la personne humaine se dégagent de cet extrait du roman de Zola ?

Jacques Lantier s'interroge dans le passage suivant sur ses pulsions meurtrières.

Pourtant, il s'efforçait de se calmer, il aurait voulu comprendre. Qu'avait-il donc de différent, lorsqu'il se comparait aux autres ? Là-bas, à Plassans, dans sa jeunesse, souvent déjà il s'était questionné. Sa mère Gervaise, il est vrai, l'avait eu très jeune, à quinze ans et demi ; mais il n'arrivait que le second, elle entrait à peine dans sa quatorzième année, lorsqu'elle était accouchée du premier, Claude ; et aucun de ses deux frères, ni Claude, ni Étienne, né plus tard, ne semblait souffrir d'une mère si enfant et d'un père gamin comme elle, ce beau Lantier, dont le mauvais cœur devait coûter à Gervaise tant de larmes. Peut-être aussi ses frères avaient-ils chacun son mal qu'ils n'avouaient pas, l'aîné surtout qui se dévorait à vouloir être peintre, si rageusement, qu'on le disait à moitié fou de son génie. La famille n'était guère d'aplomb, beaucoup avaient une fêlure. Lui, à certaines heures, la sentait bien, cette fêlure héréditaire ; non pas qu'il fût d'une santé mauvaise, car l'appréhension et la honte de ses crises l'avaient seules maigri autrefois ; mais c'étaient, dans son être, de subites pertes d'équilibre, comme des cassures, des trous par lesquels son moi lui échappait, au milieu d'une sorte de grande fumée qui déformait tout. Il ne s'appartenait plus, il obéissait à ses muscles, à la bête enragée. Pourtant, il ne buvait pas, il se refusait même un petit verre d'eau-de-vie, ayant remarqué que la moindre goutte d'alcool le rendait fou. Et il en venait à penser qu'il payait pour les autres, les pères, les grands-pères, qui avaient bu, les générations d'ivrognes dont il était le sang gâté, un lent empoisonnement, une sauvagerie qui le ramenait avec les loups mangeurs de femmes, au fond des bois.

É. Zola, *La Bête humaine*, 1890.

2 Quelles caractéristiques des personnages souligne cet extrait du roman ? À partir de quels procédés ?

Avec la vivacité et la grâce qui lui étaient naturelles quand elle était loin des regards des hommes, Mme de Rênal sortait par la porte-fenêtre du salon qui donnait sur le jardin, quand elle aperçut près de la porte d'entrée la figure d'un jeune paysan presque encore enfant, extrêmement pâle et qui venait de pleurer. Il était en chemise bien blanche, et avait sous le bras une veste fort propre de ratine violette. Le teint de ce petit paysan était si blanc, ses yeux si doux, que l'esprit un peu romanesque de Mme de Rênal eut d'abord l'idée que ce pouvait être une jeune fille déguisée, qui venait demander quelque grâce à M. le maire. Elle eut pitié de cette pauvre créature, arrêtée à la porte d'entrée, et qui évidemment n'osait pas lever la main jusqu'à la sonnette. Mme de Rênal s'approcha, distraite un instant de l'amer chagrin que lui donnait l'arrivée du précepteur. Julien, tourné vers la porte, ne la voyait pas s'avancer. Il tressaillit quand une voix douce dit tout près de son oreille :
– Que voulez-vous ici, mon enfant ?

Stendhal, *Le Rouge et le Noir*, 1830.

Français

16 La narration

SAVOIR

Raconter une histoire suppose le choix, par l'auteur, de modes narratifs et de points de vue.

Le mode narratif

• Le récit peut être pris en charge par **un narrateur extérieur** à l'histoire : celle-ci semble se raconter d'elle-même, la narration est à la troisième personne. On peut cependant souvent repérer des interventions ponctuelles du narrateur, exprimant des jugements sur le personnage ou l'action.

• Le narrateur peut aussi être **un personnage ou un témoin de l'histoire** (personnage principal ou secondaire) et relater les événements à la première personne. L'histoire est racontée à travers sa subjectivité.

Le point de vue (ou la focalisation)

• La notion de focalisation n'a de sens que dans un récit à la troisième personne.

• Le point de vue **externe** suppose la narration d'éléments uniquement perceptibles de l'extérieur. Dans les descriptions du Nouveau Roman au XXe siècle, il donne l'illusion de l'objectivité.

• Le point de vue **interne** présente l'histoire à travers la subjectivité d'un personnage (vision limitée).

• Le point de vue **omniscient** (ou focalisation zéro) permet au lecteur d'avoir une connaissance supérieure à celle des personnages à partir des informations d'un narrateur doté d'un savoir absolu.

La stratégie du romancier

• Un roman peut adopter, au fil de l'histoire racontée, différents modes narratifs et différentes focalisations. On peut ainsi repérer le procédé des **récits enchâssés** ou **emboîtés** (un premier narrateur cède la place à un deuxième narrateur) qui permet de présenter différents points de vue, de produire un discours sur l'événement raconté (notions de métarécit et métadiscours).

• La narration peut aussi suivre une **progression chronologique** ou au contraire perturber l'ordre linéaire des événements par des **retours en arrière** (analepses) ou **anticipations du futur** (prolepses). Les **ellipses narratives** contribuent aussi à rendre plus complexe la lecture du récit, tout en créant parfois un certain mystère.

• L'écrivain peut décider aussi de mettre à nu, de **révéler le mécanisme des procédés narratifs**, de l'écriture romanesque : *Jacques le fataliste*, de Diderot, offre cette intéressante particularité.

SAVOIR-FAIRE

Analyser les procédés narratifs d'un texte romanesque

• **Étudier le statut du narrateur et le point de vue choisi**

– En vous appuyant sur les indices personnels, repérez et analysez le statut du narrateur : est-il explicitement présent ? effacé ?

– Des interventions ou marques de jugement du narrateur sont-elles perceptibles ? Qui ou que concernent-elles ? Quelles informations, quelle orientation vous donnent-elles ?

– Le texte (extrait ou roman intégral) présente-t-il différents points de vue ? Lesquels ? Quel est l'effet recherché ?

• **Analyser la structure narrative**

– Dégagez les différentes étapes de la narration.

– Repérez les éventuels récits enchâssés, les digressions et interrogez-vous sur leurs effets : caractérisation des personnages, ralentissement volontaire de l'action, effet de rupture…

– Repérez et analysez les perturbations dans la chronologie du récit : présence d'analepses, de prolepses, d'ellipses temporelles.

– Étudiez en parallèle le rythme de la narration : quand le récit s'accélère-t-il ? Ralentit-il ? Comment (description, retour en arrière, commentaire du narrateur…) ? Pour quel effet ?

• **Dégager la stratégie du romancier**

Explicitez les éléments précédemment relevés et étudiés, en les reliant aux enjeux du texte romanesque : en quoi les choix narratifs mis en œuvre participent-ils du projet de l'auteur ?

FAIRE

1 Analysez dans cette page de roman les modalités particulières de la narration et interrogez-vous sur les effets recherchés.

Jacques commença l'histoire de ses amours. C'était l'après-dîner : il faisait un temps lourd ; son maître s'endormit. La nuit les surprit au milieu des champs ; les voilà fourvoyés. Voilà le maître dans une colère terrible et tombant à grands coups de fouet sur son valet, et le pauvre diable disant à chaque coup : « Celui-là était apparemment encore écrit là-haut... » Vous voyez, lecteur, que je suis en beau chemin, et qu'il ne tiendrait qu'à moi de vous faire attendre un an, deux ans, trois ans, le récit des amours de Jacques, en le séparant de son maître et en leur faisant courir à chacun tous les hasards qu'il me plairait. Qu'est-ce qui m'empêcherait de marier le maître et de le faire cocu ? d'embarquer Jacques pour les îles ? d'y conduire son maître ? de les ramener tous les deux en France sur le même vaisseau ? Qu'il est facile de faire des contes ! Mais ils en seront quittes l'un et l'autre pour une mauvaise nuit, et vous pour ce délai.
L'aube du jour parut. Les voilà remontés sur leurs bêtes et poursuivant leur chemin. Et où allaient-ils ? Voilà la seconde fois que vous me faites cette question, et la seconde fois que je vous réponds : qu'est-ce que cela vous fait ? Si j'entame le sujet de leur voyage, adieu les amours de Jacques... Ils allèrent quelque temps en silence. Lorsque chacun fut un peu remis de son chagrin, le maître dit à son valet : « Eh bien, Jacques, où en étions-nous de tes amours ? »

D. Diderot, *Jacques Le Fataliste*, 1773.

2 Dégagez l'originalité de la narration dans cet incipit.

Vous avez mis le pied gauche sur la rainure de cuivre, et de votre épaule droite vous essayez en vain de pousser un peu plus le panneau coulissant.
Vous vous introduisez par l'étroite ouverture en vous frottant contre ses bords, puis, votre valise couverte de granuleux cuir sombre couleur d'épaisse bouteille, votre valise assez petite d'homme habitué aux longs voyages, vous l'arrachez par sa poignée collante, avec vos doigts qui se sont échauffés, si peu lourde qu'elle soit, de l'avoir portée jusqu'ici, vous la soulevez et vous sentez vos muscles et vos tendons se dessiner non seulement dans vos phalanges, dans votre paume, votre poignet et votre bras, mais dans votre épaule aussi, dans toute la moitié du dos et dans vos vertèbres depuis votre cou jusqu'aux reins.
Non, ce n'est pas seulement l'heure, à peine matinale, qui est responsable de cette faiblesse inhabituelle, c'est déjà l'âge qui cherche à vous convaincre de sa domination sur votre corps, et pourtant, vous venez seulement d'atteindre les quarante-cinq ans.
Vos yeux sont mal ouverts, comme voilés de fumée légère, vos paupières sensibles et mal lubrifiées, vos tempes crispées, à la peau tendue et comme raidie en plis minces, vos cheveux qui se clairsèment et grisonnent, insensiblement pour autrui mais non pour vous, pour Henriette et pour Cécile, ni même pour les enfants désormais, sont un peu hérissés et tout votre corps à l'intérieur de vos habits qui le gênent, le serrent et lui pèsent, est comme baigné, dans son réveil imparfait, d'une eau agitée et gazeuse pleine d'animalcules en suspension.

M. Butor, *La Modification*, © Les Éditions de Minuit, 1984.

3 Comparez les points de vue choisis dans ces débuts de romans, en justifiant votre réponse.

Texte 1

En 1829, par une jolie matinée de printemps, un homme âgé d'environ cinquante ans suivait à cheval un chemin montagneux qui mène à un gros bourg, situé près de la Grande-Chartreuse. Ce bourg est le chef-lieu d'un canton populeux circonscrit par une longue vallée. Un torrent à lit pierreux souvent à sec, alors rempli par la fonte des neiges, arrose cette vallée serrée entre deux montagnes parallèles, que dominent de toutes parts les pics de la Savoie et ceux du Dauphiné. Quoique les paysages compris entre la chaîne des deux Mauriennes aient un air de famille, le canton à travers lequel cheminait l'étranger présente des mouvements de terrain et des accidents de lumière qu'on chercherait vainement ailleurs. Tantôt la vallée subitement élargie offre un irrégulier tapis de cette verdure que les constantes irrigations dues aux montagnes entretiennent si fraîche et si douce à l'œil pendant toutes les saisons. Tantôt un moulin à scie montre ses humbles constructions pittoresquement placées, sa provision de longs sapins sans écorce, et son cours d'eau pris au torrent et conduit par de grands tuyaux de bois carrément creusés, d'où s'échappe par les fentes une nappe de filets humides. Çà et là, des chaumières entourées de jardins pleins d'arbres fruitiers couverts de fleurs réveillent les idées qu'inspire une misère laborieuse.

Balzac, *Le Médecin de campagne*, 1833.

Texte 2

Dans la plaine rase, sous la nuit sans étoiles, d'une obscurité et d'une épaisseur d'encre, un homme suivait seul la grande route de Marchiennes à Montsou, dix kilomètres de pavé coupant tout droit, à travers les champs de betteraves. Devant lui, il ne voyait même pas le sol noir, et il n'avait la sensation de l'immense horizon plat que par les souffles du vent de mars, des rafales larges comme sur une mer, glacées d'avoir balayé des lieues de marais et de terres nues. Aucune ombre d'arbre ne tachait le ciel, le pavé se déroulait avec la rectitude d'une jetée, au milieu de l'embrun aveuglant des ténèbres.

Zola, *Germinal*, 1885.

17 La lecture d'une œuvre intégrale

SAVOIR

• Les œuvres intégrales étudiées en classe pourront être l'objet de lectures analytiques d'extraits, d'analyses d'ensemble mais aussi de travaux oraux ou écrits comme la dissertation.

• La lecture d'une œuvre intégrale doit être une **lecture active** :
– il vous faut **lire totalement l'œuvre** avant l'étude qui en sera faite en classe ;
– **ne morcelez pas la lecture** en l'étalant trop dans le temps (vous perdriez toute vision globale de l'œuvre) ;
– **annotez** au fur et à mesure les passages à retenir ;
– **repérez** avec des systèmes de marque-pages **les pages clés** de l'œuvre (apparition ou disparition d'un personnage, scène de rencontre, description d'un lieu essentiel, tournant dans l'œuvre, discours d'un personnage qui éclaire le projet de l'auteur, etc.).

SAVOIR-FAIRE

Élaborer une fiche de lecture

Élaborer une fiche vous aidera à connaître vraiment l'œuvre et à être autonome dans votre analyse. Voici une proposition de fiche de lecture :

• Titre : • Date d'écriture :	• Auteur : • Date de publication : *(s'il y a un écart temporel avec la date d'écriture)*	
Contexte		
• Biographie de l'auteur : *(les éléments essentiels pour l'œuvre)* • Contexte historique : • Contexte littéraire : *(appartenance à un mouvement littéraire, par exemple)*		
Caractéristiques de l'œuvre		
• Genre : • Nombre de chapitres : • Structure de l'œuvre : *(bref résumé)* • Thèmes principaux de l'œuvre : • Personnages clés et leur fonction : • Caractéristiques de l'écriture :	• Nombre d'actes :	• Nombre de poèmes :
Passages clés		
• Moments importants à retenir (pages) : • Quelques citations :		
Réception de l'œuvre		
• Accueil par le public : • Adaptations au cinéma : • Inspirations pour d'autres œuvres *(littéraires, picturales…)* :	• Accueil par la critique :	

FAIRE

1 Que révèlent les titres d'œuvres suivants sur le genre, la tonalité, le thème, le lieu, l'époque de la fiction, le type de personnage, etc. ?
Les Lettres persanes • *Meurtre au comité central* • *L'Homme invisible* • *Poèmes saturniens* • *Ruy Blas* • *L'Illusion comique* • *Mémoires d'Hadrien* • *Histoire de la folie à l'âge classique* • *Journal d'un curé de campagne*.

2 À propos de la dernière œuvre littéraire que vous avez lue, appliquez-vous le questionnaire suivant. Ce sera un test de votre lecture.

• Quelle est la date de parution de l'œuvre ?

• Quelles autres œuvres l'auteur a-t-il écrites ?

• Quel est le courant littéraire auquel le texte appartient ?

• Quel est le genre du texte ?

• Quel est le sujet de l'œuvre ?

• Quels sont les noms des personnages principaux ?

• Quelle est la trame de l'histoire (les grandes étapes) ?

3 a. Cherchez la définition des courants littéraires suivants : l'humanisme, le baroque, la philosophie des Lumières, le romantisme, le réalisme, le surréalisme, le théâtre de l'absurde.

b. Qui sont les personnages littéraires suivants : Œdipe, Lancelot, Emma Bovary, Ulysse, le Cid, Carmen, Nana, Sganarelle, Monsieur Jourdain, Candide ?

c. Situez dans le temps les auteurs suivants (indiquez les siècles) :
– Victor Hugo
– Montesquieu
– Chrétien de Troyes
– Voltaire
– Louis Aragon
– Jean Racine
– Pierre de Ronsard
– Denis Diderot
– Émile Zola
– Gustave Flaubert
– François Rabelais
– Honoré de Balzac
– Paul Verlaine
– Jean de La Fontaine
– Paul Éluard.

4 Répondez aux questions suivantes.

a. *Les Liaisons dangereuses* sont un roman épistolaire. Citez deux autres romans épistolaires.

b. *Manon Lescaut* est l'histoire d'une passion fatale. Citez deux autres romans de la passion fatale.

c. *Les Regrets* sont un recueil poétique du XVIe siècle. Citez un autre titre de recueil du XVIe siècle.

d. *Andromaque* est une tragédie. Citez deux autres tragédies du XVIIe siècle.

e. *Gargantua* est un roman humaniste. Citez deux autres œuvres humanistes.

f. *L'Espoir* de Malraux a pour thème la guerre d'Espagne. Citez un peintre ayant traité ce thème.

5 Attribuez à chacune des œuvres suivantes son auteur.

• **Œuvres** : *Les Fleurs du mal*, *Les Regrets*, *Lucien Leuwen*, *Rhinocéros*, *Voyage au bout de la nuit*, *Les Lettres persanes*, *Aurélien*, *Le Neveu de Rameau*.

• **Auteurs** : Montesquieu, Céline, du Bellay, Ionesco, Diderot, Stendhal, Aragon, Baudelaire.

6 Voici deux couvertures du même roman célèbre de Zola (voir aussi l'extrait p. 37). Quelles attentes de lecture différentes suscitent ces couvertures ?

18 La lecture analytique

SAVOIR

L'objectif de la lecture analytique est l'explication du sens et des enjeux d'un texte, à partir d'une étude fine de son fonctionnement et de son écriture.

Cette démarche peut s'appliquer dans différents types d'exercices :

- l'étude d'un extrait ;
- l'analyse d'une œuvre intégrale.

Elle nécessite un travail d'observation suivi d'un travail d'interprétation.

SAVOIR-FAIRE

Élaborer une lecture analytique

- **Travail préparatoire**

Il s'agit de procéder tout d'abord à une approche générale du texte, pour dégager ses principales caractéristiques ; celles-ci seront ensuite affinées par l'étude plus précise du passage.

– Lire attentivement le texte, plusieurs fois.

– Résoudre les problèmes de vocabulaire ; élucider, par exemple, les références historiques, mythologiques.

– Étudier le paratexte et le contexte (historique, littéraire…).

– Dans le cas d'une œuvre intégrale, situer l'extrait : quel rôle joue-t-il dans l'évolution de l'action ?

– Identifier le genre, le type de texte (narratif, descriptif, argumentatif…), le registre utilisé (voir chapitre 1).

– Dégager le thème, l'idée générale du passage.

- **Observation précise du texte**

– Repérer les principaux procédés d'écriture et ébaucher une première analyse.

– Sélectionner les procédés d'écriture selon leur pertinence, en fonction du texte à étudier : par exemple, penser aux outils de versification pour un poème ; approfondir l'analyse des procédés d'argumentation pour un texte argumentatif… Il s'agit de distinguer les procédés les plus pertinents en fonction du passage.

– Passer du repérage à l'analyse puis à l'interprétation. Quel est l'effet des procédés relevés ? Quelles hypothèses peut-on formuler sur le sens ? C'est une étape délicate car il ne faut pas effectuer de contresens.

- **Mise en forme de la lecture analytique**

– Dans le cas d'une explication linéaire, la lecture analytique suivra le déroulement du texte. Cependant, il ne s'agit pas d'expliquer les mots les uns après les autres. L'étude doit mettre en évidence les principaux mouvements du passage, repérer les procédés d'écriture pertinents à l'intérieur de chaque mouvement, pour permettre ensuite leur analyse et leur interprétation.

– Pour une analyse plus transversale du texte, l'étude doit d'abord s'appuyer sur l'observation des procédés d'écriture caractéristiques du texte. Dans une deuxième étape, les analyses effectuées permettent de dégager des points de convergence (par exemple, plusieurs procédés concourent au même effet) et conduisent à des éléments d'interprétation. Il sera alors possible de bâtir une lecture analytique selon des axes d'étude aboutissant à la mise en évidence de la signification du texte et de ses enjeux.

– L'analyse du texte doit être précédée d'une phase introductive (auteur, œuvre, caractéristiques générales du texte et axe directeur d'étude) et suivie d'une phase conclusive (bilan interprétatif et ouverture possible, particulièrement pour l'étude d'une œuvre complète).

FAIRE

1 Vous élaborerez le plan détaillé d'une lecture analytique de l'extrait suivant, en étudiant particulièrement l'expression de l'outrance et de la démesure et la dénonciation de la société impériale.

Dans son roman La Curée, *Zola situe l'action au début du Second Empire, dans un Paris transformé par les travaux du baron Haussmann. Saccard, promoteur, se livre à la spéculation immobilière et se retrouve à la tête d'une immense fortune.*

Cependant la fortune des Saccard semblait à son apogée. Elle brûlait en plein Paris comme un feu de joie colossal. C'était l'heure où la curée ardente emplit un coin de forêt de l'aboiement des chiens, du claquement des fouets, du flamboiement des torches. Les appétits lâchés se contentaient enfin, dans l'impudence du triomphe, au bruit des quartiers écroulés et des fortunes bâties en six mois. La ville n'était plus qu'une grande débauche de millions et de femmes. Le vice, venu de haut, coulait dans les ruisseaux, s'étalait dans les bassins, remontait dans les jets d'eau des jardins, pour retomber sur les toits, en pluie fine et pénétrante. Et il semblait, la nuit, lorsqu'on passait les ponts, que la Seine charriât, au milieu de la ville endormie, les ordures de la cité, miettes tombées de la table, nœuds de dentelle laissés sur les divans, chevelures oubliées dans les fiacres, billets de banque glissés des corsages, tout ce que la brutalité du désir et le contentement immédiat de l'instinct jettent à la rue, après l'avoir brisé et souillé. Alors, dans le sommeil fiévreux de Paris, et mieux encore que dans sa quête haletante du grand jour, on sentait le détraquement cérébral, le cauchemar doré et voluptueux d'une ville folle de son or et de sa chair. Jusqu'à minuit, les violons chantaient ; puis les fenêtres s'éteignaient, et les ombres descendaient sur la ville. C'était comme une alcôve colossale où l'on aurait soufflé la dernière bougie, éteint la dernière pudeur. Il n'y avait plus, au fond des ténèbres, qu'un grand râle d'amour furieux et las ; tandis que les Tuileries, au bord de l'eau, allongeaient leurs bras dans le noir, comme pour une embrassade énorme.

Émile Zola, *La Curée*, ch. III, 1872.

2 Vous étudierez ce poème en analysant la structure du texte et l'image de la femme (vous vous aiderez notamment des chapitres sur la poésie). Vous proposerez une introduction et une conclusion à l'étude de ce poème.

Notre vie

Notre vie tu l'as faite elle est ensevelie
Aurore d'une ville un beau matin de mai
Sur laquelle la terre a refermé son poing
Aurore en moi dix-sept années toujours plus claires
Et la mort entre en moi comme dans un moulin

Notre vie disais-tu si contente de vivre
Et de donner la vie à ce que nous aimions
Mais la mort a rompu l'équilibre du temps
La mort qui vient la mort qui va la mort vécue
La mort visible boit et mange à mes dépens

Morte visible Nusch[1] invisible et plus dure
Que la soif et la faim à mon corps épuisé
Masque de neige sur la terre et sous la terre
Source des larmes dans la nuit masque d'aveugle
Mon passé se dissout je fais place au silence

Paul Éluard, *Le temps déborde*, © Seghers, 1947.

1. Femme qui a partagé la vie d'Éluard pendant dix-sept ans.

3 Bâtissez une lecture analytique à partir de la question suivante : montrez en quoi ce texte dénonce, de façon ironique, l'attitude des pseudo-savants et les superstitions qui trompent l'homme.

En 1593, le bruit courut que, les dents étant tombées à un enfant de Silésie âgé de sept ans, il lui en était venu une d'or à la place d'une de ses grosses dents. Horstius, professeur en médecine dans l'université de Helmstad, écrivit en 1595 l'histoire de cette dent, et prétendit qu'elle était en partie naturelle, en partie miraculeuse, et qu'elle avait été envoyée de Dieu à cet enfant pour consoler les chrétiens affligés par les Turcs ! Figurez-vous quelle consolation, et quel rapport de cette dent aux chrétiens ni aux Turcs ! En la même année, afin que cette dent d'or ne manquât pas d'historiens, Rullendus en écrit encore l'histoire. Deux ans après, Ingolsteterus, autre savant, écrit contre le sentiment que Rullandus avait de la dent d'or, et Rullandus fait aussitôt une belle et docte réplique. Un autre grand homme nommé Libavius, ramasse tout ce qui avait été dit de la dent, et y ajoute son sentiment particulier. Il ne manquait autre chose à tant de beaux ouvrages, sinon qu'il fût vrai que la dent était d'or. Quand un orfèvre l'eut examinée, il se trouva que c'était une feuille d'or appliquée à la dent, avec beaucoup d'adresse : mais on commença par faire des livres, et puis on consulta l'orfèvre.

Bernard de Fontenelle, *Histoire des oracles*, 1686.

19 L'oral du bac

SAVOIR

L'épreuve orale du bac comporte deux temps : **une phase de préparation** d'une durée d'une demi-heure et **une phase de passage** d'une durée de 20 minutes.

Le déroulement de l'épreuve

• L'examinateur pose au candidat une question sur l'un des textes qui figurent sur le descriptif remis par le professeur de la classe.

• Le candidat doit répondre à cette question (à l'issue du temps de préparation) sous la forme d'une **lecture analytique (10 minutes)**. L'exposé oral comprend cinq moments : introduction qui permet de présenter l'auteur, l'œuvre, l'extrait ; lecture à voix haute du texte ; reprise de la question posée et annonce du plan ; développement de la lecture analytique ; conclusion qui énonce une réponse précise à la question posée.

• Cette première étape est suivie d'un **entretien (10 minutes)**, qui consiste en un dialogue entre l'examinateur et l'élève à partir des lectures et activités figurant dans son descriptif.
Les questions posées par l'examinateur sont de différents ordres :
– il peut revenir sur un passage du texte ou sur l'une de vos explications pour obtenir un éclaircissement ;
– il peut vous demander de rapprocher le texte étudié d'autres textes lus, d'œuvres picturales étudiées, etc., ou vous interroger plus globalement sur l'œuvre à laquelle appartient le passage, si celle-ci figure au titre d'œuvre intégrale étudiée en classe ou lue à titre personnel ;
– il peut poser des questions de culture littéraire, en lien avec le programme et en fonction de votre descriptif personnel ;
– il peut aussi vous interroger sur votre appréciation de telle ou telle œuvre : il faut alors vous engager personnellement dans votre propos, montrer votre implication et votre capacité à émettre un jugement autonome.

SAVOIR-FAIRE

Bien se préparer à l'oral du bac

• **Soyez très attentif à la question posée** car c'est elle qui guidera votre lecture analytique ; il faut utiliser le cours que vous avez révisé pour répondre à cette question (et non réciter tel quel votre cours).

• **Gérez bien le temps de préparation** en veillant à faire un plan et en prenant simplement en notes les principaux points qui seront ensuite développés et expliqués à l'oral.

• **Exprimez-vous très clairement** lors de l'exposé sur le texte, en organisant vos analyses et en utilisant un vocabulaire précis.

• **Ne vous laissez pas déstabiliser** par une question ou une mimique de l'examinateur, n'interprétez pas son jugement.

• **Soyez attentif, durant l'entretien, aux questions posées** par l'examinateur qui a l'initiative du dialogue ; **ne répondez pas par des bribes de phrases** mais développez de manière autonome votre propos en vous appuyant sur des exemples (vus en classe ou personnels).

• Vous devez comprendre **les attentes de l'examinateur**, c'est-à-dire les critères de son évaluation :
– une lecture orale correcte ;
– un propos pertinent, sans contresens, qui s'appuie sur les phénomènes d'écriture du texte pour en dégager le sens ;
– un propos organisé, que l'on peut suivre facilement ;
– des qualités d'expression orale (langage oral correct, précis, dynamisme, volonté de s'impliquer).

FAIRE

1 Voici un petit mémo pour votre préparation durant l'année. Cochez au fil de l'année ce que vous faites afin de mesurer ce qu'il vous reste encore à faire.

- ❏ Je me prépare à l'oral en participant en classe.
- ❏ Je m'entraîne en effectuant les préparations données par le professeur.
- ❏ Je lis les œuvres étudiées ou proposées en complément sans me contenter d'un vague résumé.
- ❏ Je relis avant chaque cours le cours précédent.
- ❏ Je vérifie le vocabulaire (des textes ou des cours) que je ne suis pas certain de connaître.
- ❏ Je relis chaque séquence terminée.
- ❏ Je prépare quelques fiches de synthèse de cours.

2 Effectuez le même travail pour les révisions avant le bac.

- ❏ J'ai relu en diagonale les œuvres intégrales.
- ❏ J'ai relu attentivement au fur et à mesure des révisions les textes donnés en extraits.
- ❏ J'ai retravaillé chaque étude de texte.
- ❏ J'ai compris et mémorisé les points essentiels de la lecture de chaque texte.
- ❏ Je suis capable de présenter les auteurs et les œuvres, de les situer chronologiquement.
- ❏ J'ai relu et compris les cours de synthèse, d'histoire littéraire, de présentation des lectures complémentaires, d'analyse d'image et d'histoire des arts.
- ❏ Je me suis entraîné, seul ou à plusieurs, à exposer oralement mon analyse d'un texte vu en classe.

3 Voici enfin la liste du matériel nécessaire à avoir en sa possession le jour de l'épreuve. Préparez-le à l'avance, puis cochez la case correspondante afin de vous assurer que rien n'a été oublié.

- ❏ Carte d'identité.
- ❏ Convocation.
- ❏ Descriptif des lectures et activités remis par votre professeur.
- ❏ Livres étudiés en classe en deux exemplaires.
- ❏ Photocopies des extraits étudiés, vierges de toute annotation et en deux exemplaires (l'un pour vous, l'autre pour l'examinateur), classées dans un porte-vue par séquence et accompagnées des documents complémentaires (textes et images donnés par votre professeur), qui pourront vous être utiles au moment de l'entretien si l'examinateur vous autorise à les consulter.
- ❏ Trousse, crayons (y compris de couleur pour écrire sur votre exemplaire de texte durant la phase de préparation).
- ❏ Montre et bouteille d'eau (mais on boit avant de passer devant l'examinateur et non devant lui). Pas de brouillon : il vous sera fourni.
- ❏ Portable éteint avant d'entrer dans la salle d'interrogation.

4 Voici quelques exemples de questions possibles pour l'entretien. Cochez la proposition qui vous semble le mieux correspondre à l'attente du correcteur.

a. Pouvez-vous rapprocher ce texte d'un autre texte étudié en classe ?

- ❏ Je dois donner le titre d'un autre texte de la même séquence.
- ❏ Je dois expliquer en quoi ce texte est pour moi comparable à un autre texte que j'ai étudié.
- ❏ Je dois faire appel à mes lectures personnelles.

b. Avez-vous aimé cette œuvre ?

- ❏ Je dois absolument répondre oui.
- ❏ Je peux répondre oui ou non.
- ❏ Qu'importe ma position : l'essentiel est que je sache l'expliquer.

c. Quelle œuvre poétique du XVIe siècle connaissez-vous ?

- ❏ Je dois citer le titre d'une œuvre poétique du XVIe siècle.
- ❏ Je dois présenter une œuvre du XVIe siècle.
- ❏ Je peux citer n'importe quelle œuvre du XVIe siècle.

d. Trouvez-vous toujours actuels les combats des Lumières ?

- ❏ Je peux choisir un exemple précis actuel et le rapprocher des combats des Lumières.
- ❏ Je dois parler de l'héritage de la Révolution française.
- ❏ Je peux prendre l'exemple de l'engagement de Zola dans l'affaire Dreyfus.

20 Les questions sur le corpus

SAVOIR

• À l'épreuve écrite, le sujet proposé repose sur **un corpus de « documents »** (cinq au maximum). Ceux-ci peuvent être de nature variée : des extraits d'œuvres (dont éventuellement un texte assez long) et peut-être des documents iconographiques. Les éléments de ce corpus de textes sont en relation avec votre programme de l'année – plus exactement, avec un ou deux des objets d'étude que vous avez abordés.

• Ce corpus de textes est suivi de **plusieurs questions d'observation et d'analyse**, qui constituent la première partie de l'épreuve. Les réponses à ces questions doivent être intégralement rédigées. Vous devez donc éviter les énumérations présentées à l'aide de tirets ou de flèches, les abréviations.

SAVOIR-FAIRE

Répondre aux questions posées sur un corpus

• La lecture attentive du corpus

– Lisez attentivement les textes et élucidez, avant toute chose, les difficultés de langue ou de sens qu'ils posent.
– Procédez à une première approche globale du corpus : à quel(s) objet(s) d'étude se rattache-t-il ? Quels sont le genre et la nature de chaque document ? Quels sont les thèmes abordés ? Dans quelle période ou quel mouvement littéraire peut-on les situer ?
– Effectuez ensuite une première comparaison, rapide, des textes sous forme de tableau : points communs, différences…
– Cette première approche doit vous permettre de mobiliser vos connaissances. Exemple : si le corpus porte sur des textes théâtraux, pensez aux formes et aux genres théâtraux, à la spécificité du langage théâtral, mais aussi, dans le cas de pièces en vers, aux notions de versification étudiées durant l'année, dans le cas d'un monologue, au discours délibératif, etc.

• L'analyse des questions

– Lisez attentivement toutes les questions afin d'éviter de répondre de manière anticipée à l'une d'entre elles.
– Clarifiez l'objectif de la question : vous invite-t-on sur un point précis à comparer globalement les textes, à trouver des points communs, à mettre au contraire en valeur des oppositions ou des différences, etc. ?
– Analysez le travail demandé en vous attachant aux verbes qui vous indiquent les tâches à effectuer. Exemple : le verbe « étudier » signifie à la fois « observer », « relever », « analyser » et « interpréter ».
– Identifiez les notions abordées dans la question. Exemple : avant d'étudier un système d'énonciation, demandez-vous ce que cette notion signifie exactement.

• Répondre à une question

– Soulignez d'abord dans les textes les éléments sur lesquels doivent prendre appui votre réflexion et vos analyses.
– Comparez les textes à propos de la question posée.
– Écrivez les principaux points de votre réponse sous forme de notes au brouillon ; organisez logiquement ces notes en évitant de passer simplement d'un texte à l'autre : mettez au contraire en valeur les points de comparaison autour desquels on peut regrouper différents documents et, si la question le demande, les divergences.
– Rédigez soigneusement votre réponse sans oublier de citer les textes.

FAIRE

Répondez aux questions posées en suivant les conseils du « SAVOIR-FAIRE » et en vous aidant de la méthode proposée. Objet d'étude : la question de l'homme dans les genres de l'argumentation du XVIe siècle à nos jours.

Document 1 : extrait des *Essais* de Montaigne, I, 20 (voir le chapitre 9, p. 25).

Document 2 : document iconographique (représentation d'une vanité, proposée dans le chapitre 3, p. 13).

Document 3 : lettre de Mme du Deffand (1697-1780) à Horace Walpole.

À monsieur Horace Walpole

Paris, samedi 1er avril 1769

Dites-moi pourquoi, détestant la vie, je redoute la mort ? Rien ne m'indique que tout ne finira pas avec moi ; au contraire, je m'aperçois du délabrement de mon esprit, ainsi que de celui de mon corps. Tout ce qu'on dit pour ou contre ne me fait nulle impression. Je n'écoute que moi, et je ne trouve que doute et qu'obscurité. Croyez, dit-on, c'est le plus sûr ; mais comment croit-on ce qu'on ne comprend pas ? Ce que l'on ne comprend pas peut exister sans doute ; aussi je ne le nie pas ; je suis comme un sourd et un aveugle-né ; il y a des sons, des couleurs, il en convient ; mais sait-il de quoi il convient ? S'il suffit de ne point nier, à la bonne heure, mais cela ne suffit pas. Comment peut-on se décider entre un commencement et une éternité, entre le plein et le vide ? Aucun de mes sens ne peut me l'apprendre ; que peut-on apprendre sans eux ? Cependant, si je ne crois pas ce qu'il faut croire, je suis menacée d'être mille et mille fois plus malheureuse après ma mort que je ne le suis pendant ma vie. À quoi se déterminer et est-il possible de se déterminer ? Je vous le demande, à vous, qui avez un caractère si vrai que vous devez, par sympathie, trouver la vérité, si elle est trouvable. C'est des nouvelles de l'autre monde qu'il faut m'apprendre, et me dire si nous sommes destinés à y jouer un rôle.

Mme du Deffand

Document 4 : *Fables*, livre I, 15, La Fontaine (1668).

La Mort et le Malheureux

Un malheureux appelait tous les jours
La mort à son secours.
« Ô mort, lui disait-il, que tu me sembles belle !
Viens vite, viens finir ma fortune cruelle. »
La mort crut en venant l'obliger en effet.
Elle frappe à sa porte, elle entre, elle se montre.
« Que vois-je ! cria-t-il, ôtez-moi cet objet ;
Qu'il est hideux ! que sa rencontre
Me cause d'horreur et d'effroi !
N'approche pas, ô mort ; ô mort, retire-toi. »

Mécénas[1] fut un galant[2] homme :
Il a dit quelque part : « Qu'on me rende impotent,
Cul-de-jatte, goutteux, manchot, pourvu qu'en somme
Je vive, c'est assez, je suis plus que content. »
Ne viens jamais, ô mort, on t'en dit tout autant.

1. Favori d'Auguste. 2. Honnête homme, au sens de raisonnable.

1 **a.** Quel est le thème commun aux quatre documents ?
b. Quelles idées principales développe Montaigne ?
c. En quoi peut-on dire que les documents 3 et 4 illustrent en partie son propos ?
d. Qu'apporte le document iconographique à la réflexion sur ce thème ? Quelle en est la signification ?

Méthode : *la première question invite à trouver un point commun (pour les textes, relevez les champs lexicaux dominants ; pour l'image, analysez son sujet). Les trois suivantes conduisent à mieux cerner le sens de chaque document : reformulez l'essentiel des idées de Montaigne en vous appuyant sur des références au texte, identifiez ensuite le problème abordé par les documents 3 et 4 et reliez-le au texte de Montaigne. Enfin, les deux dernières questions suggèrent que l'image propose un éclairage nouveau sur le thème ; à vous de déterminer lequel.*

2 Comparez les procédés choisis par chaque document (en particulier les formes du discours ou les genres adoptés) pour susciter la réflexion du lecteur/spectateur. Lequel vous semble le plus efficace ? Pourquoi ?

Méthode : *ces questions portent sur les procédés d'écriture ou sur le langage spécifique de l'image mis au service d'un effet recherché sur le lecteur/spectateur. Elles impliquent que vous soyez capable de mobiliser vos connaissances sur différentes formes de discours : l'essai, l'apologue, la délibération, l'image… Il faut choisir un seul document pour répondre vraiment à la dernière question.*

21 Le commentaire littéraire

SAVOIR

Le commentaire littéraire est l'un des trois sujets de l'épreuve écrite proposés à la suite des questions sur le corpus. Il porte sur l'un des textes du corpus ou sur un extrait, et son objectif est de rendre compte de manière organisée de l'étude d'un texte.

On attend notamment que vous soyez capable de rendre compte des **significations** du texte, des **interprétations** que vous en faites, à partir d'une **analyse précise** de l'écriture du texte.

Il convient donc, d'une part, de ne pas se contenter d'une série de remarques stylistiques, d'un relevé de procédés d'écriture, et d'autre part, de ne pas tomber dans la simple paraphrase qui conduit à redire ce que dit le texte.

SAVOIR-FAIRE

Mettre en rapport le texte étudié avec le corpus, l'objet d'étude et le programme

Le texte que vous commentez trouve place dans un ensemble :

- il correspond d'abord à **l'un des objets d'étude de votre programme**, et cela doit immédiatement vous donner des pistes sur son écriture et ses enjeux ;
- de plus, ce texte appartient **à un corpus que vous avez déjà analysé** grâce aux questions posées : aidez-vous de ces questions pour comprendre les enjeux de votre texte et pour en cerner **la spécificité**, puisque vous avez certainement procédé à une étude comparative des textes ;
- enfin, le travail que vous avez effectué durant l'année vous aidera à situer ce texte **par rapport à un mouvement culturel et littéraire** (soit il y appartient, soit il s'y oppose).

Le travail d'analyse préparatoire

Pour préparer le commentaire, on doit adopter des outils et des mécanismes similaires à ceux de la lecture analytique : observez le texte, analysez-le, interprétez-le.

Il convient donc de **savoir questionner le texte** pour en fournir une **interprétation**.

- À quel **genre** appartient ce texte ? Quelles caractéristiques de ce genre présente-t-il ?
- Quelles **formes de discours** comporte-t-il ? Quels en sont les procédés d'écriture significatifs ?
- Quel(s) est (sont) son (ses) **thème(s)** ? Le traitement du thème vous semble-t-il original ou traditionnel ?
- Quel(s) en est (sont) le(s) **registre(s)** dominant(s) ? Quels éléments vous semblent représentatifs de ce(s) registre(s) ?

Pour vos analyses, pensez toujours au système d'énonciation/de narration, aux champs lexicaux, aux figures de style, aux temps verbaux, aux connecteurs logiques et spatio-temporels, à la syntaxe (ponctuation, structure des phrases), etc.

Ce questionnement doit permettre de **formuler des hypothèses sur le sens du texte**, de **dégager ses enjeux** (pourquoi a-t-il été écrit ? Quels sont ses objectifs ?), d'en **comprendre la visée** (quel effet cherche-t-il à produire chez le lecteur ?).

Organiser le commentaire

- Il doit comporter **une introduction**, qui présente le texte et le situe dans l'histoire littéraire, **un développement structuré**, dans lequel on distingue différentes étapes, et **une conclusion**, qui fait le bilan de l'étude.
- **Quelques erreurs sont à éviter** : un commentaire ligne à ligne (cela montre que vous ne parvenez pas à analyser le texte dans son ensemble), l'absence totale de plan ou un commentaire qui se contente d'observer le texte.
- Le développement peut être organisé de différentes manières. Pensez à formuler la **problématique littéraire** posée par le texte ; cela permet souvent de dégager un plan cohérent, qui présente les éléments de réponse à cette problématique.

Rédiger le commentaire

La rédaction obéit aux règles habituelles de l'expression écrite. La difficulté est d'articuler analyse, citations du texte et interprétation. Pensez à utiliser un lexique précis, à citer entre guillemets, à préciser vos références (numéros de ligne, de vers), à aérer la présentation (sautez des lignes entre les parties, faites des paragraphes avec alinéas).

FAIRE

1 Lisez cet extrait de la tirade de Camille d'*Horace*, de Corneille (1640).

Camille
Rome, l'unique objet de mon ressentiment !
Rome, à qui vient ton bras d'immoler mon amant !
Rome qui t'a vu naître, et que ton cœur adore !
Rome enfin que je hais parce qu'elle t'honore !
Puissent tous ses voisins ensemble conjurés
Saper ses fondements encor mal assurés !
Et si ce n'est assez de toute l'Italie,
Que l'Orient contre elle à l'Occident s'allie ;
Que cent peuples unis des bouts de l'univers
Passent pour la détruire et les monts et les mers !
Qu'elle-même sur soi renverse ses murailles,
Et de ses propres mains déchire ses entrailles !
Que le courroux du ciel allumé par mes vœux
Fasse pleuvoir sur elle un déluge de feux !
Puissé-je de mes yeux y voir tomber ce foudre,
Voir ses maisons en cendre, et tes lauriers en poudre,
Voir le dernier Romain à son dernier soupir,
Moi seule en être cause, et mourir de plaisir !

Le paragraphe suivant est consacré à l'expression tragique de la malédiction : complétez-le soit en utilisant un vocabulaire précis, soit en citant le texte.

Dans cette ......, Camille maudit non seulement son frère Horace mais Rome tout entière, responsable à ses yeux de la mort de son amant, Curiace. Ainsi, dans les quatre premiers vers, l'...... « Rome » fournit une véritable scansion à ses imprécations. De plus, chacun de ces vers se clôt sur un ......, qui souligne la violence du propos. La tournure exclamative se retrouve d'ailleurs régulièrement au fil de la tirade, aux vers ...... Par ailleurs, Camille emploie le mode ...... (« puissent », « s'allie », « passent », « fasse », etc.) : c'est tout le pouvoir magique de la parole qu'elle utilise ici. Elle appelle de ses vœux la ruine de Rome. Le champ lexical de la mort (......) et celui de la destruction envahissent jusqu'à l'excès son discours. Elle convoque dans une ...... (« ses voisins », « l'Italie », « l'Orient », « l'Occident », « cent peuples unis », « l'univers ») le monde entier à cette tâche. Elle en appelle même au secours vengeur des dieux (......) et formule le souhait d'être l'instrument de leur pouvoir : ...... De plus, les termes les plus frappants sont généralement situés à une place stratégique dans l'alexandrin : à la césure, comme « ...... », ou à la rime, comme « ...... ».
Ses vœux sont d'autant plus tragiques que c'est son propre sang qu'elle souhaite finalement verser : celui de son frère, invoqué à de multiples reprises (......), celui d'une ville, la sienne, mais dont elle se sent désormais séparée : ...... À travers sa violence, cette tirade ne dit peut-être rien d'autre que la solitude irrémédiable de Camille dans un monde dont elle ne partage plus les valeurs et la gloire.

2 Sur quels objets du programme devez-vous vous appuyer pour mener à bien le commentaire littéraire de la tirade de Camille ? Faites la liste des connaissances nécessaires.

3 Proposez un plan détaillé pour un commentaire littéraire du texte de Fontenelle (chapitre 18, p. 43).

22 L'écriture d'invention

SAVOIR

Présentation et compétences requises

L'écriture d'invention est l'un des sujets de l'épreuve écrite au baccalauréat faisant suite aux questions d'analyse d'un corpus. L'objectif est d'être soi-même l'auteur d'un texte, en rapport avec le corpus et avec l'objet d'étude auquel il se rattache.

Les **capacités de création** et le **soin de l'expression** sont bien entendu importants. Toutefois, ce sujet d'invention s'accompagne de **consignes précises**, qui vous obligent à mettre en pratique des savoirs littéraires, donc à les maîtriser. La prise en compte des consignes est un point essentiel de l'évaluation.

Types de sujets possibles

- Un sujet comportant des **contraintes formelles**, en dehors desquelles toute liberté vous est laissée.
Exemple : l'écriture d'un dialogue délibératif.
- Un sujet où il s'agit d'écrire **« à la manière de »** l'un des auteurs du corpus. Il s'agit alors d'un travail d'imitation.
Exemple : à la manière d'Apollinaire, vous rédigerez un calligramme sur un sujet de votre choix.
- Un sujet qui invite à **transposer un texte** dans un registre ou dans un genre différents.
Exemple : transposer un incipit de roman en scène d'exposition de pièce de théâtre.
- Un sujet qui invite à **compléter** ou à **poursuivre l'écriture** d'un texte du corpus.
Exemple : rédiger des indications de mise en scène ; imaginer la réponse d'un personnage à la suite d'une question posée par le texte.

SAVOIR-FAIRE

Analyser un sujet d'écriture d'invention

- Demandez-vous toujours **quel est le lien entre le sujet et le corpus de documents**. Cela peut vous aider à mieux cerner les objectifs du travail.
- **Identifiez les consignes** qui vous sont imposées : ce sont des contraintes qui définissent le cadre et les limites de votre création. Si l'on vous demande d'écrire une fable et que vous connaissez mal cette forme, il vaut mieux changer de sujet !

Organiser le travail préparatoire à l'écriture d'invention

- **Sujet reposant sur des contraintes formelles** : il convient de faire la liste des procédés à utiliser. Il s'agit certainement de caractéristiques stylistiques qu'au moins l'un des textes du corpus présente. Appuyez alors votre recherche sur une étude détaillée de ce texte. Le même travail doit être effectué si l'on vous demande d'écrire « à la manière de… ».
- **Sujet invitant à donner un prolongement à un texte ou à y insérer un nouveau texte** : l'analyse du texte de base est déterminante. Il faut adopter le même genre, le même registre, le même niveau de langue ; respecter la situation des personnages, le contexte historique, les temps verbaux, le système d'énonciation ou de narration, etc.
- **Sujet invitant à un travail de transposition, de réécriture** : de nouveau, l'analyse du texte initial est essentielle. À l'issue de celle-ci, il faut vous demander quels éléments doivent être conservés (tant dans le contenu que dans la forme) et lesquels doivent être absolument modifiés. Interrogez-vous ensuite sur les nouveaux procédés que vous devez mettre en place pour opérer la transformation.

Rédiger une composition relevant de l'écriture d'invention

- La rédaction obéit aux **règles habituelles** d'un travail d'écriture : veillez à la correction de la syntaxe et de l'orthographe, au soin de votre écriture, à la présentation de votre copie.
- Il vaut mieux certainement **faire d'abord un brouillon** et prendre le temps de le travailler. Ne gommez pas ce que vous tentez de modifier : mieux vaut rayer d'un trait et corriger dans la marge car la première version était peut-être finalement la bonne. Pensez aussi qu'il existe trois manipulations à mettre en œuvre pour améliorer son brouillon : **la suppression, l'ajout, la substitution d'éléments**.

FAIRE

1 Voici une liste de sujets. Classez-les en fonction des types de sujets proposés dans le « SAVOIR ».

a. Développez à votre tour sous la forme d'un petit essai vos réflexions personnelles sur la mort. Vous veillerez à donner à votre écriture les caractéristiques du genre.

b. Transformez en fable le texte de Fontenelle proposé p. 43.

c. En reprenant le ton du texte de Zola (voir p. 23), écrivez un texte destiné à d'autres jeunes de votre époque sur le sujet de votre choix.

d. Avant de tuer sa sœur, Horace répond à sa malédiction (voir le texte, p. 49) : rédigez sa tirade en respectant les règles et le registre tragiques.

e. À la manière de Zola (voir le texte p. 35), vous rédigerez un texte d'une vingtaine de lignes dans lequel vous prendrez la défense d'une forme artistique contemporaine dans le domaine de votre choix (musique, peinture, littérature, art graphique…).

f. Transformez la fable de La Fontaine « La Mort et le Malheureux » (p. 47) en deux scènes de théâtre : la première où le Malheureux se lamente seul sur scène ; la seconde où la Mort entre en scène. Vous veillerez à étoffer le dialogue, à insérer des indications scéniques et à choisir un registre précis, comique ou tragique.

2 Choisissez l'un des sujets proposés dans l'exercice 1. Entraînez-vous à la rédaction en travaillant votre brouillon. Vous pouvez procéder aux phases de correction indiquées à la fin du SAVOIR-FAIRE, p. 50 :

- je supprime ce qui me semble inutile, trop lourd, déjà dit ;
- je remplace ce qui me semble mal dit, incorrect, inexact ;
- j'ajoute pour rendre mon texte plus clair, ou pour approfondir, ou pour introduire une nouvelle idée importante.

Lisez votre texte à voix haute et corrigez de nouveau ce dont vous n'êtes pas satisfait(e). Relisez une dernière fois votre travail en corrigeant l'orthographe.

3 **a.** Voici une série de propositions de travail concernant le sujet proposé p. 23, chapitre 8 (« En reprenant les principaux procédés qui donnent au texte de Zola sa force de persuasion, écrivez un texte destiné à des jeunes de votre époque sur le sujet de votre choix qui portera sur la défense d'une valeur humaine fondamentale. »). Cochez celles qui vous semblent judicieuses pour mener à bien votre devoir.

- ❑ Je peux prendre finalement le même sujet que Zola.
- ❑ Le locuteur de ce texte peut être, comme chez Zola, un « ancien » s'adressant à des jeunes.
- ❑ Je peux choisir d'adresser mon discours à un ami.
- ❑ Je peux structurer le texte, comme chez Zola, par une anaphore qui interpelle mes interlocuteurs.
- ❑ Mon texte doit manifester un enthousiasme, une force de conviction.
- ❑ Je peux prendre comme sujet les guerres qui gangrènent aujourd'hui le monde.
- ❑ Je peux reprendre l'essentiel du texte de Zola en changeant simplement de thème.
- ❑ Je dois m'efforcer de rester objectif.
- ❑ Je dois, avant toute chose, analyser le ton adopté par Zola et rechercher les procédés d'écriture utilisés.

b. Réalisez le même travail pour le sujet suivant : « Avant de tuer sa sœur, Horace répond à sa malédiction (voir le texte, p. 49) : rédigez sa tirade en respectant les règles et le registre tragiques (le respect de l'alexandrin n'est pas exigé, vous pouvez choisir des vers libres). »

- ❑ Horace pardonne à sa sœur et tente de la raisonner.
- ❑ Horace justifie son geste.
- ❑ Horace tente de désamorcer la colère de sa sœur par l'humour et la dérision.
- ❑ Je peux faire parler Horace comme un personnage du XXIe siècle.
- ❑ Camille coupe sans cesse la parole à Horace alors qu'il tente de parler.
- ❑ Horace maudit à son tour sa sœur.
- ❑ Mon texte doit rimer.
- ❑ Horace parle à sa sœur pendant qu'il est en train de la tuer.

Français

23 La dissertation

SAVOIR

La dissertation est un écrit **d'argumentation**, **de délibération** ou **d'exploration** dont le sujet est en relation, dans le cadre du baccalauréat, avec le corpus de textes à étudier.

Il est donc demandé de soutenir, de réfuter, de discuter un point de vue ou d'explorer un thème, une notion, à partir d'un ensemble de textes.

La dissertation est composée de trois parties principales : **introduction**, **développement**, **conclusion**. Le développement est constitué de parties et celles-ci sont divisées en paragraphes.

SAVOIR-FAIRE

Élaborer une dissertation

- **Analyser le sujet**

– Repérez les éléments importants de l'intitulé : le verbe, qui vous indique le travail à effectuer (« étayez », « réfutez », « discutez », « analysez »…), le domaine à étudier, la formulation de la consigne ; par exemple : « vous vous demanderez en quoi… » ou « dans quelle mesure… » sont des expressions qui invitent à la discussion.

– Dégagez la problématique, c'est-à-dire la question à laquelle on vous demande de répondre. Elle détermine la suite de votre travail ; elle est essentielle pour éviter le hors-sujet.

- **Rechercher les arguments ou les exemples**

– Le sujet de la dissertation s'appuyant sur des textes et des objets d'étude connus, cette recherche paraît plus facile. Cependant, il ne s'agit pas de répéter les arguments des textes (s'ils en présentent).

– Votre recherche doit se faire en fonction de vos connaissances littéraires, en vérifiant chaque fois la pertinence de vos références et de vos affirmations. L'argument soutient votre affirmation, l'exemple vient l'illustrer.

- **Bâtir le plan**

– Servez-vous de la problématique comme point de départ. Le développement est l'élaboration, étape par étape, de la réponse à la question initiale. Chaque partie constitue donc un élément de réponse.

– L'ordre des parties dépend du type de sujet. Pour discuter une thèse, le plan classique est : thèse, antithèse, synthèse. Le devoir prend donc souvent la forme d'un raisonnement concessif en trois étapes. S'il s'agit d'explorer une notion, on mettra en évidence ses principales caractéristiques, en allant du plus évident vers le plus complexe.

- **Construire l'introduction et la conclusion**

– Ces étapes, essentielles, doivent être particulièrement soignées.

– L'introduction amène le sujet, pose la problématique et annonce le plan.

– La conclusion effectue le bilan de l'étude en répondant à la problématique ; cette réponse peut être nuancée.

- **Rédiger le devoir**

– Soyez particulièrement attentif à la correction de la langue (syntaxe et orthographe).

– Soignez le lien entre les remarques, les transitions entre les parties et entre les paragraphes : la réflexion doit apparaître comme un enchaînement logique d'analyses et non comme une juxtaposition de remarques.

– Prenez toujours le temps de relire votre travail.

FAIRE

Objet d'étude : le texte théâtral et sa représentation, du XVIIe siècle à nos jours.
Sujet : « Il est bon de vous laisser le plaisir de la surprise », déclare Éraste (doc. 1). L'effet de surprise est-il nécessaire au plaisir du spectateur ou la connaissance de l'intrigue et du dénouement d'une pièce est-elle sans importance ?

Document 1

Acte I, scène première
JULIE, ÉRASTE, NÉRINE.

JULIE. – Mon Dieu, Éraste, gardons d'être surpris ; je tremble qu'on ne nous voie ensemble ; et tout serait perdu, après la défense que l'on m'a faite.
ÉRASTE. – Je regarde de tous côtés, et je n'aperçois rien.
JULIE. – Aie aussi l'œil au guet, Nérine, et prends bien garde qu'il ne vienne personne.
NÉRINE. – Reposez-vous sur moi, et dites hardiment ce que vous avez à vous dire.
JULIE. – Avez-vous imaginé pour notre affaire quelque chose de favorable ? et croyez-vous, Éraste, pouvoir venir à bout de détourner ce fâcheux mariage que mon père s'est mis en tête ?
ÉRASTE. – Au moins y travaillons-nous fortement ; et déjà nous avons préparé un bon nombre de batteries pour renverser ce dessein ridicule.
NÉRINE. – Par ma foi, voilà votre père.
JULIE. – Ah séparons-nous vite.
NÉRINE. – Non, non, non, ne bougez, je m'étais trompée.
JULIE. – Mon Dieu, Nérine, que tu es sotte, de nous donner de ces frayeurs !
ÉRASTE. – Oui, belle Julie, nous avons dressé pour cela quantité de machines[1], et nous ne feignons point de mettre tout en usage, sur la permission que vous m'avez donnée. Ne nous demandez point tous les ressorts que nous ferons jouer, vous en aurez le divertissement ; et comme aux comédies, il est bon de vous laisser le plaisir de la surprise, et de ne vous avertir point de tout ce qu'on vous fera voir ; c'est assez de vous dire que nous avons en main divers stratagèmes tous prêts à produire dans l'occasion, et que l'ingénieuse Nérine et l'adroit Sbrigani entreprennent l'affaire.
NÉRINE. – Assurément. Votre père se moque-t-il de vouloir vous anger[2] de son avocat de Limoges, Monsieur de Pourceaugnac, qu'il n'a vu de sa vie, et qui vient par le coche vous enlever à notre barbe ? Faut-il que trois ou quatre mille écus de plus, sur la parole de votre oncle, lui fassent rejeter un amant qui vous agrée ?

Molière, *Monsieur de Pourceaugnac*, acte I, scène 1, 1669.

1. Stratagèmes. 2. Tourmenter.

Document 2

Nicolas Boileau, poète et théoricien du XVIIe siècle, définit dans son ouvrage les règles du théâtre classique.

Le secret est d'abord de plaire et de toucher
Inventez des ressorts qui puissent m'attacher.
Que dès les premiers vers l'action préparée
Sans peine du sujet aplanisse l'entrée.
Je me ris d'un acteur qui, lent à s'exprimer,
De ce qu'il veut d'abord, ne sait pas m'informer.
Et qui, débrouillant mal une pénible intrigue,
D'un divertissement me fait une fatigue [...].
Le sujet n'est jamais assez tôt expliqué.

N. Boileau, *Art poétique*, III, 1674.

Document 3

Acte I
LA VOIX

« *Il tuera son père. Il épousera sa mère.* »
Pour déjouer cet oracle d'Apollon, Jocaste, reine de Thèbes, abandonne son fils, les pieds troués et liés, sur la montagne. Un berger de Corinthe trouve le nourrisson et le porte à Polybe. Polybe et Mérope, roi et reine de Corinthe, se lamentaient d'une couche stérile. L'enfant, respecté des ours et des louves, Œdipe, ou Pieds percés, leur tombe du ciel. Ils l'adoptent.
Jeune homme, Œdipe interroge l'oracle de Delphes.
Le dieu parle : *Tu assassineras ton père et tu épouseras ta mère.* Donc il faut fuir Polybe et Mérope. La crainte du parricide et de l'inceste le jette vers son destin.
Un soir de voyage, au carrefour où les chemins de Delphes et de Daulie se croisent, il rencontre une escorte. Un cheval le bouscule ; une dispute éclate ; un domestique le menace ; il riposte par un coup de bâton. Le coup se trompe d'adresse et assomme le maître. Ce vieillard mort est Laïus, roi de Thèbes. Et voici le parricide.
L'escorte craignant une embuscade a pris le large. Œdipe ne se doute de rien ; il passe. Au reste, il est jeune, enthousiaste ; il a vite oublié cet accident.
Pendant une de ses haltes, on lui raconte le fléau du Sphinx. Le Sphinx, « la Jeune fille ailée », « la Chienne qui chante », décime la jeunesse de Thèbes. Ce monstre pose une devinette et tue ceux qui ne la devinent pas. La reine Jocaste, veuve de Laïus, offre sa main et sa couronne au vainqueur du Sphinx.
Comme s'élancera le jeune Siegfried, Œdipe se hâte. La curiosité, l'ambition le dévorent. La rencontre a lieu. De quelle nature, cette rencontre ? Mystère. Toujours est-il que le jeune Œdipe entre à Thèbes en vainqueur et qu'il épouse la reine. Et voilà l'inceste.
Pour que les dieux s'amusent beaucoup, il importe que leur victime tombe de haut. Des années s'écoulent, prospères. Deux filles, deux fils compliquent les noces monstrueuses. Le peuple aime son roi. Mais la peste éclate. Les dieux accusent un criminel anonyme d'infecter le pays et ils exigent qu'on le chasse. De recherche en recherche et comme enivré de malheur, Œdipe arrive au pied du mur. Le piège se ferme. Lumière est faite. Avec son écharpe rouge, Jocaste se pend. Avec la broche d'or de la femme pendue, Œdipe se crève les yeux.
Regarde, spectateur, remontée à bloc, de telle sorte que le ressort se déroule avec lenteur tout le long d'une vie humaine, une des plus parfaites machines construites par les dieux infernaux pour l'anéantissement mathématique d'un mortel.

J. Cocteau, *La Machine infernale*, 1934.

Français

24 Les principaux mouvements littéraires

Époque	Caractéristiques	Quelques œuvres et auteurs de la littérature française
XVIe siècle	**L'humanisme**, à partir de la redécouverte des textes de l'Antiquité, affirme sa foi dans l'homme, le place au centre de sa pensée et se caractérise comme un véritable élan vers le savoir.	• Rabelais, *Pantagruel* (1532), *Gargantua* (1534) • Montaigne, *Essais* (1580-1595)
2e moitié du XVIe siècle	**La Pléiade** désigne à la fois un courant et un groupe de poètes soucieux de montrer que la poésie française est capable de rivaliser, par le travail sur la langue et les formes, avec les grands modèles antiques.	• Ronsard, *Les Amours* (1552-1556) • Du Bellay, *Défense et illustration de la langue française* (1549), *Les Regrets* (1558)
Fin XVIe - 1re moitié du XVIIe siècle	**Le baroque** (dont la dénomination date du XXe siècle) désigne en littérature un ensemble d'écrivains qui expriment une sensibilité inquiète face à un monde instable et en mouvement. L'art baroque, d'abord lié à la Contre-Réforme, privilégie l'ostentatoire, les jeux de miroirs, les fontaines, les trompe-l'œil ; la littérature baroque jouera volontiers des mises en abyme, des rebondissements, du spectacle de la vanité du monde soumis au jeu des apparences.	• Sponde, *Stances sur la mort* (1598) • Corneille, *L'Illusion comique* (1635) • D'Urfé, *L'Astrée* (1607-1628)
2e moitié du XVIIe siècle	**Le classicisme** recherche l'équilibre, la mesure et entend donner une représentation universelle de l'âme humaine. Il codifie aussi son esthétique sur des règles strictes, notamment au théâtre (règle des trois unités, vraisemblance et bienséance).	• Corneille, *Horace* (1640) • Racine, *Phèdre* (1677) • Molière, *Tartuffe* (1669) • La Fontaine, *Fables* (1668-1694) • Pascal, *Pensées* (1670) • La Bruyère, *Les Caractères* (1696)
XVIIIe siècle	**Les Lumières**, guidées par la seule raison, exercent leur esprit critique et luttent contre l'obscurantisme et les préjugés. Kant, à la fin du siècle, définira les Lumières comme une attitude intellectuelle, celle d'oser penser par soi-même. C'est cette audace qui constitue le point commun des Lumières, au-delà de la diversité de leurs idées et de leurs combats.	• Montesquieu, *Les Lettres persanes* (1721) • Voltaire, *Candide* (1759) • Diderot et d'Alembert, directeurs de l'*Encyclopédie* (1751-1772) • Rousseau, *Du contrat social* (1762) • Beaumarchais, *Le Mariage de Figaro* (1764)
1re moitié du XIXe siècle	**Le romantisme**, auquel se rattachera la génération perdue, celle des fils de la Révolution et de l'Empire, exaltera le moi et instaurera la révolution dans les arts en rompant avec l'esthétique classique.	• Chateaubriand, *René* (1802) • Lamartine, *Méditations poétiques* (1820) • Hugo, *Hernani* (1830), *Les Contemplations* (1856) • Musset, *Lorenzaccio* (1834)

Époque	Caractéristiques	Quelques œuvres et auteurs de la littérature française
XIXe siècle	**Le réalisme** du XIXe siècle s'efforce de représenter la réalité de son temps sous tous ses aspects, de la façon la plus neutre et impersonnelle possible, selon ses théoriciens Champfleury et Duranty. Peu de romanciers se réclameront totalement de ce courant qui compte deux grands initiateurs (Stendhal et Balzac) et un « maître » (Flaubert) qui refuse absolument cette étiquette.	• Stendhal, *Le Rouge et le Noir* (1830) • Balzac, *Le Père Goriot* (1834) • Champfleury, *Le Réalisme* (1857) • Flaubert, *Madame Bovary* (1857)
2e moitié du XIXe siècle	**Le naturalisme** s'appuie sur la science et l'enquête sur le terrain, pour analyser les effets de l'hérédité et du milieu, mais devient aussi visionnaire pour créer avec Zola une véritable mythologie du monde moderne.	• Jules et Edmond de Goncourt, *Germinie Lacerteux* (1865) • Zola, *Les Rougon-Macquart* (1871-1893)
Fin XIXe siècle	**Le symbolisme** envisage le monde dans son mystère qu'il tente de suggérer et de dévoiler au moyen de symboles.	• Baudelaire, *Les Fleurs du mal* (1857) • Verlaine, *Poèmes saturniens* (1866) • Rimbaud, *Illuminations* (1886) • Mallarmé, *Poésies* (1899)
1re moitié du XXe siècle (après 1920)	**Le surréalisme**, à la suite des théories freudiennes et des thèses marxistes, entend explorer une surréalité en libérant l'homme du contrôle de la seule raison, et faire de l'art un acte révolutionnaire.	• Breton, *Manifeste du surréalisme* (1924), *Nadja* (1928) • Éluard, *Capitale de la douleur* (1926)
2e moitié du XXe siècle (à partir de 1938)	**La littérature de l'absurde** illustre le désarroi de l'homme, comme étranger face à un monde et à une existence dont il ne saisit plus le sens. Ionesco comme Beckett font éclater les formes et le langage théâtral, mais préfèrent parler d'insolite ou de vacuité du monde plutôt que d'absurde.	• Sartre, *La Nausée* (1938) • Camus, *L'Étranger* (1942) • Beckett, *En attendant Godot* (1953) • Ionesco, *Le roi se meurt* (1962)
2e moitié du XXe siècle	**Le Nouveau Roman** met fin au récit traditionnel fondé sur l'histoire et les personnages. Il entend ainsi dénoncer l'illusion romanesque, pour explorer autrement l'homme et son rapport au monde.	• Butor, *La Modification* (1957) • Sarraute, *L'Ère du soupçon* (1956), *Le Planétarium* (1959)

Maths

1 Généralités sur les fonctions

SAVOIR

Définition d'une fonction

Soit D une partie de l'ensemble $\mathbb{R}$ des nombres réels.
Définir une **fonction** f sur l'ensemble D et à valeurs dans $\mathbb{R}$, c'est associer à chaque réel x de D un seul réel y. On note $f : x \mapsto y = f(x)$.
On dit que y est l'**image** de x par f et que x est un **antécédent** de y par f.
L'ensemble D, qui est l'ensemble des réels x qui ont une image par la fonction f, est appelé **ensemble de définition** de f.

Courbe représentative d'une fonction

Dans un repère du plan, la courbe représentative C de la fonction f est l'ensemble des points M de coordonnées $(x ; y)$ tels que $x \in D$ et $y = f(x)$.
On dit que la courbe C a pour **équation** $y = f(x)$ dans le repère.

Sens de variation d'une fonction

Soit I un intervalle de $\mathbb{R}$ et f une fonction définie sur I.
Dire que f est **strictement croissante** sur I signifie que, pour tous réels a et b de I :

si $a < b$, alors $f(a) < f(b)$.

Dire que f est **strictement décroissante** sur I signifie que, pour tous réels a et b de I :

si $a < b$, alors $f(a) > f(b)$.

Étudier le sens de variation d'une fonction consiste à déterminer les intervalles sur lesquels la fonction est soit strictement croissante, soit strictement décroissante.
Les résultats de cette étude sont ensuite résumés dans un tableau de variation.

Maximum et minimum d'une fonction

Soit I un intervalle de $\mathbb{R}$, c un nombre réel de I et f une fonction définie sur I.
Dire que $f(c)$ est le **maximum** de f sur I signifie que, pour tout réel x de I, $f(x) \leqslant f(c)$.
Dire que $f(c)$ est le **minimum** de f sur I signifie que, pour tout réel x de I, $f(x) \geqslant f(c)$.

SAVOIR-FAIRE

Déterminer le minimum d'une fonction et lire un graphique

On donne la courbe C représentative de la fonction f définie sur $[-0,5 ; 7]$ par $f(x) = x - 1,5 + \dfrac{4}{x+1}$.

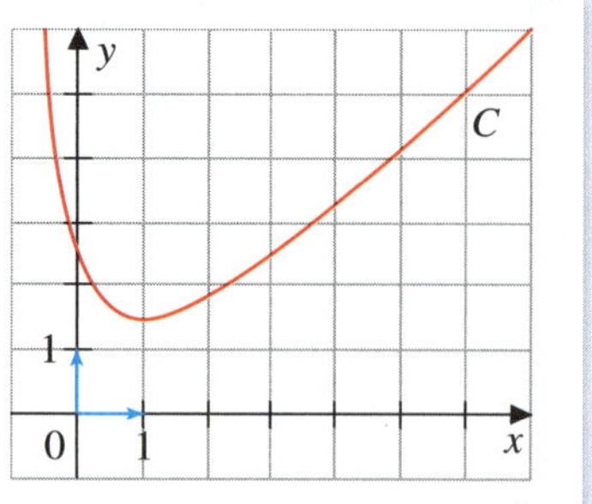

a. Démontrez que 1,5 est le minimum de f sur $[-0,5 ; 7]$.
On doit prouver que, pour tout x de $[-0,5 ; 7]$, $f(x) \geqslant 1,5$.

$$f(x) - 1,5 = x - 3 + \frac{4}{x+1} = \frac{(x-3)(x+1)+4}{x+1} = \frac{(x-1)^2}{x+1}.$$

$f(1) = 1,5$ et, pour tout x de $[-0,5 ; 7]$, $f(x) - 1,5 \geqslant 0$, donc $f(x) \geqslant 1,5$.
Donc 1,5 est le minimum de f atteint lorsque x vaut 1.

b. Lisez graphiquement les variations de f et dressez son tableau de variation.
La fonction f est **décroissante sur [– 0,5 ; 1]**, puis **croissante sur [1 ; 7]**.

x	– 0,5	1	7
Variations de $f(x)$	6 ↘	1,5	↗ 6

FAIRE

1 **a.** Démontrez que la fonction affine f définie par $f(x) = 0{,}7x - 10$ est croissante sur $\mathbb{R}$.

b. Démontrez que la fonction affine f définie par $f(x) = -2x + 6$ est décroissante sur $\mathbb{R}$.

c. Énoncez la propriété donnant le sens de variation d'une fonction affine selon le signe de son coefficient directeur m.

2 **a.** Démontrez que, pour tous réels a et b :

$$a^3 - b^3 = (a - b)(a^2 + ab + b^2).$$

b. Démontrez que la fonction f définie par $f(x) = x^3 - 2$ est croissante sur $\mathbb{R}$.

3 Soit la fonction f définie sur l'intervalle $]0 ; +\infty[$ par $f(x) = 5 + \dfrac{1}{x}$.

Démontrez que f est décroissante sur cet intervalle.

4 Soit la fonction f définie sur l'intervalle $]-\infty ; 2]$ par $f(x) = x(x - 4)$.

Démontrez que f est décroissante sur cet intervalle.

5 On donne la courbe C représentative de la fonction f définie sur $[1 ; 5]$ par $f(x) = -(x - 3)^2 + 4$.

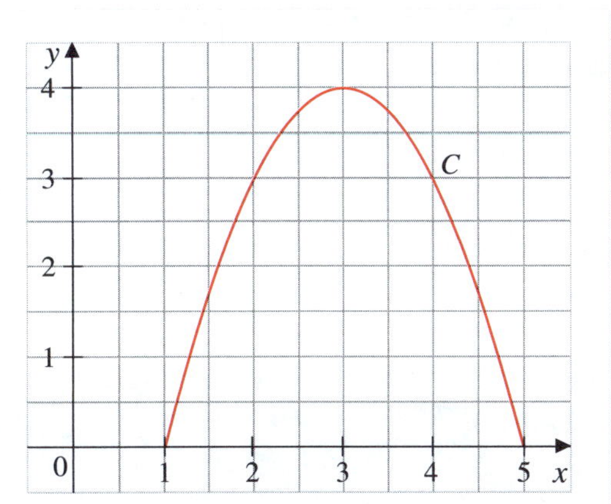

a. Démontrez que 4 est le maximum de f sur $[1 ; 5]$.

b. Dressez le tableau de variation de f.

c. Résolvez l'équation $f(x) = 3$.

6 On donne le tableau de variation d'une fonction g définie sur l'intervalle $[-2 ; 8]$:

x	-2	0	4	8
Variations de $g(x)$	3 ↘	1 ↗	6 ↘	0

a. Donnez le maximum et le minimum de g sur $[-2 ; 8]$.

b. Comparez $g(1)$ et $g(3)$; $g(6)$ et $g(7)$; $g(-1)$ et $g(2)$.

7 Un artisan fabrique des objets. Il ne peut pas en produire plus de 70 par semaine. On suppose que tout objet fabriqué est vendu.

Le coût de production de x dizaines d'objets, en milliers d'euros, est modélisé par la fonction f définie par :

$$f(x) = 0{,}1x^2 + 0{,}2x + 0{,}3.$$

Chaque objet est vendu 80 euros. On note $g(x)$ la recette obtenue par la vente de x dizaines d'objets, en milliers d'euros. On a donc $g(x) = 0{,}8x$.

Le bénéfice réalisé par la production et la vente de x dizaines d'objets en milliers d'euros est modélisé par une fonction B.

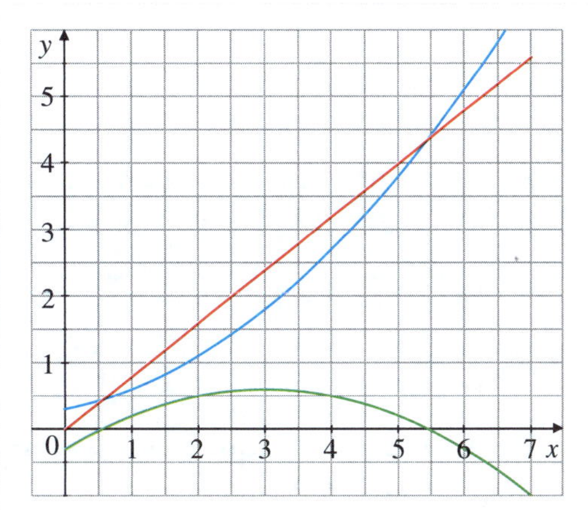

a. Donnez l'ensemble de définition des fonctions f, g et B.

b. Montrez que $B(x) = -0{,}1\,x^2 + 0{,}6x - 0{,}3$.

c. Observez sur l'écran de votre calculatrice les courbes représentatives des fonctions f, g et B.
Pour quel nombre d'objets fabriqués et vendus le bénéfice est-il maximum ?

2 Polynômes du second degré

SAVOIR

Fonctions polynômes du second degré

Soit a, b et c trois nombres réels ($a \neq 0$). La fonction f définie sur $\mathbb{R}$ par $f(x) = ax^2 + bx + c$ est appelée **fonction polynôme du second degré**.

On peut toujours écrire f sous la **forme canonique** $a\left(x + \dfrac{b}{2a}\right)^2 + \gamma$, où $\gamma = f\left(\dfrac{-b}{2a}\right)$.

La courbe représentative de cette fonction dans un repère du plan est une **parabole** dont le sommet S a pour coordonnées $\left(\dfrac{-b}{2a} ; \gamma\right)$.

Résolution de l'équation du second degré $ax^2 + bx + c = 0$

Le nombre réel $b^2 - 4ac$, noté Δ, est appelé **discriminant** du polynôme $ax^2 + bx + c$.

- Si $\Delta < 0$, alors l'équation n'a pas de solution dans $\mathbb{R}$.
- Si $\Delta = 0$, alors l'équation a une solution : $x_0 = \dfrac{-b}{2a}$.
- Si $\Delta > 0$, alors l'équation a deux solutions : $x_1 = \dfrac{-b-\sqrt{\Delta}}{2a}$ et $x_2 = \dfrac{-b+\sqrt{\Delta}}{2a}$.

Signe du polynôme du second degré $ax^2 + bx + c$

- Si $\Delta < 0$, alors on ne peut pas factoriser $ax^2 + bx + c$; le polynôme garde toujours le même signe, celui du coefficient a de x^2.
- Si $\Delta = 0$, alors on peut factoriser : $f(x) = a(x - x_0)^2$; le signe de $f(x)$ est celui de a si $x \neq \dfrac{-b}{2a}$.
- Si $\Delta > 0$, alors on peut factoriser : $f(x) = a(x - x_1)(x - x_2)$; le signe de $f(x)$ s'obtient à l'aide d'un tableau de signes ou de la courbe.

SAVOIR-FAIRE

Déterminer la forme canonique d'un polynôme du second degré

Soit $f(x) = 2x^2 + 5x - 7$. Déterminez la forme canonique de f.

Les coefficients sont $a = 2$; $b = 5$ et $c = -7$. Donc $\dfrac{-b}{2a} = \dfrac{-5}{4} = -1{,}25$

et $f(-1{,}25) = 2 \times (-1{,}25)^2 + 5 \times (-1{,}25) - 7 = -10{,}125$.

On en déduit la forme canonique : $\boldsymbol{f(x) = 2(x + 1{,}25)^2 - 10{,}125}$.

Résoudre une équation du second degré

Résolvez dans $\mathbb{R}$ l'équation $2x^2 + 5x - 7 = 0$.

On calcule le discriminant : $\Delta = 5^2 - 4 \times 2 \times (-7)$; $\Delta = 81$. Comme $\Delta > 0$, l'équation a deux solutions : $x_1 = \dfrac{-b-\sqrt{\Delta}}{2a} = \dfrac{-5-9}{4} = -3{,}5$ et $x_2 = \dfrac{-b+\sqrt{\Delta}}{2a} = \dfrac{-5+9}{4} = 1$.

L'ensemble des solutions est **{– 3,5 ; 1}**.

Factoriser un polynôme du second degré

Factorisez le polynôme $2x^2 + 5x - 7$.

Le discriminant calculé précédemment vaut 81 ; le polynôme s'annule pour les valeurs – 3,5 et 1.

On en déduit la factorisation : $\boldsymbol{2x^2 + 5x - 7 = 2(x + 3{,}5)(x - 1)}$.

FAIRE

1 Soit f la fonction définie sur $\mathbb{R}$ par :

$$f(x) = 2x^2 + 5x - 7.$$

La figure montre la parabole représentative de cette fonction.

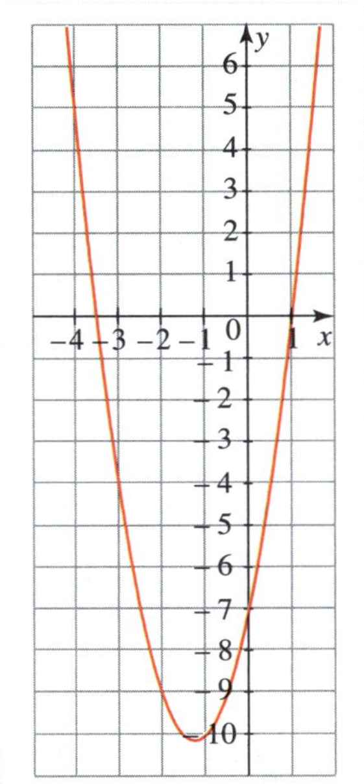

a. Résolvez graphiquement l'équation :

$$2x^2 + 5x - 7 = 0.$$

b. Justifiez à partir du graphique et de calculs simples que le sommet de la parabole a pour coordonnées (– 1,25 ; – 10,125).

c. Résolvez graphiquement l'inéquation :

$$2x^2 + 5x - 7 \leqslant 0.$$

2 Soit g la fonction définie sur $\mathbb{R}$ par :

$$g(x) = -0{,}5(x - 6)^2 + 8.$$

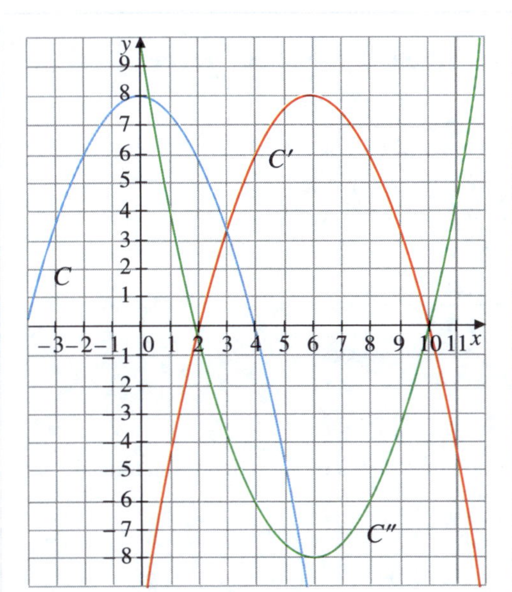

a. La fonction g est-elle une fonction polynôme du second degré ?

b. Déterminez la forme factorisée de g.

c. Parmi les trois courbes de la figure, laquelle représente g ?

3 Soit h la fonction définie sur $\mathbb{R}$ par :

$$h(x) = 3(x + 2)(x - 2).$$

a. La fonction h est-elle une fonction polynôme du second degré ?

b. Déterminez la forme canonique de h.

4 Résolvez dans $\mathbb{R}$ les équations suivantes.

a. $x^2 - 4x + 5 = 0$

b. $5x^2 + 7 = 0$

c. $x^2 - 1 = 0$

d. $2x^2 + 20x + 50 = 0$

5 On considère le polynôme $5x^2 - 3x - 1$.

a. Calculez son discriminant.

b. Factorisez, si possible, ce polynôme.

c. Étudiez le signe de $5x^2 - 3x - 1$ à l'aide d'un tableau de signes.

6 Résolvez dans $\mathbb{R}$ les inéquations suivantes.

a. $(x + 2)(x - 3) \geqslant 0$

b. $-x^2 + 3x - 4 > 0$

c. $2x^2 + 7x + 6 < 0$

7 Soit f la fonction définie sur $\mathbb{R}$ par :

$$f : x \mapsto -x^2 - 3x - 2.$$

Répondez aux questions suivantes à l'aide de la calculatrice.

a. Complétez le tableau de valeurs.

x	−3	−2,5	−2	−1,5	−1	−0,5	0	0,5	1	1,5	2
$f(x)$											

b. Dressez le tableau de variation de f et le tableau de signes de f.

3 Fonctions homographiques

SAVOIR

Fonction inverse

La **fonction inverse** est la fonction f définie sur $\mathbb{R}^*$ ($\mathbb{R}$ privé de 0) par $x \mapsto \frac{1}{x}$.

La courbe représentative de la fonction inverse est une **hyperbole**. L'origine du repère est centre de symétrie de la courbe.

Les axes de coordonnées sont appelées **asymptotes** à la courbe.

La fonction inverse est décroissante sur $]-\infty\,;0[$ et décroissante sur $]0\,;+\infty[$.

On retient que : si $0 < a < b$, alors $\frac{1}{a} > \frac{1}{b}$;

si $a < b < 0$, alors $\frac{1}{a} > \frac{1}{b}$.

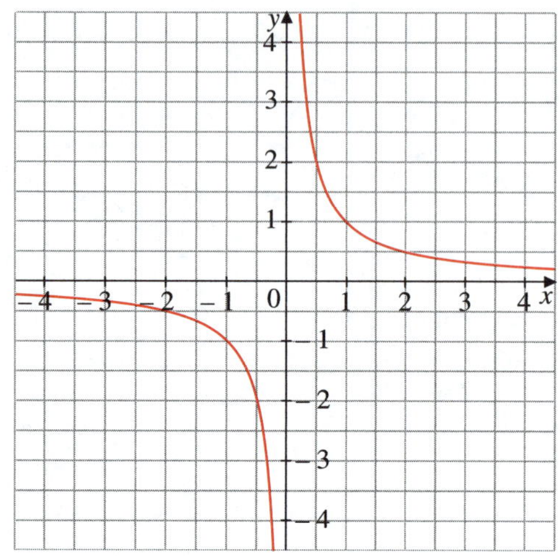

Fonction homographique

On appelle **fonction homographique** la fonction f dont la représentation graphique est une hyperbole et qui peut s'écrire sous la **forme développée** $f(x) = \frac{ax+b}{cx+d}$, où a, b, c et d sont des nombres réels quelconques, avec c non nul.

La fonction homographique f est définie sur $\left]-\infty\,;-\frac{d}{c}\right[\cup \left]-\frac{d}{c}\,;+\infty\right[$.

On peut toujours écrire une fonction homographique sous la **forme réduite** $f(x) = \alpha + \frac{\beta}{x+\gamma}$, où α, β et γ sont des nombres réels ; la fonction f est alors définie sur $]-\infty\,;-\gamma[\cup]-\gamma\,;+\infty[$.

SAVOIR-FAIRE

Transformer une écriture

Soit la fonction homographique f définie sur $]-\infty\,;-1{,}5[\cup]-1{,}5\,;+\infty[$ par $f(x) = \frac{x-5}{2x+3}$.

Vérifiez que, pour tout x sauf $-1{,}5$, on peut écrire : $f(x) = \frac{1}{2} - \frac{3{,}25}{x+1{,}5}$.

On part de la deuxième expression que l'on met au même dénominateur :

$$\frac{1}{2} - \frac{3{,}25}{x+1{,}5} = \frac{1\times(x+1{,}5) - 2\times 3{,}25}{2\times(x+1{,}5)} = \frac{x+1{,}5-6{,}5}{2x+3} = \frac{x-5}{2x+3}.$$

Donc pour tout réel x sauf $-1{,}5$, on a $\boldsymbol{f(x) = \frac{1}{2} - \frac{3{,}25}{x+1{,}5}}$.

Résoudre une équation

Résolvez l'équation $\frac{x-5}{2x+3} = 0$.

Un quotient est égal à 0 si, et seulement si, son numérateur est égal à 0 et son dénominateur différent de 0, donc $\frac{x-5}{2x+3} = 0$ équivaut à $x - 5 = 0$ et $2x + 3 \neq 0$.

L'unique solution de l'équation est donc $x = 5$.

FAIRE

1 On donne les deux fonctions f et g définies respectivement par :

$$f(x) = 3 - \frac{1}{x-2} \text{ et } g(x) = 3 + \frac{1}{x+2}$$

et deux courbes représentatives C_1 et C_2.

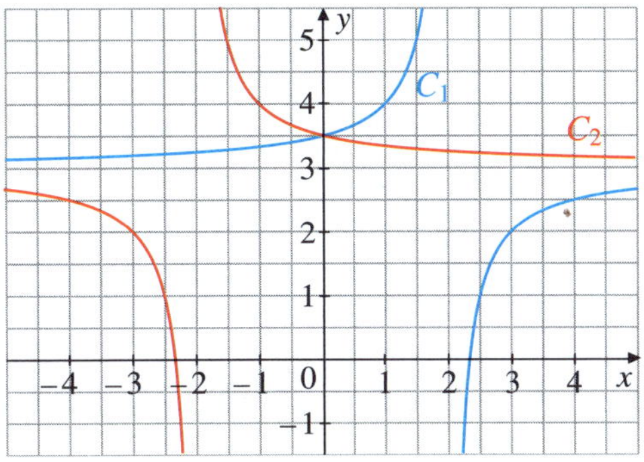

a. Calculez $f(0)$ et $g(0)$.

b. Associez chacune des fonctions f et g à la courbe qui la représente.

2 **a.** Écrivez les fonctions f et g de l'exercice 1 sous la forme $\dfrac{ax+b}{cx+d}$.

b. Résolvez l'équation $f(x) = 0$.

c. Résolvez l'équation $g(x) = 0$.

3 Soit f la fonction définie sur $]-\infty\,;3[\, \cup\,]3\,;+\infty[$ par $f(x) = \dfrac{-x+4}{x-3}$.

a. Calculez les images par f de 2 et 4.

b. On souhaite écrire f sous la forme :

$$f(x) = \alpha + \frac{\beta}{x-3}.$$

Déterminez α et β sachant que $f(2) = -2$ et $f(4) = 0$. Vérifiez votre réponse.

4 La courbe ci-après représente la fonction f définie sur $]-\infty\,;3[\, \cup\,]3\,;+\infty[$ par $f(x) = \dfrac{-x+4}{x-3}$.

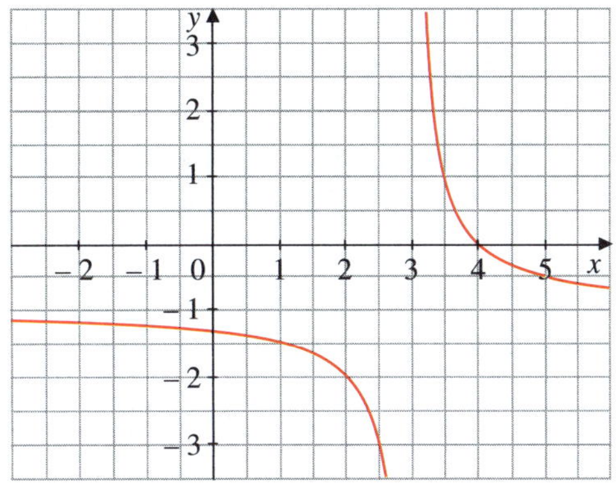

a. Dressez le tableau de variation de f.

b. Soit u et v deux nombres réels de l'intervalle $[0\,;3[$ tels que $u < v$.
Comparez $f(u)$ et $f(v)$.

c. Résolvez graphiquement et par le calcul l'équation $f(x) = -1$.

d. Résolvez graphiquement et par le calcul l'inéquation $f(x) \geqslant 0$.

5 Soit f la fonction définie par :

$$f(x) = \frac{x^2 - 3x + 2}{x^2 - 4}.$$

a. Déterminez l'ensemble de définition D de f.

b. Résolvez l'équation $f(x) = 0$.

c. Montrez que f est une fonction homographique.

d. Résolvez l'inéquation $f(x) > 1$.

6 Soit f la fonction définie par :

$$f(x) = 5 - \frac{2}{x+1}.$$

a. Déterminez l'ensemble de définition de f.

b. Résolvez l'équation $f(x) = 0$.

c. Déterminez l'ensemble E des réels x tels que :

$$4{,}8 \leqslant f(x) < 5.$$

Vérifiez vos résultats en observant la courbe représentative de f sur l'écran de votre calculatrice.

Maths

4 Fonctions de référence (racine carrée et valeur absolue)

SAVOIR

Fonction racine carrée

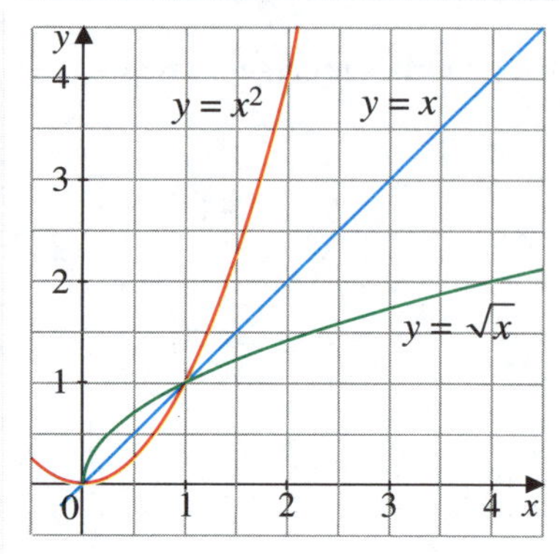

La racine carrée d'un nombre positif a est le nombre positif $\sqrt{a}$ dont le carré est a.

Conséquences : $\left(\sqrt{a}\right)^2 = a$; $\sqrt{a^2} = a$.

Si a et b sont deux nombres positifs, alors :

$$\sqrt{ab} = \sqrt{a}\sqrt{b} \; ; \; \sqrt{\frac{a}{b}} = \frac{\sqrt{a}}{\sqrt{b}} \; (b \neq 0).$$

La **fonction racine carrée** est la fonction qui, à tout nombre positif x, associe sa racine carrée $\sqrt{x}$.

Son ensemble de définition est $[0 ; +\infty[$.

La fonction racine carrée est croissante sur $[0 ; +\infty[$.

Donc $0 \leqslant a < b$ équivaut à $\sqrt{a} < \sqrt{b}$.

La figure montre les courbes des trois fonctions $x \mapsto x$, $x \mapsto x^2$ et $x \mapsto \sqrt{x}$. On en déduit que :

– si $0 < x < 1$, alors $0 < x^2 < x < \sqrt{x} < 1$;

– si $1 < x$, alors $1 < \sqrt{x} < x < x^2$.

Fonction valeur absolue

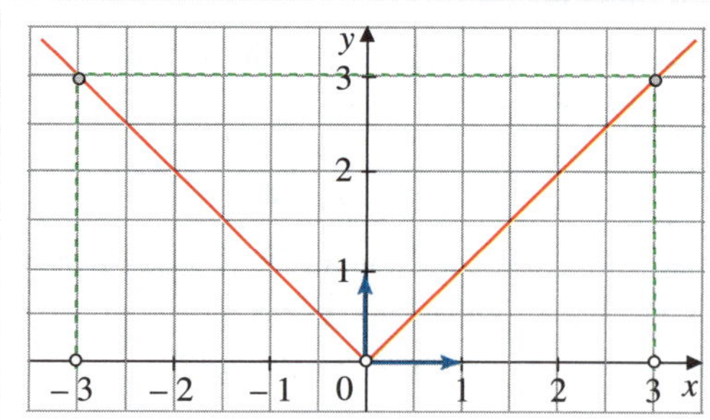

La **fonction valeur absolue** est la fonction définie sur $\mathbb{R}$ par $f(x) = |x|$:

– si $x > 0$, $|x| = x$;

– si $x = 0$, $|x| = 0$;

– si $x < 0$, $|x| = -x$.

La fonction valeur absolue est décroissante sur $]-\infty ; 0]$ et croissante sur $[0 ; +\infty[$.

La courbe représentative de la fonction valeur absolue est la réunion des deux demi-droites d'équations respectives $y = -x$ sur $]-\infty ; 0]$ et $y = x$ sur $[0 ; +\infty[$; elle admet pour axe de symétrie l'axe des ordonnées.

SAVOIR-FAIRE

Résoudre des inéquations avec la fonction racine carrée

Résolvez les inéquations suivantes : $\sqrt{x} < 1{,}5$; $\sqrt{2-x} > 3$.

• La fonction racine carrée est croissante sur $[0 ; +\infty[$. Comme $2{,}25 = 1{,}5^2$, l'inéquation s'écrit $\sqrt{x} < \sqrt{2{,}25}$, ce qui équivaut à $0 \leqslant x < 2{,}25$. L'ensemble des solutions est l'intervalle **$[0 ; 2{,}25[$**.

• L'expression $\sqrt{2-x}$ est définie si $2 - x \geqslant 0$, soit sur l'intervalle $]-\infty ; 2]$.

$\sqrt{2-x} > \sqrt{9}$ équivaut à $2 - x > 9$, soit $-x > 7$; $x < -7$.

L'ensemble des solutions est **$]-\infty ; -7[$**.

Utiliser la fonction valeur absolue

a. Calculez la valeur absolue des nombres $-2{,}6$ et $\pi - 3$.

Le nombre $-2{,}6$ est négatif, donc $|-2{,}6| = -(-2{,}6) =$ **2,6**.

Le nombre $\pi - 3$ est positif, donc $|\pi - 3| =$ **$\pi - 3$**.

b. Résolvez l'équation $|x| = 3$.

Graphiquement, la droite d'équation $y = 3$ coupe la courbe représentative de la fonction valeur absolue en deux points d'abscisses -3 et 3. Donc l'équation a deux solutions : **– 3 et 3**.

FAIRE

1 Résolvez les inéquations suivantes.

a. $\sqrt{x} < 0{,}5$ **b.** $\sqrt{x} > 10$

2 Comparez $a = 2 + \sqrt{6}$ et $b = 2\sqrt{5}$.

3 Soit f et g les fonctions définies par :

$$f(x) = \sqrt{x+3} \text{ et } g(x) = \sqrt{-x-1}.$$

a. Donnez les ensembles de définition des fonctions f et g.

b. Calculez $f(-2)$ et $g(-2)$.

c. On donne les courbes représentant f et g dans un même repère.

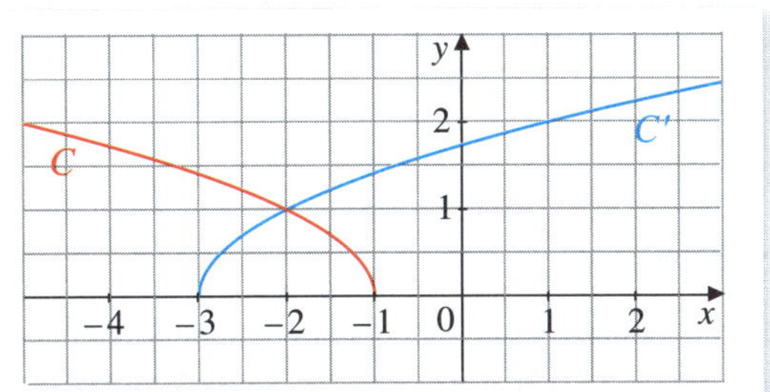

Associez chacune des fonctions à la courbe qui la représente.

d. Résolvez l'inéquation $f(x) < g(x)$.

4 Déterminez l'ensemble de définition des fonctions suivantes :

$$f : x \mapsto \sqrt{x^2 - 4} \; ; \; g : x \mapsto \sqrt{-x^2 - 3x - 2}.$$

5 Calculez la valeur absolue des nombres :

$$a = 10^{-3} \text{ et } b = 1 - \sqrt{2}.$$

6 Écrivez sans le symbole de la valeur absolue :

$$c = |5 - 7|$$
$$d = |x + 4|$$

où x est un nombre réel quelconque.

7 Résolvez l'équation $|x - 1| = 0{,}1$.

8 **a.** Donnez l'écriture de la fonction f représentée par la courbe C ci-dessous.

b. Résolvez l'équation $f(x) = 2{,}5$.

c. Résolvez l'inéquation $f(x) < 1$.

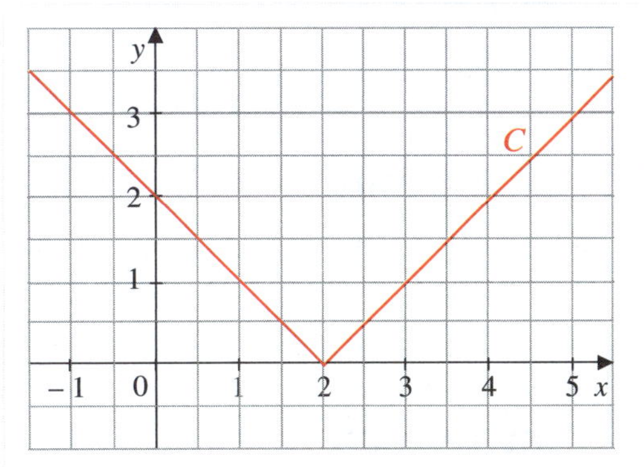

9 **a.** Justifiez que, pour tout réel x, $\sqrt{x^2} = |x|$.

b. Simplifiez les écritures :

$$g(x) = \sqrt{(x-3)^2} \; ; \; h(x) = \sqrt{(x+2)^2}.$$

10 Déterminez les écritures des fonctions f et g représentées par les courbes C et C'.

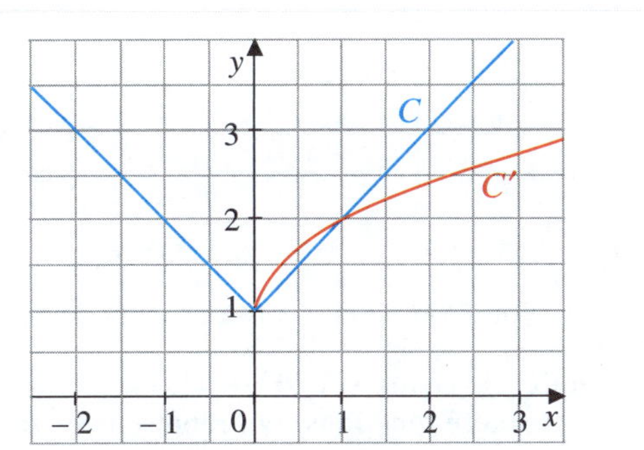

5 Opérations sur les fonctions

SAVOIR

Fonction $u + k$

Soit u une fonction connue et k une fonction constante définies sur un intervalle I.
Par exemple, en prenant $u(x) = x^2$ et $k(x) = 3$, on a $(u + k)(x) = x^2 + 3$.
La fonction $u + k$ a le même sens de variation que la fonction u sur l'intervalle I.

Fonction λu

Soit λ un nombre réel fixé. La fonction λu est la fonction définie sur I par $(\lambda u)(x) = \lambda u(x)$.

- Si $\lambda > 0$, alors u et λu ont le même sens de variation sur I.
- Si $\lambda < 0$, alors u et λu ont des sens de variation contraires sur I.

Fonction $\sqrt{u}$

Si u est une fonction positive sur I (cela signifie que, pour tout réel x de I, $u(x) \geqslant 0$), alors u et $\sqrt{u}$ ont le même sens de variation sur I.

Fonction $\frac{1}{u}$

Si la fonction u ne s'annule pas sur I (cela signifie que, pour tout réel x de I, $u(x) \neq 0$), alors u et $\frac{1}{u}$ ont des sens de variation contraires sur I.

SAVOIR-FAIRE

Déterminer le sens de variation de fonctions simples

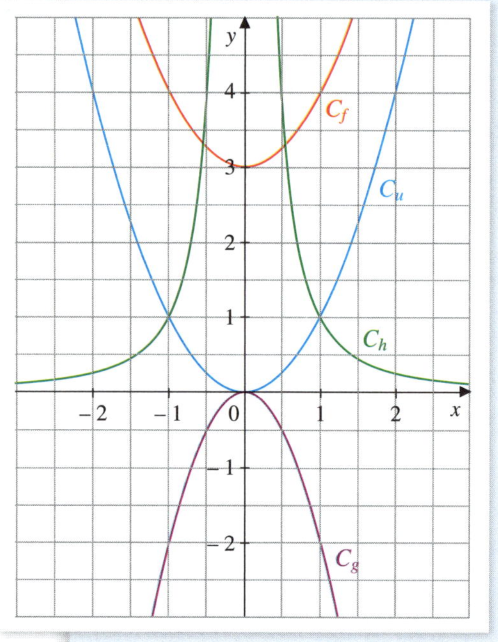

a. Rappelez le sens de variation de la fonction carré sur $\mathbb{R}$.

On pose $u(x) = x^2$. **La fonction u est décroissante sur $]-\infty\ ;\ 0]$ et croissante sur $[0\ ;\ +\infty[$.**

b. Déterminez le sens de variation de la fonction f définie sur $\mathbb{R}$ par $f(x) = x^2 + 3$.

En posant $u(x) = x^2$ et $k(x) = 3$, on a $f = u + k$.
La fonction f a le même sens de variation que la fonction u ; donc **f est décroissante sur $]-\infty\ ;\ 0]$ et croissante sur $[0\ ;\ +\infty[$.**

c. Déterminez le sens de variation de la fonction g définie sur $\mathbb{R}$ par $g(x) = -2x^2$.

En posant $u(x) = x^2$ et $\lambda = -2$, on a $g = -2u$.
Les fonctions u et $-2u$ ont des sens de variation contraires ; donc **g est croissante sur $]-\infty\ ;\ 0]$ et décroissante sur $[0\ ;\ +\infty[$.**

d. Déterminez le sens de variation de la fonction h définie sur $\mathbb{R}\backslash\{0\}$ par $h(x) = \frac{1}{x^2}$.

En posant $u(x) = x^2$, on a $h = \frac{1}{u}$.

Les fonctions u et $\frac{1}{u}$ ont des sens de variation contraires ; donc **h est croissante sur $]-\infty\ ;\ 0[$ et décroissante sur $]0\ ;\ +\infty[$.**
Les quatre fonctions sont représentées sur la figure.

FAIRE

1 **a.** Rappelez le sens de variation de la fonction inverse sur l'intervalle $]0\ ;+\infty[$.

b. Déterminez le sens de variation de la fonction f définie sur $]0\ ;+\infty[$ par $f(x)=\dfrac{1}{x}-2$.

c. Déterminez le sens de variation de la fonction g définie sur $]0\ ;+\infty[$ par $g(x)=\dfrac{-5}{x}$.

2 **a.** Soit u la fonction affine définie sur $\mathbb{R}$ par :

$$u(x)=2x-8.$$

Donnez le sens de variation et le signe de la fonction u.

b. Soit f la fonction définie par :

$$f(x)=\sqrt{2x-8}.$$

Précisez l'ensemble de définition de f.
Déterminez le sens de variation de f.

3 **a.** Soit u la fonction affine définie sur $\mathbb{R}$ par :

$$u(x)=-3x+6.$$

Donnez le sens de variation et le signe de la fonction u.

b. Soit f la fonction définie par :

$$f(x)=\sqrt{-3x+6}.$$

Précisez l'ensemble de définition de f.
Déterminez le sens de variation de f.

4 On donne les courbes représentatives des fonctions $v : x \mapsto x^2$ et $w : x \mapsto -2x+5$, sur l'intervalle $[0\ ;2{,}5]$.

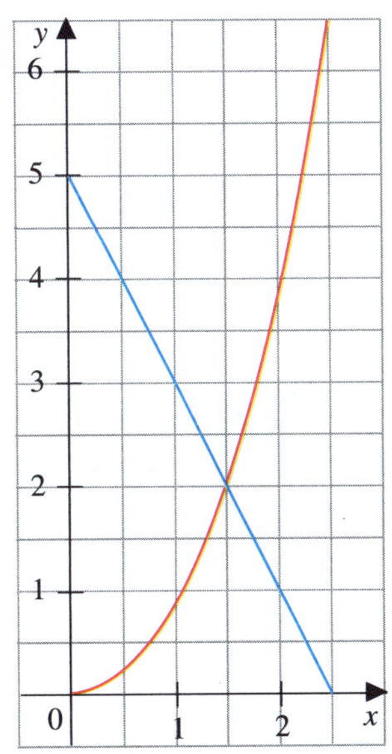

a. Donnez le sens de variation de ces deux fonctions.

b. Soit f la fonction du second degré définie par $f=v+w$.

Écrivez la forme canonique de f.
Déterminez le sens de variation de f.

5 Soit u et v les fonctions affines définie par :

$$u(x)=x+1 \text{ et } v(x)=2x+1.$$

a. Donnez le sens de variation de ces deux fonctions.

b. Soit f la fonction définie par :

$$f=uv.$$

Déterminez le sens de variation de f.

c. L'affirmation « le produit de deux fonctions croissantes est une fonction croissante » est-elle vraie ?

6 Dans chaque cas, indiquez si l'affirmation proposée est vraie ou fausse et justifiez la réponse.

a. La somme de deux fonctions affines croissantes est une fonction croissante.

b. La somme d'une fonction affine croissante et d'une fonction affine décroissante est une fonction décroissante.

c. Le produit de deux fonctions décroissantes est une fonction croissante.

7 Soit u la fonction définie sur $[-3\ ;3]$ par :

$$u(x)=9-x^2.$$

a. Donnez le sens de variation et le signe de la fonction u.

b. Soit f la fonction définie par $f=\sqrt{u}$.
Donnez l'ensemble de définition de f.
Dressez le tableau de variation de f.

8 Déterminez le sens de variation de la fonction f définie par :

$$f(x)=3\sqrt{x}-2.$$

Maths

6

Nombre dérivé

SAVOIR

Taux d'accroissement d'une fonction

Soit f une fonction définie sur un intervalle I, a et b deux réels distincts de I.
On pose $h = b - a$, ce qui permet d'écrire $b = a + h$.

Le **taux d'accroissement** de f entre a et $a + h$ est le nombre $\dfrac{f(a+h) - f(a)}{h}$.

Nombre dérivé d'une fonction en un point

Le **nombre dérivé de f en a** est la limite, si elle existe, du taux d'accroissement $\dfrac{f(a+h) - f(a)}{h}$ lorsque h tend vers 0. On le note $f'(a)$.

On dit alors que **f est dérivable en a**.

Tangente à une courbe

Soit f une fonction définie sur un intervalle I et C sa courbe représentative dans un repère.
Soit A le point de C d'abscisse a et M le point de C d'abscisse $a + h$.

Le quotient $\dfrac{f(a+h) - f(a)}{h}$ donne le coefficient directeur de la droite (AM).

Si la fonction f est dérivable en a, alors la droite T passant par A et de coefficient directeur $f'(a)$ est la **tangente** à la courbe C au point A.
Une équation de T est $y = f'(a)(x - a) + f(a)$.

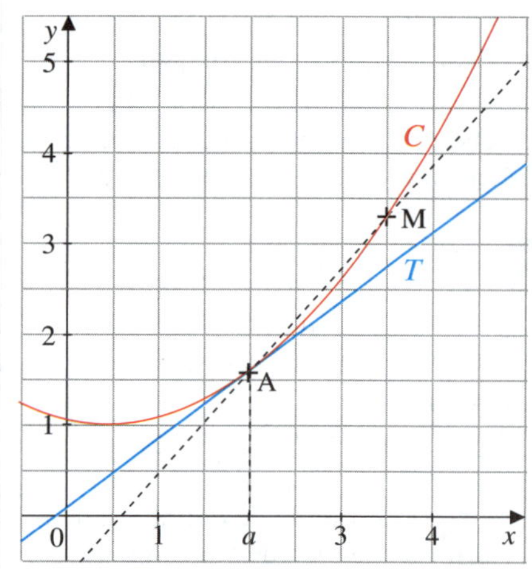

SAVOIR-FAIRE

Calculer un nombre dérivé

Soit f la fonction définie sur [0 ; 3] par $f(x) = x^2 - 2$.
Calculez le nombre dérivé de f en 1, noté $f'(1)$.

$f(1) = -1$; $f(1+h) = (1+h)^2 - 2 = h^2 + 2h - 1$; $f(1+h) - f(1) = h(h+2)$.

On calcule le taux d'accroissement de f entre 1 et $1 + h$: $\dfrac{f(1+h) - f(1)}{h} = \dfrac{h(h+2)}{h} = h + 2$.

Lorsque h tend vers 0, l'expression $h + 2$ tend vers 2. Donc $f'(1) = 2$.

Tracer une tangente connaissant le nombre dérivé

Soit f la fonction définie par $f(x) = x^2 - 2$ et C sa courbe représentative.
Sachant que $f'(1) = 2$, tracez la tangente T à la courbe C au point d'abscisse 1.

Le coefficient directeur de T est égal au nombre dérivé ; il vaut donc 2.
Comme $f(1) = -1$; on trace la droite passant par le point A(1 ; – 1) et de coefficient directeur 2.
On peut aussi calculer une équation de la tangente T en remplaçant a par 1 dans la formule $y = f'(a)(x - a) + f(a)$.
On obtient $y = 2(x - 1) + (-1)$, d'où l'équation de T : $y = 2x - 3$.

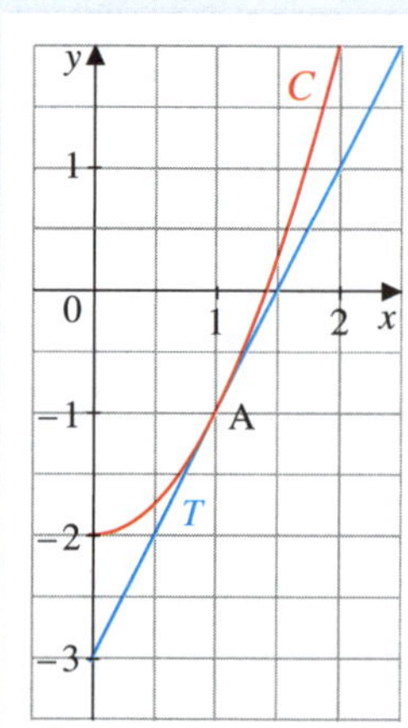

FAIRE

1 Soit f la fonction définie sur $[0 ; 3]$ par :
$$f(x) = x^2 - 2.$$
Calculez le nombre dérivé de f en 2.

2 Soit f la fonction définie sur $\mathbb{R}$ par :
$$f(x) = 5x - 7.$$
a. Calculez le nombre dérivé de f en 4.

b. Soit x un réel quelconque, calculez $f'(x)$.

3 Reprenez les questions de l'exercice 2 avec la fonction f définie par :
$$f(x) = -6x + 1.$$

4 On donne la courbe C représentant une fonction g sur l'intervalle $]0 ; 5]$.

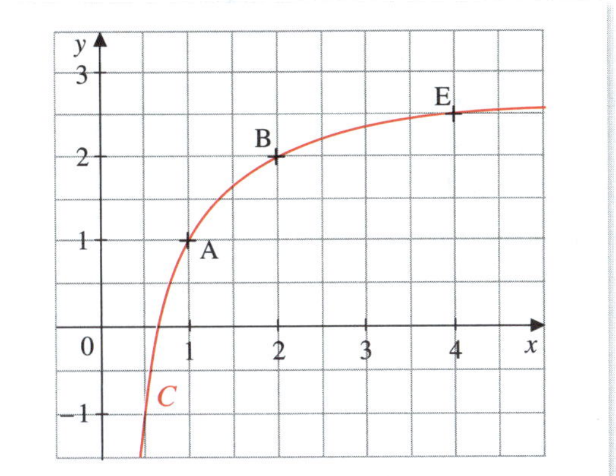

On sait que :

$g(1) = 1$; $g(2) = 2$; $g(4) = 2{,}5$;
$g'(1) = 2$; $g'(2) = 0{,}5$; $g'(4) = 0{,}125$.

Tracez les tangentes à la courbe C aux points A, B et E d'abscisses respectives 1, 2 et 4.

5 On donne la courbe C représentant une fonction g sur l'intervalle $[-4 ; 2[$.

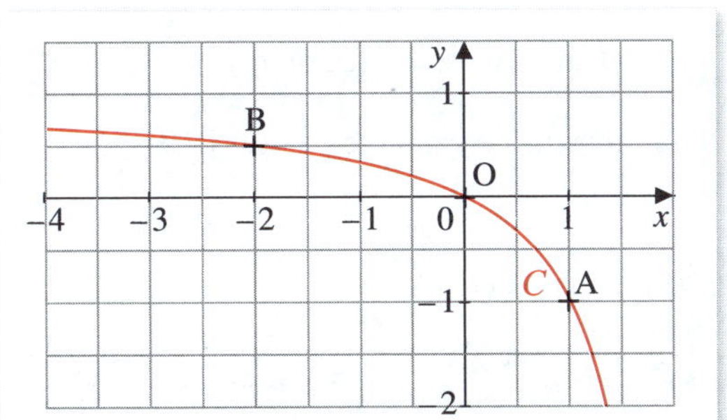

On sait que :

$g(0) = 0$; $g(1) = -1$; $g(-2) = 0{,}5$;
$g'(0) = -0{,}5$; $g'(1) = -2$; $g'(-2) = -0{,}125$.

Tracez les tangentes à la courbe C aux points O, A et B d'abscisses respectives 0, 1 et -2.

6 Soit f une fonction dérivable en 5 et C sa courbe représentative.

On sait que $f(5) = 3$ et $f'(5) = -2$.

Calculez une équation de la tangente T à C au point d'abscisse 5.

7 Soit f une fonction dérivable en -3 et C sa courbe représentative.

On sait que $f(-3) = 0$ et $f'(-3) = 4$.

Calculez une équation de la tangente T à C au point d'abscisse -3.

8 Soit f une fonction dérivable en 2 et C sa courbe représentative.

On sait que $f(2) = 1{,}5$ et $f'(2) = 0$.

Calculez une équation de la tangente T à C au point d'abscisse 2.

9 Soit f la fonction définie sur $\mathbb{R}$ par :
$$f(x) = 0{,}5(x^3 - 3x + 2).$$

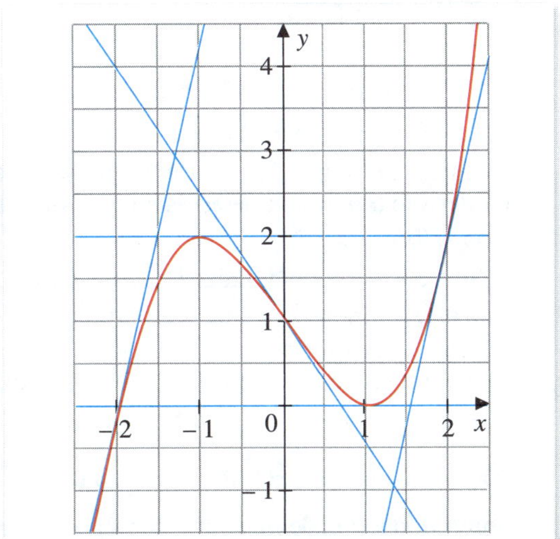

Sur la figure, on a tracé sa courbe représentative C ainsi que les tangentes à C aux points d'abscisses -2, -1, 0, 1 et 2.

Lisez graphiquement les coefficients directeurs de ces cinq tangentes.

Déduisez-en les nombres dérivés de f en -2, -1, 0, 1 et 2.

7 Calcul des dérivées

SAVOIR

Fonction dérivée

Soit f une fonction définie sur un intervalle I. Si f est dérivable pour tout x de I, on dit que f est dérivable sur I. La **fonction dérivée** de f est la fonction f' qui à tout x de I associe le nombre $f'(x)$.

Dérivées des fonctions usuelles

Intervalle I	$f(x)$	$f'(x)$
$\mathbb{R}$	k (k constante réelle)	0
$\mathbb{R}$	x^n (n entier, $n \geqslant 1$)	nx^{n-1}
$]-\infty\,;0[$ ou $]0\,;+\infty[$	$\dfrac{1}{x}$	$\dfrac{-1}{x^2}$
$]0\,;+\infty[$	$\sqrt{x}$	$\dfrac{1}{2\sqrt{x}}$

Règles de dérivation

Soit u et v deux fonctions dérivables sur le même intervalle I et soit λ un nombre réel.

Somme : la fonction $u + v$ est dérivable sur I et $(u + v)' = u' + v'$.

Produit par un réel : la fonction λu est dérivable sur I et $(\lambda u)' = \lambda u'$.

Produit : la fonction uv est dérivable sur I et $(uv)' = u'v + uv'$.

Quotient : si v ne s'annule pas sur I, alors la fonction $\dfrac{u}{v}$ est dérivable sur I et $\left(\dfrac{u}{v}\right)' = \dfrac{u'v - uv'}{v^2}$.

SAVOIR-FAIRE

Calculer la dérivée d'une somme, d'un produit

a. Soit f la fonction définie sur $\mathbb{R}$ par $f(x) = x^2 + x + 5$. Calculez la dérivée de f.

f se présente sous la forme d'une somme de trois fonctions $u : x \mapsto x^2$, $v : x \mapsto x$ et $w : x \mapsto 5$. La dérivée d'une somme est la somme des dérivées. Or $u'(x) = 2x$; $v'(x) = 1$ et $w'(x) = 0$. Donc $\boldsymbol{f'(x) = 2x + 1}$.

b. Soit g la fonction définie sur $\mathbb{R}$ par $g(x) = 3x^2(x^2 + x + 5)$. Calculez la dérivée de g.

g se présente sous la forme d'un produit de deux fonctions (la deuxième étant la fonction f du **a.**). On applique la formule $(uv)' = u'v + uv'$. On pose $u(x) = 3x^2$ et $v(x) = x^2 + x + 5$; la fonction u est le produit de la fonction carré par un réel, donc : $u'(x) = 3 \times 2x$ et $v'(x) = 2x + 1$.

$g'(x) = 6x\,(x^2 + x + 5) + 3x^2(2x + 1)$. Après développement : $\boldsymbol{g'(x) = 12x^3 + 9x^2 + 30x}$.

Calculer la dérivée d'un quotient

Soit f la fonction définie sur $[-2\,;9]$ par $f(x) = \dfrac{3x-7}{2x+5}$. Calculez la dérivée de f.

f se présente sous la forme d'un quotient, dont le dénominateur ne s'annule pas sur $[-2\,;9]$.

On applique la formule $\left(\dfrac{u}{v}\right)' = \dfrac{u'v - uv'}{v^2}$.

On pose $u(x) = 3x - 7$ et $v(x) = 2x + 5$; on a alors $u'(x) = 3$ et $v'(x) = 2$.

$f'(x) = \dfrac{3 \times (2x+5) - (3x-7) \times 2}{(2x+5)^2} = \dfrac{6x + 15 - 6x + 14}{(2x+5)^2}$; soit $\boldsymbol{f'(x) = \dfrac{29}{(2x+5)^2}}$.

FAIRE

1 *(Extrait Bac ST2S, Nouvelle-Calédonie, novembre 2009)*
Un laboratoire pharmaceutique étudie l'effet d'une nouvelle molécule d'antibiotique sur un rat auquel on a injecté des bactéries.

L'évolution du nombre de bactéries (en millions) présentes dans un échantillon de sang en fonction du temps t (en jours) est donnée par la fonction f définie sur [0 ; 1] par :

$$f(t) = t^3 + t^2 + 0{,}5.$$

La fonction f', dérivée de la fonction f, exprime la vitesse de prolifération des bactéries à un instant donné.

a. Déterminez $f'(t)$.

b. Calculez $f'(0{,}5)$ et interprétez en termes de vitesse de prolifération des bactéries.

2 Calculez la dérivée des fonctions suivantes définies sur ℝ.

a. $f(x) = 5x^2 - 7x + 8$

b. $g(x) = x^4 + 2x^3 - 3x^2 + x - 7$

3 Calculez la dérivée des fonctions suivantes définies sur]0 ; + ∞[.

a. $f(x) = 3\sqrt{x}$

b. $g(x) = (x - 2)\sqrt{x}$

4 Soit f et g les fonctions définies sur ℝ par :

$$f(x) = 2x^2 - 2x + 1$$
$$\text{et } g(x) = x^3 - x + 1.$$

a. Calculez les dérivées des fonctions f et g.

b. Montrez que les courbes représentatives de ces deux fonctions ont une tangente commune au point d'abscisse 1.
Déterminez une équation de cette tangente commune.

5 Soit f la fonction définie sur ℝ par :

$$f(x) = (2x^2 - 3x + 1)(x^2 + 2).$$

Calculez de deux manières la dérivée de f :

a. en utilisant la formule de dérivée d'un produit.

b. en développant d'abord $f(x)$.

6 Calculez la dérivée des fonctions suivantes.

a. f définie sur]2 ; + ∞[par :

$$f(x) = \frac{2x + 7}{2x - 4}.$$

b. g définie sur]– 1 ; + ∞[par :

$$g(x) = \frac{-3x + 1}{x + 1}.$$

7 Soit f la fonction définie par :

$$f(x) = \frac{x + 2}{x^2 - 4x + 3}.$$

a. Déterminez l'ensemble D de définition de f.

b. Calculez la dérivée de f.

8 Soit f la fonction définie sur]0 ; + ∞[par :

$$f(x) = x - 1 + \frac{1}{x}.$$

a. Calculez la dérivée de f.

b. Complétez le tableau de valeurs suivant.

x	0,5	1	1,5	2	2,5	3	3,5	4
$f(x)$								
$f'(x)$								

9 Soit f et g les fonctions définies sur]1 ; 5[par :

$$f(x) = \frac{1}{x - 1} - \frac{1}{x - 5}$$

$$\text{et } g(x) = \frac{x^2 - 6x + 1}{x^2 - 6x + 5}.$$

a. Calculez les dérivées de ces deux fonctions.

b. On constate que, pour tout x, $f'(x) = g'(x)$.
Les fonctions f et g sont-elles égales ?

8 Utilisation des dérivées

SAVOIR

Lien entre le signe de la dérivée et le sens de variation

Soit f une fonction définie et dérivable sur un intervalle I et f' sa fonction dérivée.

- f est croissante sur I si, et seulement si, f' est positive sur I.
- f est décroissante sur I si, et seulement si, f' est négative sur I.
- f est constante sur I si, et seulement si, f' est nulle sur I.

Extremum local d'une fonction

Soit f une fonction dérivable sur un intervalle I et c un élément de I.
Si la dérivée s'annule et change de signe en c, alors f admet un extremum local en ce point.

SAVOIR-FAIRE

Étudier le sens de variation d'une fonction

Étudiez le sens de variation de la fonction f définie sur $[-2\ ;4]$ par $f(x) = x^3 - 3x + 2$.

On calcule la dérivée : $f'(x) = 3x^2 - 3 = 3(x+1)(x-1)$.

La fonction dérivée est un polynôme du second degré qui s'annule pour les valeurs -1 et 1 ; le coefficient devant x^2 étant positif, la dérivée est négative sur $]-1\ ;1[$ et positive à l'extérieur de cet intervalle. Donc f est croissante sur $[-2\ ;-1]$, décroissante sur $[-1\ ;1]$ et croissante sur $[1\ ;4]$.

On dresse le tableau de variation de f :

x	-2		-1		1		4
Signe de $f'(x)$		+	0	−	0	+	
Variations de $f(x)$	0	↗	4	↘	0	↗	54

Exploiter le sens de variation pour obtenir des inégalités

Soit f la fonction définie sur $]-1\ ;5]$ par $f(x) = \dfrac{3}{x+1}$.

Déterminez un encadrement de $f(x)$ lorsque x décrit $[0\ ;1]$.

On calcule la dérivée : $f'(x) = -\dfrac{3}{(x+1)^2}$.

La dérivée étant négative, la fonction f est décroissante sur $]-1\ ;5]$.

On en déduit que si $0 \leqslant x \leqslant 1$, alors $f(0) \geqslant f(x) \geqslant f(1)$. Or $f(0) = 3$ et $f(1) = 1{,}5$.

Donc, lorsque x décrit $[0\ ;1]$, on obtient : $\mathbf{1{,}5 \leqslant f(x) \leqslant 3}$.

Déterminer un extremum local

Soit f la fonction définie sur $]0\ ;100]$ par $f(x) = \dfrac{2700}{x} + 3x$.

Montrez que f admet un minimum pour une valeur c. Calculez ce minimum.

On calcule la dérivée : $f'(x) = \dfrac{-2700}{x^2} + 3 = \dfrac{-2700 + 3x^2}{x^2} = \dfrac{3(x-30)(x+30)}{x^2}$.

Sur l'intervalle $]0\ ;100]$, la dérivée a le signe du facteur $x - 30$.

Elle s'annule donc et change de signe pour $x = 30$; elle est négative si $x < 30$ et positive si $x > 30$.

On en déduit que **f admet un minimum en $c = 30$; ce minimum vaut $f(30) = 180$.**

FAIRE

1 On donne la courbe de la fonction dérivée f' d'une fonction f sur l'intervalle [1 ; 6].

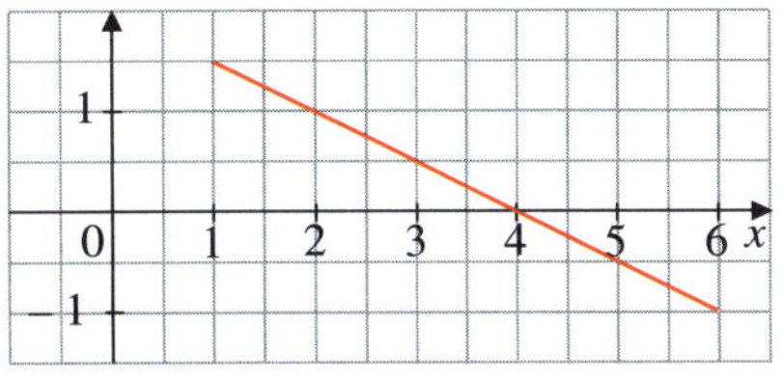

a. Donnez par lecture graphique le signe de $f'(x)$ selon les valeurs de x.

b. Déduisez-en le sens de variation de f.

2 On donne dans le même repère les courbes C_1 et C_2 représentatives de deux fonctions f et g définies et dérivables sur]– 1 ; 4].

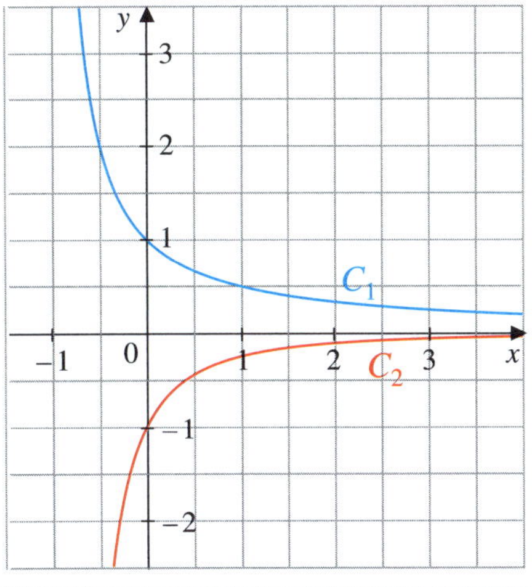

Une des deux fonctions est la dérivée de l'autre. Lisez sur le graphique les informations qui permettent de choisir.

3 **a.** Étudiez le sens de variation de la fonction f définie sur $\mathbb{R}$ par $f(x) = x^3 + x - 2$.

b. Démontrez que si $x \in [0 ; 1]$ alors $f(x) \in [-2 ; 0]$.

c. Démontrez que si $x > 1$ alors $f(x) > 0$.

4 **a.** Étudiez le sens de variation de la fonction f définie sur [– 6 ; 6[par $f(x) = \dfrac{x+3}{x-6}$.

b. Démontrez que si $x \in [-6 ; -3]$ alors $f(x) \in [0 ; 0{,}25]$.

5 **a.** Étudiez le sens de variation de la fonction f définie sur]1 ; + ∞[par $f(x) = \dfrac{2x-5}{x-1}$.

b. Démontrez que si $x \in]1 ; 2{,}5[$ alors $f(x) < 0$.

6 On cherche à construire une boîte sans couvercle ayant le plus grand volume possible à partir d'un triangle équilatéral ABC de côté 10 cm.

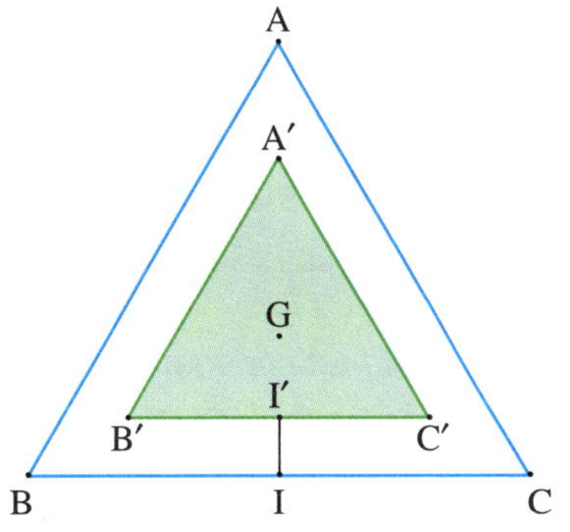

On a tracé le triangle équilatéral A′B′C′ à l'intérieur du triangle ABC de sorte que les côtés des triangles soient parallèles deux à deux, comme sur la figure. On pose I′I = x.

On admet que le volume $V(x)$ de la boîte de hauteur x ainsi construite est donné par l'expression :

$$V(x) = x\left(10 - 2x\sqrt{3}\right)\left(5\sqrt{3} - 3x\right)$$

pour x appartenant à $\left[0 ; \dfrac{5}{\sqrt{3}}\right]$.

Un logiciel (ou la calculatrice) donne la courbe de la fonction V.

Déterminez la valeur exacte de x permettant d'obtenir le volume maximal et donnez une valeur approchée de ce volume maximal.

Maths

9 Étude de fonctions

SAVOIR

Plan d'étude d'une fonction dérivable

Soit f une fonction d'une variable x.

- On détermine, s'il n'est pas donné, l'ensemble de définition de f.
- On vérifie que f est dérivable et on calcule la dérivée f' de f.
- On étudie le signe de $f'(x)$ selon les valeurs de x.
- On en déduit le sens de variation de f sur chaque intervalle de l'ensemble de définition.
- On résume tous les résultats obtenus dans un tableau de variation.

SAVOIR-FAIRE

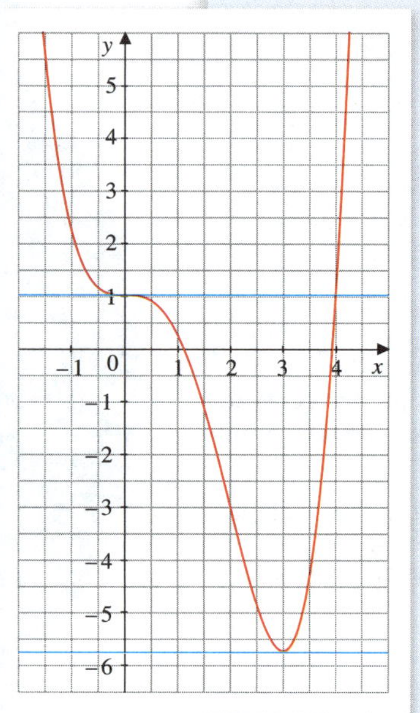

Étudier une fonction polynôme

Étudiez les variations de f définie sur $\mathbb{R}$ par $f(x) = \dfrac{x^4}{4} - x^3 + 1$ et tracez sa courbe représentative.

f est une fonction polynôme dérivable sur $\mathbb{R}$ et $f'(x) = x^3 - 3x^2$.

On factorise : $f'(x) = x^2(x - 3)$.

La dérivée s'annule pour les valeurs 0 et 3. Son signe est celui de $x - 3$.

Donc f est décroissante sur $]-\infty\ ; 3]$ et croissante sur $[3\ ; +\infty[$.

On dresse le tableau de variation :

x	$-\infty$		0		3		$+\infty$
Signe de $f'(x)$		$-$	0	$-$	0	$+$	
Variations de $f(x)$	↘		1	↘	$\dfrac{-23}{4}$	↗	

La courbe passe par les points de coordonnées $(0\ ; 1)$ et $\left(3\ ; \dfrac{-23}{4}\right)$ et admet en ces points une tangente parallèle à l'axe des abscisses.

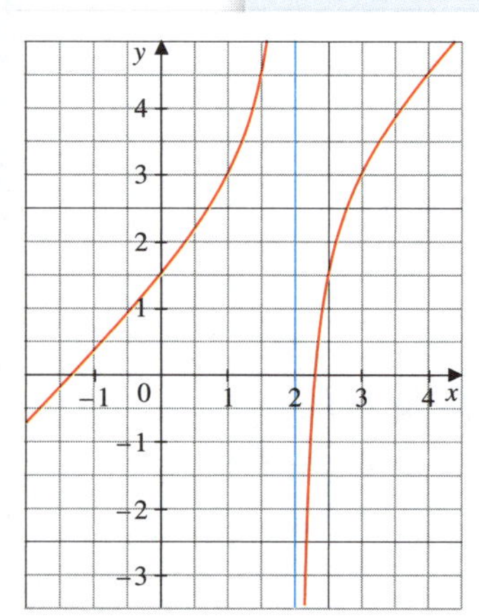

Étudier une fonction rationnelle

Étudiez les variations de f définie sur $\mathbb{R}\backslash\{2\}$ par $f(x) = \dfrac{x^2 - x - 3}{x - 2}$ et tracez sa courbe.

f est une fonction rationnelle et on applique la formule $\left(\dfrac{u}{v}\right)' = \dfrac{u'v - uv'}{v^2}$.

On pose $u(x) = x^2 - x - 3$ et $v(x) = x - 2$, d'où $u'(x) = 2x - 1$ et $v'(x) = 1$.

On obtient $f'(x) = \dfrac{(2x-1)(x-2) - (x^2 - x - 3) \times 1}{(x-2)^2}$, soit $f'(x) = \dfrac{x^2 - 4x + 5}{(x-2)^2}$.

Le numérateur est un polynôme du second degré de discriminant négatif ($\Delta = -4$) ; le coefficient de x^2 étant positif, ce polynôme est toujours strictement positif. On en déduit que f est croissante sur $]-\infty\ ; 2[$ et sur $]2\ ; +\infty[$. On dresse le tableau de variation :

x	$-\infty$		2		$+\infty$
Signe de $f'(x)$		$+$	‖	$+$	
Variations de $f(x)$		↗	‖	↗	

FAIRE

1 Soit f la fonction définie sur $\mathbb{R}$ par :

$$f(x) = -3x^2 + 5x - 2.$$

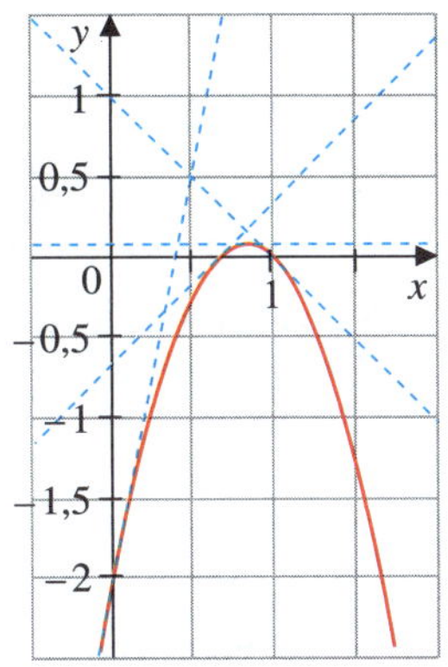

a. Étudiez les variations de f.

b. Soit C la courbe représentative de f dans un repère. Calculez les coordonnées des points d'intersection de C avec les axes des abscisses et des ordonnées, puis déterminez les équations des tangentes à C en ces points.

c. Vérifiez la cohérence de vos réponses en observant la figure ci-dessus donnant la courbe C, sa tangente horizontale et les tangentes obtenues à la question b. dans le même repère.

2 Soit f la fonction définie sur $\mathbb{R}$ par :

$$f(x) = x^3 - 2x^2 + 5x - 4.$$

a. Étudiez les variations de f.

b. Soit C la courbe représentative de f dans un repère. Déterminez les équations des tangentes T_0 et T_1 à C aux points d'abscisses 0 et 1.

c. Quelle est la position relative de la courbe C par rapport aux tangentes T_0 et T_1 ?

3 Soit f la fonction définie sur $\mathbb{R}$ par :

$$f(x) = x^4 - 2x^2.$$

a. Observez la courbe C représentative de f sur l'écran de votre calculatrice.

b. Étudiez les variations de f.

c. Étudiez le signe de f.

4 Soit f la fonction définie sur $\mathbb{R}\backslash\{1,5\}$ par :

$$f(x) = \frac{-x+1}{2x-3}.$$

a. Étudiez les variations de f.

b. Soit C la courbe représentative de f dans un repère. Déterminez les équations des tangentes T_0, T_1 et T_2 à C aux points d'abscisses 0,1 et 2.

c. Observez les tracés de la courbe et des tangentes sur l'écran de votre calculatrice.

5 Soit f la fonction définie sur $\mathbb{R}\backslash\{-1\}$ par :

$$f(x) = \frac{x^2+3}{x+1}.$$

a. Étudiez les variations de f.

b. Vérifiez que f peut s'écrire sous la forme $f(x) = x - 1 + \dfrac{4}{x+1}$. Quelle est la position relative de la courbe C représentative de f et de la droite d d'équation $y = x - 1$? Justifiez votre réponse et vérifiez sur votre calculatrice.

6 Soit f la fonction définie par :

$$f(x) = \frac{-4}{x^2 - 2x - 3}.$$

La figure montre sa courbe représentative dans un repère.

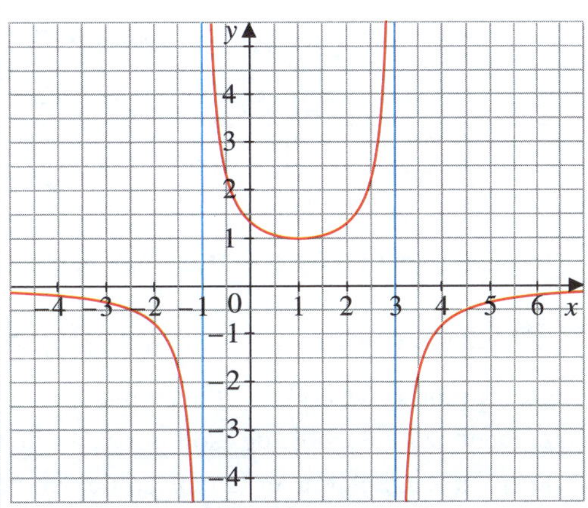

a. Déterminez l'ensemble de définition D de f.

b. Calculez la dérivée f' de f.

c. Étudiez le signe de f' et retrouvez le sens de variation de f montré par le graphique.

10 Résolutions graphique et algébrique d'équations et d'inéquations

SAVOIR-FAIRE

Résoudre graphiquement $f(x) = 0$

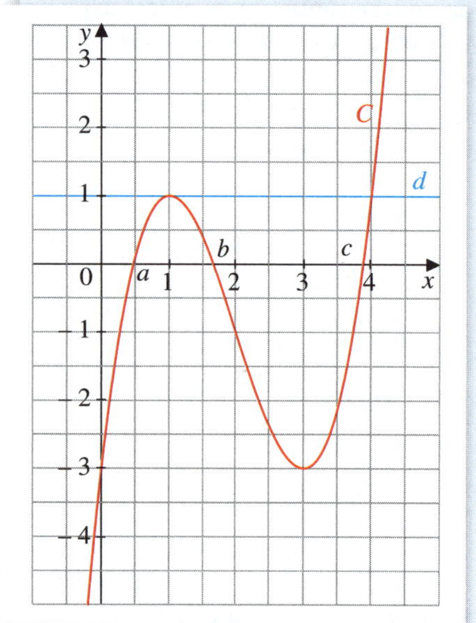

Soit f la fonction définie sur $\mathbb{R}$ par $f(x) = x^3 - 6x^2 + 9x - 3$.

a. Tracez sur votre calculatrice la courbe C représentative de f et donnez le nombre de solutions de l'équation $f(x) = 0$.

La figure montre que la courbe C coupe l'axe des abscisses en trois points d'abscisses a, b et c. **Donc il semble que l'équation $f(x) = 0$ admette trois solutions dans $\mathbb{R}$.**

b. Étudiez les variations de f et expliquez pourquoi l'équation $f(x) = 0$ ne peut pas admettre plus de trois solutions.

La fonction f est dérivable sur $\mathbb{R}$ et a pour dérivée :
$f'(x) = 3x^2 - 12x + 9 = 3(x-1)(x-3)$.

La dérivée s'annule pour les valeurs 1 et 3 ; elle est négative dans l'intervalle $]1 ; 3[$ et positive dans $]-\infty ; 1[\cup]3 ; +\infty[$. On en déduit que **$f$ est croissante sur $]-\infty ; 1]$, décroissante sur $[1 ; 3]$ et croissante sur $[3 ; +\infty[$.**

D'où le tableau de variation suivant :

x	$-\infty$		1		3		$+\infty$
Signe de $f'(x)$		+	0	−	0	+	
Variations de $f(x)$		↗	1	↘	−3	↗	

x	$f(x)$
0	−3
1	1
2	−1
3	−3
4	1

D'après le tableau de variation et le tableau de valeurs, l'équation $f(x) = 0$ ne peut pas avoir de solutions dans $]-\infty ; 0]$ ni dans $[4 ; +\infty[$ et ne peut admettre qu'une solution dans chacun des intervalles $[0 ; 1]$, $[1 ; 2]$ et $[3 ; 4]$, soit trois solutions.

c. À l'aide d'un tableur, donnez des encadrements de a, b et c d'amplitude 10^{-1}.

x	$f(x)$
0,4	−0,30
0,5	0,13

x	$f(x)$
1,6	0,14
1,7	−0,13

x	$f(x)$
3,8	−0,57
3,9	0,16

Donc **$a \in]0,4 ; 0,5[$**, **$b \in]1,6 ; 1,7[$** et **$c \in]3,8 ; 3,9[$**.

Résoudre graphiquement $f(x) > \lambda$, où λ est un réel fixé

On reprend la fonction de l'exemple précédent.

a. Donnez l'ensemble des solutions de l'inéquation $f(x) > 0$.

D'après le graphique et le tableau de variation de f, la courbe C est située au-dessus de l'axe des abscisses sur $]a ; b[$ et sur $]c ; +\infty[$.

Donc l'ensemble des solutions de l'inéquation $f(x) > 0$ est **$]a ; b[\cup]c ; +\infty[$**.

b. Donnez l'ensemble des solutions de l'inéquation $f(x) > 1$.

On trace la droite d d'équation $y = 1$. La courbe est située au-dessus de d sur l'intervalle $]4 ; +\infty[$.
Donc l'ensemble des solutions de l'inéquation $f(x) > 1$ est **$]4 ; +\infty[$**.

FAIRE

1 Sur le graphique, on a tracé les courbes représentatives des fonctions :

$$x \mapsto x^2 + 1 \text{ et } x \mapsto -\frac{1}{x}.$$

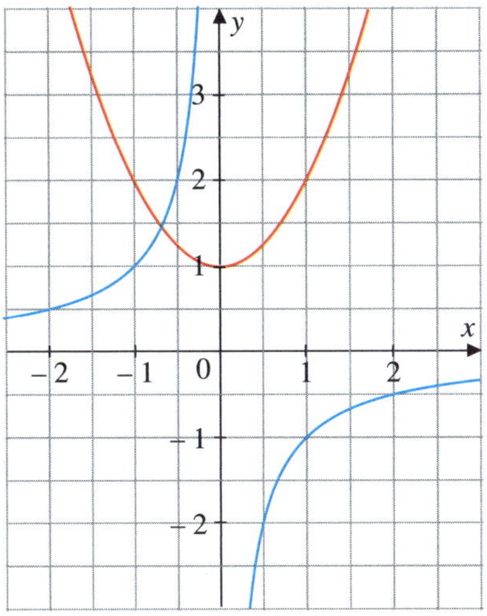

Soit f la fonction définie sur $\mathbb{R}$ par :

$$f(x) = x^3 + x + 1.$$

a. Montrez que résoudre l'équation $x^2 + 1 = -\frac{1}{x}$ équivaut à résoudre l'équation $f(x) = 0$.

b. Tracez sur votre calculatrice la courbe C représentative de f et lisez le nombre de solutions de l'équation $f(x) = 0$.

c. Étudiez les variations de f et expliquez pourquoi l'équation $f(x) = 0$ ne peut pas avoir plus d'une solution.

d. On note a, l'unique solution de l'équation. À l'aide d'un tableur, donnez un encadrement de a d'amplitude 10^{-2}.

2 On donne, sur l'intervalle [– 2 ; 2], la courbe C_1 représentative de la fonction dérivée g' d'une fonction g telle que $g(0) = 5$.

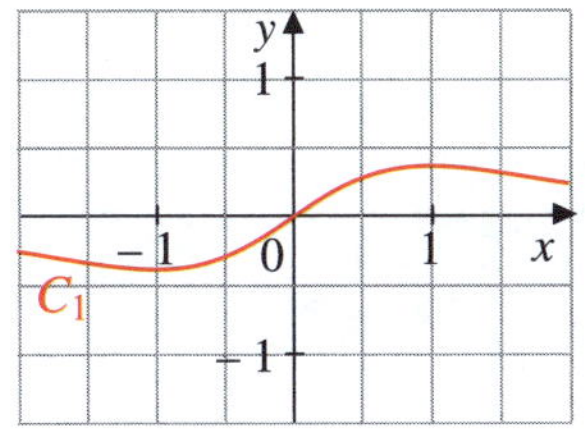

Dressez le tableau de variation de g.
Déduisez-en l'ensemble des solutions de l'inéquation $g(x) < 5$.

3 On donne la courbe représentative C d'une fonction h définie et dérivable sur]1 ; 6].

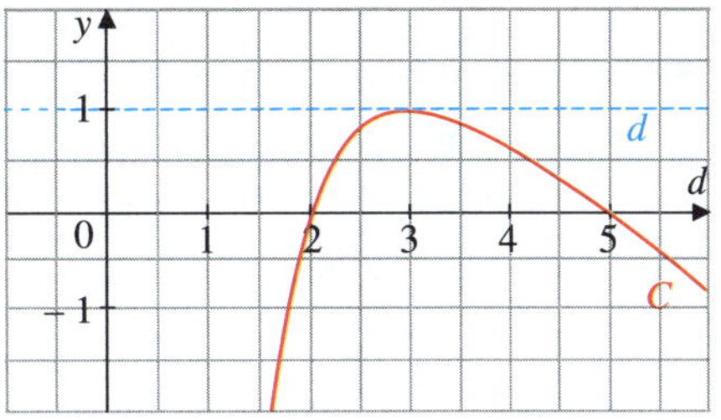

La droite d d'équation $y = 1$ est tangente à la courbe C au point d'abscisse 3.
Résolvez graphiquement les équations et inéquations suivantes.

a. $h(x) = 0$

b. $h'(x) = 0$

c. $h(x) > 0$

d. $h'(x) > 0$

4 f est une fonction définie sur [– 3 ; 9] dont la représentation graphique C est donnée ci-dessous.
Pour chacune des quatre questions posées, déterminez la réponse exacte.

a. f est positive sur :
1. [– 3 ; – 1] ∪ [4 ; 9]
2. [– 2 ; 2] ∪ [6 ; 9]
3. [0 ; 4]

b. $f'(0) = ...$
1. – 1 **2.** 2 **3.** – 1,5

c. $f(0) = ...$
1. 0 **2.** 2 **3.** – 2 ; 2 et 6

d. Solution(s) de l'équation $f(x) = 0$:
1. 2 **2.** – 2 ; 2 et 6 **3.** aucune

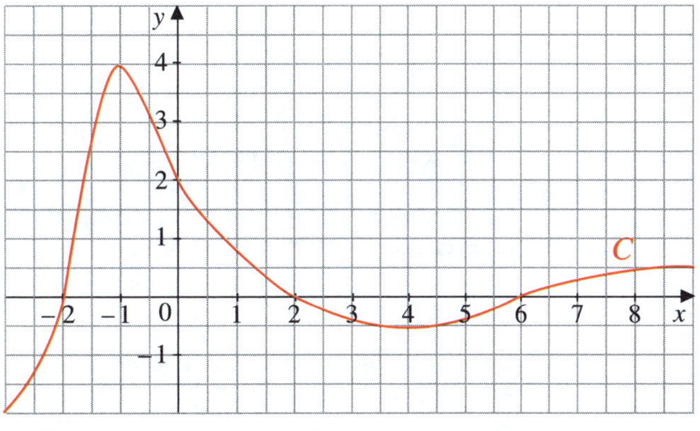

Maths

11 Mise en équations et résolution de problèmes

SAVOIR-FAIRE

Résoudre un problème d'optimisation

Une étude a montré que le prix x demandé pour un spectacle (en euros) et le nombre de spectateurs y étaient liés approximativement par la relation $y = 40 + \dfrac{9000}{x^2}$, pour $x \in [5\ ;30]$.

La figure montre la courbe représentant la fonction :

$$f : x \mapsto 40 + \frac{9000}{x^2}.$$

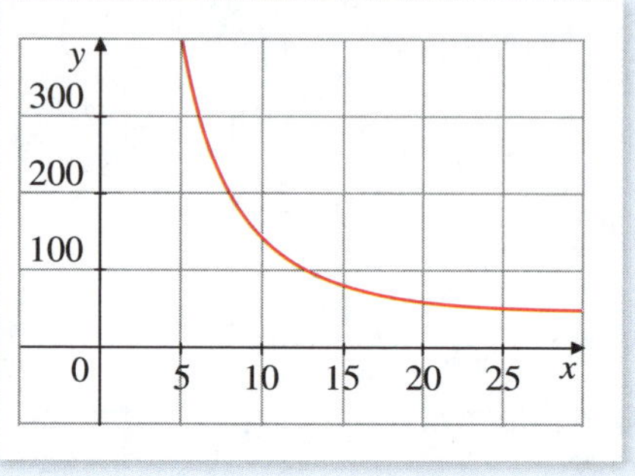

On note $R(x)$ la recette d'un spectacle en fonction du prix x en euros.

a. Déterminez le prix permettant d'obtenir la recette maximale et le prix permettant d'obtenir la recette minimale.

La recette est égale au produit du prix par le nombre de spectateurs, soit $x \times y$; la recette en fonction du prix x s'écrit donc $R(x) = x \times \left(40 + \dfrac{9000}{x^2}\right) = 40x + \dfrac{9000}{x}$.

On étudie les variations de la fonction R.

Cette fonction est dérivable sur $[5\ ;30]$ et a pour dérivée : $R'(x) = 40 - \dfrac{9000}{x^2}$.

D'où, après mise au même dénominateur : $R'(x) = \dfrac{40(x^2 - 225)}{x^2}$.

On factorise : $R'(x) = \dfrac{40(x-15)(x+15)}{x^2}$.

Le signe de $R'(x)$ sur $[5\ ;30]$ est celui de $x - 15$.

La dérivée est donc négative sur $[5\ ;15]$ et positive sur $[15\ ;30]$.

Donc la fonction R est décroissante sur $[5\ ;15]$ et croissante sur $[15\ ;30]$.

On dresse son tableau de variation :

x	5		15		30
$R'(x)$		–	0	+	
$R(x)$	2 000	↘	1 200	↗	1 500

Donc la recette maximale de 2 000 € est obtenue pour un prix de 5 € et la recette minimale de 1 200 € est obtenue pour un prix de 15 €.

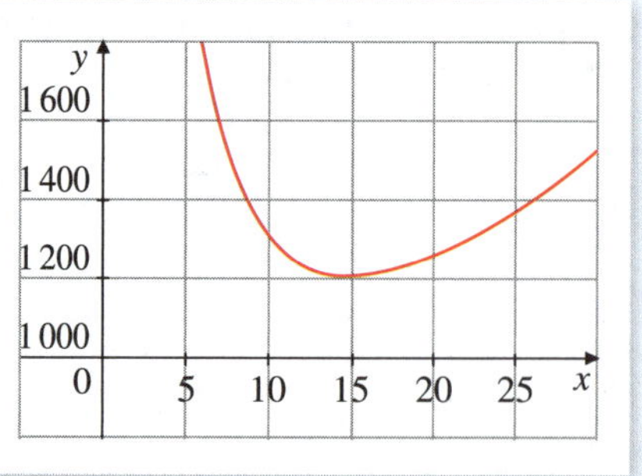

b. Déterminez la fourchette de prix permettant d'obtenir une recette supérieure à 1 500 €.

On résout l'inéquation $R(x) > 1\,500$, soit $40x^2 - 1\,500x + 9\,000 > 0$.

Le premier membre est un polynôme du second degré, de discriminant $\Delta = 810\,000$; il s'annule pour les valeurs 7,5 et 30. D'après le tableau de variation de R, la fourchette de prix permettant d'obtenir une recette supérieure à 1 500 € est donc, en euros, **[5 ; 7,5[**.

FAIRE

1 Sur la figure, ABCD est un rectangle et SDC est un triangle équilatéral, H est le milieu de [CD].

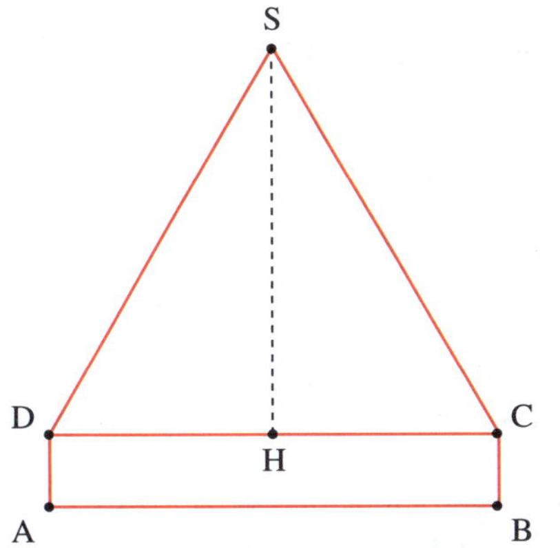

On sait que le périmètre de ABCD est 12 cm.
On pose AB = x (en cm).

a. Calculez l'aire totale $f(x)$ de la figure en fonction de x.
Précisez l'ensemble de définition D de la fonction f.

b. Étudiez la fonction f. Déduisez-en la valeur de x pour laquelle l'aire est maximale. Donnez une valeur approchée de cette aire maximale.

c. Pour quelle valeur de x l'aire du triangle SDC est-elle égale à l'aire du rectangle ABCD ?

2 Soit x un nombre réel quelconque de l'intervalle [0 ; 1].

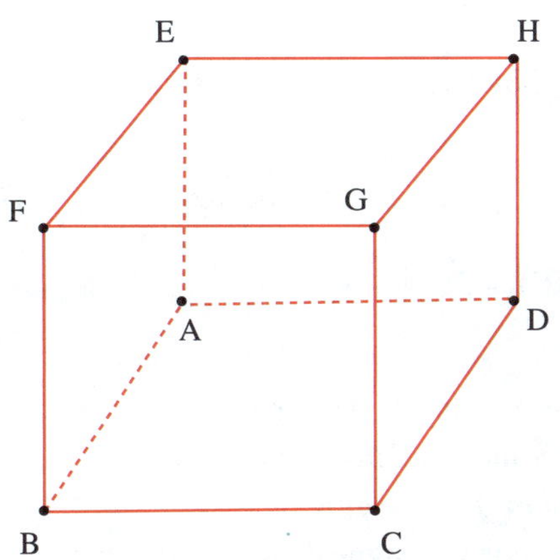

On construit le pavé droit ABCDEFGH tel que ABCD est un carré de côté x et AE = $1 - x$ (en m).
On définit deux fonctions f et g de la variable x sur l'intervalle [0 ; 1] de la manière suivante :
– $f(x)$ est le volume du pavé ;
– $g(x)$ est l'aire totale des faces du pavé.

a. Calculez $f(x)$ et $g(x)$ en fonction de x.

b. Étudiez les fonctions f et g sur [0 ; 1].

c. Quelle est la valeur de x pour laquelle le volume du pavé est maximum ?
Donnez les dimensions du pavé ainsi obtenu, son volume et l'aire totale de ses faces.

d. Déterminez, si possible, les valeurs exactes ou approchées de x telles que :
$g(x) = 1{,}5$; $f(x) = 1{,}5$; $f(x) = 0{,}1$.

3 Dans l'impression d'un livre, on doit respecter sur chaque page des marges de 6 cm à gauche, 2 cm à droite, de 3 cm en haut et 2 cm en bas.
On désigne respectivement par x et y les mesures de la largeur et de la hauteur d'une page entière (en cm).

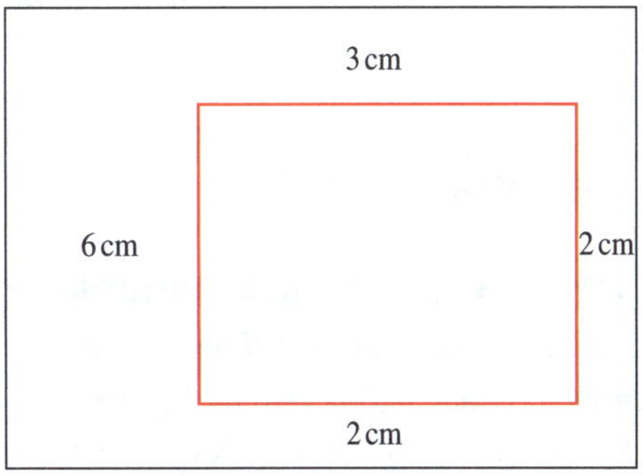

a. Sachant que l'aire d'une page est de 640 cm^2, exprimez y en fonction de x.

b. Calculez l'aire, en cm^2, de la surface imprimable d'une page en fonction de x et y.
Vérifiez que cette aire s'exprime seulement en fonction de x par $f(x) = -5x + 680 - \dfrac{5\,120}{x}$.

c. Étudiez cette fonction f sur l'intervalle]0 ; 40].

d. Déduisez-en les dimensions d'une page pour obtenir une surface imprimable maximale.

Maths

12 Génération et variation d'une suite numérique

SAVOIR

Définition d'une suite numérique

Une **suite** u est une fonction définie sur l'ensemble des entiers naturels $\mathbb{N}$.

L'entier naturel n a pour image par u le réel $u(n)$, plutôt noté u_n, qu'on appelle le **terme de rang** n ou d'indice n de la suite u.

La suite u est notée $(u_n)_{n\in\mathbb{N}}$ ou plus simplement (u_n) quand on sait que $n \in \mathbb{N}$.

La notation $(u_n)_{n\geqslant n_0}$ signifie que la suite u est définie à partir du rang n_0.

Modes de génération d'une suite numérique

On distingue deux méthodes principales pour générer une suite numérique :

– à l'aide d'une **formule explicite** : le terme général u_n est donné en fonction de n ; on peut ainsi calculer n'importe quel terme de la suite dès lors que l'on connaît n.
Dans ce cas de figure, il existe une fonction f définie sur $[0 ; +\infty[$ telle que $u_n = f(n)$.

– par une **relation de récurrence** : la suite (u_n) est entièrement définie par la donnée de son premier terme et d'une relation qui permet d'exprimer chaque terme de la suite en fonction du précédent.
On peut dans ce cas déterminer une fonction g telle que $u_{n+1} = g(u_n)$.

Sens de variation d'une suite numérique

- (u_n) est croissante (respectivement strictement croissante) lorsque, pour tout entier naturel n, $u_{n+1} \geqslant u_n$ (respectivement $u_{n+1} > u_n$).
- (u_n) est décroissante (respectivement strictement décroissante) lorsque, pour tout entier naturel n, $u_{n+1} \leqslant u_n$ (respectivement $u_{n+1} < u_n$).
- (u_n) est constante lorsque, pour tout entier naturel n, $u_{n+1} = u_n$.
- Une suite est dite **monotone** lorsqu'elle est soit croissante, soit décroissante, soit constante.

SAVOIR-FAIRE

Générer une suite numérique

a. On considère la suite u définie sur $\mathbb{N}$ par $u_n = 5 - n^2$.

- Déterminez la fonction f telle que $u_n = f(n)$.

Il s'agit ici de la fonction f définie sur $[0 ; +\infty[$ par $f(x) = 5 - x^2$.

- Explicitez les termes de rangs impairs de la suite u.

On doit ici déterminer l'écriture de u_{2n+1} : $u_{2n+1} = 5 - (2n+1)^2$.
On obtient sans difficultés $\mathbf{u_{2n+1} = -4n^2 - 4n + 4}$.

b. On considère maintenant la suite v définie par $v_0 = 2$ et, pour tout entier naturel n, $v_{n+1} = f(v_n)$.
Calculez les termes v_1 et v_2.
On a $v_1 = f(v_0) = f(2) = 5 - 4 = \mathbf{1}$ et $v_2 = f(v_1) = f(1) = 5 - 1 = \mathbf{4}$.

Étudier le sens de variation d'une suite

Déterminez le sens de variation de la suite u définie précédemment sur $\mathbb{N}$ par $u_n = 5 - n^2$.

La fonction f telle que $u_n = f(n)$ est strictement décroissante sur l'intervalle $[0 ; +\infty[$.

On en déduit alors que la suite u est elle aussi **strictement décroissante**.

On peut aussi retrouver simplement ce résultat en déterminant le signe de $u_{n+1} - u_n$.

FAIRE

1 On considère la suite u définie pour tout entier naturel n par :

$$u_n = -2n + 6.$$

a. Calculez les termes de u_0 jusqu'à u_4.

b. Exprimez en fonction de n :

– le terme de rang $n + 1$;

– le terme de rang $n - 1$;

– le terme $u_{n+1} - u_{n-1} + 3u_n$.

2 Reprenez l'exercice 1 pour la suite définie sur $\mathbb{N}$ par :

$$u_n = 3n^2 - 2n + 4.$$

3 Reprenez l'exercice 1 pour la suite définie sur $\mathbb{N}$ par :

$$u_n = \frac{2-n}{n+1}.$$

4 On définit les deux suites (u_n) et (v_n) sur $\mathbb{N}$ par :

$$u_n = (-1)^n + \frac{n+1}{2n+3} \text{ et } v_n = \frac{3n+4}{2n+3}.$$

a. Calculez les cinq premiers termes de chacune de ces suites.

b. Ces deux suites sont-elles égales ?

c. Exprimez u_{2n} et v_{2n}. Que peut-on en conclure ?

5 Pour le match d'ouverture du championnat, il y a 3 000 spectateurs dans les tribunes d'un stade d'une capacité totale de 18 000 spectateurs. À chaque match suivant, le nombre de spectateurs augmente de 15 %, nombre auquel on doit enlever 300 spectateurs, mécontents du jeu pratiqué par leur équipe, qui ne reviennent pas au stade. Le terme u_n de la suite u donne le nombre de spectateurs au $n^{ième}$ match.

a. Exprimez u_{n+1} en fonction de u_n.

b. Déterminez le nombre de spectateurs aux deux matchs suivants.

c. Utilisez la calculatrice pour déterminer à partir de quel match l'équipe jouera devant un stade rempli aux deux tiers.

d. Élaborez un algorithme permettant de déterminer le nombre de spectateurs lors du $n^{ième}$ match.

6 Étudiez le sens de variation de la suite (u_n) dans chacun des cas suivants.

a. $u_0 = 1$ et, pour tout entier naturel n,
$u_{n+1} = -(u_n)^2 - 5u_n - 9$

b. $u_n = \dfrac{3^n}{n}$ pour $n > 0$

c. $u_n = \dfrac{2n-3}{n+2}$ pour $n \in \mathbb{N}$

d. $u_n = (-3)^n$ pour $n \in \mathbb{N}$

7 On considère la fonction f définie pour $x > 0$ par :

$$f(x) = -\frac{1}{x} + 2.$$

a. Déterminez le sens de variation de f sur $]0 ; +\infty[$.

b. u est la suite définie sur $\mathbb{N}^*$ par :

$$u_n = f(n).$$

Quel est le sens de variation de u ?

c. v est la suite définie sur $\mathbb{N}$ par :

$$v_0 = 2 \text{ et } v_{n+1} = f(v_n).$$

Tracez dans un repère orthonormé la courbe de la fonction f et la droite d'équation $y = x$.

Placez v_0 sur l'axe des abscisses, puis effectuez les tracés nécessaires à l'obtention des termes de v_1 à v_3.

Conjecturez alors le sens de variation de v puis démontrez-le.

13 Suites arithmétiques

SAVOIR

Définition d'une suite arithmétique

Une suite (u_n) est dite **arithmétique** lorsqu'il existe un réel r tel que, pour tout entier naturel n, $u_{n+1} = u_n + r$. Le réel r est appelé la **raison** de la suite (u_n).

On passe donc d'un terme de la suite (u_n) au suivant en ajoutant toujours ce même nombre r.

Écriture explicite

(u_n) étant une suite arithmétique de raison r, pour tous entiers naturels n et p, $u_n = u_p + (n - p)r$.
Lorsque $p = 0$, on obtient alors $u_n = u_0 + nr$ et lorsque $p = 1$, on a $u_n = u_1 + (n - 1)r$.

Sens de variation d'une suite arithmétique

Soit (u_n) une suite arithmétique de raison r.

- (u_n) est strictement croissante si et seulement si $r > 0$.
- (u_n) est strictement décroissante si et seulement si $r < 0$.
- (u_n) est constante si et seulement si $r = 0$.

Somme des *n* premiers entiers naturels

La somme des n premiers entiers naturels est égale à $\dfrac{n(n+1)}{2}$.

SAVOIR-FAIRE

Démontrer qu'une suite est arithmétique

a. On considère la suite (u_n) définie par $u_n = 9 - 3n$.

Démontrez que cette suite est arithmétique et donnez sa raison et son premier terme u_0.

Il s'agit de montrer ici que la différence entre deux termes consécutifs quelconques de la suite est constante. On remarque tout d'abord que (u_n) est définie sur $\mathbb{N}$ avec $u_0 = 9$.

De plus, on a $u_{n+1} - u_n = (9 - 3(n + 1)) - (9 - 3n) = -3$.

On en conclut que **(u_n) est arithmétique de raison -3 et de premier terme $u_0 = 9$.**

b. Qu'en est-il de la suite (u_n) définie par $u_n = 2 - n^2$?

On a ici $u_{n+1} - u_n = (2 - (n + 1)^2) - (2 - n^2) = -2n - 1$; la différence n'est pas constante, donc **la suite (u_n) n'est pas arithmétique.**

Déterminer l'écriture explicite d'une suite arithmétique

On considère la suite (u_n) définie sur $\mathbb{N}$ par $u_{n+1} = u_n - 2n + 3$ et $u_0 = 5$.
La suite (v_n) est, elle, définie sur $\mathbb{N}$ par $v_n = u_{n+1} - u_n$.
Déterminez la nature, les éléments caractéristiques et l'écriture explicite de la suite (v_n).

On a immédiatement v_n en fonction de n : $v_n = u_{n+1} - u_n = -2n + 3$.

On a alors $v_{n+1} - v_n = (-2(n + 1) + 3) - (-2n + 3) = -2$.

Ainsi (v_n) est une suite arithmétique de raison $r = -2$, de premier terme $v_0 = -2 \times 0 + 3 = 3$.

Étudier le sens de variation d'une suite arithmétique

Quel est le sens de variation de la suite (v_n) ?

(v_n) étant arithmétique de raison $r = -2 < 0$, **cette suite est strictement décroissante.**

FAIRE

1 La suite (u_n) définie sur $\mathbb{N}$ par $u_n = \frac{-2+3n}{4}$ est-elle arithmétique ?

Si oui, précisez la raison et le premier terme.

2 Reprenez la question de l'exercice 1 pour les suites suivantes.

a. (u_n) définie sur $\mathbb{N}$ par $u_n = \frac{2}{n+1}$.

b. (v_n) définie sur $\mathbb{N}$ par $v_0 = -5$ et $v_{n+1} = \frac{1}{3} + v_n$.

c. (w_n) est l'aire de la partie du plan colorée en rouge ci-dessous.

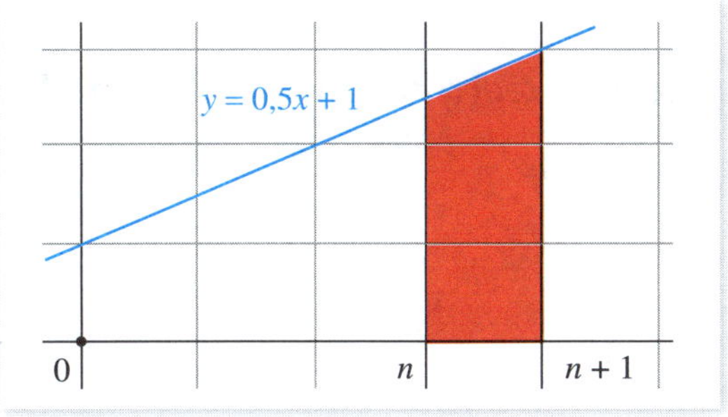

3 On considère la suite (u_n) définie sur $\mathbb{N}$ par $u_n = 2n + n^2$ et la suite (v_n) définie sur $\mathbb{N}$ par $v_n = u_{n+1} - u_n$.

a. Calculez les cinq premiers termes de la suite (v_n) et émettez une conjecture quant à la nature de cette suite.

b. Démontrez la conjecture ainsi émise.

4 (u_n) est la suite définie par $u_{n+1} = \sqrt{u_n^2 + 3}$ et $u_0 = 1$. (v_n) est la suite définie sur $\mathbb{N}$ par $v_n = u_n^2$.

a. Montrez que (v_n) est une suite arithmétique et exprimez v_n en fonction de n.

b. Déterminez alors l'expression de u_n en fonction de n.

5 On considère la suite (u_n) telle que $u_0 = 1$ et, pour tout entier naturel n, $u_{n+1} = \frac{u_n}{1 + 3u_n}$.

a. Calculez les termes de la suite (u_n) du rang 1 à 5.

On admet que, pour tout n, $u_n \neq 0$ et on pose alors $v_n = \frac{1}{u_n}$.

b. Montrez que la suite (v_n) est une suite arithmétique, précisez la raison et le premier terme.

c. Exprimez alors v_n puis u_n en fonction de n.

d. Démontrez que, pour tout entier naturel n, $0 < u_n < \frac{1}{3}$.

6 Reprenez la suite (u_n) de l'exercice précédent et démontrez que cette suite est décroissante.

7 (u_n) est une suite arithmétique telle que :

$u_3 = 75$ et $u_{14} = -2$.

a. Déterminez la raison r et la valeur du premier terme u_0 de cette suite.

b. Quel est le sens de variation de cette suite ?

c. Existe-t-il une valeur de n pour laquelle $u_n = -349$?

8 Paul sait que la somme des numéros des pages du livre qu'il lit est égale à 595.

Combien son livre a-t-il de pages ?

9 Calculez les sommes suivantes.

$S = 1 + 2 + 3 + \ldots + 100$

$S' = 51 + 52 + 53 + \ldots + 100$

$S'' = 2 + 4 + 6 + \ldots + 100$

Maths

14 Suites géométriques

SAVOIR

Définition d'une suite géométrique

Une suite (v_n) est dite **géométrique** lorsqu'il existe un réel q tel que, pour tout entier naturel n, $v_{n+1} = q \times v_n$. Le réel q est appelé la **raison** de la suite (v_n). On passe donc d'un terme de la suite (v_n) au suivant en multipliant toujours par ce même nombre q.

Écriture explicite

(v_n) étant une suite géométrique de raison q avec $q \neq 0$, pour tous entiers naturels n et p, $v_n = v_p \times q^{n-p}$.
Lorsque $p = 0$, on obtient alors $v_n = v_0 \times q^n$ et lorsque $p = 1$, on a alors $v_n = v_1 \times q^{n-1}$.

Sens de variation d'une suite géométrique

Soit q un réel non nul.

- La suite (q^n) est strictement croissante si et seulement si $q > 1$.
- La suite (q^n) est strictement décroissante si et seulement si $0 < q < 1$.
- La suite (q^n) est constante si et seulement si $q = 1$.
- La suite (q^n) n'est pas monotone si et seulement si $q < 0$.

La connaissance du signe du premier terme de la suite (v_n) de raison q permet alors de déterminer son sens de variation.

Somme des $n+1$ premières puissances d'un réel q non nul et différent de 1

Pour tout réel q non nul et différent de 1 : $1 + q + q^2 + \cdots + q^n = \dfrac{1 - q^{n+1}}{1 - q}$.

SAVOIR-FAIRE

Démontrer qu'une suite est géométrique

On considère la suite (v_n) définie par $v_n = \dfrac{3}{2^n}$. Démontrez que (v_n) est une suite géométrique et donnez ses éléments caractéristiques.

Pour tout entier naturel n, $v_n \neq 0$; on va donc prouver que le quotient $\dfrac{v_{n+1}}{v_n}$ ne dépend pas de n.

$\dfrac{v_{n+1}}{v_n} = \left(\dfrac{3}{2^{n+1}}\right) \times \left(\dfrac{2^n}{3}\right) = \dfrac{1}{2}$: **la suite (v_n) est géométrique de raison $q = \dfrac{1}{2}$, de premier terme $v_0 = 3$.**

Déterminer l'écriture explicite d'une suite géométrique

On considère la suite (u_n) définie sur $\mathbb{N}$ par $u_{n+1} = 3u_n + 4$ et $u_0 = -6$.
La suite (v_n) est, elle, définie sur $\mathbb{N}$ par $v_n = u_n + 2$.
Déterminez la nature, les éléments caractéristiques et l'écriture explicite de la suite (v_n).

On a : $v_{n+1} = u_{n+1} + 2 = 3u_n + 4 + 2 = 3u_n + 6 = 3(u_n + 2) = 3v_n$. Ainsi (v_n) est une suite géométrique de raison $q = 3$, de premier terme $v_0 = u_0 + 2 = -4$, donc $\boldsymbol{v_n = -4(3^n)}$.

Étudier le sens de variation d'une suite géométrique

Quel est le sens de variation de la suite (v_n) ?

$q = 3 > 1$, donc la suite (3^n) est croissante ; ainsi $3^{n+1} > 3^n$, d'où $-4(3^{n+1}) < -4(3^n)$, soit $v_{n+1} < v_n$ et on en déduit que **la suite (v_n) est décroissante**.

FAIRE

1 La suite (u_n) définie sur $\mathbb{N}$ par $u_n = \frac{2^n}{5^{n+3}}$ est-elle géométrique ? Si oui, précisez la raison et le premier terme.

2 Reprenez la question de l'exercice 1 pour les suites suivantes.

a. (u_n) définie sur $\mathbb{N}$ par :

$$u_n = 2^n + 4n.$$

b. (v_n) définie sur $\mathbb{N}$ par :

$$v_0 = -5$$

$$\text{et } 2v_{n+1} - 3v_n = 0.$$

c. (w_n) définie sur $\mathbb{N}$ par :

$$w_n = \frac{3n-4}{7}.$$

3 On considère la suite (u_n) définie par $u_0 = 3$ et, pour tout entier naturel n, $u_{n+1} = 4 - 3u_n$.

a. Calculez les cinq premiers termes de cette suite.

On pose, pour tout entier naturel n, $v_n = u_n - 1$.

b. Émettez une conjecture quant à la nature de la suite (v_n).

c. Démontrez cette conjecture.

4 Reprenez la suite (v_n) définie dans l'exercice précédent.

a. Exprimez v_n puis u_n en fonction de n.

b. Calculez alors u_{10}.

5 **a.** Montrez que la suite u définie sur $\mathbb{N}$ par $u_0 = 7$ et $\frac{u_{n+1} - u_n}{u_n} = -0{,}2$ est géométrique.

b. Calculez u_{10}.

6 Pierre a placé en banque 3 000 euros au 1er janvier 2011 qui vont lui rapporter 4,75 % tous les ans par rapport au capital de l'année précédente. On note v_0 le capital initial, v_1 le capital acquis l'année suivante…

a. Déterminez v_1, v_2 et v_3.

b. Exprimez v_{n+1} en fonction de v_n et déduisez-en la nature de la suite (v_n).

c. Exprimez alors v_n en fonction de n.

d. Utilisez la calculatrice pour déterminer à partir de quelle année le capital acquis par Pierre aura doublé.

7 (u_n) est une suite définie sur $\mathbb{N}$ par :

$$u_0 = 3$$

$$\text{et } u_{n+1} = \left(\frac{1}{2}\right)u_n - 4.$$

La suite (v_n) est définie sur $\mathbb{N}$ par :

$$v_n = u_n + \alpha.$$

a. Déterminez α pour que la suite (v_n) soit géométrique.

b. Déterminez alors l'expression de v_n puis de u_n en fonction de n.

8 Déterminez dans chaque cas le sens de variation de la suite géométrique (u_n).

a. $u_n = \left(\frac{-1}{3}\right)^n$

b. $u_n = -3 \times \left(\frac{5^n}{4^n}\right)$

c. $u_0 = 2$ et $u_{n+1} = \frac{2}{\sqrt{3}} \cdot u_n$

9 Dans chaque cas, calculez la somme S.

a. $S = 1 + 2 + 4 + 8 + 16 + ... + 1\,048\,576$

b. $S = 2 - 6 + 18 - 54 + ... + 13\,122$

Maths

15 Limite d'une suite

SAVOIR

Définition d'une suite convergente

• Dire que la suite (u_n) converge vers un réel l signifie que tout intervalle ouvert contenant l contient tous les termes de la suite à partir d'un certain rang. On dit alors que la suite (u_n) est convergente et que l est sa limite. On note : $\lim\limits_{n \to +\infty} u_n = l$.

• Une suite divergente est une suite qui ne converge pas :
– soit parce qu'elle est de limite infinie, comme la suite (u_n) définie sur $\mathbb{N}$ par $u_n = n^2$;
– soit parce qu'elle n'a pas de limite, comme la suite (u_n) définie sur $\mathbb{N}$ par $u_n = (-1)^n$.

Limite d'une suite définie par $u_n = f(n)$

On considère la suite (u_n) définie par $u_n = f(n)$ où f est une fonction définie sur un intervalle de $[0;+\infty[$; si la fonction f a pour limite l en $+\infty$, alors la suite (u_n) converge vers l.

Limites et opérations sur les suites convergentes

On considère deux suites u et v qui convergent respectivement vers l et l'.
La suite $u + v$ converge vers $l + l'$. La suite uv converge vers $l \times l'$.
La suite ku où $k \in \mathbb{R}$ converge vers kl.
Si v est une suite dont tous les termes sont non nuls, alors la suite $\frac{u}{v}$ converge vers $\frac{l}{l'}$.

Limite et encadrement

On considère les suites (u_n), (v_n) et (w_n) et le réel l ; si, à partir d'un certain rang, $v_n \leqslant u_n \leqslant w_n$ et si les suites (v_n) et (w_n) convergent vers la même limite l, alors (u_n) converge aussi vers l.

Limite d'une suite géométrique

Soit q un réel différent de 1.

Si $q > 1$, alors $\lim\limits_{n \to +\infty} q^n = +\infty$. Si $-1 < q < 1$, alors $\lim\limits_{n \to +\infty} q^n = 0$.

Si $q \leqslant -1$, alors la suite (q^n) n'a pas de limite.

On en déduit la limite de la suite géométrique (v_n) de raison q grâce aux opérations sur les limites vues précédemment.

SAVOIR-FAIRE

Utiliser le bon outil pour déterminer une limite

a. Étudiez la limite de la suite (u_n) définie sur $\mathbb{N}$ par $u_n = \dfrac{2n+1}{3n+2}$.

$u_n = f(n)$ où f est définie sur $[0;+\infty[$ par $f(x) = \dfrac{2x+1}{3x+2}$ avec $\lim\limits_{x \to +\infty} f(x) = \dfrac{2}{3}$.

On en conclut que **la suite (u_n) converge vers $\frac{2}{3}$**.

b. Étudiez la limite de la suite (v_n) définie sur $\mathbb{N}^*$ par $v_n = \dfrac{(-1)^n - n}{3n}$.

Pour tout $n \in \mathbb{N}$, on a : $-1 \leqslant (-1)^n \leqslant 1$, on en déduit que $\dfrac{-1-n}{3n} \leqslant v_n \leqslant \dfrac{1-n}{3n}$.

Or $\lim\limits_{n \to +\infty} \dfrac{-1-n}{3n} = \lim\limits_{n \to +\infty} \dfrac{1-n}{3n} = -\dfrac{1}{3}$, donc, par encadrement, **(v_n) converge vers $-\frac{1}{3}$**.

FAIRE

1 On considère la suite (u_n) définie pour $n > 0$ par :

$$u_n = \frac{1}{\sqrt{n}}.$$

Utilisez la définition d'une suite convergente pour démontrer que (u_n) converge vers 0.

2 Démontrez à l'aide de la définition d'une suite convergente que la suite (u_n) définie par $u_n = (-1)^n$ n'est pas convergente.

3 Déterminez la limite éventuelle de la suite (u_n) dans les cas suivants.

a. $u_n = 2 - \frac{3}{n^2}$ avec $n > 0$

b. $u_n = \frac{1}{n} - \frac{2}{n^2}$ avec $n > 0$

c. $u_n = \left(2 - \frac{1}{n}\right)\left(\frac{3}{n} - 5\right)$ avec $n > 0$

d. $u_n = \dfrac{2 + \frac{1}{n}}{\frac{2}{n^2} - 3}$ avec $n > 0$

4 On considère la suite (u_n) définie pour $n > 0$ par :

$$u_n = \frac{\sin\left(n\frac{\pi}{4}\right)}{n}.$$

Étudiez la convergence de la suite (u_n) à l'aide du théorème d'encadrement.

5 On considère la suite (u_n) définie pour $n > 0$ par :

$$u_n = \frac{(-1)^n}{n} + 3.$$

a. Démontrez que pour tout $n > 0$:

$$-\frac{1}{n} + 3 \leqslant u_n \leqslant \frac{1}{n} + 3.$$

b. Déterminez la limite de la suite (u_n).

6 On considère la suite (v_n) définie sur $\mathbb{N}$ par :

$$v_n = \frac{3 + n}{n^2 + 2}.$$

À l'aide d'une fonction f judicieusement choisie, déterminez la limite de la suite (v_n).

7 On considère la suite (u_n) définie par $u_0 = 2$ et $u_{n+1} = \left(\frac{1}{3}\right)u_n + \frac{1}{6}$ et la suite (v_n) définie sur $\mathbb{N}$ par $v_n = u_n - \frac{1}{4}$.

a. Conjecturez à l'aide de la calculatrice la limite de la suite (u_n).

b. Démontrez que (v_n) est géométrique, puis exprimez v_n et u_n en fonction de n.

c. Déterminez la limite de (v_n) puis celle de (u_n) et validez la conjecture émise.

8 On donne dans chaque cas la suite géométrique (u_n) sous forme explicite. Étudiez la convergence de (u_n) et précisez éventuellement la limite.

a. $u_n = -3\left(\frac{\pi}{2}\right)^n$

b. $u_n = \left(\frac{\sqrt{3}}{2}\right)^n$

c. $u_n = 4\left(-\frac{\pi}{2}\right)^n$

d. $u_n = 1 + \frac{1}{3} + \frac{1}{9} + \cdots + \frac{1}{3^n}$

16 Vecteurs

SAVOIR

Notion de vecteurs

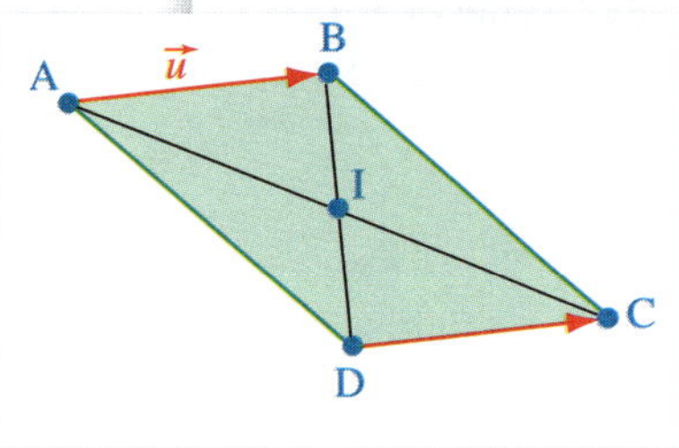

ABCD est un parallélogramme de centre I.
Les segments [AB] et [DC] ont la même direction, le même sens et la même longueur ; on dit qu'ils représentent le même vecteur $\vec{u}$.

On note $\overrightarrow{AB}$ le vecteur d'origine A et d'extrémité B.

Le vecteur $\overrightarrow{DC}$ est égal au vecteur $\overrightarrow{AB}$; on écrit $\vec{u} = \overrightarrow{AB} = \overrightarrow{DC}$.

On dit que D a pour image C dans la **translation** qui transforme A en B.

Le vecteur $\overrightarrow{AA}$ est le vecteur nul ; on le note $\vec{0}$.

Addition des vecteurs

Soit deux vecteurs $\vec{u}$ et $\vec{v}$. Si $\vec{u} = \overrightarrow{AB}$ et $\vec{v} = \overrightarrow{BC}$, la somme $\vec{u} + \vec{v}$ est égale au vecteur $\overrightarrow{AC}$.

La relation $\overrightarrow{AB} + \overrightarrow{BC} = \overrightarrow{AC}$ est appelée **relation de Chasles**.

ABCD est un parallélogramme si, et seulement si, $\overrightarrow{AB} + \overrightarrow{AD} = \overrightarrow{AC}$.

Multiplication d'un vecteur par un nombre

Soit un vecteur $\vec{u}$ non nul et un nombre réel k non nul. Le produit de k par $\vec{u}$ est le vecteur noté $k \cdot \vec{u}$ de même direction que $\vec{u}$, de même sens que $\vec{u}$ si $k > 0$ et de sens contraire si $k < 0$, de longueur égale à $|k|$ fois la longueur de $\vec{u}$. Si $\vec{u} = \vec{0}$ ou si $k = 0$, $k \cdot \vec{u} = \vec{0}$.

Coordonnées d'un vecteur

Le plan est muni du repère $(O;\vec{i},\vec{j})$.
Soit le point M de coordonnées $(x\,;y)$. Si $\vec{u} = \overrightarrow{OM}$, alors $\vec{u}$ a pour coordonnées $(x\,;y)$.
Soit $A(x_A\,;y_A)$ et $B(x_B\,;y_B)$. $\overrightarrow{AB}$ a pour coordonnées $(x_B - x_A\,;y_B - y_A)$.
Soit $\vec{u}(x\,;y)$ et $\vec{v}(x'\,;y')$; $\vec{u} = \vec{v}$ si, et seulement si, $x = x'$ et $y = y'$.
Les coordonnées de $\vec{u} + \vec{v}$ sont $(x + x'\,;y + y')$; les coordonnées de $k\vec{u}$ sont $(kx\,;ky)$.

Vecteurs colinéaires

On dit que deux vecteurs $\vec{u}$ et $\vec{v}$ sont **colinéaires** s'il existe un nombre k tel que $\vec{v} = k\vec{u}$.
Dans un repère, $\vec{u}(x\,;y)$ et $\vec{v}(x'\,;y')$ sont colinéaires si, et seulement si, $xy' - x'y = 0$.
Trois points A, B et E sont alignés si, et seulement si, les vecteurs $\overrightarrow{AB}$ et $\overrightarrow{AE}$ sont colinéaires.
Deux droites (AB) et (EF) sont parallèles si, et seulement si, $\overrightarrow{AB}$ et $\overrightarrow{EF}$ sont colinéaires.

SAVOIR-FAIRE

Utiliser la condition de colinéarité de deux vecteurs

Le plan est muni du repère $(O;\vec{i},\vec{j})$.

a. Soit $\vec{u}(2\,;3)$ et $\vec{v}(-4\,;-6)$. Démontrez que les vecteurs $\vec{u}$ et $\vec{v}$ sont colinéaires.

Première méthode : on observe que $-\frac{4}{2} = -\frac{6}{3} = -2$, les coordonnées des deux vecteurs sont proportionnelles et $\vec{v} = -2 \cdot \vec{u}$; donc **$\vec{u}$ et $\vec{v}$ sont colinéaires**.
Deuxième méthode : $xy' - x'y = 2 \times (-6) - (-4) \times 3 = -12 + 12 = 0$; donc **$\vec{u}$ et $\vec{v}$ sont colinéaires**.

b. Soit $\vec{w}(1\,;m)$. Déterminez m pour que $\vec{u}$ et $\vec{w}$ soient colinéaires.

$\vec{u}$ et $\vec{w}$ sont colinéaires équivaut à $2m - 3 = 0$. Donc $\boldsymbol{m = 1{,}5}$.

FAIRE

Pour les exercices 1 à 7, le plan est muni du repère $(O;\vec{i},\vec{j})$ et on utilise les points placés sur la figure.

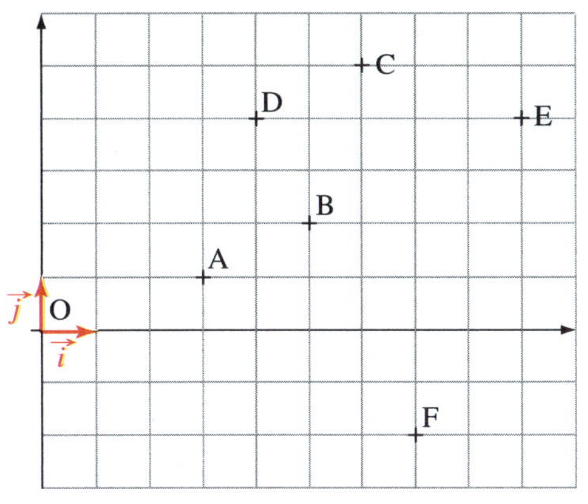

1 a. Rappelez les formules donnant les coordonnées du milieu d'un segment.

b. Écrivez les coordonnées des points A, B et C placés sur la figure.

c. Soit I le milieu de [AB] et J le milieu de [BC]. Calculez les coordonnées des points I et J.

2 a. Calculez les coordonnées des vecteurs $\overrightarrow{AB}$, $\overrightarrow{BC}$ et $\overrightarrow{AC}$.

b. Calculez les coordonnées de $\overrightarrow{AC}$ en utilisant la relation de Chasles.

3 On considère les points A(3 ; 1), B(5 ; 2), C(6 ; 5) et D(4 ; 4).
Démontrez que le quadrilatère ABCD est un parallélogramme.

4 On considère les points A(3 ; 1) et B(5 ; 2).
Soit $\vec{v}$ le vecteur défini par $\vec{v} = 3 \cdot \overrightarrow{AB}$.
Calculez les coordonnées de $\vec{v}$.
On pose $\overrightarrow{AM} = \vec{v}$.
Calculez les coordonnées $(x ; y)$ de M.

5 On considère les points B(5 ; 2), D(4 ; 4) et F(7 ; – 2).

Calculez les coordonnées des vecteurs $\overrightarrow{BD}$ et $\overrightarrow{BF}$.
Démontrez que B, D et F sont alignés.

6 On considère les points B(5 ; 2), C(6 ; 5), E(9 ; 4) et F(7 ; – 2).

Calculez les coordonnées des vecteurs $\overrightarrow{BC}$ et $\overrightarrow{EF}$. Démontrez que les droites (BC) et (EF) sont parallèles.

7 On considère les points A(3 ; 1) et F(7 ; – 2). On appelle L le point d'intersection de la droite (AF) avec l'axe des ordonnées, c'est-à-dire le point de la droite (AF) ayant pour abscisse 0. On note y l'ordonnée de L.

a. En utilisant la colinéarité des vecteurs $\overrightarrow{AL}$ et $\overrightarrow{AF}$, trouvez une relation vérifiée par y.

b. Calculez y.

8 Le plan est muni du repère $(O;\vec{i},\vec{j})$.

a. Soit $\vec{u}(12 ; -8)$ et $\vec{v}(-15 ; 10)$. Démontrez que les vecteurs $\vec{u}$ et $\vec{v}$ sont colinéaires.

b. Soit $\vec{w}(1 ; m)$. Déterminez m pour que $\vec{u}$ et $\vec{w}$ soient colinéaires.

9 Le plan est muni du repère $(O;\vec{i},\vec{j})$. Dites dans chaque cas si les vecteurs sont ou non colinéaires.

a. $\vec{u}(\sqrt{2} ; -3)$ et $\vec{v}(-4 ; 6\sqrt{2})$.

b. $\vec{u}(4 ; 2)$ et $\vec{v}(5 ; 7)$.

10 Le plan est muni d'un repère orthonormé $(O;\vec{i},\vec{j})$.

a. Rappelez la formule donnant la distance entre deux points A et B.

b. On reprend les points de la figure de l'exercice 1. Calculez les distances BD, BE et DE.
Quelle est la nature du triangle BDE ?

c. On appelle norme du vecteur $\vec{u}$, notée $\|\vec{u}\|$, la longueur du vecteur $\vec{u}$.

Calculez la norme des vecteurs $\vec{i}(1 ; 0)$, $\vec{j}(0 ; 1)$ et $\vec{u}(\sqrt{2} ; -3)$.

17 Équation cartésienne d'une droite

SAVOIR

Vecteur directeur d'une droite

Dans le plan muni d'un repère $(O;\vec{i},\vec{j})$, on place deux points distincts A et B et on trace la droite (AB).

Le vecteur $\overrightarrow{AB}$ est un vecteur directeur de la droite (AB).

Tout vecteur $\vec{v}$ colinéaire à $\overrightarrow{AB}$ est aussi un vecteur directeur de la droite (AB).

Équation cartésienne d'une droite

La droite (AB) admet une équation de la forme $ax + by + c = 0$, où a, b et c sont des réels tels que a ou b sont non nuls.

Réciproquement, toute équation de la forme $ax + by + c = 0$, où a, b et c sont des réels tels que a ou b sont non nuls, est une équation d'une droite de vecteur directeur $\vec{v}(-b\ ;\ a)$.

Si le coefficient b est non nul, on retrouve l'équation réduite de la droite (AB) sous la forme $y = mx + p$, avec $m = -\frac{a}{b}$ et $p = -\frac{c}{b}$.

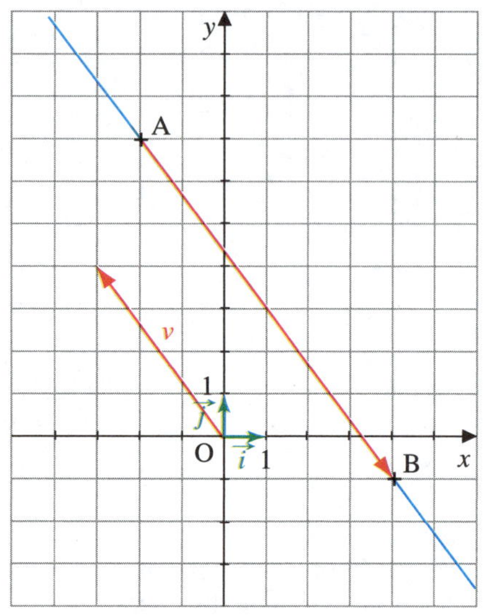

(m est le coefficient directeur et p l'ordonnée à l'origine de la droite.)

SAVOIR-FAIRE

Déterminer une équation cartésienne de droite

Dans le plan muni d'un repère $(O;\vec{i},\vec{j})$, on considère les points $A(-2\ ;\ 7)$ et $B(4\ ;\ -1)$.

a. Soit $M(x\ ;\ y)$ un point quelconque de la droite (AB).
En utilisant la colinéarité des vecteurs $\overrightarrow{AM}$ et $\overrightarrow{AB}$, trouvez une relation vérifiée par x et y.
Déduisez-en une équation cartésienne de la droite (AB).

On calcule les coordonnées des vecteurs : $\overrightarrow{AM}(x+2\ ;\ y-7)$ et $\overrightarrow{AB}(6\ ;\ -8)$.
On utilise la condition de colinéarité :
$\overrightarrow{AM}$ et $\overrightarrow{AB}$ sont colinéaires équivaut à $(x+2)\times(-8) - 6\times(y-7) = 0$, soit :

$$-8x - 6y + 26 = 0$$

Une équation cartésienne de (AB) est donc $-8x - 6y + 26 = 0$.

Remarque : en divisant par -2, on obtient une deuxième équation équivalente $4x + 3y - 13 = 0$.
On pose $a = 4$, $b = 3$ et $c = -13$. Le vecteur $\vec{v}(-3\ ;\ 4)$ est un vecteur directeur de (AB). (Voir la figure ci-dessus.)

b. Soit le vecteur $\vec{u}(1\ ;\ 2)$.
Déterminez une équation cartésienne de la droite d passant par $C(3\ ;\ 0)$ et de vecteur directeur $\vec{u}$.

$\overrightarrow{CM}(x-3\ ;\ y)$ et $\vec{u}$ sont colinéaires équivaut à $(x-3)\times 2 - 1\times y = 0$.
Une équation cartésienne de d est $2x - y - 6 = 0$.

Déterminer un vecteur directeur d'une droite

Dans le plan muni du repère $(O;\vec{i},\vec{j})$, on donne la droite d d'équation cartésienne $2x + 5y - 3 = 0$.
Déterminez un vecteur directeur et un point E de d.

On pose $a = 2$, $b = 5$ et $c = -3$. **Le vecteur $\vec{v}(-5\ ;\ 2)$ est un vecteur directeur de cette droite.**
$E(-1\ ;\ 1)$ est un point de d car $2\times(-1) + 5\times 1 - 3 = 0$.

FAIRE

Le plan est muni d'un repère $(O;\vec{i},\vec{j})$.

1 Déterminez une équation cartésienne de la droite d passant par les points A(2 ; 6) et B(– 1 ; 4).

2 Associez chacune des six droites tracées sur la figure à l'une des équations proposées.

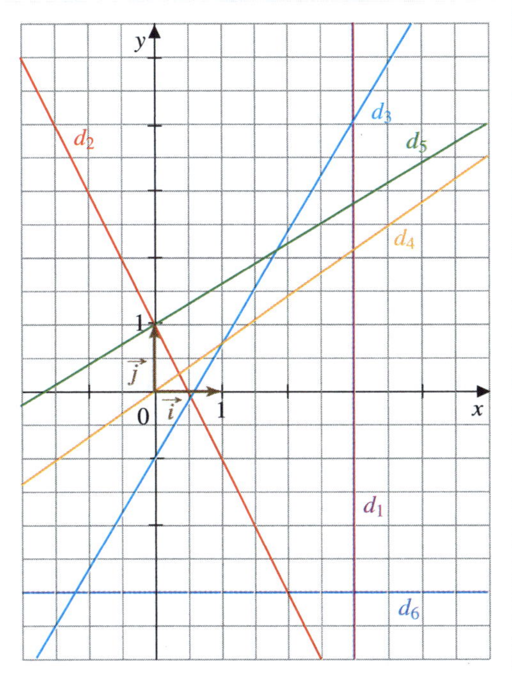

a. $3x - 5y + 5 = 0$
b. $2x + y - 1 = 0$
c. $y + 3 = 0$
d. $7x - 10y = 0$
e. $x - 3 = 0$
f. $5x - 3y - 3 = 0$

3 On reprend la figure de l'exercice 2.
Donnez les coordonnées d'un vecteur directeur pour chacune des six droites.

4 On reprend la figure de l'exercice 2.
Donnez, si possible, le coefficient directeur de chacune des droites.

5 Soit la droite d de vecteur directeur $\vec{v}(3\ ;\ 2)$ passant par le point A(– 1 ; – 2).
Déterminez une équation de d.

6 Soit d la droite définie par l'équation cartésienne $x + 4y + 5 = 0$.

a. Déterminez un vecteur directeur $\vec{u}$ de d.
b. Donnez le coefficient directeur de d.
c. Soit d' la droite passant par E(2 ; 3) et parallèle à d. Déterminez une équation cartésienne de d'.

7 a. Résolvez le système de deux équations à deux inconnues x et y : $\begin{cases} 4x - 5y - 5 = 0 \\ x + 5y - 20 = 0 \end{cases}$.

b. Soit les droites d et d' d'équations cartésiennes $4x - 5y - 5 = 0$ et $x + 5y - 20 = 0$.
Tracez d et d' dans le même repère, lisez les coordonnées de leur point d'intersection et comparez avec le couple solution du système de la question **a**.

8 Déterminez une équation cartésienne de chacune des médianes du triangle ABC.

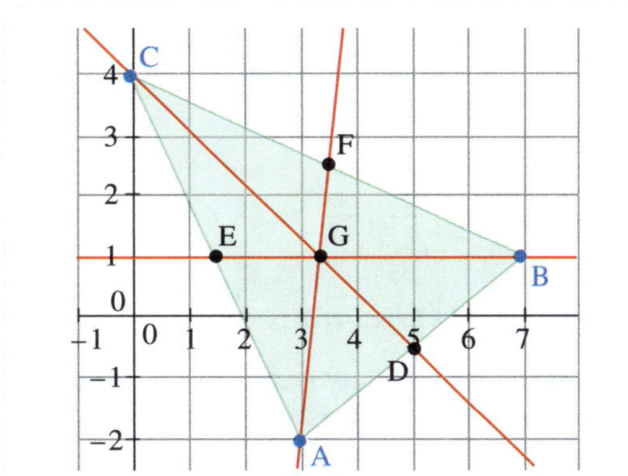

Résolvez le système obtenu en prenant deux des équations trouvées et déduisez-en les coordonnées du centre de gravité du triangle ABC.

9 Déterminez les coordonnées exactes du point d'intersection F des deux droites tracées sur la figure.

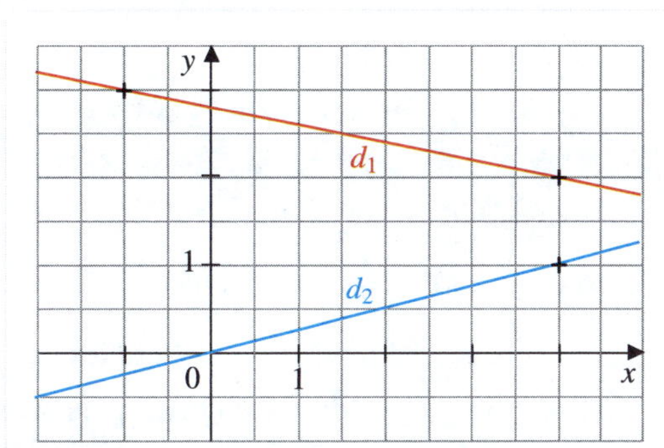

Maths

18 Calcul vectoriel dans un plan

SAVOIR

Expression d'un vecteur en fonction de deux vecteurs non colinéaires

On rappelle que ABSC est un parallélogramme si, et seulement si, $\overrightarrow{AS} = \overrightarrow{AB} + \overrightarrow{AC}$.

Soit A, B et C trois points non alignés et M un point quelconque du plan.

On trace les parallèles à (AB) et (AC) passant par M ; si F et E sont les points d'intersection respectifs de ces parallèles et de (AC) et (AB), alors AEMF est un parallélogramme, ce qui se traduit par :

$$\overrightarrow{AM} = \overrightarrow{AE} + \overrightarrow{AF}.$$

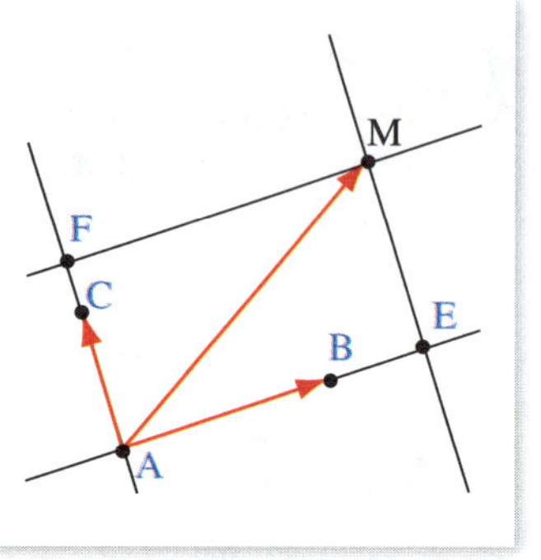

Les points A, B et E étant alignés, les vecteurs $\overrightarrow{AB}$ et $\overrightarrow{AE}$ sont colinéaires ; il existe donc un nombre réel a tel que $\overrightarrow{AE} = a \cdot \overrightarrow{AB}$; de même, il existe un nombre réel b tel que $\overrightarrow{AF} = b \cdot \overrightarrow{AC}$.

On en déduit que tout point M du plan est caractérisé par une égalité vectorielle du type $\overrightarrow{AM} = a \cdot \overrightarrow{AB} + b \cdot \overrightarrow{AC}$, où $\overrightarrow{AB}$ et $\overrightarrow{AC}$ sont deux vecteurs non colinéaires ; les nombres a et b sont les **coordonnées** du vecteur $\overrightarrow{AM}$ dans le repère (A ; $\overrightarrow{AB}$, $\overrightarrow{AC}$).

Réciproquement, l'égalité vectorielle $\overrightarrow{AM} = a \cdot \overrightarrow{AB} + b \cdot \overrightarrow{AC}$ caractérise le point M unique du plan dont les coordonnées sont (a ; b) dans le repère (A ; $\overrightarrow{AB}$, $\overrightarrow{AC}$).

SAVOIR-FAIRE

Utiliser la relation de Chasles pour décomposer un vecteur

On reprend la figure ci-dessus. Exprimez le vecteur $\overrightarrow{BC}$ à l'aide des vecteurs $\overrightarrow{AB}$ et $\overrightarrow{AC}$.

D'après la relation de Chasles : $\overrightarrow{BC} = \overrightarrow{BA} + \overrightarrow{AC}$.

Or $\overrightarrow{BA} = (-1) \cdot \overrightarrow{AB}$, donc $\overrightarrow{BC} = (-1) \cdot \overrightarrow{AB} + \overrightarrow{AC}$. On écrit : $\mathbf{\overrightarrow{BC} = \overrightarrow{AC} - \overrightarrow{AB}}$.

Remarque : le vecteur $\overrightarrow{BA}$ est l'opposé du vecteur $\overrightarrow{AB}$.

Construire un point défini par une égalité vectorielle

Soit un triangle ABC. Construisez le point M défini par l'égalité vectorielle $7 \cdot \overrightarrow{MA} - 6 \cdot \overrightarrow{MB} - 5 \cdot \overrightarrow{MC} = \vec{0}$.

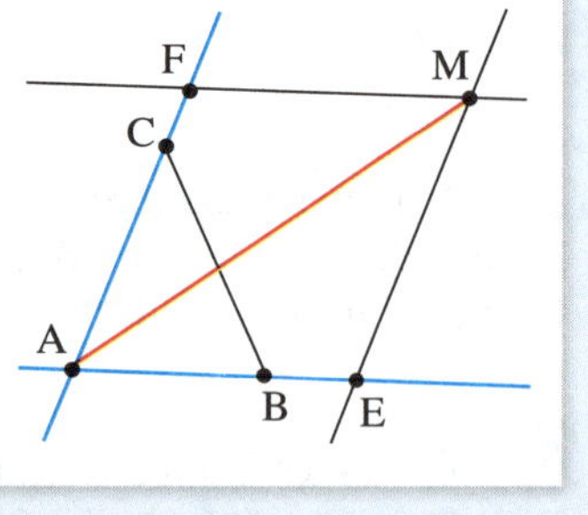

On commence par décomposer les vecteurs $\overrightarrow{MB}$ et $\overrightarrow{MC}$ en utilisant la relation de Chasles :

$\overrightarrow{MB} = \overrightarrow{MA} + \overrightarrow{AB}$ et $\overrightarrow{MC} = \overrightarrow{MA} + \overrightarrow{AC}$.

L'égalité vectorielle s'écrit :

$7 \cdot \overrightarrow{MA} - 6 \cdot \overrightarrow{MA} - 6 \cdot \overrightarrow{AB} - 5 \cdot \overrightarrow{MA} - 5 \cdot \overrightarrow{AC} = \vec{0}$

$-4 \cdot \overrightarrow{MA} - 6 \cdot \overrightarrow{AB} - 5 \cdot \overrightarrow{AC} = \vec{0}$

On en déduit : $4\,\overrightarrow{AM} = 6\,\overrightarrow{AB} + 5\,\overrightarrow{AC}$.

$\overrightarrow{AM} = \frac{6}{4} \cdot \overrightarrow{AB} + \frac{5}{4} \cdot \overrightarrow{AC}$ ou encore $\overrightarrow{AM} = 1{,}5 \cdot \overrightarrow{AB} + 1{,}25 \cdot \overrightarrow{AC}$.

Pour construire M, on place d'abord les points E et F tels que :

$\overrightarrow{AE} = 1{,}5 \cdot \overrightarrow{AB}$ et $\overrightarrow{AF} = 1{,}25 \cdot \overrightarrow{AC}$, puis on construit le parallélogramme AEMF.

FAIRE

1 ABC est un triangle. E et F sont deux points tels que $\overrightarrow{CE} = \overrightarrow{BA}$ et $\overrightarrow{FB} = \overrightarrow{BC}$.

Un élève écrit :

$$\overrightarrow{AB} = \overrightarrow{AF} + \overrightarrow{FB} = \overrightarrow{AF} + \overrightarrow{BC} = \overrightarrow{AF} + \overrightarrow{AE}.$$

Que peut-on déduire de son calcul vectoriel ?

2 A, B, C, D et E sont des points du plan. Simplifiez les écritures.

$\vec{u} = \overrightarrow{AB} - \overrightarrow{DE} + \overrightarrow{EC} - \overrightarrow{EB} - \overrightarrow{AC}$

$\vec{v} = 3 \cdot \overrightarrow{AB} - 2 \cdot \overrightarrow{AC} + 5 \cdot \overrightarrow{BC}$

3 ABCD est un parallélogramme de centre O. Soit $\vec{u}$ et $\vec{v}$ les vecteurs définis par :

$$\vec{u} = -\overrightarrow{AB} + \overrightarrow{BC} - \overrightarrow{BD}$$

$$\text{et } \vec{v} = 2 \cdot \overrightarrow{OA} - \overrightarrow{BA} + \overrightarrow{AD}.$$

Démontrez que $\vec{u} = \vec{v} = \vec{0}$.

4 ABCD est un parallélogramme ;

E est défini par $\overrightarrow{AE} = \frac{1}{3} \cdot \overrightarrow{AB}$;

F est défini par $\overrightarrow{AF} = \frac{-1}{2} \cdot \overrightarrow{AD}$.

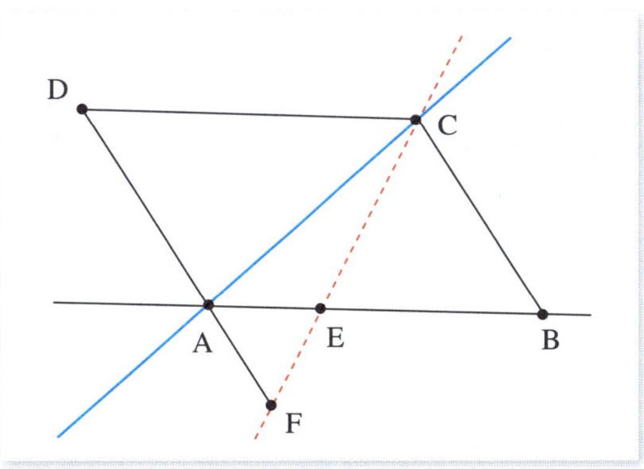

Démontrez que les points C, E et F sont alignés.

5 On reprend la figure de l'exercice 4.

a. Exprimez $\overrightarrow{EF}$ en fonction de $\overrightarrow{AB}$ et $\overrightarrow{AD}$.

b. Exprimez $\overrightarrow{EF}$ en fonction de $\overrightarrow{AB}$ et $\overrightarrow{AC}$.

6 Dans chaque cas, indiquez si l'affirmation est vraie ou fausse.

ABC est un triangle, I est le milieu de [BC] et G est le centre de gravité de ABC.

a. $\overrightarrow{AI} = \frac{1}{2} \cdot (\overrightarrow{AB} + \overrightarrow{AC})$

b. $\overrightarrow{IB} + \overrightarrow{IC} = \vec{0}$

c. $2 \cdot \overrightarrow{GI} = \overrightarrow{GB} + \overrightarrow{GC}$

d. $\overrightarrow{GA} + \overrightarrow{GB} + \overrightarrow{GC} = \vec{0}$

e. Soit N un point du plan, l'égalité vectorielle $\overrightarrow{BN} + \overrightarrow{NC} = \overrightarrow{BC}$ signifie que N est le milieu de [BC].

7 ABCD est un carré de centre I, J est le milieu de [AI].

a. Démontrez que $\overrightarrow{CA} - \overrightarrow{CB} - \overrightarrow{CD} = \vec{0}$.

b. Exprimez $\overrightarrow{CJ}$ en fonction de $\overrightarrow{CI}$.

c. Exprimez $\overrightarrow{BJ}$ en fonction de $\overrightarrow{AB}$ et $\overrightarrow{AD}$.

8 ABCD est un carré de centre I.

Démontrez que l'ensemble des points M du plan tels que $\|\overrightarrow{MA} + \overrightarrow{MC}\| = AB$ est le cercle inscrit dans le carré ABCD.

On rappelle que $\|\vec{u}\|$ est la norme (ou encore la longueur) du vecteur $\vec{u}$.

9 ABC est un triangle ; A′, B′ et C′ sont les milieux respectifs des côtés [BC], [CA] et [AB] ; G est défini par $\overrightarrow{GA} + \overrightarrow{GB} + \overrightarrow{GC} = \vec{0}$.

Démontrez que $\overrightarrow{GA'} + \overrightarrow{GB'} + \overrightarrow{GC'} = \vec{0}$.

Que peut-on en déduire pour le point G dans le triangle A′B′C′ ?

Maths

19 Trigonométrie

SAVOIR

Cercle trigonométrique. Angle orienté

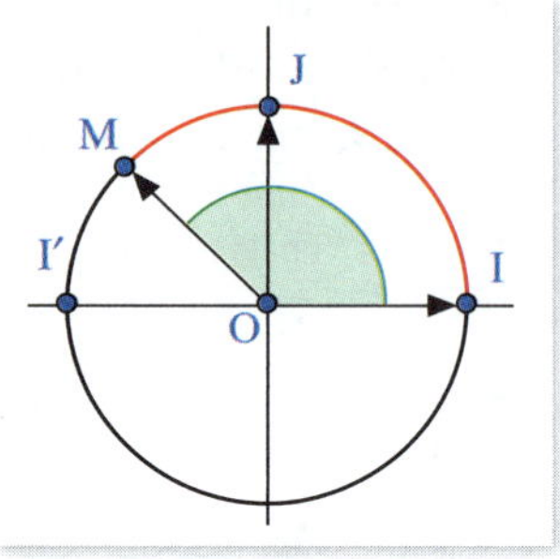

Le plan est muni d'un repère orthonormé $(O;\vec{i},\vec{j})$.
Le **cercle trigonométrique** C de centre O est le cercle de rayon 1, orienté positivement (sens inverse des aiguilles d'une montre).
On appelle I, J et I′ les points définis par $\vec{i}=\overrightarrow{OI}$, $\vec{j}=\overrightarrow{OJ}$, $-\vec{i}=\overrightarrow{OI'}$.
Soit M un point du cercle trigonométrique. Les vecteurs $\overrightarrow{OI}$ et $\overrightarrow{OM}$ dans cet ordre définissent un **angle orienté** de vecteurs noté $(\overrightarrow{OI},\overrightarrow{OM})$.
L'angle orienté $(\overrightarrow{OM},\overrightarrow{OI})$ est l'opposé de l'angle orienté $(\overrightarrow{OI},\overrightarrow{OM})$.

Radian. Mesure d'un angle orienté

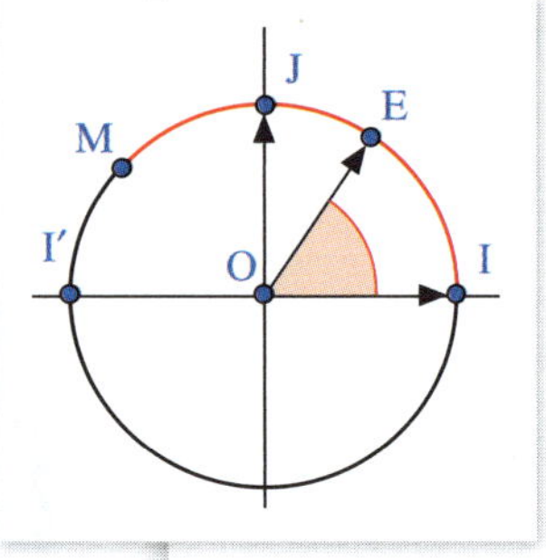

Pour repérer un point M sur le cercle, on imagine que l'on enroule une droite graduée (avec la même unité que celle des axes du repère) autour du cercle à partir du point I.
Soit un réel t, abscisse d'un point de la droite s'appliquant sur M. Ce réel t repère M sur le cercle trigonométrique C.
On appelle **radian** la mesure d'angle telle que, si E est repéré par le nombre 1, l'angle orienté $(\overrightarrow{OI},\overrightarrow{OE})$ mesure 1 radian.
Les angles orientés $(\overrightarrow{OI},\overrightarrow{OJ})$ et $(\overrightarrow{OI},\overrightarrow{OI'})$ mesurent respectivement $\frac{\pi}{2}$ et π radians (on retrouve les « longueurs » d'un quart de cercle et d'un demi-cercle de rayon 1).
Si M est repéré par un réel t, le nombre t est une mesure en radians de l'angle orienté $(\overrightarrow{OI},\overrightarrow{OM})$.
La **mesure principale** de $(\overrightarrow{OI},\overrightarrow{OM})$ est l'unique mesure de $(\overrightarrow{OI},\overrightarrow{OM})$ qui appartient à l'intervalle $]-\pi;\pi]$.
Si t est une mesure de $(\overrightarrow{OI},\overrightarrow{OM})$, alors toutes les mesures de $(\overrightarrow{OI},\overrightarrow{OM})$ s'écrivent sous la forme $t+k\times 2\pi$, où k est un nombre entier relatif.

Définition du cosinus et du sinus d'un angle

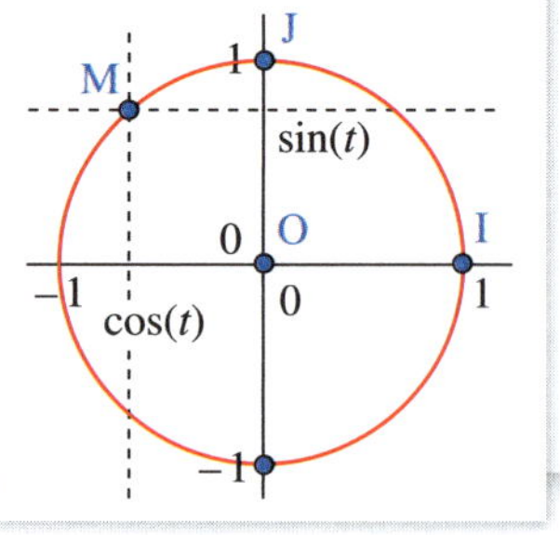

Soit t un nombre réel et M le point repéré par le nombre t sur le cercle C.
Le **cosinus** de t, noté $\cos(t)$, et le **sinus** de t, noté $\sin(t)$, sont respectivement l'abscisse et l'ordonnée de M dans le repère $(O;\vec{i},\vec{j})$.
Les fonctions définies sur $\mathbb{R}$ par $t\mapsto\cos(t)$ et $t\mapsto\sin(t)$ s'appellent les fonctions cosinus et sinus. On les obtient sur la calculatrice réglée en mode « radian » par les touches cos et sin.

SAVOIR-FAIRE

Déterminer la mesure principale d'un angle orienté

M est le point du cercle trigonométrique tel qu'une mesure x en radians de l'angle orienté $(\overrightarrow{OI},\overrightarrow{OM})$ est $x=\frac{53\pi}{6}$. Déterminez la mesure principale de $(\overrightarrow{OI},\overrightarrow{OM})$.

$$x=\frac{53\pi}{6}=\frac{5\pi}{6}+8\pi=\frac{5\pi}{6}+4\times 2\pi.$$

Comme $\frac{5\pi}{6}$ appartient à $]-\pi;\pi]$, **la mesure principale de $(\overrightarrow{OI},\overrightarrow{OM})$ est $\frac{5\pi}{6}$.**

FAIRE

1 Soit M un point du cercle trigonométrique. On note t la mesure en radians de l'angle orienté $(\overrightarrow{OI}, \overrightarrow{OM})$ appartenant à $[0 ; 2\pi[$ et α la mesure en degrés de l'angle au centre $\widehat{IOM}$. Les nombres t et α sont liés par la formule $\frac{t}{2\pi} = \frac{\alpha}{360}$.

a. Donnez la mesure en degrés des angles dont une mesure en radians est : $\frac{\pi}{4}, \frac{3\pi}{4}, \frac{7\pi}{6}, \frac{5\pi}{3}$.

b. Donnez une mesure en radians des angles dont une mesure en degrés est : 120°, 270°, 330°.

2 Calculez les mesures, en degrés, des angles au centre $\widehat{IOM}$ qui correspondent aux positions du point M sur le cercle trigonométrique lorsque la mesure principale de l'angle orienté $(\overrightarrow{OI}, \overrightarrow{OM})$ est 1, 2, 3, 4, 5 ou 6 radians.

3 Déterminez, dans chaque cas, la mesure principale en radians de l'angle dont une mesure en radians est :

a. $\frac{3\pi}{2}$ **b.** $\frac{-4\pi}{3}$

c. $\frac{11\pi}{3}$ **d.** $\frac{-35\pi}{4}$

4 Sur la figure suivante, on a tracé le cercle trigonométrique, ainsi que les droites d'équations $y = x$; $y = 0{,}5$ et $x = 0{,}5$.

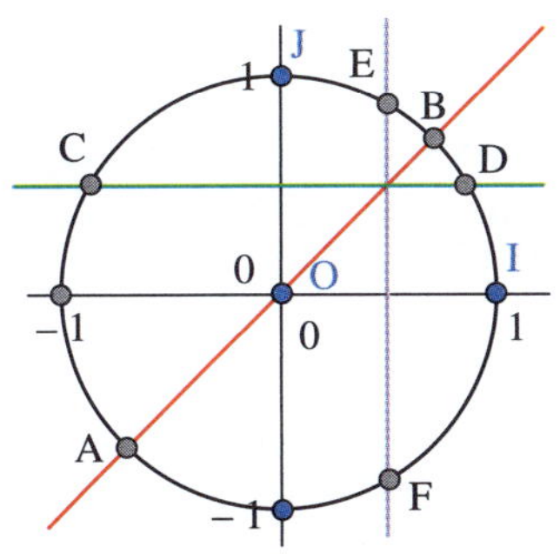

On a nommé B, C, D, E et F les points d'intersection entre le cercle et chacune de ces trois droites.

Donnez la mesure principale en radians de chacun des angles orientés suivants :

$$(\overrightarrow{OI}, \overrightarrow{OD}), (\overrightarrow{OI}, \overrightarrow{OB}), (\overrightarrow{OI}, \overrightarrow{OE}),$$
$$(\overrightarrow{OI}, \overrightarrow{OC}), (\overrightarrow{OI}, \overrightarrow{OA}), (\overrightarrow{OI}, \overrightarrow{OF}).$$

5 On reprend la figure de l'exercice 4.

a. En utilisant le théorème de Pythagore, calculez le cosinus et le sinus des nombres $\frac{\pi}{6}, \frac{\pi}{4}$ et $\frac{\pi}{3}$.

b. Donnez le cosinus et le sinus des nombres 0, $\frac{\pi}{2}$, π et $\frac{-\pi}{2}$.

6 Démontrez que, pour tout réel t :

a. $(\cos(t))^2 + (\sin(t))^2 = 1$.

b. $-1 \leqslant \cos(t) \leqslant 1$ et $-1 \leqslant \sin(t) \leqslant 1$.

7 Les propositions suivantes sont-elles vraies ou fausses ?

a. Pour tout nombre réel t : $\cos(t) - \sin(t) \neq 0$.

b. Pour tout nombre réel t : $\cos(t) + \sin(t) \neq 0$.

c. Il existe des nombres réels t tels que $\cos(t) < 0$ et $\sin(t) < 0$.

8 Soit t un nombre réel vérifiant $\sin(t) = 0{,}3$ et $t \in \left[\frac{\pi}{2} ; \pi\right]$.

a. À l'aide du cercle trigonométrique, donnez le signe de $\cos(t)$, puis calculez la valeur exacte de $\cos(t)$.

b. Mettez votre calculatrice en mode radian et donnez la valeur du nombre t.

20 Équations trigonométriques

SAVOIR

Cosinus et sinus d'angles associés

Dans le plan orienté muni d'un repère orthonormé (O ; I, J), on a tracé le cercle trigonométrique C.
Soit t un nombre réel et M le point du cercle C repéré par t
(t est une mesure en radians de l'angle orienté $(\overrightarrow{OI}, \overrightarrow{OM})$).
Dans le repère (O ; I, J), M a pour coordonnées $(\cos(t)\ ;\ \sin(t))$.

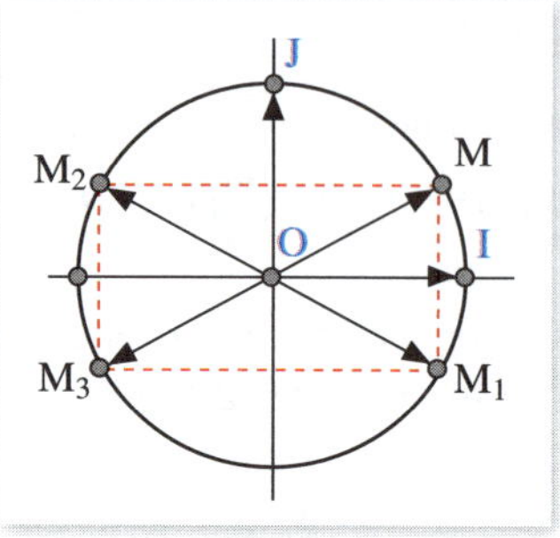

Si M_1 est le symétrique de M par rapport à l'axe des abscisses :
- une mesure de $(\overrightarrow{OI}, \overrightarrow{OM_1})$ est $-t$;
- $\cos(-t) = \cos(t)$ et $\sin(-t) = -\sin(t)$.

Si M_2 est le symétrique de M par rapport à l'axe des ordonnées :
- une mesure de $(\overrightarrow{OI}, \overrightarrow{OM_2})$ est $\pi - t$;
- $\cos(\pi - t) = -\cos(t)$ et $\sin(\pi - t) = \sin(t)$.

Si M_3 est le symétrique de M par rapport à O :
- une mesure de $(\overrightarrow{OI}, \overrightarrow{OM_3})$ est $\pi + t$;
- $\cos(\pi + t) = -\cos(t)$ et $\sin(\pi + t) = -\sin(t)$.

Si M_4 est le symétrique de M par rapport à la droite d'équation $y = x$:
- une mesure de $(\overrightarrow{OI}, \overrightarrow{OM_4})$ est $\frac{\pi}{2} - t$;
- $\cos\left(\frac{\pi}{2} - t\right) = \sin(t)$ et $\sin\left(\frac{\pi}{2} - t\right) = \cos(t)$.

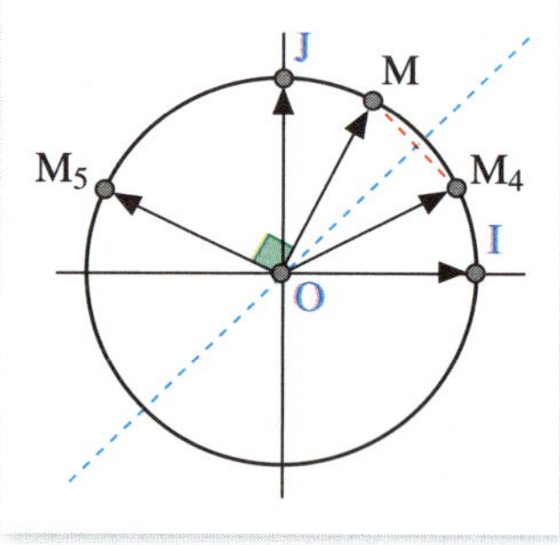

Si M_5 est le point image de M en tournant d'un quart de tour dans le sens direct autour de O :
- une mesure de $(\overrightarrow{OI}, \overrightarrow{OM_5})$ est $\frac{\pi}{2} + t$;
- $\cos\left(\frac{\pi}{2} + t\right) = -\sin(t)$ et $\sin\left(\frac{\pi}{2} + t\right) = \cos(t)$.

Équations cos(*x*) = cos(*a*) et sin(*x*) = sin(*a*)

Soit a un nombre réel quelconque.
$\cos(x) = \cos(a)$ équivaut à $x = a + k \times 2\pi$ ou $x = -a + k \times 2\pi$, $k \in \mathbb{Z}$.
$\sin(x) = \sin(a)$ équivaut à $x = a + k \times 2\pi$ ou $x = \pi - a + k \times 2\pi$, $k \in \mathbb{Z}$.

SAVOIR-FAIRE

Déterminer les cosinus et sinus d'angles associés

Calculez $\cos\left(\frac{5\pi}{6}\right)$.

$\frac{5\pi}{6} = \pi - \frac{\pi}{6}$ et $\cos\left(\frac{\pi}{6}\right) = \frac{\sqrt{3}}{2}$, on applique $\cos(\pi - t) = -\cos(t)$, donc $\mathbf{\cos\left(\frac{5\pi}{6}\right) = -\frac{\sqrt{3}}{2}}$.

Résolution dans ℝ d'une équation avec sin

Résolvez dans ℝ l'équation $\sin(x) = \frac{\sqrt{2}}{2}$. $\left(\text{Rappel : } \sin\left(\frac{\pi}{4}\right) = \frac{\sqrt{2}}{2}.\right)$

$\sin(x) = \sin\left(\frac{\pi}{4}\right)$ équivaut à $x = \frac{\pi}{4} + k \times 2\pi$ ou $x = \pi - \frac{\pi}{4} + k \times 2\pi$.

Les solutions sont les nombres de la forme : $\mathbf{\frac{\pi}{4} + 2k\pi, \frac{3\pi}{4} + 2k\pi, k \in \mathbb{Z}}$.

FAIRE

Le plan orienté est muni d'un repère orthonormé (O ; I, J).

1 Calculez $\cos\left(\frac{-\pi}{3}\right)$, $\sin\left(\frac{-\pi}{3}\right)$, $\cos\left(\frac{4\pi}{3}\right)$, $\sin\left(\frac{4\pi}{3}\right)$.

2 Soit M le point du cercle trigonométrique tel qu'une mesure en radians de l'angle orienté $(\overrightarrow{OI}, \overrightarrow{OM})$ soit $\frac{7\pi}{6}$. Calculez les coordonnées de M dans le repère orthonormé (O; I, J).

3 On donne $\cos(t) = 0{,}8$ et $t \in \left]0\,;\frac{\pi}{2}\right[$.

Calculez $\sin(t)$, $\cos(\pi - t)$, $\cos\left(\frac{\pi}{2} + t\right)$ et $\sin\left(\frac{\pi}{2} - t\right)$.

4 On donne $\sin(t) = -\frac{\sqrt{5}}{5}$ et $t \in \left]-\pi;-\frac{\pi}{2}\right[$.
Calculez $\cos(t)$, $\cos(\pi + t)$ et $\sin(\pi + t)$.

5 Calculez :
$A = \cos\left(\frac{\pi}{8}\right) + \cos\left(\frac{7\pi}{8}\right) + \cos\left(\frac{9\pi}{8}\right) + \cos\left(\frac{15\pi}{8}\right)$.

6 Calculez, en fonction de $\cos(t)$ et $\sin(t)$,
$B = \cos\left(\frac{\pi}{2} - t\right) + \sin\left(\frac{\pi}{2} - t\right) + \cos\left(\frac{\pi}{2} + t\right) + \sin\left(\frac{\pi}{2} + t\right)$.

7 Résolvez dans $\mathbb{R}$ les équations suivantes.

a. $\cos(x) = 0{,}5$

b. $\cos(x) = \frac{-\sqrt{3}}{2}$

c. $\sin(x) = -0{,}5$

d. $\sin(x) + 1 = 0$

8 Résolvez dans $]-\pi;\pi]$ les équations suivantes.

a. $(\cos(x))^2 - 0{,}25 = 0$

b. $4\,(\sin(x))^2 - 3 = 0$

c. $(\cos(x))^2 - (\sin(x))^2 = 1$

9 Sur le cercle trigonométrique, on a placé le point A tel qu'une mesure en radians de l'angle orienté $(\overrightarrow{OI}, \overrightarrow{OA})$ soit $\frac{\pi}{3}$.

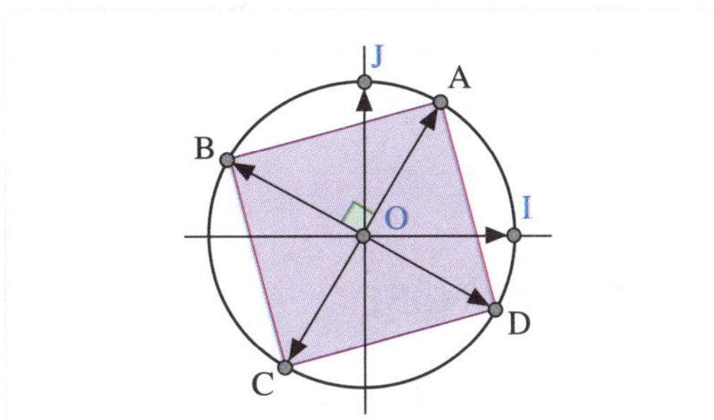

On a ensuite construit successivement les points B, C et D, images de A, B et C, en tournant d'un quart de tour dans le sens direct autour de O.

a. Donnez une mesure de chacun des angles orientés $(\overrightarrow{OI}, \overrightarrow{OB})$, $(\overrightarrow{OI}, \overrightarrow{OC})$ et $(\overrightarrow{OI}, \overrightarrow{OD})$.
Quelle est la nature du quadrilatère ABCD ?

b. Calculez les coordonnées des points A, B, C et D.

10 Reprenez l'exercice 9 en donnant comme mesure en radians de l'angle orienté $(\overrightarrow{OI}, \overrightarrow{OA})$ un nombre réel a appartenant à $\left[0;\frac{\pi}{2}\right]$.

Donnez les coordonnées de B, C et D en fonction de $\cos(a)$ et $\sin(a)$.

Maths

21 Produit scalaire

SAVOIR

Définition du produit scalaire

Soit $\vec{u}$ et $\vec{v}$ deux vecteurs non nuls. On pose $\vec{u} = \overrightarrow{AB}$ et $\vec{v} = \overrightarrow{AC}$.

Le **produit scalaire** de $\vec{u}$ et $\vec{v}$ est le nombre réel noté $\vec{u} \cdot \vec{v}$ défini par :

$$\vec{u} \cdot \vec{v} = AB \times AC \times \cos(\widehat{BAC}).$$

Si l'un des deux vecteurs est nul, alors le produit scalaire $\vec{u} \cdot \vec{v}$ est égal à 0.

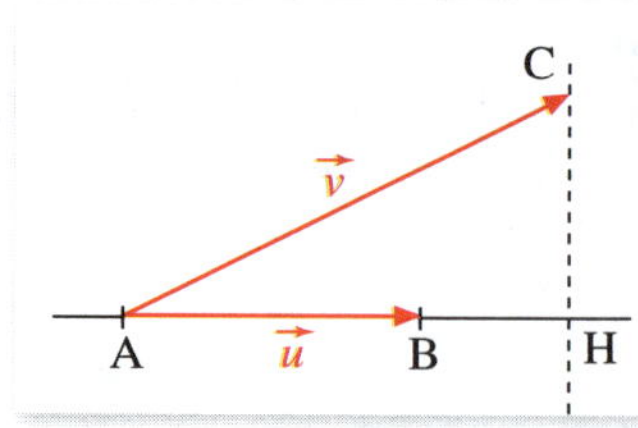

Propriétés du produit scalaire

- **Produit scalaire et projection :** Soit H le projeté orthogonal de C sur la droite (AB).
Si les vecteurs $\overrightarrow{AB}$ et $\overrightarrow{AH}$ sont de même sens, alors $\overrightarrow{AB} \cdot \overrightarrow{AC} = AB \times AH$.
Si les vecteurs $\overrightarrow{AB}$ et $\overrightarrow{AH}$ sont de sens contraire, alors $\overrightarrow{AB} \cdot \overrightarrow{AC} = -AB \times AH$.
Dans les deux cas, $\overrightarrow{AB} \cdot \overrightarrow{AC} = \overrightarrow{AB} \cdot \overrightarrow{AH}$.
- **Vecteurs orthogonaux :** Deux vecteurs sont orthogonaux si, et seulement si, leur produit scalaire est nul.
- **Expression analytique dans un repère orthonormé $(O ; \vec{i}, \vec{j})$:**
Si $\vec{u}$ et $\vec{v}$ ont pour coordonnées $(x ; y)$ et $(x' ; y')$, alors $\vec{u} \cdot \vec{v} = xx' + yy'$.
Si $\vec{v} = \vec{u}$, alors $\vec{u} \cdot \vec{u} = \|\vec{u}\|^2 = x^2 + y^2$.
- **Règles de calcul :** Quels que soient les vecteurs $\vec{u}$, $\vec{v}$ et $\vec{w}$ et quel que soit le réel k :
$\vec{u} \cdot \vec{v} = \vec{v} \cdot \vec{u}$; $\vec{u} \cdot (\vec{v} + \vec{w}) = \vec{u} \cdot \vec{v} + \vec{u} \cdot \vec{w}$; $(k \cdot \vec{u}) \cdot \vec{v} = k \times (\vec{u} \cdot \vec{v})$.
- **Norme et produit scalaire :**
Quels que soient les vecteurs $\vec{u}$ et $\vec{v}$: $\vec{u} \cdot \vec{v} = \frac{1}{2}\left(\|\vec{u} + \vec{v}\|^2 - \|\vec{u}\|^2 - \|\vec{v}\|^2\right)$.

SAVOIR-FAIRE

Calculer des produits scalaires

On considère le trapèze ABCD tracé sur un quadrillage à mailles carrées de côté 1 cm.
H et O sont les projetés orthogonaux de C et O sur (AB).
L'angle $\widehat{BAD}$ mesure 135° ou $\frac{3\pi}{4}$ radians.

Calculez les produits scalaires $\overrightarrow{AB} \cdot \overrightarrow{AC}$, $\overrightarrow{AB} \cdot \overrightarrow{AD}$, $\overrightarrow{AB} \cdot \overrightarrow{CD}$, $\overrightarrow{CA} \cdot \overrightarrow{CB}$ et $\overrightarrow{AD} \cdot \overrightarrow{BC}$.

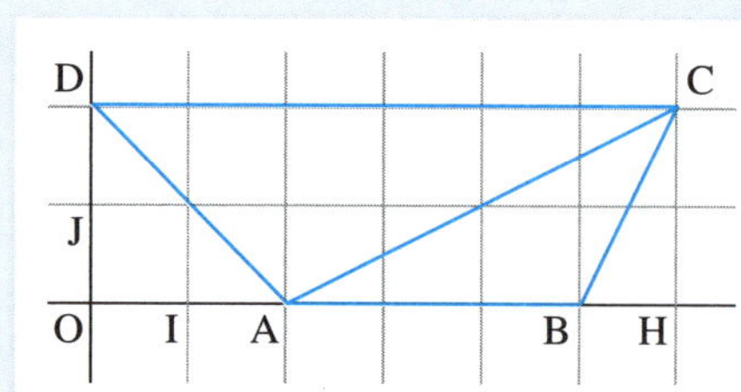

$\overrightarrow{AB} \cdot \overrightarrow{AC} = AB \times AH = 3 \times 4 = \mathbf{12}$.

$\overrightarrow{AB} \cdot \overrightarrow{AD} = -AB \times AO = -3 \times 2 = \mathbf{-6}$.

Ou encore : $\overrightarrow{AB} \cdot \overrightarrow{AD} = AB \times AD \times \cos\left(\frac{3\pi}{4}\right) = 3 \times 2\sqrt{2} \times \frac{-\sqrt{2}}{2} = \mathbf{-6}$.

$\overrightarrow{AB}$ et $\overrightarrow{CD}$ sont colinéaires et $\overrightarrow{CD} = -2 \cdot \overrightarrow{AB}$, donc $\overrightarrow{AB} \cdot \overrightarrow{CD} = -2 \cdot \overrightarrow{AB} \cdot \overrightarrow{AB} = -2 \cdot AB^2 = \mathbf{-18}$.

$\overrightarrow{CA} \cdot \overrightarrow{CB} = (\overrightarrow{CH} + \overrightarrow{HA}) \cdot (\overrightarrow{CH} + \overrightarrow{HB}) = CH^2 + \overrightarrow{CH} \cdot \overrightarrow{HB} + \overrightarrow{HA} \cdot \overrightarrow{CH} + \overrightarrow{HA} \cdot \overrightarrow{HB}$,

or $\overrightarrow{HB}$ et $\overrightarrow{HA}$ sont orthogonaux à $\overrightarrow{CH}$, ce qui implique des produits scalaires nuls ;

donc $\overrightarrow{CA} \cdot \overrightarrow{CB} = 2^2 + 4 \times 1 = \mathbf{8}$.

Dans le repère orthonormé (O ; I, J), $\overrightarrow{AD}(-2 ; 2)$ et $\overrightarrow{BC}(1 ; 2)$, donc $\overrightarrow{AD} \cdot \overrightarrow{BC} = -2 \times 1 + 2 \times 2 = \mathbf{2}$.

FAIRE

1 ABCD est un parallélogramme de centre O tel que $\widehat{BAD} = \frac{\pi}{3}$ radians, AB = 6 cm et AD = 3 cm.

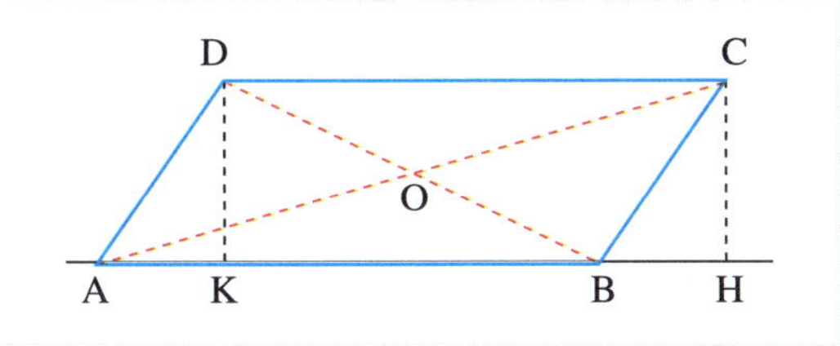

a. Calculez le produit scalaire $\overrightarrow{AB} \cdot \overrightarrow{AD}$.

b. On appelle H et K les projetés orthogonaux respectifs de C et D sur la droite (AB).

Calculez les longueurs AK et AH. Déduisez-en le produit scalaire $\overrightarrow{AB} \cdot \overrightarrow{AC}$.

2 On reprend la figure de l'exercice 1.

a. On sait que AD = 3 et AK = 1,5.

Montrez que $DK = \frac{3\sqrt{3}}{2}$.

b. Calculez le produit scalaire $\overrightarrow{BD} \cdot \overrightarrow{BC}$, après décomposition des deux vecteurs à l'aide de la relation de Chasles.

3 On considère le trapèze ABCD tracé sur un quadrillage à mailles carrées de côté 1 cm.

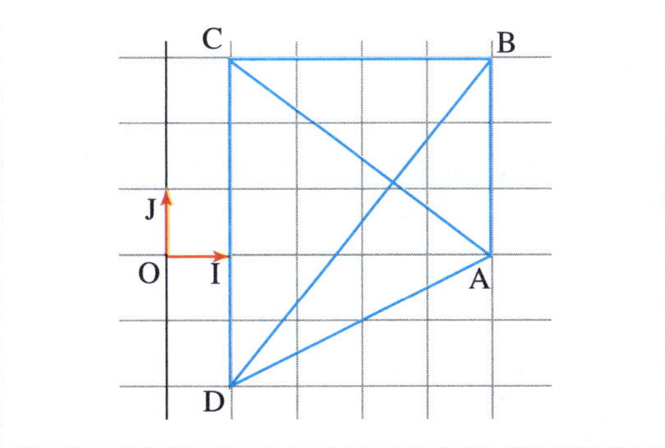

Calculez les produits scalaires :
$\overrightarrow{AB} \cdot \overrightarrow{AC}$, $\overrightarrow{AB} \cdot \overrightarrow{AD}$, $\overrightarrow{AB} \cdot \overrightarrow{CD}$, $\overrightarrow{CA} \cdot \overrightarrow{CB}$ et $\overrightarrow{AD} \cdot \overrightarrow{BC}$.

4 Reprenez la figure de l'exercice 3.

a. Calculez le produit scalaire $\overrightarrow{AC} \cdot \overrightarrow{BD}$.

b. Les droites (AC) et (BD) sont-elles perpendiculaires ?

5 Soit un triangle ABC tel que AB = 4, AC = 7 et $\overrightarrow{AB} \cdot \overrightarrow{AC} = -14$.

Déterminez la valeur exacte en radians de l'angle $\widehat{BAC}$.

6 Le plan est muni d'un repère orthonormé $(O ; \vec{i}, \vec{j})$.

a. On donne les vecteurs $\vec{u}(-2 ; 4)$ et $\vec{v}(5 ; 1)$. Calculez $\vec{u} \cdot \vec{v}$, $\|\vec{u}\|$ et $\|\vec{v}\|$. Déduisez-en $\|\vec{u} + \vec{v}\|$.

b. Calculez une valeur approchée de la mesure en radians de l'angle orienté de vecteurs $(\vec{u} ; \vec{v})$.

7 Le plan est muni d'un repère orthonormé $(O ; \vec{i}, \vec{j})$. Soit $\vec{u}\ (3 ; 2)$ et $\vec{w}(x ; 3)$.

Calculez, si possible, la valeur de x pour que $\vec{u}$ et $\vec{w}$ soient orthogonaux.

8 A et B sont deux points tels que AB = 2.
On appelle C le cercle de diamètre [AB].
On a placé sur le cercle les points E et F tels que $\widehat{EAB} = \widehat{BAF} = 30°$.
Calculez les produits scalaires $\overrightarrow{AE} \cdot \overrightarrow{AF}$ et $\overrightarrow{BE} \cdot \overrightarrow{BF}$.

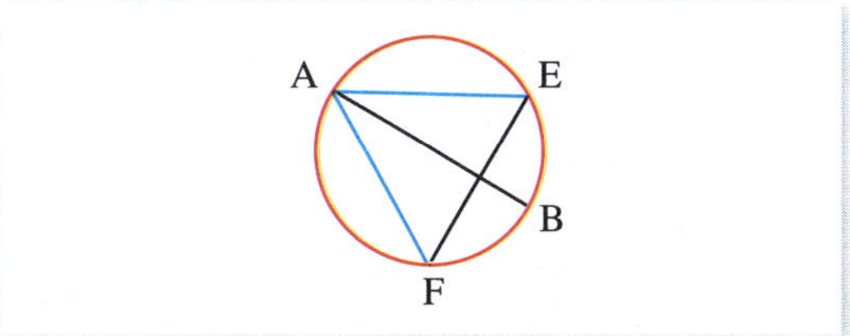

22 Applications du produit scalaire

SAVOIR

Théorèmes de la médiane

Soit A et B deux points du plan, I le milieu de [AB] et H le projeté orthogonal de M sur (AB).

Pour tout point M du plan, $MA^2 + MB^2 = 2MI^2 + \frac{1}{2}AB^2$;

$MA^2 - MB^2 = 2 \times \overrightarrow{IH} \cdot \overrightarrow{AB}$.

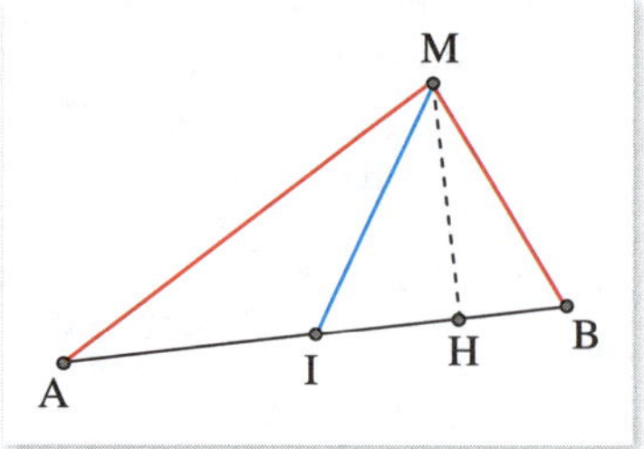

Calculs d'angles et de longueurs

Soit ABC un triangle.

Si on pose BC = a, CA = b et AB = c, alors $a^2 = b^2 + c^2 - 2bc\cos(\widehat{A})$.

L'aire S du triangle ABC est $S = \frac{1}{2}bc\sin(\widehat{A})$ et $\frac{a}{\sin(\widehat{A})} = \frac{b}{\sin(\widehat{B})} = \frac{c}{\sin(\widehat{C})} = \frac{abc}{2S}$.

Trigonométrie

- **Formules d'addition**

Quels que soient les nombres réels a et b :

$\cos(a + b) = \cos(a)\cos(b) - \sin(a)\sin(b)$; $\cos(a - b) = \cos(a)\cos(b) + \sin(a)\sin(b)$;

$\sin(a + b) = \sin(a)\cos(b) + \cos(a)\sin(b)$; $\sin(a - b) = \sin(a)\cos(b) - \cos(a)\sin(b)$.

- **Formules de duplication**

$\cos(2a) = (\cos(a))^2 - (\sin(a))^2$; $\cos(2a) = 2(\cos(a))^2 - 1$; $\cos(2a) = 1 - 2(\sin(a))^2$;

$\sin(2a) = 2\sin(a)\cos(a)$.

SAVOIR-FAIRE

Rechercher un ensemble de points

Soit A et B deux points du plan tels que AB = 6 cm.

Déterminez l'ensemble E des points du plan tels que $MA^2 + MB^2 = 26$.

On applique la formule : $MA^2 + MB^2 = 2MI^2 + \frac{1}{2}AB^2$, où I est le milieu de [AB].

E est l'ensemble des points M vérifiant : $2MI^2 + \frac{1}{2}AB^2 = 26$, $MI^2 = 4$, soit MI = 2.

Donc E est le cercle de centre I et de rayon 2.

Calculer un angle

Un triangle ABC est tel que AB = 10, BC = 7 et CA = 4 (en cm).

Calculez une valeur approchée en degrés de l'angle $\widehat{BAC}$.

On utilise la formule $a^2 = b^2 + c^2 - 2bc\cos(\widehat{A})$:

$100 = 49 + 16 - 56\cos(\widehat{A})$, d'où $\cos(\widehat{A}) = \frac{-35}{56}$, soit $\widehat{\mathbf{A}} \approx \mathbf{128{,}7°}$.

Utiliser les formules d'addition

Calculez la valeur exacte de $\cos\left(\frac{5\pi}{12}\right)$.

On observe que $\frac{5\pi}{12} = \frac{\pi}{6} + \frac{\pi}{4}$; on applique la formule $\cos(a + b) = \cos(a)\cos(b) - \sin(a)\sin(b)$:

$\cos\left(\frac{5\pi}{12}\right) = \cos\left(\frac{\pi}{6}\right)\cos\left(\frac{\pi}{4}\right) - \sin\left(\frac{\pi}{6}\right)\sin\left(\frac{\pi}{4}\right) = \frac{\sqrt{3}}{2} \times \frac{\sqrt{2}}{2} - \frac{1}{2} \times \frac{\sqrt{2}}{2}$, donc $\mathbf{\cos\left(\frac{5\pi}{12}\right) = \frac{\sqrt{6} - \sqrt{2}}{4}}$.

FAIRE

1 ABC est un triangle tel que AB = 6, BC = 4 et AC = 8.

I est le milieu de [AB].

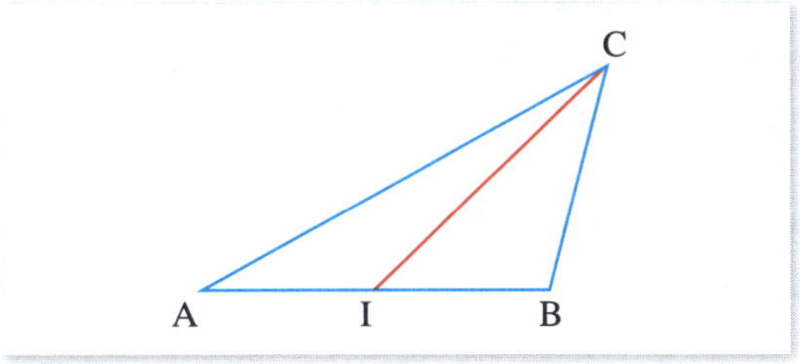

a. Calculez CI.

b. Calculez une mesure approchée en degrés des angles $\widehat{BAC}$ et $\widehat{ABC}$. Déduisez-en celle de l'angle $\widehat{ACB}$.

2 ABCD est un parallélogramme tel que :
AB = 7, BC = 3 et $\widehat{ABC} = \frac{\pi}{3}$ radians.

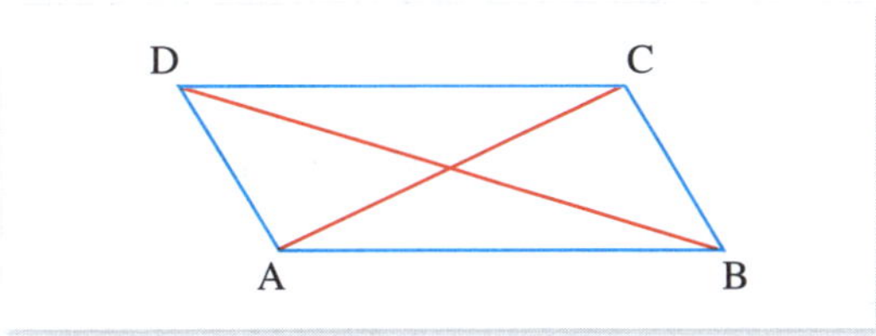

Calculez les longueurs des diagonales [AC] et [BD].

3 Soit A et B deux points du plan tels que AB = 6 cm et I le milieu de [AB].

a. Déterminez l'ensemble E' des points M du plan tels que $MA^2 + MB^2 = 68$.

b. Étudiez, selon les valeurs du nombre réel positif k, l'ensemble E_k des points M du plan tels que $MA^2 + MB^2 = k$.

4 Soit A et B deux points du plan tels que AB = 6 cm et I le milieu de [AB].

a. Démontrez que $MA^2 - MB^2 = 2 \times \overrightarrow{IM} \cdot \overrightarrow{AB}$.

b. Soit H le projeté orthogonal de M sur (AB), démontrez que $\overrightarrow{IM} \cdot \overrightarrow{AB} = \overrightarrow{IH} \cdot \overrightarrow{AB}$.

Déduisez-en l'ensemble F des points M du plan tels que $MA^2 - MB^2 = 24$.

5 Calculez la valeur exacte de $\sin\left(\frac{5\pi}{12}\right)$.

6 Calculez les valeurs exactes de $\cos\left(\frac{11\pi}{12}\right)$ et $\sin\left(\frac{11\pi}{12}\right)$.

7 ABC est un triangle isocèle en A tel que AB = x et $\widehat{BAC} = \frac{\pi}{4}$ radians.

a. Calculez la valeur de BC en fonction de x.

b. Soit I le milieu de [BC]. Justifier que $\widehat{BAI} = \frac{\pi}{8}$.

Calculez les valeurs exactes de $\sin\left(\frac{\pi}{8}\right)$ et $\cos\left(\frac{\pi}{8}\right)$.

c. Retrouvez les valeurs de $\cos\left(\frac{\pi}{8}\right)$ et $\sin\left(\frac{\pi}{8}\right)$ en utilisant les formules de duplication.

8 Soit f la fonction définie sur $\mathbb{R}$ par :

$$f(x) = \cos\left(x + \frac{\pi}{4}\right) + \cos\left(x - \frac{\pi}{4}\right).$$

Montrez que, pour tout x, $f(x) = \sqrt{2}\cos(x)$.

9 Soit g la fonction définie sur $\mathbb{R}$ par :

$$g(x) = \sin\left(x + \frac{\pi}{3}\right) + \sin\left(x + \frac{2\pi}{3}\right) + \sin\left(x + \frac{4\pi}{3}\right) + \sin\left(x + \frac{5\pi}{3}\right).$$

Simplifiez cette écriture.

23 Géométrie plane : droites et cercles

SAVOIR

Le plan est muni d'un repère orthonormé $(O; \vec{i}, \vec{j})$.

Vecteur normal à une droite. Équation d'une droite

On dit qu'un vecteur non nul $\vec{n}$ est normal à une droite d s'il est orthogonal à la direction de d.

La droite d passant par un point A et admettant le vecteur normal $\vec{n}$ est l'ensemble des points M du plan tels que $\overrightarrow{AM} \cdot \vec{n} = 0$.

Une équation de la droite d de vecteur normal $\vec{n}(a ; b)$ est de la forme $ax + by + c = 0$, où a, b et c sont des nombres réels.

Équation d'un cercle

Le cercle C de centre $\Omega(a ; b)$ et de rayon R est l'ensemble des points M tels que $\Omega M^2 = R^2$; une équation de C s'écrit alors $(x - a)^2 + (y - b)^2 = R^2$.

Le cercle C de diamètre [EF] est l'ensemble des points M du plan tels que $\overrightarrow{ME} \cdot \overrightarrow{MF} = 0$; une équation de C s'écrit alors $(x_E - x)(x_F - x) + (y_E - y)(y_F - y) = 0$.

SAVOIR-FAIRE

Déterminer une équation cartésienne de droite connaissant un point et un vecteur normal

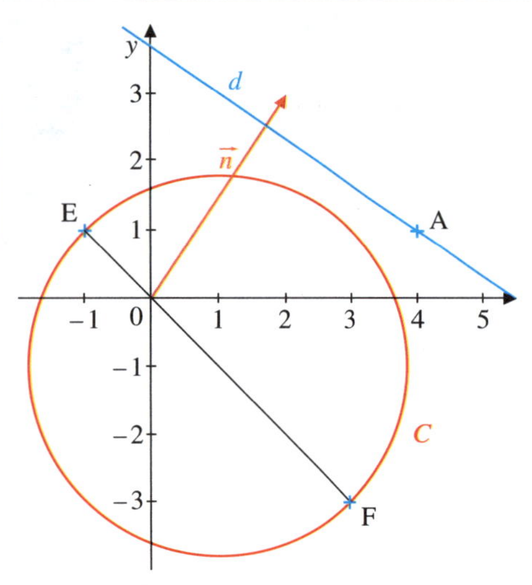

Soit d la droite passant par A(4 ; 1) et ayant pour vecteur normal $\vec{n}(2 ; 3)$.

Déterminez une équation de d.

$M(x ; y)$ appartient à d si, et seulement si, $\overrightarrow{AM} \cdot \vec{n} = 0$.

Or $\overrightarrow{AM}(x - 4 ; y - 1)$ et $\vec{n}(2 ; 3)$.

Donc $M \in d$ équivaut à $(x - 4) \times 2 + (y - 1) \times 3 = 0$.

Une équation de d est $\mathbf{2x + 3y - 11 = 0}$.

Autre méthode : Une équation de d s'écrit $ax + by + c = 0$, où $(a ; b)$ est le couple de coordonnées d'un vecteur normal à d.

Comme $a = 2$ et $b = 3$, une équation de d s'écrit $2x + 3y + c = 0$.

On calcule c en utilisant les coordonnées de A :
$2 \times 4 + 3 \times 1 + c = 0$; on trouve $c = -11$.

Une équation de d est $\mathbf{2x + 3y - 11 = 0}$.

Déterminer une équation d'un cercle défini par son diamètre

Soit E(− 1 ; 1) et F(3 ; − 3).

Déterminez une équation du cercle C de diamètre [EF]. Déduisez-en les coordonnées du centre du cercle et son rayon.

$M(x ; y)$ appartient à C si, et seulement si, $\overrightarrow{ME} \cdot \overrightarrow{MF} = 0$.

$(-1 - x)(3 - x) + (1 - y)(-3 - y) = 0$.

Après développement et réduction, une équation de C est : $x^2 + y^2 - 2x + 2y - 6 = 0$.

$x^2 - 2x = (x - 1)^2 - 1$ et $y^2 + 2y = (y + 1)^2 - 1$.

On en déduit une nouvelle écriture de l'équation de C : $(x - 1)^2 + (y + 1)^2 = 8$.

Cette écriture montre que **C est le cercle de centre $\Omega(1 ; -1)$ et de rayon $2\sqrt{2}$**.

FAIRE

Le plan est muni d'un repère orthonormé $(O ; \vec{i}, \vec{j})$ de sens direct.

1 On donne un point A(6 ; 3) et un vecteur $\vec{n}(-4 ; 1)$.

a. Déterminez une équation de la droite d passant par A et ayant pour vecteur normal $\vec{n}$.

b. Déterminez une équation de la droite d' passant par A et ayant pour vecteur directeur $\vec{n}$.

2 On donne trois points A(5 ; 3), B(– 1 ; 4) et C(0 ; – 2).

a. Déterminez une équation de la droite d passant par B et perpendiculaire à (AC).

b. Déterminez une équation de la droite d' passant par C et perpendiculaire à (AB).

c. Déterminez les coordonnées du point H orthocentre du triangle ABC.
(Vérifiez sur un graphique.)

3 Soit d et d' les droites d'équations :

$$3x - 4y + 1 = 0 \text{ et } 4x + 3y = 0.$$

Déterminez un vecteur normal $\vec{n}$ à d et un vecteur normal $\vec{n}'$ à d'.

Démontrez que les droites d et d' sont perpendiculaires.

4 On donne deux points E(1 ; – 2) et F(3 ; 4).

a. Déterminez une équation de la médiatrice de [EF].

b. Déterminez une équation du cercle de diamètre [EF].

5 Soit le cercle C d'équation :

$$x^2 + y^2 - 10x - 6y + 18 = 0.$$

a. Trouvez son centre et son rayon. Tracez le cercle.

b. Tracez la droite d d'équation cartésienne $x - y - 2 = 0$. Étudiez l'intersection de C et de d.

6 **a.** Écrivez une équation du cercle C de centre O (origine du repère) et de rayon 3.

b. Soit M le point du cercle tel qu'une mesure de l'angle orienté de vecteurs $(\vec{i}, \overrightarrow{OM})$ est $\frac{5\pi}{6}$.

Donnez les coordonnées de M et déterminez une équation de la tangente T en M au cercle C.

7 On donne le cercle C de centre $\Omega(2 ; 1)$ et de rayon $\sqrt{5}$.

a. Déterminez une équation de C. Vérifiez que le point O appartient au cercle C.

b. Déterminez une équation de la tangente T en O à ce cercle.

8 On considère les équations :

$$x^2 + y^2 + 2x - 6y + 10 = 0 ;$$
$$x^2 + y^2 + 2x - 6y + 16 = 0 ;$$
$$x^2 + y^2 + 2x - 6y - 15 = 0.$$

Cherchez si ces équations représentent des équations de cercles et, si oui, déterminez dans chaque cas le centre et le rayon.

9 On donne les points A(6 ; 0) et B(0 ; 4).

a. Soit M(x ; y) un point quelconque du plan.
Calculez en fonction de x et y le produit scalaire $\overrightarrow{MA} \cdot \overrightarrow{MB}$.

b. Déterminez l'ensemble E des points M du plan tels que $\overrightarrow{MA} \cdot \overrightarrow{MB} = 0$.

10 Pour chaque question, une seule des réponses proposées est exacte.

a. Soit $\vec{u}(2 ; 3)$, $\vec{v}(3 ; -2)$, $\vec{w}(-2 ; 3)$ et d la droite d'équation $3x + 2y - 8 = 0$.

1. $\vec{u}$ est un vecteur normal à d.
2. $\vec{v}$ est un vecteur directeur de d.
3. $\vec{w}$ est un vecteur directeur de d.

b. Soit d la droite d'équation $3x + 2y - 8 = 0$ et C le cercle d'équation $x^2 + y^2 + 2x - 8 = 0$.

1. d et C sont sécants.
2. d et C sont tangents.
3. d et C n'ont pas de point commun.

24 Statistique descriptive

SAVOIR

Moyenne, variance et écart-type

On étudie sur une population de N individus un caractère quantitatif discret. Une série statistique est définie par les valeurs $x_1, x_2 \ldots x_p$ prises par le caractère et par les effectifs $n_1, n_2 \ldots n_p$ associés à chacune de ces valeurs. La **fréquence** f_i de la valeur x_i du caractère est $f_i = \dfrac{n_i}{N}$.

La **moyenne** est le nombre $\overline{x}$ tel que $\overline{x} = \dfrac{n_1x_1 + n_2x_2 + \ldots + n_px_p}{N}$.

Lorsque le caractère quantitatif X est continu (il peut prendre toutes les valeurs intermédiaires entre deux valeurs données) ou lorsque les valeurs de la série sont regroupées en classes, les valeurs de x_i sont les centres des classes.

La **variance** est le nombre positif V défini par $V = \dfrac{n_1(x_1 - \overline{x})^2 + n_2(x_2 - \overline{x})^2 + \ldots + n_p(x_p - \overline{x})^2}{N}$.

L'**écart-type**, noté s, de la série statistique est la racine carrée de la variance : $s = \sqrt{V}$.
L'écart-type mesure la dispersion des valeurs de la série autour de la moyenne.

Médiane et écart interquartile

On range les valeurs de la série statistique par ordre croissant.

La **médiane** M_e est la valeur qui partage la population étudiée en deux groupes de même effectif.

Le **premier quartile** Q_1 est la plus petite valeur telle qu'au moins 25 % des données lui sont inférieures ou égales. Le **troisième quartile** Q_3 est la plus petite valeur telle qu'au moins 75 % des données lui sont inférieures ou égales.

L'**intervalle interquartile** est l'intervalle $[Q_1 ; Q_3]$. L'écart interquartile est le nombre $Q_3 - Q_1$.
Il mesure la dispersion de la série autour de la médiane.

Diagramme en boîte

Le diagramme en boîte d'une série statistique est un graphique permettant de résumer cette série par ses valeurs extrêmes, sa médiane, le premier quartile et le troisième quartile.

SAVOIR-FAIRE

Construire un diagramme en boîte

Construisez le diagramme en boîte de la série statistique suivante.

Valeurs	2	3	5	6	7	8	9	10
Effectifs	1	2	4	5	4	4	3	2

On cherche la médiane et les quartiles : $M_e = 7$, $Q_1 = 5$, $Q_3 = 8$.
Sur un axe, on place les valeurs extrêmes du caractère, puis la médiane et les quartiles.

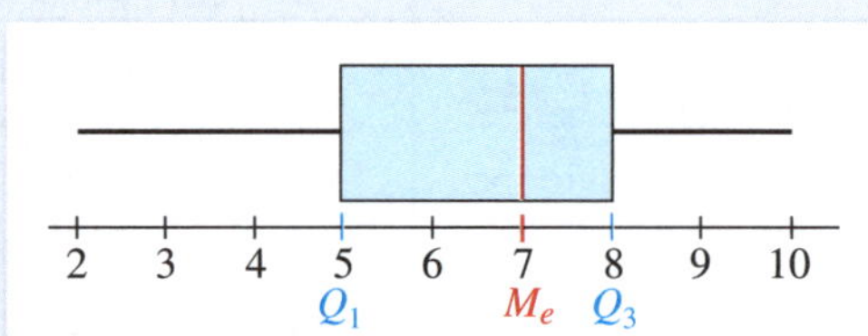

On construit, parallèlement à cet axe, un rectangle ayant pour longueur l'écart interquartile.

FAIRE

1 On reprend la série statistique du « Savoir-faire » de la page précédente.
Calculez la moyenne, la variance et l'écart-type.
(Effectuez les calculs à la main, puis utilisez le mode statistique de votre calculatrice ou un tableur.)

2 Le tableau suivant donne le résultat d'un test de mathématiques.

Notes	20	17	16	15	14	13	12	11	10	9	8	6
Effectifs	1	2	3	3	3	2	3	4	3	2	4	1

a. Calculez la moyenne, la variance et l'écart-type.

b. Déterminez la médiane, le premier quartile et le troisième quartile.

3 Le tableau suivant résume la fréquentation des grands festivals de l'été 2010 dans l'ouest de la France.

	Ville	Nom	Thème	Entrées payantes
1	Hérouville-Saint-Clair	Beauregard	Rock/Chanson	**37 000**
2	Briouze	Art Sonic	Rock alternatif	**13 000**
3	Saint-Laurent-de-Cuves	Papillons de nuit	Rock/Chanson	**60 000**
4	Coutances	Jazz sous les pommiers	Jazz	**32 000**
5	Saint-Malo	La route du rock	Pop-rock anglo-saxonne	**20 200**
6	Dinan	Fête des remparts	Spectacles médiévaux	**33 000**
7	Saint-Brieuc	Art-rock	Concerts/Expositions	**30 000**
8	Carhaix	Les Vieilles Charrues	Rock/Chanson	**198 000**
9	Landerneau	Fête du bruit	Rock/Chanson	**26 000**
10	Brest	Astropolis	Électro	**10 000**
11	Crozon	Le Bout du Monde	Musiques du monde	**60 000**
12	Douarnenez	Temps fête	Vieux bateaux/Concerts bretons	**80 000**
13	Quimper	Le Cornouaille	Culture celtique et du monde	**70 000**
14	Lorient	Festival interceltique	Musiques et danses celtiques	**120 000**
15	Malestroit	Le Pont du rock	Pop/Rock	**15 000**
16	Guérande	Les Terres Blanches	Pop/Rock	**14 500**
17	Saint-Nazaire	Les Escales	Musiques du monde	**35 000**
18	Corsept	Couvre-feu	Rock/Chanson	**24 000**
19	Clisson	Hellfest	Métal	**67 000**
20	Saint-Malo-du-Bois	Poupet	Chanson/Pop	**30 000**
21	Saint-Prouant	Les Feux de l'été	Rock/Chanson	**15 000**
22	Angers	Festival d'Anjou	Théâtre	**24 000**
23	Sablé-sur-Sarthe	Rock Ici Mômes	Spectacles pour enfants	**10 600**
24	Bain-de-Bretagne	West-Country	Musiques/Danses country	**35 000**
25	Rennes	Les Tombées de la Nuit	Théâtre/Musique	**17 000**
26	Saint-Denis-de-Gâtines	Au foin de la rue	Rock/Chanson	**17 000**

a. Résumez cette série statistique en calculant la moyenne et l'écart-type. Quel est le pourcentage de festivals ayant un nombre de spectateurs dans l'intervalle $]\overline{x} - s ; \overline{x} + s[$?

b. Résumez cette série statistique en déterminant la médiane et l'écart interquartile.

c. On étudie la série statistique obtenue en retirant la plus grande valeur (198 000).
Calculez la moyenne et l'écart-type de cette nouvelle série. Que constatez-vous ?
Déterminez la médiane et l'intervalle interquartile de cette nouvelle série. Que constatez-vous ?
Construisez le diagramme en boîte de cette série (sans la valeur 198 000).

25 Probabilités

SAVOIR

Modélisation d'une expérience aléatoire

Une expérience aléatoire est une expérience ayant plusieurs issues et dont le résultat est imprévisible. (On s'intéresse en classe de première à des expériences ayant un nombre fini d'issues.)

Une issue (ou résultat possible) est appelée éventualité.

Soit $E = \{e_1, e_2, \dots, e_n\}$ l'ensemble des n éventualités d'une expérience aléatoire.

Définir une **loi de probabilité** P sur E, c'est associer à chaque éventualité e_i de E, un nombre réel p_i compris entre 0 et 1, avec la condition $p_1 + p_2 + \dots + p_n = 1$.

D'après la **loi des grands nombres**, le nombre p_i correspond à la fréquence théorique de l'éventualité e_i, si on répétait l'expérience un très grand nombre de fois.

Modéliser une expérience aléatoire, c'est choisir une loi de probabilité sur l'ensemble E.

Calcul des probabilités

Un **événement** A est un ensemble constitué d'une ou de plusieurs éventualités. Sa probabilité $p(A)$ est la somme des probabilités des éventualités qui le constituent.

Un **événement impossible** (ensemble vide, noté $\varnothing$) ne contient aucune éventualité : $p(\varnothing) = 0$.

Un **événement certain** contient toutes les éventualités : $p(E) = 1$.

Soit $\bar{A}$, l'événement contraire de A ; sa probabilité est : $p(\bar{A}) = 1 - p(A)$.

Soit A et B deux événements. L'**intersection** $A \cap B$ est l'ensemble constitué des éventualités qui appartiennent à la fois à A et à B. La **réunion** $A \cup B$ est l'ensemble constitué des éventualités qui appartiennent soit à A, soit à B, soit à $A \cap B$. On a $\boldsymbol{p(A \cup B) = p(A) + p(B) - p(A \cap B)}$.

Si $A \cap B = \varnothing$, les événements A et B sont dits **incompatibles** et alors $p(A \cup B) = p(A) + p(B)$.

Loi équirépartie

Lorsque les n éventualités de E ont la même probabilité $\frac{1}{n}$, on est en « **situation d'équiprobabilité** » et on dit que la loi de probabilité sur E est équirépartie.

Si un événement A contient m éventualités, $p(A) = \frac{m}{n} = \frac{\text{nombre de résultats favorables à } A}{\text{nombre de résultats possibles}}$.

SAVOIR-FAIRE

Déterminer la probabilité d'un événement

Une boîte de dominos contient 28 dominos différents (petites plaques dont le dessus est divisé en deux parties portant chacune un numéro de 0 à 6). Un joueur tire un domino de la boîte au hasard. Déterminez la probabilité des événements A « il tire un double » et B « il tire un domino dont la somme des deux numéros est 4 ». Déduisez-en $p(A \cup B)$.

Les 28 issues sont équiprobables. On utilise la loi équirépartie sur l'ensemble E des 28 dominos.

A contient les 7 doubles $\{0 ; 0\}$, $\{1 ; 1\}$, $\{2 ; 2\}$, ... , $\{6 ; 6\}$; B contient $\{0 ; 4\}$, $\{1 ; 3\}$, $\{2 ; 2\}$; donc $p(A) = \frac{7}{28}$; $\boldsymbol{P(A) = 0,25}$ et $\boldsymbol{P(B) = \frac{3}{28}}$.

$p(A \cup B) = p(A) + p(B) - p(A \cap B)$. Or $p(A \cap B) = p(\{2 ; 2\}) = \frac{1}{28}$.

Donc $p(A \cup B) = \frac{7}{28} + \frac{3}{28} - \frac{1}{28}$, soit $\boldsymbol{p(A \cup B) = \frac{9}{28}}$.

FAIRE

1 On reprend la situation de la rubrique « Savoir-faire » avec la boîte de 28 dominos.

a. Expliquez pourquoi il n'existe que 28 pièces différentes dans une telle boîte.

b. Un joueur tire un domino au hasard dans la boîte.
Déterminez la probabilité des événements suivants :
C : « il tire un domino dont la somme des deux numéros est strictement supérieure à 4 » ;
D : « il tire un domino dont le produit des deux numéros est un multiple de 7 ».

c. A et B sont respectivement les événements : « il tire un double » et « il tire un domino dont la somme des deux numéros est 4 ». Déterminez la probabilité des événements $A \cap C$, $A \cup C$, $B \cap C$, $B \cup C$.

2 On extrait une carte au hasard d'un jeu de 32 cartes. On s'intéresse aux événements :
T : « la carte tirée est un trèfle » ;
H : « la carte tirée n'est pas une figure ».
Déterminez la probabilité des événements T, $\overline{H}$, H, $T \cap H$, $T \cup H$.

3 Pour modéliser le tirage de deux dés non pipés et la somme des numéros inscrits, un élève a simulé trois fois 500 tirages sur un tableur.
Il communique ce qu'il a obtenu.

	A	B	C	D
1	N° du tirage	1er tirage	2e tirage	somme
2	1	6	3	9
3	2	2	5	7
4	3	6	2	8
5	4	2	6	8
6	5	6	2	8
7	6	1	5	6
8	7	2	1	3
9	8	6	5	11
10	9	1	5	6
11	10	2	6	8

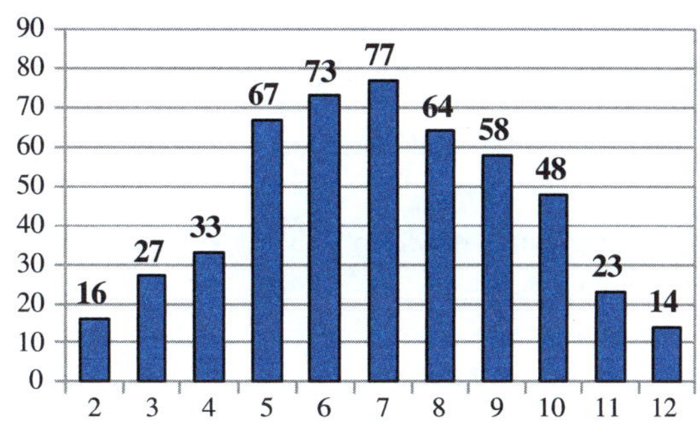

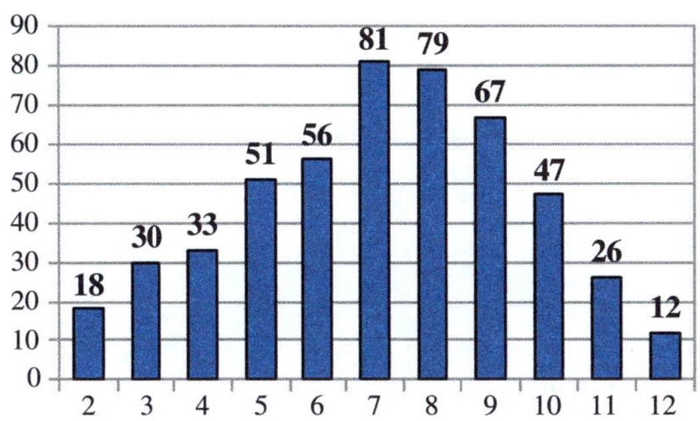

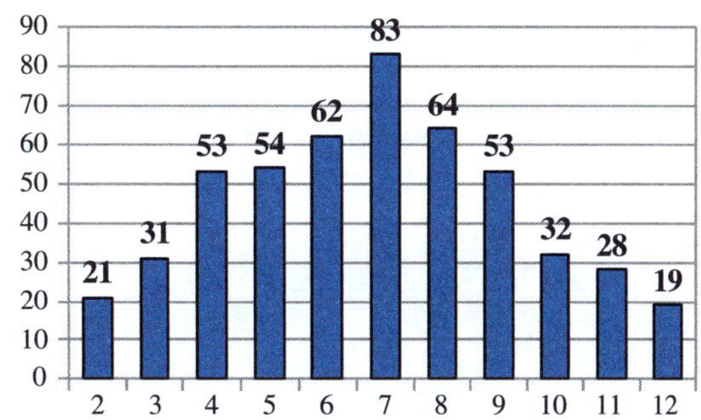

a. Quelles formules a-t-il écrites dans les cellules B2 et D2 du tableur ?

b. Quelle est la fréquence d'une somme égale à 7 dans chacune des trois simulations ?

c. Pour calculer la probabilité de l'événement « la somme est 7 », un autre élève a renseigné un tableau à double entrée.

Déterminez la probabilité de l'événement « la somme est égale à 7 ».

Comparez le résultat avec les résultats obtenus lors des simulations.

1er dé \ 2e dé	1	2	3	4	5	6
1	2	3	4	5	6	7
2	3	4	5	6	7	8
3	4	5	6	7	8	9
4	5	6	7	8	9	10
5	6	7	8	9	10	11
6	7	8	9	10	11	12

d. Dressez un tableau donnant la loi de probabilité dans l'ensemble E des sommes possibles.
Cette loi est-elle équirépartie ?

26 Variable aléatoire

SAVOIR

Définition

Soit E un ensemble sur lequel est définie une loi de probabilité P. Soit E′ un ensemble de nombres. Lorsqu'on associe à toute issue de E un nombre de E′, on dit que l'on définit une variable aléatoire de E dans E′.

Loi de probabilité d'une variable aléatoire

La variable aléatoire X permet de transporter dans E′ la loi de probabilité P définie sur E.
Soit x un élément de E′.
L'événement noté $(X = x)$ est l'ensemble des éléments de E associés à x par X.
La loi de probabilité P' de la variable aléatoire X est alors définie par le procédé : $P'(x) = P(X = x)$.
Si $x_1, x_2 \dots x_n$ sont les valeurs prises dans E′ par la variable aléatoire X, on donne la loi de probabilité de X dans un tableau.

x_i	x_1	x_2	…	x_n	somme
$P(X = x_i)$	p_1	p_2	…	p_n	1

Espérance, variance et écart-type d'une variable aléatoire

L'**espérance mathématique** de X, notée $E(X)$, est : $E(X) = \sum_{i=1}^{n} x_i P(X = x_i)$.

La **variance** de X, notée $V(X)$, est : $V(X) = \sum_{i=1}^{n} (x_i - E(X))^2 P(X = x_i)$.

L'**écart-type** de X, noté $\sigma(X)$, est la racine carrée de la variance : $\sigma(X) = \sqrt{V(X)}$.
Si a et b sont deux réels, alors : $E(aX + b) = a\,E(X) + b$ et $V(aX) = a^2\,V(X)$.

SAVOIR-FAIRE

Déterminer l'espérance et l'écart-type d'une variable aléatoire

On donne le tableau représentant la loi de probabilité d'une variable aléatoire X.

x_i	– 1	3	5	10	somme
$P(X = x_i)$	0,2	0,4	0,3	0,1	1

Déterminez l'espérance, la variance et l'écart-type de la variable aléatoire X.

	A	B	C	D
1	x_i	p_i	x_i*p_i	$(x_i - E(X))^{2*}p_i$
2	– 1	0,2	– 0,2	4,05
3	3	0,4	1,2	0,1
4	5	0,3	1,5	0,675
5	10	0,1	1	4,2225
6	somme	**1**	**3,5**	**9,05**

Le tableur ci-dessus donne le détail des calculs à effectuer.

Dans la cellule **C6**, on lit la valeur de l'espérance mathématique de X : $\mathbf{E(X) = 3{,}5}$.

Dans la cellule **D6**, on lit la valeur de la variance de X : $\mathbf{V(X) = 9{,}05}$.

On en déduit l'écart-type : $\sigma(X) = \sqrt{V(X)} = \sqrt{9{,}05}$, soit $\boldsymbol{\sigma(X) \approx 3{,}01}$.

FAIRE

1 Une urne contient 7 boules blanches, 2 boules noires et 1 boule rouge, indiscernables au toucher.

Un jeu consiste à tirer une boule de l'urne. On marque 10 points si la boule est rouge, 5 points si elle est noire, – 2 points si elle est blanche.

Soit X la variable aléatoire égale aux points marqués par un joueur après un tirage.

a. Déterminez la loi de probabilité de X.

b. Déterminez l'espérance mathématique, la variance et l'écart-type de X.

c. Soit Y la variable aléatoire définie par :

$$Y = 3X + 2.$$

Donnez les valeurs prises par la variable aléatoire Y. Déterminez l'espérance mathématique, la variance et l'écart-type de Y.

2 Un groupe d'élèves d'une classe de première s'est intéressé à la fréquentation du cinéma dans sa ville pendant un mois. On interroge un individu de cette ville choisi au hasard. On appelle X la variable aléatoire égale au nombre de séances auxquelles cet habitant a assisté pendant ce mois. L'étude menée a permis de renseigner le tableau suivant donnant la loi de probabilité de la variable aléatoire X.

x_i	0	1	2	3	4	5
$P(X = x_i)$	0,36	0,24	0,18	0,15	0,06	0,01

a. Calculez l'espérance mathématique $E(X)$ de X. Interprétez le résultat obtenu.

b. Donnez la valeur de l'écart-type obtenu à l'aide d'une calculatrice.

3 Au cours d'une semaine promotionnelle dans un magasin, pour tout achat d'au moins un article, on remet à chaque client une enveloppe contenant un ticket.

Si l'enveloppe contient :
- un ticket violet, le client gagne 200 € ;
- un ticket gris, le client gagne 20 € ;
- un ticket blanc, le client ne gagne rien.

Durant cette semaine, 800 personnes reçoivent une enveloppe et toutes les enveloppes sont distribuées. Dans les 800 enveloppes, il y a 5 tickets violets, 25 tickets gris et les autres sont blancs.

On appelle X la variable aléatoire correspondant au montant du gain en euros.

a. Déterminez la loi de probabilité de X.

b. Déterminez l'espérance mathématique de X.

4 Pour récolter des fonds en vue d'un voyage, des élèves proposent de faire tourner une roue où sont inscrits des gains, correspondant à des bons d'achats dans une librairie répartis de la manière suivante :

– sur $\frac{1}{40}$ de la roue, le gain est de 100 euros ;

– sur $\frac{1}{20}$ de la roue, le gain est de 20 euros ;

– sur $\frac{1}{8}$ de la roue, le joueur est remboursé.

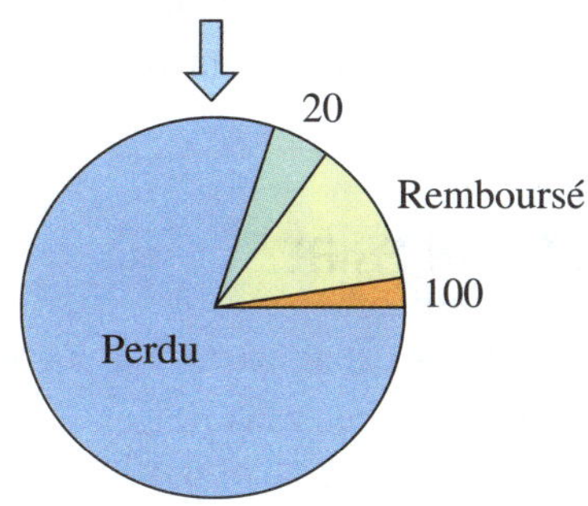

Pour faire tourner la roue, un joueur doit verser une somme initiale de m euros.

Soit X la variable aléatoire donnant le gain algébrique du joueur (c'est-à-dire la différence entre les sommes éventuellement perçues et la somme versée de m euros).

a. Quelles sont les valeurs prises par la variable aléatoire X ?

b. Calculez la probabilité de l'événement $(X = -\ m)$.

c. Démontrez que l'espérance mathématique de la variable aléatoire X est $E(X) = \dfrac{140 - 35m}{40}$.

d. Les élèves veulent fixer la somme initiale m à une valeur entière en euros.
Quelle valeur minimale faut-il donner à m pour que les élèves puissent espérer gagner de l'argent ?

e. Leur lycée compte 1 250 élèves et 160 adultes, professeurs ou personnels d'encadrement ou de service. En supposant que 70 % des élèves et 85 % des adultes participent, quelle somme peuvent-ils espérer récolter pour financer leur voyage ?

Maths

27 Loi de Bernoulli. Loi binomiale

SAVOIR

Loi de Bernoulli. Loi binomiale

• Une épreuve de Bernoulli est une expérience aléatoire n'ayant que deux résultats possibles appelés succès S et échec E. Si la probabilité d'avoir un succès est p, la probabilité d'avoir un échec est $1 - p$. La loi de probabilité pour cette épreuve est appelée **loi de Bernoulli**.

Lorsqu'on répète n fois dans les mêmes conditions et de façon indépendante une épreuve de Bernoulli, on parle d'un **schéma de Bernoulli**.

• Si on note X le nombre de succès, X est une variable aléatoire prenant les valeurs entières de 0 à n. Soit k un nombre entier naturel inférieur ou égal à n.
Un schéma en arbre, pour des petites valeurs de n, permet de dénombrer les façons d'obtenir k succès et de calculer la probabilité de l'événement $(X = k)$. La loi de probabilité pour cette répétition d'épreuves est appelée **loi binomiale** de paramètres n et p.

Le nombre de chemins de l'arbre réalisant k succès pour n répétitions d'un schéma de Bernoulli est appelé coefficient binomial ; on le note $\binom{n}{k}$. On l'obtient en comptant le nombre de chemins dans un schéma de Bernoulli ou à l'aide d'une calculatrice.

La formule générale de la loi binomiale s'écrit, pour $0 \leqslant k \leqslant n$, $\boldsymbol{P(X = k) = \binom{n}{k} p^k (1 - p)^{n-k}}$.

SAVOIR-FAIRE

Utiliser un schéma de Bernoulli

Un joueur effectue trois tirages successifs dans un jeu de 32 cartes, en remettant à chaque fois la carte tirée dans le jeu. Soit X la variable aléatoire égale au nombre de cartes de « pique » obtenues en trois tirages. Calculez la probabilité de l'événement $(X = 2)$.

On modélise cette expérience par un schéma de Bernoulli, le succès S dans chaque épreuve étant « tirer une carte de pique », de probabilité $p = 0{,}25$ et l'échec E, « tirer une autre carte », de probabilité 0,75. On construit un arbre pour illustrer les différentes possibilités.

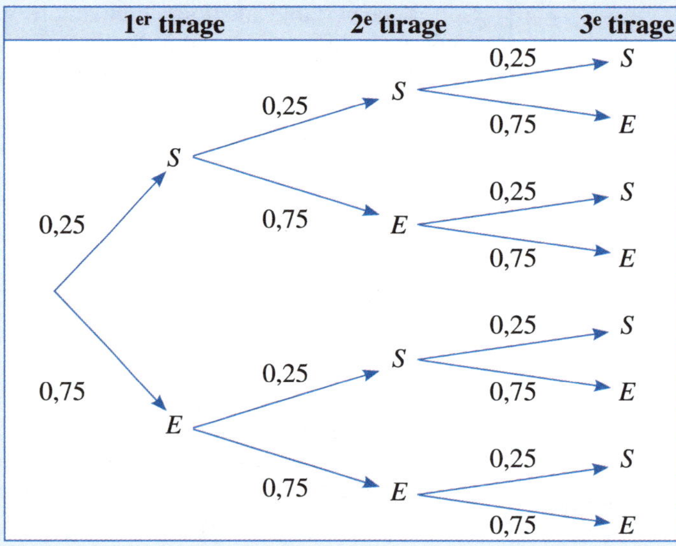

Résultats	Probabilités
SSS	
SSE	0,25 × 0,25 × 0,75
SES	0,25 × 0,75 × 0,25
SEE	
ESS	0,75 × 0,25 × 0,25
ESE	
EES	
EEE	

L'événement $(X = 2)$ est constitué de trois issues : *SSE, SES, ESS*. Chacune de ces issues a la probabilité $0{,}25^2 \times 0{,}75$. Donc $P(X = 2) = 3 \times 0{,}25^2 \times 0{,}75$, soit $P(X = 2) = 0{,}140\,625$.
La probabilité de tirer exactement deux cartes de pique en tirant trois cartes est environ 0,141.

FAIRE

1 Dans un chapeau, un professeur place cinq jetons portant chacun une des cinq lettres du mot *choix*.

a. Un élève tire successivement avec remise trois jetons du chapeau ; on note X le nombre de « C » obtenus. Quel nom porte la loi de probabilité de X ? En vous aidant de l'arbre de la page précédente, calculez $P(X = 0)$ et $P(X = 2)$.

b. Un autre élève tire successivement avec remise quatre jetons du chapeau. Construisez ou imaginez un arbre illustrant les quatre tirages.
Dénombrez le nombre de chemins comportant exactement deux fois la lettre C.
Calculez $P(X = 2)$.

2 À l'aide d'un arbre ou d'une calculatrice, donnez les valeurs des nombres suivants :

$$\binom{4}{2}, \binom{9}{1}, \binom{5}{3}, \binom{10}{0}, \binom{7}{7}.$$

3 Une urne contient 1 boule noire et 9 boules rouges.
On tire quatre boules successivement avec remise dans cette urne.

a. Quelle est la probabilité de tirer exactement deux boules noires ?

b. Quelle est la probabilité de tirer quatre boules noires ?

4 Des études statistiques ont montré que le pourcentage de réussite à un test est de 80 %.
Cinq candidats se présentent pour passer ce test.

a. Quelle est la probabilité que les cinq candidats soient reçus ?

b. Quelle est la probabilité que trois candidats exactement soient reçus ?

5 Soit X une variable aléatoire suivant la loi binomiale de paramètres $n = 5$ et $p = 0{,}4$.
Parmi les diagrammes en bâtons suivants, quel est celui qui représente la loi de probabilité de X ?

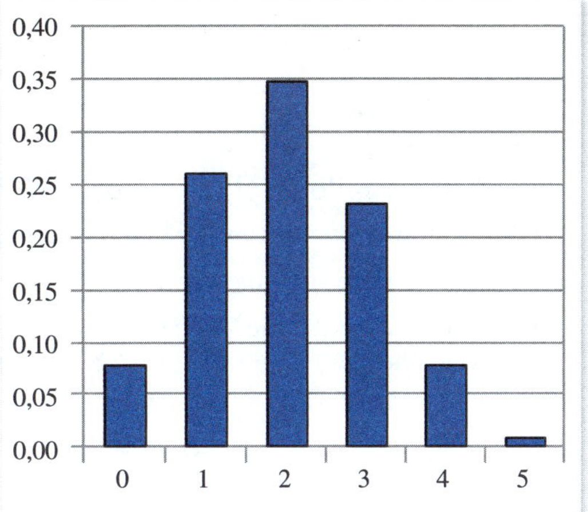

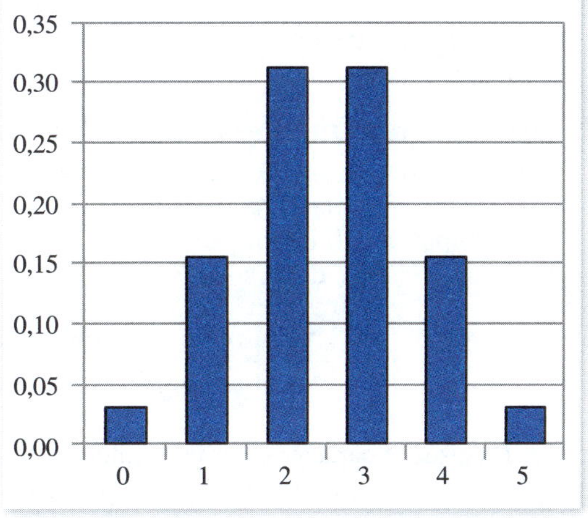

6 L'espérance mathématique et la variance d'une variable aléatoire X suivant la loi binomiale de paramètres n et p sont données par les formules :

$$E(X) = np \text{ et } V(X) = np(1 - p).$$

Déterminez l'espérance mathématique et la variance de X dans chacun des cas suivants.

a. $n = 5$ et $p = 0{,}4$

b. $n = 5$ et $p = 0{,}8$

c. $n = 10$ et $p = 0{,}5$

7 On lance 30 fois un dé à six faces bien équilibré et on s'intéresse à la sortie du « six ».

a. Déterminez la probabilité de l'événement « faire exactement quatre six ».

b. Déterminez l'espérance mathématique de la variable aléatoire donnant le nombre de « six » obtenus au cours des 30 lancers.

28 Loi binomiale et échantillonnage

SAVOIR

Intervalle de fluctuation à 95 % d'une fréquence et loi binomiale

L'**intervalle de fluctuation à 95 %** d'une fréquence correspondant à la réalisation, sur un échantillon aléatoire de taille n, d'une variable aléatoire X de loi binomiale est l'intervalle $\left[\frac{a}{n} ; \frac{b}{n}\right]$ défini par :

- a est le plus petit entier tel que $P(X \leqslant a) > 0{,}025$;
- b est le plus petit entier tel que $P(X \leqslant b) > 0{,}975$.

SAVOIR-FAIRE

Exploiter un intervalle de fluctuation

Dans un pays, on suppose que la proportion p de personnes répondant favorablement à un sondage téléphonique est de 25 %. Un institut de sondage effectue une enquête par téléphone pour juger de cette hypothèse. Il interroge au hasard et avec remise un échantillon de 50 personnes.
Voici les résultats de ce sondage :

Nombre de personnes ayant répondu favorablement	15
Nombre de personnes ayant refusé de répondre	35

a. Précisez le caractère étudié et calculez la fréquence observée f de ce caractère.

Le caractère étudié est : « La personne interrogée répond favorablement au sondage téléphonique. »

La fréquence observée f de ce caractère étudié est : $\frac{15}{50} = 0{,}30$, soit 30 %.

On se pose la question suivante : « L'hypothèse de proportion p égale à 25 % est-elle trop éloignée de la fréquence observée ? » Si oui, on rejette l'hypothèse de proportion p.
Mais on risque de rejeter l'hypothèse alors qu'elle est vraie.
On choisit de fixer le seuil de décision de sorte que la probabilité de rejeter l'hypothèse, alors qu'elle est vraie, soit inférieure à 0,05.
Pour calculer cette probabilité, on utilise une variable aléatoire.

b. Soit X la variable aléatoire donnant le nombre de personnes répondant favorablement à un sondage téléphonique dans un échantillon de 50 personnes avec l'hypothèse que 25 % des personnes répondent favorablement.
Quelles sont les valeurs prises par la variable aléatoire X ?
Que signifie l'événement $(X = k)$?
Quelle est la loi de probabilité de la variable aléatoire X ?

Les valeurs prises par X sont les valeurs entières de 0 à 50 ; elles correspondent au nombre de personnes pouvant répondre favorablement dans un échantillon de 50 personnes.
L'événement $(X = k)$ est l'ensemble des choix possibles de k personnes parmi les 50 personnes interrogées ayant répondu favorablement dans l'échantillon.
X suit la loi binomiale de paramètres $n = 50$ et $p = 0{,}25$.

Si k est un nombre entier tel que $0 \leqslant k \leqslant n$, on a : $P(X = k) = \binom{n}{k} p^k (1 - p)^{n-k}$.

c. **On donne le tableur avec les valeurs des probabilités $P(X = k)$ et les valeurs des probabilités cumulées $P(X \leqslant k)$ pour toutes les valeurs de k entre 0 et 50, ainsi que le diagramme en bâtons de la loi binomiale de paramètres $n = 50$ et $p = 0{,}25$.**
Calculez $P(X = 12)$ et vérifiez que vous obtenez la valeur donnée dans le tableur.

Avec une calculatrice : $P(X = 12) = \binom{50}{12} 0{,}25^{12}(0{,}75)^{38}$.

$P(X = 12) \approx 0{,}129\ 368$. C'est le résultat indiqué dans la cellule B14.

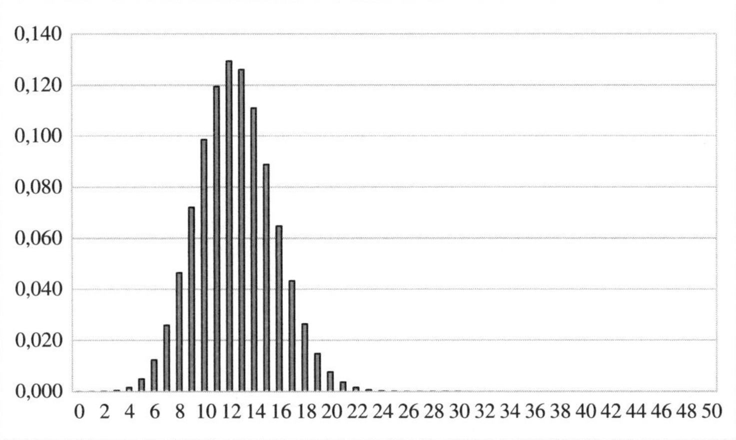

	A	B	C
1	k	$P(X = k)$	$P(X \leqslant k)$
2	0	0,000001	0,000001
3	1	0,000009	0,000010
4	2	0,000077	0,000087
5	3	0,000411	0,000498
6	4	0,001610	0,002108
7	5	0,004938	0,007046
8	6	0,012345	0,019391
9	7	0,025865	0,045256
10	8	0,046341	0,091597
11	9	0,072087	0,163684
12	10	0,098518	0,262202
13	11	0,119416	0,381619
14	12	0,129368	0,510986
15	13	0,126050	0,637037
16	14	0,111044	0,748081
17	15	0,088836	0,836917
18	16	0,064776	0,901693
19	17	0,043184	0,944877
20	18	0,026390	0,971267
21	19	0,014816	0,986082
22	20	0,007655	0,993737
23	21	0,003645	0,997382
24	22	0,001602	0,998984
25	23	0,000650	0,999634
26	24	0,000244	0,999877
27	25	0,000084	0,999962
28	26	0,000027	0,999989
29	27	0,000008	0,999997
30	28	0,000002	0,999999
31	29	0,000001	1,000000
32	30	0,000000	1,000000
33	31	0,000000	1,000000
34	32	0,000000	1,000000
35	33	0,000000	1,000000
36	34	0,000000	1,000000
37	35	0,000000	1,000000
38	36	0,000000	1,000000
39	37	0,000000	1,000000
40	38	0,000000	1,000000
41	39	0,000000	1,000000
42	40	0,000000	1,000000
43	41	0,000000	1,000000
44	42	0,000000	1,000000
45	43	0,000000	1,000000
46	44	0,000000	1,000000
47	45	0,000000	1,000000
48	46	0,000000	1,000000
49	47	0,000000	1,000000
50	48	0,000000	1,000000
51	49	0,000000	1,000000
52	50	0,000000	1,000000

d. Pour respecter le choix du seuil de décision, on partage l'intervalle $[0 ; 50]$ où X prend ses valeurs en trois intervalles $[0 ; a - 1]$, $[a ; b]$ et $[b + 1 ; 50]$ de sorte que X prenne ses valeurs dans les deux intervalles extrêmes avec une probabilité proche de 0,025 (sans dépasser cette valeur).
Déterminez a et b tels que :

- a est le plus petit entier tel que $\boldsymbol{P(X \leqslant a) > 0{,}025}$;
- b est le plus petit entier tel que $\boldsymbol{P(X \leqslant b) > 0{,}975}$;

en utilisant le diagramme en bâtons et la colonne du tableur donnant les probabilités cumulées.
Déduisez-en l'intervalle de fluctuation.

On lit $a = 6$ et $b = 19$. $\left(\frac{6}{50} = 0{,}12 \text{ et } \frac{19}{50} = 0{,}38\right)$

D'où l'intervalle de fluctuation : **[0,12 ; 0,38]**.

e. Énoncez la règle de décision permettant de rejeter ou non l'hypothèse $p = 0{,}25$, selon la valeur de la fréquence des personnes répondant favorablement au sondage téléphonique dans l'échantillon et concluez.

Si la fréquence observée f appartient à l'intervalle $[0{,}12 ; 0{,}38]$, l'hypothèse $p = 0{,}25$ est acceptable, sinon, l'hypothèse $p = 0{,}25$ est rejetée, au seuil de 5 %.
Or, dans l'échantillon, la fréquence observée est $f = 0{,}30$. On ne peut donc pas, au vu de ce sondage, exclure la valeur 25 % d'opinions favorables.

Physique-Chimie

1 L'œil, organe de la vision

SAVOIR

Lentilles convergentes et divergentes

• Une lentille est un milieu transparent limité par deux surfaces dont l'une au moins n'est pas plane. Il existe deux types de lentilles :
– les lentilles à bord mince, qui transforment un faisceau de rayons parallèles en un faisceau de rayons convergents, dites **convergentes** ;
– les lentilles à bord épais, qui transforment un faisceau de rayons parallèles en un faisceau de rayons divergents, dites **divergentes**.
• La représentation symbolique d'une lentille convergente est la suivante : ↕.

Caractéristiques d'une lentille mince convergente

• O est le **centre optique** de la lentille ; les rayons passant par O ne sont pas déviés. L'**axe optique** est la droite perpendiculaire à la lentille et passant par le centre optique. Il est orienté dans le sens de propagation de la lumière **(figure a)**.
Tout rayon incident parallèle à l'axe optique émerge de la lentille en passant par un point de l'axe optique appelé **foyer image** et noté **F′ (figure b)**. Tout rayon incident passant par le **foyer objet** noté **F** émerge de la lentille parallèlement à l'axe optique **(figure c)**.

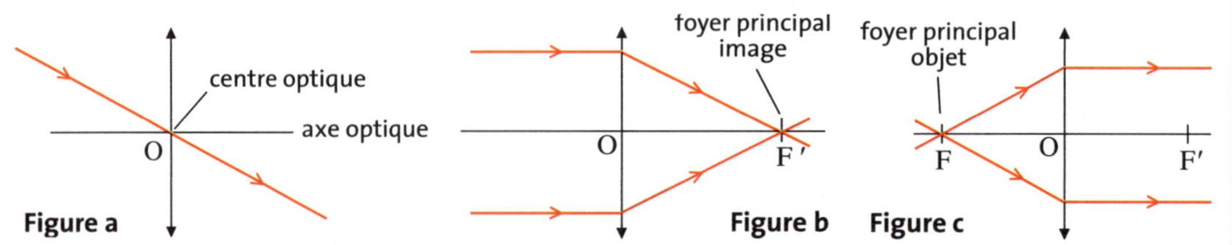

Figure a **Figure b** **Figure c**

• La **distance focale** d'une lentille convergente est la distance entre le centre optique O et le foyer image F′, on la note f', et elle s'exprime en mètres (m).
La **vergence C** est l'inverse de la distance focale, elle s'exprime en **dioptries** (δ) :

$$C = \frac{1}{f'}$$

Image donnée par une lentille convergente

Une image qui se forme derrière la lentille est **réelle**. Elle peut être recueillie sur un écran.
Une image qui se forme devant la lentille est **virtuelle**. Elle ne peut pas être recueillie sur un écran, mais elle peut être observée en plaçant l'œil derrière la lentille.

Modéliser l'œil

L'œil est un système optique complexe et performant que l'on peut modéliser par :
– une **lentille mince convergente** correspondant aux milieux transparents traversés par la lumière qui pénètre dans l'œil, c'est-à-dire la cornée, l'humeur aqueuse, le cristallin…
– un **écran** (la rétine) sur lequel se forme les images.
La distance lentille-écran est fixe et correspond pour un œil normal à la distance focale de la lentille. Un œil normal permet donc de voir nettement sans fatigue un objet à l'infini. Lorsque cet objet se rapproche de l'œil, le cristallin se courbe, devient plus convergent pour que l'image se forme encore sur la rétine : on dit que l'œil **accommode**.

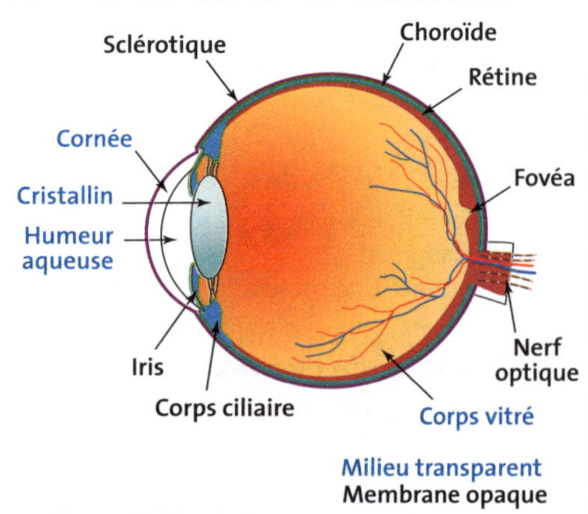

SAVOIR-FAIRE

Déterminer graphiquement la position, la grandeur et le sens d'une image

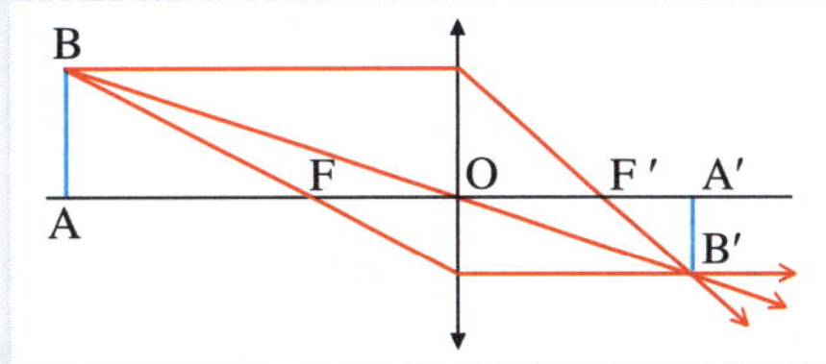

Un objet plan AB de hauteur 0,9 cm est situé à 2,7 cm devant une lentille convergente de distance focale $f' = 1{,}0$ cm.

Pour construire l'image A′B′ d'un objet AB, il suffit de construire l'image B′ de l'extrémité B de l'objet. Trois rayons particuliers faciles à tracer sont en général utilisés :

– le rayon incident issu de B et passant par O n'est pas dévié ;

– le rayon incident issu de B et parallèle à l'axe optique émerge de la lentille en passant par F′ ;

– le rayon incident issu de B et passant par F émerge de la lentille parallèlement à l'axe optique.

Par lecture graphique, on peut dire que l'image est réelle, renversée, de hauteur 0,5 cm environ et qu'elle est située à 1,6 cm derrière la lentille.

Déterminer analytiquement la position, la grandeur et le sens d'une image

- La position du point objet A situé sur l'axe optique et de son image A′ sont liées par la **relation de conjugaison** : $\dfrac{\mathbf{1}}{\overline{\mathbf{OA'}}} - \dfrac{\mathbf{1}}{\overline{\mathbf{OA}}} = \dfrac{\mathbf{1}}{\boldsymbol{f'}}$, où $\overline{\text{OA}'}$ est la distance algébrique lentille-objet, $\overline{\text{OA}}$ la distance algébrique lentille-image et f' la distance focale.

En reprenant l'exemple précédent : $\dfrac{1}{\overline{\text{OA}'}} = \dfrac{1}{\overline{\text{OA}}} + \dfrac{1}{f'} = \dfrac{1}{-2{,}7} + \dfrac{1}{1{,}0} = 0{,}63$, soit $\overline{\text{OA}'} = 1{,}6$ cm.

- Le **grandissement**, noté γ, est le rapport de la taille de l'image à la taille de l'objet. La relation de grandissement relie les tailles et les positions de l'objet et de l'image.

$$\gamma = \frac{\overline{\text{A}'\text{B}'}}{\overline{\text{AB}}} = \frac{\overline{\text{OA}'}}{\overline{\text{OA}}}.$$

$$\overline{\text{A}'\text{B}'} = \overline{\text{AB}} \times \frac{\overline{\text{OA}'}}{\overline{\text{OA}}} = 0{,}9 \times \frac{1{,}6}{-2{,}7} = -0{,}53 \text{ cm.}$$

L'image est renversée et plus petite que l'objet.

FAIRE

1 Sur un banc d'optique, un objet AB est situé à 12 cm devant une lentille convergente de distance focale $f' = 5{,}0$ cm. Le point A est sur l'axe optique.

a. Appliquez la relation de conjugaison pour déterminer la position de l'image.

b. L'objet AB a une hauteur de 3,0 cm. Appliquez la relation de grandissement pour déterminer la taille de l'image.

c. L'image est-elle droite ou renversée ?

d. Vérifiez ces résultats par une construction géométrique.

2 Un œil normal est modélisé par une lentille mince convergente dont le centre optique O se trouve à 17 mm de la rétine, surface où doit se former l'image pour une vision nette. La vergence de la lentille s'adapte selon la distance à laquelle se trouve l'objet : l'œil accommode.

a. L'image d'un objet très éloigné se forme sur la rétine sans accommodation. Déduisez-en la vergence C de la lentille de l'œil modélisé.

b. L'œil regarde maintenant un objet situé à 50 cm. Calculez la nouvelle vergence C′ de la lentille de l'œil modélisé.

c. Le punctum proximum (PP) est le point le plus proche visible nettement ; l'accommodation est alors maximale. À l'âge de 40 ans, le PP est situé à 25 cm environ de l'œil. Que vaut alors la vergence C″ de la lentille de l'œil modélisé ?

3 **Un appareil photographique numérique comporte un boîtier au fond duquel se trouve un capteur CCD.** On assimile l'objectif à une lentille mince convergente de distance focale $f' = 50$ mm. La mise au point consiste à régler la distance entre l'objectif et le capteur pour que l'image se forme sur le capteur : elle sera alors nette.

a. Quelle doit être la distance entre l'objectif et le capteur lorsque l'on photographie un objet très éloigné ?

b. On veut photographier un enfant de hauteur $h = 1{,}1$ m situé à 1,5 m de l'objectif. Calculez la distance entre l'objectif et le capteur.

c. Calculez la hauteur de l'enfant sur le capteur.

2 Lumières colorées et couleurs des objets

SAVOIR

Synthèse additive : superposition de faisceaux de lumière

Synthèse additive

• La **lumière blanche** est **polychromatique** : elle est constituée d'une infinité de lumières colorées.
• La **synthèse additive** est une méthode de création de nouvelles couleurs, obtenues en superposant plusieurs faisceaux lumineux colorés.
En utilisant seulement trois faisceaux colorés, rouge, bleu et vert, il est possible de reconstituer la lumière blanche. Rouge, bleu et vert sont les couleurs primaires de la lumière. Leur mélange en différentes proportions donnera toutes les autres couleurs.
Une couleur est dite **secondaire** si elle peut être obtenue en superposant deux couleurs primaires. Les trois couleurs secondaires sont le **cyan**, le **magenta** et le **jaune**.
Deux couleurs sont dites **complémentaires** si leur superposition donne du blanc.
Les couples de couleurs complémentaires sont rouge et cyan, vert et magenta, bleu et jaune.

Synthèse soustractive

Lorsque la lumière blanche traverse un filtre coloré, celui-ci **absorbe** certaines radiations et **transmet** (laisse passer) les autres. Par exemple, un filtre magenta transmet les lumières rouge et bleue et absorbe la lumière verte.
La synthèse soustractive consiste à retrancher certaines couleurs à la lumière blanche grâce à des filtres colorés ou des pigments.

Couleur des objets

La couleur d'un objet dépend des radiations colorées qu'il **absorbe** et qu'il **diffuse** (renvoie).
Éclairé en lumière blanche, un objet qui diffuse toutes les couleurs apparaît blanc. S'il les absorbe toutes, il apparaît noir. Un objet qui absorbe certaines couleurs seulement apparaît coloré.

Vision des couleurs

La vision des couleurs résulte de l'existence, sur la rétine, de trois types de **cônes** ayant chacun un spectre d'absorption différent : certains cônes sont plus sensibles au vert, d'autres au bleu, d'autres au rouge. Notre sensibilité visuelle est dite **trichromatique**.
Deux lumières de spectres différents peuvent donc être perçues comme ayant la même couleur si elles engendrent les mêmes réponses de la part des trois types de cônes.
Lorsqu'un type de cône est défectueux, la perception des couleurs est imparfaite, on parle alors de **daltonisme** (cette affection touche principalement les hommes et se transmet génétiquement).

SAVOIR-FAIRE

Prévoir l'effet de plusieurs filtres colorés sur une lumière incidente

Deux filtres magenta et jaune se chevauchant sont placés devant une source de lumière blanche.
Le filtre magenta absorbe la lumière verte, alors que le filtre jaune absorbe la lumière bleue : seule la lumière rouge est transmise.

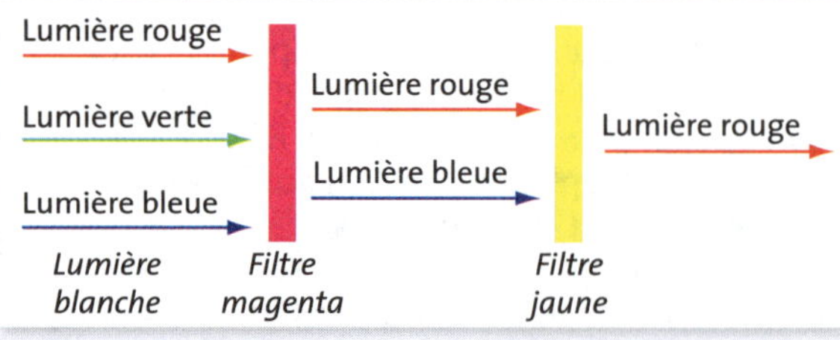

Interpréter la couleur observée d'un objet éclairé

Un citron jaune éclairé en lumière blanche absorbe la lumière bleue et diffuse les lumières verte et rouge.
Éclairé en lumière verte, ce citron apparaîtra vert : en effet, il diffuse la lumière verte.
Éclairé en lumière bleue, ce citron apparaîtra noir, car il absorbe la lumière bleue et ne diffuse aucune lumière.
Éclairé en lumière rouge, ce citron apparaîtra rouge : en effet, il diffuse la lumière rouge.

FAIRE

1 Le drapeau français et le drapeau de l'Eire sont éclairés avec diverses lumières.

a. Complétez le tableau.

Lumière qui éclaire	Drapeau français			Drapeau de l'Eire		
Lumière blanche	bleu	blanc	rouge			
Lumière bleue				noir	bleu	noir
Lumière verte				vert	vert	vert
Lumière jaune				vert	jaune	jaune

b. Avec quelle lumière colorée faut-il éclairer les deux drapeaux pour qu'ils paraissent identiques ?

2 La synthèse additive est le principe de composition des couleurs utilisé notamment dans les écrans cathodiques ou les écrans LCD. Chaque pixel de l'image est en fait constitué de trois luminophores bleu, rouge ou vert.
Pour chaque zone de l'image ci-contre, observée sur un écran, entourez dans le tableau les luminophores éclairés.

Sapin vert			Boule bleue			Boule blanche			Boule rouge			Étoile jaune			Tronc noir		
R	V	B	R	V	B	R	V	B	R	V	B	R	V	B	R	V	B

3 Lisez le texte et répondez aux questions suivantes.

> En petite quantité, lorsqu'elle est dans un verre d'eau, l'eau liquide reste transparente. Mais dès qu'elle est en grande quantité… Ainsi la mer ou un lac apparaît légèrement bleu-vert. En effet, l'eau liquide absorbe un peu de toutes les longueurs d'ondes de la lumière blanche, mais elle a une légère préférence pour le rouge. Du coup, la lumière qu'elle renvoie est un peu appauvrie en rouge et apparaît bleu-vert, la couleur complémentaire du rouge.
>
> J. Coquart et S. Redon-Clauzard, *Sciences & vie Junior*.

a. La lumière du Soleil est qualifiée de lumière blanche. Retrouvez dans le texte la couleur de la lumière absorbée et celle de la lumière renvoyée par la mer.
b. Dans le texte, il est écrit que le bleu-vert est la complémentaire du rouge. Nommez cette couleur. Dans quel cas deux couleurs sont-elles complémentaires l'une de l'autre ?
c. Il est écrit dans le texte que l'eau liquide a une préférence pour le rouge. À partir de cette affirmation, expliquez pourquoi la mer apparaît noire lorsqu'elle est éclairée par la lumière rouge d'un coucher de Soleil.

3 Sources de lumière

SAVOIR

Sources de lumière monochromatiques

- Une source monochromatique émet une lumière qui n'est pas décomposable, caractérisée par une **longueur d'onde** dans le vide, notée λ, qui s'exprime en mètres (m) ou sous-multiples du mètre.
- La plupart des **lasers** émettent une lumière monochromatique. Le laser hélium-néon, fort répandu, émet une lumière rouge de longueur d'onde $\lambda = 632,8$ nm.

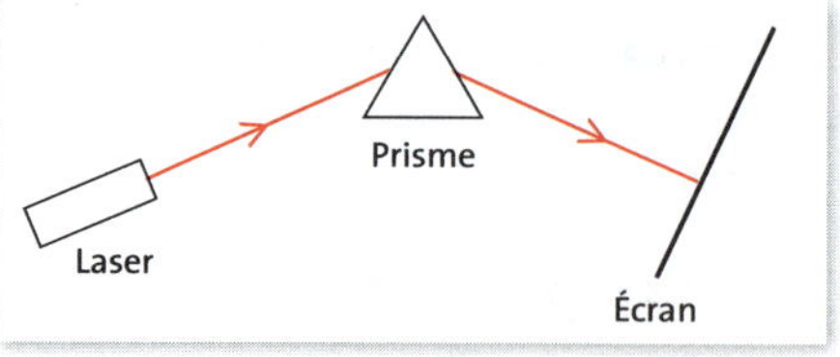

Sources de lumière polychromatiques

- La lumière blanche, naturelle, issue du **Soleil** est **polychromatique**. Elle peut être considérée comme résultant de la superposition **continue** d'ondes monochromatiques dont les longueurs d'onde vont de **400 nm (violet) à 800 nm (rouge)**. Son spectre est **continu**.

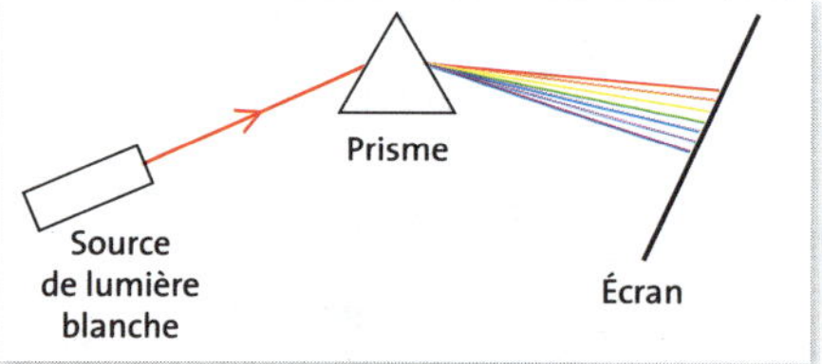

- Outre la lumière visible, le rayonnement solaire est constitué de rayonnements infrarouges (IR) ($\lambda > 800$ nm) et de rayonnements ultraviolets (UV) ($\lambda < 400$ nm).

- Dans une lampe à incandescence, le courant électrique traversant un filament porte celui-ci à une **température élevée**. Le filament devient alors incandescent et émet de la lumière dont le spectre est **continu**. La majeure partie de l'énergie n'est pas convertie en lumière visible, mais en rayonnement IR.
- Une **diode** électroluminescente, abrégée sous les sigles **DEL** ou **LED** (de l'anglais *light-emitting diode*), permet d'obtenir de la lumière avec un **meilleur rendement** qu'une lampe à incandescence. Le spectre lumineux est **continu**.
- Une **lampe à décharge** produit de la lumière grâce à une décharge électrique dans un gaz. Le spectre de la lumière émise est un **spectre de raies**. Par exemple, la lampe à vapeur de sodium, le tube fluorescent, l'ampoule économique sont des lampes à décharge.

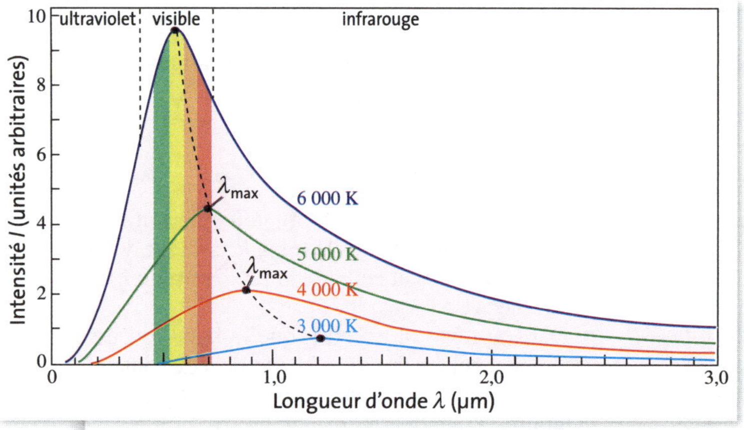

Couleur des corps chauffés

Bien qu'un corps chauffé rayonne dans toutes les longueurs d'onde, il émet préférentiellement dans un domaine particulier.

La longueur d'onde λ_m, qui correspond au maximum de rayonnement, est inversement proportionnelle à la température absolue de la source T. La **loi de Wien** rend compte de ce phénomène.

$$\lambda_m = \frac{2,9 \cdot 10^{-3}}{T}$$

λ_m représente la longueur d'onde en mètres qui correspond au rayonnement le plus intense dans le spectre continu et T est la température en Kelvin telle que T (en K) = t (en °C) + 273,15.

Les sources chaudes émettent plus de bleu que les sources froides.

SAVOIR-FAIRE

Déduire du spectre solaire la température du Soleil

Dans le cas du Soleil, le maximum d'intensité lumineuse correspond à une longueur d'onde $\lambda_m = 500$ nm : le pic de la courbe est dans le **vert**, même si la couleur perçue est jaune. La température de surface du Soleil peut donc être calculée :

$$T = 2{,}9 \cdot \frac{10^{-3}}{(500 \cdot 10^{-9})} = \mathbf{6{,}0 \cdot 10^3\ K}.$$

Le Soleil est une étoile moyennement chaude.

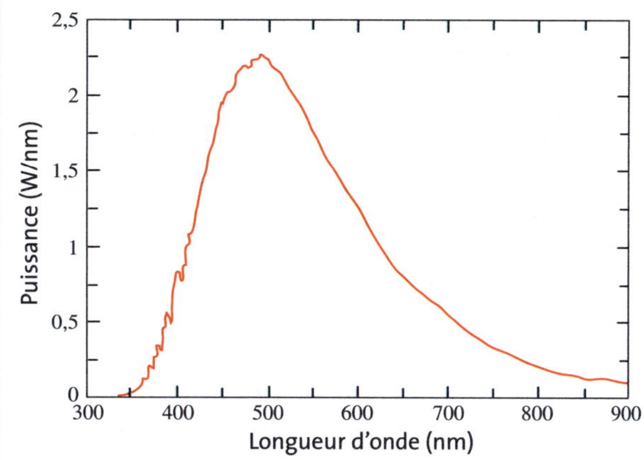

FAIRE

1 Lisez le texte et répondez aux questions.

> Depuis les ampoules de Thomas Edison à l'exposition universelle de 1881, dont les filaments de carbone émettaient une faible lumière orange, de nombreux progrès ont été faits. Le filament, d'abord, qui est en tungstène, un métal qui résiste à de très hautes températures. Du coup, on peut chauffer le filament à plus de 2 800 K et obtenir une forte lumière. Le problème, c'est que l'incandescence conduit à l'évaporation du métal, donc à la rupture prématurée du filament. De plus, le métal évaporé se dépose sur le verre de l'ampoule, atténuant ainsi sa transparence. Dans les années 1930, on remplit donc les ampoules avec un gaz inerte (argon ou krypton), limitant cette évaporation. C'est encore la technique des ampoules classiques. En 1958, on trouve enfin une solution pour réduire l'usure du filament : les gaz halogènes, comme le diiode, qui permettent de recycler le tungstène qui se vaporise. Cela permet d'augmenter la température du filament (on peut atteindre 3 100 K environ) sans abréger la durée de vie de l'ampoule.

a. Qui a créé la première lampe à incandescence ?
b. Donnez le nom du métal constituant le filament dans les lampes à incandescence.
c. Donnez le nom d'un gaz utilisé dans les ampoules des lampes à incandescence classiques.
d. Donnez le nom d'un gaz ajouté dans l'ampoule pour obtenir une lampe halogène. Quel est son rôle ?
e. Calculez la longueur d'onde λ_m du maximum d'émission dans le cas d'une ampoule classique, puis d'une lampe halogène (vous utiliserez la loi de Wien).
f. Pourquoi la lumière émise par la lampe halogène est-elle de meilleure qualité ?

2 Les lampes à vapeur de mercure ont longtemps servi à l'éclairage public du fait de leur faible coût.
La lumière émise est bleutée et son spectre est constitué de raies ayant les longueurs d'ondes suivantes.

185 nm	254 nm	366 nm	405 nm	436 nm
		546 nm	577 nm	579 nm

a. Indiquez pour chaque raie si elle appartient au domaine du visible et précisez, le cas échéant, sa couleur.
b. On place devant la lampe un filtre dont la courbe représentant la lumière transmise en fonction de la longueur d'onde qui le traverse est donnée ci-dessous.

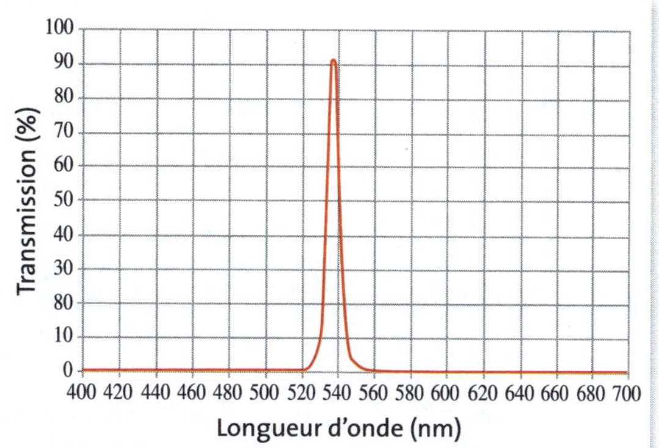

Obtient-on une lumière monochromatique ? Si oui, quelle est la longueur d'onde de la lumière transmise ? Quelle est sa couleur ?

Physique-Chimie

4 Interaction lumière-matière

SAVOIR

Modèle ondulatoire de la lumière

- Une lumière monochromatique peut être décrite comme une onde **électromagnétique** caractérisée par :

– sa **fréquence** ν, imposée par la source et liée à la période T par la relation :

$$\nu = \frac{1}{T}$$

T : période en secondes (s)
ν : fréquence en Hertz (Hz)

– sa **longueur d'onde dans le vide** λ, qui représente la distance de propagation de l'onde lumineuse dans le vide pendant une durée égale à une période T. On a donc $\lambda = c \cdot T$, soit :

$$\lambda = \frac{c}{\nu}$$

λ : en mètres (m)
c : célérité de la lumière dans le vide, $c = 3{,}00 \cdot 10^{8}\ m \cdot s^{-1}$
ν : fréquence en Hertz (Hz)

- La fréquence d'une onde détermine sa couleur.

Modèle corpusculaire de la lumière

La lumière peut aussi être considérée comme étant constituée de « grains » de lumière, les photons, de masse nulle et se déplaçant à la vitesse c. Chaque photon a pour énergie :

$$E = h \cdot \nu$$

E : énergie du photon en Joules (J)
ν : fréquence de l'onde monochromatique associée en Hertz
h : constante de Planck, $h = 6{,}63 \cdot 10^{-34}\ J \cdot s$

Soit encore : $E = h \cdot \frac{c}{\lambda}$.

Échange d'énergie entre lumière et matière

Diagramme énergétique simplifié de l'atome de sodium

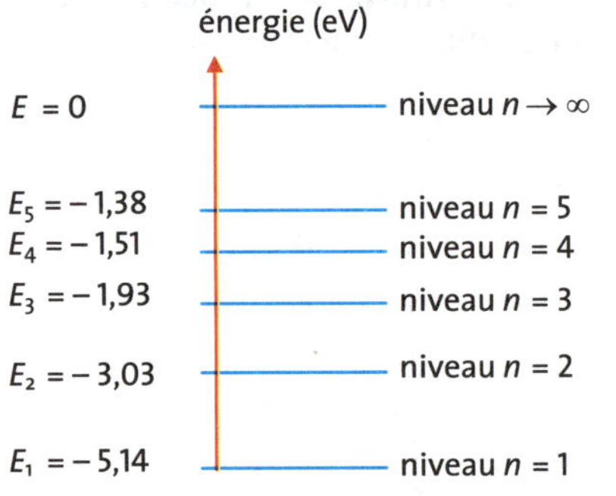

L'atome ne peut exister que dans certains états d'énergie bien identifiés : on dit que **l'énergie dans un atome est quantifiée**. Le niveau d'énergie le plus faible d'un atome est associé à son état stable, appelé **état fondamental**. Les niveaux d'énergie plus élevés sont associés aux **états excités** de l'atome.
Les différents niveaux d'énergie d'un atome sont représentés sur un **diagramme de niveaux d'énergie**. Les énergies y sont exprimées en **électronvolts (eV)** : **$1\ eV = 1{,}6 \cdot 10^{-19}\ J$**.
Lorsqu'un atome est dans un état excité, il est en général instable et va se désexciter en passant à un niveau inférieur ; cette **transition** s'accompagne de l'émission d'un rayonnement électromagnétique de **fréquence ν bien précise**, telle que :

$$\Delta E = h\nu$$

ΔE : valeur du saut d'énergie en Joules
ν : fréquence de l'onde monochromatique associée en Hertz
h : constante de Planck, $h = 6{,}63 \cdot 10^{-34}\ J \cdot s$

Ceci explique l'existence **des spectres d'émission de raies**.
De même, un atome n'est susceptible d'absorber que les rayonnements de longueur d'onde apportant l'énergie nécessaire pour le faire passer d'un niveau d'énergie au suivant. Ceci explique l'existence **des spectres d'absorption de raies** et justifie qu'ils soient le complémentaire de ceux d'émission.

SAVOIR-FAIRE

Exploiter un diagramme de niveaux d'énergie

Dans le spectre de la lumière émise par une lampe à vapeur de sodium, la raie la plus intense est jaune-orangé et elle correspond à une transition du niveau 2 au niveau 1 (voir le diagramme page précédente).

Calculez la fréquence de la radiation émise et sa longueur d'onde.

La fréquence de la radiation émise correspond au saut d'énergie :

$$\Delta E = E_2 - E_1 = 5{,}14 - 3{,}03 = 2{,}11 \text{ eV} = 3{,}38 \cdot 10^{-19} \text{ J}.$$

On obtient donc $\nu = \dfrac{\Delta E}{\mathrm{h}} = \mathbf{5{,}09 \cdot 10^{14}\ Hz}$.

La longueur d'onde correspondant est $\lambda = \mathrm{h} \cdot \dfrac{c}{\Delta E} = 5{,}88 \cdot 10^{-7}$ m $= 588$ nm.

Identifier les atomes présents dans l'atmosphère du Soleil

Lorsque la lumière émise par la surface du Soleil traverse l'atmosphère du Soleil (appelée chromosphère), les atomes présents absorbent les longueurs d'onde correspondant à leurs sauts d'énergie, d'où la présence de raies sombres dans le spectre.

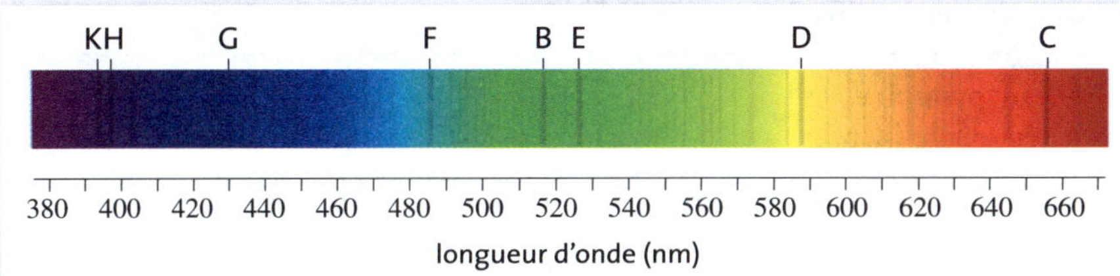

Afin d'analyser la composition de l'atmosphère du Soleil, il suffit de mesurer les abscisses x de ces raies et, en utilisant une droite d'étalonnage tracée préalablement, de déterminer la longueur d'onde correspondante. Il faut ensuite associer à chacune des raies l'atome qui en est à l'origine.

FAIRE

1 Un laser Excimer est un appareil utilisé en chirurgie réfractive pour remodeler la cornée. Il émet un rayonnement de longueur d'onde $\lambda = 193$ nm.

Calculez, en J et en eV, l'énergie d'un photon émis par ce laser.

2 L'énergie des états de l'atome d'hydrogène est donnée par la relation $E = -\dfrac{13{,}6}{n^2}$ (en eV) où n est un nombre entier positif. L'état fondamental correspond à $n = 1$, le premier état excité à $n = 2$…

a. Calculez les énergies de l'atome d'hydrogène dans son état fondamental et dans ses quatre premiers états excités, en eV.

b. Représentez le diagramme d'énergie de l'atome d'hydrogène en choisissant une échelle adaptée.

c. Quelle énergie faut-il fournir à l'atome pour le ioniser ?

d. Un atome d'hydrogène peut émettre différentes séries de raies. La série qui se situe dans le visible, appelée série de Balmer, correspond à des transitions vers le niveau 2. Calculez les longueurs d'onde des deux premières raies de la série de Balmer.

3 Les lampes à vapeur de sodium utilisées pour l'éclairage routier et autoroutier émettent une lumière jaune orangée. (Le diagramme énergétique simplifié de l'atome de sodium est donné dans la rubrique « Savoir ».)

a. Donnez la composition de l'atome de sodium $^{23}_{11}$Na.

Au-delà du domaine visible, on trouve aussi d'autres raies, dont l'une à $\lambda_2 = 819$ nm.

b. À quel domaine spectral appartient cette radiation ?

c. Calculez la fréquence des photons associés à cette radiation ainsi que leur énergie en J et en eV.

d. Déterminez entre quels niveaux d'énergie s'effectue la transition correspondante.

Physique-Chimie

5 Matières colorées

SAVOIR

Synthèse soustractive

• La synthèse soustractive consiste à retrancher à la lumière blanche diverses radiations pour créer la sensation de couleur désirée.

Pour ne soustraire à la lumière blanche qu'une seule des trois couleurs primaires (vert, rouge ou bleu), il suffit de faire passer la lumière blanche à travers un filtre complémentaire à chacune de ces couleurs, c'est-à-dire le magenta, le cyan ou le jaune.

Le magenta, le cyan et **le jaune** sont les couleurs fondamentales en synthèse soustractive.

	Filtre magenta	Filtre cyan	Filtre jaune
Couleurs primaires que laisse passer le filtre	rouge et bleu	bleu et vert	vert et rouge
Couleur primaire absorbée par le filtre	vert	rouge	bleu

• Le principe de la synthèse soustractive est à la base de l'**imprimerie** et de la **peinture**. Les encres d'imprimerie, les peintures contiennent des **pigments** qui absorbent une partie de la lumière blanche, se comportant comme des filtres. En faisant varier les proportions de magenta, cyan et jaune dans le mélange, on peut théoriquement obtenir toutes les teintes possibles y compris le blanc (absence d'encre) et le noir (mélange des trois encres en quantité égale).

Pigments et colorants

• Les **pigments** sont des substances solides colorées, le plus souvent d'origine minérale, qui sont **insolubles** dans le milieu qui les contient. Se présentant sous forme de très petites particules, ils sont utilisés en suspension, dans les peintures par exemple, ou dispersés dans tout le milieu comme dans les matières plastiques.

• Les **colorants** sont des substances colorées qui se **dissolvent** dans le milieu dans lequel ils sont introduits.

Les colorants sont aujourd'hui le plus souvent d'origine synthétique, comme la tartrazine, colorant alimentaire de couleur jaune, codé E102, présent dans le sirop de menthe ; néanmoins, certains colorants sont encore d'origine naturelle : la curcumine, colorant alimentaire que l'on trouve dans le curry en poudre ou encore les chips, codée E100, est extraite des racines du curcuma, une plante originaire d'Inde.

Chromatographie

La chromatographie est une technique de **séparation** et d'**identification** d'espèces chimiques contenues dans un mélange. Elle met en jeu une **phase fixe** (ou phase stationnaire) et une **phase mobile** appelée éluant. Les espèces chimiques présentes dans le mélange sont entraînées par l'éluant à des vitesses différentes selon leur affinité avec l'éluant et la phase fixe.

SAVOIR-FAIRE

Réaliser une extraction

Les pigments présents dans les carottes sont appelés caroténoïdes. On peut les extraire en réalisant une macération avec des carottes fraîchement râpées.
Parmi les solvants extracteurs suivants, lequel doit-on choisir de préférence ?

	Eau	Méthanol	Acétone
Solubilité des caroténoïdes	faible	grande	grande
Pictogramme			

Les caroténoïdes doivent être solubles dans le solvant choisi, et celui-ci doit être le moins dangereux possible : il faut choisir l'acétone.

Interpréter la couleur d'un mélange obtenu à partir de matières colorées

Un peintre mélange des peintures **magenta** et **cyan** sur sa palette éclairée en lumière blanche. La peinture magenta absorbe le vert, la peinture cyan absorbe le rouge : seul le bleu est diffusé. Le mélange apparaîtra **bleu**.

FAIRE

1 On chauffe à reflux pendant 30 minutes un ballon contenant 2,0 g de paprika commercial et 20 mL de dichlorométhane. Après filtration, la solution obtenue renferme tous les pigments du paprika. Une chromatographie sur couche mince réalisée sur une plaque recouverte de gel de silice avec comme éluant le dichlorométhane permet d'obtenir le chromatogramme ci-dessous.

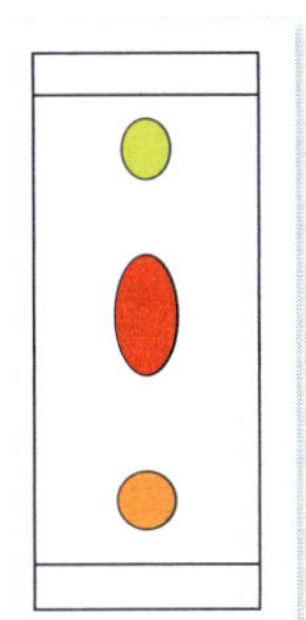

a. Faites le schéma d'un montage à reflux.

b. Pourquoi le support doit-il être soulevé ?

c. Quel est le rôle de la pierre ponce ?

d. Quel est le rôle du réfrigérant ?

e. Quel est le nombre de pigments dans le paprika ?

2 Le chromate de plomb, de formule $PbCrO_4(s)$, est un pigment minéral présent dans certaines peintures afin de leur donner une couleur jaune. Du fait de la présence de plomb dans ces peintures, elles sont toxiques. On peut l'obtenir en laboratoire en introduisant quelques gouttes d'une solution de chromate de potassium $(2K^+(aq) + CrO_4^{2-}(aq))$ dans un tube à essai contenant 1 mL d'une solution de nitrate de plomb $(Pb^{2+}(aq) + 2NO_3^-(aq))$.
Écrivez l'équation de la réaction.

3 On dispose d'un sirop de grenadine contenant deux colorants : de l'azorubine (E122) et du rouge cochenille (E124). On procède à une extraction de ces colorants, suivie d'une chromatographie sur couche mince. Sur une phase fixe de silice, on réalise les dépôts suivants.

- Dépôt 1 : rouge cochenille.
- Dépôt 2 : extrait concentré de colorants.
- Dépôt 3 : azorubine.

L'éluant est un mélange de propanol et d'ammoniaque.

a. Faites un schéma annoté du dispositif utilisé pour réaliser une chromatographie.

b. Quel est le rôle de l'éluant ?

c. Pourquoi n'est-il pas nécessaire d'effectuer une révélation ?

d. Représentez le chromatogramme pour un déplacement de l'éluant égal à 5,0 cm.

Données :
Rf(E122) = 0,75 ; Rf(E124) = 0,47.

6 Suivi d'une transformation chimique

SAVOIR

Avancement d'une réaction chimique

Une réaction chimique est le passage d'un système chimique d'un état initial à un état final.
L'**avancement** de la réaction est une grandeur qui permet de suivre l'évolution des quantités de matière des réactifs et des produits entre l'état initial et l'état final.
L'avancement est noté x, il s'exprime en mol.
À l'état initial, la transformation n'a pas débuté et $x = 0$ mol.
À l'état final, la transformation est achevée et l'avancement est maximal : $x_{\text{final}} = x_{\text{max}}$.
Un **tableau d'avancement** permet de présenter de façon synthétique l'évolution des quantités de matière des réactifs et des produits.

Mélange stœchiométrique

Le mélange initial est dit **stœchiométrique** si les quantités initiales des réactifs sont dans les proportions des nombres stœchiométriques de l'équation. Dans ce cas, à l'état final, les réactifs seront tous entièrement consommés.

Dosage de solutions colorées par étalonnage

Une solution est colorée si elle absorbe certaines radiations du spectre de la lumière blanche. La teinte de la solution correspond alors à la couleur complémentaire de la couleur absorbée.
Un **spectrophotomètre** fournit une grandeur appelée **absorbance**, notée A, qui traduit l'aptitude d'une solution à absorber une radiation de longueur d'onde choisie.
L'absorbance A est une **grandeur sans dimension**, elle dépend de la cuve, du solvant, de l'espèce dissoute et de sa concentration, et de la longueur d'onde de la lumière qui traverse la solution.
La **loi de Beer-Lambert** relie l'absorbance d'une solution diluée à la concentration de l'espèce chimique absorbante :

$$A = \varepsilon(\lambda) \times l \times c$$

l : épaisseur de solution traversée par le faisceau lumineux (m)
c : concentration molaire de l'espèce ($\text{mol} \cdot \text{L}^{-1}$)
$\varepsilon(\lambda)$ traduit l'aptitude de cette espèce à absorber la radiation considérée. Il est appelé coefficient d'extinction molaire (ou coefficient d'absorption molaire) et s'exprime en $\text{L} \cdot \text{mol}^{-1} \cdot \text{m}^{-1}$.

SAVOIR-FAIRE

Dresser le tableau d'avancement d'une réaction

On mélange 20 mL d'une solution aqueuse de diiode de concentration molaire $0{,}10\ \text{mol} \cdot \text{L}^{-1}$ et 5,0 mL d'une solution aqueuse de thiosulfate de sodium ($2\,Na^+ + S_2O_3^{2-}$) de concentration molaire $0{,}40\ \text{mol} \cdot \text{L}^{-1}$. Dressez le tableau d'avancement de la réaction qui se produit entre les ions thiosulfate et le diiode.

$n_i(I_2) = 20 \cdot 10^{-3} \times 0{,}10 = 2{,}0 \cdot 10^{-3}$ mol
$n_i(S_2O_3^{2-}) = 5{,}0 \cdot 10^{-3} \times 0{,}40 = 2{,}0 \cdot 10^{-3}$ mol

		$I_2(s)$ +	$2\,S_2O_3^{2-}(aq)$ →	$2\,I^-(aq)$ +	$S_4O_6^{2-}(aq)$
	Avancement (mol)	**Quantités de matière (mol)**			
État initial	0	$2{,}0 \cdot 10^{-3}$	$2{,}0 \cdot 10^{-3}$	0	0
En cours de transformation	x	$2{,}0 \cdot 10^{-3} - x$	$2{,}0 \cdot 10^{-3} - 2x$	$2x$	x
État final	x_{max}	$2{,}0 \cdot 10^{-3} - x_{\text{max}}$	$2{,}0 \cdot 10^{-3} - 2x_{\text{max}}$	$2x_{\text{max}}$	x_{max}

Déterminer le réactif limitant

L'état final est atteint lorsque la transformation cesse parce que l'un des réactifs, appelé **réactif limitant**, a été entièrement consommé. Quel est le réactif limitant dans la réaction précédente ?

Deux hypothèses sont à formuler :
– soit le diiode I_2(aq) est le réactif limitant et dans ce cas sa quantité de matière à l'état final est nulle : $2{,}0 \cdot 10^{-3} - x_{max} = 0$, donc $x_{max} = 2{,}0 \cdot 10^{-3}$ mol ;
– soit l'ion $S_2O_3^{2-}$(aq) est le réactif limitant et dans ce cas $2{,}0 \cdot 10^{-3} - 2\,x_{max} = 0$, donc $x_{max} = 1{,}0 \cdot 10^{-3}$ mol.
L'avancement maximal correspond à la plus petite de ces deux valeurs et le réactif limitant est donc $S_2O_3^{2-}$(aq).

Déterminer la concentration d'une solution à l'aide d'une courbe d'étalonnage

On choisit la longueur d'onde correspondant au **maximum d'absorption**.
On mesure les absorbances de différentes solutions de concentrations différentes puis on trace $A = f(c)$.
Si la loi de Beer-Lambert est respectée, on obtient une droite passant par l'origine.
On mesure l'absorbance de la solution inconnue, on reporte la valeur de l'absorbance sur le graphique et on obtient la concentration de la solution.

FAIRE

1 On dispose d'une solution aqueuse de tartrazine.

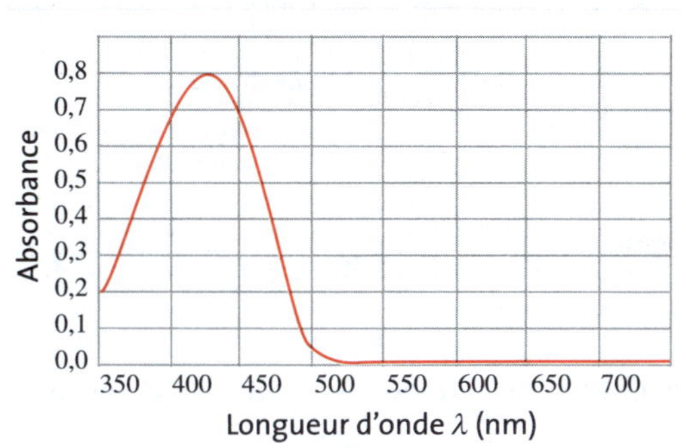

a. D'après la courbe ci-dessus, pour quelle longueur d'onde l'absorbance est-elle maximale ? À quelle couleur correspond cette radiation ?
b. Quelle est la couleur d'une solution de tartrazine ?

2 On dispose d'une solution aqueuse de sulfate de nickel II ($Ni^{2+} + SO_4^{2-}$) de concentration $c_0 = 0{,}10$ mol$\cdot$L^{-1}, à partir de laquelle on prépare 50 mL de quatre solutions filles de concentrations différentes.

La mesure de l'absorbance des solutions filles est effectuée à une longueur λ = 720 nm, avec une cuve d'épaisseur 1,0 cm. Les résultats obtenus sont consignés dans le tableau suivant.

c(mol·L^{-1})	$1{,}0 \cdot 10^{-2}$	$2{,}0 \cdot 10^{-2}$	$4{,}0 \cdot 10^{-2}$	$5{,}0 \cdot 10^{-2}$
A	0,22	0,42	0,86	1,10

a. Nommez et détaillez la technique de réalisation des solutions filles.
b. Justifiez brièvement la valeur de longueur d'onde choisie.
c. Tracez la courbe $A = f(c)$.
d. Déterminez le coefficient d'absorption molaire ε(720) de l'ion nickel II dans les conditions de la mesure.
e. Déterminez la concentration molaire d'une solution de sulfate de nickel dont l'absorbance, mesurée dans les mêmes conditions que précédemment, est égale à 0,78.

3 On mélange un volume $V_1 = 20{,}0$ mL d'une solution acidifiée de permanganate de potassium de concentration $c_1 = 9{,}5 \cdot 10^{-4}$ mol$\cdot$L^{-1} à un volume $V_2 = 10{,}0$ mL d'une solution d'acide oxalique $H_2C_2O_4$(aq) de concentration $c_2 = 2{,}5 \cdot 10^{-3}$ mol$\cdot$L^{-1}. L'équation de la réaction étudiée s'écrit :

$$2\,MnO_4^-(aq) + 5\,H_2C_2O_4(aq) + 6\,H^+(aq) \rightarrow 2\,Mn^{2+}(aq) + 10\,CO_2(aq) + 8\,H_2O(l)$$

Toutes les espèces chimiques intervenant dans cette réaction sont incolores, sauf l'ion permanganate MnO_4^-(aq) qui est violet.

a. Calculez les quantités de matière initiales en ion permanganate et en acide oxalique.
b. Établissez le tableau d'avancement de la réaction.
c. Déterminez le réactif limitant et l'avancement final.
d. Quelle est la couleur de la solution à l'état final ?
e. Déterminez la concentration finale en ion Mn^{2+}(aq).

7 De l'atome aux molécules

SAVOIR

Règles du duet et de l'octet

Au cours de leurs transformations chimiques, les atomes évoluent de manière à acquérir un **duet** ou un **octet** d'électrons sur leur couche externe. Pour satisfaire à ces règles, les atomes peuvent former des molécules.

Formule de Lewis

- Une molécule est un ensemble d'atomes liés par des liaisons covalentes.
- Une **liaison covalente** est la mise en commun de deux électrons entre deux atomes, chaque atome fournissant un électron. Ces deux électrons forment un **doublet liant** que l'on représente par un tiret entre les atomes concernés.
- Un doublet **non liant** est formé de deux électrons de la couche externe d'un atome qui ne sont pas engagés dans une liaison covalente : il est représenté par un tiret placé autour de l'atome auquel il appartient.
- Dans la **formule de Lewis** d'une molécule, on représente chaque atome avec sa couche externe, c'est-à-dire avec les doublets liants et les doublets non liants.

Ce qui donne, par exemple, pour le chlorure d'hydrogène la représentation ci-contre.

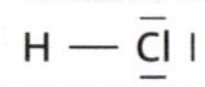
Chlorure d'hydrogène

- Il existe des liaisons covalentes doubles ou triples, c'est-à-dire que deux ou trois doublets liants s'établissent entre les atomes.

C'est le cas, par exemple, pour la molécule de diazote.

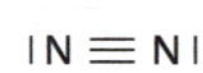
Diazote

Géométrie des molécules

- La **représentation de Cram** permet de visualiser la géométrie spatiale d'une molécule en représentant les liaisons entre atomes. Ci-contre, il s'agit du méthane CH_4.

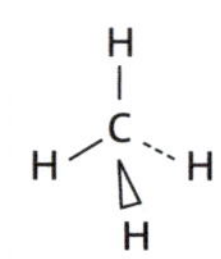

Méthane
— liaison dans le plan
liaison vers l'avant
liaison vers l'arrière

Les doublets liants et non liants se positionnent dans l'espace de manière à être le plus loin possible les uns des autres pour minimiser leur répulsion. En conséquence, la géométrie du méthane est tétraédrique.

Formule brute	Formule de Lewis	Représentation de Cram	Modèle moléculaire	Géométrie
NH_3	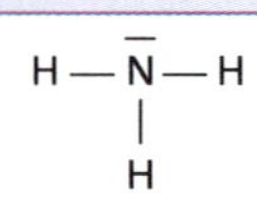	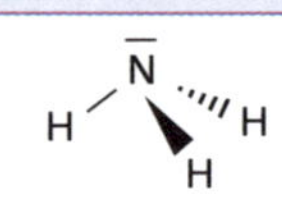	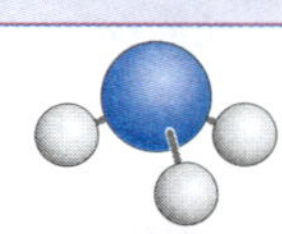	pyramidale
H_2O	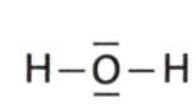	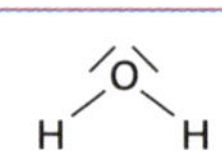	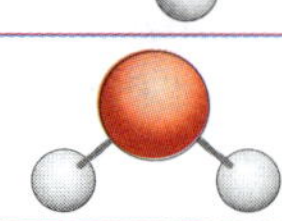	coudée

Isomérie Z/E

L'absence de rotation possible autour d'une double liaison est à l'origine de l'**isomérie Z/E**. Il existe, par exemple, deux molécules différentes de but-2-ène de formules semi-développées $CH_3 - CH = CH - CH_3$.

(Z)-but-2-ène

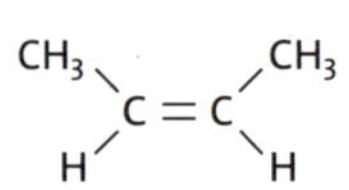

Les deux groupes carbonés $-CH_3$ sont du même côté de la double liaison C = C.

Les deux molécules ne sont pas superposables.

(E)-but-2-ène

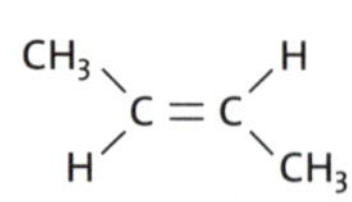

Les deux groupes carbonés $-CH_3$ sont de part et d'autre de la double liaison C = C.

SAVOIR-FAIRE

Déterminer le nombre de liaisons que peut établir un atome avec les atomes voisins

Le nombre de liaisons covalentes que peut former un atome est égal au nombre d'électrons qu'il doit gagner pour obéir à la règle de l'octet.

	C	N	O	H
Numéro atomique Z	6	7	8	1
Structure électronique	$(K)^2(L)^4$	$(K)^2(L)^5$	$(K)^2(L)^6$	$(K)^1$
Nombre de liaisons établies par l'atome	4	3	2	1
Description des liaisons	4 liaisons simples ou 2 liaisons simples et 1 double ou 1 liaison triple et 1 simple ou 2 liaisons doubles	3 liaisons simples ou 1 liaison simple et 1 double	2 liaisons simples ou 1 liaison double	1 liaison simple

Établir la formule de Lewis de la molécule de méthanol CH_4O

a. Établissez la structure électronique des atomes de carbone (C), d'hydrogène (H) et d'oxygène (O).

C : $(K)^2(L)^4$ H : $(K)^1$ O : $(K)^2(L)^6$

b. Déterminez le nombre total d'électrons externes dans la molécule et déduisez-en le nombre total de doublets.

$4 + 4 \times 1 + 6 = 14$ électrons externes, soit 7 doublets.

c. Répartissez ces doublets (liants et non liants) sur chaque atome, de façon à ce que chacun vérifie la règle du duet ou de l'octet.

Méthanol

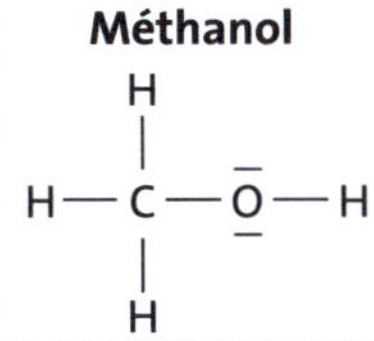

FAIRE

1 L'éthanal est une espèce chimique d'odeur fruitée, de formule brute C_2H_4O.

a. Donnez sa formule de Lewis, sachant que l'un des atomes de carbone présente une double liaison avec l'atome d'oxygène.

b. Donnez la géométrie autour de chaque atome de carbone.

2 Parmi les molécules suivantes, indiquez celles qui donnent lieu à l'isomérie Z/E.

- $CH_3 - CH = CH_2$
- $CH_3 - CH = CH - CH_3$
- $CH_3 - CH_2 - CH = CH - CH_3$

3 Dans les premiers correcteurs liquides, les pigments blancs (dioxyde de titane...) étaient dissous dans un solvant chloré, le 1,1,1-trichloréthane (aujourd'hui interdit pour ce genre d'articles) de formule brute $C_2H_3Cl_3$.

a. Déterminez le nombre de liaisons formées par chaque type d'atomes présents dans le 1,1,1-trichloroéthane.

b. Donnez la représentation de Lewis du 1,1,1-trichloroéthane, sachant que les trois atomes de chlore sont liés au même atome de carbone.

c. Donnez la représentation de Lewis du ou des isomères de cette molécule :

C : Z = 6 ; Cl : Z = 17 ; H : Z = 1.

8 Molécules organiques colorées

SAVOIR

Doubles liaisons conjuguées

• La **chimie organique** est la chimie des composés constitués principalement de **carbone** et d'**hydrogène**, comme par exemple le but-1-ène : $CH_2{=}CH{-}CH_2{-}CH_3$.
• Afin de représenter rapidement une molécule organique, on utilise parfois **son écriture topologique**. On écrit la chaîne carbonée sous forme d'une ligne en zigzag, sans représenter ni les atomes de carbone, ni les liaisons carbone-hydrogène : 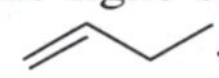.
• Deux doubles liaisons sont dites **conjuguées** si elles sont séparées par une liaison simple.

Butan-1,3-diène

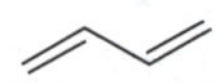

• Les domaines d'absorption de molécules possédant deux doubles liaisons conjuguées se situent dans l'UV. Par exemple, dans le cas du butadiène, la longueur d'onde du maximum d'absorption est 214 nm.
• Si le nombre de doubles liaisons conjuguées augmente, l'absorption se déplace vers les grandes longueurs d'onde, c'est-à-dire de l'UV dans le visible : la molécule devient colorée.

Indicateurs colorés

Les indicateurs colorés acido-basiques sont des molécules organiques dont la couleur dépend du pH de la solution dans laquelle ils se trouvent. Ces couleurs sont associées à l'existence d'une forme acide et d'une forme basique de l'indicateur ayant des **conjugaisons différentes**.

Processus de la vision

• Les récepteurs de la rétine (cônes et bâtonnets) captent la lumière grâce à une molécule, le **11-(Z)-rétinal**, liée à une protéine de la famille des opsines.
• La molécule de rétinal comporte un enchaînement de doubles liaisons conjuguées : elle absorbe la lumière visible. Néanmoins, selon la structure de l'opsine, l'absorption se fera dans le bleu, le rouge ou le vert et elle provoquera l'isomérisation du **11-(Z)-rétinal** en **11-(E)-rétinal**. Ce changement de structure déclenche un influx nerveux à l'origine de la vision.

11-(Z)-rétinal

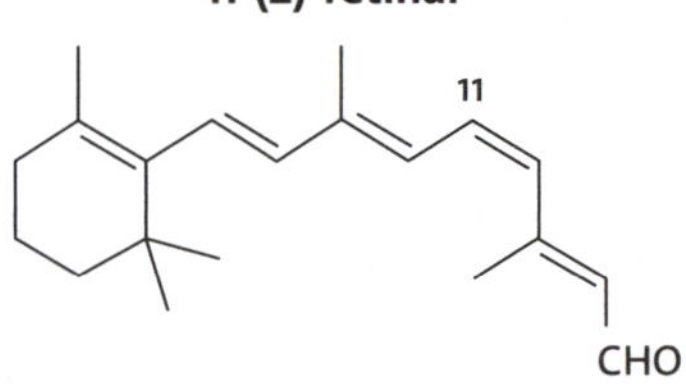

11-(E)-rétinal

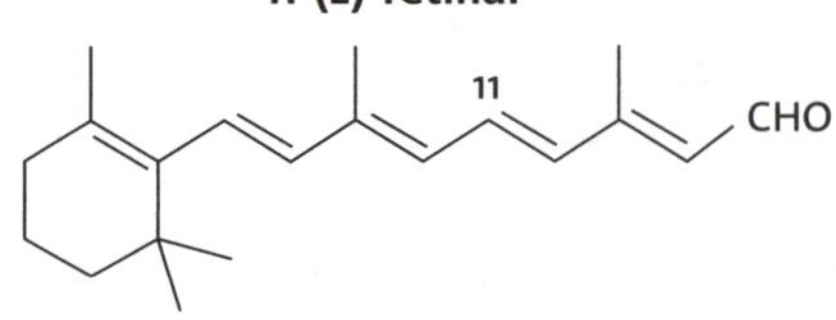

SAVOIR-FAIRE

Établir un lien entre la structure moléculaire et la couleur

La phénolphtaléine est un indicateur coloré. Sous sa forme acide, cette molécule est incolore, avec au maximum quatre double liaisons conjuguées. La forme basique, avec onze liaisons conjuguées, absorbe dans le visible (vert-bleu) et apparaît de couleur rouge (rose en solution diluée).

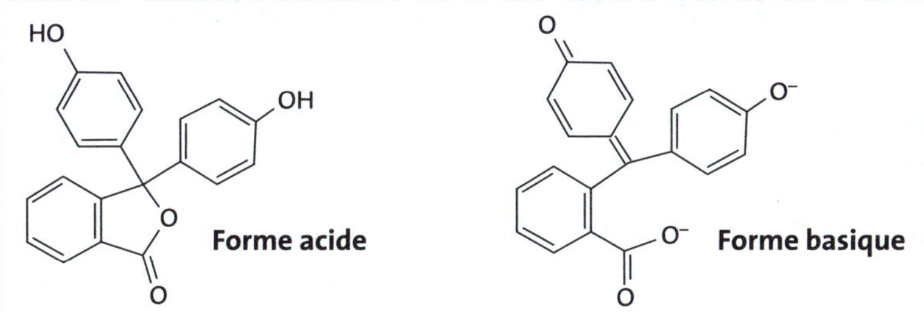

FAIRE

1 L'indigo, de formule $C_{16}H_{10}N_2O_2$, est un colorant bleu violacé connu depuis l'Antiquité. Pendant des siècles, ce colorant d'origine naturelle fut tiré d'une plante d'Asie : l'indigotier.

Indigo

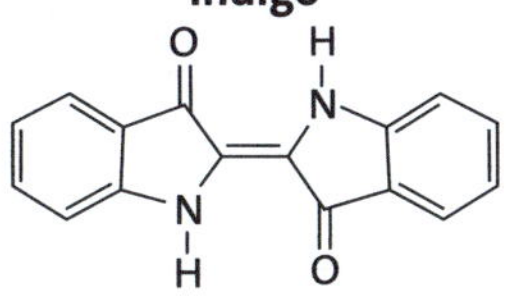

a. Pourquoi l'indigo est-il un colorant très connu ?

b. Calculez le nombre de doublets dans la formule de Lewis de la molécule d'indigo.

c. Écrivez la formule développée de l'indigo et complétez-la pour obtenir la formule de Lewis.

d. Donnez le nombre de doublets liants, de doublets non liants, de liaisons simples, de liaisons doubles.

e. La mesure de l'absorbance d'une solution d'indigo dans l'éthanol acidifié en fonction de la longueur d'onde conduit au spectre suivant.

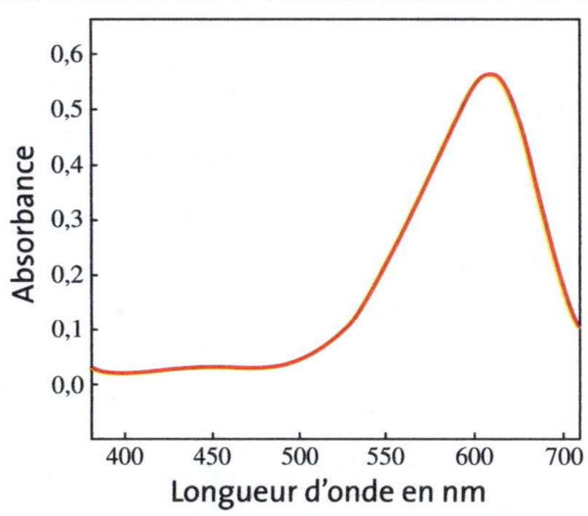

Justifiez l'allure du spectre obtenu.

f. La couleur de l'indigo, due au système de doubles liaisons conjuguées, dépend aussi de la présence de groupes auxiliaires appelés auxochromes.

À quoi est due la différence de couleur entre l'indigo et la pourpre royale (utilisée pendant l'Antiquité pour teindre les vêtements des souverains d'un rouge profond) ?

Pourpre royale

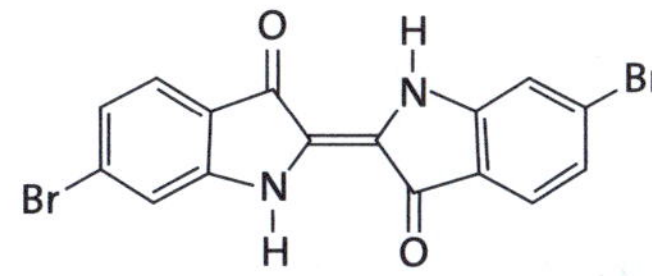

Au laboratoire, on peut synthétiser l'indigo en introduisant dans un erlenmeyer 1,0 g de 2-nitrobenzaldéhyde $C_7H_5NO_3$, 20,0 mL d'acétone C_3H_6O liquide pure et 35,0 mL d'eau distillée. On ajoute lentement en agitant 5,0 mL d'une solution de soude telle que $[OH^-] = 2{,}0\ mol \cdot L^{-1}$. L'indigo précipite. L'équation de la réaction s'écrit :

$$2\ C_7H_5NO_3(s) + 2\ C_3H_6O(l) + 2\ HO^-(aq)$$
$$\rightarrow C_{16}H_{10}N_2O_2(s) + 2\ CH_3CO_2^-(aq) + 4\ H_2O(l)$$

g. Déterminez les quantités de matière initiales des réactifs.

h. Quel est le réactif limitant ?

i. Quelle est la masse d'indigo qui doit se former ?

Données : $\rho(\text{acétone}) = 0{,}79\ g \cdot mL^{-1}$;
$M(C) = 12\ g \cdot mol^{-1}$; $M(H) = 1{,}0\ g \cdot mol^{-1}$;
$M(N) = 14\ g \cdot mol^{-1}$; $M(O) = 16\ g \cdot mol^{-1}$.

2 Le jus de tomate est très fortement coloré car il contient deux molécules possédant d'importants systèmes conjugués : le β-carotène et le lycopène. L'addition de dibrome sur une double liaison C = C casse cette liaison selon le mécanisme :

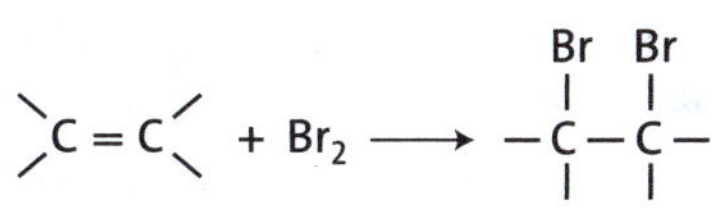

Dans un tube à essais, on introduit environ 5 mL de jus de tomates et on ajoute progressivement du dibrome sans agiter. On observe un joli dégradé de couleurs (de haut en bas : orange, jaune, vert et bleu).

a. Quelle réaction se produit-il ?

b. Quelle est la conséquence sur le système conjugué du lycopène et du β-carotène ?

c. Expliquez le dégradé de couleurs.

9 Interactions fondamentales

SAVOIR

Les particules élémentaires

• Les **nucléons** sont les constituants du noyau. Il existe deux sortes de nucléons :
– les **protons** portant une charge électrique positive ;
– les **neutrons**, électriquement neutres.
Ces deux particules ont des masses très voisines.

• Les **électrons** portent une charge électrique négative ; leur masse est 10^3 fois plus petite que la masse d'un nucléon.

Particule	Proton	Neutron	Électron
Masse (kg)	$1{,}673 \cdot 10^{-27}$	$1{,}675 \cdot 10^{-27}$	$9{,}108 \cdot 10^{-31}$
Ordre de grandeur de la masse (kg)	10^{-27}	10^{-27}	10^{-30}

Charge électrique élémentaire

• La charge élémentaire est la valeur absolue de la charge de l'électron. Elle est notée e et s'exprime en coulomb (C) : $\mathbf{e = 1{,}6 \cdot 10^{-19}\ C}$.

• La charge d'un proton est $q_{\text{proton}} = \text{e}$ tandis que la charge d'un électron est $q_{\text{électron}} = -\text{e}$.

• **Toute charge électrique est multiple de la charge élémentaire**.

Interactions fondamentales

• L'**interaction gravitationnelle** est une interaction attractive s'exerçant entre deux objets quelconques A et B, du simple fait de leur masse. Les forces qui modélisent cette interaction sont notées $\vec{F}_{A/B}$ et $\vec{F}_{B/A}$. Elles ont même direction, même valeur, mais des sens opposés.
Lorsque ces deux objets sont ponctuels ou à répartition sphérique de masse, la valeur commune des forces d'attraction gravitationnelle est donnée par :

$$F_{A/B} = F_{B/A} = \frac{G \times m_A \times m_B}{d^2}$$

$G = 6{,}67 \times 10^{-11}\ N \cdot m^2 \cdot kg^{-2}$ (G est la constante de gravitation universelle)
m_A, m_B : masse des corps A et B, en kg
d : distance entre les centres des deux objets, en m

• L'**interaction électrique**, décrite par la loi de Coulomb, s'exerce entre deux corps électriquement chargés A et B ; elle est **attractive** si les charges de A et B sont de signes opposés et répulsive si leurs charges sont de même signe. La valeur de la force électrique est donnée par :

$$F_{A/B} = F_{B/A} = \frac{k \times |q_A| \times |q_B|}{d^2}$$

$k = 9{,}0 \times 10^9\ N \cdot m^2 \cdot C^{-2}$
q_A, q_B : charges portées par les corps A et B, en C
d : distance entre les centres des deux corps, en m

L'interaction électrique, associée aux principes décrivant les charges en mouvement, constitue l'interaction électromagnétique.
Elle lie les électrons et le noyau. Comme les atomes sont **électriquement neutres**, il y a peu d'effet de cette interaction à grande échelle.

• L'**interaction forte** est une interaction attractive, très intense, de courte portée, s'exerçant entre les nucléons. L'**interaction faible** est une interaction de courte portée (son action reste confinée dans les noyaux, tout comme l'interaction forte), de faible intensité, mais responsable de la radioactivité de type β (désintégration d'un proton ou d'un neutron).

SAVOIR-FAIRE

Utiliser la représentation symbolique d'un noyau $^A_Z X$

Indiquez la composition des noyaux de deux atomes de chlore ayant pour symboles $^{35}_{17}Cl$ et $^{37}_{17}Cl$. Quelle particularité présentent ces atomes ? Comment les nomme-t-on ?

Le premier atome possède 17 protons ($Z = 17$), 35 nucléons ($A = 35$) et 35 – 17 = 18 neutrons.

Le second possède également 17 protons ($Z = 17$), mais 37 nucléons ($A = 37$) et donc : 37 – 17 = 20 neutrons.

Ces deux noyaux ont des nombres de neutrons différents, mais des numéros atomiques identiques, et ils appartiennent au même élément : ce sont des **isotopes.**

Associer à un édifice organisé l'interaction fondamentale prédominante

Donnez l'ordre de grandeur de la taille de chacun des objets suivants et l'interaction prédominante responsable de sa cohésion : un noyau d'atome, un atome, une molécule, un homme, le système solaire, la galaxie.

Édifice	Noyau d'atome	Atome	Molécule	Homme	Système solaire	Galaxie
Interaction prédominante responsable de la cohésion	Interaction forte	Interaction électro-magnétique	Interaction électro-magnétique	Interaction électro-magnétique	Interaction gravi-tationnelle	Interaction gravi-tationnelle
Ordre de grandeur de la taille (m)	10^{-15}	10^{-10}	10^{-9}	1	10^{13}	10^{21}

FAIRE

1 On donne les noyaux suivants identifiés par les couples (Z, A) :
(38, 94) ; (54, 139) ; (92, 235) ; (38, 95) ; (54, 140) ; (93, 238) ; (92, 238).

a. Précisez la signification des lettres Z et A.

b. Déterminez parmi ces noyaux ceux qui sont isotopes.

2 Le noyau de l'atome de mercure Hg porte une charge électrique $q = 1{,}28 \cdot 10^{-17}$ C.

a. Déterminez le nombre de protons présents dans le noyau. Déduisez-en son numéro atomique Z.

b. Déterminez le nombre de neutrons dans ce noyau, sachant qu'il contient 200 nucléons.

c. Donnez la représentation symbolique de ce noyau.

d. Calculez la masse totale de l'atome en tenant compte de la masse des électrons.

e. Calculez la masse de cet atome en négligeant la masse des électrons. Concluez.

3 Un atome d'hydrogène contient un proton et un électron. L'ordre de grandeur du rayon de cet atome est $5{,}3 \cdot 10^{-11}$ m.

a. Donnez la représentation symbolique de ce noyau.

b. Donnez l'expression, puis calculez la valeur des forces d'interaction électrique s'exerçant entre le proton et l'électron.

c. Donnez l'expression, puis calculez la valeur des forces d'attraction gravitationnelle s'exerçant entre le proton et l'électron.

d. Calculez le rapport entre ces deux forces. Déduisez-en quelle est la force qui assure principalement la cohésion de l'atome d'hydrogène.

10 Réactions nucléaires

SAVOIR

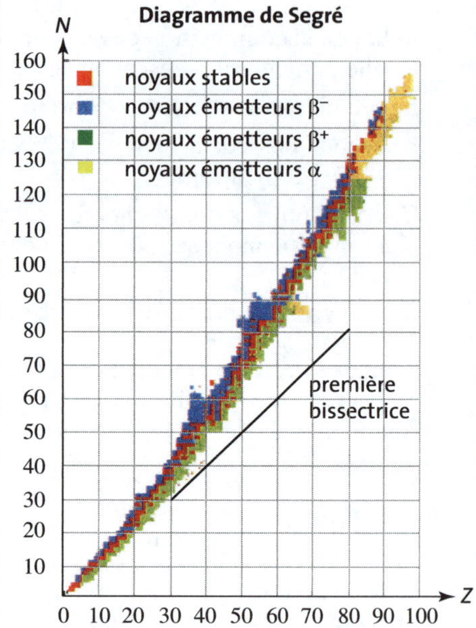

Cohésion du noyau

- La cohésion du noyau est due à l'**interaction forte** qui unit l'ensemble des nucléons et qui prédomine devant l'interaction électrique (répulsion entre les protons). Sur le diagramme de Segré, la zone centrale en rouge est appelée « vallée de la stabilité » et correspond aux noyaux stables.
- Certains noyaux sont instables : ils sont dits radioactifs et se transforment spontanément en d'autres noyaux. Cette transformation est appelée **désintégration**. La désintégration d'un noyau radioactif s'accompagne de l'émission d'une particule (noyau d'hélium $^{4}_{2}He$, positon $^{0}_{1}e^{+}$, électron $^{0}_{-1}e^{-}$) et très souvent de l'émission d'un **rayonnement électromagnétique** γ.
- La présence de noyaux radioactifs sur Terre est en partie **naturelle** (pour 70 % environ) ou **due à l'activité humaine**.

Activité d'un échantillon radioactif

L'activité moyenne d'un échantillon radioactif A est le nombre moyen de désintégrations par seconde :

$\boldsymbol{A = \frac{N_{dés}}{\Delta t}}$ où $N_{dés}$ est le nombre de désintégrations pendant la durée Δt.

Elle s'exprime en **becquerels** dont le symbole est **Bq** (1 Bq = 1 désintégration par seconde).

Source radioactive	1 litre d'eau de mer	1 litre de lait	1 kg de granit	Homme de 70 kg	1 kg de minerai d'uranium	1 kg de radium
Valeur de l'activité (Bq)	10	10^2	10^3	10^4	10^6	$> 10^{13}$

Fission et fusion

- La **fission** est une réaction nucléaire correspondant à la séparation en deux morceaux du noyau d'un atome. Elle s'accompagne de libération d'énergie. Dans la plupart des cas, la fission d'un noyau nécessite l'utilisation de projectiles.

Par exemple, un neutron peut provoquer la fission d'un noyau de plutonium 239 :

$$^{239}_{94}Pu + ^{1}_{0}n \rightarrow ^{135}_{52}Te + ^{102}_{42}Mo + 3\ ^{1}_{0}n$$

- La **fusion** est une réaction nucléaire au cours de laquelle deux noyaux légers s'unissent pour former un noyau plus lourd. Elle s'accompagne de libération d'énergie. La fusion est la source d'énergie du Soleil.

Par exemple, $^{1}_{1}H + ^{1}_{1}H \rightarrow ^{2}_{1}H + ^{0}_{1}e$ où $^{2}_{1}H$ est un noyau de deutérium.

Équivalence masse-énergie

- Une particule au repos, de masse m, possède une énergie E telle que :

$$\boldsymbol{E = m \cdot c^2}$$

E en J
m en kg
c : vitesse de la lumière dans le vide, $c = 2{,}9979 \cdot 10^{8}\ m \cdot s^{-1}$

- Dans un référentiel donné, la masse d'un noyau au repos est toujours plus petite que la masse de ses constituants pris séparément. La différence s'appelle le **défaut de masse** Δm.

$$\boldsymbol{\Delta m = Zm_p + (A - Z)\, m_n - m_X}$$

m_X : masse du noyau de symbole $^{A}_{Z}X$
m_p : masse d'un proton
m_n : masse d'un neutron

SAVOIR-FAIRE

Écrire l'équation d'une réaction nucléaire

En se désintégrant, un noyau d'uranium 238 émet un **noyau d'hélium $^{4}_{2}$He** (radioactivité α). Écrivez l'équation de cette désintégration.

Une équation nucléaire vérifie la **loi de conservation** du nombre de nucléons et la loi de conservation de la charge électrique.

$$^{238}_{92}\text{U} \rightarrow \, ^{234}_{90}\text{Th} + \, ^{4}_{2}\text{He}$$

Calculer l'énergie libérée par une réaction nucléaire

Calculez l'énergie libérée par la fission d'un atome de plutonium 239. (Équation donnée en page précédente.)

Données : 1 u = $1{,}66043 \cdot 10^{-27}$ kg ; 1 eV = $1{,}6022 \cdot 10^{-19}$ J ; 1 MeV = 10^{6} eV.

Noyau	$^{102}_{42}$Mo	$^{135}_{52}$Te	$^{239}_{94}$Pu	$^{1}_{1}$n
Masse (en u)	101,9103	134,9167	239,0530	1,0089

Une réaction nucléaire s'accompagne d'une perte de masse Δm.
Pour la fission du plutonium 239 :

$\Delta m = m(^{239}_{94}\text{Pu}) - m(^{135}_{52}\text{Te}) - m(^{102}_{42}\text{Mo}) - 2\,m(^{1}_{0}\text{n})$

$\Delta m = 239{,}0530 - 134{,}9167 - 101{,}9103 - 2 \times 1{,}0089 = 0{,}20821$ u $= 3{,}4570 \cdot 10^{-28}$ kg.

Cette perte de masse correspond à l'énergie ΔE libérée par la réaction nucléaire.
$\Delta E = \Delta m \cdot c^2 = 3{,}4570 \cdot 10^{-28} \times (2{,}9979 \cdot 10^{8})^2 = 3{,}1070 \cdot 10^{-11}$ J = 193,92 MeV.

FAIRE

1 Complétez les équations suivantes.

$$^{210}_{84}\text{Po} \rightarrow \, ^{\cdots}_{\cdots}\text{Pb} + \, ^{4}_{2}\text{He}$$

$$^{2}_{1}\text{H} + \, ^{2}_{1}\text{H} \rightarrow \, ^{3}_{2}\text{He} + \ldots\ldots$$

$$^{\cdots}_{\cdots}\text{Fe} \rightarrow \, ^{59}_{27}\text{Co} + \, ^{0}_{-1}\text{e}^{-}$$

2 Le radon 222 est un gaz radioactif, sans odeur ni couleur, présent à l'état naturel. On mesure sa concentration en Becquerel (Bq) par m^3 d'air. Le seuil de précaution est de 400 Bq/m^3 et le seuil d'alerte de 1 000 Bq/m^3. Pour mesurer l'activité du radon dans une pièce, on prélève chaque jour 120 mL d'air et l'on compte le nombre n_d de désintégrations ayant lieu pendant la durée $\Delta t = 500$ s.

n_d	73	59	51	41	36	30	23	20	16	14
Date (jours)	0	1	2	3	4	5	6	7	8	9

a. Déterminez l'activité A de l'échantillon à chacune des dates.
b. Tracez sur papier millimétré la courbe donnant $A = f(t)$. (On choisira comme échelle : 1 cm pour 0,5 jour et 1 cm pour 0,01 Bq).
c. La demi-vie $t_{1/2}$ d'un échantillon radioactif est la durée au bout de laquelle l'activité de l'échantillon est divisée par 2. Déterminez à l'aide du graphique la demi-vie du radon 222.
d. La concentration en radon 222 dans la pièce où l'on a effectué le prélèvement est-elle dangereuse ?

3 Une centrale nucléaire type REP utilise comme combustible de l'uranium enrichi en uranium 235.

Parmi les diverses réactions de fission de l'uranium 235 bombardé par des neutrons, on considère la réaction suivante :

$$^{235}_{92}\text{U} + \, ^{1}_{0}\text{n} \rightarrow \, ^{94}_{Z}\text{Sr} + \, ^{A}_{54}\text{Xe} + 3\, ^{1}_{0}\text{n}$$

a. Déterminez les valeurs des nombres A et Z.
b. Calculez en Joules et en MeV l'énergie libérée par la fission d'un atome d'uranium.
c. Calculez l'énergie dégagée lors de la fission de 1,0 g d'uranium 235.
d. Quelle masse de pétrole produirait la même quantité d'énergie ?

Données : m($^{235}_{92}$U) = $3{,}902 \cdot 10^{-25}$ kg ;
m($^{94}_{Z}$Sr) = $1{,}559 \cdot 10^{-25}$ kg ;
m($^{A}_{54}$Xe) = $2{,}306 \cdot 10^{-25}$ kg.
m(neutron) = $1{,}675 \cdot 10^{-27}$ kg ; l'énergie dégagée par 1 g de pétrole lors de sa combustion est 42 kJ.

11 Dissolution de solides ioniques ou moléculaires

SAVOIR

L'eau, un solvant polaire

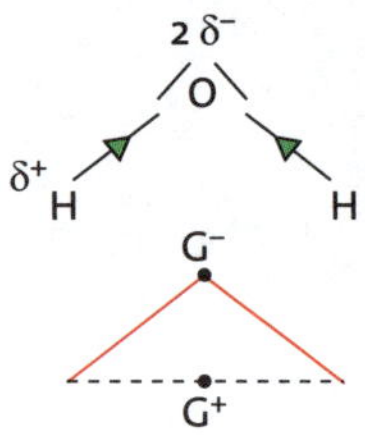

Caractère polaire d'un solvant

• Une liaison covalente entre deux atomes est **polarisée** lorsque l'un des atomes, plus électronégatif que l'autre, attire davantage à lui les électrons de la liaison.

• Une molécule est **polaire** si sa géométrie est telle que le barycentre des charges partielles négatives ne coïncide pas avec le barycentre des charges partielles positives. La molécule constitue alors un **dipôle** électrique permanent.

Cohésion des solides ioniques et moléculaires

• Un **solide ionique** est un assemblage régulier d'anions et de cations. La cohésion de ce solide est assurée par des **interactions coulombiennes** entre anions et cations. Un solide ionique est électriquement neutre.

NaCl(s)

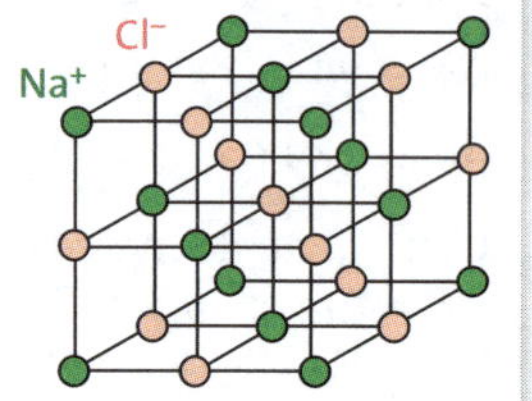

• La cohésion d'un solide moléculaire est assurée par des forces d'attraction **intermoléculaires** :
– les interactions de Van der Waals sont des interactions faibles, de nature électrostatique, provenant d'interactions entre dipôles (dipôles permanents ou induits) ;
– les liaisons hydrogène s'établissent entre un atome d'hydrogène lié par liaison covalente à un atome très électronégatif (F, O, N, Cl) et un autre atome, lui aussi électronégatif, possédant au moins un doublet non liant.

Eau (solide ou liquide)

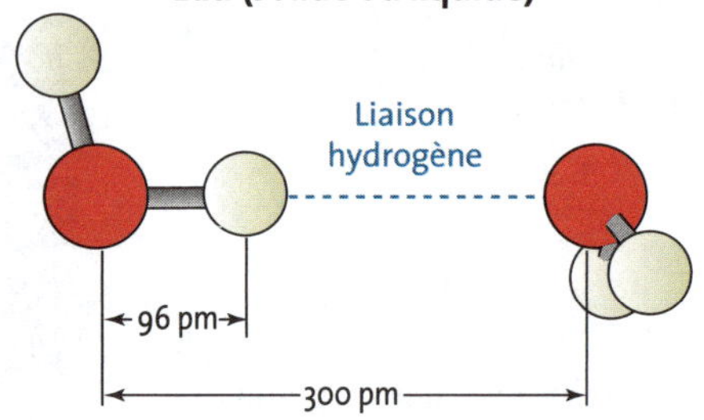

Dissociation d'un solide dans un solvant polaire

• Quand un solide ionique est introduit dans un solvant polaire, des interactions coulombiennes apparaissent entre les molécules de solvant et les ions : le cristal se dissocie. Les ions en solution s'entourent de molécules de solvant. On parle de **solvatation** (ou d'hydratation si le solvant est l'eau).
• Plus les molécules d'un solide moléculaire peuvent donner d'interactions avec celles d'un solvant et plus grande sera la solubilité dans ce solvant.

Concentration molaire

• La **concentration molaire en soluté** apporté se note $c(\text{A})$ et se réfère à ce qui a été introduit dans le solvant :

$$\boldsymbol{c(\text{A}) = \frac{n(\text{A})}{V}}$$

$c(\text{A})$ en $\text{mol}\cdot\text{L}^{-1}$
$n(\text{A})$: quantité de matière de l'espèce chimique A dissoute en mol
V : volume de la solution en L

• Les solutions ioniques ne contiennent plus le soluté apporté A, mais des ions apparus lors de la dissolution. La **concentration molaire effective d'un ion X** en solution est notée [X], elle est donnée par la relation :

$$\boldsymbol{[\text{X}] = \frac{n(\text{X})}{V}}$$

$[\text{X}]$ en $\text{mol}\cdot\text{L}^{-1}$
$n(\text{X})$: quantité de matière de l'espèce chimique X présente en solution en mol
V : volume de la solution en L

SAVOIR-FAIRE

Écrire l'équation de la réaction associée à la dissolution dans l'eau du chlorure de sodium et du glucose

Le chlorure de sodium est un solide ionique : $NaCl(s) \rightarrow Na^+(aq) + Cl^-(aq)$.

Le glucose est un solide moléculaire, soluble dans l'eau ; par ses groupements hydroxyle –O–H, il peut établir des liaisons hydrogène avec les molécules d'eau : $C_6H_{12}O_6(s) \rightarrow C_6H_{12}O_6(aq)$.

Préparer une solution de concentration donnée en ions par dissolution d'un solide ionique

Calculez la masse de sulfate de fer (III) $Fe_2(SO_4)_3$ nécessaire pour préparer un volume $V = 100$ mL de solution telle que $[Fe^{3+}] = 7{,}0 \cdot 10^{-3}$ mol · L^{-1}.

L'équation associée à la dissolution de ce solide ionique dans l'eau est :

$$Fe_2(SO_4)_3(s) \rightarrow 2\ Fe^{3+}(aq) + 3\ SO_4^{2-}(aq).$$

On en déduit que $[Fe^{3+}] = 2 \times c(Fe_2(SO_4)_3)$ soit $c(Fe_2(SO_4)_3) = 3{,}5 \cdot 10^{-3}$ mol.

La masse de sulfate de fer III à peser est $\boldsymbol{m(Fe_2(SO_4)_3) = c(Fe_2(SO_4)_3) \times V \times M(Fe_2(SO_4)_3)}$.

Application numérique :

$$m(Fe_2(SO_4)_3) = 3{,}5 \cdot 10^{-3} \times 400 \times 0{,}100 = 0{,}14 \text{ g}.$$

FAIRE

1 Le tétrachlorométhane est un solvant organique chloré de formule brute CCl_4.

a. Donnez la représentation de Lewis de cette molécule et précisez sa géométrie.

b. La liaison C–Cl est-elle polarisée ?

c. La molécule est-elle polaire ? Faites un schéma en indiquant les charges partielles apparues.

d. Le tétrachlorométhane n'est pas miscible avec l'eau. Interprétez.

2 **a.** Dans une solution aqueuse de diiode, quel est le soluté et quel est le solvant ?

b. Quand on mélange du cyclohexane et de l'eau, ils se séparent et l'eau constitue la phase inférieure. Concluez.

c. Le diiode est moins soluble dans l'eau que dans le cyclohexane. On mélange dans une ampoule à décanter une solution aqueuse de diiode et du cyclohexane. On agite. Expliquez ce qui va se passer.

3 Les molécules tensioactives sont constituées d'une « tête » *hydrophile* qui peut se lier à l'eau par liaison hydrogène et d'une longue chaîne carbonée *hydrophobe* mais *lipophile*.

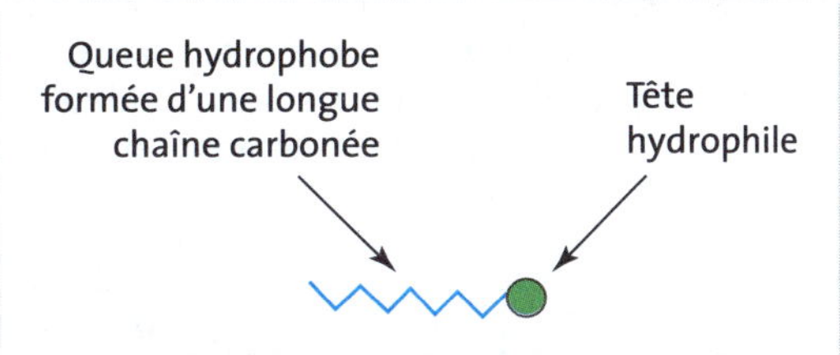

a. Définissez les mots en italique dans le texte.

b. En solution aqueuse, les molécules tensioactives se rassemblent à l'interface air-eau et forment un film mono-moléculaire. Faites un schéma.

c. À partir d'une certaine concentration, il se forme des agrégats de molécules de tensioactifs appelés *micelles*. Schématisez une micelle.

d. Parmi les espèces suivantes, indiquez laquelle est un tensioactif. Repérez sa partie hydrophile et sa partie lipophile.

- ion méthanoate $H - COO^-$;
- ion palmitate $CH_3 - (CH_2)_{14} - COO^-$;
- heptane $CH_3 - (CH_2)_5 - CH_3$.

12 Alcanes et alcools

SAVOIR

Les alcanes

• Les **alcanes** sont des hydrocarbures saturés. La formule brute d'un alcane est $\mathbf{C_nH_{2n+2}}$, avec n entier.
• Lorsque chaque atome de carbone n'est lié qu'à deux autres atomes de carbone au plus, la chaîne carbonée de l'alcane est **linéaire**.
• Lorsqu'au moins un atome de carbone est lié à plus de deux autres atomes de carbone, la chaîne carbonée de l'alcane est **ramifiée**.
• Un **cyclane** est un hydrocarbure cyclique saturé (la chaîne carbonée se referme sur elle-même). Sa formule brute est $\mathbf{C_nH_{2n}}$.
• Le nom d'un alcane linéaire est constitué d'un préfixe qui dépend de la longueur de sa chaîne, suivi de la terminaison *-ane*.

Nombre d'atomes de carbone	1	2	3	4	5	6
Nom de l'alcane linéaire	méth*ane*	éth*ane*	prop*ane*	but*ane*	pent*ane*	hex*ane*

• Dans le cas d'un alcane ramifié, la chaîne carbonée la plus longue, appelée **chaîne principale**, donne son nom à l'alcane. Les noms des ramifications, pris dans l'ordre alphabétique, précédés de leur numéro de position, sont placés avant le nom de l'alcane. Le numéro de l'atome portant la ramification doit être le plus petit possible.

Les alcools

• Les molécules organiques constituées d'un squelette carboné portant un groupe caractéristique hydroxyle **–OH** appartiennent à la famille des **alcools**.
• Les alcools de faible masse moléculaire sont miscibles avec l'eau, du fait de l'établissement de liaisons hydrogène entre le groupe hydroxyle des molécules d'alcool et les molécules d'eau.
Cependant, lorsque la longueur de la chaîne carbonée, hydrophobe, croît, le groupe hydroxyle représente une fraction de plus en plus faible de la masse moléculaire et les alcools deviennent de moins en moins miscibles avec l'eau.

Liaison-H entre le méthanol et l'eau

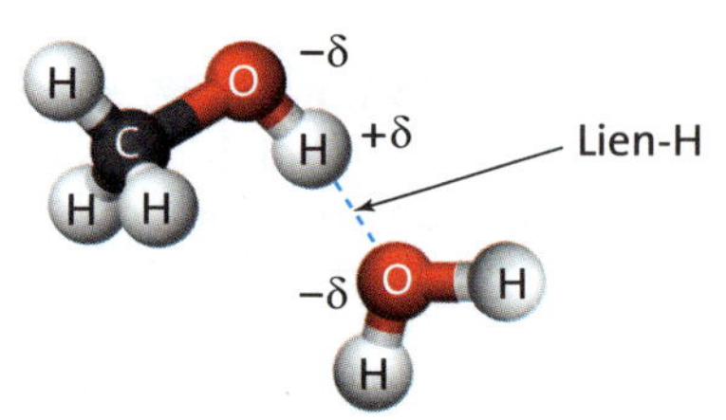

	méthanol CH_4O	**pentan-1-ol**	**hexan-1-ol**
Miscibilité des alcools dans l'eau ($g \cdot L^{-1}$)	miscible en toutes proportions	23	6

• Le nom d'un alcool est obtenu en remplaçant le *-e* final du nom de l'alcane correspondant par la terminaison *-ol,* précédée si nécessaire du numéro de l'atome de carbone lié au groupe –OH.

Combustion d'un alcane ou d'un alcool

• Une combustion est une réaction chimique ayant pour réactifs un **combustible** et un **comburant** (souvent le dioxygène de l'air).
• Au cours d'une réaction chimique, il se produit un **transfert d'énergie thermique** entre le système réactionnel et son environnement. Cette énergie transférée est notée $\boldsymbol{\Delta E}$ et elle s'exprime en Joules (J) ou en kiloJoules (kJ).
Dans le cas des combustions, $\Delta E < 0$: la réaction libère de l'énergie, elle est **exothermique** ; le système réactionnel cède de l'énergie au milieu extérieur.
• L'**énergie molaire** d'une réaction chimique ΔE_m est l'énergie transférée entre le système et le milieu extérieur quand l'avancement x augmente d'une mole. ΔE_m s'exprime en $kJ \cdot mol^{-1}$.
ΔE et ΔE_m sont liés par la relation : $\Delta E = x\Delta E_m$.

SAVOIR-FAIRE

Représenter les alcanes et les alcools

Donnez les formules semi-développées du 3-méthylpentane et du propan-2-ol.

Le 3-méthylpentane est un alcane ramifié dont la chaîne principale possède 5 atomes de carbone, avec un groupement méthyl $-CH_3$ sur le carbone 3.

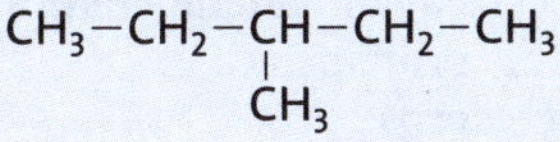

Le propan-2-ol est un alcool.

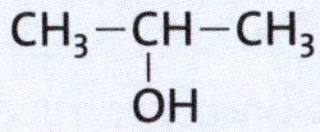

Écrire une équation de combustion

La combustion complète des alcanes et des alcools produit du **dioxyde de carbone** et de l'**eau**.
Écrivez l'équation de la réaction de combustion du butane $C_4H_{10}(g)$.

$$2\ C_4H_{10}(g) + 13\ O_2(g) \rightarrow 8\ CO_2(g) + 10\ H_2O(g).$$

FAIRE

1 a. Écrivez la formule semi-développée et l'écriture topologique des composés suivants :
- 2,2-diméthylbutane ;
- butan-2-ol ;
- cyclopentane ;
- 2-méthylpropan-1-ol.

b. Donnez le nom de ces molécules :

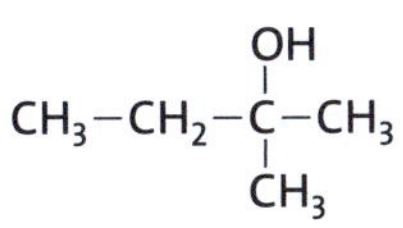

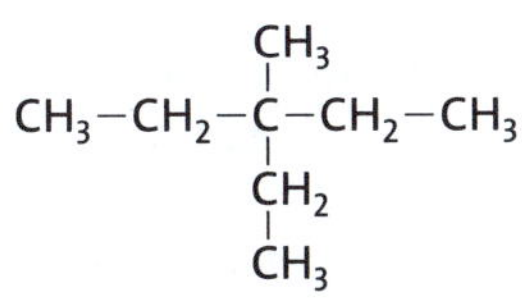

2 Écrivez la formule semi-développée de tous les alcools de formule brute $C_4H_{10}O$.
Nommez-les.
Lesquels sont ramifiés ?

3 Un des alcanes présent dans l'essence a un pourcentage atomique en carbone de 30,77 %.

a. Rappelez la formule générale d'un alcane possédant *n* atomes de carbone.

b. Exprimez le pourcentage atomique en carbone dans un alcane en fonction de *n*.

c. Déduisez-en la formule brute de cet alcane.

4 Le bioéthanol C_2H_6O, obtenu par fermentation de sucres contenus dans différents végétaux, peut être utilisé comme carburant pour les voitures à motorisation essence.

a. Écrivez l'équation chimique de la réaction de combustion complète de l'éthanol.

b. Écrivez les formules semi-développées des réactifs et des produits.

c. L'énergie molaire de combustion de l'éthanol est $\Delta E_m = 1\ 250\ kJ \cdot mol^{-1}$.
Déterminez l'énergie libérée lors de la combustion de 40,0 L d'éthanol.

Donnée : masse volumique de l'éthanol : $\rho(\text{éthanol}) = 0,789\ g \cdot cm^{-3}$.

13 Aspects énergétiques associés à une transformation physique

SAVOIR

Transfert thermique

• Lorsque deux corps sont mis en contact, un **transfert thermique** s'effectue du corps ayant la température la plus élevée vers le corps ayant la température la plus basse.
• Un transfert thermique a deux effets principaux :
– la variation de la température de ce corps ;
– le changement de l'état physique du corps.

Variation de température

• L'agitation des particules constituant un corps recevant de l'énergie thermique devient plus importante, ce qui se traduit au niveau macroscopique par une **augmentation de température**.
• L'énergie thermique (ou quantité de chaleur) Q échangée avec l'extérieur par un corps de masse m dont la température varie d'une température initiale θ_i à une température finale θ_f s'écrit :

$$Q = m \times c \times (\theta_f - \theta_i)$$

Q en Joules (J)
m en kilogrammes (kg)
θ en °C
c (capacité thermique massique, ou chaleur massique, de la substance) en $J \cdot kg^{-1} \cdot °C^{-1}$

Q est positif si le corps s'échauffe (son énergie interne augmente).

Changement d'état physique

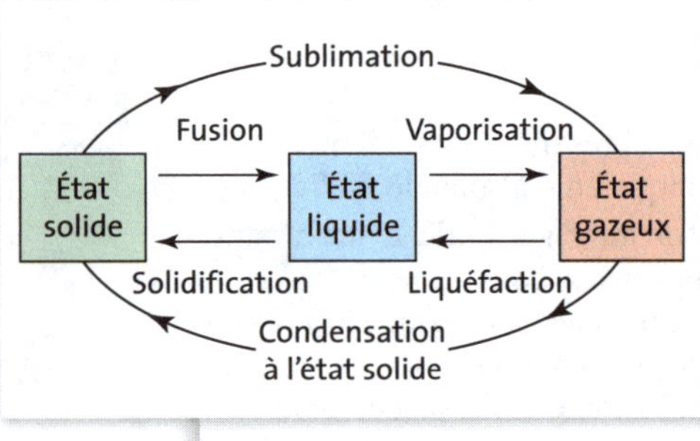

• L'état gazeux est un état désordonné et dispersé dans lequel les interactions entre particules sont très faibles. L'état liquide est un état compact et désordonné ; des interactions existent entre les molécules qui sont plus proches les unes des autres. L'état solide est un état compact et ordonné ; des interactions plus fortes existent entre les molécules.
• Le changement d'état d'un corps pur est une **transformation physique** au cours de laquelle ce corps passe d'un état physique à un autre.
• Sous une pression donnée, le changement d'état d'un corps pur se produit à une **température constante** et déterminée.
• L'énergie thermique Q échangée avec l'extérieur par un corps pur qui subit un changement d'état à pression et température constantes s'écrit :

$$Q = n \times L$$

Q en Joules (J)
n en moles (mol)
L chaleur latente molaire de changement d'état (ou énergie molaire de changement d'état) du corps, en $kJ \cdot mol^{-1}$.

Aspects énergétiques d'un changement d'état

• Les changements d'état correspondant à la **rupture de liaisons intermoléculaires** d'un assemblage de molécules, nécessitent de l'énergie : ce sont des phénomènes **endothermiques**, pour lesquels $L > 0$ (fusion, vaporisation, sublimation).
• Au contraire, les changements d'état correspondant à la **formation de liaisons intermoléculaires** libèrent de l'énergie : ce sont des phénomènes **exothermiques**, pour lesquels $L < 0$ (solidification, liquéfaction et condensation).
• Pour deux transformations inverses, les énergies molaires de changement d'état sont opposées : $L_{solidification} = -L_{fusion}$.
• Les liaisons intermoléculaires étant bien moins fortes que les liaisons covalentes, les énergies molaires de changement d'état sont très inférieures (en valeur absolue) aux énergies molaires de réactions chimiques. Par exemple, pour le butane C_4H_{10} :
– énergie molaire de combustion : $-2\ 860\ kJ \cdot mol^{-1}$;
– énergie molaire de vaporisation : $22{,}26\ kJ \cdot mol^{-1}$.

SAVOIR-FAIRE

Relier les températures de changement d'état à la structure moléculaire

Commentez les températures d'ébullition données dans le tableau ci-dessous et proposez des explications.

Composés	éthane	propane	butane	méthylpropane	butan-1-ol
Formule brute	C_2H_6	C_3H_8	C_4H_{10}	C_4H_{10}	$C_4H_{10}O$
Température d'ébullition (°C)	– 89	– 42	– 0,5	– 12	117

- La température d'ébullition des alcanes linéaires augmente avec la longueur de la chaîne carbonée. Les alcanes sont apolaires ; cependant, à chaque instant, la dissymétrie aléatoire du nuage électronique crée dans les molécules des **dipôles instantanés**. Pendant leur brève existence, ces dipôles induisent d'autres dipôles autour d'eux, avec lesquels ils interagissent : ces interactions, appelées **interactions de London** (forme d'interactions de Van der Waals), sont d'autant plus grandes que les molécules sont polarisables, c'est-à-dire longues et riches en électrons. Les alcanes pour lesquels les interactions intermoléculaires sont grandes possèdent des températures de changement d'état élevées.
- Le butane a une température d'ébullition supérieure à celle du méthylpropane. En effet, plus une molécule possède de ramifications, plus sa température d'ébullition est faible.
- Le butan-1-ol a une température d'ébullition supérieure au butane. Cela est dû aux **liaisons hydrogène**, qui existent entre les molécules d'alcool à l'état liquide.

FAIRE

1 On réalise une distillation fractionnée pour séparer les constituants d'un mélange de pentane, méthylbutane et pentan-1-ol.

a. Comparez sans aucun calcul les températures d'ébullition de ces composés.

b. Dessinez les formules semi-développées de ces composés.

c. Reproduisez et légendez le schéma suivant.

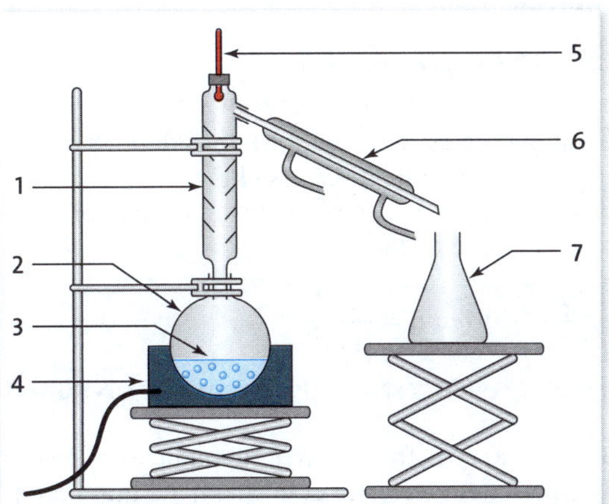

d. Quel est le constituant qui est extrait en premier ?

2 À la pression $p = 1{,}0 \cdot 10^5$ Pa, la température d'ébullition de l'éthanol est 78,5 °C.
La capacité thermique massique de l'éthanol liquide est $c = 2\,460\ J \cdot kg^{-1} \cdot °C^{-1}$.
La chaleur latente de vaporisation de l'éthanol est : $L_{vaporisation} = 39{,}3\ kJ \cdot mol^{-1}$.

a. Calculez l'énergie nécessaire pour faire passer 100 g d'éthanol liquide de 20 °C à 78,5 °C.

b. Calculez l'énergie nécessaire pour vaporiser 100 g d'éthanol à 78,5 °C.

c. Déduisez-en l'énergie nécessaire pour vaporiser 100 g d'éthanol initialement à 20 °C.

3 De l'éther versé sur la peau procure une sensation de froid. Expliquez ce phénomène.

4 Expliquez au niveau microscopique la raison pour laquelle la température de l'eau contenue dans une casserole posée sur une plaque électrique augmente.

14 Champs et forces

SAVOIR

Champs scalaires et vectoriels

• Le terme *champ* désigne une grandeur physique définie en chacun des points d'une région de l'espace.
• Un **champ scalaire** associe à chaque point M d'une région de l'espace une grandeur scalaire (un nombre). C'est le cas des champs de pression.
• Un **champ vectoriel** associe un vecteur à chaque point M d'une région de l'espace.

Champ magnétique terrestre

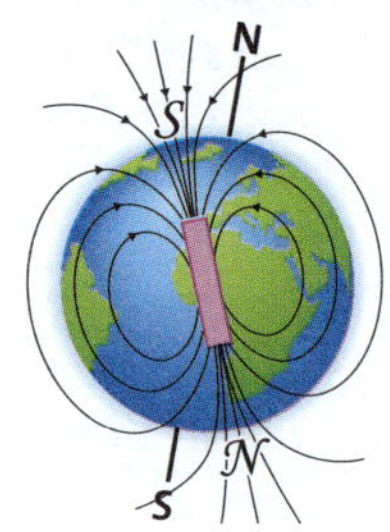

Champ magnétique $\vec{B}$

• Une aiguille aimantée est un détecteur de champ magnétique ; en s'orientant, elle permet de connaître la **direction** et le **sens** du champ magnétique.
• La **Terre**, les **aimants** et les **courants** sont des sources de champ magnétique.
• La valeur du champ magnétique s'exprime en **teslas (T)** et se mesure avec un teslamètre.
• Le champ magnétique terrestre $\overrightarrow{B_T}$ est engendré par les mouvements du noyau métallique liquide de la Terre. Il peut être comparé, en première approximation, à celui d'un aimant droit placé au centre de la Terre.

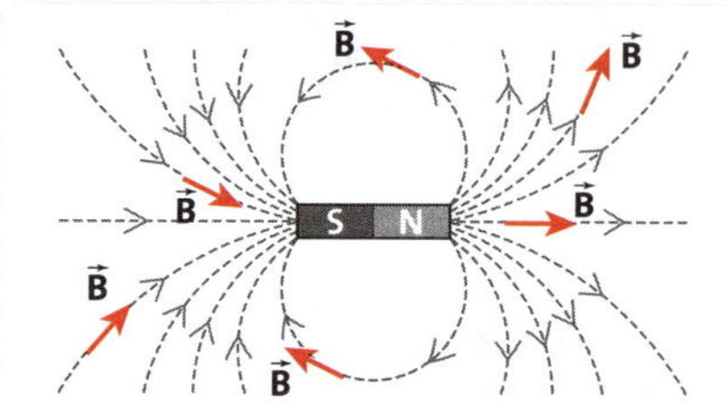

• De la limaille de fer répandue autour d'un aimant s'organise pour former un **spectre** constitué de courbes, appelées **lignes de champ**. Les lignes de champ sont tangentes au vecteur champ magnétique en chacun de leurs points. Elles se referment sur elles-mêmes et sont orientées dans le sens du champ.

Champ électrostatique $\vec{E}$

• Quand une charge électrique est placée dans l'espace, elle crée autour d'elle un **champ électrostatique $\vec{E}$**. Toute charge ponctuelle q placée en un point M où règne un champ électrostatique sera soumise à une force électrique $\vec{F}$ telle que $\vec{E} = \dfrac{\vec{F}}{q}$.
L'unité de E, intensité du champ, est le newton par coulomb ($N \cdot C^{-1}$).
• Entre les deux plaques chargées identiquement, mais de manières opposées, d'un **condensateur plan**, les lignes de champs sont **parallèles et équidistantes**. Le champ électrostatique conserve même direction, même sens et même valeur : il est dit **uniforme**.

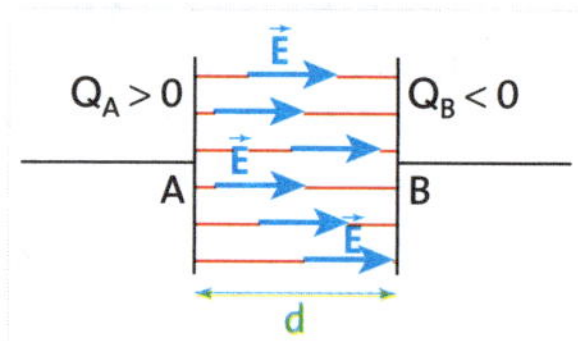

Champ de pesanteur terrestre et champ de gravitation

• En un point M au voisinage de la Terre, le **poids $\vec{P}$** d'un objet de masse m peut s'écrire :

$$\vec{P} = m\vec{g}$$

où $\vec{g}$ est le vecteur champ de pesanteur terrestre au point M considéré. À la surface de la Terre, g vaut approximativement 9,81 $N \cdot kg^{-1}$.

• La **force d'attraction gravitationnelle** exercée par la Terre de centre O sur un corps ponctuel de masse m placé en un point M, O et M étant séparés par une distance r, est :

$$\vec{F}_{Terre/m} = m \times \boxed{\frac{G \cdot M_{Terre}}{OM^2} \cdot \vec{u}} \qquad \text{avec } \vec{u} = \frac{\overrightarrow{OM}}{\|\overrightarrow{OM}\|}.$$

Le terme encadré, totalement indépendant de l'objet placé en M, est appelé **champ de gravitation** créé par la Terre au point M.
• En première approximation, le poids peut être confondu avec la force gravitationnelle exercée par la Terre ; par conséquent, en un point M, le champ de pesanteur terrestre et le champ de gravitation peuvent être confondus : $\vec{g}(M) = \dfrac{G \cdot M_{Terre}}{OM^2}\vec{u}$.

SAVOIR-FAIRE

Donner les caractéristiques du champ électrostatique créé par une charge ponctuelle

Donnez les caractéristiques et représentez le champ électrostatique créé en un point M par une charge ponctuelle Q placé en O.

La valeur de la force exercée par Q sur une charge ponctuelle q placée en M est donnée par la loi de Coulomb :

$F_{Q/q} = \dfrac{k \cdot |Q| \cdot |q|}{OM^2}$ avec $k = 9 \cdot 10^9$ N · m² · C⁻² (constante de Coulomb).

La valeur du champ électrique en M est donc :

$$E(M) = \frac{k \cdot |Q|}{OM^2}.$$

Caractéristiques de $\vec{E}$ (avec $Q = 0{,}5$ µC et OM = 2,5 cm) :
- point d'application : M ;
- direction : celle de la droite (OM) ;
- sens : de O vers M ;
- valeur : $E(M) = \dfrac{9{,}0 \cdot 10^9 \times 0{,}5 \times 10^{-6}}{(2{,}5 \cdot 10^{-2})^2} = 7{,}2 \cdot 10^6$ N · C⁻¹.

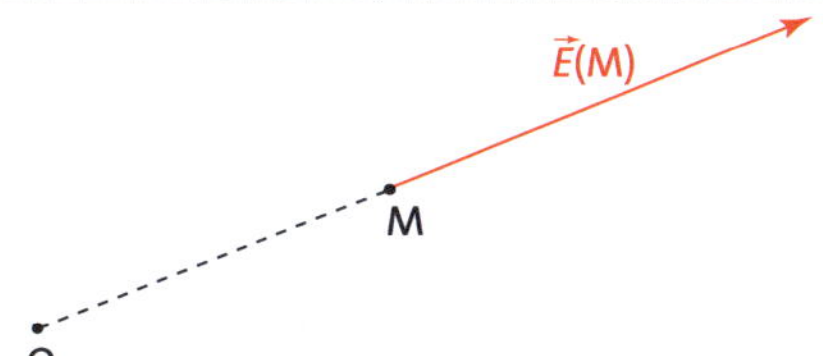

Échelle : 1 cm pour $24 \cdot 10^5$ N · C⁻¹.

FAIRE

1 Le champ de pesanteur est identifié au champ de gravitation.

a. Écrivez la relation donnant la valeur du champ de pesanteur d'un astre en fonction de son rayon R, de l'altitude z, de sa masse M et de la constante de gravitation universelle G.

b. Calculez la valeur de ce champ pour la Terre et le Soleil à l'altitude $z = 0$ m. Comparez.

c. Écrivez la relation donnant la valeur du champ de pesanteur d'un astre en fonction de son rayon R, de l'altitude z, de la valeur du champ à la surface de la planète g_0.

d. Calculez la valeur de ce champ pour la Terre à l'altitude $z = 35\,786$ km (où gravitent les satellites géostationnaires).

Données :
Masse de la Terre : $M_{Terre} = 5{,}97 \cdot 10^{24}$ kg ;
rayon terrestre : $R_{Terre} = 6\,378$ km ;
constante de gravitation : $G = 6{,}67 \cdot 10^{-11}$ S.I. ;
masse du Soleil : $M_{Soleil} = 1{,}99 \cdot 10^{30}$ kg ;
rayon du Soleil : $R_{Soleil} = 6{,}96 \cdot 10^5$ km.

2 Une boule portant une charge électrique q négative, suspendue à un fil de soie isolant, est placée entre deux armatures A et B, planes, verticales et distantes de d =10 cm. La tension entre les deux armatures est $U_{AB} = 250$ V.

a. Faites un schéma représentant le champ électrostatique $\vec{E}$ entre les deux armatures métalliques A et B. Calculez la valeur du champ.

b. Représentez la direction et le sens de la force électrique $\vec{F}$ s'exerçant sur la boule.

c. La valeur de la force électrique est $F = 8 \cdot 10^{-4}$ N. Déduisez-en celle de la charge q.

Données :
Masse de la boule $m = 0{,}60$ g ; g = 9,8 N · kg⁻¹ ;
$E = \dfrac{U_{AB}}{d}$ avec d en m et U_{AB} en V.

Physique-Chimie

15 Formes et principe de conservation de l'énergie

SAVOIR

Énergie mécanique

• **L'énergie cinétique** est l'énergie que possède un solide du fait de sa vitesse. L'énergie cinétique E_c d'un solide de masse m animé d'un mouvement de translation à la vitesse v est définie par :

$$E_c = \frac{1}{2}mv^2$$

E_c en Joules (J)
m : masse, en kg
v : vitesse, en $m \cdot s^{-1}$

• **L'énergie potentielle de pesanteur** est l'énergie qu'un objet en interaction avec la Terre possède du fait de sa position par rapport au sol. Dans le cas où g peut être considéré comme constant (le solide reste au voisinage de la surface terrestre), son énergie potentielle de pesanteur E_{pp} est :

$$E_{pp} = mgz$$

E_{pp} en Joules (J)
m : masse, en kg
g : intensité de la pesanteur, en $N \cdot kg^{-1}$
z : altitude du centre d'inertie, en m
repérée sur un axe Oz vertical orienté vers le haut

• La somme de l'énergie cinétique et de l'énergie potentielle de pesanteur est appelée énergie mécanique et notée E_m : $\boldsymbol{E_m = E_c + E_{pp}}$.

Énergie interne

• Les diverses formes d'énergie stockées dans un système, en dehors de l'énergie cinétique et de l'énergie potentielle de pesanteur, constituent **l'énergie interne** du système. Elle se note U et s'exprime en Joules (J). U est la somme des énergies cinétique et potentielle microscopiques.

• **L'énergie nucléaire** est la forme d'énergie interne qui représente la cohésion du noyau. **L'énergie chimique** est la forme d'énergie interne qui représente la cohésion entre le noyau et les électrons ; elle lie les atomes au sein d'une molécule. **L'énergie thermique** d'un corps est une grandeur liée à son état physique et à sa température.

• Lorsqu'un ressort est tendu, il accumule de **l'énergie potentielle élastique**.

Principe de conservation de l'énergie

• L'énergie E d'un système est la somme de son énergie cinétique, son énergie potentielle de pesanteur et son énergie interne : $\boldsymbol{E = E_c + E_{pp} + U}$.

• L'énergie de tout système isolé du reste de l'Univers reste constante : c'est le **principe de conservation de l'énergie**. Cependant, l'énergie peut changer de forme.

• Ce principe a été à l'origine de la découverte du neutrino dans les désintégrations radioactives β^-.

SAVOIR-FAIRE

Étudier l'évolution de l'E_c, de l'E_{pp} et de l'E_m d'un système

Le mouvement d'une balle de tennis de masse m = 58 g lancée par un élève est filmé. Un logiciel de traitement d'images permet de pointer les positions successives des coordonnées (x ; z) du centre d'inertie G de la balle de tennis.

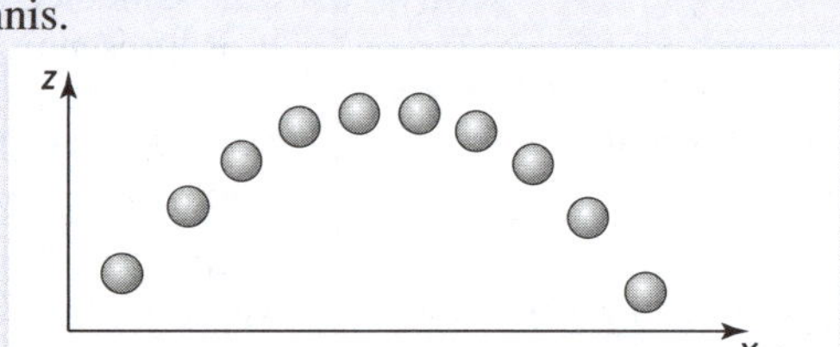

Complétez les trois dernières colonnes du tableau page suivante et représentez l'évolution de E_c, E_{pp}, E_m en fonction de temps.

t (s)	x (m)	z (m)	v ($m \cdot s^{-1}$)	E_c (J)	E_{pp} (J)	E_m(J)
0,00	0,00	0				
0,10	0,08	1,9	3,10	0,28	1,08	1,36
0,20	0,16	2,1	2,15	0,13	1,19	1,33
0,30	0,24	2,3	1,70	0,08	1,31	1,39
0,40	0,32	2,4	0,94	0,03	1,37	1,39
0,50	0,40	2,4	1,28	0,05	1,37	1,41
0,60	0,48	2,2	2,14	0,13	1,25	1,38
0,70	0,55	2,0	2,62	0,20	1,14	1,34

On remarque que l'énergie mécanique E_m de la balle est conservée au cours du mouvement ; l'énergie potentielle de pesanteur se transforme en énergie cinétique et réciproquement. Les frottements sont négligeables, la balle n'est soumise qu'à son poids, elle est en chute libre. Si la chute s'effectue avec frottements, l'énergie mécanique ne se conserve pas.

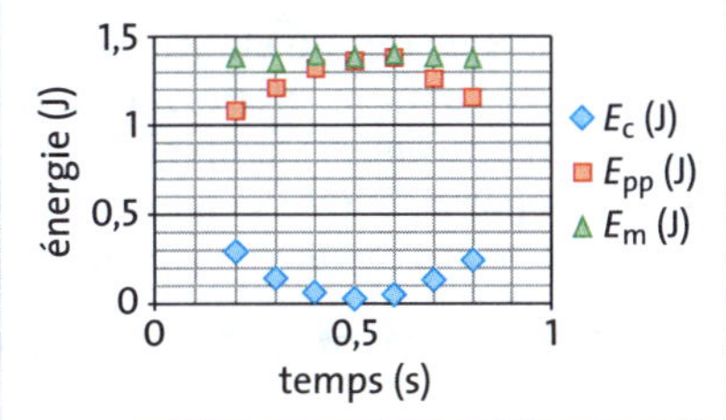

FAIRE

1 Une pierre de masse m = 100 g est lancée verticalement vers le haut, avec une vitesse v_A= 5,0 m · s^{-1}, à partir d'un point A se trouvant à une altitude z_A = 1,5 m au-dessus du sol. La pierre monte jusqu'au point B avant de redescendre.
En négligeant les frottements, quelle attitude maximale z_B la pierre atteint-elle ?

2 Dans un pistolet à fléchettes, on comprime un ressort d'une longueur Δl = 5,0 cm à l'aide d'une fléchette de masse m = 15 g. Lorsqu'on appuie sur la gâchette, le ressort se détend ; en retrouvant sa longueur naturelle, il éjecte la fléchette.

a. L'énergie du ressort varie-t-elle entre le début et la fin du tir ? Si oui, quelle forme d'énergie cela concerne-t-il ?

b. L'énergie de la fléchette varie-t-elle ? Si oui, quelle forme d'énergie cela concerne-t-il ?

c. Calculez en négligeant les frottements la vitesse avec laquelle la fléchette se sépare du ressort.

Données : L'énergie interne stockée par le ressort comprimé est $U = \frac{1}{2} \times k \times \Delta l^2$, où k est le coefficient de raideur du ressort tel que k = 16 N · m^{-1}.

3 Un calorimètre contient 250 g d'eau à la température θ_1 = 20 °C. On y plonge un cylindre de cuivre de masse 70 g à la température θ_2 = 100 °C. Après quelques secondes, la température de l'eau se stabilise à la température θ_3 = 22 °C.

a. Quelle est la température finale du cylindre ? Justifiez.

b. En faisant l'hypothèse que les transferts thermiques se font uniquement entre l'eau et le cylindre, déterminez la valeur de c_{cuivre}, la capacité thermique massique du cuivre.

Données : $c_{eau} = 4{,}18 \cdot 10^3$ J · kg^{-1} · °C^{-1}.

4 Un skieur, de masse m = 70 kg (équipement compris), s'élance sans vitesse initiale du haut d'une piste de pente 8 %. Après un parcours de 80 m, sa vitesse est v = 11 m · s^{-1}.

a. Calculez la variation d'énergie mécanique du skieur au cours de la descente.

b. Le skieur est-il soumis à des forces de frottement ? Justifiez.

c. Sous quelle forme retrouve-t-on l'énergie perdue par le skieur ?

16 Ressources énergétiques et énergie électrique

SAVOIR

Ressources énergétiques non renouvelables

• Une ressource énergétique est **non renouvelable** lorsqu'elle est prélevée plus rapidement que la nature ne parvient à la régénérer ; c'est le cas des **sources d'énergie fossiles** (pétrole, gaz naturel, charbon), dont la formation a nécessité des millions d'années, et de l'uranium.
• Ces ressources sont caractérisées par de bonnes prédispositions au stockage, une extraction et un usage polluants, des gisements, qui sont souvent éloignés des zones de consommation, et des **réserves épuisables**.

Ressources énergétiques renouvelables

• Les énergies **renouvelables** sont des sources d'énergie se renouvelant assez rapidement pour être considérées comme **inépuisables** à l'échelle de temps humaine : le vent, le rayonnement solaire, l'eau en mouvement, la marée, la géothermie, la biomasse.
• Elles représentent des quantités d'énergie considérables, mais elles sont, sauf exception, difficilement stockables, intermittentes, aléatoires et diffuses.

Production d'énergie électrique

• Une tension électrique apparaît aux bornes d'une bobine au voisinage de laquelle un **aimant** est en mouvement. C'est le phénomène d'induction électromagnétique.

Production d'électricité en France

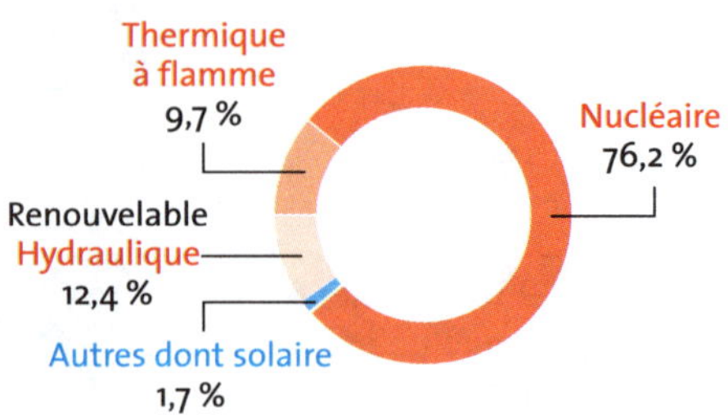

• Dans presque toutes les centrales électriques (hormis dans les centrales photovoltaïques), l'électricité est produite par des **alternateurs** constitués d'un aimant ou d'un électroaimant (le rotor) et d'une bobine (le stator). Un alternateur convertit l'énergie mécanique en énergie électrique. Il est entraîné par une **turbine**, elle-même mise en mouvement par un fluide : vapeur d'eau sous haute pression dans les centrales thermiques classiques ou les centrales nucléaires, eau liquide en mouvement dans les centrales hydroélectriques, air en mouvement dans les centrales éoliennes.
• L'énergie électrique doit être distribuée au fur et à mesure de sa production car elle ne se stocke pas.
• Lors du passage du courant électrique dans un câble, une partie de l'énergie électrique est dissipée en chaleur par **effet Joule**. Afin de limiter ces pertes d'énergie, il est nécessaire d'augmenter la tension : c'est le rôle du **transformateur**.
• En France, la majeure partie de l'électricité produite est d'origine nucléaire.

Énergie et puissance électrique

• La puissance traduit la rapidité du transfert d'énergie électrique :

$$P_e = \frac{W_e}{\Delta t}$$

P_e : puissance fournie, en watts (W)
W_e : énergie fournie, en Joules (J)
Δt : durée du transfert, en secondes (s)

Dans la vie quotidienne, l'énergie électrique est souvent exprimée en **kilowattheure (kWh)** :

$$1 \text{ kWh} = 3{,}6 \cdot 10^6 \text{ J.}$$

• Quelques ordres de grandeur de puissance :

1 W	appareil électrique récent en veille
100 W	ampoule à incandescence puissante
1 kW	bouilloire électrique
10 kW	moteur d'une voiture électrique
1 MW	aérogénérateur (éolienne)
1 GW	réacteur nucléaire

SAVOIR-FAIRE

Exploiter des informations portant sur une lampe basse consommation

Voici représentées les étiquettes de deux lampes, l'une à incandescence, l'autre à économie d'énergie.

Quelles informations peut-on relever ?

- La catégorie d'efficacité énergétique (de A à G). Cet indice a été mis en place par l'Union européenne, d'où la présence du drapeau, en haut à droite.
- Le flux lumineux de la lampe en lumens.
- La puissance électrique absorbée par la lampe en watts.
- La durée de vie moyenne en heures.

On remarque donc que la lampe à incandescence a une puissance environ quatre fois plus élevée que l'autre, une durée de vie dix fois moins longue pour une efficacité lumineuse quasi égale. (Elle a été retirée de la vente au 31/12/2009.)

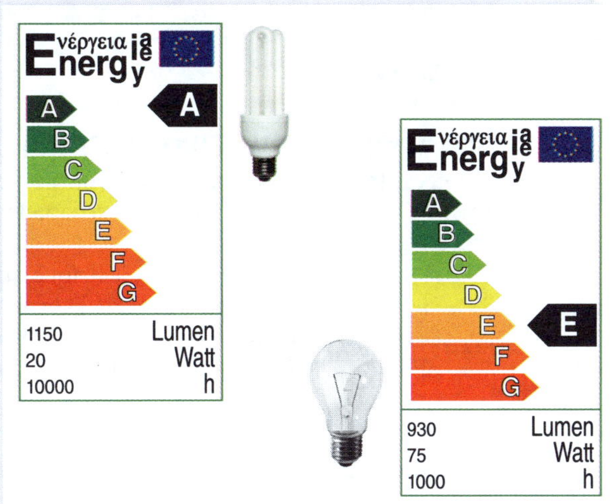

Utiliser la relation liant puissance et énergie

Calculez l'énergie économisée sur un an à raison de 3 h d'éclairage par jour si l'on utilise la lampe basse consommation à la place de la lampe à incandescence. Déduisez-en le coût en euros, sachant que le prix du kWh est 0,121 8 euro.

L'énergie électrique consommée en kWh par la lampe à incandescence en un an est :
$W_e = P_e \times \Delta t$ où $P_e = 0{,}075$ kW et $\Delta t = 3 \times 365 = 1{,}1 \cdot 10^3$ h soit $W_e = 82$ kWh.
L'énergie électrique consommée en kWh par la lampe basse consommation en un an est :
$W_e = 0{,}020 \times 1{,}1 \cdot 10^3 = 22$ kWh.
L'énergie économisée est de 60 kWh, ce qui correspond à un coût de 7,3 euros.

FAIRE

1 Une tranche de centrale nucléaire a une puissance $P = 900$ MW. Cette puissance est fournie au réseau en moyenne 200 jours par an.
Une éolienne de 2,0 MW fonctionne à pleine puissance pendant un quart de l'année.

a. Comparez ces deux centrales en termes de puissance.
b. Calculez l'énergie électrique produite en un an par la tranche de centrale nucléaire (en kWh).
c. Calculez l'énergie électrique produite en un an par l'éolienne (en kWh).
d. Calculez le nombre d'éoliennes de ce type nécessaires pour remplacer la tranche de centrale nucléaire.
e. Indiquez les avantages et les inconvénients de ces deux types de centrales.

2 Une centrale thermique à flamme utilise l'énergie fournie par la combustion d'un combustible.

a. Citez trois exemples de combustibles possibles. Quel est le gaz nécessaire à la combustion ?
b. Indiquez le lieu de conversion de :
– l'énergie chimique en énergie thermique ;
– l'énergie thermique en énergie mécanique ;
– l'énergie mécanique en énergie électrique.
c. Quel est le rôle du condenseur ?

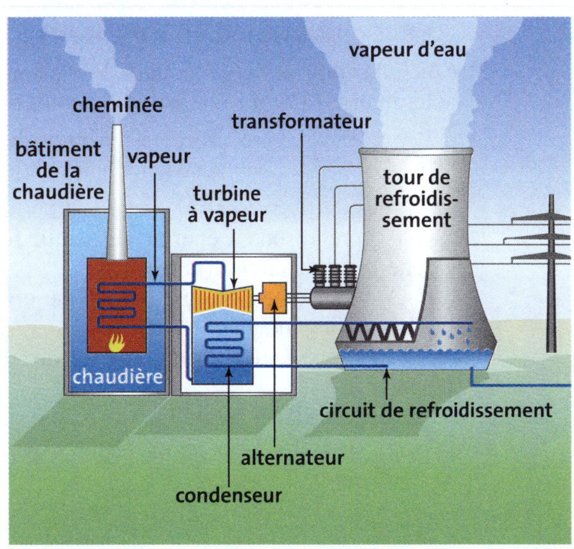

17 Transfert d'énergie dans un circuit électrique

SAVOIR

Énergie et puissance électrique reçue par un récepteur

• Un **récepteur** est un dipôle qui reçoit de l'énergie électrique et qui la transforme en une autre forme d'énergie. Avec la convention récepteur, l'**énergie électrique W_e** reçue par un récepteur est donnée par :

$$W_e = U_{AB} \cdot I \cdot \Delta t$$

U_{AB} : tension électrique aux bornes du récepteur en volts (V) avec $U_{AB} = V_A - V_B$ où V_A et V_B sont respectivement les potentiels aux points A et B
I : intensité du courant traversant le récepteur en ampères (A)
Δt : durée d'utilisation du récepteur en secondes (s)

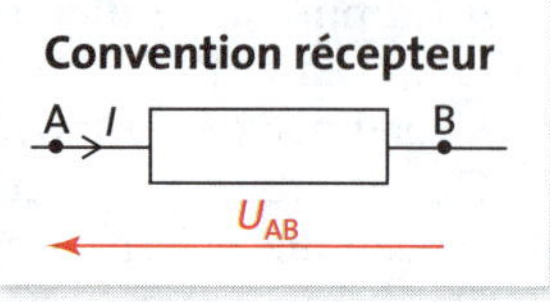

La **puissance électrique P_e** reçue par le récepteur (en W) est : $P_e = U_{AB} \cdot I$.

Effet Joule

• Un **conducteur ohmique** est un dipôle qui vérifie la **loi d'Ohm** :

$$U_{AB} = R \cdot I$$

U_{AB} : tension électrique aux bornes du conducteur ohmique (V)
R : résistance du conducteur ohmique en ohms (Ω)
I : intensité du courant traversant le conducteur ohmique (A)

• On appelle **effet Joule** l'effet thermique associé au passage du courant électrique dans un conducteur.
• Un conducteur ohmique transforme par effet Joule toute l'énergie électrique W_e qu'il reçoit. Par conséquent, l'énergie Q_J dissipée par le conducteur ohmique pendant la durée Δt est :

$$Q_J = W_e = U_{AB} \cdot I \cdot \Delta t = R \cdot I^2 \cdot \Delta t$$

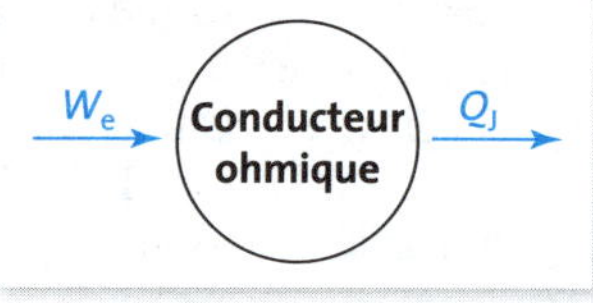

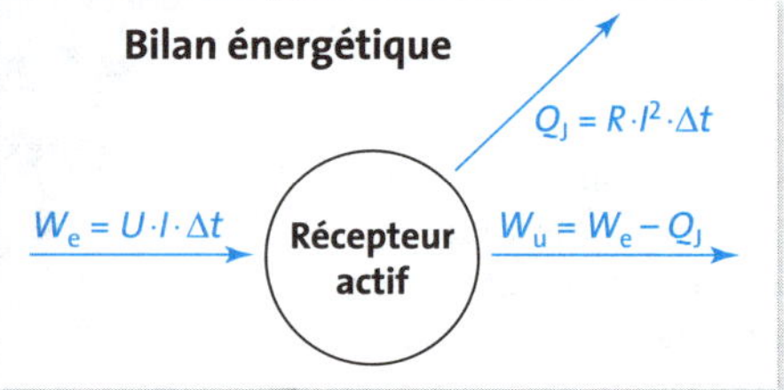

• L'effet Joule est parfois utile (chauffage électrique…), mais le plus souvent ses effets ne sont pas désirés (détérioration de certains circuits sous l'effet d'une augmentation de température, pertes en lignes…).
• Les autres récepteurs (électrolyseur, moteur…) convertissent une partie de l'énergie électrique reçue en **énergie utile** W_u (énergie chimique, énergie mécanique), et une partie Q_J est dissipée par **effet Joule**.
• On définit le rendement de la conversion d'énergie η par : $\eta = \dfrac{W_u}{W_e}$.

Conversion d'énergie dans un générateur

• Avec la convention générateur, la tension U_{PN} aux bornes d'un générateur est liée à l'intensité I du courant qui le traverse :

$$U_{PN} = E - r \cdot I$$

E : force électromotrice du générateur (V)
r : résistance interne du générateur (Ω)

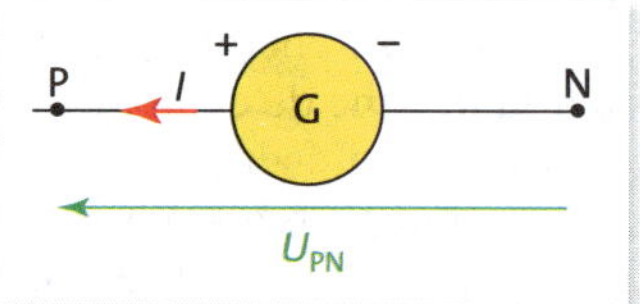

• Soit $U_{PN} \cdot I \cdot \Delta t = E \cdot I \cdot \Delta t - r \cdot I^2 \cdot \Delta t$:
$U_{PN} \cdot I \cdot \Delta t$ représente l'énergie électrique fournie par le générateur au circuit (notée W_e) ;
$r \cdot I^2 \cdot \Delta t$ représente l'énergie perdue par effet Joule à l'intérieur du générateur (notée W_J) ;
$E \cdot I \cdot \Delta t$ représente l'énergie totale du générateur (notée W_t).
On en déduit : $W_t = W_e + W_J$.

• On appelle rendement η d'un générateur le rapport :

$$\eta = \frac{W_e}{W_t} = \frac{U_{PN}}{E}.$$

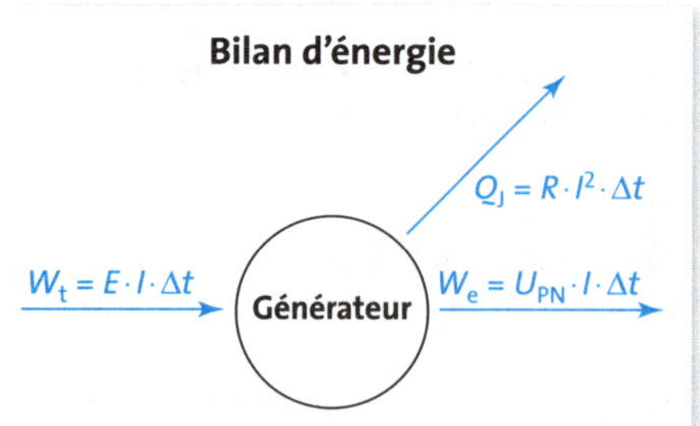

SAVOIR-FAIRE

Exprimer la tension aux bornes d'un électrolyseur en fonction de l'intensité du courant électrique

Pour différentes valeurs de tension U_{AB} appliquée aux bornes d'un électrolyseur, on relève l'intensité I du courant électrique traversant l'électrolyseur.
La tension électrique est mesurée avec un **voltmètre branché en dérivation**. L'intensité du courant électrique est mesurée avec un **ampèremètre branché en série**. À l'aide d'un tableur, on représente l'évolution de U_{AB} en fonction de I.

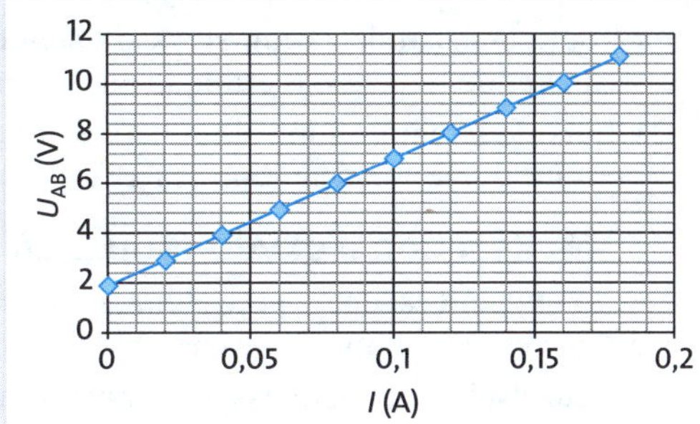

Il s'agit d'une droite ne passant pas par l'origine dont l'équation est de la forme :

$$U_{AB} = r \cdot I + E'.$$

r : **résistance interne** de l'électrolyseur ; r est le coefficient directeur de la droite ; $r = 51\ \Omega$.
E' : **force contre-électromotrice** de l'électrolyseur (tension minimale à appliquer pour qu'un courant puisse le traverser) ; E' est l'ordonnée à l'origine ; $E' = 1,9$ V.

Schématiser une chaîne énergétique

Une chaîne énergétique comprend un réservoir d'énergie initial, un ou plusieurs convertisseurs (dispositifs permettant la transformation d'une forme d'énergie à une autre) et un réservoir final (c'est souvent l'environnement).
Établissez la chaîne énergétique dans le cas d'un moteur alimenté par une photopile.

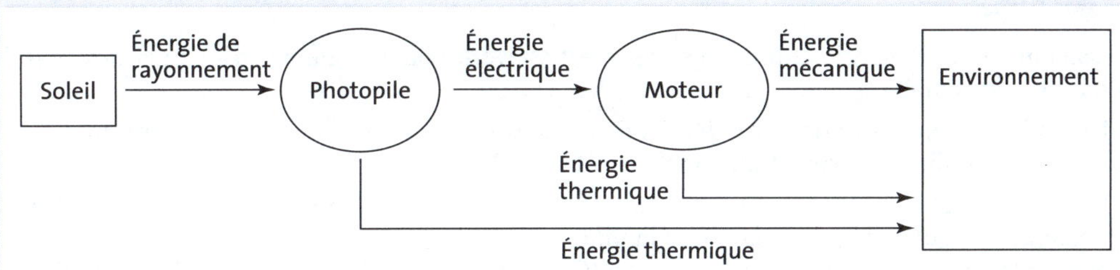

FAIRE

1 Une lampe de poche est constituée d'une pile plate de force électromotrice (f.e.m.) $E = 4,4$ V et de résistance interne $r = 3,6\ \Omega$, qui alimente une ampoule. L'intensité du courant est $I = 250$ mA. On utilise cette lampe de poche pendant 5,0 minutes.

a. Comment peut-on mesurer rapidement la f.e.m. de la pile ?

b. Réalisez le schéma du circuit électrique dans la lampe de poche.

c. Calculez la tension aux bornes de la pile.

d. Calculez l'énergie électrique transférée à l'ampoule par le générateur.

e. Que devient l'énergie électrique transférée à l'ampoule ?

f. Calculez l'énergie chimique transformée dans la pile.

g. Calculez l'énergie dissipée par effet Joule au niveau de la pile.

h. Calculez le rendement de la pile.

2 Alimenté sous une tension $U_{AB} = 3,0$ V, un moteur élève un objet de masse $m = 100$ g d'une hauteur $h = 50$ cm en 1,6 s. L'intensité I du courant qui le traverse est $I = 0,17$ A.

a. Calculez l'énergie électrique W_e et la puissance électrique P_e reçues par le moteur.

b. Illustrez les transferts d'énergie au niveau du moteur par un schéma.

c. Calculez la valeur de l'énergie convertie par le moteur en énergie mécanique.

d. Calculez le rendement du transfert d'énergie.

3 Le rendement (c'est-à-dire le taux de conversion de l'énergie solaire en énergie électrique) d'un panneau solaire constitué de silicium polycristallin est de 12 %.

Calculez la puissance électrique générée par un panneau de 15 m^2 à midi, lorsque la puissance surfacique du rayonnement solaire est de 1,0 $kW \cdot m^{-2}$.

18 Stocker et convertir l'énergie chimique

SAVOIR

Combustion d'un hydrocarbure ou d'un alcool

• Tout combustible est un stock d'énergie sous forme chimique. Il suffit de le faire brûler pour récupérer de l'énergie thermique ou de l'énergie mécanique.

• Lors de la combustion d'un hydrocarbure ou d'un alcool, du dioxyde de carbone se forme (à l'origine d'une augmentation de l'effet de serre) ainsi que des polluants (oxyde d'azote, de soufre…).

Réaction d'oxydo-réduction

• Un **oxydant** est une espèce chimique susceptible de capter un ou plusieurs électrons. Un **réducteur** est une espèce chimique susceptible de céder un ou plusieurs électrons.

• Deux espèces chimiques qui se transforment l'une en l'autre par gain ou perte d'électrons forment un couple oxydant/réducteur. À ce couple est associée une demi-équation : **oxydant +** $\boldsymbol{ne^-}$ **= réducteur** où n est le nombre d'électrons captés pour passer de la forme oxydée à la forme réduite.

• Une réaction d'oxydo-réduction correspond à un **transfert d'électrons** du réducteur d'un couple à l'oxydant d'un autre couple.

• L'oxydant gagne des électrons : il est réduit. Le réducteur perd des électrons : il est oxydé.

Piles

• Dans une pile, l'énergie chimique stockée est convertie en énergie électrique par des **réactions d'oxydo-réduction**.

• Une pile est constituée de **deux demi-piles** reliées par un pont salin. Chaque demi-pile contient les espèces chimiques formant un couple oxydant/réducteur.

• Dans la pile Daniell, l'électrode de zinc, siège d'une oxydation ($Zn(s) = Zn^{2+}(aq) + 2\ e^-$), est appelée **anode** ; c'est le pôle négatif de la pile.
L'électrode de cuivre, siège d'une réduction ($Cu^{2+}(aq) + 2\ e^- = Cu(s)$), est appelée **cathode** ; c'est le pôle positif de la pile.
Les électrons libérés par l'électrode de zinc sont consommés par l'électrode de cuivre. L'équation qui traduit le fonctionnement global de cette pile est :

$$Cu^{2+}(aq) + Zn(s) \rightarrow Cu(s) + Zn^{2+}(aq).$$

Cette pile a pour schéma conventionnel : $- Zn(s) \mid Zn^{2+}(aq) \parallel Cu^{2+}(aq) \mid Cu(s) +$.

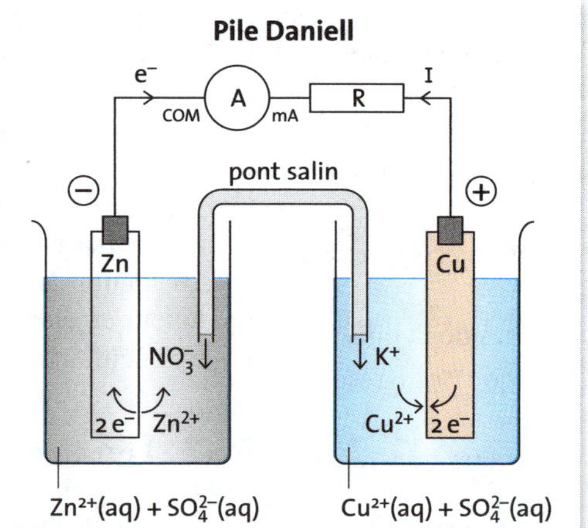

• Les piles les plus courantes sont les piles salines ou alcalines constituées d'une anode en zinc et utilisant la réduction du dioxyde de manganèse MnO_2 à la cathode.

SAVOIR-FAIRE

Déterminer la masse de CO_2 produit lors du déplacement d'un véhicule

Une automobile consomme $V = 6{,}8$ L d'essence pour 100 km. On assimilera ce carburant à de l'octane de formule brute C_8H_{18}, de masse volumique $\rho = 0{,}74\ \text{kg} \cdot \text{L}^{-1}$.
Déterminez la masse de CO_2 produit pour parcourir 100 km.

Données : La quantité de matière d'essence consommée pour parcourir 100 km est :

$$n_{\text{essence}} = \frac{m_{\text{essence}}}{M_{\text{essence}}} = \rho_{\text{essence}} \times \frac{V_{\text{essence}}}{M_{\text{essence}}} = 0{,}74 \times 10^3 \times \frac{6{,}8}{114} = 44 \text{ mol.}$$

	$2\ C_8H_{18}(l)$ +	$25\ O_2(g)$	$\rightarrow 16\ CO_2(g)$ +	$18\ H_2O(l)$
État initial (mol)	44	$n(O_2)$	0	0
En cours de transformation (mol)	$44 - 2x$	$n(O_2) - 25x$	$16x$	$18x$
État final (mol)	$44 - 2x_{\text{max}} = 0$	$n(O_2) - 25x_{\text{max}}$	$16x_{\text{max}}$	$18x_{\text{max}}$

À l'état final, toute l'essence est consommée : $x_{\text{max}} = 22$ mol.
La masse de dioxyde de carbone formé est donc :
$m(CO_2) = n_f(CO_2) \times M(CO_2) = 16 \times x_{\text{max}} \times M(CO_2) = 16 \times 22 \times 44 = 1{,}5 \cdot 10^4\ \text{g} = \mathbf{15\ kg}$.

Écrire la demi-équation d'oxydo-réduction du couple $Cr_2O_7^{2-}(aq)/Cr^{3+}(aq)$

On place l'oxydant à gauche, le réducteur à droite et on assure la conservation de l'élément Cr :

$$Cr_2O_7^{2-}(aq) = 2\ Cr^{3+}(aq).$$

On assure la conservation de l'élément O à l'aide de molécules d'eau :

$$Cr_2O_7^{2-}(aq) = 2\ Cr^{3+}(aq) + 7\ H_2O(l).$$

On assure la conservation de l'élément H à l'aide d'ions hydrogène :

$$Cr_2O_7^{2-}(aq) + 14\ H^+(aq) = 2\ Cr^{3+}(aq) + 7\ H_2O(l).$$

On assure la conservation des charges à l'aide d'électrons :

$$\mathbf{Cr_2O_7^{2-}(aq) + 14\ H^+(aq) + 6\ e^- = 2\ Cr^{3+}(aq) + 7\ H_2O(l).}$$

Écrire l'équation de la réaction d'oxydo-réduction entre les ions $Cr_2O_7^{2-}(aq)$ et les ions $Fe^{2+}(aq)$

L'équation d'une réaction d'oxydo-réduction se déduit des deux demi-équations des couples mis en jeu, en veillant à ce que les électrons n'y figurent pas.

$$Cr_2O_7^{2-}(aq) + 14\ H^+(aq) + 6\ e^- = 2\ Cr^{3+}(aq) + 7\ H_2O(l) \quad \times 1$$

$$Fe^{3+}(aq) + e^- = Fe^{2+}(aq) \quad \times 6$$

D'où : $\mathbf{Cr_2O_7^{2-}(aq) + 6\ Fe^{2+}(aq) + 14\ H^+(aq) \rightarrow 2\ Cr^{3+}(aq) + 7\ H_2O(l) + 6\ Fe^{3+}(aq)}$.

FAIRE

1 Soit la pile de schéma conventionnel $Cu \mid Cu^{2+} \parallel Ag^+ \mid Ag$. Lorsqu'on branche un voltmètre avec sa borne COM relié à l'électrode de cuivre, on mesure une différence de potentiel $U = 0{,}57$ V.

a. Donnez la polarité de cette pile.
b. Donnez les équations des réactions ayant lieu aux électrodes.
c. Donnez l'équation de la réaction traduisant le fonctionnement global de cette pile.

2 Convertisseur d'énergie non polluant, la pile à combustible à hydrogène serait le générateur idéal des voitures à moteur électrique, mais le coût de fabrication élevé (présence de platine qui joue le rôle de catalyseur) et la difficulté de stocker le dihydrogène freinent son développement. À l'anode, du dihydrogène arrive en continu pour y être oxydé. Sur l'autre électrode, le dioxygène est réduit.

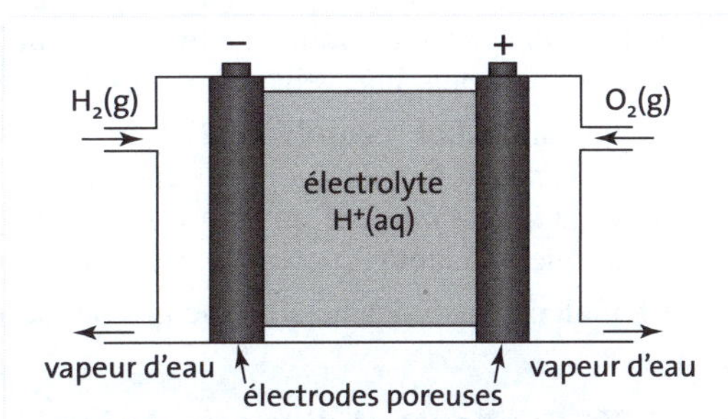

a. Écrivez les demi-équations d'oxydo-réduction qui se produisent à l'anode et à la cathode. Déduisez-en l'équation de fonctionnement de la pile.
b. Quels sont les avantages d'un véhicule fonctionnant avec une telle pile ? Ses inconvénients ?
Données : couples $H^+(aq)/H_2(g)$ et $O_2(g)/H_2O(l)$.

19 Alcools, aldéhydes, cétones, acides carboxyliques

SAVOIR

Alcools, composés carbonylés et acides carboxyliques

• Les propriétés chimiques d'une molécule organique portant un groupe caractéristique sont liées à la présence de ce groupe caractéristique. Les composés organiques possédant le même groupe caractéristique appartiennent à la même famille. L'atome de carbone porteur du groupe caractéristique est appelé atome de carbone fonctionnel.

• Un **alcool** possède un groupe caractéristique **hydroxyle** : –OH.

• Les **aldéhydes** et les **cétones** possèdent un groupe caractéristique **carbonyle** : C = O.

Aldéhyde

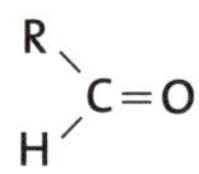

Cétone

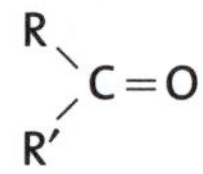

R et R′ représentent des chaînes carbonées.

• Les **acides carboxyliques** possèdent un groupe **carboxyle**.
Ils peuvent former des **liaisons hydrogène avec les molécules d'eau** : les acides carboxyliques de petite taille (de 1 à 4 atomes de carbone) sont solubles dans l'eau en toutes proportions.

Groupe carboxyle

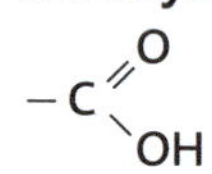

• Les solutions aqueuses d'acides carboxyliques présentent un caractère **acide**, que l'on peut mettre en évidence avec un **pH-mètre**, un **indicateur coloré** (Bleu de Bromothymol) ou du **papier pH**. Dans l'eau, les acides carboxyliques se dissocient partiellement en ions carboxylates et des ions oxonium H_3O^+ se forment selon l'équation :

$$R{-}COOH(aq) + H_2O(l) \rightarrow R{-}COO^-(aq) + H_3O^+(aq).$$

Oxydation ménagée des alcools

• Une oxydation ménagée est une oxydation ne modifiant pas le squelette carboné de l'alcool de départ.

• Dans un **alcool primaire**, l'atome de carbone fonctionnel n'est lié qu'à un seul groupe alkyl.
C'est le cas de l'éthanol dont la structure semi-développée s'écrit : $CH_3{-}CH_2{-}OH$.
L'oxydation ménagée d'un alcool primaire $R{-}CH_2{-}OH$ conduit à un **aldéhyde** dans le cas où l'oxydant est en défaut, et à un **acide carboxylique** lorsque l'oxydant est en excès. Les couples oxydant/réducteur intervenant dans ces réactions sont $R{-}CHO/R{-}CH_2OH$ et $R{-}COOH/R{-}CH_2OH$.

• Dans un **alcool secondaire**, l'atome de carbone fonctionnel est lié à deux groupes alkyl.
C'est le cas du propan-2-ol, de structure semi-développée $CH_3{-}CH(OH){-}CH_3$.
L'oxydation ménagée d'un alcool secondaire $R{-}CHOH{-}R'$ conduit à une **cétone**.
Le couple oxydant/réducteur intervenant dans cette réaction est $R{-}CO{-}R'/R{-}CHOH{-}R'$.

• Un **alcool tertiaire** ne s'oxyde pas de façon ménagée.

Rendement d'une synthèse

Le rendement d'une synthèse, noté η, est le rapport entre la quantité de matière n_{exp} de produit obtenu expérimentalement et la quantité de matière maximale n_{max} de produit attendu : $\eta = \dfrac{n_{exp}}{n_{max}}$.
Il est toujours inférieur à 1.

SAVOIR-FAIRE

Écrire l'équation de la réaction d'oxydation du propan-1-ol en propanal par l'ion permanganate

Les couples oxydant/réducteur sont :

$$MnO_4^-(aq)/ Mn^{2+}(aq) \text{ et } CH_3-CH_2-CHO(aq)/ CH_3-CH_2-CH_2-OH(aq).$$

Les demi-équations d'oxydo-réduction sont :

$$MnO_4^-(aq) + 8\,H^+(aq) + 5\,e^- = Mn^{2+}(aq) + 4\,H_2O(l) \quad \times 2$$

$$CH_3-CH_2-CHO(aq) + 2\,e^- + 2\,H^+(aq) = CH_3-CH_2-CH_2-OH(aq) \quad \times 5$$

D'où l'équation :

$$2\,MnO_4^-(aq) + 16\,H^+(aq) + 5\,CH_3-CH_2-CH_2-OH(aq) \rightarrow 2\,Mn^{2+}(aq) + 8\,H_2O(l) + 5\,CH_3-CH_2-CHO(aq) + 10\,H^+(aq).$$

Soit en simplifiant :

$$2\,MnO_4^-(aq) + 6\,H^+(aq) + 5\,CH_3-CH_2-CH_2-OH(aq) \rightarrow 2\,Mn^{2+}(aq) + 8\,H_2O(l) + 5\,CH_3-CH_2-CHO(aq).$$

Nommer une molécule à partir de sa formule semi-développée

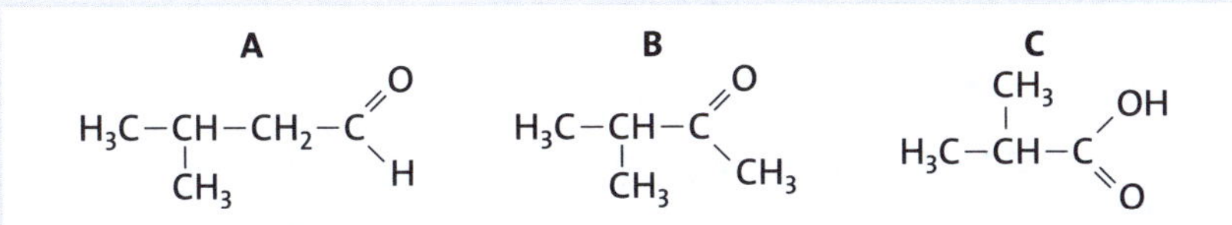

A est un aldéhyde. Son nom est obtenu en remplaçant le *-e* final du nom de l'alcane correspondant par la terminaison *-al* : 3-méthylbutanal.
B est une cétone, dont le nom se termine par la terminaison *-one* précédée si nécessaire du numéro de l'atome de carbone lié à l'oxygène : 3-méthylbutan-2-one.
C est un acide carboxylique. Son nom est obtenu en remplaçant le *-e* final par la terminaison *-oïque* : acide 2-méthylpropanoïque.

FAIRE

La menthone est préparée par oxydation ménagée du menthol par l'ion permanganate en milieu acide.
On introduit une masse m = 4,7 g de menthol dans un ballon de 100 mL, on ajoute un volume V = 30 mL d'une solution aqueuse de permanganate de potassium à de concentration $c = 0{,}50\ mol \cdot L^{-1}$, quelques gouttes d'acide sulfurique concentré, quelques grains de pierre ponce. On chauffe à reflux pendant une vingtaine de minutes.

a. Dessinez un montage à reflux en précisant le rôle de chacun des éléments du montage.

b. À quelles familles appartiennent le menthol et la menthone ?

c. Écrivez les deux demi-équations d'oxydo-réduction des couples MnO_4^-/Mn^{2+} et menthone/menthol.

d. Déduisez-en l'équation de la réaction d'oxydation du menthol par les ions permanganate.

e. Calculez l'avancement maximal x_{max} et la quantité maximale n_{max} de menthone que l'on pourrait obtenir théoriquement.

f. Sous quel état physique est la menthone à température ambiante ?

On transverse le contenu du ballon dans une ampoule à décanter et on y ajoute du cyclohexane. Après agitation et décantation, on observe deux phases.

g. Le cyclohexane est un solvant organique de densité d = 0,78 et de température d'ébullition 81 °C. Parmi les espèces chimiques présentes dans le ballon, seule la menthone est soluble dans le cyclohexane. Donnez la composition de la phase supérieure.

h. La séparation de la menthone du cyclohexane se fait par distillation. Le procédé de séparation vous paraît-il judicieux ?

i. On obtient une masse m' = 3,1 g de menthone. Calculez le rendement de cette synthèse.

Données :

	Menthol	Menthone
Formule brute	$C_9H_{18}CHOH$	$C_9H_{18}CO$
Masse molaire ($g \cdot mol^{-1}$)	156,2	154,2
Température d'ébullition (°C)	215	209
Température de fusion (°C)	43	– 6,5

20 Fabriquer de nouveaux matériaux

SAVOIR

Nanomatériaux

• De par leur taille **inférieure à 100 nm**, les nanomatériaux ont des propriétés physiques spécifiques par rapport aux matériaux classiques.

• Ils font l'objet de recherches dans de nombreux domaines :
– le sport, où des **nanotubes de carbone** incorporés à une matrice (cadre de vélo par exemple) permettent d'améliorer ses propriétés mécaniques (légèreté, élasticité, résistance…) ;
– la santé, avec les **nanomédicaments** qui génèrent de grands espoirs ;
– les produits cosmétiques, alimentaires, les peintures, dans lesquels on incorpore des **nanoparticules d'oxydes métalliques**…

Matériaux amorphes ou cristallisés

• Dans un solide **cristallin**, un même motif est répété à l'identique selon un réseau régulier, comme par exemple dans la silice cristalline.

• Un solide **amorphe (ou vitreux)** est un solide non cristallin qui peut être considéré comme un liquide figé, comme par exemple la silice amorphe.

Silice cristalline

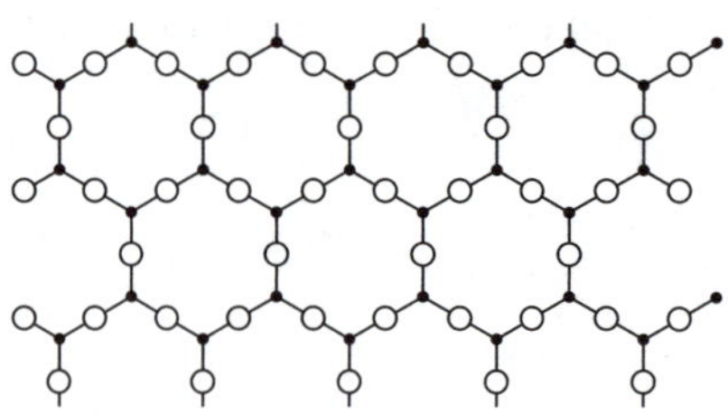

Silice amorphe

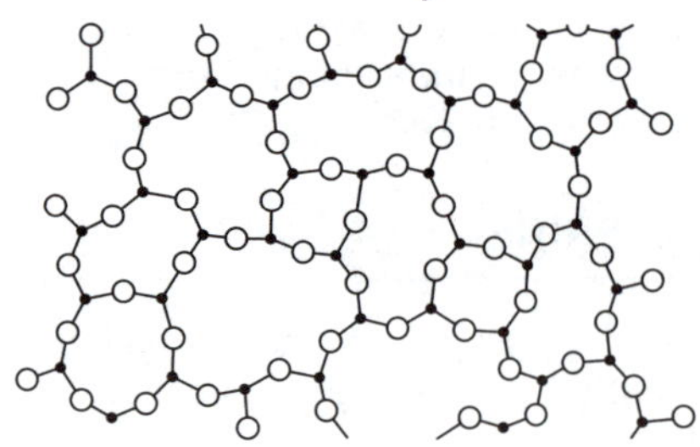

• Le verre est obtenu par fusion de **silice cristalline** (apportée par du sable), à laquelle on ajoute du **carbonate de sodium** (un fondant), du calcaire (un stabilisant), des oxydes métalliques pour modifier la couleur… En refroidissant, cette phase liquide se solidifie sans cristalliser.
Le verre est donc un solide amorphe.

Polymères

• Un polymère est une molécule de grande dimension (**macromolécule**), constituée par la répétition d'un grand nombre de motifs élémentaires. Le **degré de polymérisation** n est le nombre de fois où le motif se répète dans un polymère.

Polypropylène

$$-\!\!\left(CH_2-\underset{\displaystyle CH_3}{\underset{|}{CH}}\right)_{\!n}$$

• La **polymérisation** désigne la réaction chimique au cours de laquelle un grand nombre de petites molécules, appelées **monomères**, se lient les unes aux autres.

• La **polyaddition** résulte de l'addition les unes aux autres de monomères insaturés.

• La **polycondensation** se fait avec élimination de petites molécules (H_2O, HCl…).

• La plupart des polymères comportent des zones cristallines et amorphes : ils sont **semi-cristallins**. Leurs propriétés physiques dépendent du taux de cristallinité, mais aussi de la température, de la longueur des chaînes, de la présence de plastifiants…

SAVOIR-FAIRE

Relier les propriétés physiques d'un matériau à sa structure microscopique

Le polyéthylène (PE), dont le monomère est $CH_2 = CH_2$, est le plus important polymère de synthèse. Il existe deux types de PE : le PEBD, qui possède 40 ramifications tous les 1 000 atomes de carbone, et le PEHD, moins ramifié (5 ramifications tous les 1 000 atomes de carbone).

Lequel des deux a la densité la plus élevée ? le taux de cristallinité le plus élevée ?

Lequel est utilisé pour fabriquer un flacon ? un sac poubelle ?

Les ramifications empêchent les chaînes de PEBD de se rapprocher. Par conséquent, le PEBD a la densité la plus faible (PEBD signifie PolyEthylène Basse Densité). Les macromolécules s'alignant difficilement à cause des ramifications, le taux de cristallinité est faible. Les principales applications du PEBD sont les produits souples (sac poubelle). Dans le PEHD, les liaisons intermoléculaires de type Van der Waals existant entre les chaînes sont plus importantes. Les chaînes sont moins mobiles, le polymère est plus rigide (flacon).

FAIRE

1 Le polychlorure de vinyle PVC se prépare en 3 étapes :

– par addition du dichlore gazeux sur l'éthène gazeux, on obtient du 1,2-dichloroéthane ;
– par chauffage du 1,2-dichloroéthane, on obtient du chlorure d'hydrogène gazeux HCl(g) et du chlorure de vinyle gazeux $CH_2 = CHCl$;
– par polymérisation du chlorure de vinyle, on obtient le PVC.

a. Écrivez les équations des réactions chimiques correspondant à ce procédé de fabrication.

b. Calculez la masse molaire du PVC obtenu si son degré de polymérisation moyen est $n = 600$.

Données : $M(C) = 12{,}0\ g \cdot mol^{-1}$;
$M(H) = 1{,}00\ g \cdot mol^{-1}$;
$M(Cl) = 35{,}5\ g \cdot mol^{-1}$.

2 Le dioxyde de titane TiO_2 est un pigment blanc utilisé dans la majorité des crèmes solaires car il réfléchit les UV. Lorsqu'il est présent sous forme de particules microscopiques, il laisse un film blanc sur la peau. Cet inconvénient est évité en utilisant des nanoparticules. De plus, les nanoparticules, de par leur petite taille, offrent une surface de réaction plus grande que le même matériau non fragmenté et sont donc plus réactives.

a. Calculez le volume V (en m^3) et la surface S (en m^2) d'une particule sphérique de dioxyde de titane de rayon $R = 1{,}0\ \mu m$.

b. Calculez de même le volume v et la surface s d'une particule sphérique de rayon $r = 10$ nm.

c. Calculez l'ordre de grandeur du rapport des volumes et du rapport des surfaces. Concluez en complétant la phrase suivante :
« Pour un volume .... fois plus petit, la surface de réaction est seulement .... fois plus petite. »

d. Cependant, la présence de nanoparticules dans les crèmes solaires suscite des inquiétudes. Pourquoi ?

Données : Volume d'une sphère : $V = \frac{4}{3}\pi r^3$;
surface d'une sphère : $S = 4\pi r^2$.

3 Un objet en plastique laissé dehors pendant l'hiver se fissure ou se casse plus facilement que pendant l'été.
Proposez une explication.

Physique-Chimie

SVT

1 Le cycle cellulaire

SAVOIR

• Les **eucaryotes** sont formés de cellules compartimentées contenant des organites, dont le noyau. Ils se distinguent des **procaryotes** dont les cellules ne sont pas compartimentées (bactéries).
Le matériel génétique est constitué d'ADN. Lorsque la cellule se divise, ce matériel est condensé en **chromosomes** qu'on peut voir par une coloration. En effet, les molécules d'ADN sont alors enroulées autour de protéines sur elles-mêmes. En dehors de la période de division, le matériel est décondensé. Au microscope, on observe alors des taches retenant les colorants ; c'est de la **chromatine**.
• Exception faite pour les cellules reproductrices, chez les organismes diploïdes, chaque chromosome est représenté en double exemplaire, chaque chromosome d'une paire étant issu de l'un des parents.

Détail d'une mitose dans une cellule animale (microscope optique)

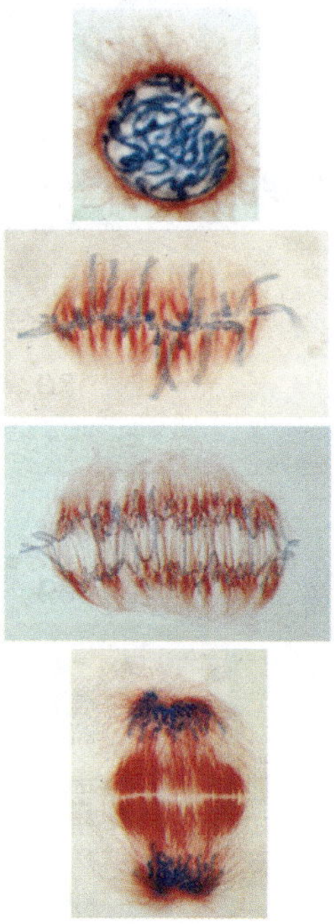

Prophase
Métaphase
Anaphase
Télophase

La mitose chez les eucaryotes

• Au début de la division cellulaire, ou **mitose**, la **cellule-mère** d'eucaryote est en **prophase**. Le noyau disparaît alors que le matériel génétique se condense. Les chromosomes de la cellule-mère sont formés de deux brins, ou **chromatides**, reliés dans la région du **centromère**.
Puis, sous l'action de protéines contractiles, le **fuseau de division**, les chromosomes se disposent au milieu de la cellule dans un même plan. On parle de disposition en **plaque équatoriale**. C'est la **métaphase**. Les chromosomes sont au maximum de leur condensation. Lorsque la cellule est observée en vue polaire, on peut facilement dénombrer les chromosomes et établir un classement, ou **caryotype**.
Puis les fibres du fuseau de division tirent sur chaque chromosome. Il y a une séparation des chromatides par clivage du centromère et **ascension aux pôles** de la cellule de deux lots de chromosomes à une seule chromatide. C'est l'**anaphase**.
Pendant la **télophase**, le matériel génétique se décondense. Une membrane plasmique apparaît et les deux **cellules-filles** se séparent (de façon différente selon l'origine animale ou végétale de la cellule). L'enveloppe nucléaire de chaque nouveau noyau réapparaît.
• Normalement, chaque cellule a hérité d'un lot identique de chromosomes à une chromatide (sauf accident de la mitose, par exemple par une mauvaise ascension polaire lors de l'anaphase). Comment la cellule peut-elle doubler son matériel génétique avant la mitose ? Il faut supposer qu'avant la division cellulaire, pendant l'interphase, chaque molécule d'ADN double. Un **dosage de la quantité d'ADN** permet de vérifier cette hypothèse.

L'interphase précède la mitose

• L'interphase est subdivisée en trois phases. Pendant la **phase G1**, la quantité Q d'ADN montre que les futurs chromosomes sont à une seule chromatide. Au cours de la phase S de synthèse, le matériel génétique double, passant de Q à $2Q$. Puis la cellule présente un gros noyau possédant deux fois plus d'ADN qu'en début d'interphase. C'est la **phase G2** qui précède la mitose. Durant toute cette interphase, les chromosomes restent invisibles car ils sont décondensés.
• Après la mitose, on retrouve une quantité Q d'ADN en phase G1 de chaque cellule-fille.

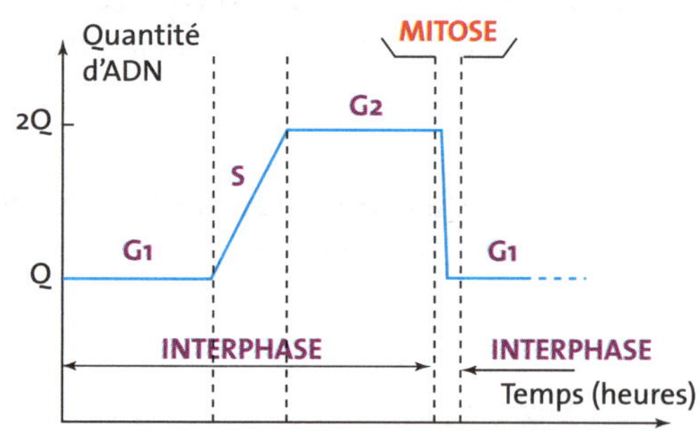

Variation de la quantité d'ADN au cours d'un cycle cellulaire

Une reproduction conforme

L'ensemble d'une interphase et d'une mitose constitue un **cycle cellulaire**. Sa durée varie selon la cellule eucaryote considérée. Pendant ce cycle, une cellule-mère a donné naissance à deux cellules-filles qui présentent le même caryotype que la cellule initiale, tant par le nombre de chromosomes que par leur forme. On parle de **reproduction conforme**.

SAVOIR-FAIRE

Réaliser un dessin d'observation

Le dessin vous permet de faire l'effort de bien observer. Vous serez évalué sur l'exactitude du rendu de votre dessin et sur sa forme.

- Tout doit être réalisé au **crayon noir** (pas d'encre, pas de couleur). Il faut utiliser une **feuille de dessin** (ou éventuellement une feuille de papier machine).
- Assez **grand, soigneux et respectant ce que vous voyez**, le dessin est **centré** au milieu de la page pour laisser de la place aux légendes et au titre. N'inventez pas ce que vous ne voyez pas.
- Le **tracé** doit être **précis** (un trait unique et non une esquisse), **pas trop épais** (taillez votre crayon ou utilisez un porte-mine 0,5 ou 0,7 mm), **pas trop gras et pas appuyé** (évitez la gravure sur feuille : lorsque vous effacez, on ne doit pas voir de marque sur le papier). Ne mettez **pas de hachures**.
- **Équilibrez les légendes** de part et d'autre du dessin ; le **fléchage** précis est tiré à la règle et aligné sur une même verticale. On tolère des lignes obliques ou brisées mais les traits ne doivent pas se croiser. Attention à l'**exactitude** de vos légendes, à l'**orthographe** et à leur **lisibilité**.
- Le **titre** doit indiquer ce que vous avez représenté, le mode d'observation, éventuellement l'orientation et l'échelle (ou le grossissement utilisé).

Dessin d'observation d'une anaphase de cellule végétale observée au microscope optique

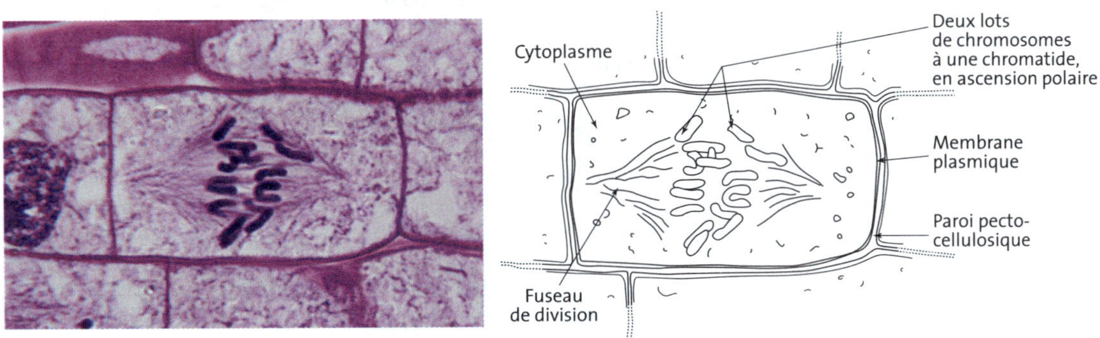

FAIRE

1 Trouvez la (ou les) bonne(s) proposition(s).

a. La mitose :
1. correspond au cycle cellulaire.
2. est subdivisée en 4 phases.
3. permet de produire des cellules reproductrices.
4. montre du matériel génétique condensé.

b. Les chromosomes :
1. n'apparaissent que lorsque la cellule se divise.
2. sont toujours constitués de 2 chromatides.
3. sont visibles à l'interphase.
4. contiennent le matériel génétique de la cellule.

2 Attribuez des légendes aux lettres du schéma qui illustre l'évolution du matériel héréditaire dans une cellule.

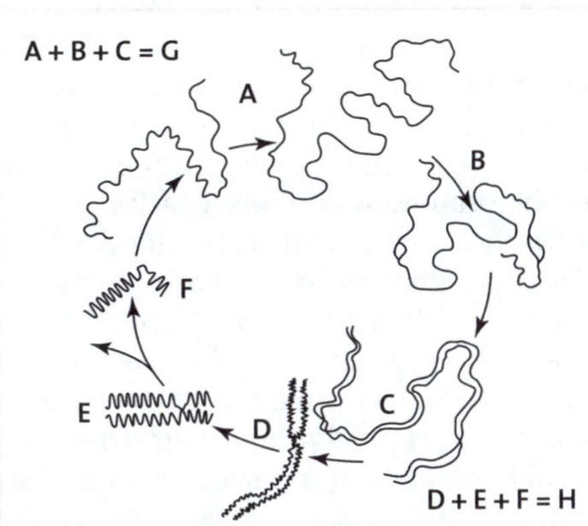

2 Une réplication semi-conservative

SAVOIR

Au début de la mitose, le caryotype de la cellule-mère montre des **chromosomes à deux chromatides**. En fin de division, chaque cellule-fille présente des **chromosomes à une seule chromatide**.

L'ADN et les chromosomes

L'**ADN** est le support de l'information génétique. Cette macromolécule est une **double hélice** constituée d'un enchaînement de **nucléotides**. Un nucléotide est constitué d'un acide phosphorique, d'un sucre (le désoxyribose) et d'une base azotée (parmi quatre possibles). Les bases sont **complémentaires** : en face de la base azotée **adénine (A)**, sur l'autre brin s'attache la **thymine (T)** et en face de la **guanine (G)**, on trouve sur l'autre brin la **cytosine (C)**. Dans une chromatide, une molécule d'ADN est enroulée autour d'un squelette protéique. Comment une chromatide (donc une molécule d'ADN) peut-elle donner naissance à deux chromatides ?

La phase S

Si le microscope optique ne permet pas de distinguer les nucléofilaments d'ADN en interphase, au **microscope électronique**, l'ADN est observable. En phase S, il présente des boucles, lieux où se voit la synthèse d'une nouvelle molécule d'ADN. Ce sont des **yeux de réplication**.

Réplication semi-conservative de l'ADN à l'interphase (phase S)

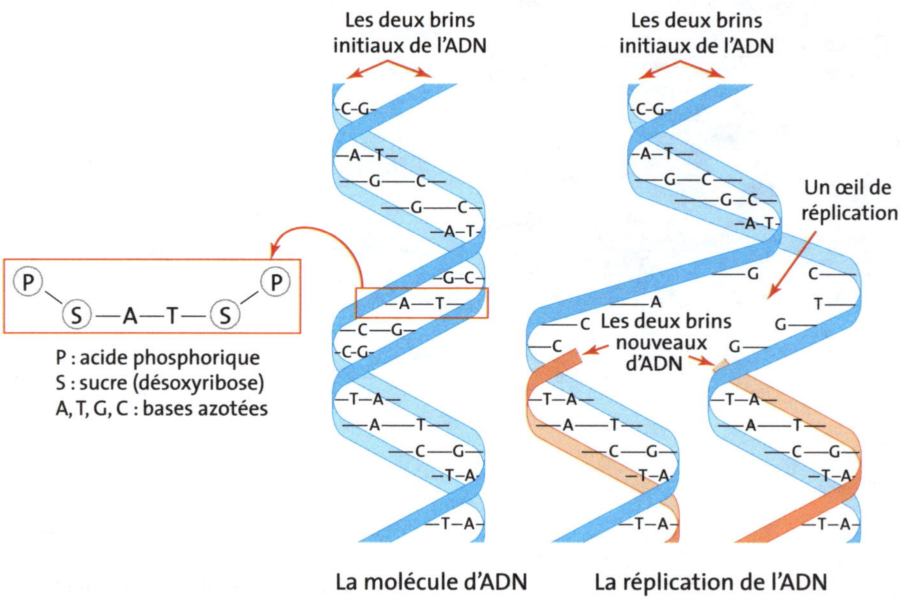

La réplication de l'ADN

• La synthèse d'une nouvelle molécule d'ADN s'effectue grâce à l'apport d'**énergie** et de **complexes enzymatiques** qui accélèrent la réaction. La double hélice d'ADN est d'abord déroulée et, à partir de chaque brin d'ADN libre, par **complémentarité**, un nouveau brin est formé. Comme la moitié de l'ancienne molécule d'ADN est conservée alors que l'autre brin est nouveau, on qualifie cette **réplication de semi-conservative**.

• En absence d'erreurs dans cette synthèse (comme par exemple, une erreur dans la complémentarité des nucléotides du nouveau brin par rapport à l'ancien), ce phénomène préserve, par **copie conforme** (identique), la séquence des nucléotides. Provenant par mitose d'une cellule-mère, les deux cellules-filles possèdent alors la **même information génétique** que la cellule qui leur a donné naissance et aussi la même information génétique entre elles.

• Ainsi, la **reproduction conforme**, qui permet à une cellule d'en former deux génétiquement semblables, est due à la succession de l'**interphase** qui réplique l'ADN à l'identique et de la **mitose** qui répartit chaque copie dans des cellules différentes.

SAVOIR-FAIRE

Connaître quelques principes de la démarche scientifique

Votre cours, les travaux pratiques réalisés en classe et les exercices sont très souvent des illustrations de la démarche scientifique.
En vous familiarisant avec cette démarche, vos propres apprentissages et vos productions seront facilités :
– elle débute par une observation ;
– puis un **problème** est posé sur un point non expliqué de l'observation ;
– pour chercher à y répondre, une **hypothèse** provisoire est élaborée ;
– une **expérimentation** teste la solution explicative précédente, ou bien on recherche à collecter des **arguments** pour la valider ;
– en fonction des résultats, l'**hypothèse** est **validée ou non**. Dans ce dernier cas, une nouvelle réponse provisoire au problème soulevé est à reformuler.

Diagramme de la démarche expérimentale

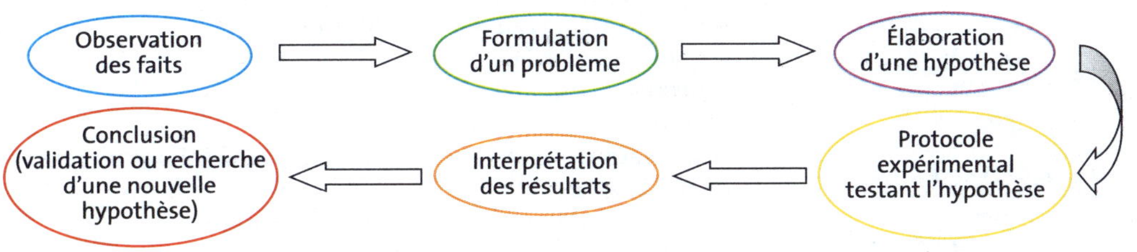

FAIRE

1 Trouvez la (ou les) bonne(s) proposition(s).
La molécule d'ADN :
a. est une macromolécule constituée d'une double hélice.
b. fait correspondre l'adénine à la thymine et la guanine à la cytosine.
c. contient un sucre, le ribose.
d. est répliquée au cours de la mitose.

2 Schématisez la réplication de la portion de la molécule d'ADN simplifiée ci-dessous au cours de la phase S de l'interphase et donnez le résultat final.

Fragment d'ADN (représentation simplifiée)

ATGCCCATGAATAC
TACGGGTACTTATG

3 Des bactéries sont cultivées sur un milieu contenant de l'azote lourd (^{15}N) durant plusieurs générations. Elles intègrent alors cet azote à leur molécule d'ADN qui devient lourde (génération G0). Elles sont ensuite transférées sur un milieu ne contenant que de l'azote léger (^{14}N), soit le temps d'une division des colonies (génération G1), soit pendant deux générations (génération G2).
Après chaque génération, les molécules qui contiennent des atomes d'azote lourd (^{15}N) sont séparées de celles qui contiennent des atomes d'azote léger (^{14}N). Les résultats montrent, qu'après une génération, l'ADN des bactéries est hybride (ni lourd, ni léger). Après 2 divisions, la moitié des bactéries possède de l'ADN mixte alors que l'autre moitié présente de l'ADN léger.
Pour comprendre comment la molécule d'ADN est répliquée, on pose trois hypothèses (**a**, **b** ou **c**).
À partir des résultats expérimentaux obtenus, retrouvez l'hypothèse qui est retenue et expliquez pourquoi vous rejetez les deux autres hypothèses.

Les hypothèses de la réplication de l'ADN

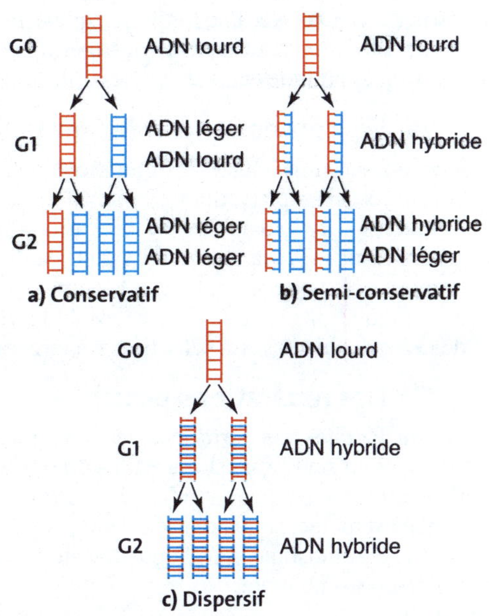

3 Les mutations

SAVOIR

Une mutation entraîne une modification de l'information génétique de la cellule concernée. Les conséquences seront diverses.

Les catégories de mutations

Il existe plusieurs types de mutations.

Les trois catégories de mutations ponctuelles

Molécule d'ADN initiale	ATGCCCATGAATAC TACGGGTACTTATG
Substitution	ATAGCCATGAATAC TATCGGTACTTATG
Délétion	ATGCCCATGA--AC TACGGGTACT--TG
Addition	ATGCGACCATGAATAC TACGCTGGTACTTATG

• Dans les **mutations ponctuelles**, on peut distinguer :
– la **substitution** qui est le remplacement d'une ou de plusieurs paires de bases par une autre ;
– la **délétion** par laquelle au moins l'un des nucléotides est supprimé ;
– l'**addition** d'une ou de plusieurs paires de bases dans la séquence de l'ADN.
• Les **mutations chromosomiques** concernent l'ensemble du chromosome. On rencontre :
– la **délétion** d'un morceau du chromosome (plusieurs centaines de nucléotides) ;
– l'**inversion** d'une portion du chromosome ;
– la **translocation** d'un fragment de chromosome qui est déplacé sur un autre chromosome.
• Les mutations peuvent avoir un rapport avec le **nombre de chromosomes**. On trouve ainsi :
– la **formule chromosomique anormale** avec un ou plusieurs chromosomes en plus ou en moins ;
– la **monoploïdie** où la formule est à n au lieu d'être à $2n$ chromosomes ;
– la **polyploïdie** si l'ensemble du caryotype est multiplié (triploïdie = $3n$, tétraploïdie = $4n$...).

Les causes des mutations

Les mutations se déclenchent le plus souvent lors de la **réplication** de l'ADN, mais elles peuvent aussi concerner un autre moment du cycle cellulaire comme, par exemple, celui de l'anaphase (mauvaise ascension des homologues). Lorsque des mutations surviennent dans des **cellules somatiques** non reproductrices, la modification reste localisée aux cellules-filles ; on a alors un clone de cellules mutées. Si elles se déroulent dans les **cellules germinales** à l'origine d'un nouvel individu, c'est l'organisme entier nouveau qui sera concerné.
Ces mutations sont dues :
– soit au **hasard** avec une fréquence qui varie selon le gène considéré (en moyenne une cellule sur 10^8) ;
– soit à l'action d'un **agent mutagène** externe qui augmente leur fréquence d'apparition (ondes électromagnétiques ou substances chimiques).

Les conséquences des mutations

• Selon leur importance, les mutations peuvent ou non s'exprimer. Suivant leur nature et les gènes concernés, elles peuvent être :
– **neutres** s'il n'y a aucune modification du phénotype ;
– **bénéfiques** si cela tourne à l'avantage de l'individu qui en hérite ;
– **négatives**, voire mortelles, si les conséquences sont néfastes.
• Les mutations sont donc la cause de la **diversité des allèles**. La biodiversité des espèces dépend de ces mécanismes. La **sélection** s'exercera alors pour favoriser les espèces les plus compétitives.

Des réparations possibles

Les nucléotides transformés par les mutations peuvent être réparés de façon **spontanée** par les cellules. Ainsi, si un seul brin est muté, des **enzymes** peuvent assurer la coupure de la partie modifiée puis, l'autre brin servant de guide, par complémentarité, le brin est fabriqué de nouveau. Si la double hélice est mutée, soit la partie est supprimée et l'ADN « rapiécé », soit il y a échange d'informations avec le chromosome homologue (hérité de l'autre parent et possédant les mêmes gènes) pour réparer le chromosome muté.

SAVOIR-FAIRE

Utiliser le logiciel « Génie génétique »

Ce logiciel libre de droit peut être téléchargé. Il permet de comparer des nucléotides de molécules d'ADN différentes. D'autres fonctionnalités sont abordées dans « La synthèse des protéines », page 165.

- Dans *Fichier*, sélectionnez *Charger des séquences*, ouvrez le fichier choisi (format .text ou .edi).
- Pour sélectionner une séquence dans une liste affichée, cochez la séquence choisie. Utilisez les flèches haut/bas pour faire remonter la séquence sélectionnée qui servira de référence.
- La comparaison des séquences se fait par rapport à la **séquence de référence**. Pour une **comparaison simple**, choisissez l'**affichage** en mode **comparaison.** Avec cet affichage, aucun alignement n'est effectué. S'il y a des discontinuités, le menu *Action/alignement* permet d'éliminer les décalages résultant d'additions ou de délétions.
- La numérotation affiche le nucléotide situé sous le curseur.

FAIRE

1 Définissez les termes suivants : *délétion*, *translocation*, *cellule germinale*.

2 À partir du logiciel « Génie génétique », comparez l'ADN des allèles A, B et O des groupes sanguins. C'est l'allèle A qui servira de référence.

3 Des levures (champignons microscopiques) forment des colonies dans une boîte de culture. On peut observer des souches de levures blanches et des souches de levures rouges.
Exploitez chaque document afin de montrer le rôle du rayonnement ultraviolet sur les levures.

Document 1

La levure rouge possède l'allèle *m* d'un gène qui ne fonctionne pas et ne permet pas de fabriquer de l'adénine, une molécule non colorée. En revanche, une autre réaction est favorisée. Cette réaction assure la synthèse d'un produit rouge. La levure blanche possède l'allèle *n* du gène qui assure la synthèse d'adénine. Donc elle ne produit pas de produit rouge et reste blanche.

Document 2

Une analyse du gène de synthèse de l'adénine montre que sur 1 716 paires de nucléotides, sur un brin d'ADN, l'allèle *n* possède le nucléotide n° 103 avec de la guanine alors que l'allèle *m* ne permettant pas la synthèse d'adénine possède le nucléotide 103 avec de la thymine.

Document 3

Une culture de levures rouges est exposée aux rayons ultraviolets pendant des temps variables. On compte les différentes colonies et le résultat est donné par le graphique ci-après.

Remarque : pour une exposition de 15 secondes, on n'observe plus de colonies de levures dans la boîte.

Variation du nombre de colonies de levure en fonction de la durée d'exposition aux rayons ultraviolets

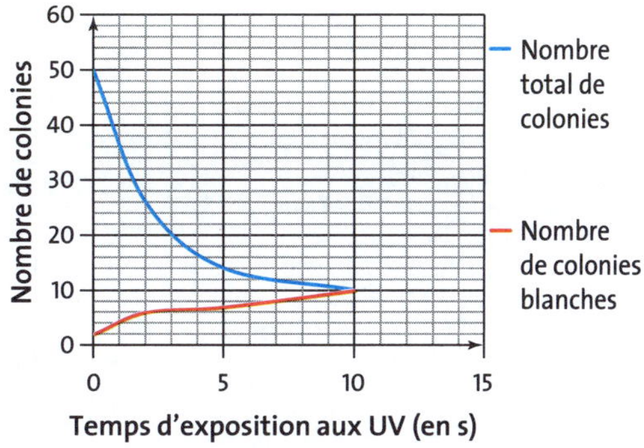

4 La synthèse des protéines

SAVOIR

La molécule d'ADN est codée en séquences de nucléotides. Une protéine comprend une succession précise d'acides aminés. Comment l'ADN dirige-t-il la synthèse protéique ?

La transcription s'effectue dans le noyau

• L'ADN est une macromolécule incapable de quitter le noyau. Pour diriger la synthèse protéique qui se déroule dans le cytoplasme, elle permet la fabrication d'une molécule messagère plus petite, l'**ARN messager** (noté ARNm). L'ARN messager n'a qu'un seul brin. À la place du désoxyribose, le sucre est du ribose. Les bases azotées sont celles de l'ADN à une exception près : l'uracile remplace la thymine. C'est la **transcription**. À partir du brin transcrit, chaque nucléotide de ce brin est remplacé dans l'ARNm par le nucléotide complémentaire (A-U, T-A, C-G, G-C). Ce mécanisme se déroule grâce à une enzyme (catalyseur), la transcriptase, et demande de l'énergie.

• Les cellules d'**eucaryotes** montrent une étape supplémentaire, la **maturation de l'ARN pré-messager**. En effet, la majorité des **gènes sont morcelés** et possèdent des parties qui dirigent la synthèse protéique (les **exons**) et d'autres non (les **introns**). Dans un premier temps, la transcription du gène morcelé est totale. Puis, l'ARN pré-messager subit l'accrochage d'une **coiffe** de nucléotides (guanine) à une extrémité et d'une **queue de nucléotides** (adénine) à l'autre. Enfin, l'ARN pré-messager subit une **excision** de ses introns (les parties du gène qui ne codent pas la protéine) et l'**épissage** (réunion) de ses exons (les parties qui codent pour la protéine). Après avoir subi cette **maturation**, l'ARN pré-messager est désormais un **ARN messager** (ARNm) qui sort du noyau. Mais un même ARN pré-messager peut subir, suivant le contexte, des maturations différentes et donc être à l'origine de plusieurs protéines différentes.

La traduction se déroule dans le cytoplasme

Une fois dans le cytoplasme, l'ARNm va être lu et traduit en protéine dans des **ribosomes** (structures cellulaires) et d'autres molécules responsables de la traduction (molécules apportant l'énergie, enzymes, autres ARN). Les nucléotides contenus dans l'ARNm vont être lus trois par trois ; chaque triplet est un **codon**. Ils vont être traduits en acides aminés selon le **code génétique**. Celui-ci est pratiquement **universel** (le même code concerne toutes les espèces). Comme il y a 64 codons possibles, un acide aminé peut être codé par plusieurs codons différents ; on dit que le code est **redondant**. La traduction commence toujours par le **codon initiateur** AUG (méthionine) et se termine toujours par l'un des trois **codons STOP** ou non-sens.

La synthèse d'une protéine

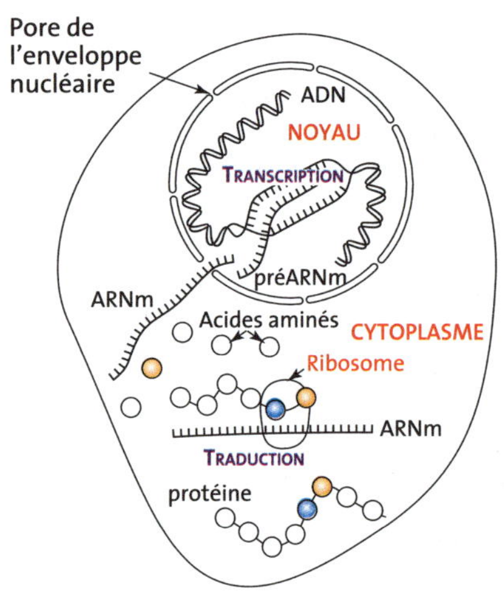

Le code génétique en ARNm

1re position	2e position U	2e position C	2e position A	2e position G	3e position
U	PHE	SER	TYR	CYS	U
	PHE	SER	TYR	CYS	C
	LEU	SER	STOP	STOP	A
	LEU	SER	STOP	TRP	G
C	LEU	PRO	HIS	ARG	U
	LEU	PRO	HIS	ARG	C
	LEU	PRO	GLN	ARG	A
	LEU	PRO	GLN	ARG	G
A	ILE	THR	ASN	SER	U
	ILE	THR	ASN	SER	C
	ILE	THR	LYS	ARG	A
	LEU	THR	LYS	ARG	G
G	VAL	ALA	ASP	GLY	U
	VAL	ALA	ASP	GLY	C
	VAL	ALA	GLU	GLY	A
	VAL	ALA	GLU	GLY	G

A : adénine ; U : uracile ; C : cytosine ; G : guanine ;
les abréviations de 3 lettres correspondent aux acides aminés codés ;
STOP est un triplet arrêtant la transcription.

SAVOIR-FAIRE

Utiliser le logiciel « Transcription / Traduction »

Ce logiciel, libre de droits, possède un menu :
- 1 : *Structure des acides nucléiques* permet de réviser le cours et de revoir l'ADN.
- 2 : *Complémentarité des bases* montre la liaison complémentaire des nucléotides.
- 3 et 3' : *Transcription* permet de saisir le brin d'ADN puis d'en construire le complémentaire. L'ARNm est ensuite demandé.
- 4 : *Traduction.* Il est possible de garder l'ARN fabriqué et de lancer la traduction. Il faut terminer par un codon STOP. Grâce au code génétique, la protéine peut être construite et le travail peut être visualisé sous la forme d'une animation.

Remarque : le logiciel « Génie génétique » (voir « Savoir-faire » p. 163) rend possible le passage de l'ADN à la protéine. Seule la réunion de trois nucléotides permet d'accrocher un acide aminé à la protéine synthétisée.

FAIRE

1 Soit la séquence d'ARNm suivante :

AUG UUU AAA GGG GAG UAG.

Décrivez de deux manières les étapes menant à la formation du polypeptide à partir de la séquence donnée :

a. en utilisant vos connaissances et le tableau du code génétique en ARNm.

b. en utilisant le logiciel « Transcription / Traduction » :
– cliquez sur *Traduction* ;
– saisissez la séquence d'ARNm donnée ;
– décrivez ce qui se passe jusqu'à l'obtention du polypeptide.

2 Répondez aux questions suivantes.

a. Qu'est-ce qu'un nucléotide ?

b. Où se déroule la traduction ?

c. Qu'est-ce qu'un brin transcrit ?

d. Quelle est la différence entre un ARN messager et un ARN pré-messager ?

3 On utilise le gène dirigeant la synthèse de la protéine du blanc d'œuf de la poule (ovalbumine). On essaie de joindre par complémentarité ce gène (brin transcrit) et l'ARN messager qui dirige la traduction de cette protéine dans la cellule.

a. Comment expliquez-vous l'aspect de la molécule d'ADN ?

b. À quoi correspondent les boucles 1 à 7 ?

Expérience de complémentarité ADN / ARN
Schéma d'après une photographie au microscope électronique

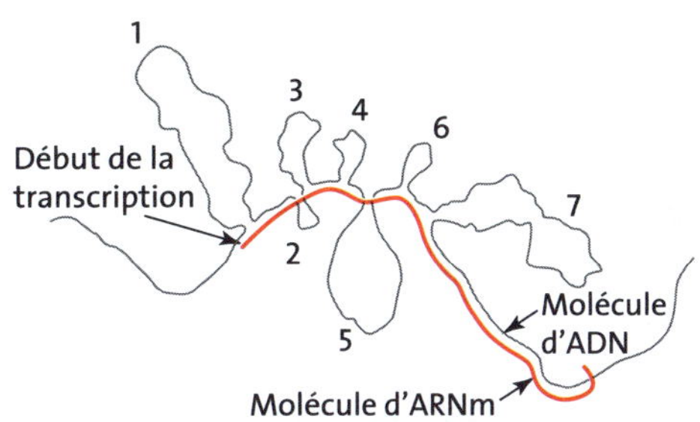

4 Trouvez la (ou les) bonne(s) réponse(s).

a. La transcription de l'ADN en ARN :
1. se déroule dans les ribosomes.
2. nécessite de l'énergie et l'intervention d'enzymes.
3. utilise les deux brins de la double hélice d'ADN.
4. se fait dans le noyau.

b. L'ARN se différencie de l'ADN par :
1. 3 des 4 nucléotides.
2. sa plus grande longueur que l'ADN.
3. son sucre qui est différent.
4. sa durée de vie courte contrairement à l'ADN.

SVT

5 Des phénotypes à différentes échelles

SAVOIR

La drosophile ou mouche du vinaigre a des yeux de couleurs variées. Si la couleur rouge sombre est le phénotype dominant rencontré dans la nature (phénotype qualifié de « **sauvage** »), d'autres couleurs existent : blanc, brun, rouge vif… On appelle **phénotypes alternatifs** les différentes versions existant dans une espèce pour un même caractère. À quelles échelles s'expriment les phénotypes ? Nous les étudierons à partir d'un exemple : la drépanocytose.

L'exemple de la drépanocytose

En 1904, un médecin américain examine un jeune homme noir âgé de 20 ans, hospitalisé pour de la toux accompagnée de fièvre. Le patient souffre de maux de tête. Des hématies déformées s'entassent dans ses capillaires, ralentissent la circulation et provoquent des lésions des organes mal irrigués. Ces hématies sont plus fragiles : elles ont une courte durée de vie, ce qui conduit à une anémie sévère (baisse du nombre de globules rouges). Ceci est dû à l'hémoglobine, protéine contenue dans l'hématie et assurant le transport du dioxygène. Depuis un an, il ressentait des palpitations et s'essoufflait vite, comme d'autres membres de sa famille. L'examen de son sang a confirmé son anémie, le nombre de ses hématies n'atteignant que la moitié de la valeur normale. L'observation d'un frottis sanguin a montré des hématies inhabituelles en forme de faucille.
Cette maladie, la drépanocytose, n'est pas rare. Elle atteint particulièrement les populations d'origine africaine. Au niveau de l'ADN, la cause de la maladie est une mutation par substitution de l'adénine par la thymine au 6e codon du gène dirigeant la synthèse de l'hémoglobine. Au niveau de la protéine, l'acide glutamique est remplacé par une valine. Ce changement de la protéine provoque une déformation de l'hématie.

Les différentes échelles

• À **l'échelle de l'organisme**, on peut observer des caractères morphologiques, anatomiques, physiologiques et comportementaux. Ce sont les phénotypes macroscopiques.
Dans le cas de la drépanocytose, le malade tousse, a de la fièvre et des maux de tête ; il s'essouffle et a des palpitations. Il est anémié et certains organes mal irrigués présentent des lésions.

• À **l'échelle cellulaire**, le phénotype concerne des caractères structuraux et métaboliques.
Les cellules sanguines du malade atteint de la drépanocytose montrent un fort taux d'hématies déformées.

• À **l'échelle moléculaire**, le phénotype concerne les protéines de structure (hémoglobine), les protéines enzymatiques et le résultat de leur activité.
L'ADN de la personne atteinte de drépanocytose montre une substitution qui provoque le remplacement d'un acide aminé de l'hémoglobine ; ceci a pour conséquence l'agglutination de cette protéine et donc la déformation des hématies.

En conclusion, le phénotype aux échelles de l'organisme et de la cellule trouve son origine à l'échelle des molécules.

L'origine de phénotypes alternatifs

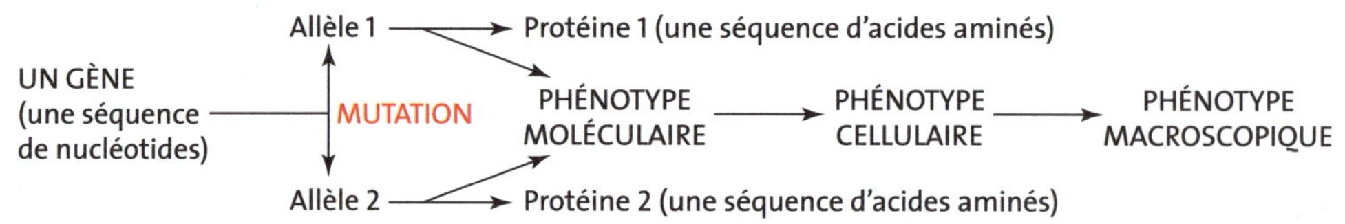

SAVOIR-FAIRE

Savoir exploiter un texte scientifique

Le texte scientifique a un caractère rationnel puisqu'il s'appuie sur la démarche scientifique. Il permet de faire avancer les connaissances sur un sujet précis.

- Avant de commencer, **cherchez des renseignements** sur l'auteur du texte, sur le contexte qui a permis l'écrit, sur la nature de l'ouvrage d'où le texte est tiré.
- Lisez le texte proposé et recherchez éventuellement **les mots que vous ne comprenez pas** pour en trouver le sens précis.
- Par une seconde lecture, dégagez les **grandes idées**.
- **Résumez** ce que vous avez trouvé, en évitant la paraphrase et en trouvant, si possible, la démarche qui soutient le raisonnement de l'auteur, les problèmes posés.

FAIRE

1 Lisez le texte, puis répondez à la question suivante :

Citez les grandes idées qui se dégagent du texte.

Environnement, mutations et cancers

Présents dans la fumée de cigarettes, dans les vapeurs d'essence ou dans des environnements pollués, les hydrocarbures aromatiques sont des molécules capables de se lier à l'ADN en complexes hydrocarbures-ADN. Ces complexes favorisent des mutations de l'ADN et sont retrouvés en grande quantité dans le sang de personnes exposées ou atteintes de cancer comme celui du poumon.

La protéine p53 se trouve impliquée dans le contrôle de l'expression d'autres gènes lors de différentes agressions cellulaires (expositions des cellules aux UV ou à des agents cancérigènes). Or des mutations du gène p53 ont été identifiées dans la plupart des cancers humains, en particulier dans 70 % des cancers du poumon. Lorsque la molécule p53 est absente ou non fonctionnelle, les cellules ne contrôlent plus leur cycle cellulaire et elles peuvent proliférer : une tumeur cancéreuse peut ainsi se mettre en place.

D'après le sujet du Bac ES, Polynésie, 2004.

2 Retrouvez les propositions qui sont exactes.

a. 1. Le phénotype ne dépend que du génotype.
   2. Le phénotype macroscopique dépend du phénotype cellulaire, lui-même provoqué par le phénotype moléculaire.
   3. Une mutation peut n'avoir aucune conséquence observable sur la protéine produite.

b. Chez un patient atteint de drépanocytose :
   1. l'allèle du gène assurant la synthèse de l'hémoglobine est muté.
   2. l'ADN n'est pas muté alors que l'hémoglobine est modifiée.
   3. c'est un manque de dioxygène qui est responsable de la maladie.
   4. un acide aminé de l'ADN est muté.

c. Le phénotype :
   1. s'exprime à trois niveaux différents.
   2. est qualifié de macroscopique, au niveau de l'organisme.
   3. subit l'influence du génotype et de l'environnement.
   4. est alternatif car il change systématiquement chez chaque individu.

d. Un phénotype est sauvage car :
   1. il est discret donc rarement observable.
   2. il mute très souvent car il est instable.
   3. il illustre une grande diversité.
   4. c'est le phénotype le plus souvent observé naturellement.

6 L'élaboration d'un modèle : la tectonique des plaques

SAVOIR

Jadis, on avait une idée **fixiste** de la surface la Terre, considérant qu'elle n'avait jamais bougé depuis sa formation.

Les premières idées

• Au début du XVIIe siècle, Francis Bacon remarque la **complémentarité des côtes** de l'Afrique et de l'Amérique.
• En 1668, à partir des **différences d'altitudes** entre les continents et les océans, François Placet pense qu'avant le déluge, il existait un super continent qui s'est ensuite effondré au centre en créant l'océan Atlantique.

La Pangée de Wegener

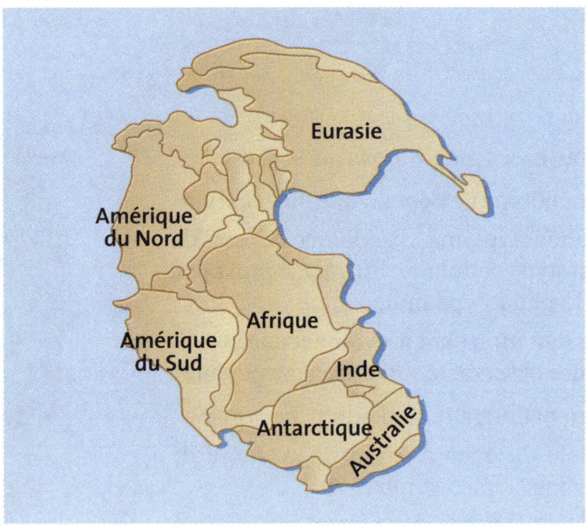

• Vers 1858, utilisant les **ressemblances des fossiles** en Europe et en Amérique, Antonio Snidder-Pellegrini suppose la séparation des deux continents mais il en attribue la cause au déluge.
• En 1910, en reprenant la similitude des côtes, Frank B. Taylor suppose que l'Atlantique a été formé par la séparation des deux continents. Il explique aussi les montagnes de la Cordillère des Andes et des Rocheuses comme des plissements résultant de leur dérive.
• En 1915, Alfred Wegener s'appuie sur l'emboîtement des côtes, la présence de fossiles ressemblant sur les différents continents et sur l'existence de structures montagneuses anciennes qui se complètent. En outre, des dépôts glaciaires du Primaire sont observés sur différents continents de l'hémisphère Sud. Ces dépôts indiquent qu'un climat du passé, ou **paléoclimat** rigoureux, était localisé à des latitudes très différentes. Ceci n'est acceptable que si on suppose la présence d'un super continent, **la Pangée**. Wegener explique que, issus de la fragmentation de la Pangée, les continents rigides flottent comme des radeaux sur les liquides internes de la Terre et ont ainsi dérivé les uns des autres.

Mais un trop grand nombre d'idées conservatrices et l'insuffisance de preuves font échouer ces théories aux yeux du monde scientifique.

Une théorie confortée

• Le magnétisme terrestre a changé au cours du temps : il y a eu des inversions du pôle magnétique. C'est le **paléomagnétisme**. Lors de la formation des fonds océaniques, grâce à leurs cristaux de magnétite (Fe_2O_3), les roches conservent la trace de l'orientation des pôles. Par rapport à la dorsale médio-océanique, la symétrie des inversions magnétiques confirme qu'il y a eu **expansion des fonds océaniques** par **accrétion** de nouveaux matériaux. Connaissant les temps des inversions du magnétisme et la distance par rapport à la **dorsale**, on a pu mesurer la **vitesse d'expansion** des fonds océaniques.
• Sur les continents, la position du paléomagnétisme prouve que les masses continentales se sont déplacées. À partir des années 1960, grâce aux nouvelles techniques, on peut voir la **topographie des fonds océaniques**. Des mesures des **flux thermiques** permettent de montrer que ces dorsales étaient le siège d'une activité volcanique importante. Contrairement à Wegener, qui pensait que les continents flottaient sur un fond océanique mobile, on sait donc aujourd'hui que les plaques sont mues par des courants de convection formés dans le manteau terrestre.
• L'évolution des idées sur la tectonique des plaques est une belle illustration de la façon dont une théorie peut se modifier et s'améliorer. Des technologies plus performantes ont permis d'apporter des arguments nouveaux qui confirment et affinent le modèle.

SAVOIR-FAIRE

Rédiger une fiche de synthèse

- Élaborez la fiche dès que le cours a été fait.
- Commencez par recenser les points essentiels du cours.
- Écrivez de façon très lisible ces notions, en les regroupant de façon logique. L'écriture est synthétique : une demi-page au maximum, fléchage, abréviations…
- Apprenez votre fiche. Si elle a été bien faite, cela sera aisé car sa réalisation permet de commencer à la mémoriser.

Exemple d'une fiche de synthèse possible

Théorie de Wegener sur la dérive des continents (1915)

– **Idée :** les continents fragmentés se déplacent à partir d'un continent unique (la Pangée).

– **Arguments :** concordance des côtes des continents et des structures géologiques, fossiles, paléoclimats.

– **Adversaires :** les partisans d'une théorie fixiste.

– **Et aujourd'hui :** ce sont les plaques lithosphériques qui sont mobiles ; d'autres arguments aboutissent à la tectonique des plaques.

FAIRE

1 À partir du schéma suivant représentant les anomalies paléomagnétiques des roches océaniques par rapport à la dorsale, répondez aux questions suivantes.

a. Calculez, pour – 2 Ma, la vitesse moyenne d'expansion.

b. Cette vitesse est-elle constante ? Justifiez votre réponse.

Les inversions magnétiques des fonds océaniques

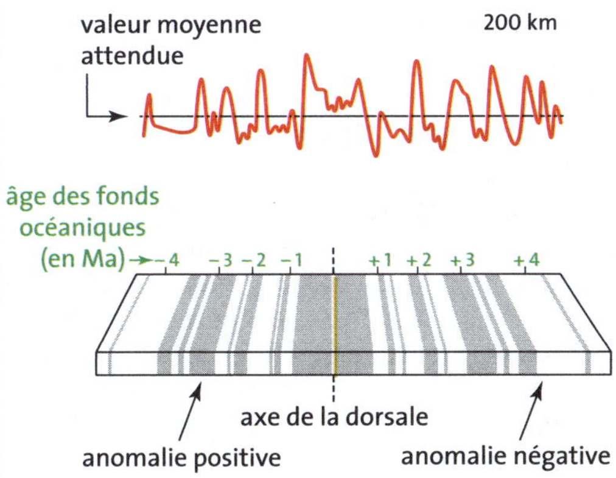

2 Définissez les termes *paléomagnétisme*, *accrétion*, *topographie*.

3 En utilisant la carte des sédiments au contact des fonds océaniques, retrouvez les bonnes propositions.

a. Les sédiments sont plus récents quand on s'éloigne de la dorsale.

b. Cette carte des fonds océaniques est une preuve de l'expansion des fonds océaniques.

c. Avec une datation précise des sédiments, on peut apprécier la vitesse d'expansion des fonds océaniques.

d. Cette carte illustre le fixisme des structures terrestres.

Carte des sédiments au contact du fond de l'océan Atlantique

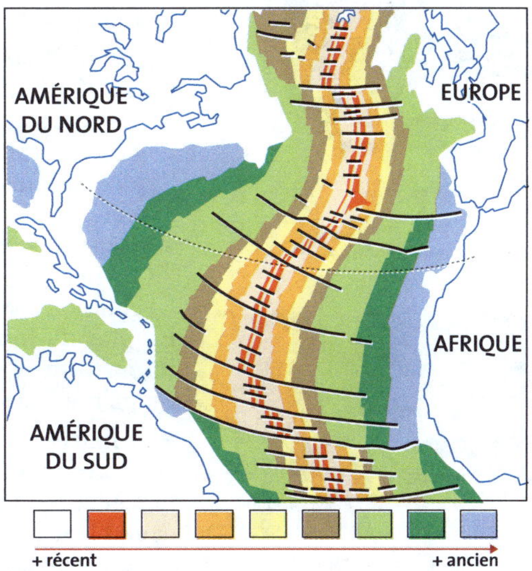

SVT

7 La structure et la composition chimique de la Terre

SAVOIR

Depuis l'élaboration de la théorie de la tectonique des plaques, l'Homme sait que la Terre n'est pas immobile. La différence d'altitude entre les **océans** (profondeur maximale dans la fosse des Mariannes, à – 10 924 m) et les **continents** (altitude maximale dans l'Himalaya, + 8 850 m) montre une **différence géologique** entre ces deux milieux.

Les deux types de lithosphères

• La **lithosphère océanique** est formée d'une **croûte océanique**. Recouverte de **sédiments**, elle est constituée par un niveau de **basalte**, roche magmatique éruptive (volcanisme sous-marin) surmontant des **gabbros**, roche magmatique plutonique (refroidie en profondeur) de même composition. Son épaisseur de 6 à 7 km est limitée par la **discontinuité de Mohorovicic** ou **Moho**. En dessous, on trouve le **manteau** constitué de **péridotite**, autre roche magmatique plutonique. Ces connaissances ont été établies par l'observation directe des roches en situation ou remontées dans les roches volcaniques. La limite entre la croûte et le manteau est déterminée par la réflexion et la réfraction des ondes sismiques.

• La **lithosphère continentale** est constituée d'une **croûte continentale** plus épaisse (en moyenne 30 km de profondeur). Elle est formée de **roches sédimentaires** recouvrant des **roches métamorphiques** (issues de la transformation des roches par augmentation de la pression et de la température). En dessous, le socle est formé de **granitoïdes**, roches magmatiques plutoniques plus riches en silice que les roches de la croûte océanique, mais plus pauvre en minéraux ferromagnésiens (riches en fer et magnésium). Le Moho peut atteindre plus de 70 km sous les reliefs montagneux. En dessous, on trouve le **manteau** lithosphérique formé de péridotites.
La base de la lithosphère rigide correspond à un niveau de température de 1 300 °C. Cette limite, ou isotherme (ligne d'égale température), correspond à une augmentation de la ductilité (la péridotite est plus malléable). Elle marque une zone du manteau, ou **asthénosphère**, qui descend jusqu'à 670 km. En dessous, le **manteau inférieur** descend jusqu'à 2 900 km ; à cause des fortes pressions et températures, de nouvelles formes minérales apparaissent.

Le modèle actuel de la tectonique des plaques lithosphériques

Une zone de divergence

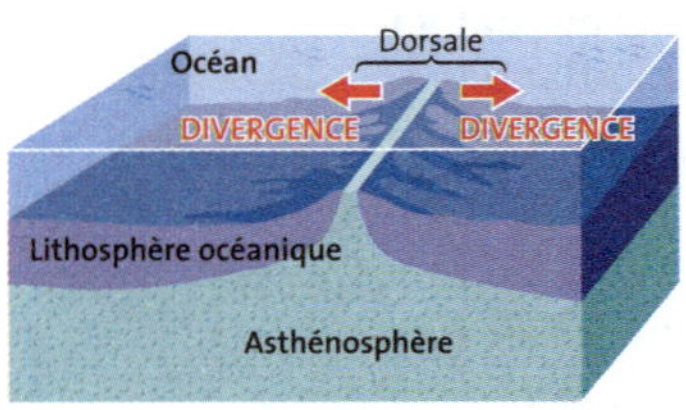

Une zone de convergence

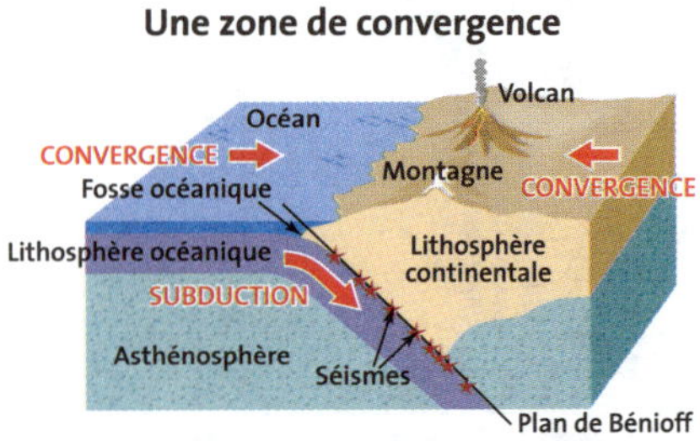

• Les zones de **divergence**, ou **dorsales**, correspondent à des zones de relief positif par rapport au reste du plancher océanique. Ce sont des zones où se forme la lithosphère océanique avec remontée du basalte océanique (éruption sous-marine, le plus souvent). Des **failles normales** marquent cette divergence.

• Lors de la **convergence lithosphérique**, les plaques se rapprochent. La **subduction** est une zone où une lithosphère océanique s'incurve et passe sous une lithosphère océanique ou continentale. À la limite de la zone d'affrontement, on trouve des **fosses océaniques** marquant l'enfoncement et des **chaînes de montagnes**, ou des **arcs insulaires**, associés à du volcanisme sur la plaque chevauchante. Des **foyers sismiques** matérialisent la zone d'enfoncement le long du plan incliné dit de Bénioff. La lithosphère qui subducte s'incorpore au manteau.
La **collision** correspond à la rencontre de deux lithosphères continentales. En plus du fort **relief positif** montagneux, on trouve une **sismicité importante**. Comme pour la subduction, la couverture sédimentaire est marquée de nombreux **plis** et **failles inverses** (raccourcissement).

• La **marge** correspond à la bordure d'un continent. Elle est dite **passive** si elle est située sur une même plaque lithosphérique, sans activité tectonique. Elle est **active** lorsqu'elle correspond à la rencontre de deux plaques différentes (avec des marqueurs : volcanisme, séismes, reliefs contrastés).

SAVOIR-FAIRE

Utiliser le logiciel « Tectoglob » pour réaliser une coupe

Libre de droit, ce logiciel permet de visualiser le mouvement des plaques lithosphériques et ses conséquences.

L'écran d'accueil du logiciel propose cinq sous-menus décrits ci-après.

- 1er menu : Les fonctions *Imprimer* et *Quitter* seront utilisées.
- 2e menu : On peut ajouter à la carte les **séismes**, les **volcans**, l'âge des **fonds océaniques**, la fenêtre *Coupe* (si une coupe a été faite).

On peut afficher la coupe faite et, éventuellement, **exagérer le relief**.

La commande [A] du menu permet d'ajouter un **titre** et des **légendes**. Le sous-menu *Affichage/Choix* donne accès au paramétrage concernant l'affichage de la **profondeur** et de la **magnitude** (intensité) des séismes, des volcans.

Par défaut les séismes sont rouges.

Enfin, on peut choisir un **fond de carte** précis ou standard.

- 3e menu : On peut tracer une coupe : choisir le mode *Tracé d'une coupe* et la réaliser sur la carte avec la souris, puis valider. Sur chaque coupe, avec [\], on peut tracer une droite figurant le plan sismique dans les zones de subduction ; le pendage, c'est-à-dire l'angle de subduction, est affiché.

Après avoir fermé la fenêtre *Coupe* par un clic sur le symbole [X], on peut la rouvrir et afficher la (ou les) coupe(s) tracée(s) avec le menu *Affichage/Fenêtre coupe.*

- 4e menu : Un **fichier d'aide** est proposé.
- 5e menu : On se déplace pour trouver un point précis.

La fenêtre *Carte* est entourée de zones de défilement (ascenseurs) permettant de **se déplacer** en longitude, en latitude, et de **zoomer**. Lors des déplacements, la latitude (N, S), la longitude (E, O) et l'altitude s'affichent en bas de l'écran.

Les noms des volcans peuvent aussi être affichés.

SVT

FAIRE

1 Utilisez les fonctionnalités du logiciel « Tectoglob ».

a. Affichez à l'écran :
– les données sismiques de magnitude supérieure à 1 ;
– les volcans ;
– un fond de carte précis.

b. Réalisez une coupe Ouest/Est de l'Amérique du Sud (affichez le relief au-dessus, exagérez le relief).

c. Légendez votre coupe.

2 En utilisant vos connaissances et des ressources variées (livres, Internet, CD-rom…), comparez une marge active et une marge passive. Vous mettrez en évidence leurs points communs et leurs différences.

3 Trouvez la (ou les) bonne(s) proposition(s).

a. L'asthénosphère :
1. est constituée de péridotites.
2. correspond à des roches très rigides.
3. permet le mouvement des plaques lithosphériques.
4. est limitée au-dessus par le Moho.

b. Le basalte :
1. est une roche sédimentaire.
2. possède la même composition que le gabbro.
3. provient d'un magma qui arrive à la surface.
4. caractérise la croûte continentale.

c. Une dorsale :
1. est une frontière de convergence.
2. est une frontière de divergence.
3. est marquée de failles normales.
4. est marquée de failles inverses.

8 Des plaques en mouvement

SAVOIR

Différentes méthodes permettent d'apprécier les déplacements lithosphériques.

Les failles transformantes

Des mouvements de **coulissage** complètent la tectonique des plaques. Il n'y a ni disparition ni création de lithosphère.
C'est essentiellement sur l'axe des dorsales qu'on localise des **failles transformantes**. Les mouvements sont limités à la région comprise entre les frontières de plaque (sur la figure, entre les points **A** et **B**).

Fonctionnement d'une faille transformante

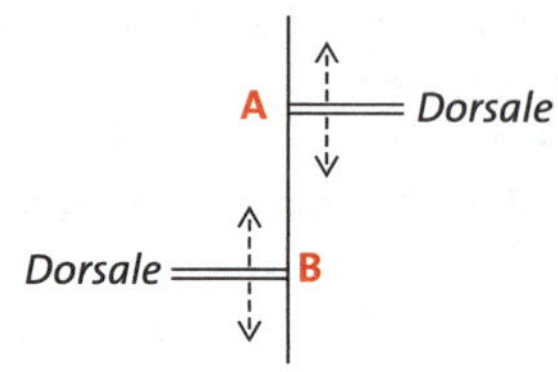

Des mesures grâce aux points chauds

Le volcanisme de point chaud

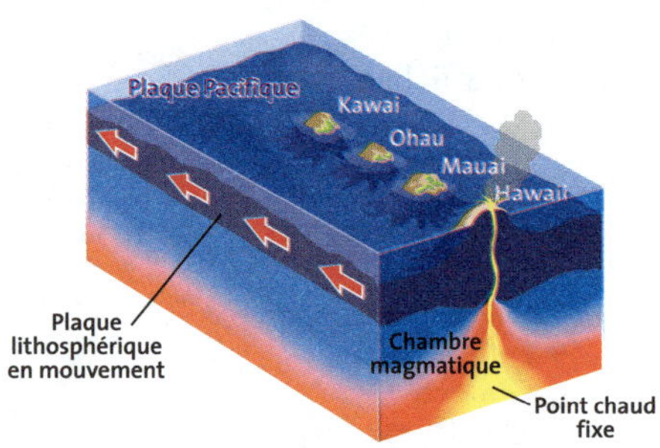

Un **point chaud** est une région fixe située dans le manteau profond à partir de laquelle un **magma** remonte vers la surface et perfore la plaque.
Sachant que son activité est quasiment permanente, les **alignements de volcans** traduisent le mouvement de la plaque du dessus au cours des temps géologiques. À une extrémité de l'alignement, on localise le volcan le plus récent, souvent actif alors que les autres, plus anciens, sont éteints. Cela met en évidence la direction, le sens du mouvement et la vitesse du déplacement de la plaque.

L'âge des sédiments océaniques

Variation de l'âge des sédiments au contact du fond océanique en fonction de la distance à la dorsale

(le point **a** est le plus proche de la dorsale, le point **h** est le plus éloigné)

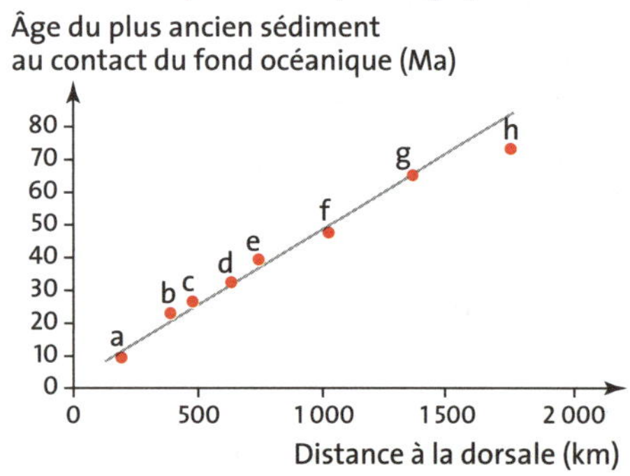

Le modèle de la tectonique des plaques prévoit que la croûte océanique est d'autant plus vieille que l'on s'éloigne de la dorsale.

En effet, la remontée de l'asthénosphère au niveau de la dorsale forme une chambre magmatique. À partir des matériaux issus du manteau, le magma basaltique remonte et permet l'accrétion du plancher océanique.
Grâce au programme de forage sous-marin, les **âges des sédiments** en contact avec le plancher océanique confirment cette prédiction. On peut alors calculer la vitesse de ce phénomène géologique.

Des mesures satellitales en direct

À l'aide de techniques très modernes telles que celles de **positionnement par satellites**, dites GPS (de l'anglais *Global Positioning System*), on peut mesurer la vitesse des déplacements des plaques et la distance parcourue avec une grande précision. Pour cela, les satellites émettent un signal dans les longueurs d'ondes qui traversent les nuages et qui est reçu par des balises de réception situées au sol. Ces balises reçoivent le signal d'au moins quatre satellites pour faire une mesure précise de position. Les mouvements des plaques deviennent ainsi directement observables et leurs vitesses sont confirmées.

SAVOIR-FAIRE

Utiliser le tableur « OpenOffice »

• Téléchargez ce logiciel libre de droit. Le tableur va permettre de mesurer le déplacement d'une plaque grâce à des mesures GPS.

• Pour trouver les valeurs de certaines stations, allez à l'adresse *http://www.educnet.education.fr/localisation/pedago/geologie/activite3.htm* Cliquez sur *Fichier de données* et téléchargez les mesures de latitudes et de longitudes des stations.

• À partir de l'exemple de la station HÖFN, réalisez le graphe des déplacements des latitudes en fonction du temps. Pour cela, vous sélectionnez les données des deux premières colonnes en les mettant en surbrillance. Cliquez sur A ou 1, colonne de gauche, puis B ou 2, colonne de droite. Par défaut, le tableur place en abscisses les données de la colonne de gauche. Dans le menu *Insertion*, choisissez *Diagramme*, et dans *Type de diagramme* prendre XY (dispersion).

• Représentez la droite de régression et l'équation de la droite correspondante. Elle représente, aux incertitudes près, le déplacement moyen de la station GPS en fonction du temps. Pour cela, sélectionnez la courbe en cliquant dessus, puis dans le menu *Insertion, Courbe de tendance.* Pour afficher l'équation de cette droite, cliquez sur *Propriétés de l'objet*, *Type* et *Afficher l'équation.* L'équation de la droite de régression est de la forme $y = ax + b$ où a représente la pente de la droite, c'est-à-dire ici la vitesse de déplacement de la station selon la longitude.

• Faites de même en ce qui concerne la latitude.

• Représentez les vecteurs de déplacement. Par convention, le signe moins du coefficient directeur signifie « latitude sud » ou « longitude ouest » et l'absence de signe, « latitude nord » ou « longitude est ». Tracez sur papier millimétré les vecteurs de déplacement en longitude et en latitude puis construisez la résultante. Mesurez la longueur du vecteur obtenu pour obtenir la vitesse (pour trouver la norme du vecteur, on peut aussi utiliser le théorème de Pythagore).

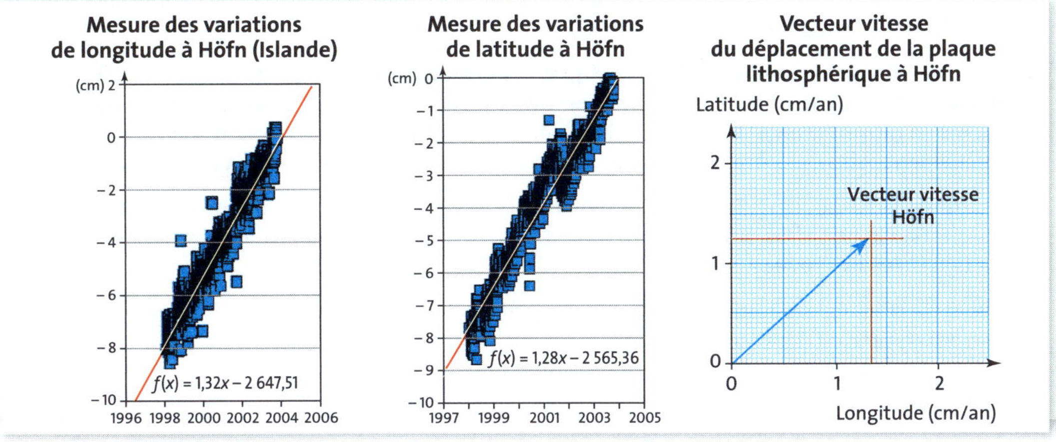

FAIRE

1 a. Sur une feuille de papier millimétré, tracez le vecteur d'un point dont les coordonnées GPS sont : latitude $y = 2{,}123x - 4\,254{,}5$ et longitude $y = -\,1{,}1491x + 2\,302{,}8$.

b. Calculez alors la norme de ce vecteur.

2 Grâce à vos connaissances, retrouvez les termes manquants.

Depuis une cinquantaine d'années, de nombreuses observations ont permis de valider la théorie de la ......(a.)...... des plaques selon laquelle la ...... (b.)...... est découpée en plaques animées de mouvements de rapprochement ou ......(c.)......, d'écartement ou ......(d.)...... et des mouvements de coulissage ou ......(e.)...... . Elle se fondait au début sur la forme complémentaire des ......(f.)......, la répartition des ......(g.)......, la différence de relief entre ......(h.)...... et ......(i.)...... . Grâce aux anomalies ......(j.)...... des basaltes, aux âges des sédiments des ......(k.)...... et par la mesure des alignements volcaniques à partir d'un ......(l.)......, on a commencé à étayer la théorie. Ces informations sont relayées actuellement par des mesures directes de la position de balises grâce à des ...... (m.)...... . Ainsi, la ......(n.)...... du déplacement des ......(o.)...... est connue en temps réel.

3 Grâce au paléomagnétisme des basaltes, à partir de la dorsale, on a mesuré la formation de 70 km de plancher océanique pour $3 \cdot 10^6$ ans. Calculez la vitesse de cette expansion (le résultat sera donné en $cm \cdot an^{-1}$).

9 La tectonique lithosphérique et la géologie appliquée

SAVOIR

Un pli, piège à pétrole

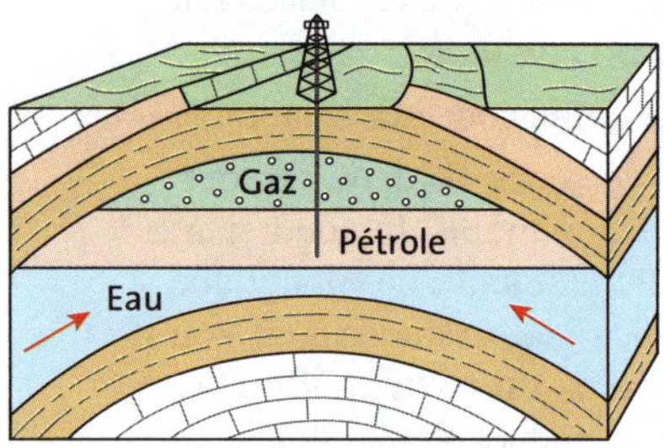

Dans des conditions bien particulières, les combustibles fossiles se transforment progressivement en fonction de la profondeur des terrains. La conservation de la matière organique est alors possible. Par exemple, le pétrole migre de la roche mère à la roche réservoir. Comment la tectonique joue-t-elle un rôle dans la formation de certaines ressources exploitables ?

Faciliter la recherche d'un gisement pétrolier

Pour trouver plus facilement des lieux d'accumulation du pétrole et donc favoriser une exploitation éventuelle, on recherche à comprendre l'influence de la tectonique.

• Le pétrole ne peut se former que dans des **bassins sédimentaires** favorables au dépôt de grandes quantités de matières organiques. Celles-ci doivent se déposer dans des milieux fermés donc peu oxygénés (ou confinés) comme des **lagunes**, pendant les **périodes chaudes**, où la décomposition est moins intense. Ces grands bassins se forment dans des zones déprimées. Sous le poids des dépôts, le fond s'affaisse lentement : c'est la **subsidence**.

• En raison des mouvements lithosphériques, la **transformation** de la matière organique des sédiments est accentuée par l'augmentation de la chaleur interne. La **température** du sous-sol augmente en moyenne de 3 °C tous les 100 m : c'est le **géotherme**. La **pression** augmente aussi avec l'enfoncement. Ainsi, à 1 km de profondeur, la température est de 50 °C et la pression de 250 bars.

• À partir de la roche mère, le pétrole remonte vers des réservoirs. Ces **migrations** sont favorisées sous l'effet de la **pression**, lors de **mouvements tectoniques** compressifs tels que des **plissements** et des **fractures** des roches.

• Pour accumuler des quantités exploitables de pétrole, le sous-sol doit présenter un **piège**. Celui-ci est un grand espace fermé au-dessus par une couche imperméable, ou **toit**. Les géologues savent alors dans quels types de terrains il y a une probabilité de trouver du pétrole.
C'est la rareté de ces différentes conditions qui explique la rareté des gisements pétroliers dans l'espace et dans le temps.

Front de taille de la carrière de Cormeille-en-Parisis

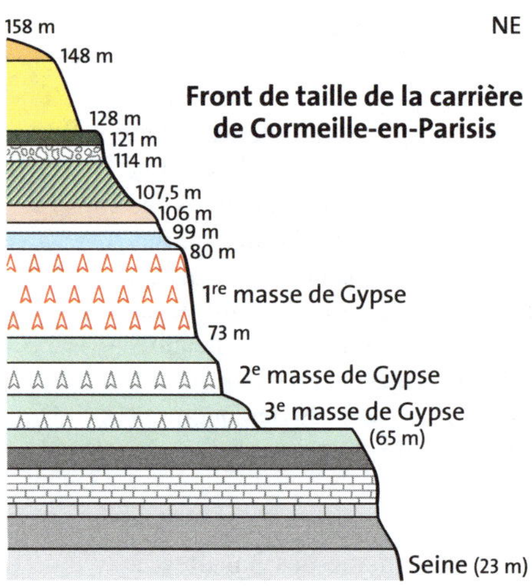

Un autre exemple : une exploitation de gypse

Le gypse est une roche **sédimentaire**. Il se forme au niveau des **lagunes** par évaporation. C'est pourquoi il est également nommé évaporite. Comment expliquer sa présence en couches de plus de 20 m d'épaisseur dans le bassin parisien ?

• Le socle du bassin parisien est constitué de granites faillés qui entraînent des mouvements de certains compartiments. Il subit une **subsidence** sous l'effet du poids des sédiments.

• Mais ce mouvement de descente est suivi, dans le temps, d'un mouvement opposé de soulèvement (positif). En effet, la lithosphère se comporte comme un radeau sur l'asthénosphère. Le soulèvement permet la compensation et le rétablissement de l'**équilibre isostatique**, tout comme une péniche chargée de sable améliore sa flottabilité si on réduit progressivement son chargement. Ces mouvements, associés à des transgressions (arrivées) et régressions (retraits) de la mer, expliquent ces empilements sédimentaires.

SAVOIR-FAIRE

Comprendre une carte géologique

La carte géologique révèle diverses données.

• D'une part, il y a une indication du relief ou de la **topographie** par des **courbes de niveau** joignant des points de même altitude. On appelle **équidistance** (e) l'altitude séparant deux courbes de niveau voisines (souvent 10 m).

• D'autre part, il y a une description de la roche qui affleure en **sous-sol**. Une **légende** classe par âge et par nature les diverses variétés : roches sédimentaires, magmatiques ou métamorphiques. Ce classement est appelé **série stratigraphique**.

• L'**échelle** représente le rapport entre la longueur sur la carte et la distance réelle. Ainsi, 1/50 000e signifie qu'un millimètre sur la carte représente 50 000 millimètres soit 50 mètres sur le terrain.

• D'**autres informations** peuvent figurer (faille, axe d'un pli, chevauchement, pendage, c'est-à-dire inclinaison d'une couche…).

Carte géologique simplifiée de la région de Mantes-Est (Yvelines)

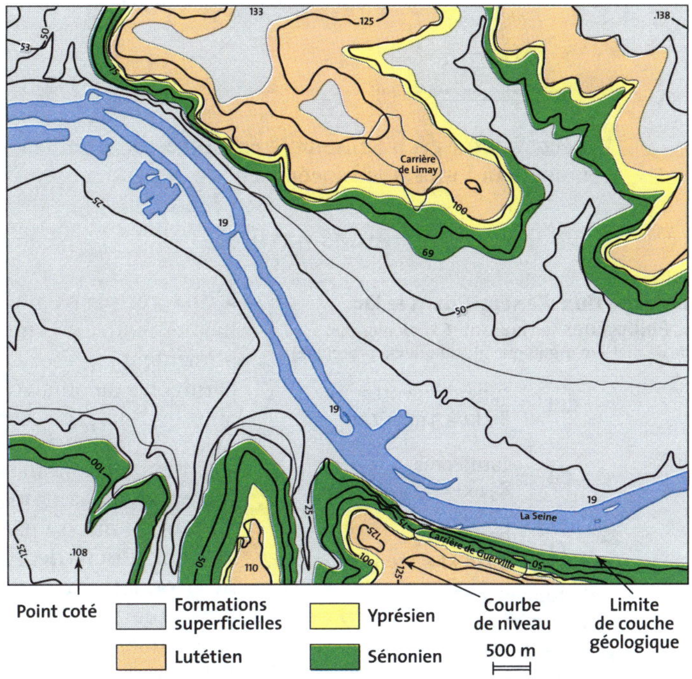

FAIRE

1 À partir de la carte géologique simplifiée du « Savoir-faire », retrouvez :

a. l'équidistance de la carte.

b. l'échelle utilisée (à écrire sous la forme 1/xxxxx).

2 À l'aide de la carte précédente, expliquez ce qui permet d'affirmer que les couches de terrains (Lutétien, Yprésien et Sénonien) sont pratiquement horizontales.

3 Une région est représentée à l'aide d'une carte dont l'échelle est de 1/10 000e.

a. Donne-t-elle plus ou moins de détail que si la région était cartographiée au 1/50 000e ?

b. Couvre-t-elle plus ou moins de terrain que si elle était au 1/50 000e ?

4 À partir du texte suivant, retrouvez des conditions favorables à la formation de la roche mère d'un gisement pétrolier.

« Le pétrole est un mélange naturel d'hydrocarbures et de quelques autres composés. Il se forme au sein de bassins sédimentaires par transformation de la matière organique principalement d'origine planctonique, incorporée dans les sédiments. Une des conditions essentielles à la formation de pétrole réside dans l'accumulation d'une importante quantité de matière organique qui doit être enfouie rapidement, afin de limiter les dégradations bactériennes en présence d'oxygène. On estime qu'il se dépose en moyenne 50 m de sédiments par million d'années. La température croît au cours de l'enfoncement en moyenne de 3 °C tous les 100 m. Cet enfouissement conduit, d'une part à une transformation progressive des sédiments en roches et, d'autre part, à la dégradation thermique des matières organiques en pétrole. La roche dans laquelle se forment les gouttelettes d'hydrocarbures est appelée roche mère.
En langage pétrolier, on appelle «fenêtre à l'huile» la fourchette de profondeurs où se forme l'huile, c'est-à-dire le pétrole. Cette huile se forme en moyenne entre 60 et 100 °C. Le gaz est produit en grande quantité à partir de 85° C, et au-delà de 130° C, l'huile est détruite. »

Les Conditions de formation du pétrole (d'après l'exercice 1 du concours Géosciences 2010).

10 La production animale et végétale

SAVOIR

Un **écosystème** est un ensemble constitué par le milieu, ou **biotope**, et par les êtres vivants qui le peuplent qui forment la **biocénose**.

Les écosystèmes naturels

Pyramide des flux d'énergie dans le lac Lanao, Philippines (en prenant 16 kiloJoules par gramme de matière organique glucidique ou protéique)

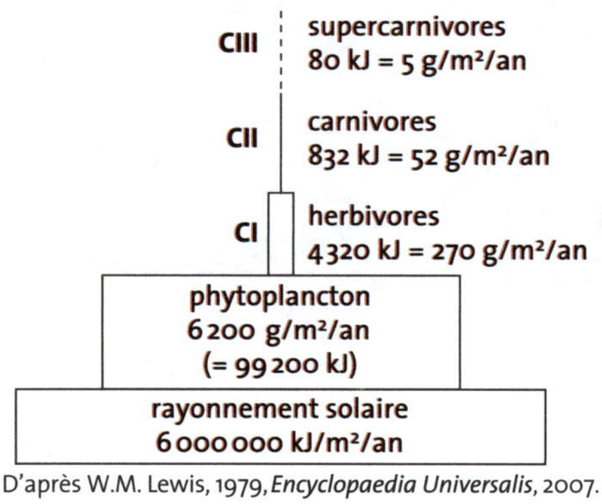

D'après W.M. Lewis, 1979, *Encyclopaedia Universalis*, 2007.

Remarque : le phytoplancton correspond au plancton végétal réalisant la photosynthèse.

• En forêt, par exemple, le premier maillon est constitué d'organismes réalisant la photosynthèse. Ces **producteurs primaires** alimentent un réseau de **producteurs secondaires** végétariens, carnivores ou omnivores. L'ensemble des **chaînes alimentaires** au sein d'un écosystème est un **réseau trophique**.

• On apprécie l'efficacité de ces relations alimentaires par la **biomasse**, masse de matière vivante d'un maillon. L'accroissement de cette biomasse par unité de temps ou vitesse de production est la **productivité**. Exprimée en unités d'énergie, la **pyramide de productivité** montre les pertes successives de productivité à chaque maillon. La taille de chaque compartiment est proportionnelle à la productivité du niveau trophique représenté. Il faut donc beaucoup de producteurs primaires (P) pour faire vivre moins d'herbivores (carnivores de premier ordre, CI), encore moins de carnivores (carnivores de deuxième ordre, CII) et très peu de supercarnivores (carnivores de troisième ordre, CIII).

Les écosystèmes artificiels

• L'Homme crée des écosystèmes artificiels ou **agrosystèmes**. Ils doivent lui fournir les produits nécessaires à ses besoins essentiellement alimentaires mais aussi industriels (comme le coton ou les biocarburants). Les lois du marché, donc de l'offre et de la demande, conditionnent en partie leurs productivités.
Dans l'**agriculture traditionnelle**, des mouvements ou **flux de matière** (dont l'eau) **et d'énergie** conditionnent aussi la productivité. De plus, l'exportation de biomasse hors de l'agrosystème, lors des récoltes, contribue à un appauvrissement du sol en matières minérales.

• Ainsi, la fertilité menacée des sols et la recherche de rendements posent le problème de l'**apport d'intrants**, produits extérieurs aux cultures qui en augmentent la production, malgré leurs impacts sur l'environnement. Les **engrais** sont des intrants utilisés pour fertiliser le sol, alors que les **produits phytosanitaires** ou **pesticides** sont des intrants visant à soigner les plantes : **herbicides** éliminant soit toutes les plantes, soit les mauvaises herbes dans les cultures, **fongicides** qui détruisent les parasites de la famille des champignons, moisissures, **insecticides** qui tuent les insectes.

• Le choix d'autres **techniques culturales** concilie la nécessaire **production** et la gestion durable de l'**environnement**. Ainsi, l'**agriculture biologique** n'utilise pas de produits de synthèse et emploie des méthodes respectueuses du milieu.
Dans un agrosystème, le **rendement** global de la production par rapport aux consommations (énergie, matière) dépend de la **place du produit consommé** dans la pyramide des productivités. Cette dernière montre que consommer de la viande n'a pas le même impact écologique que consommer un produit végétal (le franchissement de chaque maillon s'accompagne de pertes incompressibles).

SAVOIR-FAIRE

Interpréter les résultats d'une étude expérimentale

On a fait germer des graines de cresson puis les plantules obtenues ont été séparées en quatre lots. Chaque lot a été placé dans des récipients numérotés entre 1 et 4, remplis d'eau à ras bord et recouverts d'une compresse fixée par un élastique. La qualité de l'eau diffère d'un récipient à l'autre. Les plantules sont observées quotidiennement pendant une dizaine de jours.
Interprétez les résultats présentés dans le tableau ci-après.

Résultats de la croissance expérimentale de germinations de cresson

Conditions / Résultats	Récipient 1 Eau du robinet	Récipient 2 Eau déminéralisée	Récipient 3 Eau du robinet et 3 gouttes d'engrais liquide	Récipient 4 Eau du robinet et une cuillérée à soupe d'engrais
État de la culture	Feuilles peu développées en une semaine	Mort des plantules en une semaine	Longues racines et grandes feuilles en une semaine	Mort des plantules en trois jours

La croissance du cresson est bonne dans le **récipient 3** qui correspond au montage avec de l'eau et 3 gouttes d'engrais. Si les plantes du **récipient 4** meurent après trois jours, c'est que la cuillerée à soupe d'engrais liquide apporte **trop d'éléments nutritifs**. C'est donc un **excès** qui a tué les végétaux. Les plantules du **récipient 2** meurent plus tard, après une semaine. L'absence de sels minéraux provoque des **carences fatales** aux jeunes plantules. Si le cresson pousse mal dans le **récipient 1**, c'est que l'eau du robinet doit contenir des matières nutritives mais en quantité limitée. C'est donc un **facteur limitant** la croissance.
Ainsi, il faut ajouter au milieu de croissance du cresson des **engrais** mais **en quantité limitée**.

FAIRE

1 Montrez pourquoi le texte suivant illustre des pertes à chaque maillon des chaînes alimentaires. En quoi est-il prédictif ?

« Les plantes sont capables de capter l'énergie solaire avec une efficience de 0,1 %, les herbivores captent à leur tour environ 10 % de l'énergie accumulée dans les plantes, les carnivores de premier ordre, 10 % de l'énergie accumulée dans les herbivores et ainsi de suite pour les carnivores des ordres suivants. L'efficience des carnivores de premier ordre est donc de 0,001 % et, chaque fois qu'on passe à un ordre supérieur dans la chaîne alimentaire, on ne garde que 10 % de l'efficience de l'ordre précédent. On conçoit que dans les pays surpeuplés la base de l'alimentation soit végétale : en ne gardant qu'un seul maillon de la chaîne on améliore l'efficience qui peut alors atteindre 0,01 %. L'alimentation carnée la plus rationnelle doit se faire directement à partir d'herbivores pour la meilleure utilisation de l'énergie qui est à notre disposition : manger un carnivore est un luxe.
Si l'on admet que la ration quotidienne de l'homme moyen est de 2 750 kcal/jour, les besoins en calories de l'humanité entière s'élèvent à $2{,}7 \cdot 10^{15}$ kcal/année. Or, on estime à $2{,}4 \cdot 10^{15}$ kcal la quantité d'énergie qu'offre actuellement la biosphère. Cela signifie que cette énergie ne suffit pas, déjà depuis quelques années, à nourrir l'humanité. Si donc des hommes mangent à leur faim, c'est que d'autres ne peuvent le faire. »

D'après C. Sauvage, *Initiation à l'écologie, Annales du Centre régional de Documentation Pédagogique de Montpellier*, 1966/DR.

2 Dans une forêt de pins, on a établi un réseau trophique simplifié.
Grâce au document, montrez pourquoi la chasse trop importante des passereaux a entraîné, après quelques mois, la destruction importante de cette forêt.

Réseau alimentaire simplifié dans une pinède

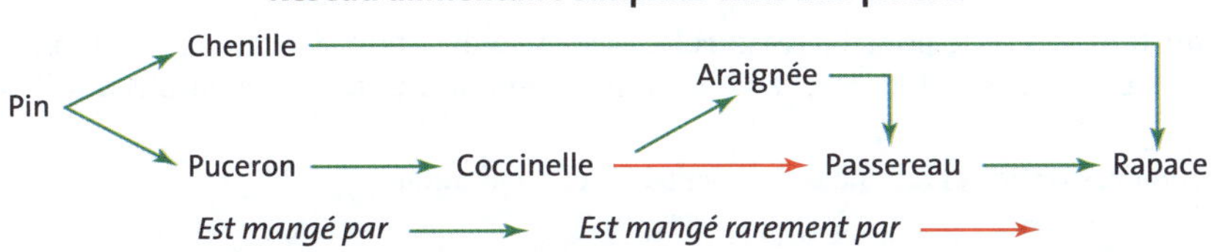

11 Des pratiques alimentaires et leurs conséquences environnementales

SAVOIR

En 2009, selon la FAO*, sur 6,8 milliards de personnes, un sixième souffrait de la faim. On estime qu'en 2050, la population sur Terre dépassera 9 milliards. L'agriculture ne parviendra pas à couvrir tous les besoins. Comment relever dès maintenant ce défi ?

Des ressources limitées

• Sur Terre, un habitant sur cinq n'a pas accès à l'**eau potable**. Même si elles sont mal réparties, les ressources en eau ne sont pas, pour autant, limitées. C'est une **mauvaise gestion** qui provoque une **pénurie** (mauvais circuits de distribution, pollutions).

• Inégalement réparties, seules 38 % des terres émergées sont consacrées à l'agriculture. Si, vers 1960, on disposait de 0,43 ha de **terres cultivables** par habitant, en 2050 nous n'en aurions plus que 0,15 ha. À cause de l'**explosion démographique**, des nombreuses **dégradations** de l'environnement, et de l'**urbanisation**, environ 15 millions d'hectares de terres cultivables disparaissent chaque année.

• Avec des gisements en **quantités limitées**, les sources traditionnelles d'**énergie** (pétrole, charbon, uranium) ne sont **pas inépuisables**. Elles présentent aussi d'importants **risques** de catastrophes écologiques.

Des solutions pour relever le défi alimentaire

• Il faut **conserver les terres agricoles** en les protégeant de la pression urbaine, en permettant aux agriculteurs de garder leurs exploitations tout en leur assurant un revenu correct. Cela nécessite, par exemple, une réorganisation des marchés et des circuits de grande distribution.

• Il faut **cesser certaines formes d'agriculture** qui provoquent des dégradations souvent irréversibles des milieux, dont l'accroissement de l'érosion (lors de surpâturages, de déforestations, par exemple). Les pertes de surfaces arables sont estimées entre 70 000 et 140 000 km^2 par an (soit, à titre de comparaison, entre 12 % et 25 % du territoire français). De même, il faut **empêcher la diminution de la fertilité des sols** par lessivage comme lors de l'arrachage des haies (politique de remembrement).

• D'autres pratiques provoquent une pollution des eaux souterraines (comme l'abus des épandages d'engrais azotés ou de lisier issus de l'élevage porcin). Des excès d'irrigation peuvent provoquer l'assèchement des milieux aquatiques (cas de la mer d'Aral qui a presque disparu, en conséquence des exigences en eau des champs de coton). Les **intrants sont donc à économiser** (engrais, pesticides, semences, alimentation du bétail, eau d'irrigation et carburants).

• Si la **mécanisation** permet à l'agriculteur de produire plus, la consommation en énergie ne cesse de s'accroître. Le passage à l'agro-industrie présente donc des limites.

• Les habitants des pays industrialisés font **trop de gâchis**. Ils consomment beaucoup trop de viande. Ainsi, pour produire 1 kg de viande, il faut utiliser la quantité d'eau permettant à une personne de se doucher pendant 1 an. De même, 40 % de la masse agricole produite n'est pas utilisée.

• Pour garantir à chacun de pouvoir se nourrir de façon autonome, il faut maîtriser la mondialisation au profit du **développement durable**. Ainsi, le développement agricole harmonieux doit servir à redonner un sens économique aux cultures vivrières (pour la consommation du pays).

• Un effort doit être fait pour la **recherche**. La mise au point de variétés animales et végétales adaptées aux écosystèmes locaux et aux pratiques alimentaires des populations doit être intensifiée.

---

* Organisation des Nations unies pour l'alimentation et l'agriculture.

SAVOIR-FAIRE

Réaliser un schéma de synthèse

Il s'agit d'une représentation qui montre les relations entre divers éléments d'un phénomène précis.
Exemple : réalisation d'un schéma présentant les avantages de l'agriculture biologique.

• Avant de commencer

Choisissez votre **objectif**, puis ce que vous allez mettre dans votre schéma afin de l'illustrer.
Objectif : représenter les avantages de l'agriculture biologique par rapport à l'agriculture classique vis-à-vis de l'environnement.
Au brouillon, si nécessaire, classez les **éléments** choisis en les regroupant par thème.
Éléments : trois éléments se distinguent :
– environnement : nappes phréatiques, sols, qualité des aliments produits ;
– agriculture classique : engrais chimiques, pesticides. Inconvénients : pollution (eau, sols, aliments) ;
– agriculture biologique : engrais naturels, produits biodégradables, insectes auxiliaires. Avantages : protection.
Réfléchissez à la disposition de ces éléments, à leur **symbolisation**, aux **liens** qui les unissent.
Symbolisation : chaque élément est représenté par un rectangle.
Liens : une flèche dont la couleur signifie l'action d'un type d'agriculture sur l'environnement.

• Représentez votre schéma

Disposez correctement vos éléments en prévoyant assez de place pour rendre lisible le travail.
Reliez les éléments pour visualiser les relations qu'ils ont entre eux : attention au soin apporté au travail.
Légendez votre schéma en donnant une signification aux symboles employés.
Donnez un **titre explicatif** traduisant ce qui a été schématisé : le titre résume ce qui est demandé.

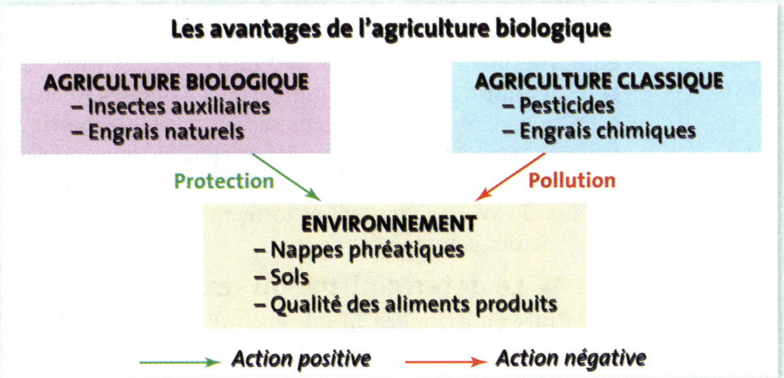

FAIRE

1 À partir de la lecture du texte, schématisez la façon dont l'utilisation d'engrais azotés contribue à la pollution des nappes phréatiques.

> Nutriments des plantes, les nitrates sont aussi consommés par les bactéries ou les champignons, et contribuent, via ces organismes, à la synthèse de matières organiques du sol. [...]
> L'agriculture est en grande partie responsable de l'accroissement des concentrations de nitrate dans les nappes phréatiques. Toutefois, aujourd'hui, les agriculteurs savent épandre les engrais afin d'assurer des quantités d'azote adaptées à la culture. Les matières organiques du sol en apportent une partie par minéralisation*, et le reste provient des engrais azotés, principalement sous forme de nitrate et d'ammonium.
> Même lorsque la fertilisation azotée est bien gérée [...] des pertes se produisent : les eaux d'infiltration emportent des nitrates. Bien que ces pertes ne dépassent généralement pas 11,5 % de la quantité totale d'engrais mise en jeu pour la culture, elles sont à l'origine d'une concentration de 53 milligrammes de nitrate par litre en moyenne, déjà supérieure à la norme de potabilité.
> En effet, chaque apport annuel est responsable d'une petite perte annuelle, mais ces pertes s'additionnent, expliquant les grandes quantités de nitrate perdues après une quarantaine d'années de fertilisation régulière.
>
> * Minéralisation : transformation de l'azote organique en azote minéral (nitrate, ammonium).
>
> D'après A. Mariotti, « Nitrate : un polluant de longue durée », *Pour la Science* n° 249, juillet 1998.

2 Définissez les termes suivants : *culture vivrière*, *remembrement*, *intrants*, *développement durable*.

12 Le déterminisme du sexe

SAVOIR

Les sexes sont séparés au niveau du **génotype** (chromosomes XX chez la femme et XY chez l'homme) et au niveau du **phénotype** (caractères sexuels **primaires** existants à la naissance, puis **secondaires**, à partir de la puberté). Comment le phénotype sexuel se met-il en place ?

Des sexes différenciés

• Les caractères sexuels primaires montrent des **points communs** :
– extérieurement un **orifice reproducteur**, un **organe d'accouplement** (verge et vagin) ;
– intérieurement des **gonades** (testicules et ovaires) fabriquant des gamètes, des **conduits évacuateurs** (canaux déférents ou spermiductes et oviductes).

• Les **différences** concernent :
– extérieurement un **orifice urogénital mâle** mais uniquement **génital chez la femelle** ;
– des testicules externes dans les **bourses** alors que les ovaires sont dans la **cavité abdominale** ;
– un **utérus** servant à la nidation chez la femelle et différentes **glandes annexes** chez le mâle (vésicules séminales, prostate…).

• Alors que le **sexe génotypique** existe déjà dans la **cellule œuf**, les caractères sexuels primaires n'existent pas chez le jeune embryon (avant la 12e semaine pour le pénis et avant la 7e semaine pour les gonades et les voies génitales) ; on parle alors de **stade phénotypique indifférencié**.

Appareil génital indifférencié

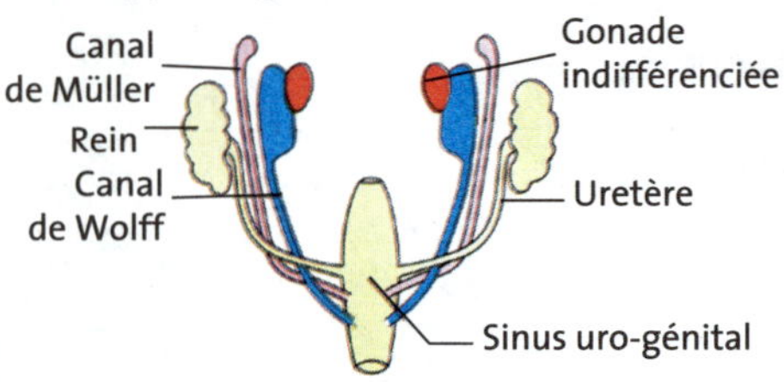

Différenciation mâle

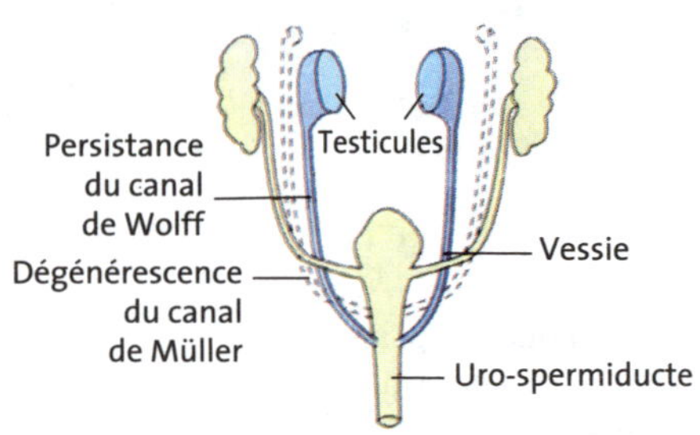

Différenciation femelle

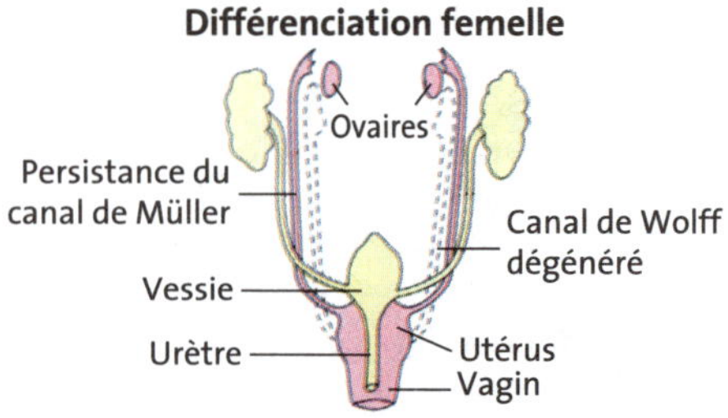

La différenciation du sexe phénotypique

• Au **stade phénotypique indifférencié**, on trouve une paire de **gonades embryonnaires**, des **canaux de Müller** (futures voies génitales femelles) et des **canaux de Wolff** (futures voies génitales mâles).

• Entre la 8e et la 10e semaine, lorsque le **sexe gonadique** est établi, une paire de canaux persiste. Chez la **femelle**, les canaux de Müller demeurent et se différencient en oviductes et cornes utérines. Chez le **mâle**, les canaux de Wolff persistent et forment l'épididyme, le canal déférent et les vésicules séminales.

Le déterminisme du sexe gonadique

On a mis en évidence la présence d'un **gène SRY** (*Sex-determining Region of Y chromosome*). Propre au chromosome Y, il entraîne la **masculinisation** de l'appareil reproducteur initialement indifférencié. Sans ce gène, la gonade évolue en ovaire. Fabriquée grâce à ce gène, la **protéine SRY** (ou TDF) se lie à l'ADN d'autres gènes et les active.

Le rôle des hormones dans l'apparition du phénotype sexuel

• Diverses expériences montrent qu'avant la différenciation sexuelle : quel que soit le sexe chromosomique, le développement est de type femelle.

• Les gonades mâles fabriquent deux hormones :
– la testostérone qui maintient les canaux de Wolff et permet leur différenciation ;
– l'AMH, ou hormone anti-müllérienne, qui entraîne la dégénérescence des canaux de Müller.

• En absence de testostérone et d'AMH, on a la différenciation du tractus femelle :
– maintien des canaux de Müller qui deviennent les voies génitales femelles ;
– disparition des canaux de Wolff.

La puberté

Le phénotype sexuel est impubère, les gonades n'étant pas fonctionnelles. À l'adolescence, l'apparition de la fonctionnalité reproductrice et des caractères sexuels secondaires s'effectue sous l'**action hormonale** :
– testostérone chez l'homme ;
– œstrogènes chez la femme.

Elle est progressive (différents organes cibles sont atteints) et elle dépend des individus (apparition plus ou moins rapide).

SAVOIR-FAIRE

Utiliser le logiciel « Différenciation sexuelle »

Ce logiciel est libre de droits et peut être téléchargé. Il permet de découvrir, à l'aide de petites expériences, l'origine de la différenciation sexuelle. Il est divisé en trois parties :
– étude du **stade indifférencié** ;
– observation de l'**acquisition du sexe phénotypique** ;
– étude expérimentale pour découvrir la **différenciation du sexe gonadique au sexe phénotypique**.
Dans cette troisième partie :
– commencez par choisir le sexe de l'individu utilisé pour l'expérience ;
– puis réalisez une expérience.
Exemple : prenez un embryon masculin en choisissant le caryotype XY ; faites l'ablation des gonades indifférenciées en sélectionnant le scalpel ; observez le résultat en demandant la différenciation de l'appareil. Résultat : vous obtiendrez un appareil génital féminin qui est différencié (sans gonades).

FAIRE

1 Faites correspondre chaque terme à sa définition.

a. Hormone féminine

b. Nom du canal donnant les voies génitales femelles

c. Nom du canal se maintenant lors de la différenciation sexuelle mâle

d. Gène assurant la synthèse de la protéine TDF

e. Hormone testiculaire

1. Wolff
2. SRY
3. Œstrogènes
4. AMH
5. Müller

2 À l'aide du logiciel « Différenciation sexuelle », expérimentez les manipulations suivantes en décrivant les résultats obtenus et en donnant l'interprétation.

a. Embryon masculin ; ablation des gonades ; application d'AMH ; résultat.

b. Embryon masculin ; ablation des gonades ; application de testostérone ; résultat.

3 Voici une série de propositions. Retrouvez la (ou les) bonne(s) réponse(s).

a. Le gène SRY :
1. est porté par le chromosome X de l'homme.
2. assure la synthèse d'une hormone féminisante.
3. permet la différenciation de la gonade en testicule.
4. contrôle la dégénérescence des canaux de Müller.

b. Les canaux de Wolff :
1. se transforment en gonades femelles.
2. se transforment en gonades mâles.
3. dégénèrent sous l'action de l'AMH.
4. sont stimulés par la testostérone.

c. Chez l'embryon femelle, la différenciation des canaux :
1. de Müller donne les ovaires.
2. de Müller donne l'utérus et les oviductes.
3. de Wolff donne l'appareil génital femelle.
4. de Wolff donne l'utérus.

d. Ce qui différencie l'appareil reproducteur de la femelle de celui du mâle est :
1. le nombre d'orifices.
2. l'existence de gonades.
3. la présence de conduits évacuateurs.
4. la présence d'un utérus chez la femelle.

13 Le fonctionnement des appareils reproducteurs

SAVOIR

Le fonctionnement chez l'homme

Régulation de la testostéronémie

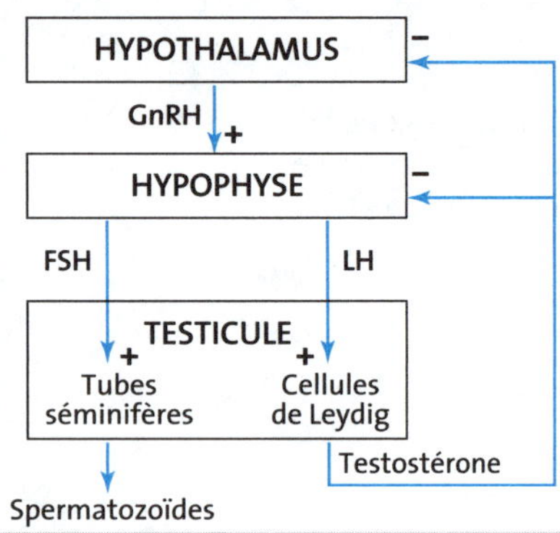

Les testicules produisent des **spermatozoïdes** dans les **tubes séminifères**, et de la **testostérone** par les **cellules de Leydig** du tissu interstitiel (entre les tubes séminifères).
Les testicules contrôlent les caractères sexuels secondaires par voie sanguine grâce à la testostérone. La concentration plasmatique de testostérone, ou **testostéronémie**, est maintenue à une valeur stable par un **système de régulation**. Les **hormones hypophysaires** participent à cette régulation par deux molécules :
– la **FSH** stimule la production de spermatozoïdes ;
– la **LH** stimule la synthèse de testostérone.
Ces deux hormones dépendent de la sécrétion pulsatile (par salves ou pulses) d'une **neurohormone hypothalamique**, ou **GnRH**. Elle est libérée dans le sang par des neurones de l'hypothalamus. L'**axe gonadotrope** est constitué par les testicules, l'hypophyse et l'hypothalamus.
Un frein permanent, ou **rétrocontrôle négatif**, est exercé par la testostérone sur cet axe. Ainsi, l'hormone contrôle sa propre sécrétion grâce aux **récepteurs** du **complexe hypothalamo-hypophysaire**. Le fonctionnement de ce système de régulation est **modulé** par des messages externes intégrés par les neurones hypothalamiques.

Le fonctionnement chez la femme

Régulation du cycle ovarien

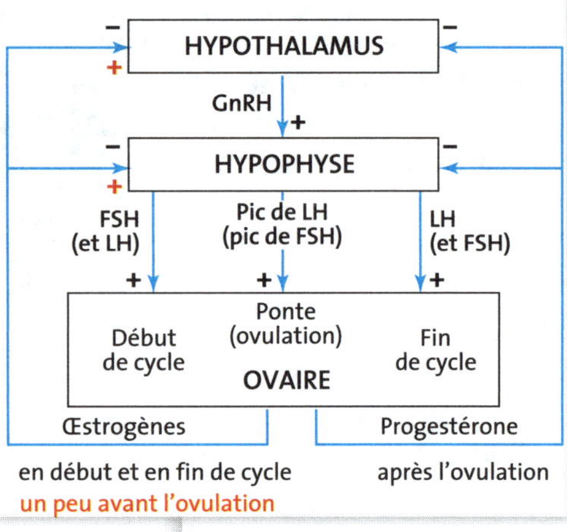

Les **ovaires** produisent des **ovocytes** (futurs ovules). Ces structures sont entourées de **cellules folliculaires** (ou **granulosa**) et d'une **thèque**. Lors de la **phase folliculaire**, le follicule grossit, se creuse d'une **cavité folliculaire**. Il se transforme en **follicule** mûr dit de **De Graaf**. Après la **ponte ovulaire** du 14e jour, il devient **corps jaune** jusqu'à la fin du cycle du 28e jour (**phase lutéale**) où il dégénère.
Une évolution cyclique se rencontre aussi au niveau de l'**utérus**. Le premier jour du cycle est marqué par le début des **menstruations**. Au cours de la phase folliculaire, l'**endomètre** s'épaissit (**phase proliférative**). Après l'ovulation, il se transforme en **dentelle utérine** très vascularisée, riche en glandes (**phase sécrétoire**). Au niveau du col utérin, la **glaire cervicale**, qui est épaisse pendant tout le cycle, devient fluide vers le 14e jour, permettant l'entrée des spermatozoïdes.
Au cours des 14 premiers jours, le follicule grossit, donc la sécrétion d'**œstrogènes** augmente. Ces hormones stimulent la prolifération de la muqueuse utérine et assurent l'établissement et le maintien des caractères sexuels secondaires. La **progestérone** caractérise la phase lutéale. Elle est sécrétée (avec des œstrogènes) par le corps jaune. Elle assure le développement des glandes utérines et leur vascularisation. La chute des hormones ovariennes provoque les menstruations.
Grâce à un contrôle hypophysaire :
– la **FSH** intervient dans la maturation des follicules et stimule la sécrétion des œstrogènes ;
– le pic de **LH** déclenche l'ovulation puis transforme le follicule en corps jaune.
L'hypothalamus libère de la **GnRH** de façon pulsatile qui stimule la sécrétion des hormones hypophysaires.
L'ovaire exerce un contrôle sur le complexe hypothalamo-hypophysaire. En **début de cycle**, la **faible quantité d'œstrogènes** provoque un **rétrocontrôle négatif**. La **sécrétion accrue d'œstrogènes** (due au développement du follicule) déclenche une sécrétion accrue de LH : c'est un **rétrocontrôle positif**. Ce mécanisme est responsable du **pic ovulatoire** de LH. Pendant la **phase lutéale**, le rétrocontrôle est de nouveau **négatif grâce à la progestérone** (et aux œstrogènes dont la concentration a diminué). Après régression du corps jaune, en **fin de cycle**, la **baisse** des œstrogènes et de la progestérone permet le redémarrage du cycle.

SAVOIR-FAIRE

Exploiter des documents dans la perspective du baccalauréat

L'épreuve de SVT est subdivisée en trois parties. La première permet de vérifier l'apprentissage du cours alors que les deux autres vous demandent d'exploiter un ou plusieurs documents. Quelle est la méthode pour bien réussir ces exercices ?

• Ne commencez jamais par exposer des connaissances pour expliquer un document avant de l'avoir étudié dans un premier temps. Une petite **introduction** pour situer le problème est souhaitable (mais inutile de la faire précéder du terme *introduction*).

• Décrivez le document proposé. Cette **analyse** permet de dégager les points importants à expliquer. Si c'est un graphique, n'oubliez pas de vous appuyer, si possible, sur des valeurs chiffrées.

• À l'aide de votre savoir, rédigez une **interprétation** du document en rapport avec la question posée.

• Si vous avez un autre document, procédez de la même manière : décrivez-le, puis expliquez-le. Ne faites jamais une description de chacun des documents puis une interprétation globale. En revanche, après avoir interprété séparément chaque partie, reliez dans un **bilan** les conclusions partielles que vous avez tirées pour répondre au problème à résoudre (ici également, inutile d'écrire le terme *conclusion*).

• Évitez d'exploiter les documents dans un ordre différent de celui qui vous est proposé : ils sont souvent donnés dans un ordre qui respecte la logique du **raisonnement**. Si on vous propose un document de référence, ne l'exploitez pas, mais servez-vous de lui pour expliquer le reste (c'est une aide).

Lorsque vous rédigez une réponse, commencez par **surveiller votre rédaction** en évitant :
– les phrases mal construites ;
– les fautes d'orthographe ;
– les expressions du langage parlé (comme « nous savons que… », « il est évident que… ») ;
– les guillemets quand ils sont mis pour encadrer une expression inexacte, impropre (comme pour vous excuser d'utiliser ce terme).

• **Soignez votre travail** : l'écriture doit être lisible ; soulignez les idées importantes ; réservez la marge au correcteur (sauf si vous faites un grand schéma ou que vous écrivez un titre). Lorsque vous supprimez un mot, utilisez une règle pour barrer le terme (évitez les gribouillages). Si vous utilisez un effaceur, pensez à combler le vide laissé (ces derniers conseils s'appliquent à tout travail écrit soumis à la correction).

FAIRE

1 Retrouvez les conclusions qui peuvent être déduites des études expérimentales présentées ci-après.

On a réalisé les expériences suivantes.

a. On pratique une ablation de l'utérus sur des souris : le cycle ovarien n'est pas perturbé.

b. On enlève les ovaires d'une autre souris (ovariectomie) : il n'y a plus de cycle utérin.

c. On injecte des extraits ovariens sur une souris ovariectomisée, le cycle de l'utérus est rétabli.

d. L'ablation de l'hypophyse (hypophysectomie) à une souris femelle supprime les cycles ovarien et utérin.

2 Retrouvez la (ou les) bonne(s) affirmation(s).

a. L'ovariectomie provoque une augmentation de la sécrétion des hormones hypophysaires, donc :

1. les follicules ovariens se transforment en corps jaunes.
2. l'hypophyse contrôle l'activité ovarienne.
3. il y a une levée du rétrocontrôle négatif de l'ovaire sur l'hypophyse.
4. la sécrétion de GnRH hypothalamique est pulsatile.

b. Les testicules cryptorchides d'un homme sont restés dans sa cavité abdominale. Cet homme est stérile mais ses caractères sexuels secondaires sont normaux. L'observation de ses testicules montrerait :

1. des cellules de Leydig altérées et des tubes séminifères normaux.
2. des cellules de Leydig développées et des tubes séminifères normaux.
3. des cellules de Leydig altérées et des tubes séminifères non fonctionnels.
4. des cellules de Leydig développées et des tubes séminifères non fonctionnels.

14 Quelques conséquences et applications de la procréation

SAVOIR

La procréation permet la pérennité mais, dans l'espèce humaine, elle est aussi liée au plaisir.

Plaisir sexuel et système de renforcement
(+ = stimulation)

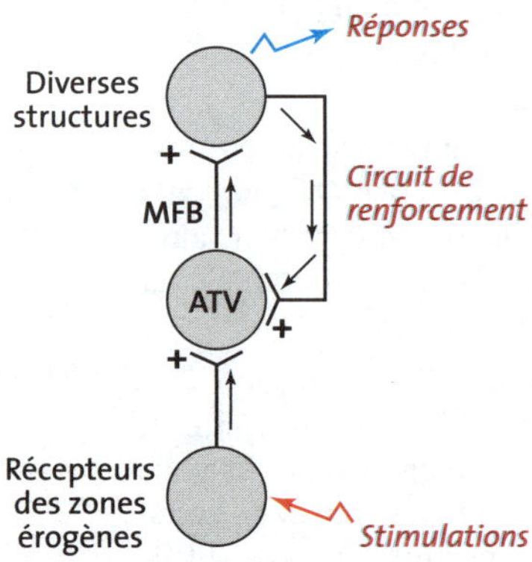

Le cerveau et le système de récompense

Le principal facteur à l'origine du **comportement sexuel** chez l'être humain est un **renforcement du système de récompense** relié par voies nerveuses aux zones érogènes sensibles aux stimulations répétitives du corps. Le renforcement est dit **positif** car il provoque la **répétition** de l'activité sexuelle qui est à l'origine de la sensation de plaisir.

Les structures cérébrales sollicitées sont situées :

– dans l'**aire tegmentale ventrale** (ATV) recevant les divers stimuli. Grâce à la dopamine, ces neurones communiquent avec les autres structures ;

– dans la **région médiane du télencéphale** (MFB) reliée aux diverses structures et dont la stimulation provoque la répétition de l'activité sexuelle, ce qui consolide la voie nerveuse sollicitée ;

– dans les structures du **septum** et du **noyau accumbens**, liées à l'effet de renforcement.

Les méthodes de contraception

• Certaines **méthodes contraceptives** sont plus ou moins efficaces : **retrait** (8 à 17 % d'échec), **abstinence périodique en fonction des courbes de température corporelle** (20 % d'échec), **spermicides** (3,5 % d'échec), **stérilet** (moins de 1 % d'échec ; détruisant les gamètes, rendant la glaire cervicale dense et empêchant le développement correct de l'endomètre), **diaphragme**, **préservatif masculin** (2 % d'échec).

Les **contraceptifs oraux** interviennent à différents niveaux dans le but d'empêcher la fécondation. La **pilule** prise du 5e au 25e jour du cycle ou en continu (selon la composition) agit à trois niveaux :

– rétrocontrôle négatif, donc pas de pic de LH et pas d'ovulation ;

– endomètre utérin peu accueillant à la nidation de l'embryon ;

– glaire cervicale imperméable.

• Les **contragestifs** assurent un déséquilibre brutal qui empêche l'ovulation, la fécondation ou bloque la nidation. De structure proche de la progestérone, donc atrophiant la muqueuse utérine, l'action anti-progestérone du **RU 486** fait qu'il est utilisé à des fins abortives. Massivement dosée en dérivé de la progestérone (lévonorgestrel), la **pilule du lendemain** (à prendre au plus tard 72 heures après l'acte) provoque une irritation locale rendant l'utérus impropre à la nidation et empêche l'ovulation.

La procréation médicalement assistée

Les **causes de stérilité** sont surtout des anomalies des gamètes ou des voies génitales. Parmi les méthodes de **procréation médicalement assistée** (ou PMA), la plus simple est l'**insémination artificielle** (don de spermatozoïdes, d'ovules ou d'embryons).

Lors de la **fivete** (fécondation *in vitro* et transfert embryonnaire), on stimule la croissance des follicules, puis la ponte ovarienne, par des injections d'hormones. La fécondation est réalisée à l'extérieur. Le début du développement se fait en milieu de culture puis on transfert l'embryon dans l'utérus.

L'**ICSI** (injection intra-cytoplasmique de spermatozoïdes) consiste à introduire à l'aide d'une micropipette un spermatozoïde dans un ovule. On l'utilise lorsque le pouvoir fécondant des spermatozoïdes est déficient.

SAVOIR-FAIRE

Quelques pistes pour rechercher sur Internet

• Quel que soit le moteur de recherche que vous utilisez, il est important de **veiller à la fiabilité des sites** que vous consultez : sites institutionnels (par exemple les sites de certains ministères, de musées...), sites à but pédagogique reconnus (par exemple, des sites d'enseignants ou les sites académiques)...
En cas de doute, n'hésitez pas à consulter votre professeur ou le documentaliste de votre lycée.
• Si vous utilisez une information provenant d'Internet, prenez garde à la **reformuler** : ne pratiquez pas le « copier-coller ». Si vous citez un site, mentionnez toujours sa **source précise**.

• Pour mener une recherche, certains sites peuvent vous être très utiles, comme ceux des **revues scientifiques** qui proposent des dossiers ou des articles sur les dernières actualités scientifiques. Consultez, par exemple, www.science-et-vie.com, www.sciencesetavenir.fr...

• **Sélectionnez les bons mots clés**. Cela vous permettra de ne pas vous éparpiller. En effet, si elle n'est pas menée avec méthode, une recherche Internet peut rapidement s'avérer longue et fastidieuse.

FAIRE

1 Lisez le texte ci-dessous, puis répondez aux questions.

Libérée dans certaines zones du cerveau par les terminaisons (ou synapses) des axones des neurones, la dopamine déclenche des sensations de plaisir. Ces neurones sont directement stimulés par d'autres neurones à dopamine. Lors d'une stimulation qui provoque du plaisir, comme un acte sexuel, des potentiels d'actions (ou messages nerveux) sont conduits par le long prolongement (ou axone) des neurones qui stimulent les neurones à dopamine. En même temps, les neurones libérant du GABA, neurotransmetteur inhibiteur, ne fonctionnent pas. En effet, à partir des vésicules synaptiques qui s'ouvrent, il y a libération d'un neurotransmetteur, l'enképhaline. Agissant sur des récepteurs spécifiques, elle empêche le fonctionnement des neurones à GABA. Ce sont également les stimuli provoquant du plaisir qui activent ces neurones à enképhaline.

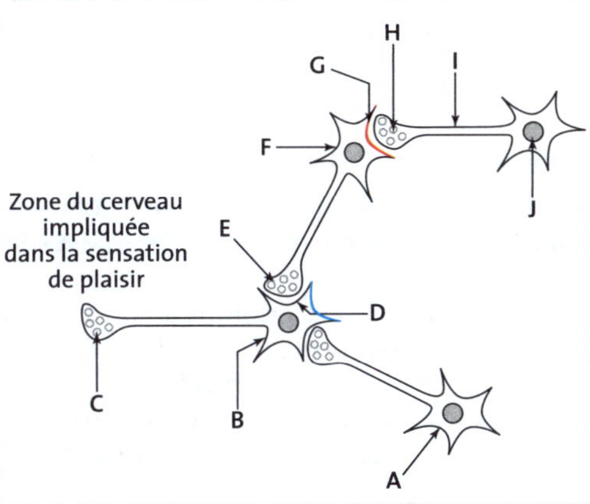

a. À partir de ce texte, attribuez une légende aux lettres de A à J du schéma muet ci-contre.

b. Que se passe-t-il en absence de stimulations agréables ?

2 Répondez aux questions suivantes.

a. Quelle différence faites-vous entre contraceptif et contragestif ?

b. Quelle est la seule méthode contraceptive qui assure une protection contre les infections sexuellement transmissibles ?

c. Pourquoi le stérilet est-il déconseillé aux femmes n'ayant jamais eu d'enfant ?

d. Après l'arrêt de la pilule, une femme peut-elle avoir un rapport fécondant dès le mois suivant ?

3 Retrouvez la (ou les) bonne(s) réponse(s).

a. La pilule :
1. n'agit que sur la perméabilité de la glaire cervicale.
2. ne permet que le blocage de la nidation.
3. ne fait qu'empêcher l'ovulation.
4. agit sur ces trois cibles à la fois.

b. Dans un système de récompense :
1. la dopamine est un neurotransmetteur.
2. il existe un renforcement par une répétition du stimulus.
3. les neurones sont tous indépendants.
4. le renforcement a une action négative sur la sensation de plaisir.

SVT

15 Le patrimoine génétique et les maladies héréditaires

SAVOIR

Certaines maladies sont héréditaires car liées à un **ADN** présentant un défaut. Si leur déclenchement est inéluctable chez les individus concernés, d'autres affections consécutives à une influence négative de l'**environnement** s'observent.

Étude d'une maladie génétique : la mucoviscidose

• L'observation d'un arbre généalogique montre une fréquence anormalement élevée des personnes malades ce qui permet de supposer une **transmission génétique**. C'est une maladie liée au chromosome n° 7, non sexuel : on parle de maladie **autosomique**.

Transmission de l'allèle de la mucoviscidose

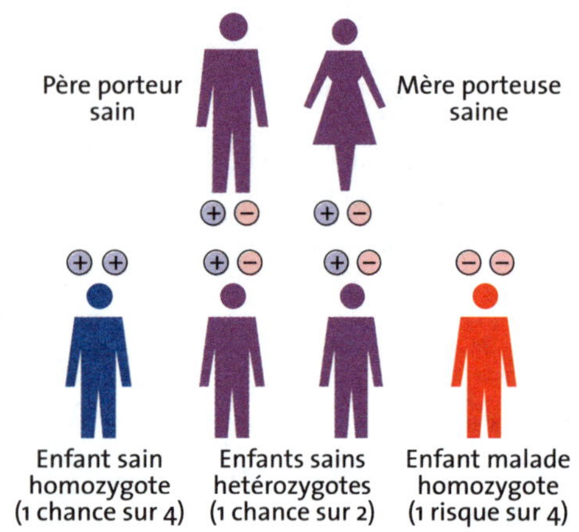

Échiquier de croisement correspondant

Père \ Mère	1/2 +	1/2 –
1/2 +	1/4 (+//+), [sain]	(+//–), [sain]
1/2 –	(+//–), [sain]	1/4 (–//–), [malade]

Deux parents au phénotype sain peuvent donner naissance à un enfant malade : l'allèle muté (–) est **récessif** par rapport à l'allèle normal **dominant** (+). Seule la présence en double exemplaire de l'allèle récessif provoque la maladie. La personne atteinte est **homozygote** pour ce gène. Ses parents étaient **hétérozygotes**, porteurs sains.
En Europe, on estime à une fréquence de 1/40 l'existence d'une personne hétérozygote, ce qui explique que l'affection soit répandue (un enfant sur 2 000 naissances environ).

• Au niveau **macroscopique**, le phénotype montre une production de sueur particulièrement salée et des troubles respiratoires, digestifs et de l'appareil reproducteur. Au niveau **cellulaire**, les cellules du tissu superficiel (épithélium) produisent une protéine, le mucus, particulièrement visqueux. La protéine membranaire CFTR montre un phénotype **moléculaire** altéré qui interdit le passage des ions Cl^- et d'eau, ce qui entraîne alors une augmentation de la viscosité du mucus.
• En l'absence de tout traitement permettant de soigner la maladie (traitement curatif), seul un **traitement palliatif** permettant de soulager le malade est possible. On agit essentiellement en drainant le mucus bronchique (kinésithérapie). Les complications digestives sont soulagées par une alimentation particulière et par des apports d'antibiotiques. On limite donc les effets de la maladie en agissant sur des **paramètres du milieu**.
• Parmi les espoirs thérapeutiques, la **thérapie génique** vise à corriger les cellules atteintes. On tente de faire retrouver une sécrétion normale de mucus en apportant l'allèle sain dans la cellule malade par un virus transformé qui injecte directement son génome dans les cellules. Malheureusement, notre immunité efficace élimine les cellules infectées et le gène transféré n'est pas bien intégré et vite éliminé.

L'influence de l'environnement sur des individus prédisposés génétiquement

• Un **gène de susceptibilité ou de prédisposition** présente certains allèles qui rendent plus probables l'apparition d'une maladie en association avec des facteurs de l'environnement, sans que cela soit obligatoire.
• Ainsi, le **diabète de type 2** est dû à une insensibilité des cellules cibles (muscle, foie, tissu adipeux) à l'insuline. On parle d'insulino-résistance. C'est une **maladie héréditaire** puisque chez les vrais jumeaux, lorsque l'un est atteint, le second a un risque de l'être compris entre 50 et 90 %.
• Mais les gènes responsables n'expliquent pas à eux seuls l'apparition de la maladie. Une **alimentation trop riche et l'absence d'activité physique** montrent une augmentation du risque (80 % des patients atteints sont obèses).

SAVOIR-FAIRE

Étudier un arbre généalogique et prévoir un risque

L'étude d'un **arbre généalogique** permet de **prévoir le risque** de transmission de la maladie.

• Chaque **génération** est sur une ligne horizontale. Les **individus** sont numérotés. Afin de ne pas confondre deux personnes avec un même numéro, il faut donner le numéro de la génération puis le numéro de l'individu.

• Des **symboles** sont à connaître : cercle = fille (I1, II1, II3, III6, IV3…), carré = garçon (I2, II4, II6, III7…), losange = embryon/fœtus (IV5), symbole barré = individu mort*, trait horizontal simple = union classique (entre II1 et II2, par exemple), trait horizontal double = union intrafamiliale (entre III3 et III4), trait vertical = descendant simple (entre II1/II2 et III1/III2/III3), double trait oblique = descendance gémellaire (entre I1/I2 et II7/II8), couleur blanche = individu sain (I1, II4, II5, IV3…), couleur noire = individu atteint (II6, III5, IV1…), point d'interrogation : phénotype inconnu (IV5).

* Ce symbole n'apparaît pas dans l'exemple donné.

• Pour une transmission autosomique récessive comme la mucoviscidose, le **calcul de la probabilité** d'un couple d'avoir un descendant atteint de l'anomalie est simple. Pour un individu extérieur à la famille (III7), la probabilité qu'il soit porteur sain est celle de la population étudiée (soit $\frac{1}{40}$). S'il était hétérozygote, il a alors un risque sur deux de transmettre un gamète portant le mauvais allèle. Si un de ses descendants au moins est malade, il est obligatoirement porteur. La probabilité de transmettre un allèle atteint est de $\frac{1}{2}$. L'individu III6 ayant un frère atteint, leurs parents sont obligatoirement tous les deux hétérozygotes et la probabilité est alors de $\frac{2}{3}$ pour que III6 soit hétérozygote sachant qu'il est lui même non atteint ($\frac{2}{3}$ et non $\frac{1}{2}$ car le phénotype de l'individu II6 est sain). La probabilité pour que le couple III6/III7 donne naissance à un enfant atteint de l'anomalie (IV5) est alors la suivante : **probabilité de la mère d'être hétérozygote × probabilité du père d'être hétérozygote × probabilité de l'enfant à naître d'être homozygote malade** :

$$\frac{2}{3} \times \frac{1}{40} \times \frac{1}{4} = \frac{1}{240}.$$

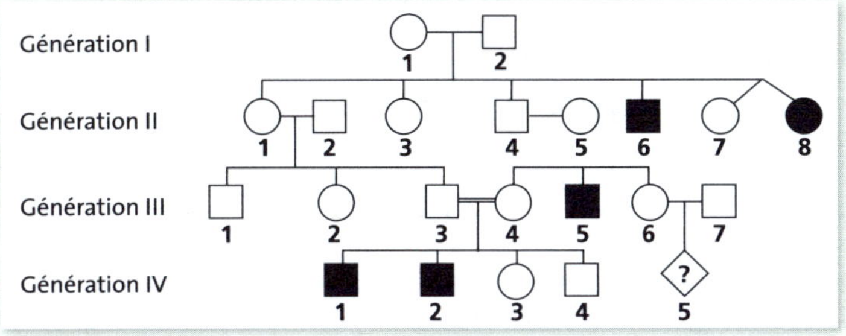

FAIRE

1 On étudie la transmission de la mucoviscidose.

a. À partir de l'arbre généalogique précédent (« Savoir-faire »), calculez le risque du couple III3/III4 d'avoir un cinquième enfant malade et comparez ce risque à celui pris par deux individus non apparentés et n'ayant pas de mucoviscidose familiale. Vous en déduirez l'explication de la forte réticence de la société à faire des unions entre personnes apparentées.

b. Retrouvez si les jumeaux II7 et II8 sont de vrais ou de faux jumeaux.

2 Définissez les termes suivants : *homozygote*, *récessif*, *autosomal*.

3 Dégagez les difficultés de la génétique humaine comparée à la génétique qui utilise des plantes ou des animaux (comme la drosophile ou mouche du vinaigre).

4 Retrouvez la (ou les) bonne(s) réponse(s).

En étudiant un arbre généalogique montrant la transmission d'un allèle autosomique récessif :

a. on verra que deux parents sains donneront toujours des descendants non atteints.

b. chaque fois que deux personnes malades s'unissent, leurs descendants sont atteints.

c. deux parents de phénotype sain peuvent donner des enfants malades.

d. des frères et sœurs de deux parents hétérozygotes sains peuvent être malades ou sains.

16 Quelques conséquences des variations génétiques

SAVOIR

L'équipement génétique d'une cellule règle son fonctionnement en harmonie avec le reste de l'organisme. Lors d'une **mutation**, la cellule se dérègle. Si elle n'est pas détruite par le système immunitaire, elle provoque des perturbations.

Le processus de cancérisation

Comparaison de l'aspect de cellules saines et cancéreuses

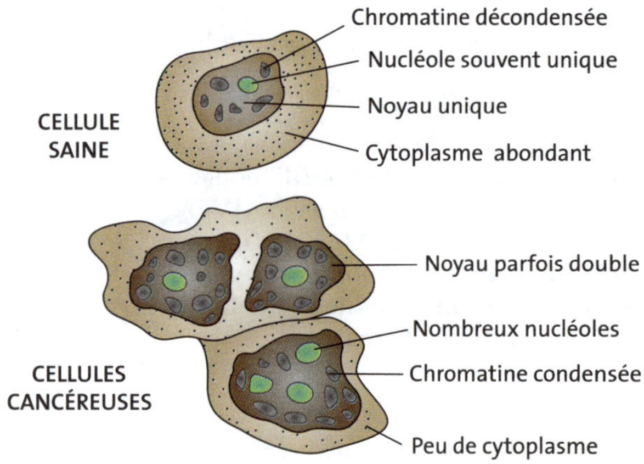

• C'est une **altération du génome** de la cellule qui peut provoquer sa cancérisation. Cette modification du génome est due :
– soit à des **facteurs externes** (tabac, agents mutagènes comme le benzène ou la dioxine, rayons ultraviolets, certains virus comme celui de l'herpès, des hépatites B et C, le papillomavirus ou encore le virus d'Epstein Barr) ;
– soit à des **facteurs internes** (accidentels ou par des gènes de prédisposition génétique).
La cellule modifiée se multiplie et forme un **clone** ou population cellulaire porteuse de ce génome modifié. Ce clone échappe aux contrôles du cycle cellulaire et aux systèmes de réparation de l'ADN anormal. Les mitoses augmentent. Ces cellules tumorales deviennent **immortelles** (en échappant à la mort cellulaire programmée ou apoptose). Elles prennent un aspect particulier en **perdant leur fonctionnalité** initiale.

Des mesures de protection

La connaissance de la nature des perturbations du génome responsable d'un cancer permet d'envisager des **mesures de protection** :
• Le **dépistage** systématique de certains cancers permet de détecter le plus tôt possible les personnes malades et donc d'augmenter leur probabilité de guérison (cancer du sein, du col de l'utérus, colorectal, cancers de la peau…).
• L'**évitement des agents mutagènes** : en contrôlant par exemple l'exposition des personnes aux UV, en menant des campagnes anti-tabac, en désamiantant les anciennes constructions, en contrôlant ou en interdisant l'utilisation de certains produits chimiques…
• En menant des **campagnes de vaccination** contre des virus ou des bactéries pouvant déclencher l'apparition de certains cancers.

Mutations et résistance aux antibiotiques

• Un **antibiotique** permet soit de diminuer la vitesse d'accroissement, soit de détruire de façon ciblée certaines bactéries en inhibant les synthèses d'ADN, de protéines, de la membrane ou de la paroi. Depuis leur utilisation, certaines souches sont devenues **résistantes** à leur action. Les bactéries agissent :
– pour certaines, en empêchant l'antibiotique de se fixer sur la paroi en modifiant ses récepteurs ;
– pour d'autres, en rendant imperméable leur paroi à la pénétration de l'antibiotique ;
– ou encore en détruisant la molécule qui a pénétré par des enzymes ;
– voire enfin par la mise en action de pompes membranaires refoulant la molécule qui était entrée.
• Ces moyens de lutte ont été acquis par les bactéries grâce à des **mutations** ou des **échanges de matériel génétique**. Leur grand pouvoir de division permet d'obtenir des clones résistants ou multirésistants.
• C'est souvent l'utilisation systématique de traitements antibiotiques qui a permis d'augmenter la fréquence des formes résistantes par **sélection naturelle**.
Pour lutter il faut, si possible, trouver le meilleur antibiotique en faisant des tests *in vitro* ou **antibiogrammes** sur la bactérie pathogène. La résistance oblige à préconiser un **usage raisonné** des antibiotiques en signalant, entre autres, que ces médicaments sont sans effet sur les virus. La recherche est aussi sollicitée pour trouver de nouvelles molécules.

SAVOIR-FAIRE

Étudier un graphique

• Commencez par regarder le **titre**. Si le document est sans titre, trouvez-le en lisant les indications des axes et énoncez-le de la façon suivante : variation de… (ce qu'il y a sur l'axe *y* des ordonnées) en fonction de… (ce qu'il y a sur l'axe *x* des abscisses).

• Repérez les **variations** de la valeur étudiée et exprimez-la de façon scientifique et non mathématique. Ainsi, un phénomène (lu sur l'axe *y*) augmente, diminue ou reste constant en fonction de… (ce qui est lu sur l'axe *x*).

• Lorsque vous décrivez le document, repérez et donnez quelques **valeurs significatives** (entre lesquelles le sens de la variation du phénomène change).

• Une fois la description faite, à l'aide de votre logique (et de vos connaissances), **interprétez** les variations observées.

Exemple : le graphe proposé correspond à la variation d'une population bactérienne en culture en fonction du temps. Pendant les 140 premières minutes, la croissance est lente, passant de quelques centaines de bactéries à 40 000 (par µl de culture). Puis la croissance est rapide jusqu'à 200 minutes où elle atteint 280 000 bactéries par µl. Elle se stabilise jusqu'à 240 minutes avant de décroître pour atteindre 70 000 bactéries/µl à 380 minutes.

On peut interpréter cette évolution de la manière suivante : au début, la colonie s'adapte à son milieu, la croissance est lente. Puis les divisions sont rapides à partir de la 140e minute. La stabilité de la population à 200 minutes montre un optimum de croissance mais la mortalité équilibre l'arrivée de nouvelles bactéries. Après 240 minutes, la baisse de l'effectif s'explique par un épuisement du milieu et la mortalité des bactéries dépasse les natalités.

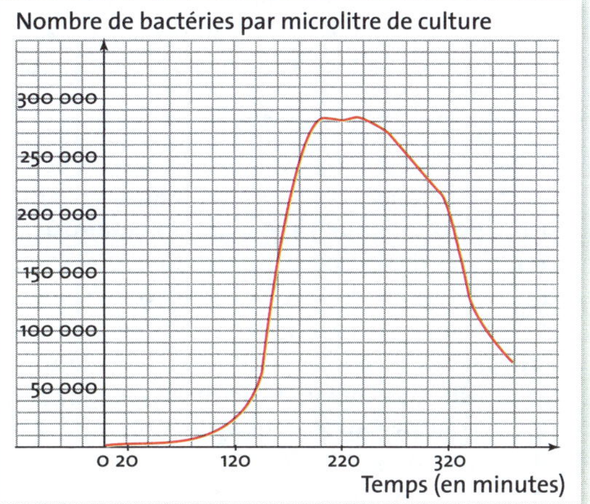

FAIRE

1 Voici plusieurs affirmations : retrouvez celles qui sont exactes.

a. Un antibiotique est un puissant antiseptique.

b. Certains microbes acquièrent une résistance à plusieurs antibiotiques.

c. Les bactéries sont des cellules eucaryotes.

d. Ne pas appliquer un traitement antibiotique jusqu'à la fin de la prescription risque de faire apparaître des souches résistantes.

e. Les virus sont combattus par les antibiotiques.

2 Après avoir exploité la courbe proposée, comment interprétez-vous que, depuis vingt ans, la mortalité chez les femmes atteintes d'un cancer du sein n'ait pas augmenté en parallèle avec le nombre de cas découverts ?

Évolution du nombre de cancers du sein entre 1975 et 2005

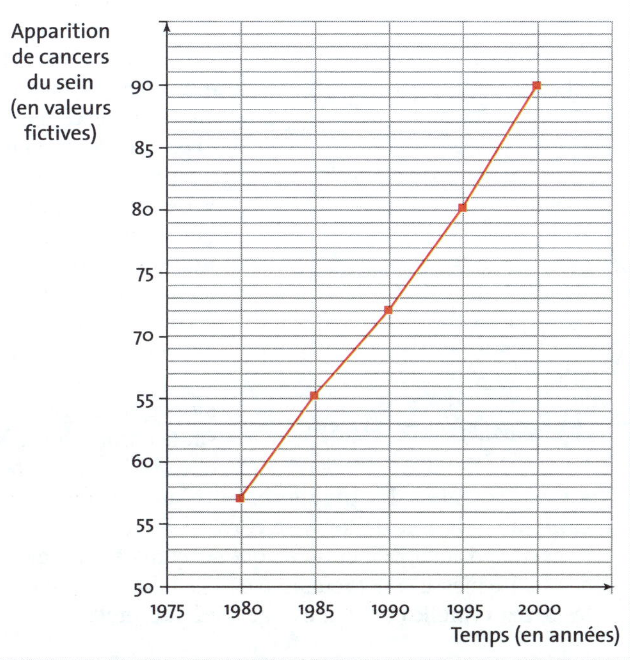

17 L'œil et la vision

SAVOIR

Notre œil fonctionne comme un appareil photographique. De l'extérieur vers l'intérieur, il possède trois enveloppes : la **sclérotique** protectrice, la **choroïde** noire et la **rétine** photosensible.

Le globe oculaire

• La **cornée** transparente limite l'**humeur aqueuse**. Également transparent, le **cristallin**, une lentille convergente, déformable (grâce aux muscles ciliaires), permet l'accommodation pour que les images atteignent la rétine. L'ensemble cornée, cristallin et humeur aqueuse constitue la lentille de l'œil. Entre la rétine et le cristallin, il y a une chambre optique transparente, l'**humeur vitrée**.
• Le diaphragme de l'œil est formé par l'**iris** percé en son centre par la **pupille**. L'ouverture réflexe de la pupille fait varier la quantité de lumière qui pénètre dans l'œil.

Les troubles de la vision

Formé de cellules vivantes qui renouvellent en permanence leur contenu, le cristallin assure ainsi sa transparence. Plusieurs anomalies visuelles sont liées à des **défauts du cristallin**. Normalement, l'image d'un objet situé entre 25 centimètres et l'infini se projette sur la rétine.
• L'excès de courbure du cristallin et/ou une déformation de l'œil éloignent la rétine et l'image arrive en avant de la rétine. Chez le **myope**, seuls les objets assez proches sont bien vus.
• Pour un **hypermétrope**, le globe oculaire est trop court et l'image se projette derrière la rétine, surtout si l'objet est près. La vision de près est floue avec une tendance à loucher pour rectifier le défaut, accompagnée de forts maux de tête.
• Chez le **presbyte**, l'image se projette aussi derrière la rétine car, avec l'âge, le cristallin perd de son accommodation. La vision de loin est bonne.
• À la suite d'une déformation de la cornée, l'**astigmate** possède deux images d'un même objet. Il voit mal de loin comme de près.

La rétine, une membrane photoréceptrice

Structure cellulaire de la rétine

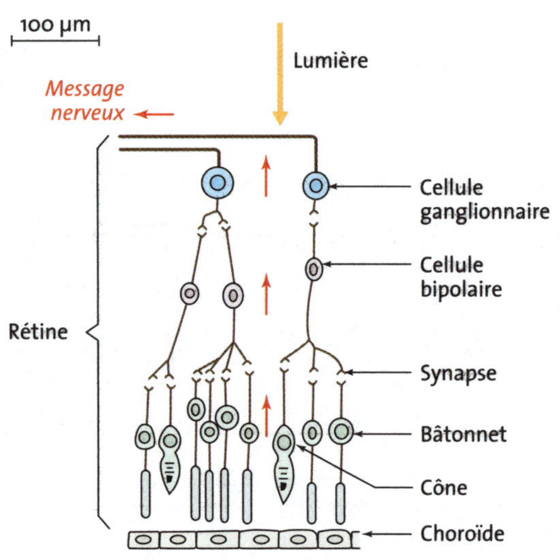

• De structure complexe, la rétine possède des **photorécepteurs** :
– trois types de **cônes** assurant la vision des couleurs (rouge, vert et bleu) ;
– les **bâtonnets**, sensibles aux intensités lumineuses mais donnant une vision en noir et blanc.
• Située dans le prolongement de la pupille centrale, ou **fovéa**, la partie axiale de la rétine ne possède que des cônes. La distinction entre deux points différents (ou discrimination) est excellente car la connexion de chaque récepteur au neurone suivant se fait avec une seule **synapse** (zone de communication entre deux cellules excitables).
• Les trois pigments rétiniens, ou opsines, sont synthétisés grâce au fonctionnement de trois gènes. La ressemblance, ou **homologie**, de ces trois gènes permet de conclure à leur origine commune. Ces trois gènes constituent une **famille multigénique**. La **duplication**, puis des **mutations** différentes de chaque copie, ont permis d'aboutir à ces trois gènes. Une **transposition** a permis d'avoir le gène dirigeant la vision du bleu sur le chromosome 7 alors que les gènes dirigeant la vision du vert et du rouge sont sur le chromosome X. La présence de cette famille multigénique chez les primates permet d'**apparenter** l'homme aux singes.
• Des anomalies des **pigments rétiniens** se traduisent par des **perturbations de la vision des couleurs**. Ainsi, le daltonisme correspond à un gène pour la vision du vert non fonctionnel.
À la suite d'un accident, alors que les yeux sont intacts, une section du **nerf optique** provoque la cécité. Le message nerveux issu de l'œil est acheminé par le nerf optique à l'arrière du cerveau vers les **aires visuelles** où le message sera interprété.

SAVOIR-FAIRE

Savoir restituer des connaissances de façon organisée

• Pour donner de façon organisée des connaissances en SVT :
– faites une **introduction** qui **situe le sujet**, pose le **problème à résoudre** sous forme de question (comment…) et **annonce le plan** qui sera suivi ;
– établissez des paragraphes structurés par des **titres apparents** (I, II, III…), voire des sous-titres. Le titre est synthétique et ne pose pas de question ;
– rédigez de façon claire et concise. Les idées importantes sont **soulignées**. Ne faites pas de fautes d'**orthographe** et portez attention au **soin**. Évitez le hors sujet qui vous fait perdre du temps (et incommode le correcteur) ;
– si une **illustration** est à produire, intégrez-la dans votre écrit (pas à la fin du devoir). N'oubliez pas les **légendes**, le **titre** et surveillez la **lisibilité** ;
– en **conclusion**, résumez par une ou deux phrases votre **réponse au problème posé**. Puis on attend une **ouverture** sur un autre sujet relié au vôtre, sans développement. N'utilisez pas la forme interrogative comme, par exemple : « On peut se demander si... »

• *Exemple de plan développé sur une restitution organisée de connaissances* :
Sujet : **La rétine est la membrane photosensible de l'œil. Montrez son rôle dans la vision. Le travail sera illustré.**

La rétine tapisse le fond de notre œil. C'est elle qui reçoit les rayons lumineux. Comment nous permet-elle de voir ? Nous étudierons d'abord sa structure puis son fonctionnement.

I. La structure de la rétine
Description de la rétine périphérique (en illustrant à l'aide d'un schéma) et comparaison avec la rétine centrale.

II. Du stimulus lumineux au message visuel
Explication du trajet de la lumière, de la transformation du signal lumineux en message nerveux par l'intervention des pigments visuels. Différenciation des deux types de cellules visuelles et de leurs rôles respectifs.

Nous venons de montrer l'originalité structurale de la rétine. Cette structure explique son fonctionnement ce qui nous permet de voir notre environnement. Mais des anomalies de la vision, comme le daltonisme, montrent que dès qu'un mauvais fonctionnement de la rétine existe (ici l'absence de cônes sensibles au vert), la vision est altérée.
Toutefois la rétine n'est pas la seule structure indispensable à notre vision (rôle du globe oculaire et du système optique, du nerf optique, des centres de projection et d'interprétation cérébrales).

FAIRE

1 Exploitez le tableau proposé pour tirer toutes les conclusions qui s'imposent.

Densité des photorécepteurs dans la rétine (nombre de cellules par mm²)

Photorécepteurs \ Région de la rétine	Fovéa (rétine centrale)	Rétine périphérique
Cônes	180 000	3 000 à 4 000
Bâtonnets	0	80 000

2 Associez chaque mot de vocabulaire à la bonne définition.

a. Cône	1. Ne voit pas bien de près.
b. Myope	2. Enveloppe pigmentée de l'œil.
c. Presbyte	3. Récepteur visuel sensible aux faibles intensités lumineuses.
d. Bâtonnet	4. Ne voit pas bien de loin.
e. Sclérotique	5. Récepteur visuel sensible aux fortes intensités lumineuses.
f. Choroïde	6. Enveloppe externe de l'œil.

18 La perception visuelle et le cerveau

SAVOIR

Issus des cellules ganglionnaires de la rétine, les axones forment le nerf optique et se dirigent vers l'encéphale.

Une projection particulière

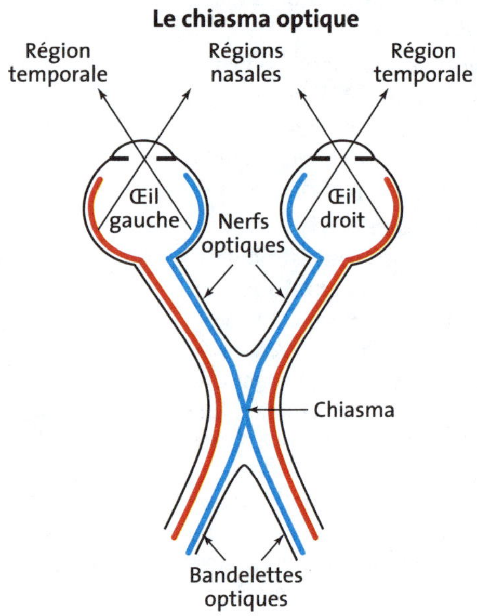

Les deux nerfs optiques se croisent dans la région du **chiasma optique**. Des expériences de section des nerfs optiques avant et après cette zone montrent qu'un certain nombre d'**axones** (fibres conduisant le message nerveux depuis le corps cellulaire vers la périphérie des cellules) se croisent. On observe un **croisement** des fibres provenant du côté nasal de la rétine de chaque œil, alors que les fibres du côté temporal se projetteront dans l'hémisphère situé du côté de l'œil dont elles proviennent.

Le cortex visuel

- Après ces croisements partiels, les fibres arrivent dans un premier **relais** : le **corps genouillé latéral**. D'autres neurones enverront les messages vers la surface, ou cortex, de l'aire visuelle cérébrale. C'est le **cortex visuel primaire**. Située dans le lobe occipital du cerveau, cette région est qualifiée de **zone de projection primaire** car c'est là que l'image commence à être reconstituée.
- Les neurones suivants se projettent vers une zone plus postérieure du **cortex visuel secondaire**. Cette région permet la reconnaissance de formes plus complexes.
- L'ensemble de ces structures fonctionne sans apprentissage. On parle de structures cérébrales **innées**.

Une intégration supérieure

- Lorsque vous voyez un objet, votre mémoire associe immédiatement à l'image un nom et éventuellement d'autres sensations (une odeur, un son, un souvenir…). Différentes **zones associatives** relient en effet les **centres visuels** et les autres zones spécialisées dans la **réception de l'information** et dans la **mémorisation**. Suite à un traumatisme crânien, on a déjà observé des patients en difficulté pour reconnaître des symboles ou, plus concrètement, la forme des objets, des couleurs, des physionomies comme celles d'un visage… On parle d'**agnosie visuelle**. Ces personnes sont souvent soignées par des séances de **rééducation**.
- L'**imagerie fonctionnelle** du cerveau a permis d'observer l'activation de zones différentes selon que l'on voie une forme immobile ou un objet en mouvement :
  – l'**imagerie métabolique** s'appuie sur la consommation des tissus en activité de dioxygène et de glucose (tomographie par émission de positons, ou TEP) ou sur l'augmentation du débit du sang en mouvement (imagerie par résonance magnétique, ou IRM) ;
  – l'**imagerie électrique ou magnétique** détecte l'activité électrique des messages nerveux (magnétoencéphalographie, ou MEG, et électroencéphalographie, ou EEG).
- L'importance de la mémoire met en évidence l'existence de structures qui se construisent lors des **apprentissages** de l'histoire individuelle. Ces chemins sont constamment remaniés (renforcés ou amoindris) car les structures nerveuses sont capables de se modifier selon les voies utilisées. On parle de **plasticité cérébrale**. L'apprentissage nécessite la sollicitation répétée des mêmes **circuits neuroniques** afin d'augmenter l'efficacité de l'utilisation de la voie pour une tâche précise.

L'influence négative des hallucinogènes

Des substances comme le **cannabis**, l'**ecstasy** ou le **LSD** sont des **hallucinogènes**. Elles perturbent le fonctionnement des aires cérébrales associées à la vision et provoquent des **hallucinations** qui peuvent entraîner des perturbations cérébrales graves et définitives.

SAVOIR-FAIRE

Interpréter une image scientifique

C'est une **représentation** d'un objet, d'un être, souvent accompagnée d'un titre, d'un commentaire. Elle peut être obtenue par un moyen technique.

• Commencez par en **étudier le titre, la légende**.

• **Retrouvez l'échelle** : elle peut être donnée dans le texte qui l'accompagne ou dans l'image elle-même.

• Donnez alors les **dimensions de l'objet** de votre image en le rangeant dans une catégorie (planétaire, macroscopique, microscopique, moléculaire). Cela fait référence à l'instrument qui a permis l'exploration (télescope, œil, microscope optique ou électronique…).

• **Décrivez** ce que vous voyez comme si vous deviez l'expliquer à une personne qui ne voit pas l'image que vous avez sous les yeux.

• À l'aide de vos connaissances et grâce à votre logique de déduction, **donnez une signification** à l'image (ou aux images) scientifique(s) proposée(s).

FAIRE

1 Une série d'accidents est reportée sur le schéma anatomique de gauche ; à droite, sont présentées les anomalies visuelles (en noir) correspondantes. Le champ visuel témoin représente un individu sans lésion.

Retrouvez les affirmations exactes parmi celles qui sont proposées.

a. La rétine temporale de l'œil gauche d'une personne saine perçoit la partie gauche du champ visuel.

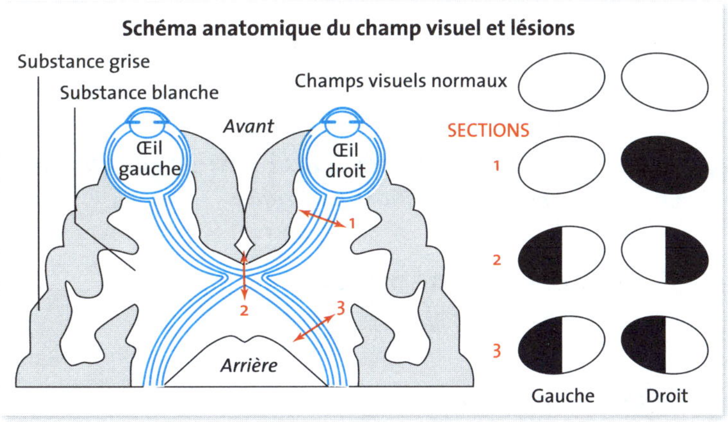

b. En **1**, la personne aura une cécité totale de l'œil droit.

c. Ce qui explique l'anomalie **2** est le croisement des fibres rétiniennes temporales droite et gauche.

d. Le résultat en **3** illustre la projection dans la zone visuelle droite des fibres de la rétine nasale de l'œil gauche et les fibres rétiniennes temporales de l'œil droit.

2 Au cours d'une nuit, un patient se réveille brusquement, privé de vision. On pratique sur lui un scanner (B) et on le compare au scanner d'un sujet normal (A).

Grâce à la rubrique « Savoir-faire » et à l'aide de vos connaissances, proposez des conclusions suite à l'étude de ce scanner (B).

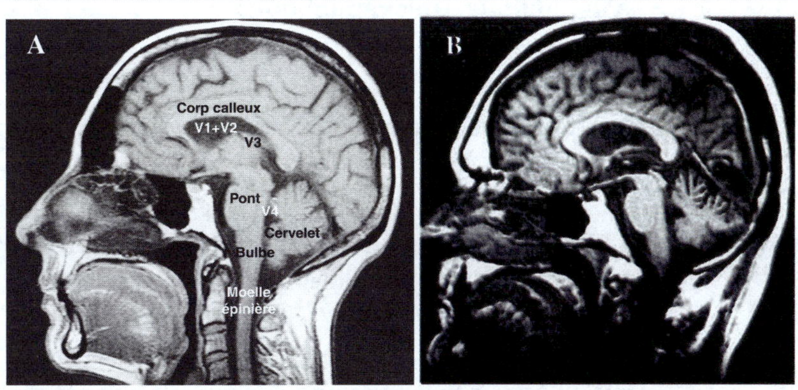

3 Définissez les termes suivants : *plasticité cérébrale*, *hallucinogène*, *chiasma optique*.

Histoire

Géographie

1 Croissance et mondialisation depuis le milieu du XIXe siècle

SAVOIR

Une expansion économique sans précédent

• Depuis le milieu du XIXe siècle, le monde connaît une **croissance économique** inédite : l'augmentation des productions de biens et services dégage des richesses nouvelles. Ainsi, de 1820 à 1992, le PIB par habitant est multiplié par 8 dans le monde et par près de 20 en Europe.

• Cette croissance s'accompagne d'une **mondialisation des échanges**, accélérée autour de 1900 et depuis les années 1970. Les flux de biens, de capitaux et d'informations se diffusent sur la planète : la valeur des exportations mondiales est multipliée par près de 500 entre 1820 et 1992, et continue de croître.

• Les phases de croissance rapide s'accompagnent d'une **transformation profonde des sociétés**, comme lors des « **Trente Glorieuses** » en Occident, de 1945 à 1973. L'urbanisation s'accentue, les conditions de vie s'améliorent, la foi dans le progrès s'affirme et les mobilités s'accroissent.

Les moteurs fondamentaux du dynamisme

• **Trois lents processus d'industrialisation** font la croissance : le premier, vers 1850 (charbon, fer, textile ; rail ; travail en usines) ; le second, vers 1900 (acier, pétrole, électricité ; automobile ; travail à la chaîne) ; le troisième, depuis les années 1960 (informatique, nucléaire ; containers ; division internationale du travail).

• Le **capitalisme industriel** structure l'économie : la grande entreprise privée du XIXe siècle évolue vers la firme transnationale (FTN) de la fin du XXe siècle, dont les investissements directs à l'étranger (IDE) et les filiales nourrissent les échanges. Le **libéralisme économique** promeut ce système de production, encourageant le libre-échange.

• Les États définissent des **politiques économiques** (cadre légal du marché, fiscalité, investissement, redistribution), variables selon le contexte et les idéologies : protectionnisme (années 1880 et 1930), libéralisation (fin du XIXe siècle et après 1970), régulation (État-providence des années 1930 et 1950), à une échelle toujours plus internationale depuis les accords de Bretton Woods en 1944 (FMI, Banque mondiale) et du GATT en 1947 (future OMC).

Limites, résistance et contestations

• La croissance subit des **crises** (récessions, dépressions) : de 1873 à 1896 ; dans les années 1930 (krach de Wall Street, 1929) ; durant les années 1970 et 1980 (chocs pétroliers, 1973 et 1979) ; depuis 2007 (crise financière). Spéculation, guerre ou surproduction provoquent ces crises, parfois interprétées comme l'achèvement de **cycles** d'innovations (J. Schumpeter).

• Capitalisme et libre-échange sont alors l'objet de **critiques**. À droite, aux tenants de l'ordre ancien succèdent les partisans d'un capitalisme moral. À gauche, on veut corriger les inégalités par la réforme (**social-démocratie**, **socialisme**) ou la révolution (**marxisme**, **anarchisme**). Certains États rompent même temporairement avec le marché (URSS, République populaire de Chine).

• Accélération des échanges, financiarisation de l'économie, ouverture de la Chine et de l'URSS (1991) conduisent à la **généralisation du capitalisme** depuis les années 1970. La croissance progresse dans les pays émergents, mais ralentit dans les pays développés, marginalise une part du tiers monde (Afrique, Asie centrale) et altère les environnements. De nouveaux réformismes s'affirment alors (**altermondialisme**, **écologisme, décroissance**).

SAVOIR-FAIRE

Étudier des statistiques

Sujet : Croissance et mondialisation depuis 1945

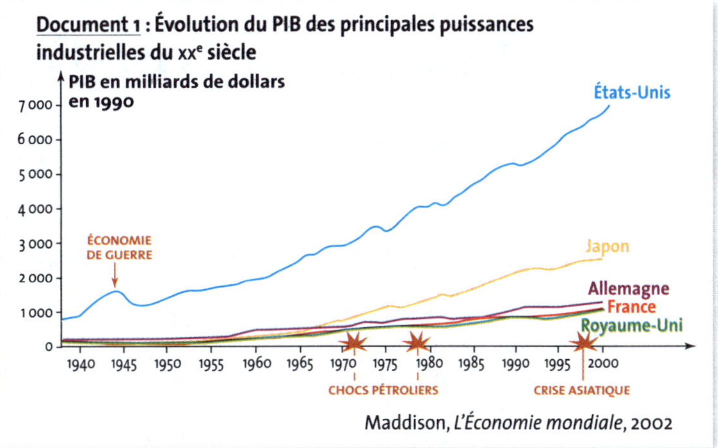

Maddison, *L'Économie mondiale*, 2002

• **Aborder le document** : ce **graphique en courbes** représente l'évolution du PIB des grandes puissances économiques de la seconde moitié du XXe siècle. L'unité de référence est le dollar de 1990. Ce choix de monnaie constante gomme les variations de cours, mais ne donne la valeur réelle du PIB qu'en 1990.

• **Exploiter le document** : l'**allure générale** des courbes révèle une croissance des PIB continue mais contrastée : les États-Unis se détachent par une croissance plus rapide ; les trois puissances européennes se suivent (PIB multiplié par 3), mais sont dépassées par l'émergence du Japon dès les années 1960. On perçoit donc une dimension de la mondialisation, à travers la diffusion de la croissance économique. Il faut, en outre, contextualiser les **rythmes** de cette croissance : de 1940 à 1945, la guerre creuse l'écart entre États-Unis et Europe ; plus tard, les chocs pétroliers ralentissent la croissance américaine sans affecter gravement le Japon.

Document 2 : Évolution des principaux secteurs d'activité

	1950			1990		
	Primaire	Secondaire	Tertiaire	Primaire	Secondaire	Tertiaire
Monde	66,6	15,0	18,4	49,0	19,9	31,1
Asie	81,2	7,4	11,4	61,9	16,9	21,2
Afrique	82,2	6,4	11,4	62,8	11,0	26,2
Amérique latine	53,1	19,5	27,4	25,4	23,6	51,0
Amérique du Nord	12,9	36,6	50,5	2,9	25,8	71,3
Europe	31,4	39,6	28,5	12,2	36,2	51,6
Océanie	16	38,8	45,2	6,3	26,1	67,6

Source : BIT, *Population active*, 1950-2010, 4e éd. 2010

• **Aborder le document** : ce **tableau statistique** est relatif à la répartition sectorielle des populations actives du monde et des différents continents, à deux moments précis (1950 et 1990). Il permet ainsi une **approche évolutive et comparative** de l'industrialisation et de la tertiarisation des économies.

• **Exploiter le document** : de **petites opérations** peuvent faire sens : le secondaire asiatique a gagné près de 10 points de pourcentage (et non 10 %) de 1950 à 1990 ; la part du primaire nord-américain a été divisée par plus de 4 en 50 ans. Mais il est impossible d'additionner ou de soustraire des continents aux populations différentes. Par ailleurs, la comparaison entre continents présente des limites. Car, sauf en Amérique, leur développement n'est pas homogène : ainsi, la population active de l'Europe est similaire à celle de l'Amérique du Nord à l'Ouest, mais très différente à l'Est.

FAIRE

Document : Droits de douanes et échanges internationaux (1947-2005)

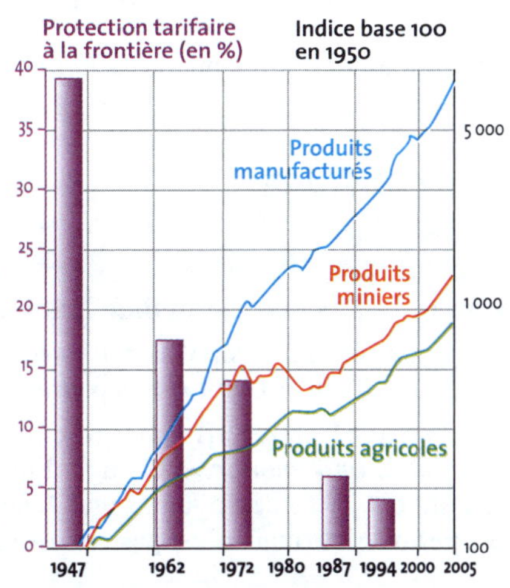

Source : OMC 1995, WTQ, *International Trade Statistics*, 2004

1 Présentez le document.

2 Décrivez successivement l'évolution générale des droits de douane et celle des échanges.

3 Dans quelle mesure peut-on établir une corrélation entre ces deux évolutions ?

Histoire

2 Une succession d'économies-monde

SAVOIR

L'économie-monde britannique

• Vers 1850, le Royaume-Uni connaît une **avance économique unique** : le niveau de vie des Britanniques est en amélioration continue, l'industrie textile, sidérurgique et mécanique est innovante et productive. Le pays dispose également du **contrôle des mers** (Navy) et d'une position d'**arbitre diplomatique** en Europe.
• L'économie-monde britannique a deux principaux ressorts. **L'empire colonial est en expansion** (îles méditerranéennes, Antilles, Canada, Inde, Australie, Nouvelle-Zélande, puis Afrique et Moyen-Orient). **La puissance financière de la City** polarise prêt de la moitié des transactions et assurances du monde à la fin du siècle, faisant de la **livre sterling** la monnaie de référence et contrôlant les marchés latino-américains et chinois.
• Paradoxalement, c'est à son apogée, au début du XXe siècle, que ce système économique vacille. Il subit un **déclin relatif** face à la concurrence d'autres pays (Allemagne, États-Unis). **L'empire se craquèle :** autonomie progressive des colonies de peuplement (Canada, Australie, Nouvelle-Zélande, Afrique du Sud). Enfin, **la guerre et la crise** contraignent le pays à renoncer au libre-échange et à l'étalon or.

L'économie-monde américaine

• Le **décollage économique des États-Unis** s'amorce au début du XXe siècle. **L'immigration** fournit une main-d'œuvre abondante. **Les ressources** du territoire sont immenses (charbon, pétrole, fer, minerais, terres arables). **Les guerres mondiales** stimulent l'économie qui, en 1950, réalise 50 % de la production industrielle mondiale et détient 60 % des réserves d'or.
• La suprématie américaine est croissante de 1945 aux années 1970. Les **accords de Bretton Woods** (1944) indexent le dollar sur l'or. Les **accords du GATT** (1947) encouragent un libre-échange que les **entreprises** américaines investissent à l'échelle mondiale. La guerre froide stimule, tout en la bornant, cette **mondialisation américaine**, au rayonnement culturel grandissant (mode, loisirs, alimentation, télévision, arts).
• Dans les années 1970, **la croissance ralentit** et la concurrence internationale s'accroît. De plus, l'expansion américaine est parfois perçue comme **un impérialisme** menaçant. Toutefois, **les États-Unis restent la première puissance économique** aujourd'hui, et de loin.

L'économie-monde multipolaire

• La fin du XXe siècle voit l'accélération de la mondialisation libérale. L'**essor des circulations maritimes** (par conteneurs) **et des télécommunications** (téléphone, Internet) contribue à la mise en œuvre d'une **division internationale du travail** recherchée par les entreprises multinationales pour réduire leurs coûts.
• Les réseaux et les pôles (métropoles, aéroports, ports) supplantent les grands empires ou territoires nationaux. On assiste à l'**émergence de nouvelles puissances économiques**, dont la croissance rapide construit une économie-monde multipolaire : Amérique du Nord, Europe, Asie orientale (Japon et Chine surtout) ; et les pôles secondaires que sont l'Inde, le Brésil, la Russie et l'Afrique du Sud.
• L'ensemble produit **un monde plus complexe** et incertain. Les inégalités sociales des pays émergents sont très grandes, de nombreux territoires restent en marge et, surtout, les **modes de développement** dominants ont d'inquiétants impacts environnementaux.

SAVOIR-FAIRE

Élaborer une introduction, un plan et une conclusion en histoire

• **Sujet : « L'économie-monde britannique du milieu du XIXe siècle à l'entre-deux-guerres »**

Pour construire une composition, il est indispensable de **réaliser au brouillon** un travail préparatoire à la rédaction définitive. Celui-ci doit permettre de bâtir un plan et de soigner l'introduction et la conclusion.

1. Présenter le sujet : Il faut introduire le lecteur au **contexte** et aux **termes du sujet** :
– « ***L'économie-monde*** » : il s'agit d'un système de relations économiques polarisées par un centre névralgique et se déployant à une échelle spatiale étendue. Une économie-monde intègre donc des périphéries, mais n'est pas nécessairement englobante : des espaces peuvent en être exclus.

– « ***britannique*** » : l'adjectif désigne ce qui se rapporte à la Grande-Bretagne, c'est-à-dire à l'ensemble insulaire composé de l'Angleterre, le Pays de Galles, l'Écosse et quelques petites îles voisines. Cet espace est alors caractérisé par une industrialisation dynamique, une économie libérale largement impulsée par Londres, la domination d'un empire en extension et une identité nationale en formation.
– « ***du milieu du XIXe siècle à l'entre-deux-guerres*** » : ces bornes chronologiques sont floues. Il n'existe en effet aucune rupture nette marquant un début et une fin. Il faut donc embrasser l'ensemble de la période et y déceler de grandes dynamiques qui permettront de comprendre à la fois l'émergence et le déclin de l'économie-monde britannique.

2. Poser une problématique : découlant de la confrontation des éléments du sujet, la problématique est **une question**, qui pose un **problème** suscitant l'intérêt du lecteur et **structurant l'ensemble du devoir**.
Elle doit être **large et simple** et rester rigoureusement historique : il faut **décrire, expliquer et analyser** les faits passés, et non les « raconter », ni en juger les aspects « positifs » ou « négatifs ».
Ici, l'une des problématiques suivantes conviendrait :
– « Dans quelle mesure peut-on considérer que la Grande-Bretagne est au cœur d'une économie mondialisée ? » ;
– « Comment l'économie-monde britannique organise-t-elle l'espace mondial du milieu du XIXe siècle à l'entre-deux-guerres ? ».

3. Annoncer le plan : On annonce ensuite **les étapes de la démonstration** (deux à quatre parties) qui doivent mener à la formulation d'une réponse dans la conclusion. Tout plan est possible, à condition qu'il s'articule logiquement et soit complet. Quelques **plans types** existent :
– *chronologique* (organisé autour de dates clefs) ;
– *analytique* (causes – faits – conséquences) ;
– *thématique* (une partie par thème majeur).
Ici, approchant à la fois une évolution et une situation, un plan *chronologico-thématique* semble adapté :
I. Aux sources d'une domination économique
II. L'économie-monde britannique en fonctionnement
III. Des fragilités au déclin relatif d'un système

4. Conclure : Il s'agit d'abord de **faire la synthèse** du développement, en reprenant les apports de chacune des parties, puis de **proposer un dépassement** du problème, ou bien une simple **mise en perspective** du sujet traité.

Proposition d'introduction

• Au milieu du XIXe siècle, la Grande-Bretagne dispose d'une avance industrielle et technologique unique au monde. Moins d'un siècle plus tard, elle domine l'Empire le plus étendu du monde. L'économie-monde dont elle est le centre semble alors faire fonctionner ensemble la croissance du pays et l'extension des territoires colonisés. Pourtant, à son apogée, le système mondial britannique connaît ses premiers craquements. Dans quelle mesure l'économie-monde britannique est-elle hégémonique du milieu du XIXe siècle à l'entre-deux-guerres ?
• Pour répondre à cette question, nous étudierons d'abord la formation de cette économie-monde. Nous l'envisagerons ensuite dans son fonctionnement, pour en comprendre les ressorts et en mesurer l'ampleur. Enfin, nous nous demanderons si son relatif déclin est imputable à ses propres fragilités.

Proposition de conclusion

• Stimulée par la recherche de matières premières et de débouchés économiques, animée de convictions libérales et confortée par une solide position diplomatique et militaire, l'expansion de la Grande-Bretagne produit une mondialisation dynamique et durable. Celle-ci subit néanmoins la concurrence d'autres puissances vers 1900 et repose sur la domination coloniale de nombreux espaces qui, durant l'entre-deux-guerres, deviennent plus difficiles à contrôler.
• Ainsi, si la suprématie britannique est longtemps indiscutée, sa marche vers l'hégémonie est interrompue par des facteurs tant internes qu'externes et considérablement aggravés par les deux guerres mondiales, qui fondent en partie la puissance grandissante des États-Unis.

FAIRE

Proposez une introduction, un plan et une conclusion répondant au sujet suivant :

« Les États-Unis d'Amérique et l'économie mondiale au XXe siècle ».

3

La Première Guerre mondiale

SAVOIR

La mondialisation d'une guerre européenne

• Le 28 juin 1914, l'assassinat de l'héritier du trône d'Autriche-Hongrie déclenche un mécanisme qui conduit à la guerre le 1er août : les **ambitions territoriales** des nations européennes et les **jeux d'alliances** embrasent l'Europe. La Triple-Entente (Royaume-Uni, France, Russie) affronte les Empires centraux (Allemagne, Autriche-Hongrie).
• **Le conflit se mondialise progressivement**. Empire ottoman (1914) et Bulgarie (1915) rallient les Empires centraux, tandis que Japon (1914), Italie (1915), Roumanie et Portugal (1916), puis Chine et États-Unis (1917) rejoignent l'Entente. Parallèlement, les populations colonisées d'Asie et d'Afrique sont mobilisées.
• Mais **l'Europe reste le cœur du conflit**. À l'Ouest, le front se stabilise dès 1915 en une longue **guerre de position et d'usure** (tranchées). À l'Est, les grandes offensives durent jusqu'en 1917. À la périphérie, les opérations se multiplient (guerre sous-marine dans l'Atlantique, premiers combats aériens, offensives au Proche-Orient).

L'expérience de la guerre totale

• **La mobilisation est d'une ampleur inédite**. L'engagement volontaire (1,5 million d'hommes au Royaume-Uni) et la **conscription** engagent au total 60 millions de combattants. Ainsi, tout Européen est concerné par la guerre (hommes civils, femmes et enfants). Le moral des troupes et de l'arrière est alors encadré (**censure**, « bourrage de crâne », diabolisation de l'ennemi).
• Très vite, le conflit se mue en **guerre totale**. Les moyens déployés sont sans précédent et impliquent toutes les sphères de la société : sciences et techniques (armement, gaz, médecine), économie (planification étatique, emprunts, travail des femmes et prisonniers), politique (unions sacrées).
• S'opère alors une **brutalisation** des sociétés en guerre. L'expérience combattante (« boucherie » des tranchées, conditions de vie difficiles), l'omniprésence du front à l'arrière (presse, lettres de « poilus », retours de mutilés, annonces de décès, jeux guerriers) et les violences d'occupation (réquisitions, arrestations, viols) font émerger une véritable **culture de guerre**, qui détermine psychologies et comportements.

Sortir de la guerre : la paix des vainqueurs

• **Le conflit s'achève lentement**. La guerre de mouvement reprend avec le retrait de la Russie et l'arrivée des États-Unis en Europe. Les Empires centraux tombent : de septembre à novembre 1918 sont signés les armistices avec l'Empire ottoman, la Bulgarie, l'Autriche-Hongrie, puis, le **11 novembre 1918**, avec l'Allemagne, à Rethondes.
• Les **traités de paix de 1919** bouleversent la carte de l'Europe (disparition de l'Empire ottoman, naissance de la Tchécoslovaquie et de la Pologne, scission de l'Autriche-Hongrie, restitution de l'Alsace-Lorraine à la France, etc.). Le **traité de Versailles** condamne l'Allemagne : réarmement limité, frais de réparation, occupation de la Rhénanie. Pour éviter tout nouveau conflit mondial, la **Société des nations (SDN)** voit le jour à Genève.
• Avec près de 9 millions de morts, des destructions colossales et une désorganisation des sociétés, **le bilan est lourd** et le traumatisme profond. La reconstruction doit être matérielle, mais aussi morale. Cimetières, monuments aux morts, témoignages et cérémonies nourrissent des **mémoires contrastées** de la Grande Guerre, fondant tantôt un bellicisme revanchard, tantôt un pacifisme intégral.

SAVOIR-FAIRE

Étudier des témoignages

Sujet : L'expérience combattante durant la Grande Guerre

• Un témoignage requiert au moins deux précautions :
– **subjectif et partiel**, voire falsifié, il doit être confronté à d'autres documents pour éviter une généralisation abusive ;
– **formulé *a posteriori***, il faut analyser le contexte dans lequel il est produit.
Par là, un témoignage renseigne souvent tout autant sur les faits que sur le témoin et sur son contexte de formulation.

Document 1

Des fusants* sortent du ciel, des explosifs sortent de la terre. C'est un effroyable rideau qui nous sépare du monde, nous sépare du passé et de l'avenir. [...]

On trébuche, on se retient les uns aux autres, dans de grands flots de fumée. [...] J'ai entrevu des faces étranges qui poussaient des espèces de cris, qu'on apercevait sans les entendre dans l'anéantissement du vacarme. Un brasier avec d'immenses et furieuses masses rouges et noires tombait autour de moi, creusant la terre, l'ôtant de dessous mes pieds, et me jetant de côté comme un jouet rebondissant. Je me rappelle avoir enjambé un cadavre qui brûlait, tout noir, avec une nappe de sang vermeil qui grésillait sur lui, et je me souviens aussi que les pans de la capote** qui se déplaçait près de moi avaient pris feu et laissaient un sillon de fumée.

Henri Barbusse, *Le Feu*, 1916.

* Obus. ** Manteau.

Paru pendant la guerre, l'ouvrage de Barbusse témoigne publiquement de son expérience du front. Cet extrait fait ressentir l'horreur, le chaos infernal du front, où les armes déchaînent les éléments : « des fusants sortent du ciel, des explosifs sortent de la terre » ; le « feu », les « flots de fumée » habitent le texte. Ainsi, Barbusse rend compte de l'omniprésence de la mort autour de lui.

Document 2

Dans le secteur voisin, on a retrouvé certains de nos camarades dont le nez avait été coupé et dont les yeux avaient été crevés avec ces baïonnettes à scie. Puis on leur avait rempli de sciure la bouche et le nez et on les avait ainsi étouffés [...]. À vrai dire, la baïonnette a perdu de son importance. Il est maintenant de mode chez certains d'aller à l'assaut simplement avec des grenades et une pelle. La pelle bien aiguisée est une arme plus commode et beaucoup plus utile ; [...] spécialement si l'on frappe obliquement entre les épaules et le cou, on peut facilement trancher jusqu'à la poitrine.

Erich-Maria Remarque, *À l'ouest rien de nouveau*, 1929.

Proche du premier (violence, présence de la mort), ce témoignage apporte d'autres éléments : l'auteur est allemand, ce qui indique une similitude des expériences combattantes des deux côtés de la ligne de front ; la violence est ici plus active (déshumanisation de l'ennemi et brutalisation des combattants). Rédigé dix ans après la guerre, il témoigne en outre de la persistance du traumatisme chez son auteur.

Document 3

Avant-hier – et cela a duré deux jours [...] – Français et Allemands se sont serré la main ; incroyable, je vous dis ! Pas moi, j'en aurais eu regret.

Voilà comment cela est arrivé [...]. Ils nous demandent de nous rendre « pour la frime ». [...] Ils sortent alors de leurs tranchées, sans armes, rien du tout, officier en tête ; nous en faisons autant et cela a été une visite d'une tranchée à l'autre, échange de cigares, cigarettes, et à cent mètres, d'autres se tiraient dessus [...].

Lettre censurée de Morillon à ses parents, 14 décembre 1914, extraite de *Paroles de poilus*, Librio-Radio France, D.R., 1998.

Lettre privée de 1914, ce document retranscrit une situation vécue presque immédiatement. Le **contexte** de sa production et celui des faits relatés se confondent donc. On observe ainsi que l'arrière était directement informé par les soldats, mais sous le contrôle de la hiérarchie. En outre, la scène ici racontée contraste fortement avec les documents 1 et 2, car elle évoque une brève fraternisation avec l'ennemi. Cette lettre pose ainsi la **question de la représentativité des témoignages**. L'expérience vécue, marginale (« incroyable »), ne peut être généralisée, mais nuance l'idée d'une brutalisation profonde des combattants dès 1914.

FAIRE

• Observez le tableau et répondez aux questions.

1 Dans quelle mesure ce document peut-il être considéré comme un témoignage ?

2 Quelle est la structure générale de l'œuvre ?

3 Quelle vision de la Grande Guerre Otto Dix propose-t-il dans ce tableau ?

Un ancien combattant allemand peint la Grande Guerre

Otto Dix, *La Guerre*, tempéra sur bois, 1929-1932. Galerie Neue Meister, Dresde.

4 Les régimes totalitaires dans l'entre-deux-guerres

SAVOIR

Genèse des nouveaux régimes en Europe

• Au sortir de la Grande Guerre, désorganisation économique, souffrances et traumatismes engendrent des **contestations** : démocratie, aristocratie et bourgeoisie en sont les cibles. Dans cette Europe troublée émergent des **dictatures d'un genre nouveau**, marquées par l'âge des masses industrielles et nationales.
• En **Russie**, en 1917, mutineries et grèves déclenchent deux **révolutions** : celle de **février** substitue au tsar un régime libéral ; celle d'**octobre** porte au pouvoir les **soviets bolcheviques** de **Lénine**. Celui-ci sort de la guerre (1918) et fonde l'URSS (Union des Républiques socialistes soviétiques), dont **Staline**, son successeur en **1924**, renforce l'autoritarisme.
• **Italie** et **Allemagne** connaissent aussi des **troubles sociaux**, parfois galvanisés par l'expérience russe (spartakistes en Allemagne). Dès 1919, les Faisceaux de combat, groupuscules paramilitaires, entendent rétablir l'ordre et revigorer la nation italienne. En 1922, **Mussolini**, chef des **fascistes**, accède au pouvoir. Parallèlement, en Allemagne, s'affirme le **parti nazi d'Hitler**, inspiré du fascisme, victorieux aux élections de 1933.

Une matrice totalitaire ?

• **Ces régimes sont idéologiquement différents** : l'URSS se revendique du communisme (collectivisation des moyens de production pour une société sans classes) ; les fascismes sont capitalistes, conservateurs et nationalistes, et l'Allemagne se distingue par le rôle central du racisme (lois de Nuremberg, 1935). Dans les trois cas, toutefois, l'idéologie définit un **projet d'homme nouveau** à bâtir par la **force d'un État autoritaire**.
• Cet « **État total** » se caractérise par : le culte du chef, le parti unique, le contrôle de l'opinion et de la presse (police politique, propagande, art officiel), l'encadrement des populations et de l'économie, la **terreur d'État**.
• Ces régimes sont en partie le **produit de la brutalisation** des sociétés par la Grande Guerre : communisme de guerre en URSS, soif de revanche en Allemagne (victime du « diktat » de Versailles) et en Italie (privée des terres irrédentes). La violence d'État est alors légitimée : **assassinats politiques** (Matteotti en Italie, Nuit des longs couteaux en Allemagne, famine et purges en URSS), **enfermements** (*confinati* italiens, camps de concentration nazis, camps de travail du Goulag soviétique).

Les régimes totalitaires face aux démocraties dans les années 1930

• Régimes bourgeois pour les soviétiques et faibles pour les fascistes, **les démocraties sont menacées**. URSS, Allemagne et Italie sortent de la SDN. Surtout, Mussolini et Hitler développent un **bellicisme expansionniste** : l'Italie envahit l'Éthiopie (1935), l'Allemagne remilitarise la Rhénanie (1936) et annexe les territoires germanophones voisins (1938).
• Au sein même des démocraties, les totalitarismes rayonnent : **mouvements fascistes**, **partis communistes** pilotés par Moscou. Certains États évoluent même en **dictatures d'inspiration fasciste** : Hongrie de Horthy (1920), Pologne de Piłsudski (1926), Portugal de Salazar (1932).
• Un affrontement a lieu lors de la **guerre d'Espagne (1936-1939)**, qui oppose Franco (aidé par les fascistes) aux communistes (aidés par Moscou), anarchistes et républicains. Mais les démocraties libérales restent neutres et, avec les **accords de Munich (1938)**, entérinent l'annexion des Sudètes par Hitler, qui entreprend bientôt la conquête de l'Europe.

SAVOIR-FAIRE

Comparer deux situations historiques

Sujet : Le totalitarisme en Italie et en Allemagne

• **Comparer n'est pas assimiler** : il s'agit de définir les similitudes et les différences entre des réalités distinctes, afin d'éprouver une analyse ou un concept historique. Ici, le « totalitarisme » peut être mis à l'épreuve des faits qu'il recouvre, à la fois en Italie et en Allemagne.

• Comparer à partir de deux images

On peut relever des **similitudes** : le chef du régime est porté par la foule ; indifférenciée et infinie, celle-ci incarne l'unité d'un peuple autour d'un projet (drapeau italien, étendard nazi) ; Mussolini et Hitler, en tenue militaire, affichent leur bellicisme. Ces images illustrent donc bien le totalitarisme (culte du chef, propagande, manipulation des masses). Mais d'autres détails (symboles romains, croix gammée) soulignent tout autant l'ancrage nationaliste commun que les **spécificités** de chacun des fascismes.

Le Duce et la foule italienne

Couverture du journal *La Domenica del Corriere*, 13 octobre 1935.

Hitler et la foule allemande

Adolf Hitler montant les gradins pour parler à 70 000 fermiers, à Hamelm, le 30 septembre 1934.

• Comparer à partir de deux chronologies

L'affirmation du fascisme en Italie

1919 : création des *fasci*
1922 : marche sur Rome et prise du pouvoir
1924 : assassinat de l'opposant socialiste Matteotti
1925-1926 : les lois fascistissimes fondent la dictature
1935 : invasion de l'Éthiopie
1938 : lois racistes
1939 : pacte d'acier avec l'Allemagne

L'affirmation du nazisme en Allemagne

1919 : création du NSDAP
1923 : coup d'État manqué d'Hitler
1933 : Hitler, chancelier, organise la dictature
1934 : assassinat des chefs nazis rivaux (Nuit des longs couteaux)
1935 : lois antisémites, dites « de Nuremberg »
1938 : pogrom antisémite (Nuit de cristal)
1938 : annexion des Sudètes et de l'Autriche
1939 : pacte germano-soviétique ; pacte d'acier avec l'Italie et invasion de la Pologne

Des **similitudes** apparaissent : nés en 1919, les deux mouvements sont dictatoriaux, violents (assassinats), expansionnistes (colonisation, annexions), s'encouragent et s'associent (pacte d'acier). Mais les **décalages** expriment des **différences** : Mussolini prend le pouvoir par la force dès 1922, tandis qu'Hitler passe par la voie légale en 1933 ; le racisme nazi (lois de Nuremberg, 1935) se greffe sur le fascisme italien en 1938 ; enfin, l'expansionnisme allemand est plus tardif mais vise à dominer l'ensemble de l'Europe.

FAIRE

• À l'aide du Savoir-faire et des deux documents ci-dessous, répondez à la question suivante : « Le concept de totalitarisme peut-il qualifier à la fois le nazisme et le stalinisme ? »

Document 1 :
Un historien s'exprime sur le comparatisme

Le premier usage, le plus évident, relève du souci d'analyser ensemble deux ou plusieurs systèmes définis comme totalitaires afin de mettre en évidence le fait qu'ils sont autant de types appartenant à un même genre politique. [...] À vrai dire et au risque de paraître schématique, la production qui vise à cet objectif de manière prioritaire donne le sentiment que la liste des ressemblances ne cesse de s'allonger tout autant que la liste des différences et que le procédé bute toujours sur les mêmes obstacles : la différence du projet initial et des intentions respectives du bolchevisme et du nazisme, la différence du niveau de développement des sociétés prises en compte, leur durée de vie très inégale, la singularité du génocide des juifs, etc.»

Henry Rousso, *Stalinisme et nazisme : histoire comparée*, préface, Complexe, 1999.

Document 2 :
L'affirmation du totalitarisme soviétique

1917 : Lénine et les bolcheviks prennent le pouvoir
1918-1921 : guerre civile, communisme de guerre
1922 : naissance de l'URSS
1924 : Staline succède à Lénine
1928 : premier plan quinquennal, début de la collectivisation
1932-1933 : grandes famines, surtout en Ukraine
1936 : début des procès de Moscou, grandes purges
1939 : pacte germano-soviétique

5 La Seconde Guerre mondiale

SAVOIR

Une guerre totale et idéologique

• En 1939, après l'Anschluss et l'annexion des Sudètes, l'**Allemagne nazie d'Hitler**, alliée à l'Italie, à la Hongrie, et avec la complicité de l'URSS (pacte germano-soviétique), attaque la Pologne. Elle entend conquérir l'« **espace vital** » du peuple allemand et **venger l'humiliation du traité de Versailles**. En Asie, le **Japon impérialiste**, allié de l'Allemagne et en guerre contre la Chine, projette d'être le cœur d'une **grande Asie orientale**, à soumettre.

• Comme en 1914, la **guerre totale** s'installe, mais à plus grande échelle. Les mobilisations sont immédiatement massives, y compris dans les colonies. Partout, l'effort industriel est intense et les populations directement touchées par le conflit sont plus nombreuses.

• **Les forces de l'Axe progressent** : le Reich envahit une grande partie de l'Europe ; les opérations gagnent l'Afrique du Nord et le Proche-Orient ; les Japonais contrôlent le Pacifique occidental. **1942** marque un **tournant** : ayant agressé l'URSS, l'Allemagne peine à Stalingrad, tandis que les États-Unis entrent en guerre, après l'attaque de Pearl Harbor par les Japonais.

Les paroxysmes de la violence

• Les belligérants mènent une **guerre d'anéantissement**. L'armement est d'une puissance nouvelle (chars, aviation, missiles), produisant d'âpres combats (batailles d'Angleterre, de Stalingrad). Les **civils** sont une **cible de guerre**, notamment lors des bombardements urbains (Londres, Dresde, Hiroshima et Nagasaki), destinés à démoraliser les populations.

• Les **violences d'occupation** se déploient sur de grands territoires (Mandchourie, Asie du Sud-Est, France, Belgique, Pologne, Balkans) : réquisitions, rationnements, exécutions, massacres, camps de prisonniers, ségrégations (ghettos). La **collaboration** y contribue, dépassant parfois les intentions des occupants (régime de Vichy en France).

• Surtout, l'Allemagne met en œuvre une **politique génocidaire** industrielle. Dès 1941 et 1942, les **camps de concentration** de déportés conduisent aux **camps d'extermination** (Chelmno, Auschwitz-Birkenau…). Les **Einsatzgruppen** (« groupes d'intervention »), procèdent à des massacres de masse à l'Est. La « Solution finale » tue ainsi près de 6 millions de Juifs et entre 200 et 500 000 Tziganes. Des millions de Polonais, d'handicapés et de prisonniers politiques sont également assassinés.

Victoire des Alliés et construction d'un ordre mondial

• Appuyée par des **réseaux de résistance** (renseignement, sabotage), la victoire des Alliés est obtenue en Europe par des **débarquements** (Sicile, Normandie, Provence) et des **bombardements** à l'Ouest, et par l'avancée rapide des Soviétiques à l'Est. **L'Allemagne capitule le 8 mai 1945**. En Asie, les États-Unis obtiennent la **reddition du Japon** après les bombardements nucléaires d'Hiroshima et Nagasaki (6 et 9 août 1945).

• Le **bilan** de la guerre est lourd : **60 millions de morts**, villes rasées, économies désorganisées, sociétés traumatisées et divisées par la collaboration. Les Alliés ont triomphé des fascismes, ils occupent l'Allemagne, l'Autriche et le Japon, mais doivent bâtir un nouvel ordre mondial.

• Des **procès** de grande envergure (Nuremberg et Tokyo) et des **épurations** nationales visent à punir les responsables et à rétablir un ordre légal humaniste. Pour garantir la paix dans le monde après l'échec de la SDN, l'**ONU** voir le jour dès 1945, dotée de pouvoirs de décision.

SAVOIR-FAIRE

Étudier un texte

Sujet : La charte des Nations unies

Nous, peuples des Nations unies, résolus :
– à préserver les générations futures du fléau de la guerre [...] ;
– à proclamer à nouveau notre foi dans les droits fondamentaux de l'homme [...] dans l'égalité de droit des hommes et des femmes, ainsi que des nations, grandes et petites ;
– à créer les conditions nécessaires au maintien de la justice et du respect des obligations nées de traités et autres sources du droit international ;
– à favoriser le progrès social et instaurer de meilleures conditions de vie dans une liberté plus grande ;
et à ces fins :
– à pratiquer la tolérance, [...] à unir nos forces pour maintenir la paix et la sécurité internationales ;
– à accepter des principes et instituer des méthodes garantissant qu'il ne sera pas fait usage de la force des armes, sauf dans l'intérêt commun ;
– à recourir aux institutions internationales pour favoriser le progrès économique et social de tous les peuples ;
avons décidé d'associer nos efforts pour réaliser ces desseins.
En conséquence, nos gouvernements respectifs [...] ont adopté la présente charte des Nations unies et établissent [...] une organisation internationale qui prendra le nom de Nations unies.

Préambule de la charte des Nations unies, signée par 50 pays réunis à San Francisco le 26 juin 1945.

• **Présentation** : le préambule de la charte des Nations unies, signée à San Francisco le 26 juin 1945 par 50 pays, intervient dans un **contexte** particulier : l'Allemagne nazie a capitulé, mais le Japon est toujours en guerre. Les signataires anticipent donc la défaite nipponne, fondant une instance internationale destinée à assurer une paix durable, après une période de confrontation des nationalismes. Ce texte fait office de déclaration de principes et d'objectifs.

• **Compréhension** : le texte expose les motifs de l'établissement de l'ONU en deux parties. La première énonce les principes que les « peuples » sont « résolus » à suivre : « droits fondamentaux de l'homme », « justice », « droit international », « progrès social », « liberté ». La seconde énumère les règles et « méthodes » qui gouverneront la concertation internationale : « tolérance », « paix » et recours aux futures « institutions internationales » deviendront le souci premier des nations.

• **Mise en perspective** : reprenant la tradition libérale occidentale (Déclaration des droits de l'homme et du citoyen, Déclaration d'indépendance des États-Unis), ce texte s'inscrit dans la continuité des tentatives de réglementer les relations internationales (traités, conventions, SDN, charte de l'Atlantique). Mais il se conçoit comme l'acte de naissance d'une nouvelle ère, celle d'une gouvernance mondiale, au-delà des spécificités nationales. Toutefois, son rayonnement à venir est incertain : « méthodes » et « principes » restent à « instituer » et à être « accept[és] » pour « réaliser ces desseins ». Surtout, en 1945, seuls 50 pays sont signataires.

FAIRE

• Lisez le texte suivant et répondez aux questions.

Un Conseil de sécurité distinct de l'Assemblée générale des Nations unies

Chapitre 5 : Conseil de sécurité*
Article 24. – Afin d'assurer l'action rapide et efficace de l'Organisation, ses membres confèrent au Conseil de sécurité la responsabilité principale du maintien de la paix et de la sécurité internationales [...].
Article 27. – Les décisions du Conseil de sécurité [...] sont prises par un vote affirmatif de neuf de ses membres, dans lequel sont comprises les voix de tous les membres permanents. [...]
Chapitre 7 : Action en cas de menace contre la paix, de rupture de la paix et d'acte d'agression
Article 41. – Le Conseil de sécurité peut décider quelles mesures n'impliquant pas l'emploi de la force armée doivent être prises [...]. Celles-ci peuvent comprendre l'interruption complète ou partielle des relations économiques et des communications [...], ainsi que la rupture des relations diplomatiques.
Article 42. – Si le Conseil de sécurité estime que les mesures prévues à l'article 41 seraient inadéquates ou qu'elles se sont révélées telles, il peut entreprendre [...] toute action qu'il juge nécessaire [...]. Cette action peut comprendre des démonstrations, des mesures de blocus et d'autres opérations exécutées par des forces aériennes, navales ou terrestres des membres des Nations unies.

Extrait de la charte des Nations unies, San Francisco, 26 juin 1945.

*Il est alors composé de 5 membres permanents et 6 membres élus pour 2 ans.

1 Présentez le document (nature, auteur, source, date, contexte).

2 Quelles sont, d'après le texte, les prérogatives du Conseil de sécurité de l'ONU ?

3 Expliquez la critique suivante, formulée en 1947 par Albert Einstein : « L'Assemblée générale ne devrait pas abandonner ses propres compétences au Conseil de sécurité, d'autant plus que celui-ci est paralysé par [...] le droit de veto. »

Histoire

6

La guerre froide

SAVOIR

Deux idéologies et deux puissances pour un seul monde

• Vainqueurs en 1945, **URSS et États-Unis** proposent au monde **deux modèles idéologiques**. Le régime stalinien, totalitaire, développe une économie dirigée communiste, pour une société sans classes. La démocratie américaine, libérale et individualiste, promeut une économie de marché capitaliste.

• L'URSS domine l'Europe de l'Est et son modèle se diffuse (Chine, Indochine). Dès 1947, les États-Unis épousent la **doctrine Truman du *containment*** (« endiguement »). L'URSS répond par la **doctrine Jdanov**, qui défend la « résistance » face à « l'impérialisme » américain. La **guerre froide** commence.

• Des accords soudent **deux blocs antagonistes**, de part et d'autre du « rideau de fer » :
– plan Marshall (aide à la reconstruction de l'Europe, 1947), OECE (Organisation européenne de coopération économique, 1947) et OTAN (Organisation du traité de l'Atlantique Nord, 1949) à l'Ouest ;
– CAEM (Conseil d'assistance économique mutuelle, 1949), Kominform (organisation des mouvements communistes, 1947) et Pacte de Varsovie (alliance militaire, 1955) à l'Est.

Une « guerre de cinquante ans » (G.-H. Soutou)

• **De 1947 à 1991**, la **tension** est constante, mais son intensité varie. La guerre froide connaît son **apogée entre 1947 et 1962**, mais, après une **période de détente (1962-1975)**, on observe un regain des tensions durant la **guerre fraîche (1975-1985)**.

• Crises et conflits indirects se succèdent. La **crise de Cuba**, où l'URSS tente d'implanter des missiles en 1962, fait redouter une guerre nucléaire puis encourage l'apaisement. Des guerres, comme celle du **Vietnam (1964-1973)**, opposant États-Unis et guérillas communistes, menacent de s'étendre.

• Hors du champ géopolitique, la **rivalité** s'exprime dans le renseignement (CIA contre KGB), la course aux armements, l'économie, la conquête spatiale, la propagande et le sport. Les arts (littérature, cinéma) et les débats politiques sont, presque partout, imprégnés d'une **culture de guerre froide**.

La fin du monde bipolaire

• Une partie du monde veut y échapper : les pays décolonisés prônent le **non-alignement (1961)**. Puis, à partir des années 1970, le bloc de l'Est éprouve des difficultés économiques et son modèle s'érode : après l'incomplète déstalinisation de Khrouchtchev (1953-1964), la **Perestroïka de Gorbatchev (1985)** démocratise l'URSS et l'ouvre au marché. **L'URSS est dissoute en 1991.**

• La **fin du monde bipolaire** ouvre une nouvelle ère. La **superpuissance américaine** paraît seule en mesure de s'imposer partout dans le monde. Le philosophe Fukuyama prédit alors une « fin de l'histoire », qui verrait triompher démocratie, libéralisme et paix. Le géopoliticien Huntington redoute, lui, un « choc des civilisations ».

• La réalité est plus floue. De fait, de **nouveaux conflits** émergent, comme la guerre du Golfe (1990-1991) ou le siège de Sarajevo (1992-1996), tandis que, le 11 septembre 2001, des attentats islamistes frappent les États-Unis, vulnérables. Nouvelle menace mondiale, le **terrorisme** donne lieu à des **guerres asymétriques** (Afghanistan en 2001, Mali en 2012), dans un monde plus complexe.

SAVOIR-FAIRE

Étudier une œuvre de propagande

Sujet : La propagande soviétique face au bloc de l'Ouest

Document : « Liberté à l'américaine », affiche de propagande stalinienne. Musée royal de l'armée, Bruxelles.

Gratte-ciel : « Wall Street ».
Vignettes de gauche : « liberté de la presse » puis « liberté d'opinion ».
Vignettes de droite : « liberté de l'individu » puis « liberté de manifestation ».

• **Présentation** : éditée en 1952 et intitulée « Liberté à l'américaine », cette affiche soviétique porte un regard sur l'une des valeurs fondamentales revendiquées par les États-Unis, adversaire de l'URSS dans le **contexte** de la guerre froide, ouverte depuis cinq ans. Il s'agit donc d'un document de propagande, destiné à l'affichage public, qui entend mobiliser l'opinion contre l'ennemi.

• **Compréhension** : d'une structure composite, ce **document iconographique** doit être abordé avec méthode :
– l'arrière-plan, sombre, représente un paysage new-yorkais duquel ressort la puissance financière de Wall Street, donc du capitalisme ;
– au centre, la statue de la liberté est cadenassée et dominée par un agent menaçant ;
– quant aux vignettes, elles servent à illustrer des situations concrètes de négation des libertés élémentaires aux États-Unis (presse manipulée, opinion muselée, individus rejetés en raison de leurs différences, manifestations réprimées).
Ces trois éléments s'articulent pour mettre en scène une société aux libertés illusoires, totalement encadrée par la collusion entre autorité publique et intérêts du capital.

• **Mise en perspective** : caricaturale, l'affiche s'appuie néanmoins sur des faits d'actualité : existence de médias d'émanation étatique aux États-Unis (Voice of America), chasse aux communistes (maccarthysme, affaire des époux Rosenberg), violences à l'égard des Noirs (groupuscules du Ku Klux Klan). Interprétés à l'aune de l'idéologie soviétique, ils viennent encourager la doctrine Jdanov : les États-Unis sont impérialistes et méprisent la liberté des peuples au nom de l'extension des intérêts capitalistes.

FAIRE

• Observez le document suivant et répondez aux questions.

1 Quel est le propos explicite de cette affiche ?

2 Montrez que le personnage du speaker en fait la synthèse.

3 Quelle politique américaine concrète est ici dénoncée ?

4 En quoi l'affiche est-elle fidèle à la doctrine Jdanov ?

« Des phrases et... des bases », affiche soviétique de 1952

Mots du speaker : « Paix, défense, désarmement ».

7 Berlin : « point chaud » de la guerre froide

SAVOIR

Un foyer de divisions

• Après l'armistice du 8 mai 1945, Berlin est divisée en **quatre secteurs** (français, britannique, américain, soviétique). Enclave dans la zone placée sous administration soviétique de l'Allemagne, la partie occidentale de la ville est concernée par la **réforme monétaire** créant le *Deutsche Mark*, souhaitée par la France, le Royaume-Uni et les États-Unis.
• Y voyant une menace pour la progression du socialisme, **Staline décide le blocus des trois secteurs occidentaux de Berlin** en juin 1948. Les Américains répliquent en organisant un **pont aérien** pour ravitailler la ville sans forcer le blocus, que les Soviétiques lèvent en mai 1949.
• Cette crise fait de Berlin **un foyer et un révélateur de la guerre froide** qui s'ouvre. À l'image de l'Europe et du monde, qui se divisent en blocs, l'Allemagne est séparée en deux États distincts : à l'ouest la **RFA** (République fédérale d'Allemagne), à l'est la **RDA** (République démocratique allemande).

Deux villes en une

• La ville devient le lieu d'**une confrontation** continue jusqu'en 1989. À l'ouest, la ville est la **vitrine d'un capitalisme florissant**. À l'est, le **laboratoire du socialisme** éprouve des difficultés rapides : en 1953, une grève ouvrière est matée dans le sang par les chars soviétiques.
• La circulation étant libre entre les secteurs, Berlin est **un pôle d'émigration** pour les Allemands de l'Est, qui sont trois millions à rejoindre l'ouest entre 1949 et 1961. En août de cette année, les autorités soviétiques construisent en hâte **un mur ceinturant les secteurs occidentaux**.
• Berlin est alors une **ville-symbole** de la guerre froide. Le mur de Berlin fait écho à celui qui divise les opinions et le monde. Conçu comme une protection contre l'« impérialisme capitaliste » occidental, il est rapidement qualifié de « mur de la honte » à l'ouest. En 1963, J. F. Kennedy s'y rend, au nom de « tous les hommes libres », et prononce : « *Ich bin ein Berliner* », pour défier et dénoncer le bloc de l'Est.

Un pivot de la guerre froide

• Dans les années 1970, la détente et la politique d'ouverture à l'Est du chancelier de la RFA Willy Brandt (***Ostpolitik***) apaisent les tensions. En 1971, l'**accord quadripartite sur Berlin** vise à faciliter les circulations entre les secteurs est et ouest. Mais, dans le même temps, le mur intègre le paysage berlinois et la séparation paraît irréversible.
• **Les années 1980 sont un tournant**. Tandis que des mouvements contestataires s'organisent dans les démocraties populaires, l'URSS entame, sous l'égide de Gorbatchev, la Perestroïka (« restructuration » économique) et la Glasnost (« transparence » politique). Moscou n'intervient pas pour contrer l'ouverture du rideau de fer hongrois, ce qui encourage les **manifestations à Berlin**.
• **Les 9 et 10 novembre 1989, le mur est pris d'assaut** par la population, signalant la fin symbolique de la guerre froide. De fait, l'Allemagne se réunifie en 1990 et l'URSS se disloque l'année suivante. Aujourd'hui, la ville de Berlin est encore marquée par cette longue séparation, que les aménagements récents gomment en partie.

SAVOIR-FAIRE

Expliquer et argumenter en histoire

• L'écriture de l'histoire ne se limite pas à une restitution de connaissances générales. Celles-ci doivent être justifiées à l'aide des faits établis par l'étude des documents qu'interrogent les historiens de manière scientifique. C'est à cette condition qu'il devient possible de **confirmer** une analyse du passé, voire, dans le cadre de controverses, de la **réviser** ou de l'**infirmer**.

• Ainsi, il faut **expliquer et prouver** la pertinence des idées générales à l'aide d'**arguments**, qui peuvent être de deux natures :
– parfois **logiques**, faisant appel à la raison seule ;
– le plus souvent **factuels**, appuyés sur des exemples précis.

Il s'agit donc de **démontrer et de convaincre**, non de persuader. Les justifications appuyées sur les sentiments, les valeurs et les jugements sont inappropriées.

• Ici, le **cas de Berlin** peut non seulement être mobilisé pour servir d'élément d'explication à de nombreux soubresauts de la guerre froide, mais également fournir des arguments pertinents aux analyses portées sur ce long conflit. Symétriquement, la guerre froide est une grille de lecture pertinente pour la compréhension de l'histoire récente de Berlin.

Sujet 1 : « Quel rôle la chute du mur de Berlin joue-t-elle dans la fin de la guerre froide ? »

• Il s'agit ici d'**expliquer** la fin de la guerre froide en mesurant l'importance de la chute du mur de Berlin dans le processus. Il faut donc concentrer le propos sur le fait berlinois mais l'inscrire dans le complexe **faisceau de causes** produisant l'effondrement du bloc de l'Est. Sauf à dire que le 9 novembre 1989 n'a aucune importance ou, au contraire, qu'il constitue la cause principale de la fin de l'URSS, il convient d'être nuancé et de s'interroger peut-être davantage sur le sens de l'événement que sur son poids.

• **Proposition de réponse**

La chute du mur de Berlin survient en novembre 1989 à la suite de manifestations répétées en RDA. L'événement apparaît comme l'aboutissement d'un long processus d'affaiblissement économique du bloc de l'Est et d'effondrement des régimes de terreur hérités de l'époque stalinienne. Il n'est donc pas l'étincelle mettant fin à la guerre froide. En revanche, il contribue, avec l'ouverture de la frontière hongroise et les proclamations d'indépendance des pays baltes, à accélérer la chute de l'Est, tant Berlin et l'Allemagne symbolisent alors l'affrontement géopolitique et idéologique entre les deux blocs de la guerre froide.

Sujet 2 : « Montrez que la situation de Berlin est emblématique d'une division du monde en blocs rivaux durant la guerre froide. »

• Il s'agit ici d'apporter des **arguments** appuyant l'analogie avancée par la consigne entre Berlin et le monde. L'assertion n'a pas à être discutée. Il faut en prouver la validité, ce qui n'interdit toutefois pas d'en circonscrire la portée, la ville de Berlin n'étant pas une réduction du monde d'alors. Il faudra donc exploiter des éléments **factuels** de l'histoire berlinoise, les inscrire dans la perspective de l'histoire générale de la guerre froide et, le cas échéant, évoquer les limites du parallèle.

• **Proposition de réponse**

La situation de Berlin paraît emblématique d'une division du monde en blocs rivaux durant la guerre froide. En effet, la ville est physiquement divisée en deux parties : une moitié est sous domination soviétique ; une moitié ouest sous influence occidentale. Deux villes cohabitent alors en une seule et deviennent les vitrines idéologiques et économiques des deux blocs. En outre, les crises de Berlin (blocus de 1948-1949 et construction du mur en 1961), tout comme le traité quadripartite de 1971, sont emblématiques des relations entretenues entre les puissances de la guerre froide, entre tensions répétées et apaisement, sans affrontement militaire direct.

Cependant, Berlin ne synthétise pas seule la nature de la confrontation américano-soviétique, dans la mesure où ne s'y déploient pas de violences comparables à celles de la guerre de Corée (1950-1953) et de la guerre du Vietnam (1964-1973).

FAIRE

• Sujet : « Pourquoi peut-on qualifier le blocus de Berlin de première crise majeure de la guerre froide ? »

8 La République, trois républiques

SAVOIR

La IIIe République : l'enracinement de la culture républicaine

• Après la défaite du Second Empire face à la Prusse, la **République** est **proclamée (4 septembre 1870)**. La paix est négociée mais, tandis qu'est réprimée la Commune de Paris, les républicains restent minoritaires. C'est grâce à la **division des monarchistes** que sont votées les **lois constitutionnelles de 1875** et qu'en 1880 les républicains contrôlent le régime.

• **Démocratie parlementaire**, la IIIe République définit ses **symboles** (*Marseillaise*, Marianne, 14 juillet), entame la **démocratisation** du pays (suffrage universel, liberté de réunion, liberté de la presse) et cherche l'**enracinement**. Pratique citoyenne, école, armée et Grande Guerre en sont les meilleurs vecteurs.

• Mais la République affronte des **oppositions** : monarchistes et anarchistes (fin du XIXe siècle), ligues d'extrême droite (entre-deux-guerres). Elle traverse des **crises** : boulangisme (1886-1889), scandale de Panama (1892) et affaire Dreyfus (années 1890), qui nourrissent l'**antiparlementarisme**. Le régime les surmonte et la démocratie se structure autour de **partis politiques**.

Des périls à la refondation

• La **défaite de 1940** porte au pouvoir le **maréchal Pétain** qui, le 10 juillet, obtient les pleins pouvoirs constitutionnels, puis abroge les lois de 1875 pour instituer le « **régime de Vichy** », dictatorial et collaborateur. Quelques-uns continuent la guerre, comme **Charles de Gaulle** qui, le 18 juin, lance un appel à la **résistance**.

• La résistance est multiforme. À l'extérieur, la **France libre** du général de Gaulle parvient à unifier les divers mouvements, réseaux et maquis de la **Résistance intérieure** par la création en 1943 du **CNR** (Conseil national de la Résistance), sous l'égide de Jean Moulin.

• Défaite, la IIIe République a déçu, mais l'**idéal républicain** est porté par la Résistance. Le programme du CNR entend **refonder la République**, ce que s'efforce de faire, à la Libération, le Gouvernement provisoire, dirigé par de Gaulle. Après de longs débats, la constitution de la **IVe République** est adoptée par référendum en octobre 1946.

La naissance de la Ve République : un recommencement ?

• Restauration des principes républicains et efforts de reconstruction du pays ne suffisent pas à conforter la IVe République. L'**instabilité ministérielle** est aggravée par les difficultés de la décolonisation (guerre d'Indochine, guerre d'Algérie). C'est dans ce contexte que naît la **Ve République en 1958 :** profitant de la crise algérienne, de Gaulle pèse pour reprendre le pouvoir.

• La Constitution qu'il élabore avec Michel Debré fonde **un régime mixte** : l'héritage parlementaire est conservé, mais **le poids de l'exécutif est accru**. À la tête de l'État, le **président de la République** dispose d'importants pouvoirs (nominations, défense, affaires étrangères) et, pour de Gaulle, sa personne doit **incarner l'unité de la nation**, « au-dessus des partis ».

• L'élection du président au suffrage universel direct (1963) renforce la **présidentialisation** de la République. Mais, parallèlement, elle l'associe à une majorité. De fait, le scrutin majoritaire à deux tours aux législatives favorise la **bipolarisation de la vie politique** (un pôle gaulliste et un pôle socialiste), jusqu'à nos jours.

SAVOIR-FAIRE

Organiser ses révisions

• En histoire, le travail de révision consiste essentiellement à assimiler du **contenu**, ensemble de **faits et concepts contextualisés** et mis en perspective. Le « par cœur », par ailleurs fastidieux, ne saurait donc suffire.

• Au sein d'un chapitre, chaque information, ou « connaissance », sert la cohérence de l'ensemble. Il est inutile de la mémoriser si son « sens » n'est pas compris. Il faut donc constamment **s'interroger sur l'apport d'une information précise à la problématique générale du sujet**.

• Pour y parvenir au mieux et rapidement, on peut se fier à **quelques procédés**.

– **Maîtriser l'armature du cours**, en procédant « par échelle » : ne pas lire le cours comme un roman mais commencer par bien saisir l'articulation de chaque partie, puis de chaque sous-partie, avant d'en lire le contenu.

– **Construire une chronologie** structurée, pas forcément exhaustive, distinguant les périodes des événements, voire classant les informations par thème. Sur l'histoire républicaine depuis la fin du XIXe siècle, on peut faire la chronologie ci-contre.

– **Réaliser un schéma synthétique** pour résumer une chaîne causale, ou un ensemble de relations entre éléments du cours. Sur l'enracinement de la IIIe République, le schéma ci-contre peut être imaginé.

– **Isoler les idées et notions principales**, pour ensuite y rattacher, en cours de lecture, puis de mémoire, l'ensemble des faits et exemples s'y rapportant.

– **Choisir des exemples** significatifs : il n'est pas toujours utile de les connaître tous. Seuls les plus représentatifs d'une idée peuvent être retenus.

– **Confronter son cours à d'autres outils** (manuels, fiches, ouvrages, sites internet), en s'assurant de leur sérieux. Utile seulement **en fin de révision**, cette démarche permet de consolider ses acquis, de les compléter et de prendre du recul en découvrant une autre approche du même sujet.

CHRONOLOGIE

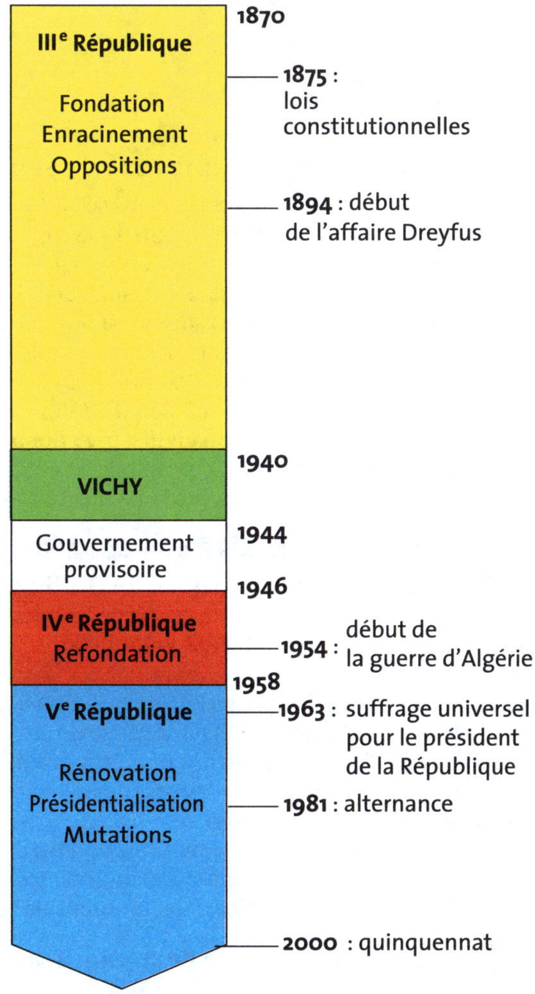

Schéma synthétique

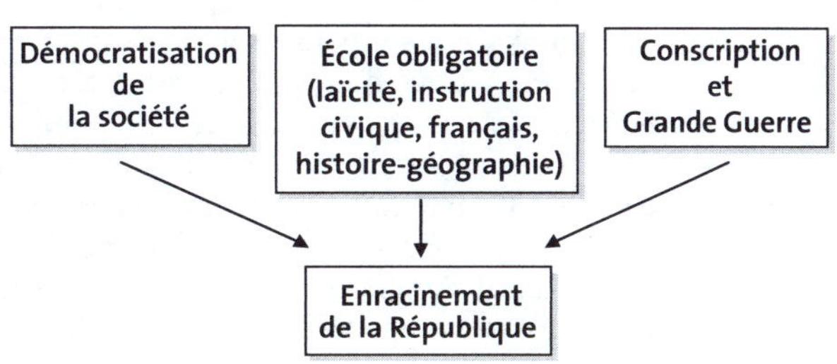

FAIRE

1 Dégagez le plan du cours proposé dans le Savoir ci-contre (parties et sous-parties).

2 Relevez les principales caractéristiques institutionnelles de chacune des Républiques.

3 Rassemblez les arguments et exemples nécessaires aux idées suivantes, puis apportez au moins une nuance.

a. « Tout au long du XXe siècle, il existe une continuité républicaine en France. »

b. « Tout au long du XXe siècle, le régime républicain français connaît des mutations. »

9 La République face à la question coloniale

SAVOIR

La colonisation : une œuvre républicaine ?

• À la fin du XIXe siècle, la France possède déjà un **héritage colonial** : îles des Antilles, établissements en Asie, conquête de l'Algérie (1830-1848). La fin du XIXe siècle donne **un nouveau souffle à l'élan colonial** : recherche de débouchés et de matières premières pour l'industrie ; rivalités entre nations européennes ; perte de l'Alsace-Lorraine en 1871.
• **Les conquêtes s'accélèrent sous la République**, qui y voit l'occasion de forger la gloire universelle de la nation. L'Indochine est constituée aux dépens de la Chine dans les années 1880 et l'Afrique est conquise dans une course aux territoires entre Européens.
• L'expansion coloniale suscite de vifs **débats entre républicains**. Le colonialiste **Jules Ferry** la justifie au nom d'une mission civilisatrice qui prolongerait l'œuvre scolaire réalisée en métropole. **Georges Clemenceau**, lui, juge l'entreprise coupable de prôner la supériorité absolue des Européens. Mais le débat ne pénètre pas profondément la société.

L'Empire français à son apogée

• À Paris, porte de Vincennes, **en 1931, l'Exposition coloniale** accueille plus de 8 millions de visiteurs, attirés par les reproductions de bâtiments d'outre-mer, les produits exotiques et la présence d'« indigènes ». **Concentré de colonialisme**, l'événement glorifie l'« œuvre civilisatrice » de la République.
• Les **réalités de l'Empire** sont variées : protectorat au Maroc ou en Syrie ; administration directe en Indochine et Afrique de l'Ouest ; annexion et peuplement de l'Algérie départementalisée. Partout est privilégiée l'**exploitation des matières premières** et les populations locales dépendent du **régime de l'indigénat**, tandis que les structures scolaires et sanitaires n'intègrent que quelques élites.
• **L'anticolonialisme progresse** toutefois : communistes et artistes surréalistes condamnent l'hypocrisie d'une « mission civilisatrice » asservie aux intérêts économiques français. André Gide et Albert Londres dénoncent le travail forcé pour la construction du chemin de fer Congo-océan. Parallèlement, les **revendications montent dans les colonies**.

Les fractures de la décolonisation

• En 1945, la France est affaiblie et l'ONU comme les deux Grands (États-Unis et URSS) défendent l'autodétermination des peuples. **Les leaders indépendantistes se renforcent** : Hô Chi Minh en Indochine, Messali Hadj en Algérie, Habib Bourguiba en Tunisie, Leopold Sedar Senghor au Sénégal.
• La **décolonisation** se réalise selon des modalités diverses. Plutôt rapide et négociée en Tunisie, au Maroc et en Afrique noire, elle produit aussi les **guerres d'Indochine (1946-1954) et d'Algérie (1954-1962)**. Ce dernier conflit, entre la République et le FLN algérien, est particulièrement meurtrier et divise profondément la société française, qui ne se retire qu'après six ans de conflit.
• Une **coopération** ambiguë se met en place entre autorités et entreprises de France et les nouveaux pouvoirs africains. Ce système, parfois appelé « **Françafrique** » est volontiers qualifié de « néo-colonial », tant il reproduit les solidarités de l'Empire. Ajouté à la violence des séparations, cela contribue à expliquer les **lourds enjeux mémoriels** contemporains de l'histoire coloniale.

SAVOIR-FAIRE

Identifier un document et l'inscrire dans son contexte

• L'histoire est un discours sur le passé que seul permet de produire l'étude de documents, traces laissées par le passé. Les traces ne font pas l'histoire, mais toute trace peut être document, à partir de l'instant où **une question historique** est posée. Et la réponse à cette question dépend de la portée et des limites du matériau documentaire.
• L'étude d'un document doit donc commencer par **un travail méthodique d'identification** qui lui-même aide à mieux circonscrire la question posée.

Lorsque cela est possible, ce travail relève les points suivants :
– **nature :** texte (littéraire, juridique, journalistique…), image (photographie, peinture, affiche, carte…), matériau archéologique (objets, ruines…), document statistique (graphique, tableau…) peuvent être distingués pour le type d'informations qu'ils renferment ;
– **sujet :** le contenu du document doit être sommairement défini pour pouvoir en apprécier le sens général, en amont d'une analyse plus fine ;
– **auteur :** individuel ou collectif, il permet d'inscrire le document dans la réalité et, avec la nature, d'interroger les conditions de sa production (s'agit-il d'une source directe ou indirecte ? ; reflète-t-elle des opinions affirmées ?), en prêtant attention à la source (journal, livre, archives) ;
– **destinataire :** individuel ou collectif, présent ou absent, privé ou public, il contribue aussi à déterminer le contenu du document et fournit une clé pour son interprétation ;
– **contexte :** défini par une date de production et par l'ensemble des éléments conditionnant celle-ci, il aide à le comprendre et, en retour, est éclairé par l'analyse du document.
– À la suite de ce travail, l'étude proprement dite du document, permettant de dégager des éléments de réponse à la question qui lui est posée, peut commencer.

Sujet : Identifier et inscrire dans son contexte le document suivant.

L'œuvre coloniale

- En 1870, la France n'avait qu'une colonie importante, l'Algérie. La Troisième République lui a donné un empire colonial, le second du monde par l'étendue et la population. Elle a ainsi montré que la France s'était relevée des désastres de 1870 et restait une grande nation. (...)

- L'empire colonial de la France est vingt fois plus vaste qu'elle et compte soixante millions d'habitants. Les Français sont en train de le transformer complètement.

Ils ont partout établi l'ordre et la paix. Ils ont mis fin aux guerres entre tribus dans l'Afrique du Nord, au trafic des marchands d'esclaves dans l'Afrique occidentale et aux brigandages des pirates en Indochine.

Ils ont construit des routes, des chemins de fer et des ports, grâce auxquels le commerce s'est fortement développé, ce qui enrichit à la fois la France et ses colonies. Ils ont aussi créé des hôpitaux et des écoles. Les indigènes, Blancs de l'Afrique du Nord, Noirs de l'Afrique occidentale et de l'Afrique équatoriale, Jaunes de l'Indochine bénéficient ainsi peu à peu, grâce à la France, des bienfaits de la civilisation européenne.

Ernest Lavisse, *Histoire de France, manuel de Certificat d'études*, © Armand Colin, 1942

Proposition de réponse

Ce texte, tiré d'un manuel d'école primaire, porte sur la colonisation française. Paru en 1942, dans le contexte d'une France à la fois coloniale et gouvernée par le régime de Vichy, il contribue à forger dans l'esprit des élèves de l'époque des représentations communes de l'Empire français. Manuels les plus utilisés dans les écoles françaises, les « Lavisse » sont ainsi assez révélateurs du discours scolaire de la France sur elle-même, à destination de tous les enfants français, le Certificat d'études venant couronner la scolarité obligatoire. Ce document permet donc d'approcher le rapport de la société française à ses colonies.

FAIRE

Identifiez et inscrivez dans son contexte le document suivant :

Discours de Georges Clemenceau répondant à Jules Ferry, Assemblée Nationale, le 30 juillet 1885.

Les races supérieures ont sur les races inférieures un droit qu'elles exercent et ce droit, par une transformation particulière, est en même temps un devoir de civilisation. Voilà, en propres termes, la thèse de M. Ferry [...]. Races supérieures ! Races inférieures ! C'est bientôt dit. Pour ma part, j'en rabats singulièrement depuis que j'ai vu des savants allemands démontrer scientifiquement que la France devait être vaincue dans la guerre franco-allemande, parce que le Français est d'une race inférieure à l'Allemand. Depuis ce temps, je l'avoue, j'y regarde à deux fois avant de me retourner vers un homme et vers une civilisation et de prononcer : homme ou civilisation inférieure ! [...]

La conquête que vous préconisez, c'est l'abus pur et simple de la force que donne la civilisation scientifique sur les civilisations rudimentaires pour s'approprier l'homme, le torturer, en extraire toute la force qui est en lui au profit du prétendu civilisateur. Ce n'est pas le droit, c'en est la négation. Parler à ce propos de civilisation, c'est joindre à la violence, l'hypocrisie.

10 La République face aux évolutions de la société française : la question ouvrière et l'immigration

SAVOIR

Ouvriers et question sociale

• Loi du maximum (1793), Ateliers Nationaux (1848), droit de grève (1864) et Commune de Paris (1871) initient l'action sociale de l'État. Mais, au XIXe siècle, les ouvriers conservent des **conditions de vie misérables**. Face aux effets d'une industrialisation rapide, la IIIe République prend des **mesures sociales** : autorisation des **syndicats** (1884), **logements sociaux** (1894), **journée de huit heures** et **conventions collectives** (1919).
• Malgré ces avancées, à l'aube des années 1920, la République n'a pas remporté l'adhésion du monde ouvrier. Depuis les **répressions de mouvements sociaux et politiques** (journées de juin 1848, Commune de Paris en 1871, fusillade de Fourmies en 1891), le contentieux est lourd entre le régime et cette catégorie sociale, plus massive, organisée et revendicative. Une partie des ouvriers en appelle à une **révolution politique et sociale**, que l'expérience russe de 1917 encourage.
• La **crise des années 1930** exacerbe la question ouvrière et porte au pouvoir le **Front populaire (1936)** sous la direction du socialiste Léon Blum. Hausse des salaires (accords Matignon), congés payés et semaine de 40 heures fondent la République sociale. C'est à cette occasion que **les ouvriers intègrent le champ républicain**.
• Les difficultés économiques persistantes et la guerre ne mettent pas fin à cette dynamique. À la Libération, la République se mue en État-providence avec la **création de la Sécurité sociale en 1945** (assurances maladie et vieillesse, allocations familiales). Depuis, protection et droits sociaux s'étoffent. Mais, avec la **tertiarisation** de la population active et le **chômage de masse** apparu dans les années 1970, des problématiques anciennes ressurgissent et ne concernent plus seulement les ouvriers (pauvreté, précarité, isolement).

Un pays d'immigrations

• Dès la fin du XIXe siècle, la France constitue **une exception en Europe**. Tandis que la puissance démographique des autres pays nourrit une émigration massive, la population française n'augmente que lentement. De **nombreux Européens** s'installent en France, œuvrant dans les champs ou dans l'industrie (mines de charbon et de fer, métallurgie, puis bâtiment et automobile).
• Au cours du XXe siècle, **plusieurs vagues migratoires** sont identifiables, drainant des populations dont **les origines se diversifient** : Italiens, Polonais, Belges et Espagnols dominent dans les années 1920 et 1930 ; Maghrébins et Portugais dans les années 1960 et 1970 ; origines plus diverses depuis les années 1990 (Afrique subsaharienne, Asie).
• La plupart des **arrivées** ont lieu en période de croissance, répondant à des **besoins en main-d'œuvre** peu qualifiée et bon marché. Les conditions de vie des immigrés sont souvent précaires et leur intégration est compliquée par les différences culturelles (langue, religion, traditions). Celles-ci cristallisent les **xénophobies**, plus fortes en période de crise et à l'encontre des immigrés récents (Italiens et Polonais dans les années 1930, Maghrébins depuis les années 1980).
• L'**obtention de la citoyenneté**, notamment par le droit du sol, constitue l'aboutissement de l'intégration civique. Mais, depuis les années 1980, dans un contexte de mondialisation et d'affaiblissement de la nation, l'immigration fait l'objet de **vifs débats** (régularisations, expulsions, place des identités culturelles, exclusion sociale).

SAVOIR-FAIRE

Croiser des documents complémentaires

Sujet : L'immigration et la société française au XXe siècle

• **Aborder les documents :** ces deux documents statistiques abordent, sur la longue durée, la présence des étrangers en France (doc. 1) et la part et l'origine des immigrés (doc. 2). Ils permettent d'étudier l'évolution quantitative et qualitative de l'immigration mais n'en exposent ni les causes ni les conséquences.

• **Décrire l'évolution de l'immigration :** globalement, la part des immigrés dans la population totale augmente mais reste très en dessous de 10 % (doc. 2). Logiquement, le nombre d'étrangers augmente un peu plus vite que la population nationale : 1 million en 1901, ils sont 3,5 millions en 2004 (doc. 1). Mais l'on observe des **variations** importantes :
– les principaux pays d'origine des immigrés changent (Italie et Pologne au début du siècle, puis péninsule ibérique et Maghreb), reflétant des évolutions tant démographiques (stabilisation des populations européennes) qu'économiques (développement plus tardif et plus lent des pays du Sud) [doc. 2] ;
– le nombre d'étrangers oscille (doc. 1) sans que les documents ne l'expliquent. Des **hypothèses** sont toutefois possibles : la chute brutale des années 1930 pourrait être imputée à un recul de l'immigration durant la crise économique ; la baisse survenue entre 1936 et 1946 s'expliquerait aisément par la guerre et la politique de fermeture de Vichy ; quant à l'accélération des années 1960 et 1970, elle pourrait résulter d'un besoin de main-d'œuvre accru lors des Trente Glorieuses. Mais, pour être validées, ces hypothèses doivent être confrontées à d'autres documents.

Document 1 : Les étrangers en France d'après les recensements (1901-2004)

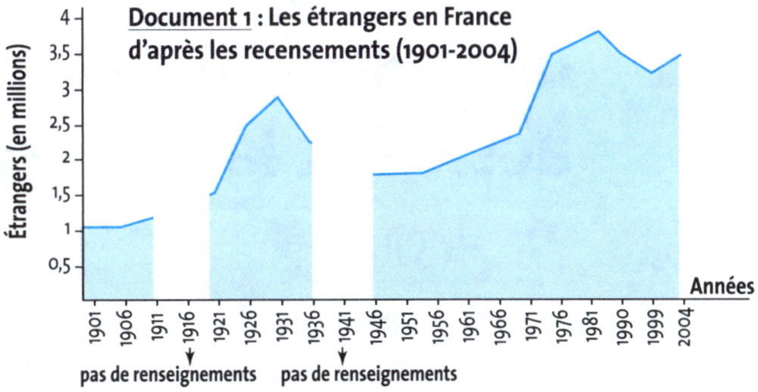

Source : G. Noisiel, *Le Creuset français*, Le Seuil, 2006.

Document 2 : Les immigrés dans la population totale

	Part des immigrés dans la population totale	Origines dominantes
1931	6,6 %	Italie, Pologne
1946	5,0 %	Italie, Espagne
1975	7,4 %	Portugal, Algérie
2004	8,1 %	Algérie, Maroc

FAIRE

Document 1 : 1934, expulsion par convois collectifs de familles polonaises à Leforest (Pas-de-Calais)

Document 2 : Un député défend une loi facilitant les naturalisations

Si angoissant que soit ce problème de la natalité française, il y a cependant pour nous un remède [...]. Je compte d'abord sur la vitalité de la population française elle-même [...]. Mais nous pouvons compter également sur un autre élément qui, sans être d'origine nationale, peut être utilisé parce qu'il est chez nous. Vous n'ignorez pas qu'il y a en France un grand nombre d'étrangers. Ils s'y sont fixés, ils y ont leurs intérêts, leur activité. Ils ont, pour ainsi dire, adopté la France comme pays d'élection [...]. Si ces étrangers viennent à nous, s'ils acceptent notre nationalité, s'ils nous la demandent, nous n'avons aucune raison pour ne pas la leur accorder et ne pas en faire des Français comme les autres (*Très bien ! Très bien !*).

Chambre des députés, rapport d'André Mallarmé sur la loi de la nationalité en 1927, qui ouvre un mouvement de plus de 400 000 naturalisations jusqu'en 1940.

1 Présentez les documents.

2 Dans quelle mesure le document 1 peut-il aider à comprendre la chute du nombre d'étrangers en France durant les années 1930 ?

3 Montrez que le document 2 est plus pertinent pour expliquer ce phénomène.

Histoire

11 La République face aux évolutions de la société française : la population active et la place des femmes

SAVOIR

De rapides bouleversements économiques et sociaux

• Dans la seconde moitié du XIXe siècle, **industrialisation et libéralisme** effacent la société d'ordres. D'un pays rural aux solidarités de proximité, **la France devient un pays d'urbains** (50 % en 1940, plus de 80 % aujourd'hui). Les conditions de l'existence changent : hausse de l'espérance de vie et de l'instruction, amélioration du cadre matériel, développement des loisirs, sécularisation de la société.
• Les évolutions de la population active reflètent ces bouleversements et en révèlent les inégalités. Une **société de classes** prend forme. La **bourgeoisie**, qui possède les moyens de production, tire profit de son capital, de ses compétences, et transmet son héritage. Le **prolétariat**, ensemble croissant des ouvriers, vit des salaires rémunérant sa force de travail. Enfin, les **classes moyennes** s'affirment, dans leur diversité (employés, commerçants, fonctionnaires).
• **Les rapports sociaux se redéfinissent**, autour de la place du travail. **Mérite et paternalisme**, vertus bourgeoises, permettent des **mobilités sociales**. Mais, surtout lors des crises, c'est par la lutte d'organisations collectives (**syndicats**) et la concertation que sont acquis des **droits sociaux** (limitation du temps de travail, assurances maladie et chômage, retraite).
• Depuis les années 1970, la **tertiarisation** de l'économie, doublée du recul de la population agricole (3 % aujourd'hui), transforme à nouveau la société, désormais presque entièrement salariée dans les activités de services **Les inégalités sociales perdurent néanmoins** et sont renforcées par le chômage de masse (entre 7 et 11 % des actifs depuis trente ans). Le **recul de l'État** et l'augmentation des dépenses (retraites, santé) interrogent alors l'équilibre social de la République.

La place nouvelle des femmes dans la société

• Démocratie masculine, la IIIe République pérennise la **minorité légale des femmes** : exclues de la vie politique, elles dépendent de leur mari. Des **revendications et figures féministes** émergent mais se heurtent à l'idéal patriarcal d'une femme procréatrice, garante de la moralité privée du foyer. La **Grande guerre** valorise le rôle patriotique des « munitionnettes », mais sans conséquence juridique.
• Les **mouvements suffragistes** s'organisent mais sont rejetés. La gauche craint des votes conservateurs, proches de l'Eglise, et la droite une confusion des genres, que la mode de la « garçonne » laissait redouter. En 1936, le gouvernement de Léon Blum compte trois femmes, mais sans citoyenneté. Accordé **en 1944, le droit de vote et d'éligibilité** intervient en partie comme reconnaissance de l'engagement des femmes dans la Résistance.
• Mais l'intégration républicaine n'est pas sociale : la tonte publique des femmes compromises avec l'occupant manifeste leur réappropriation par l'ordre viril. Une **seconde vague d'émancipation** s'ouvre alors. À la suite du *Deuxième sexe* de Simone de Beauvoir (1949), mai 1968 et le militantisme féministe (MLF) conduisent à l'obtention de **droits nouveaux** (contraception, avortement, égalité matrimoniale et financière).
• Aujourd'hui, **l'égalité juridique est totale**. Mais **des inégalités sociales et politiques persistent :** emploi plus précaire, rémunérations et responsabilités inférieures, sous-représentation parmi les élus. Les diverses mesures législatives (sur les salaires ou la parité) peinent à les juguler, tandis que le **débat sur le genre** divise la société : les différences biologiques doivent-elles trouver une traduction sociale ?

SAVOIR-FAIRE

Confronter deux documents de nature différente

Sujet : La place des femmes dans la vie politique et sociale de la France républicaine

Répondre à une consigne : en analysant ces documents, vous montrerez qu'ils éclairent différemment les aspirations féministes sous la IIIe République.

• **Présenter les documents et en dégager l'intérêt :** ces documents diffèrent par leur nature, leur date et leur sujet : le texte d'Hubertine Auclert, destiné à un congrès ouvrier de 1879, exprime les positions d'une femme militante, tandis que la photographie rend compte d'une

Document 1 : Le féminisme d'Hubertine Auclert

Citoyens et Citoyennes,

[...] Admettre les femmes au milieu de vous, au même titre que les prolétaires, c'est faire avec elles un pacte d'alliance défensive et offensive contre nos communs oppresseurs.

Je ne ferai ni l'historique ni le procès de notre subordination dans les temps anciens. Comme vous, nous avons été victimes des abus de la force. [...] Et tout cela s'abrite sous le couvert de la République ! [...]

Une République qui maintiendra les femmes dans une condition d'infériorité ne pourra pas faire les hommes égaux. Avant que vous, hommes, vous conqueriez le droit de vous élever jusqu'à vos maîtres, il vous est imposé le devoir d'élever vos esclaves, les femmes, jusqu'à vous. [...]

Ainsi, économiquement, civilement, politiquement, nous n'existons pas [...]. Nous protestons contre la situation de mortes civiles, de dégradées d'origine qui nous est faite.

Nous proclamons comme vous, citoyens, le principe de l'égalité humaine, nous entendons par là, non seulement l'égalité de tous les hommes entre eux, mais encore l'égalité des hommes et des femmes. [...]

Aidez-nous à nous affranchir.

Rapport de H. Auclert au 3e Congrès national ouvrier, Marseille, 20-31 octobre 1879 ; cité par Madeleine Rebérioux, Christiane Dufrancatel et Béatrice Slama, « Hubertine Auclert et la question des femmes à "l'immortel congrès" », in *Romantisme*, 1976, n° 13-14, Mythes et représentations de la femme.

Document 2 : Manifestation de suffragettes, 1914

manifestation de suffragettes en 1914. Ces deux documents peuvent donc éclairer les aspirations féministes sous la IIIe République.

• **Faire une analyse explicative des documents :** H. Auclert proteste contre « la situation de mortes civiles » des femmes (*à décrire*) et associe leur « servitude » à celle des prolétaires, « compagnons d'infortune » auxquels elle demande « un pacte d'alliance ». Son féminisme est alors intégré à une lutte de classes contre la République bourgeoise et masculine.

La photographie témoigne de l'affirmation de revendications précises (dont le droit de suffrage), portées par des mouvements organisés, comptant des femmes et des hommes. On voit ici que les aspirations féministes s'organisent progressivement et investissent l'espace public.

• **Conclure en répondant explicitement à la consigne :** tous deux signes de l'exclusion persistante des femmes de la vie politique, ces documents sont complémentaires. De leur confrontation ressortent l'engagement précoce de figures individuelles et la prise de parole collective de quelques organisations au début du XXe siècle. Mais ces deux documents ne reflètent pas la diversité des féminismes d'alors.

FAIRE

• Après avoir présenté ces documents, vous montrerez qu'ils reflètent une évolution des luttes féministes dans la seconde moitié du XXe siècle.

Document 1 : L'homme et la femme selon Simone de Beauvoir

Socialement l'homme est un individu autonome et complet ; il est envisagé avant tout comme producteur et son existence est justifiée par le travail qu'il fournit à la collectivité ; on a vu pour quelles raisons le rôle reproducteur et domestique dans lequel est cantonnée la femme ne lui a pas garanti une égale dignité. Certes, le mâle a besoin d'elle [...] ; l'individu souhaite une vie sexuelle stable, il désire une postérité et la société réclame de lui qu'il contribue à la perpétuer. Mais ce n'est pas à la femme elle-même que l'homme adresse un appel : c'est la société des hommes qui permet à chacun de ses membres de s'accomplir comme époux et comme père : intégrée en tant qu'esclave ou vassale aux groupes familiaux que dominent pères et frères, la femme a toujours été dominée et donnée en mariage à certains mâles par d'autres mâles.

Simone de Beauvoir, *Le Deuxième Sexe*, Gallimard, 1949.

Document 2 : Publicité de 1961

1 Une agglomération en mutation : Nice (étude de cas)

SAVOIR

Un tramway pour mieux vivre la ville

• Confinée entre mer et montagne, l'agglomération niçoise se caractérise par l'étroitesse de son espace urbain : 75 km² pour 347 000 habitants. Nice se singularise par la saturation de son site d'estuaire du Paillon, dans lequel ne se réalisent plus que des opérations de réaménagement depuis la fin du XIXe siècle. La politique d'aménagement actuelle entreprise dans le centre-ville est marquée par le retour du tramway dans la cité touristique.
• Le choix de son tracé s'explique par la forte concentration de population (126 000 hab.) et d'emplois (42 000) situés à moins de 500 m de la ligne de tramway. Le pavage des zones piétonnes, l'élargissement des trottoirs, l'installation de nouveaux mobiliers urbains et la plantation de nouvelles essences d'arbres font de cet axe de tramway, jadis encombré par les voitures et les nuisances induites, un espace majeur de consommation et de culture urbaine.

Relier et dynamiser les territoires urbains

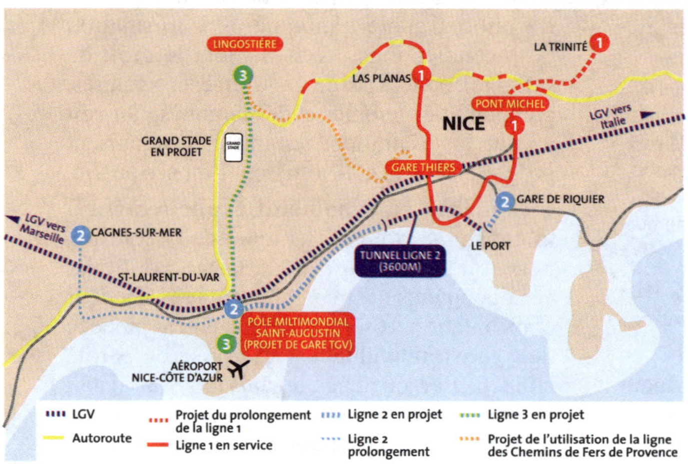

Schéma directeur des transports Nice-Côte d'Azur

• Le centre de Nice est facilement accessible pour les habitants des banlieues. Moins d'une demi-heure suffit pour relier les deux terminaux de la ligne1. Et il faut moins d'un quart d'heure de part et d'autre de la ligne pour accéder au centre-ville et aux boutiques de luxe de la place Masséna.
• Le tramway dessert de nombreux centres de vie : gares, centres commerciaux, hôpitaux, Vieux Nice, Palais des congrès et des expositions, stade du Ray, faculté des sciences de Valrose, pôle universitaire de Saint-Jean. Pour inciter la population à prendre le tramway, 1 200 places de stationnement, réparties dans trois parcazurs, sont mises en service.
• Le succès du tramway est incontestable. Toutefois, ces aménagements ne règlent pas encore le problème des 130 à 140 000 véhicules qui traversent chaque jour la ville d'est en ouest. C'est dans ce contexte que la suite de l'aménagement de la ligne 2 est vivement attendue.

Intégrer art et développement durable dans le processus de mutation

L'agglomération niçoise a sélectionné 13 artistes internationaux d'art contemporain pour embellir le tracé de la ligne 1. L'art s'installe ainsi dans l'espace public, aussi bien dans le centre-ville que dans les quartiers périphériques traversés par le tramway. Le « plan vert du tramway » a permis de planter 900 nouveaux arbres (pins parasols, cyprès, micocouliers de Provence…).

Les acteurs et les enjeux de l'aménagement des territoires

• La réalisation du projet d'aménagement de l'agglomération niçoise a nécessité l'intervention de l'État et des collectivités territoriales. L'agglomération niçoise (CANCA) a déboursé en 2007 près de 400 millions € (85 % du coût global). La contribution de l'État (28 M€), du conseil régional PACA (13 M€) et du conseil général des Alpes-Maritimes (25 M€) complète le budget de réalisation.
• L'orientation globale d'une telle politique d'aménagement vise, d'une part, à faire des grandes villes de France des métropoles incontestées à l'échelle régionale et nationale et, d'autre part, à mieux intégrer la métropole dans le réseau urbain européen et mondial. Ainsi, disposant du deuxième aéroport français (10 M passagers/an), Nice a maintenant les atouts pour devenir un « hub », une plateforme multimodale combinant transport aérien, ferroviaire, autoroutier.

SAVOIR-FAIRE

Lire et analyser une carte topographique

Une carte topographique est la représentation d'un espace donné à une échelle donnée. Elle rassemble et fournit des informations sur le milieu naturel, les frontières, les limites administratives, le peuplement, les activités humaines. La carte porte des informations sur le relief (courbes de niveau liant les points de même altitude), sur le paysage et sur les dynamiques de l'espace représenté.

Comment procéder pour lire et analyser une carte topographique ?

• **Repérer l'échelle** de la carte, souvent exprimée en 1/25 000e. Localiser ensuite l'espace représenté et la date. La lecture de deux cartes d'un même espace donné à des dates différentes permet de faire apparaître les mutations et/ou les nouvelles dynamiques.
• **Saisir la carte.** Entrer dans la carte par la légende, c'est-à-dire décoder le langage cartographique. Chaque carte a son propre langage, sa propre légende qui permet de comprendre :
– l'organisation du relief : formes du relief, altitude, pente, talus, écoulement des cours d'eau à l'aide des courbes de niveau ;
– l'organisation des activités humaines et du peuplement : centres urbains, villages, lieux-dits, nombre d'habitants, lieux et espaces de production ou de loisirs, axes de communication.
• **Donner un sens** à la carte, ce qui revient à interpréter et à expliquer les informations cartographiques décodées à l'aide de la légende ;
– préciser le type de milieu dominant et les différentes activités (tourisme, industrie, agriculture, commerce) ;
– indiquer l'ouverture ou l'enclavement de l'espace, ses dynamiques et ses mutations (périurbanisation, nouvelles activités commerciales, extension de l'aire urbaine…).

FAIRE

1 Repérage géographique : situez la ville de Nice et précisez l'échelle de la carte.

2 Saisissez la carte :
– identifiez le « H niçois » et son rôle dans l'organisation de l'espace urbain ;
– quelle partie du « H niçois » est dynamisée par le tramway ?

3 Expliquez :
– quelle forme de paysage domine sur la carte ?
– comment le paysage niçois a-t-il changé avec le retour du tramway ?

Carte topographique de Nice, E : 1/25 000, IGN.

2 Un territoire aménagé : la région Rhône-Alpes (étude de cas)

SAVOIR

Une région puissante, jeune et attractive

• Confinée entre Alpes occidentales et Massif central, la région Rhône-Alpes couvre une superficie de 43 698 km². Deuxième région française par son étendue derrière Midi-Pyrénées (45 000 km²), Rhône-Alpes est aussi vaste que le Danemark (43 000 km²), et plus étendue que la Suisse (41 290 km²) ou la Belgique (30 530 km²). Le territoire régional rhônalpin représente 8 % de la superficie de la France métropolitaine (543 695 km²), et près de 1 % de la superficie des 27 pays de l'Union européenne.
• Rhône-Alpes est la 6ᵉ région européenne la plus peuplée après l'Île-de-France, le Bade-Wurtemberg (10,7 M hab.), la Lombardie (9,3 M hab.), le Grand Londres (7,3 M hab.), la Catalogne (6,7 M hab.).
• Avec 140 hab./km², la densité du peuplement rhônalpin est supérieure à celle de la France métropolitaine (109 hab./km²) et à celle de l'UE (117 hab./km²). C'est une population relativement jeune – 26 % des Rhônalpins ont moins de 20 ans contre 23 % en Europe –, ce qui explique en partie son dynamisme démographique lié à l'excédent naturel et à l'attraction migratoire.

Une région aménagée, un territoire de vie

• La situation de Rhône-Alpes au cœur de l'Europe en fait un carrefour important pour le transport. Lyon, la grande métropole régionale, commande un puissant nœud de communication qui connecte voies ferrées, axes autoroutiers, lignes aériennes reliant le nord et le sud du territoire national, et desservant les territoires proches, les vallées alpines et les pays européens. L'ouverture de la région à l'Europe augmente sensiblement les flux de personnes et de marchandises : 4 000 camions transitent chaque jour dans les vallées de la Maurienne.
• La maîtrise de ces flux passe par la réalisation du projet de liaison TGV Lyon-Turin : 200 km de lignes à grande vitesse pour acheminer annuellement, à travers les Alpes, 40 millions de tonnes de marchandises et 7 millions de voyageurs, renforçant au passage la place de carrefour européen de la région. La nouvelle ligne Lyon-Turin reliera à terme Lisbonne (Portugal) à Kiev (Ukraine).
• Le projet ViaRhôna, en cours de réalisation, constitue le plus imposant itinéraire cyclable de France. L'objectif étant de concilier environnement et aménagement pour créer de nouvelles dynamiques intercommunales. ViaRhôna vise à valoriser les berges du Rhône et à relier le lac Léman à la Méditerranée sur un parcours de 415 km.

Une région ouverte sur l'Europe

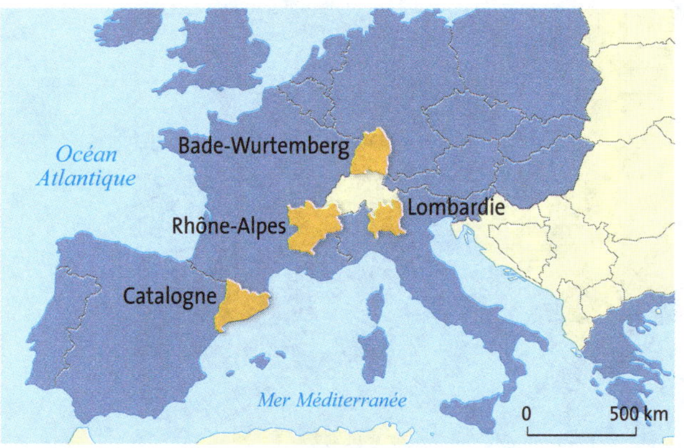

Les « Quatre Moteurs pour l'Europe »

• Rhône-Alpes fait partie de deux grandes eurorégions. La plus ancienne est celle des « Quatre Moteurs pour l'Europe », association transfrontalière créée en 1988. Elle regroupe quatre régions européennes, Rhône-Alpes, Lombardie (Milan), Catalogne, Bade-Wurtemberg (Stuttgart). L'objectif étant de concevoir des projets communs qui dynamisent les territoires.

• La deuxième association régionale, l'eurorégion Alpes-Méditerranée, créée en novembre 2006, regroupe Rhône-Alpes, PACA, Piémont (Turin), Val d'Aoste (Aoste), Ligurie (Gênes). La coopération interrégionale, transfrontalière et transnationale y est privilégiée.

• D'autres régions européennes sont régulièrement associées aux actions des Quatre Moteurs pour l'Europe : la Transdanubie méridionale (Hongrie), la Malopolska ou Petite Pologne (Pologne), la Flandre (Belgique), le pays de Galles (Royaume-Uni).

SAVOIR-FAIRE

Savoir différencier les divisions régionales

• Qu'est-ce qu'une région ?

Structure administrative devenue collectivité territoriale à la suite des lois de décentralisation (1982). Les conseillers régionaux élisent le président du conseil régional qui gère le budget et la politique de la région. Les compétences propres de la région concernent principalement l'aménagement du territoire, le développement économique, la formation professionnelle, la construction ou l'entretien des lycées, les transports ferroviaires de voyageurs.

• Qu'est-ce qu'une collectivité territoriale ?

Structure administrative devant prendre en charge les intérêts de la population d'un territoire précis : commune, département, région, collectivités d'outre-mer.

Voir la liste des collectivités territoriales sur le site www.insee.fr

• Qu'est-ce qu'une eurorégion ?

Association de territoires transfrontaliers, ne disposant pas de pouvoirs politiques, mais dotée de compétences équivalentes à celles des collectivités locales et régionales qui l'ont fondée. L'objectif est de créer un espace intégré à travers des politiques spécifiques d'aménagement du territoire, dans divers secteurs : économie locale, réseaux sociaux, activités culturelles, institutions scolaires, réseaux de transport, protection et conservation environnementales. Les eurorégions ont fait leur apparition au début des années 1980, impulsées par le Conseil de l'Europe et l'UE.

Découvrir la liste des eurorégions sur le site (en anglais) de l'Association des régions européennes transfrontalières (ARFE) : www.aebr.eu/en/index.php :

La nomenclature des unités territoriales statistiques (NUTS)

Établie par Eurostat en 1981, la NUTS a été créée dans le but de disposer d'un découpage territorial comparable d'un pays à l'autre pour l'établissement de statistiques régionales et l'application des politiques régionales de l'UE. La nomenclature NUTS est structurée en 3 niveaux : NUTS 1, NUTS 2 et NUTS 3. Chaque État membre est divisé en une ou plusieurs régions NUTS 1, lesquelles sont divisées en une ou plusieurs régions NUTS 2 et de même pour les régions NUTS 3. Cette nomenclature est le plus souvent fondée sur les découpages institutionnels des pays concernés. Ainsi, en France, le niveau NUTS 2 correspond aux régions et le niveau NUTS 3 aux départements. En revanche, le niveau NUTS 1 (regroupement des régions en zone d'étude et d'aménagement du territoire, ZEAT) ne correspond pas à un réel échelon administratif. Le règlement NUTS fixe les seuils minimal et maximal (en nombre d'habitants) pour la taille moyenne des régions de la NUTS.

Niveau	Seuil minimal	Seuil maximal
NUTS 1	3 millions	7 millions
NUTS 2	800 000	3 millions
NUTS 3	150 000	800 000

Depuis l'élargissement à 10 nouveaux pays (1er mai 2004), la nomenclature NUTS subdivise le territoire européen en 89 régions de niveau NUTS 1, 254 régions de niveau NUTS 2 et 1 214 régions de niveau NUTS 3. La France compte 9 NUTS 1, 26 NUTS 2, 100 NUTS 3.

Source : « Ma région en Europe », Insee, *Actualités Magazine*, octobre 2006.

FAIRE

• Décrivez une eurorégion.

1 Localisez l'eurorégion Arc-Manche.

2 Quel est le poids démographique de cet ensemble ?

3 Quels sont les atouts de cette eurorégion ?

4 Quelles sont les limites de cette eurorégion ?

Document : La zone transmanche et le partenariat Arc-Manche

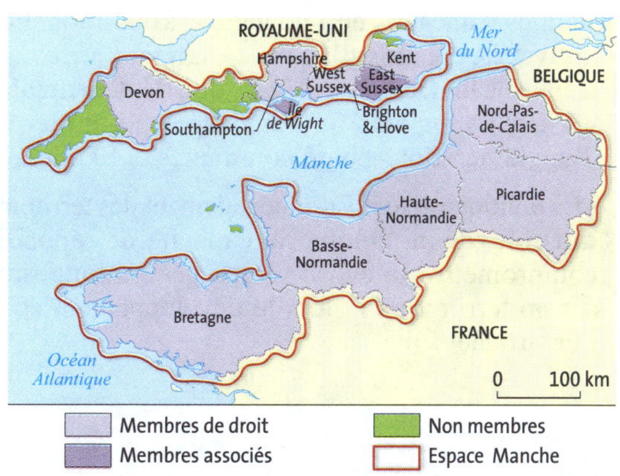

3 Valoriser et ménager les milieux : le viaduc de Millau (étude de cas)

SAVOIR

Le viaduc de Millau

Inauguré le 16 décembre 2004 après trois années de travaux, le viaduc de Millau constitue une réalisation remarquable de la politique d'aménagement du territoire. Long de 2 460 m, large de 32 m, il culmine à 343 m (19 m de plus que la tour Eiffel) au-dessus du Tarn, affluent de la Garonne orienté est-ouest. Dessiné par l'architecte britannique Norman Foster, et conçu par le groupe français Eiffage, le viaduc s'inscrit dans la lignée des ouvrages de légende.

• **Un maillon fort de l'aménagement du territoire…**
Le viaduc de Millau constitue aujourd'hui le **maillon central de l'autoroute A75** (la Méridienne). Cet axe nord-sud permet de relier, sur un parcours de 340 km, Clermont-Ferrand à Béziers. Il dessert 6 départements (Puy-de-Dôme, Haute-Loire, Lozère, Cantal, Aveyron et Hérault). L'aménagement du viaduc avec la mise en circulation de l'axe A10-A71-A75 réduit de 60 km le trajet entre Paris et Perpignan. Il met un terme au traditionnel « bouchon de Millau » et ses interminables files d'attente, incommodantes pour la population, les automobilistes et les vacanciers.

• **… au service d'un développement économique durable**
4,7 millions de véhicules dont 369 000 poids lourds ont traversé le viaduc en 2009. Le trafic augmente régulièrement : plus de 22 millions de véhicules sont passés par le viaduc depuis sa mise en circulation. Le nombre de visiteurs (659 000 en 2009) croît chaque année. Avec l'autoroute A75 (gratuite sauf pour le passage sur le viaduc), celui-ci contribue au développement économique des communes. L'État souhaite ainsi **faciliter le développement économique et touristique du sud du Massif central** qui, grâce aux nombreux échangeurs situés tous les 10 km le long des 340 km du parcours, est devenu un territoire bien irrigué.
Véritable lien entre les territoires de proximité, le viaduc assure la continuité des dynamiques territoriales nord et sud de la France. Il permet aussi de relier plus aisément l'Europe du Nord, l'Espagne et la façade méditerranéenne.

L'aménagement du territoire

• C'est une **action volontaire des pouvoirs publics** visant à refaçonner un territoire dans le cadre d'un projet cohérent et dont l'objectif est de favoriser le développement économique et la préservation de l'environnement. Remontant aux années 1950, la politique d'aménagement du territoire a le souci de corriger les déséquilibres industriels entre la région parisienne et la province. La création de la **Datar (Délégation à l'aménagement du territoire et à l'action régionale)**, en 1963, a donné une autre dimension à cette politique. Grâce aux fonds dont elle dispose, de nombreux investissements ont été réalisés pour équiper les zones en déprise : création de stations de ski dans les Alpes ou de stations balnéaires en Languedoc-Roussillon, lancement des **métropoles d'équilibre** et des **villes nouvelles**, création d'autoroutes, lignes ferroviaires à grande vitesse...
Depuis la **loi Defferre** (1982), dite **de décentralisation**, les collectivités territoriales sont devenues les acteurs majeurs de l'aménagement du territoire. La constitution de communautés urbaines d'agglomérations ou de communes et l'Union européenne augmentent le nombre de décideurs.

• La politique actuelle d'aménagement des territoires **intègre** pleinement **la notion de développement durable**, défini comme la capacité de répondre aux besoins des générations du présent sans compromettre la capacité des générations futures à répondre aux leurs. Il s'agit de garantir sur un territoire à la fois le développement économique, le progrès social et la préservation de l'environnement.

SAVOIR-FAIRE

Réaliser un schéma

• Qu'est-ce qu'un schéma ?

Un schéma est la **représentation simplifiée d'un phénomène géographique**. Il diffère du croquis, qui est réalisé sur un fond de carte à une échelle donnée. Un schéma comporte un nombre d'informations limité : il sert à montrer le ou les principaux phénomènes géographiques (dynamique, organisation, structure) d'un territoire. Un schéma peut être réalisé à partir d'informations tirées d'une carte ou de visuels (image, photographie aérienne…).

• Quelle est l'utilité d'un schéma ?

Un schéma peut être **utilisé dans l'argumentation de la composition**. Il sert à illustrer le propos, à traduire les arguments en représentation spatiale. Le schéma doit s'insérer dans la composition et être intégré dans la réflexion. Vous devez renvoyer le correcteur au schéma (« on remarque sur le schéma… »), indiquer son numéro et sa page si votre devoir contient des annexes. En composition de géographie, un schéma bien réalisé, pertinent et intégré à la réflexion, valorise la copie.

• Comment réaliser un schéma ?

– Commencez d'abord par **délimiter l'espace** à représenter en en traçant les contours, que vous simplifierez, à partir d'une carte. Il faut donc éviter de reproduire à l'identique les formes et les courbures du territoire.

– Sélectionnez ensuite les **informations utiles** à la compréhension du phénomène géographique.

– Enfin, réalisez le schéma en respectant le **langage cartographique** (voir Savoir-faire p. 225) : représentez les traits géographiques majeurs par des figurés de surface (plages de couleur), des figurés ponctuels (géométriques), des figurés linéaires (lignes, flèches…).

FAIRE

Document : Vue aérienne du territoire de Millau

Source : Google maps.

• À partir du document, réalisez un schéma sur le sujet suivant : **« Le viaduc de Millau, un maillon central de l'aménagement du territoire »**.

1 Sélectionnez les informations : déterminez le cours du Tarn ; puis identifiez les différentes zones urbaines, les zones rurales, les axes de circulation, le viaduc.

2 Organisez la légende : choisissez les figurés (voir p. 225).

3 Réalisez le schéma : placez sur la carte les informations sélectionnées.

4 Comment les villes organisent-elles le territoire français ?

SAVOIR

Définition de la ville

• La ville peut être considérée comme un **nœud dans un réseau**. L'importance d'une ville tient donc à ses capacités de structurer les flux permettant la cohésion entre les territoires. La ville, c'est d'abord un **centre où se concentrent** populations, pouvoirs de commandement, et activités spécialisées ou hautement qualifiées.
• Cependant la déconcentration des fonctions urbaines et l'étalement de l'habitat dans les périphéries accélèrent les **mutations** des territoires urbains. La ville ne se définit plus par un rapport à un centre mais par rapport à un ensemble de pôles.

Le système urbain français

• Le système urbain français se caractérise par la **macrocéphalie** (très grosse tête). L'agglomération parisienne (9,9 M hab. en 2007) concentre en effet 1/6 de la population française. Les agglomérations de Marseille (1,4 M hab.), Lyon (1,4 M hab.) et Lille (1 M hab.) peinent à atténuer la domination parisienne.

Les nouveaux territoires des villes françaises

• Près de **75 %** de la population française vit dans des **territoires urbains** qui s'étalent sur une superficie d'environ 100 000 km^2 (18 % de la superficie métropolitaine). Le territoire des villes s'est étiré de 10 000 km^2 supplémentaires entre 1990 et 1999. Près de 677 communes rurales sont devenues des villes ayant atteint le seuil des 2 000 habitants retenu pour définir une agglomération (ensemble d'habitations tel qu'aucune ne soit séparée de la plus proche de plus de 200 m, et abritant au moins 2 000 habitants).
• Cette croissance des territoires urbains confirme, d'une part, la redistribution de la population et des activités dans de nouveaux territoires de plus en plus éloignés du centre. Elle confirme d'autre part l'étalement du tissu urbain dans les zones rurales, intégrant les communes rurales dans le territoire des villes pour former une **aire urbaine** (ensemble de communes, d'un seul tenant et sans enclave, constitué par un **pôle urbain et** par des **communes rurales**, dont au moins 40 % des actifs travaillent dans le pôle ou dans des communes attirées par celui-ci).
• La **périurbanisation** explique également la diffusion de l'urbanisation. Les familles quittent les centres urbains saturés et leurs banlieues pour s'installer en périphérie, tout en conservant leur emploi dans le pôle urbain.

Agglomérations urbaines de l'UE de plus d'un million d'habitants

Agglomération	Population (en M)		Rang		Taux d'évolution annuel (en %)	Poids dans la population du pays (en %)
	1975	2007	1975	2007	2005-2010	2007
Paris (France)	**8,6**	**9,9**	**1**	**1**	**0,2**	**16,1**
Londres (Royaume-Uni)	7,5	8,6	2	2	0,2	14,1
Madrid (Espagne)	3,9	5,6	3	3	1,3	12,6
Barcelone (Espagne)	3,7	4,9	4	4	1,0	11,1
Berlin (Allemagne)	3,1	3,4	6	5	0,2	4,1
Rome (Italie)	3,3	3,3	5	6	-0,1	5,7
Athènes (Grèce)	2,7	3,2	8	7	0,2	29,1
Milan (Italie)	3,1	2,9	7	8	-0,1	5,0
Lisbonne (Portugal)	2,1	2,8	11	9	0,9	26,5
Birmingham (RU)	2,4	2,3	9	10	0,1	3,8
Marseille-Aix-en-P.	**1,3**	**1,4**	**22**	**21**	**0,5**	**2,3**
Lyon (France)	**1,2**	**1,4**	**24**	**22**	**0,5**	**2,3**
Lille (France)	**0,9**	**1,0**	**31**	**33**	**0,5**	**1,7**
Cologne (Allemagne)	0,9	1,0	32	34	1,2	1,2
Rotterdam (Pays-Bas)	0,9	1,0	33	35	0,3	6,1

Source : ONU.

La place des villes françaises en Europe

• **Paris** s'impose par sa taille au premier rang des métropoles européennes. La puissance parisienne se matérialise par la très forte concentration des pouvoirs, politique, économique, culturel. Excepté Lyon, aucune autre métropole française ne peut réellement rivaliser avec les grandes métropoles européennes telles que Francfort, Milan, Barcelone.

SAVOIR-FAIRE

Connaître le langage cartographique

Le langage cartographique représente l'ensemble des informations identifiables sur une représentation spatiale : carte, croquis, schéma. Une bonne lecture ou une bonne réalisation de la carte nécessite de maîtriser les **figurés cartographiques**. Ceux-ci se divisent en trois catégories essentielles.

	Type de figurés	Informations représentées
Figurés de surface Plages de couleur pour des phénomènes qui s'étendent en surface.	 **couleur chaude** **couleur froide**	Densités de population Espaces de production (agriculture, industrie) Espaces de loisirs : tourisme, zones climatiques
Figurés ponctuels Figures géométriques pour des phénomènes localisés sur un lieu du territoire.	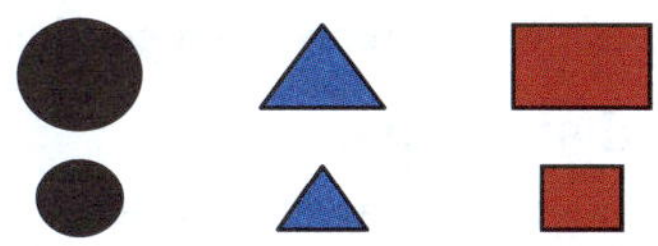	Agglomération, métropole, technopôle, usine, port, aéroport, gare, station de ski
Figurés linéaires Lignes pour les axes de communication. Flèches pour les échanges et les flux.	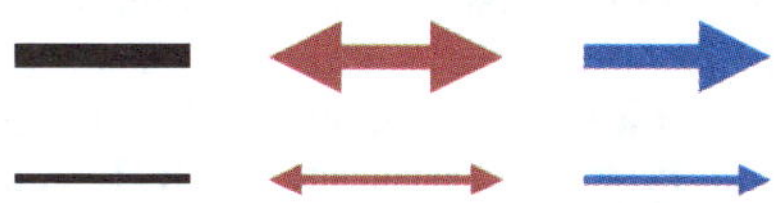	Voies de communication : route, autoroute, chemin de fer, cours d'eau. Flux : financier, migratoire

FAIRE

1 Représentez le figuré des phénomènes évoqués.

Phénomène de surface	Figuré
Densités de population : forte, moyenne, faible	
Région d'élevage Région céréalière Vieille région industrielle	
Pays développés	
Pays pauvres	

Phénomène ponctuel	Figuré
Réseau urbain	
Ville monde, métropole	
Port, aéroport	
Technopôle	

Phénomène linéaire	Figuré
Axe majeur Axe secondaire Axe ferroviaire LGV / TGV	
Interface	
Flux financier Flux de marchandises Flux migratoire	

2 À l'aide des informations données dans le Savoir-faire, faites le croquis suivant : « **Organisation urbaine du territoire français** ».

5 Un espace productif ouvert sur l'Europe et le monde : la Bretagne (étude de cas)

SAVOIR

La région Bretagne

• Avec 27 208 km², la région Bretagne est deux fois plus vaste que la région Île-de-France, mais trois fois moins peuplée (3,163 M hab. en 2010). Elle est située à l'extrémité nord-ouest du territoire français et au **carrefour de l'Arc atlantique européen** entre l'Atlantique et la Manche.

• Le découpage administratif régional distingue **4 départements** (Côtes-d'Armor, Finistère, Île-et-Vilaine, Morbihan) de superficie quasi identique mais d'un **peuplement inégal** : les Côtes-d'Armor (571 000 hab. en 2010) comptent près de 300 000 habitants de moins que l'Île-et-Vilaine. À l'exception de Rennes, les territoires urbains s'égrènent essentiellement sur les 2 700 km de littoral.

La Bretagne, une région dynamique

• Le **secteur agricole** et les **industries agroalimentaires**, fortement dynamiques, fournissent 8,6 % des emplois salariés privés de la région. Les industries agroalimentaires représentent 36 % de la valeur ajoutée industrielle bretonne, contre 13,5 % au niveau national. L'agriculture contribue à hauteur de 3,3 % à la valeur ajoutée régionale, contre 2 % pour l'ensemble de la France. Cependant depuis le début des années 1990, la valeur ajoutée de l'agriculture bretonne diminue (– 0,2 %) contrairement aux autres grands secteurs économiques.

• Confrontés au défi du développement durable et de la modernisation de la production, les **secteurs de la pêche et de l'aquaculture** demeurent attractifs. Concentrant 15 000 emplois directs et 2 500 entreprises, ils font de la Bretagne la première région maritime de France.

• La **construction** et la **réparation navales** représentent l'autre pilier de l'économie marine, avec près de 6 000 emplois directs. Depuis 2007, la région est propriétaire des ports de Lorient, Brest et Saint-Malo, dont elle assure la gestion, l'entretien et l'aménagement. Ainsi, en 2010, elle a investi 27 M€ dans ses ports pour soutenir les activités commerciales.

• Le **secteur tertiaire** est un secteur en développement. Il concentre 71 % des 1,26 million d'emplois que compte la région (4,9 % de l'emploi en France métropolitaine en 2007). La région projette de se connecter au haut débit (100 Mbits/s) d'ici 2012. L'objectif est de permettre aux particuliers de recevoir plusieurs chaînes de télévision à haute définition et aux entreprises de disposer de données et d'échanges plus nombreux et plus rapides. Le très haut débit facilite entre autres le télétravail pour les salariés. Plus largement, il participe à l'aménagement du territoire en permettant le maintien et le développement d'activités économiques en dehors des grands centres urbains.

Réseau transeuropéen de transport (RTE) et activité portuaire dans l'Arc atlantique

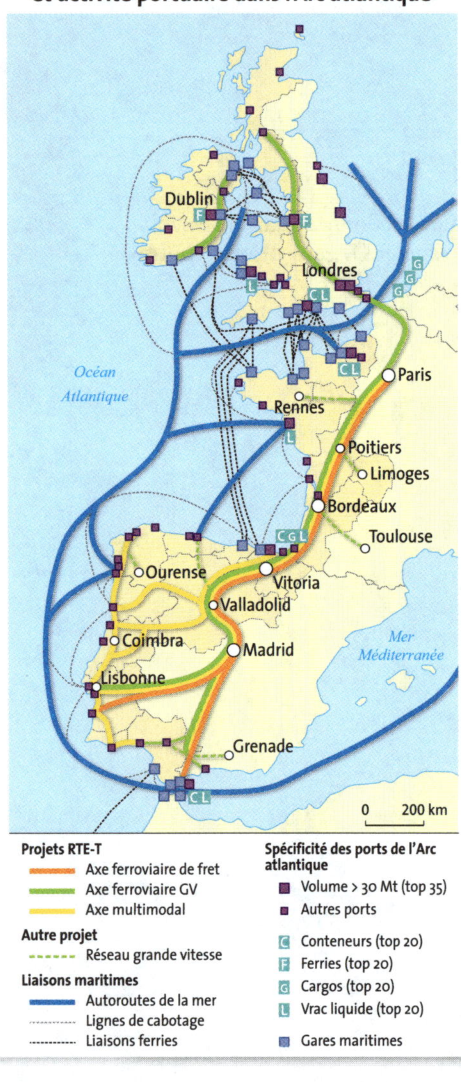

La Bretagne, une région intégrée dans l'Arc atlantique

• Avec une vingtaine d'autres régions européennes, la région Bretagne est intégrée dans l'Arc atlantique. Créé en 1989, l'**Arc atlantique regroupe, du nord de l'Écosse à l'Andalousie, 27 régions de coopération**. L'objectif est de favoriser la mise en œuvre des programmes européens de coopération interrégionale dans divers domaines. Ces politiques favorisent en Bretagne l'amélioration et la modernisation des transports régionaux, le maintien des activités de pêche et des activités portuaires.

• L'Arc atlantique impulse l'orientation de la Bretagne vers le développement durable avec l'utilisation des **énergies renouvelables**. La Bretagne s'est ainsi engagée à une production d'**énergies marines** de 500 mégawatts (sur les 6 000 nationaux) pour 2020. Des **parcs éoliens** offshore au large de Saint-Brieuc, de Saint-Malo et à proximité de Lorient devraient produire 7 % de la consommation énergétique bretonne.
• La Bretagne entretient avec d'autres régions européennes hors Arc atlantique une politique de coopération régionale renforcée : en l'occurrence avec le Land Saxe (Allemagne), le pays de Galles (Royaume-Uni) et la Voïvodie de Wielkopolska (Pologne).

La Bretagne, une région ouverte sur le monde

• La Bretagne assure son rayonnement dans le monde en finançant plusieurs programmes de développement dans les pays du Sud. À **Madagascar**, la région Bretagne s'appuie sur la présence de plusieurs dizaines d'organismes bretons pour réaliser d'importants programmes de développement orientés vers les ressources de la mer, ainsi que vers le développement agricole et touristique.
• La Bretagne est aussi présente en **Chine**, dans la province du Shandong, où elle conduit une politique de coopération fondée sur l'éducation et la formation professionnelle.
• La Bretagne prend également une part active dans la mise en œuvre des programmes de **développement durable dans le monde**.

SAVOIR-FAIRE

Construire une légende

• Qu'est-ce que la légende d'un croquis ?

C'est la clé de lecture du croquis, indispensable pour comprendre les informations qui y sont contenues. La légende se construit avec un plan en deux ou trois parties. Ce plan est une réponse à la problématique que le sujet soulève. La légende se doit donc d'être cohérente et logique.

• Comment faire une légende ?

– Il faut tout d'abord analyser le sujet : repérer et comprendre les notions clés ; repérer les limites géographiques du sujet ; comprendre la problématique que le sujet proposé soulève.
– Il faut ensuite sélectionner les informations qui doivent figurer sur le croquis.
– Puis vous devez bâtir le plan en fonction de la problématique, et titrer chacune de ses parties.
– Enfin, il vous reste à choisir les figurés qui représenteront chaque information cartographique.

FAIRE

Voici un sujet de croquis : « **Mutations de l'espace productif français** ». Entraînez-vous à construire la légende de ce croquis en répondant aux questions suivantes.

1 Analysez le sujet : définissez l'expression « espace productif français », et le mot « mutations ».

2 Sélectionnez les informations : quels sont les secteurs productifs ? Où sont les espaces de production ? Où se situent les nouveaux espaces productifs ? Quelles informations doivent figurer sur le croquis ?

3 Organisez le plan : deux, trois ou quatre parties sont conseillées pour recouper et classer les informations avec logique et pertinence. Déterminez le titre de chaque partie.

4 Choisissez les figurés (voir Savoir-faire p. 225).

5 Esquissez à présent les contours de l'espace français ou utilisez un fond de carte pour y reporter les figurés de la légende.

6 Une plateforme européenne et mondiale : Roissy

SAVOIR

Roissy, un puissant hub européen et mondial

• Roissy a accueilli en 2009 près de 57 millions de passagers sur les 83 millions que comptabilisent les Aéroports de Paris (ADP). Comparée à l'année 2008, cette fréquentation est en recul de 4,9 % (– 4,7 % ADP). De même, les mouvements d'avions ont diminué de 6 % (– 5,5 % ADP). La crise financière de 2008 explique en partie ce léger recul des flux de passagers et de fret. **Roissy** demeure néanmoins le **premier aéroport français** devant Orly (25 millions de passagers) et le **deuxième aéroport européen** derrière Londres/Heathrow (66 millions de passagers).

• La présence de la compagnie Air France KLM, premier transporteur européen (75 millions de passagers en 2009) et leader mondial du transport de fret aérien, constitue un atout considérable pour le développement de Roissy. Le satellite n° 3, mis en service en 2007, constitue la plus grande plateforme d'embarquement en France (4 500 passagers/heure). Cette plateforme, spécialement conçue pour accueillir les très gros porteurs, peut recevoir six A 380 simultanément. Avec près de 23 000 opportunités de connexions en moins de deux heures par semaine, **Roissy** se positionne au **premier rang des hubs européens** et au **6e rang mondial**.

Une situation géographique très avantageuse

Roissy s'appuie d'abord sur la taille de l'agglomération parisienne (11 M hab.) et sur sa puissance économique et culturelle (1re ville mondiale pour les congrès internationaux). Roissy s'appuie ensuite sur l'Île-de-France, première région économique française (près du quart du PIB métropolitain), et sur la France, 5e puissance économique mondiale (1re destination touristique dans le monde). La plateforme tire également profit de la proximité des grandes métropoles d'Europe et de la puissance économique de la mégalopole européenne et des villes rhénanes, pour la plupart à moins de 2 h de vol. Roissy dispose ainsi d'une aire de chalandise de 25 millions d'habitants dans un rayon de moins de 200 km.

Roissy, une plateforme orientée vers le développement durable

Aéroports de Paris, la société gestionnaire de Roissy, envisage l'aménagement d'un nouveau satellite 4 dédié aux vols long-courriers. Un bâtiment de 10 000 m^2 pouvant accueillir à terme 7,8 millions de passagers/an et 16 avions simultanément, dont 7 A 380, est en voie de réalisation. Sa conception s'inscrit dans le cadre du Grenelle de l'environnement (2007). Il est prévu de diminuer la consommation énergétique globale d'environ 30 % par rapport à la moyenne des aérogares existantes. La mise en place d'un système de transport automatique et électrique pour les passagers ou l'utilisation d'un système hydro-économe et la valorisation des eaux pluviales sont d'autres mesures d'ordre environnemental.

L'aménagement du réseau aérien, une priorité nationale

Aéroports de Paris, variation du trafic total 2008-2009

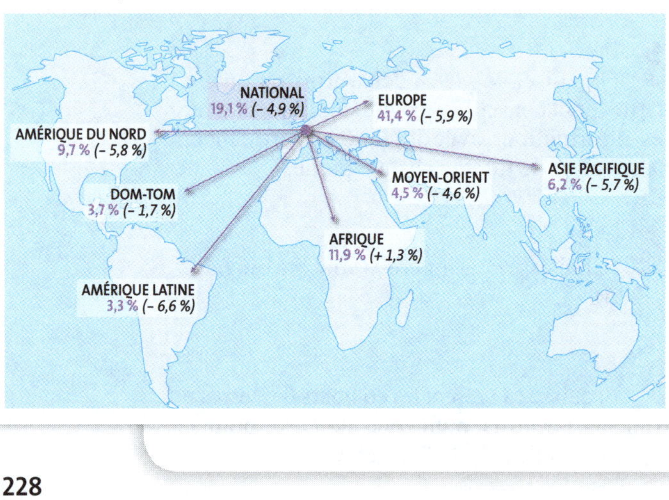

• Dans le cadre de l'aménagement du territoire, la Datar a favorisé le développement du transport aérien intérieur. Dès les années 1960, toutes les grandes villes de la périphérie sont équipées d'un aéroport permettant d'assurer une liaison avec Paris. Les villes moyennes le sont à leur tour dans les années 1970 et 1980. Grâce à cette politique volontariste, le transport aérien intérieur en France a connu un développement supérieur à celui des autres pays d'Europe.

• Les **vols internationaux** demeurent la **priorité** du hub de Roissy. En dehors de Paris, seul l'aéroport de Nice (9,8 M de passagers) montre un réel dynamisme dans le trafic international, suivi par Marseille (7,3 M) qui tire profit du développement du transport à bas coût. Cependant, aucun aéroport de province ne figure parmi les 20 premiers aéroports européens.

SAVOIR-FAIRE

Analyser une carte en anamorphose

• Qu'est-ce qu'une carte en anamorphose ?

C'est une carte qui transforme un contour selon un principe défini. Elle attribue aux portions d'espace une superficie sur le papier qui est proportionnelle à une autre donnée. La carte en anamorphose modifie volontairement les contours physiques d'un espace pour mieux représenter un phénomène géographique. Cela peut être une population, une richesse produite, une durée de trajet, etc. La carte en anamorphose est en général épurée et a pour objectif de montrer une tendance générale. C'est un procédé efficace dans le domaine de la communication.

• Comment analyser une carte en anamorphose ?

– Repérer d'abord l'espace à représenter et l'échelle (ville, région, État, continent) ainsi que le type de projection.

– Déterminer la donnée utilisée : distance, richesse, population…

– Analyser la carte : observer la déformation de la carte (anamorphose) en la comparant avec une représentation réelle de l'espace déterminé. Dégager ensuite les caractéristiques de la déformation.

– Interpréter la carte : relever les informations tirées de l'observation de la carte en les confrontant avec vos connaissances.

FAIRE

• Confrontez une carte en anamorphose et un tableau statistique.

Document 1 : Décollage d'avions dans le monde, 2005

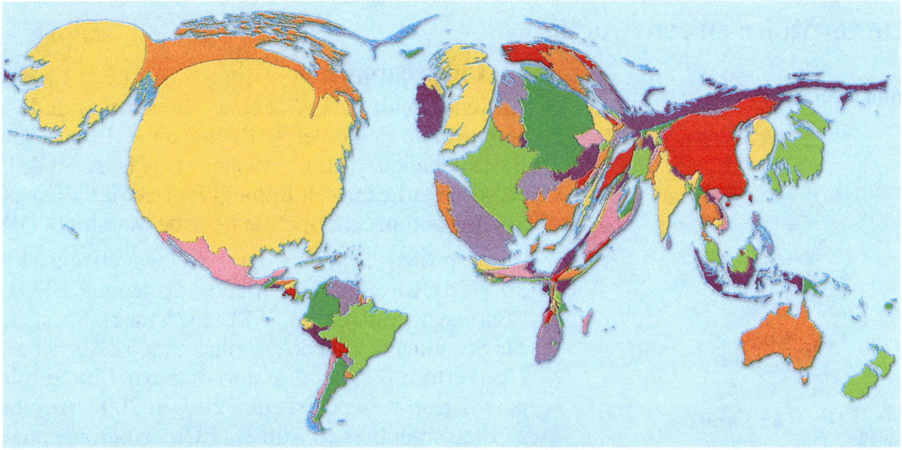

Document 2 : Nombre d'avions par zone de départ pour 1 000 hab./an

Rang	Territoire	Décollage d'avions[1] pour 1 000 hab./an
1	Antigua & Barbade	672
2	Monaco	412
3	Seychelles	186
4	Luxembourg	102
5	Bahamas	82
6	Îles Marshall	75
7	Nouvelle-Zélande	65
8	Irlande	59
9	Norvège	55
10	Îles Fidji	48

1. Pays d'enregistrement de l'avion.

Source : www.worldmapper

1 Identifiez le type de projection et l'échelle de la carte.

2 Déterminez le phénomène géographique à l'aide du titre de la carte et du tableau statistique.

3 Quelles déformations observez-vous ?

4 Quelles interprétations pouvez-vous faire ?

Géographie

7 De l'espace européen aux territoires de l'Union européenne

SAVOIR

Qu'est-ce que l'Europe ?

• Des territoires plus qu'un continent

Avec près de 10 millions de km², le territoire européen est à peine plus étendu que des États continents comme les États-Unis (9,3 M km²), la Chine (9,5 M km²), le Brésil (8,5 M km²). Avec 47 pays membres au Conseil de l'Europe (ne pas confondre avec l'UE), l'Europe se singularise par des **fragments territoriaux** que tentent de remodeler les nouvelles orientations politiques.

• Une mosaïque culturelle et des milieux naturels divers

L'Europe regroupe près de 700 millions d'habitants. Plusieurs vagues migratoires en provenance d'Asie sont à l'origine de son peuplement. Aujourd'hui, divers flux migratoires contribuent à atténuer le vieillissement de la population. L'Europe est une **mosaïque de populations et de langues** : on y dénombre entre 220 et 230 langues indigènes. À cette diversité linguistique s'ajoute la **diversité religieuse**, dominée par le christianisme.

L'espace européen présente une **grande variété de milieux naturels**. L'organisation du relief est caractérisée par la présence de grandes plaines au nord et un relief de montagne fortement dominé par le système alpin. La trame climatique révèle un climat tempéré marqué par une double opposition : climat polaire au nord, méditerranéen au sud ; climat océanique à l'ouest, continental à l'est.

Un territoire en construction

Programme Interreg IV

• L'Union européenne

Au lendemain de la Seconde Guerre mondiale, réunis autour de la France et de l'Allemagne, l'Italie, les Pays-Bas, la Belgique, le Luxembourg jettent les bases de l'Union européenne. Le traité de Rome (1957) crée la CEE qui devient l'Union européenne après le traité de Maastricht (1992).

L'Europe des Six s'est progressivement élargie à l'Europe du Nord (Royaume-Uni, Irlande, Danemark,1973), puis à l'Europe du Sud (Grèce, 1981 ; Espagne et Portugal,1986), à la Scandinavie (Suède et Finlande) et à l'Autriche (1995). L'ouverture à l'est se matérialise par l'intégration des pays d'Europe de l'Est entre 2004 et 2007. Aujourd'hui, 27 États membres constituent l'Union européenne qui est d'abord une **union économique**.

• Une Europe sans frontières est la volonté des États signataires des accords de Schengen (1985). L'**espace Schengen** regroupe 25 États en 2010, dont 22 États membres de l'UE, sauf l'Irlande, le Royaume-Uni, la Bulgarie, la Roumanie et Chypre qui maintiennent des contrôles aux frontières. La Norvège, l'Islande et la Suisse, pays extérieurs à l'UE, sont associés à Schengen.

• Des territoires inégalement développés

Avec un PIB de près de 20 000 €/hab., l'Europe fait partie des grands ensembles développés de la planète. Cependant les pays d'Europe de l'Est, nouveaux membres de l'UE, accumulent d'importants retards de développement. Pauvreté et chômage caractérisent le passage d'une économie planifiée à une économie libérale. Depuis 1989, l'UE met en œuvre des programmes d'aide au développement régional appelés **Interreg**. Un budget de 340 Mds €, provenant exclusivement du Fonds européen de développement régional (Feder), est mobilisé pour le programme Interreg IV en cours (2007-2013).

SAVOIR-FAIRE

Analyser un phénomène à différentes échelles

• Qu'est-ce qu'observer un phénomène à différentes échelles ?

Observer un phénomène à différentes échelles permet d'obtenir des informations diverses sur le phénomène dans l'espace considéré. La lecture du phénomène par emboîtement des échelles permet d'extraire du document quelques données précises favorisant une meilleure compréhension.

– L'**échelle continentale ou planétaire** est la petite échelle. Elle permet de représenter le phénomène sur une grande étendue terrestre.

– L'**échelle régionale** est la moyenne échelle. Elle permet de représenter le phénomène dans un ensemble géographique (une partie d'un continent ou un État).

– L'**échelle locale** est la grande échelle. Elle permet de représenter le phénomène sur une petite étendue terrestre (une aire urbaine par exemple).

• Comment procéder ?

– Identifier d'abord le phénomène puis en donner une définition.

– Identifier ensuite les échelles d'observation du phénomène : échelle continentale ou planétaire, échelle régionale, échelle locale.

– Enfin, confronter les informations extraites de l'observation du phénomène aux différentes échelles.

FAIRE

• Analysez l'immigration clandestine à différentes échelles.

Document 1 : Causes de décès des migrants clandestins dans l'espace euroméditerranéen

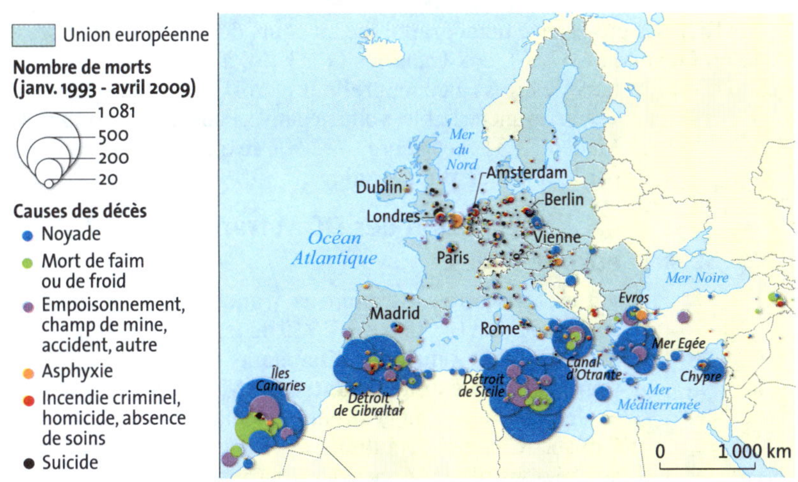

1 Quel phénomène géographique peut-on identifier dans les documents 1 et 2 ? Définissez-le.

2 Quelles sont les échelles d'observation ?

3 Quelles informations peut-on extraire des deux documents ?

Document 2 : 21 immigrés clandestins noyés, 200 portés disparus

Dimanche et lundi, de nombreux bateaux chargés d'immigrés clandestins ont quitté la Libye pour tenter de rejoindre l'Europe, notamment l'île italienne de Lampedusa, au large de la Sicile. Lundi, les conditions météorologiques étaient difficiles avec de forts vents soufflant en tempête. Cela n'a pas découragé les candidats au départ. Plusieurs embarcations ont ainsi quitté les côtes libyennes. L'une d'entre elles, transportant environ 300 personnes, a fait naufrage à une trentaine de kilomètres au large. Selon un dernier bilan diffusé mardi en début d'après-midi, 21 clandestins sont morts, plus de 200 sont portés disparus et 23 ont été retrouvés vivants. Un autre bateau a en revanche pu être remorqué jusqu'à la côte par les secours.

Avec ses 1 770 km de frontières maritimes, la Libye est devenue un pays de destination et de transit d'immigrés originaires notamment de l'est et du sud de l'Afrique, vers Malte ou Lampedusa. Les naufrages sont fréquents lors de la périlleuse traversée. Dimanche soir, le naufrage d'une embarcation avait ainsi déjà fait 21 morts et un nombre indéterminé de disparus. Lundi, environ 350 clandestins, dont l'embarcation était en difficulté au large des côtes libyennes, avaient été sauvés par un tanker italien.

Le ministre italien de l'Intérieur Roberto Maroni a affirmé lundi que l'immigration clandestine en provenance des côtes libyennes devrait cesser le 15 mai avec l'entrée en vigueur des patrouilles communes italo-libyennes. Dans le cadre d'un accord d'amitié entre l'Italie et la Libye, signé en août 2008, les autorités de Tripoli se sont en effet engagées à renforcer la lutte contre l'immigration clandestine, notamment à travers des patrouilles mixtes en mer.

Source : www.lci.tf1.fr/DR, 31 mars 2009

8 Les territoires ultramarins de l'UE et leur développement

SAVOIR

Des territoires ultramarins définis comme des régions périphériques

- L'Europe détient le **domaine maritime le plus vaste du monde** (25 millions de km^2) grâce à ses territoires d'outre-mer ou régions ultrapériphériques (RUP). Ces territoires ultramarins se caractérisent par leur éloignement du continent européen. C'est en 1999, lors du traité d'Amsterdam, que les territoires ultramarins sont reconnus comme régions ultrapériphériques ayant des **particularismes spécifiques** : l'insularité, l'étroitesse du territoire, et l'éloignement du continent européen.
- Ces territoires se caractérisent également par leur **faible développement économique**, comparés à l'Europe métropolitaine. Écarts de développement en partie accentués par l'isolement géographique des RUP. La reconnaissance par l'UE des territoires ultramarins comme **régions** permet aux RUP de bénéficier des fonds européens pour le développement (programme Interreg) et de disposer d'avantages fiscaux considérables.

Sept RUP d'inégale croissance démographique

- On distingue **sept régions ultrapériphériques** : Guadeloupe, Guyane, Martinique, Réunion (DOM-ROM français), Canaries (Espagne), Açores et Madère (Portugal). Excepté la Guyane, les six autres régions retenues sont des territoires insulaires.
- Ces régions regroupent près de **4 millions d'habitants**. L'archipel des Canaries concentre près de la moitié des habitants des RUP. La croissance démographique au cours des dernières années est particulièrement importante en Guyane (+ 37 %), aux Canaries (+ 23 %), à la Réunion (+ 11 %) entre 2007 et 2008, en raison d'un fort taux de croissance naturelle. La croissance démographique est en revanche faible, voire négative, dans les îles portugaises, Madère (– 3 %) et Açores (+ 2 %), ce qui s'explique en partie par le fort taux d'émigration.

Données et localisation des RUP

	Açores	Canaries	Guadeloupe	Guyane	Madère	Martinique	La Réunion
Localisation	Océan Atlantique	Océan Atlantique	Mer des Caraïbes	Amérique du Sud	Océan Atlantique	Mer des Caraïbes	Océan Indien
Capitale	Ponta Delgada	Las Palmas	Pointe-à-Pitre	Cayenne	Funchal	Fort-de-France	Saint-Denis
Superficie (en km^2)	2 333	7 447	1 703	83 534	795	1 128	2 504
Population en 2007	243 500	2 019 200	403 000	213 500	246 200	400 000	790 500
Index PIB/habitant (SPA 2006) (1)	68,6	92,6	68,4	49	97.7	73,6	61,6
Taux de chômage 2008 (en %)	5.5	17,4	22	16,7*	6	22,4	24,5
Fonds structurels 2007-2013 (millions d'€)	1 423	1 788	602	405	606	515	1 531
Fonds européens (2) 2007-2013 (millions d'€)	275**	153**	143,2	79,2	175**	106,6	333

* en 2007. ** sauf Fonds européens pour la pêche (FEP).
(1) Standard de pouvoir d'achat (UE 27 = 100).
(2) Fonds européen agricole pour le développement rural (Feader) et Fonds européen pour la pêche (FEP).

Source : Tableau économique de la Réunion, 2010, fiche RUP, Insee.fr

L'intégration des DOM français aux RUP européennes

- Les territoires ultramarins français représentent une superficie de 110 000 km^2 (20 % du territoire métropolitain) et concentrent 2 millions d'habitants (3 % de la population française). On distingue **quatre DOM-ROM** (départements et régions d'outre-mer) : Réunion, Guadeloupe, Martinique, Guyane. Ces régions ultramarines françaises sont intégrées aux régions ultrapériphériques européennes.
- Si le **tourisme** constitue le **secteur économique dominant pour l'ensemble des RUP**, quelques différences sont néanmoins observables. Les RUP françaises accueillent moins de touristes que les RUP espagnoles et portugaises. L'éloignement des RUP françaises et les tarifs élevés qui y sont appliqués expliquent en partie cette différence. Les RUP françaises bénéficient d'une importante **économie de transfert**, faisant d'elles des îlots de prospérité dans des régions marquées par d'importants retards de développement.
- En dépit de leur appartenance à l'UE, les RUP françaises ne font pas partie de l'espace Schengen, contrairement aux Açores, à Madère et aux Canaries.

Les défis communs aux RUP

- Le **phénomène migratoire non maîtrisé** est un défi particulièrement important dans les RUP. Guyane, Réunion et Guadeloupe subissent la pression migratoire des pays voisins, notamment d'Haïti et la de la République dominicaine dans les Caraïbes.

Les Canaries, les Açores et Madère subissent la pression migratoire en provenance d'Afrique.

• Le **défi environnemental** vise à réduire l'impact du changement climatique lié au réchauffement de la planète. Le **défi agricole**, pour sa part, tente d'améliorer la production agricole et l'approvisionnement alimentaire.

SAVOIR-FAIRE

Rédiger une composition

La composition doit permettre au candidat de faire la preuve de ses connaissances tout en les situant dans un questionnement. Certains éléments peuvent être fournis pour aider le candidat (chronologie, données statistiques, indications spatiales...). Les sujets portent sur un ou plusieurs thèmes ou ensembles géographiques du programme. Les productions graphiques (schéma[s]...) que le candidat peut réaliser à l'appui de son raisonnement, en fonction du sujet et de ses choix, seront valorisées (extraits du *BO* n° 7, 12 février 2004).

• Première étape : analyser le sujet, dégager la problématique, bâtir un plan

Prendre le temps de réfléchir pour ne pas « se tromper » de sujet si un choix est possible :
– bien le comprendre pour ne pas commettre de hors-sujet ;
– analyser sa structure grammaticale : repérer la construction du libellé, la ponctuation, les liens logiques, afin de découvrir le mot clé ;
– délimiter son champ : le libellé du sujet indique l'espace considéré.

Dégager une problématique : le sujet énonce ou sous-entend une problématique. Il s'agit de formuler un questionnement pour dégager le fil conducteur permettant d'organiser la réflexion.

Bâtir le plan : en géographie, deux types de plans sont à privilégier :
– le plan thématique : organisation de la réflexion par thème en rapport avec la problématique ;
– le plan scalaire : organisation de la réflexion à travers l'emboîtement des échelles (locale, régionale, mondiale).

Remarque : il n'existe pas de plan type. Un plan étant une réponse à la formulation de la problématique, la première qualité recherchée est la cohérence par rapport à la problématique. Il peut comporter deux, trois ou quatre parties. Le plan détaillé fait apparaître les sous-parties.

• Deuxième étape : la rédaction de la composition

– **L'introduction** : elle doit comporter trois éléments :

1. Elle présente le sujet, explique les notions clés, et détermine les limites spatiales.
2. Elle pose la problématique.
3. Elle annonce le plan de manière explicite.

– **Le développement** : il peut comporter deux, trois ou quatre parties. Chaque partie est constituée de plusieurs sous-parties construites en paragraphes. Chaque paragraphe contient une idée et un ou plusieurs exemples-arguments.

Avant de commencer la rédaction d'une grande partie, il faut évoquer brièvement (quelques phrases) son thème général.

Une phrase de transition (conclusion partielle et ouverture) doit assurer le passage d'une grande partie à l'autre.

– **La conclusion** : elle doit comporter deux éléments :

1. une réponse à la problématique soulevée dans l'introduction ;
2. une ouverture évoquant les continuités possibles de la problématique.

• Conseils pratiques

– Rédiger au brouillon l'intégralité de l'introduction et de la conclusion. Ces deux parties doivent être correctement rédigées. Ne pas attendre d'avoir terminé le devoir pour rédiger de manière hâtive la conclusion.

– Présenter proprement le devoir. Soigner l'écriture, sauter une ligne entre l'introduction, le développement et la conclusion, et entre chacune des grandes parties. Utiliser un retrait de ligne pour commencer un paragraphe.

– Un plan comportant plus de quatre parties est fortement déconseillé.

FAIRE

Après l'avoir analysé et en avoir dégagé la problématique, proposez un plan sur le sujet suivant : **« Unité et diversité de l'Europe »**.

9 L'Union européenne dans la mondialisation

SAVOIR

Au nord, la Northern Range, acteur majeur de la mondialisation

• La Northern Range est une **rangée de villes portuaires s'étirant entre la France, la Belgique, les Pays-Bas et l'Allemagne** sur un millier de kilomètres. Des côtes de la Manche à la mer du Nord, du Havre à Hambourg, la façade maritime du nord de l'Europe constitue l'**interface maritime la plus dynamique des pays de l'Union européenne**. Les atouts majeurs de cette façade maritime résident dans la puissante capacité d'adaptation de ses ports aux mutations du commerce mondial, dans la puissance économique de la mégalopole européenne et dans les grandes aires urbaines de l'arrière-pays qui concentrent près de 150 millions d'habitants.
Interface majeure entre les territoires dominants de l'UE et les autres pôles de la Triade, la Northern range demeure un espace de concurrence portuaire dominé par le puissant port de Rotterdam.

• Avec 420 millions de tonnes de marchandises transbordées en 2008, **Rotterdam** confirme son rang de **premier port européen et de troisième port mondial**. Longtemps resté dans l'ombre d'Anvers et d'Amsterdam, le site portuaire s'est développé grâce à l'aménagement, dans la seconde moitié du XIXe siècle, du canal Nieuwe Waterweg, voie d'eau ouvrant un accès direct à la mer du Nord.

• Rotterdam est aujourd'hui un **puissant hub portuaire** ouvert sur l'Europe et le monde. Les flux majeurs du trafic portuaire se composent de matières premières (hydrocarbures, charbon, cuivre, sables) et de produits agricoles (céréales, fruits). Près de **60 % du trafic de marchandises se réalisent entre les pays de l'UE**. Le reste des flux de marchandises est réparti entre l'Amérique Nord et du Sud (20 %), l'Asie (10 à 15 %) et l'Afrique (5 à 10 %).

Document 1 : Trafic maritime des ports de la Northern Range

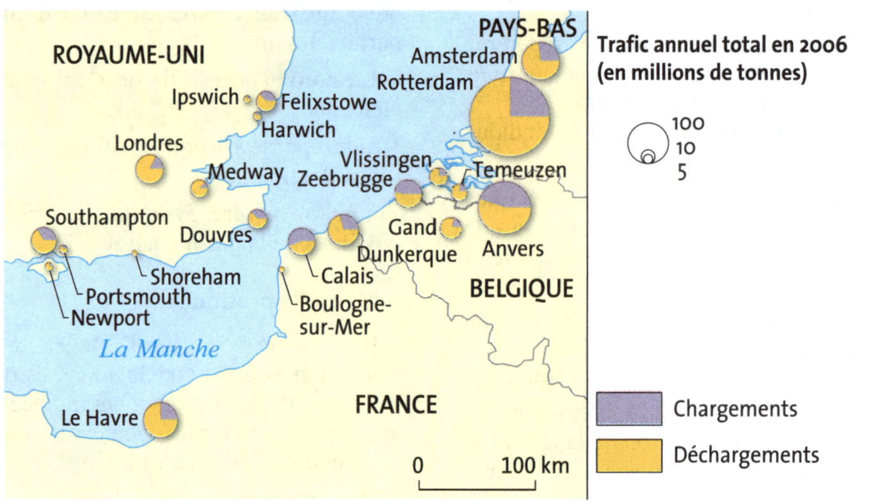

Au sud, l'Arc Méditerranée latin, interface majeure Nord-Sud

• L'espace de la façade méditerranéenne s'articule autour de l'**Arc Méditerranée latin (AML)**, vaste zone transfrontalière d'une superficie de près de 400 000 km^2 couvrant les territoires de l'Europe méditerranéenne (Espagne, France, Italie). Avec près de 65 millions d'habitants, l'AML concentre 15 % de la population de l'UE et 12 % de sa population active.

• L'AML est également un espace dominé par deux régions transfrontalières. La première, l'**eurorégion Pyrénées-Méditerranée** (créée en 2004) regroupe deux régions françaises (Languedoc-Roussillon et Midi-Pyrénées) et trois régions espagnoles (Aragon, Catalogne et îles Baléares), polarisées par la métropole de Barcelone.
La seconde, l'**eurorégion Alpes-Méditerranée** (créée en 2006), réunit pour sa part deux régions françaises (Rhône-Alpes et Provence-Alpes-Côte d'Azur) et trois régions italiennes (Ligurie [Gênes],

Piémont [Turin] et Val d'Aoste [Aoste]). Avec 17 millions d'habitants, l'eurorégion Alpes-Méditerranée se positionne au cœur de l'AML. C'est un espace de coopération transfrontalière dont le développement économique s'appuie sur des métropoles portuaires, Marseille et Gênes, respectivement 4e et 14e ports de rang européen (en 2009). Cependant l'essor de ces grands ports de la façade méditerranéenne est fortement entravé par le faible poids démographique de leur arrière-pays, contrairement aux ports de la Northern Range.

• L'interface AML met en contact les pays riches d'Europe dont le PIB moyen annuel par habitant est supérieur à 20 000 euros et les pays du Sud en retard de développement. Cet espace est fortement **dynamisé par le secteur du tourisme** qui produit 15 à 20 % du PIB des territoires de l'Arc méditerranéen. Avec plus de 270 millions de touristes en 2007-2008, soit 30 % du tourisme mondial, l'**AML** demeure la **première destination touristique au monde**.

SAVOIR-FAIRE

Analyse de documents

L'étude de documents est une épreuve du Bac consistant à répondre à un sujet à partir d'un ou deux documents de nature diverse.
Le sujet est accompagné d'une consigne écrite pour vous guider et vous indiquer ce que l'on attend de vous.

• **Méthode**

– lire les documents et dégager la portée de chaque document ;
– comprendre ce que l'on vous demande de faire ;
– sélectionner les informations utiles à la formulation de la réponse ;
– rechercher, à partir de vos connaissances, quelques arguments et exemples pouvant compléter les informations fournies par le ou les documents ;
– organiser la réponse en deux ou trois grands thèmes. Chaque thème doit comporter deux, trois ou plusieurs paragraphes. Chaque paragraphe doit présenter une idée principale induite par le ou les documents, des arguments et des exemples tirés des documents et de vos connaissances.
– rédiger la réponse au sujet de la manière suivante : reprendre la problématique en une phrase introductive ; développer les thèmes choisis à partir des paragraphes ; conclure en une ou deux phrases.

Vous devez penser à présenter un travail équilibré et cohérent, répondant à la problématique sous-tendue par le sujet.

FAIRE

• Confronter deux documents de nature différente (un tableau et une carte).

__Document 2__ : **Activité des principaux ports maritimes européens (Mt)***

Rang européen		2000	2005	2006	2007
1	Rotterdam (Pays-Bas)	302,5	345,8	353,6	374,2
2	Anvers (Belgique)	116,0	145,8	151,7	145,8
3	Hambourg (Allemagne)	77,0	108,3	115,5	118,2
5	Le Havre (France)	63,9	70,8	70,0	78,9
7	Amsterdam (Pays-Bas)	42,0	47,1	56,8	62,5
11	Dunkerque (France)	44,3	48,5	50,4	50,2

* Poids brut de marchandises.

Source : Insee.fr.

1 Identifiez l'espace représenté sur la carte (document 1). Justifiez votre réponse.

2 Quelle est l'évolution du trafic maritime des ports de la façade du nord de l'Europe (documents 1 et 2) ?

3 Quelles remarques pouvez-vous faire sur la répartition spatiale des ports de la Northern Range (document 1) ?

10 La place de la France dans la mondialisation

SAVOIR

La France, un pays moyennement étendu et faiblement peuplé

• Avec 543 965 km², la superficie de la France métropolitaine, plus vaste État de l'UE mais seulement 46e au niveau mondial, présente des dimensions modestes. La France est 16 fois moins étendue que des États continents comme les États-Unis, le Canada ou la Chine. De forme grossièrement hexagonale, l'espace français occupe un isthme étroit entre l'Atlantique et la Méditerranée.

• Avec 61 millions d'habitants en 2009 (1 % de la population mondiale), la France métropolitaine se situe au 18e rang mondial et au 2e rang dans l'UE derrière l'Allemagne. Avec 113 habitants au km², la densité moyenne du peuplement est 2,3 fois supérieure à celle du peuplement mondial (49 hab./km²). Le taux d'urbanisation du territoire (77 %) est comparable à celui de l'Amérique du Nord et légèrement supérieur à la moyenne européenne (72 %).

La France, cinquième puissance économique mondiale

• La France se positionne au **5e rang des échanges mondiaux de biens et de services**. Le commerce de marchandises est surtout constitué de biens manufacturés. Avec 700 Mds € d'exportations et d'importations en 2004, la France se place derrière l'Allemagne, les États-Unis, la Chine, et le Japon.

• Les **échanges de services** se sont eux aussi développés : 88 Mds € en 2004, soit le quart des exportations mondiales de services. La France se place au 4e rang des pays exportateurs de services derrière les États-Unis, le Royaume-Uni et l'Allemagne, et au 5e rang des pays importateurs.

• Avec 997 Mds € investis à l'étranger en 2008, soit 7,8 % du stock mondial d'IDE (investissements directs à l'étranger), la France occupe la **3e place des pays investisseurs à l'étranger** derrière les États-Unis et le Royaume-Uni. Avec près de 685 Mds € d'IDE investis sur son territoire en 2008, la France se place au 5e rang des pays attirant les investissements mondiaux.

• Les groupes industriels français sont bien positionnés au plan mondial : on compte 47 entreprises françaises parmi les 1 000 premiers groupes mondiaux. Avec près de 1 000 milliards d'euros en 2008, la France occupe le 4e rang mondial pour le chiffre d'affaires réalisé par ses groupes industriels, derrière les États-Unis (5 051 Mds), le Japon (2 677 Mds), l'Allemagne (1 244 Mds).

La France, premier pays touristique du monde

• En 2008, la France a reçu **78 millions de touristes**, 60 millions la choisissant comme destination finale. Pour les autres, elle est une porte d'entrée qui leur permet de transiter vers d'autres territoires européens. La France est le pays le plus visité au monde, devant l'Espagne, les États-Unis, la Chine et l'Italie.

La France, une puissance culturelle

Le monde de la francophonie

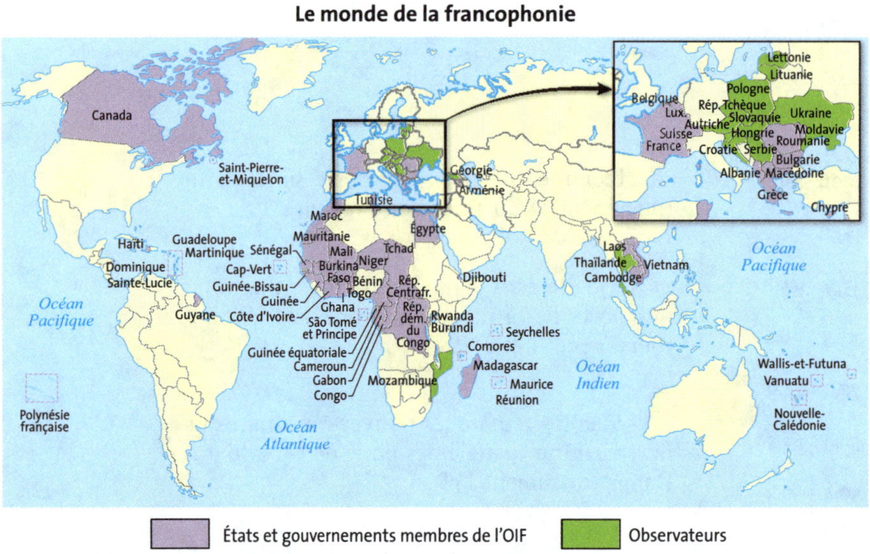

• Le français est la 9e langue la plus parlée dans le monde et la seule à être **présente sur les cinq continents**. On compte 200 millions de francophones dans le monde. L'**Organisation internationale de la francophonie (OIF)** regroupe 75 États et gouvernements, dont 32 ont le français comme langue officielle. En Europe, le français est la 2e langue maternelle la plus parlée (16 %), derrière l'allemand (23 %) et devant l'anglais (15 %). Le français est diffusé à travers le monde par la chaîne TV5 Monde, reçue par 207 millions de foyers dans 200 pays et territoires.

SAVOIR-FAIRE

Étudier un tableau statistique

• Qu'est-ce qu'un tableau statistique ?

Un tableau statistique présente des données qui permettent de recueillir une ou plusieurs informations sur un phénomène géographique. Ces données peuvent être d'ordre géographique, démographique, économique, politique, social... L'analyse du tableau permet d'entrevoir l'évolution du ou des phénomènes considérés.

• Méthode

Comprendre d'abord les caractéristiques générales du tableau :
– repérer le ou les phénomènes quantifiés par le tableau ;
– repérer les unités employées : valeur absolue, pourcentage (valeur relative), indice de référence (100 ou 1 000) ;
– repérer l'année de référence ou la période ;
– repérer s'il s'agit d'une situation ponctuelle ou d'une évolution.

Ensuite, **sélectionner** les informations fournies par le tableau :
– identifier celles qui permettent de comparer les séries de données : valeurs les plus fortes confrontées aux valeurs les plus faibles ;
– identifier celles qui permettent de comparer les grandes évolutions dans le temps ou dans l'espace.

Enfin, **commenter** les données :
– interpréter les évolutions ou les résultats observés ;
– dégager l'intérêt du phénomène abordé ;
– mettre en évidence les limites des données.

FAIRE

• Analysez un tableau statistique.

Investissements directs étrangers (IDE) en France (Mds €)

	2008 (r)		2009	
	Flux	**en %**	**Flux**	**en %**
Union européenne à 27	**31,2**	**73,4**	**33,0**	**76,9**
UEM* à 16, *dont* :	29,5	69,4	19,7	46,0
Allemagne	6,9	16,2	– 0,3	– 0,7
Belgique	3,4	8,0	5,5	12,8
Espagne	– 3,7	– 8,7	1,7	4,0
Irlande	3,0	7,1	0,5	1,2
Italie	– 3,0	– 7,1	2,5	5,8
Luxembourg	17,5	41,2	– 0,5	– 1,1
Pays-Bas	4,3	10,1	9,8	22,8
Autres pays de l'UE, *dont* :	1,7	4,0	13,3	30,9
Pologne	1,1	2,6	0,6	1,4
République tchèque	0,1	0,2	0,5	1,3
Roumanie	0,2	0,5	0,3	0,6
Royaume-Uni	– 0,9	– 2,1	10,3	24,0
Suède	0,4	0,9	0,5	1,1
Autres pays industrialisés, *dont* :	**10,1**	**23,8**	**3,4**	**7,9**
États-Unis	5,4	12,7	– 1,0	– 2,4
Japon	1,0	2,4	0,7	1,7
Suisse	2,2	5,2	2,6	6,2
Reste du monde, *dont* :	**1,2**	**2,8**	**6,5**	**15,2**
Brésil	0,2	0,5	– 0,1	– 0,3
Chine	– 0,1	– 0,2	0,1	0,3
Inde	0,0	0,0	0,0	0,0
Total	**42,5**	**100,0**	**42,9**	**100,0**

Source : Banque de France.

(r) : données révisées.
* Union économique et monétaire.
Le signe moins indique un désinvestissement.

1 Identifiez le phénomène quantifié et ses caractéristiques en vous aidant des remarques évoquées dans le Savoir-faire.

2 Sélectionnez les données en opposant quelques valeurs significatives. Confrontez les valeurs les plus hautes aux valeurs les plus faibles.

3 Dégagez les grandes tendances du tableau. Quelle interprétation pouvez-vous leur donner ?

Anglais

1 English in the press

SAVOIR

VOCABULARY

account for (v.) : expliquer
caption : légende
circulation : tirage
classified ads : petites annonces
daily, weekly, monthly : quotidien, hebdomadaire, mensuel
deal with (v.) : traiter de
editor : rédacteur en chef
issue : numéro ; problème
point out (v.) : signaler ; souligner
report (n.) : compte rendu ; reportage

Background

• **The British press**

More than one Briton out of two buys a daily paper, and it is quite common to have it delivered at your door by a newspaper boy or girl early in the morning. The British press can be roughly divided into tabloids (small size popular press) and broadsheet. Quality papers belong to the latter category, and the main ones are *The Guardian, The Independent, The Daily Telegraph, The Times*. Among the daily papers it is *The Sun* (a tabloid) which has the highest circulation (around 4,000,000). The Sunday press also has a very high rate of readers per copy.

• **The American press**

Most of the American press is regional although such papers as *The New York Times* or *The Washington Post* have a national edition. About 1,700 daily papers and 850 Sunday papers are issued either as tabloids or broadsheet. Magazines such as *Newsweek, Time* or *US News and World Report* deal with national and international issues and sell all over the country.

• **News online**: most papers now have websites and the online versions are bringing in more "readers". Their success is probably due to their availability at any time on mobile devices such as mobile phones. Moreover the digital editions can be updated in no time and they offer multimedia capabilities and links to other sources such as blogs.

• **Blogs** have gained a leading part in breaking and shaping news. Bloggers provide nearly-instant commentary on events. Their role becomes increasingly mainstream, and news services and/or candidates begin using them as tools for reaching-out and opinion forming. This raises the question of the reliability of such sources and the risks of manipulation through false information or rumours.

SAVOIR-FAIRE

L'article de presse est l'une des formes d'anglais écrit auxquelles vous pouvez le plus facilement avoir accès, soit en visitant les sites web des différentes publications anglo-saxonnes, soit en vous procurant journaux ou revues.

• *Étape 1 :* on repérera ce qui permet de **situer** l'article, l'organe de presse dont il est extrait, son auteur, sa date de parution. Pour se faire une première idée du sujet traité, on observera le **titre** (*headline*), le « **chapô** » (*heading, introductory paragraph*) qui se situe entre le titre et le début de l'article et en résume le contenu. On repérera, dans l'article même, les mots plusieurs fois repris, les noms propres, les données chiffrées.

• *Étape 2 :* un article part, habituellement, de **faits** (*facts*) pour présenter ensuite diverses **réactions** ou **opinions** et aboutir à une **conclusion** qui est souvent un **élargissement** de la problématique. On approfondira la compréhension par une lecture attentive permettant d'identifier les **lieux**, les **événements**, les **points de vue exprimés**, les **questions** posées.

L'extrait ci-dessous renvoie à l'un des grands enjeux du monde contemporain : les risques liés à l'accélération des avancées techniques qui, si elles sont mal maîtrisées, peuvent avoir des conséquences dramatiques à une échelle qui ignore les frontières.

The Meaning of the Mess

A blown oil well in the Gulf of Mexico creates an environmental catastrophe – but the accident could at last provide the impetus to craft an energy policy that is smart, pragmatic and green.

By Brian Walsh

The (Horizon) massive rig [...] was finishing up preparations to drill an oil well deep beneath the surface of the Gulf of Mexico, about 50 miles (80 km) south of the Louisiana coast. It was familiar, dangerous work, and the rig had been there before: less than a year earlier, it had drilled the deepest oil and gas well ever, more than 35,000 ft. (10,000 m) beneath water and rock. Late on the evening of April 20, however, something went terribly wrong. An explosion rocked the rig, igniting a massive fire. Eleven workers were killed in the inferno, and 17 more were injured. Within two days, while Coast Guard ships were still searching fruitlessly for survivors, the ruined Horizon sank, dragging its equipment and pipes to the bottom of the ocean, 5 000 ft. (1,500 m) below. Terrible as the loss of life and property were, they were just the beginning. [...] An oil slick formed on the surface and grew by the day, drifting inexorably toward the coast of Louisiana, home to vulnerable marshes and wetlands, and the most productive fishery in the lower 48 states.

More than two weeks after the accident, no easy way to close off the well has been found, and it has become clear that what started as an oil spill has become an uncontrolled gusher with economic, political and social consequences as far as the eye can see. The slick [...] threatens to kill wildlife and wreck the fishing industry along nearly 1,300 miles (2,100 km) of coastline. Scientists worry that ocean currents could carry the oil around the tip of Florida to the beaches of the East Coast. President Obama, not given to overstatement, called the scene unfolding in the Gulf a "massive and potentially unprecedented environmental disaster." The damage won't be measured just in environmental and economic costs; there could be political blowback for Obama. [...] Too often the US has let its energy policy be driven by the emotion of disasters, rather than by smart, long-term and realistic decisionmaking. [...] Energy policy, like so much else in the country, has been set to drift for too long. But the moment is there for the taking, a chance for something worthwhile to rise out of the muck still bubbling up from the floor of the Gulf of Mexico.

From *TIME*, May 17, 2010.

FAIRE

1 Lisez rapidement l'extrait et complétez le tableau.

paper/ magazine	*American press/ British press*	*date*	*author*	*main key words in headline and presentation*

2 Les paragraphes 1 et 2 relatent des faits. Dites si ces affirmations sont *true* or *false*.

a. A fire broke out on the rig followed by an explosion. ....
b. There were 28 casualties. ....
c. The rig sank on the evening of April 20. ....
d. The rig was about 50 miles south of the Florida coast. ....
e. The deepest oil and gas well so far had been 35,000 ft under water and rock. ....

3 Donnez les adverbes du texte qui correspondent aux définitions.

a. Without any chance of being stopped: ...
b. To no result: ....
c. In a possible way: ....
d. In an awful way: ....
e. Just about: ....

4 Mettez en relation les mots anglais et leurs équivalents français.

a. blowback	1. perte
b. impetus	2. blessé(e)
c. inferno	3. marée noire
d. injured	4. brasier
e. loss	5. qui vaut la peine
f. marshes	6. menacer
g. oil slick	7. impulsion
h. smart	8. retour de flamme
i. threaten	9. marais
j. worthwhile	10. sage/intelligent

5 Choisissez le sens à donner à chaque citation.

a. "Coast Guard ships were still searching fruitlessly for survivors" means:
   1. No survivor had been found by the Coast Guard ships so far.
   2. Survivors were taken care of aboard the Coast Guard ships.

b. "Terrible as the loss of life and property were, they were just the beginning" means:
   1. More people were to be killed or injured.
   2. The terrible loss of life and property won't be the only consequence of the accident.

c. "not given to overstatement" means:
   1. not inclined to exaggerate.
   2. prone to exaggerate.

d. "has been set to drift" means:
   1. has not been seriously dealt with.
   2. has been definitely settled.

e. "the moment is there for the taking" means:
   1. you can take your time.
   2. it's time to seize the opportunity.

6 Dans le dernier paragraphe le journaliste donne son point de vue. Répondez aux questions.

a. Is Brian Walsh's opinion about decision makers positive or negative? (justify)
b. Is Energy policy the only subject he considers not properly dealt with? (justify)
c. What paradoxical outcome does he expect? (justify)

Anglais

2 Le passif

SAVOIR

La voix passive permet à celui qui parle de porter un éclairage particulier sur l'action et de montrer qu'il s'intéresse prioritairement à son résultat.

La construction du passif

On emploie la voix passive quand on choisit de mettre en lumière – en position de sujet grammatical – celui (humain, animal ou objet) qui subit l'action. Il peut s'agir du bénéficiaire, de la victime ou du simple objet de l'action. La construction est caractérisée par la présence de ***be*** suivi du **participe passé** du verbe concerné.

Construction du passif :	Sujet (qui subit)	+	*be*	+	verbe (participe passé)

On trouve à la voix passive la même variété de temps, d'aspect, de modalité qu'à la voix active. Seul ***be*** peut prendre les marques de personnes, de forme, de temps, etc.
Le participe passé est invariable.

- **Présent simple**

Ex. : ***Nearly everything is done*** *automatically in this factory.*
Presque tout se fait automatiquement dans cette usine.

- **Simple past**

Ex. : ***Many houses were destroyed*** *by the earthquake.*
Beaucoup de maisons ont été détruites par le tremblement de terre.

- **Present perfect**

Ex. : ***New regulations*** *on downloading* ***have*** *just* ***been inforced****.*
De nouvelles règles concernant le téléchargement viennent d'entrer en vigueur.

- **Modal : *will***

Ex. : ***These letters won't be delivered****, the postmen are on strike.*
Ces lettres ne seront pas distribuées, les facteurs sont en grève.

- ***Be + -ing* au présent**

Ex. : ***Your request is being processed*** *(on an ATM – Automated Telling Machine – screen).*
Votre demande est en cours de traitement (sur un écran de distributeur automatique de billets).

Si l'on veut indiquer **qui** fait l'action, on utilise la préposition ***by*** pour introduire le complément d'agent
Ex. : *Dr D. Livingstone was found by H. M. Stanley*
Le docteur D. Livingstone a été retrouvé par H. M. Stanley.

Des constructions particulières

- Remarquez les constructions du type :

She is said to be lenient.	On dit qu'elle est indulgente.
He is thought to have left home.	On pense qu'il a quitté la maison.
If scientists are to be believed.	S'il faut en croire les scientifiques.

Dans ces exemples, on s'intéresse prioritairement à ce qui est répandu dans l'opinion et non pas à ceux qui disent, pensent ou croient. Ce sont les verbes exprimant l'opinion qui sont construits à la voix passive suivie de ***to*** et d'un infinitif présent ou parfait. Ces constructions n'ont pas d'équivalents français au passif, elles correspondent généralement à des tournures actives impersonnelles avec « on ».

- On trouve ainsi :

is believed to	on croit que
is expected to	on s'attend à ce que
is forecast to	on prévoit que
is reckoned to	on compte que
is rumoured to	selon la rumeur publique
is said to	on dit que
is thought to	on pense que

SAVOIR-FAIRE

La voix passive est beaucoup plus fréquente en anglais qu'en français.

Ex. : *My wallet has been stolen!* On m'a volé mon portefeuille !
They shouldn't be sent home. On ne devrait pas les renvoyer chez eux.

Entraînez-vous au passage d'une voix à l'autre. Dans les phrases suivantes, les sujets sont inconnus ou l'on ne s'y intéresse pas. Reformulez ces phrases à la voix passive.

a. No one has understood this lesson properly. → This lesson hasn't been understood properly.
b. Has anyone checked the tyres? → Have the tyres been checked?
c. They arrested her for shoplifting last week. → She was arrested for shoplifting last week.
d. They are examining your case. → Your case ……
e. They can't stop him. He's raving mad. → He ……
f. They won't sign the documents for the house sale. → The documents ……
g. Where will they send you next year? → …… ?

Solutions :

d. is being examined.
e. can't be stopped.
f. for the house sale won't be signed.
g. Where will you be sent next year?

Anglais

FAIRE

1 Complétez avec une forme passive appropriée du verbe proposé.

a. These cameras (*make*) ...... in Japan.
b. Saint Paul's Cathedral (*build*) ...... around 1700.
c. The new stadium (*finish*) ...... next year.
d. I found that all my money (*steal*) ....
e. The park benches (*just paint*) ....
f. This work can (*do*) ...... easily.

2 Transformez ces phrases en donnant un éclairage nécessitant le passif.

a. People think the government is wrong.
b. People say Harry is somewhere in Australia.
c. Everybody considered her a genius.
d. Some people thought she was crazy.
e. Everybody thinks highly of James's paintings.

3 Dites-le en anglais.

a. On s'attend à ce que M. Bevin soit nommé Secrétaire d'État.
b. On dit qu'Hawaï est une île de rêve.
c. On pensait que les explorateurs s'étaient perdus dans le désert.
d. On sait que Mary fut victime de l'ambition de ses parents.
e. On dit qu'ils sont millionnaires, je ne le crois pas.
f. On s'attend à ce que le président fasse une déclaration avant l'ouverture de la session.
g. On dit que ce ministre est le plus populaire de tous.
h. S'il faut se fier au baromètre, nous allons avoir une tempête !

3 English on the stage

SAVOIR

VOCABULARY

act (v.) : jouer / act (n.) : acte
applause : applaudissement
clap one's hands (v.) : applaudir
audience : public (n.)
character : personnage
curtain : rideau
director : metteur en scène
line : réplique
part : rôle
performance : représentation
play (n.) : pièce
playwright : auteur dramatique
plot : intrigue
stage : scène (le lieu)

Background

- **Arthur Miller**

Born in New York City in 1915, Miller was the son of a coat manufacturer who was ruined by the Great Depression of the 1930s. He was a student at the University of Michigan when he won awards for his comedy *The Grass Still Grows*. His plays such as *All My Sons* (1947), *Death of a Salesman* (1949), *The Crucible* (1953), *A View From the Bridge* (1955), *After the Fall* (1964), *Incident At Vichy* (1964) or *The Ride Down Mount Morgan* (1991) continue to be widely produced. Most of them have been adapted for the screen. Other works include a novel, *Focus*, short stories, television dramas and a screenplay, *The Misfits*, written for his second wife, American film star Marilyn Monroe. His works are simply and colloquially written and show his compassion for those who are vulnerable.

- ***Death of a Salesman*** *(Mort d'un commis voyageur)* : The play was first performed in 1949. It tells the tragic story of Willy Loman, a salesman betrayed by his own values and those of American society. Miller defined his aim as being "to set forth what happens when a man does not have a grip on the forces of life".

SAVOIR-FAIRE

Une pièce de théâtre est, bien entendu, écrite pour être jouée sur scène. Pour une lecture fructueuse du texte, il faut être attentif au « ton » des répliques, à ce qu'elles révèlent de la situation des personnages, de leurs sentiments (*feelings*) et des relations (*relationships*) qui se nouent et se dénouent entre eux au fil de l'intrigue. Les indications scéniques de l'auteur doivent également retenir votre attention.

La pièce dont la scène ci-dessous est extraite touche au mythe de *l'American Dream*. Willy Loman s'accroche au mythe du succès par la popularité (*being well-liked*) alors que sa vie est marquée par l'échec : le sien et celui de son fils, Biff, qu'il voyait en héros et qui, refusant les illusions paternelles, se cherche d'autres repères.

Biff: Why didn't you ever write me about this, Mom?
Linda: How would I write to you? For over three months you had no address.
Biff: I was on the move. But you know I thought of you all the time. You know that, don't you, pal?
Linda: I know, dear, I know. But he likes to have a letter. Just to know that there's still a possibility for better things.
Biff: He's not like this all the time, is he?
Linda: It's when you come home he's always the worst.
Biff: When I come home?
Linda: When you write you're coming, he's all smiles, and talks about the future, and – he's just wonderful. And then the closer you seem to come, the more shaky he gets, and then, by the time you get here, he's arguing, and he seems angry at you. I think it's just that maybe he can't bring himself to – to open up to you. Why are you so hateful to each other? Why is that?
Biff (*evasively*): I'm not hateful, Mom.
Linda: But you no sooner come in the door than you're fighting!
Biff: I don't know why, I mean to change. I'm tryin', Mom; you understand?
Linda: Are you home to stay now?
Biff: I don't know. I want to look around, see what's doin'.
Linda: Biff, you can't look around all your life, can you?
Biff: I just can't take hold, Mom. I can't take hold of some kind of a life.
Linda: Biff, a man is not a bird, to come and go with the springtime.
Biff: Your hair... *(He touches her hair.)* Your hair got so grey.
Linda: Oh it's been grey since you were in high school. I just stopped dyeing it, that's all.
Biff: Dye it again, will ya? I don't want my pal looking old. *(He smiles.)*
Linda: You're such a boy! You think you can go away for a year and... You've got to get it into your head now that one day you'll knock on this door and there'll be strange people here.
Biff: What are you talking about? You're not even sixty, Mom.
Linda: But what about your father?
Biff: (*lamely*[1]) Well, I meant him too.

1. *lamely* : faiblement.

Arthur MILLER, *Death of a Salesman*, 1949, © Penguin Books Ltd

FAIRE

1 Lisez l'extrait, consultez les informations complémentaires et répondez aux questions suivantes.

a. Is *Death of a Salesman* Arthur Miller's first play?

b. When was the play performed for the first time?

c. Do you think this is the opening scene? Justify.

d. How many characters are there on stage in this scene?

e. Where are they? How do you know?

f. What is their relationship? How do you know?

g. A character is mentioned in several lines but does not appear in the scene, who do you think that character is? What can help you make sure?

2 Examinez attentivement les répliques.

a. Relevez les tournures et expressions typiques du "*spoken English*".

b. Notez les noms utilisées par Biff envers Linda.

c. Notez ceux que Linda emploie envers Biff.

3 Cochez les réponses vous paraissant adaptées.

a. Which adjectives could apply to Linda's tone?

❑ 1. cheerful	❑ 8. resentful
❑ 2. worried	❑ 9. aggressive
❑ 3. affectionate	❑ 10. sharp
❑ 4. impatient	❑ 11. sad
❑ 5. angry	❑ 12. reproachful
❑ 6. relieved	❑ 13. disappointed
❑ 7. kind	❑ 14. responsible

b. Cochez les réponses qui vous paraissent inadaptées. Which feelings towards Linda do you think Biff expresses in this passage?

❑ 1. love	❑ 6. jealousy
❑ 2. pity	❑ 7. tenderness
❑ 3. frustration	❑ 8. hate
❑ 4. admiration	❑ 9. indifference
❑ 5. sadness	❑ 10. boredom

4 Choisissez l'interprétation la plus adaptée aux répliques proposées.

a. "I was on the move."

1. He means he was working in movie-making.
2. He means he was travelling around.
3. He means he was working for a removal firm.

b. "He's not like this all the time, is he?"

1. He means he finds his father is better.
2. He means he envies his father.
3. He means his father's attitude worries him.

c. "I just can't take hold…"

1. He means he can't get settled.
2. He means he can't make money.
3. He means he can't go on like that.

d. "… there'll be strange people here."

1. She means they'll have moved.
2. She means they are expecting new people.
3. She means they'll have died.

e. "You're not even sixty, …"

1. He means she is still quite young.
2. He means he thought she was older.
3. He means she looks older.

5 Relisez la dernière réplique de Biff et répondez aux questions.

a. Do you think Biff is telling the truth?

b. What can help you to decide?

c. What other lines in the passage show Biff feels rather uneasy about his father?

4 Les « tags » L'emploi de *for* et *since*

SAVOIR

Les tags

• Les « tags » sont des reprises **interrogatives** de fin de phrase comportant un pronom sujet et un **opérateur** : ***be***, ***have***, ***do / does / did*** ou un **modal** en écho à l'énoncé de départ. C'est **le même opérateur** qui apparaît dans l'énoncé de départ et dans le « tag ».
Celui qui parle demande à son interlocuteur de confirmer ce qu'il vient de dire.

A RETENIR

L'intonation du tag varie.

Si on pose vraiment la question : **intonation montante**
The play starts at eight, doesn't it? ↗

Si on sollicite simplement un accord : **intonation descendante**
It's a nice play, isn't it? ↘

énoncé **positif**	→	*« tag » interro-négatif*
énoncé **négatif**	→	*« tag » interrogatif*

Ex : *You were at the theatre last night,* ***weren't you?***
Tu étais bien au théâtre, hier soir ?
Al Pacino plays Richard III, ***doesn't he?***
Al Pacino joue Richard III, non ?
They can't stay after the performance, ***can they?***
Ils ne peuvent pas rester après la représentation, n'est-ce pas ?

• Quand le sujet de l'énoncé est ***nobody***, ***somebody*** ou ***everybody*** (ou ***no one***, etc.), on utilise ***they*** dans le *tag*.

Ex. : *Nobody phoned,* ***did they?*** — Personne n'a téléphoné, si ?

• Quand le sujet de l'énoncé est ***nothing***, on utilise ***it*** dans le *tag*.

Ex. : *Nothing bad can happen,* ***can it?*** — Rien de mal ne peut arriver, n'est-ce pas ?

• Un énoncé à l'impératif est repris par un *tag* avec ***will*** ou ***won't*** :

Ex. : *Lend me your pen,* ***will you?*** — Prête-moi ton stylo, s'il te plaît.
Have some more tea, ***won't you?*** — Reprenez du thé, je vous en prie.
Don't forget to book the seats, ***will you?*** — N'oublie pas de réserver les places, d'accord ?

• Un énoncé avec ***Let's*** est repris par un *tag* avec ***shall*** :
Ex. : *Let's go,* ***shall we?*** — Allons-y, d'accord ?

For / since

• ***For***

La préposition *for* est associée à l'idée de **durée** (mesurable en unités de temps).

Ex. : *They haven't performed this play* ***for*** *years.* — Ils n'ont pas joué cette pièce depuis des années.
It has been on ***for*** *5 months.* — Elle est à l'affiche depuis 5 mois.
Cela fait 5 mois qu'elle est à l'affiche.

• ***Since***

Since, préposition ou conjonction, est associé au **point de départ** dans le temps.

Ex. : *I have known David* ***since*** *the 1970s.*
Je connais David depuis les années 1970.
I have known David ***since*** *university.*
Je connais David depuis l'université.

Remarque : attention à ne pas vous laisser « piéger » par l'équivalent français (depuis).

• On utilise *for* et *since* en réponse à une question avec ***How long***...

Ex. : *How long have you played this part?*
Depuis combien de temps joues-tu ce rôle ?
I've played this part ***for*** *nearly one month,* ***since*** *the opening night.*
Je joue ce rôle depuis près d'un mois, depuis le soir de la première.

SAVOIR-FAIRE

Les « tags »

Voici les répliques de l'extrait p. 192 comportant des « tags ».

a. "You know that, don't you, pal*?"
b. "He's not like this all the time, is he?"
c. "Biff, you can't look around all your life, can you?"
d. "Dye it again, will ya?"

Comment pouvez-vous justifier la construction des « tags » ?

Solutions :

L'énoncé a. est affirmatif au présent simple ; on utilise donc une interro-négation avec *do* ; le sujet de l'énoncé, qui est un pronom, est repris tel quel. L'énoncé b. est négatif et comporte l'auxiliaire *is*, qui est repris dans le « tag » interrogatif, de même que le pronom sujet : *he*.

Même mode de fonctionnement pour l'énoncé c..

* petit mot affectueux.

L'énoncé d. est à l'impératif : il nécessite l'utilisation de *will you* (prononcé *will ya*).

For/since

Les répliques comportant *for* et *since* dans l'extrait de la page 192 sont :

a. "For over three months you had no address."
b. "Oh, it's been grey since you were in high school."
c. "You think you can go away for a year..."

Comment justifiez-vous l'emploi de *for* ou de *since* ?

Solutions :

a. et c. : *over three months* et *a year* sont des expressions de durée, donc on utilise *for*.

b. *you were in high school* est une proposition qui marque le début des « cheveux gris », donc on utilise la conjonction *since*.

FAIRE

1 Mettez en relation les énoncés et les « tags » qui leur correspondent.

a. You aren't quite yourself tonight, ...
b. Nothing else matters, ...
c. Don't speak too fast, ...
d. You wouldn't like to play the shrew, ...
e. The play was first performed on Broadway, ...
f. Nobody could have imagined such a flop, ...

1. could they?
2. would you?
3. are you?
4. wasn't it?
5. does it?
6. will you?

2 Quel est le « tag » approprié ?

a. He's a great director, ...
b. They've been really good in the first act, ...
c. Somebody's forgotten their coat, ...
d. Let's start again, ...
e. Nobody likes this set, ...
f. Everyone can come to the rehearsal, ...

3 Traduisez en anglais.

a. Il n'écoutait pas vraiment, si ?
b. Je devrais écrire pour les remercier, non ?
c. Tu ne lui as rien dit, n'est-ce pas ?
d. Tout le monde a vu *Mort d'un commis voyageur*, non ?
e. Allons voir la pièce, voulez-vous ?

4 Reformulez les situations suivantes en construisant des phrases avec *for* et *since*.

a. Edward became a dentist last year.
He started working in March.

b. Sarah lives in Singapore. She moved there two years ago.

5 Traduisez en anglais.

a. Nous répétons depuis des heures, depuis midi.

b. Depuis combien de temps faites-vous la queue ? – Depuis trois quarts d'heure.

c. La salle a applaudi pendant de longues minutes.

5 English in adverts

SAVOIR

VOCABULARY

advertise : faire de la publicité
advertisement/advert/ ad : une publicité
advertising : la publicité
agency : agence
aim (v.) : viser à
aim (n.) : but
appeal to : faire appel à ; plaire à
attractive : séduisant
brand (n.) : marque
campaign : campagne (publicitaire)
catchy : accrocheur
efficient : efficace
influence (v.) : influencer
manipulate (v.) : manipuler
poster : affiche
praise (v.) : vanter
product : produit
slogan : slogan
target : cible

Background

• Adverts are everywhere in our everyday life. They are a major feature in our "cityscapes", you see huge posters on hoardings, ads on buses and taxis, on bus-shelters and in the underground. You find ad pages in your newspaper and magazines, not to speak of the commercials on the screen of your computer or TV set.

• An advert usually combines a visual element – photo, drawing, video – and a more or less extended text. The text includes a **catching**, a **slogan**, a few lines for information, the name of the **product**, the **brand** or **organisation** which launched the advertising campaign.

• The visual impact of an advert mainly relies on the use of **famous people or places**, **symbolical images**, historical/ cultural **references**, attractive or repulsive pictures.
The slogan mostly derives its strength and efficiency from **rhythm** – alliteration, assonance, repetition – **contrast**, **play on words** or **allusion** to well-known phrases.

SAVOIR-FAIRE

Pour décrire et commenter une publicité, tous les éléments doivent être pris en compte, d'abord ***at first sight*** (au premier coup d'œil), puis dans une démarche plus approfondie, ***let's go further*** (regardons plus en détail). On s'interrogera sur la cible visée et le but poursuivi.

La publicité proposée ici joue sur les « nouveaux héros » de la société moderne et les liens entre les peuples et les pays du monde dans une action d'échange à l'échelle planétaire.

FAIRE

1 **Parcourez la publicité du regard et faites les activités ci-dessous.**

a. What part of the ad does the photo take up?

b. What can you see in the photo? Describe its layout.

c. What is the focal point?

d. What does its shape evoke?

e. Who are the two men?

f. Tick the five best possible answers:

The photo has been chosen because…

- ❑ they are handsome
- ❑ they are famous
- ❑ people like them
- ❑ they are young
- ❑ they have a good job
- ❑ people envy them
- ❑ they are champions
- ❑ they symbolize success
- ❑ they make a lot of money
- ❑ they come from underprivileged classes

g. What could you expect the advert to be for? (Give four propositions at least.)

2 **Lisez le texte en lettres capitales et répondez aux questions.**

a. How are the lines placed?

b. Which words stand out most in the first two lines?

c. And in the last two lines?

3 **Relisez les deux phrases en lettres capitales et faites les activités ci-dessous.**

a. Did you expect "poverty" to be connected with the two men? Why or why not?

b. How could you qualify the echo between the first word and the last two words?

c. Which words stress the opposition rich / poor?

d. The verb "affect" can mean:

1. have effect on/consequences for
2. move/give emotion

Which meaning do you think it has here?
Tick your answer and justify.

❑ 1. ❑ 2. ❑ both

4 **Approfondissez l'analyse de cette publicité en répondant aux questions suivantes.**

a. Is the first paragraph a real question or a statement in disguise? Explain your point of view.

b. What does the word "Teams" (to End Poverty) make you think of?

c. What does UNDP stand for?

d. What does paragraph 3 mean:

1. The Internet is a great thing?
2. It is up to you to make things change?
3. The end of the world is close?

e. What is the slogan?

f. Its impact is based upon (rank the propositions 1, 2, 3) :

1. aliterations/sound
2. paradoxical meaning
3. balance

g. Could you make up another one?

5 **Vous voulez vous impliquer.**

Write an e-mail to say you would like to get involved in the programme and offer your participation.

6 **Lisez tout le texte de la publicité puis dites si les propositions suivantes sont vraies ou fausses.**

	True	False
a. About 25% of the world population live in absolute poverty.	❑	❑
b. Thanks to our technology, wealth and knowledge, we could get rid of poverty in less than 25 years.	❑	❑
c. Ronaldo and Zidane are supporting sports teams in Kosovo and Albania.	❑	❑
d. Access to education is a major issue in fighting against poverty.	❑	❑
e. "Teams to End Poverty" is only concerned with children.	❑	❑
f. UNDP is located in New York City.	❑	❑
g. You can contact UNDP via the Internet.	❑	❑

6 Comparatifs et superlatifs

SAVOIR

Pour des raisons évidentes, l'emploi de comparatifs et de superlatifs est très fréquent dans les messages publicitaires, qu'ils soient commerciaux ou qu'ils promeuvent des causes publiques ou humanitaires. Les règles de construction ci-dessous s'appliquent aussi bien aux adjectifs qu'aux adverbes.

Comparatifs

À RETENIR

Comparatifs et superlatifs irréguliers

bad/worse/the worst
far/farther/the farthest
good/better/the best

Changements orthographiques quand on ajoute une terminaison :
big – bigger
nice – nicer
busy – busier

- **Comparatifs d'égalité**

  as + adjectif + *as*, pour tous les adjectifs

  Ex. : *Dan is **as good as** gold.* — Dan est sage comme une image. (littéralement : aussi bon que l'or)

- **Comparatifs d'infériorité**

  less + adjectif + *than*, pour tous les adjectifs

  Ex. : *It is **less difficult than** last time.* — C'est moins difficile que la dernière fois.

- **Comparatifs de supériorité**

  adjectif + *-er* + *than*, pour les adjectifs d'une syllabe

  Ex. : *She is old**er than** her husband.* — Elle est plus âgée que son mari.

  more + adjectif + *than*, pour les adjectifs de plus d'une syllabe

  Ex. : *That flood is **more disastrous than** the last one.*
  Cette inondation est plus désastreuse que la dernière.

Remarque : certains adjectifs de plus d'une syllabe sont considérés comme courts, notamment ceux de deux syllabes terminés en *-y : happy, busy, pretty, silly...*

Superlatifs

- **Superlatifs d'infériorité**

  the least + adjectif, pour tous les adjectifs

  Ex. : *It is the **least questionable** claim.* — C'est la demande la moins contestable.

- **Superlatifs de supériorité**

  the + adjectif + *-est*, pour les adjectifs courts

  Ex. : *It is **the** highest level.* — C'est le niveau le plus haut.

  the most + adjectif, pour les adjectifs longs

  Ex. : *That flood is **the most disastrous** ever.* — Cette inondation est la plus désastreuse de toutes.

- On utilise le **comparatif**, et non le superlatif, quand il n'y a que **deux éléments**.

  Ex. : *Peter is **the taller** of the two brothers.* — Le plus grand (des deux)
  *Peter is **the tallest** in the family.* — Le plus grand (de tous, au moins trois)

Double comparatif

Le double comparatif marque une évolution et correspond à « de moins en moins... », « de plus en plus... ». En anglais, on utilise **deux fois la marque du comparatif avec *and*.**

Ex. : *It's getting **easier and easier.*** — ... de plus en plus facile.
*It's getting **more and more boring.*** — ... de plus en plus ennuyeux.
*It's getting **less and less exciting.*** — ... de moins en moins passionnant.

Accroissement parallèle

Il indique le même accroissement dans plusieurs domaines. Il s'agit de constructions du type : « plus... plus », « moins... moins ». En anglais, on répète ***the* + adjectif au comparatif.**

Ex. : ***The** less you train **the more difficult** it gets.* — Moins vous vous entraînez, plus ça devient difficile.
***The** more I see you, **the** more I love you.* — Plus je te vois, plus je t'aime.
***The** sooner **the** better.* — Le plus tôt sera le mieux. (Notez l'absence de verbe.)

SAVOIR-FAIRE

Il convient surtout d'être attentif à la longueur de l'adjectif pour les comparatifs et superlatifs de supériorité.
Entraînez-vous en mettant les adjectifs de ce texte au superlatif.
Barcelona is not one of (*beautiful*) ...... cities in the world: it is (*busy*) ...... and (*noisy*) ...... moneymaking city. All the same, on a warm spring morning, there are some fine places to spend a quiet hour or two. The Rambles, a tree-lined avenue as broad and beautiful as any Paris boulevard, is magical at that time of day, (*colourful*) ...... symphony of flowers and sunlight and people.

Adapted from *A Spray of Heather*, (1989), by Jake Allsop.

Solutions : one of the most beautiful / the busiest / noisiest / the most colourful.

FAIRE

1 Complétez ce passage sur le festival de Cannes en choisissant parmi les adjectifs proposés et en les mettant au superlatif :

big – glamorous – silly – solemn – tiny.

Cannes is one of ...... film festivals in the world. In the early years, many of ...... stars would cruise along the Croisette in convertibles, waving to the crowds and stopping to sign autographs. Young stars-to-be reclined on the sand in ...... bikinis you had ever seen. This great festival is at once ...... and ...... of places.

2 Traduisez.

a. Ce n'est pas aussi loin que je croyais.

b. Je crois que ces cartouches d'encre sont meilleures que celles que nous achetons d'habitude.

c. C'est l'endroit le plus lugubre (*gloomy*) de la terre !

d. Ne vous sentez-vous pas mieux ainsi ?

e. Vos problèmes sont-ils pires que les nôtres ?

f. Il a plus de chance que moi.

3 Consultez ce tableau et posez, en anglais, au moins huit questions du type : qui est la plus âgée ? Qui s'entraîne le plus longtemps ?

	Tara Lipinsky	**Michelle Kwan**
Age	14 years old	16 years old
Height	4 feet 8 inches	5 feet 2 inches
Weight	75 pounds	100 pounds
Key win	1997 U.S. champion	1996 U.S. champion
Training time	Four 45-minute sessions daily	Three 45-minute sessions daily
Music for long programme	"Sense and Sensibility" and "Much Ado About Nothing"	"Taj Mahal" by Fikret Amirov

4 Dites-le en anglais.

a. Plus tu attends, plus ce sera difficile.

b. Nous recevons des informations[1] de plus en plus précises.

c. La région devient de moins en moins sûre.

d. Plus j'y pense, plus j'ai peur.

e. Plus nous approchons de l'heure de la cérémonie, plus les enfants sont agités.

f. Il y a de moins en moins de visiteurs.

g. Quel est le plus grand monument, le musée ou le palais ?

1. Attention : « information » est toujours singulier en anglais.

7 English on a screen or in a guidebook

SAVOIR

VOCABULARY

accommodation : hébergement
be located : être situé
location : situation
book (v.) : réserver
campsite : terrain de camping
exhibit (v.) : exposer
exhibition : exposition
fee : tarif, prix à payer
go sightseeing : visiter la ville/la région/faire du tourisme
regulations : règlement
schedule : horaire

Background

Electronic mass media have collapsed space and time barriers in human communication. So that, if you want to know about almost any place in the world, or if you are preparing a visit, you can easily get informed thanks to the Internet. The information you could, so far, find in guidebooks is now available on screen with a couple of clicks. A large amount of the data about any point of interest is available in English.

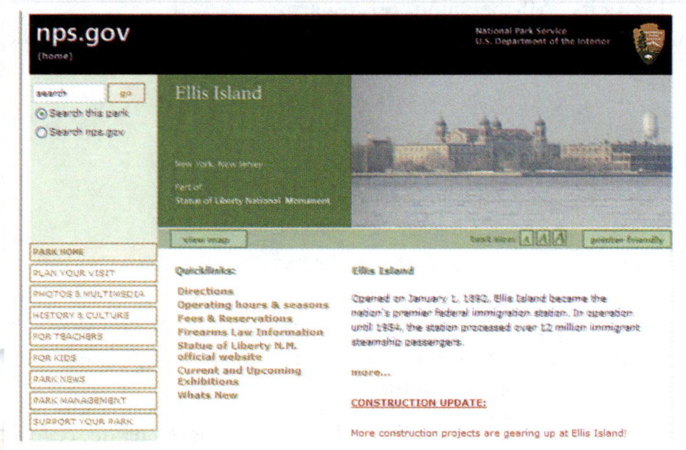

SAVOIR-FAIRE

Sur les sites ou dans les guides touristiques, on trouve aussi bien des renseignements concernant les heures d'ouverture des monuments que des éléments historiques ou culturels. Il faut donc s'entraîner à repérer rapidement le plan des sites et les menus sur les écrans ainsi que les informations pratiques (encadrés, horaires...) et les données culturelles sur le papier.

Par le choix du lieu, le document ci-dessous touche au mythe du rêve américain. Il renvoie également à l'immigration aux USA et donc à la problématique des frontières dans un espace mondialisé.

Ellis Island Visitor Services

Location
Ellis Island is located in New York Harbor.

General information
Call (212) 363-7620, or write the Statue of Liberty National Monument and Ellis Island, Liberty Island, New York, NY 10004.

Hours
Ellis Island is open daily year-round from 9:30 a.m. to 5 p.m., with extended hours during summer. It is closed December 25.

Entrance fee
There is no admission charge to Ellis Island; donations are gratefully accepted.

Tours
An audio tour with Tom Brokaw through the Ellis Island Immigration Museum retraces the immigrants' first steps through this gateway to the New World. It is available at the museum in English, French, German, Italian, and Spanish. Public tours are periodically conducted by rangers.

Dining
The Ellis Island Café serves a menu of tasty American and ethnic food. It has indoor seating, plus an outdoor deck with seating overlooking the Statue of Liberty, the American Immigrant Wall of Honor, and lower Manhattan.

Gift shop
Books about immigration and the immigration experience are available at the gift shop, as are a videotape of the movie shown in the museum theater, international gifts, and souvenirs. All items are available by mail order.

Medical
If you need first aid, contact a ranger at the information desk or any uniformed personnel. The nearest hospital is in New Jersey, about 30 minutes from the island.

Museum
The gemstone and focal point of Ellis Island is the 100,000-square-foot **Ellis Island Immigration Museum** housed in the island's main building. The museum's exhibit space is devoted to the history of Ellis Island and the story of immigration to America from the arrival of the first immigrants to the present day.

Park regulations
The following regulations are intended to enhance your enjoyment of Ellis Island. These guide lines protect the monument and you, the visitor.

At Your Fingertips

Park information	(212) 363-3200 www.ellisisland.com
Emergencies	(212) 363-3260
Ferryboat information	(212) 269-5755
Lost and found	(212) 363-3200
Dining, gifts, and audio tours	(212) 344-0996

- No eating, drinking, smoking, or chewing gum is allowed inside the museum or exhibit areas. Please keep food within the food service areas.
- Camping is not permitted on the island.
- Students must be chaperoned at all times with one teacher or adult for each group of 10.
- There is no vehicle access to Ellis Island.
- A permit must be obtained for commercial photography at Ellis Island.
- No pets are allowed, but Seeing Eye and hearing dogs are permitted.
- Please do not deface, damage, or remove any park features.

Visitor facilities
Rest rooms, public telephones, one ATM, and other facilities are available.

Special services
All facilities, including elevators and rest rooms, are accessible to visitors with disabilities. Be careful on slippery walkways in inclement weather.

Transportation
Statue of Liberty and Ellis Island Ferry: Boats leave from Battery Park, Manhattan, and from Liberty State Park, New Jersey. They run about every 30 to 45 minutes beginning at 9:15 a.m. (ferry schedules subject to change).
Hours: May vary; call the number bellow. **Closed**: December 25.
Ferry fees (includes Liberty and Ellis Islands): Adult, $7; senior citizens, $6; children (ages 3 to 17), $3. (Group rates are available for 25 or more adults.)

FAIRE

1 **Parcourez le texte du regard et faites l'exercice suivant.**

	True	False
a. You are not allowed to camp on the Island.	❑	❑
b. You can get to Liberty and Ellis Islands for less than $10.	❑	❑
c. Access to Ellis Island is possible every day except Christmas Day and New Year's Day.	❑	❑
d. Visitors can take their pets with them on the Island.	❑	❑
e. You won't have to pay anything to get onto the Island.	❑	❑
f. You can get audio tours in six languages.	❑	❑
g. You can get a ferry to Ellis Island from New Jersey.	❑	❑
h. Opening and closing hours are the same all year round.	❑	❑
i. You can order gifts from the gift shop from home.	❑	❑

2 **Lisez rapidement le texte pour répondre aux questions.**

a. Where is Ellis Island located?

b. Where can you get food and drinks on the Island?

c. Can you visit the Island by car or on a motorcycle?

d. Can disabled people use the elevators?

e. How large must a group be to benefit from a special rate?

3 **Parcourez le texte pour retrouver les équivalents anglais des mots suivants.**

a. prix d'entrée (2 équivalents) : ....

b. bureau de renseignements : ....

c. quotidiennement : ....

d. disponible : ....

e. premiers pas : ....

f. le plus proche : ....

g. avec reconnaissance : ....

h. donnant sur : ....

i. articles : ....

j. joyau : ....

k. mètre carré : ....

l. principal : ....

m. consacré à : ....

n. chien d'aveugle : ....

o. accompagné : ....

4 **Répondez aux questions suivantes.**

a. Why is Ellis Island called "the gateway to the New World"?

b. What do you think "the American Immigrant Wall of Honor" is?

c. More than 12 million people passed through Ellis Island between 1892 and 1954. Which parts of the world did they mostly come from?

d. Can you give some of the reasons which incited them to emigrate?

e. Do you have an idea of what the Peak Immigration Years in the USA were?

f. Can you explain why?

g. Immigrants inspected on Ellis Island could see the Statue of Liberty on the island close by. Do you know where the statue was constructed?

h. Do you know who by?

i. Do you know when it was unveiled?

j. What event was then commemorated?

5 **These people are immigrants who became famous in the USA.**

What was their field of activity?

a. Frank Capra: ....

b. Claudette Colbert: ....

c. Alfred Hitchcock: ....

d. Elia Kazan: ....

e. Lee Strasberg: ....

f. Khalil Gibran: ....

8 Les modaux

SAVOIR

Types de modalité

Il existe deux types de modalités.

• **Type 1, le point de vue de celui qui parle est centré sur le sujet grammatical : a-t-il la capacité, la possibilité, l'autorisation, l'obligation… de faire quelque chose ?**

Ex. : *Her daughter is only five and she* ***can*** *read and write!*
Sa fille n'a que cinq ans et elle sait lire et écrire !
You ***may*** *go now.*
Vous pouvez partir à présent. (Façon polie et formelle de congédier quelqu'un.)

• **Type 2, le point de vue de celui qui parle est centré sur la réalisation du lien sujet grammatical/ verbe qui suit : la réalisation de ce lien est-elle possible, probable, inévitable… ?**

Ex. : *She* ***can't*** *be wrong.*
Il n'est pas possible qu'elle se trompe/ait tort.
They ***might*** *change their minds.*
Il se pourrait qu'ils/elles changent d'avis. (Ils/Elles pourraient changer d'avis.)

Les différents types de modalité avec *must*

• **Type 1, obligation / interdiction**

Avec *must* et *mustn't*, celui qui parle indique ce qui, à ses yeux, est une obligation ou une interdiction pour le **sujet grammatical**. Cela n'est possible qu'au **présent**.

Ex. : *You* ***must*** *be on time for the performance.*
Il faut que tu sois à l'heure pour la représentation. (Tu dois être à l'heure.)
You ***mustn't*** *be late for the performance.*
Il ne faut pas que tu sois en retard... (Tu ne dois pas être en retard.)

Notez bien qu'avec *must* il y a toujours une idée d'**obligation** :
– obligation de faire : *I* ***must*** *go*. Je dois partir.
– obligation de ne pas faire : *He* ***mustn't*** *go*. Il ne doit pas partir.
(Littéralement : il doit ne pas partir, il doit rester.)
Attention ! Pour nier l'obligation, la faire disparaître, on emploie *don't have to.*
He ***doesn't have*** *to go*. Il n'est pas obligé de partir.
On a recours à *have to* quand il n'est pas possible d'utiliser *must* pour exprimer l'obligation (voir pages précédentes).
Bien entendu, on utilise *have to* au passé (*must* n'existe qu'au présent).
I was too tired, I ***had*** *to stop*. J'étais trop fatigué, j'ai dû faire une halte.

• **Type 2,** forte probabilité

Avec *must*, celui qui parle indique qu'à ses yeux la réalisation du lien sujet grammatical/verbe qui suit est quasi certaine. C'est une hypothèse forte.

Il fait une déduction	au **présent** avec	*must* + base verbale
		must + *be* + forme en *-ing*
	au passé avec	***must*** **+** ***have*** **+ participe passé**
		must + *have* + *been* + forme en *-ing*

Ex. : *They* ***must*** *want some rest after this long night.*
Ils doivent vouloir se reposer après cette longue soirée.
They ***must*** *be waiting for the actors.*
Elles doivent attendre les acteurs.
I looked for her but she ***must*** *have left early.*
Je l'ai cherchée mais elle a dû partir tôt.
Look at her! She ***must*** *have been crying.*
Regarde-la ! Elle a dû pleurer.

SAVOIR-FAIRE

Familiarisez-vous avec les deux types de modalités.
Dans ces phrases sur la conduite automobile, indiquez de quel type de modalité relève chaque affirmation.

a. In England you must drive on the left-hand side of the road.

b. The driver must have fallen asleep at the wheel! There's no other possible explanation for the accident.

c. It must be an English car, the steering wheel is on the right.

d. You must not drink and drive.

e. You must have forgotten to check the oil!

f. You must remember to check the rear-view mirror before going off into the traffic.

g. You must never forget to fasten your seat belt.

Solutions : les phrases a, d, f, g constituent des obligations pour le conducteur (sujet grammatical). Les phrases b, c, e font des constats marquant la quasi-certitude de celui qui parle.

FAIRE

1 Dans ces répliques entendues pendant une répétition théâtrale, indiquez s'il s'agit :

a. d'une obligation pour le sujet ;

b. d'une quasi-certitude.

1. What's this sword? – It must be part of Richard's costume.
2. Come on Paul, try again, you mustn't raise your voice.
3. There must be a line missing in my text, it doesn't make any sense.
4. She must have forgotten there was a rehearsal tonight!
5. For heaven's sake, Glenda! You must cut Ben's line!
6. Remember, the lights must follow Richard all the time.
7. It must be the first time he acts in such a play.
8. They must be too tired to do any better by now.

2 Complétez avec *must / mustn't* quand cela est possible, sinon utilisez *have to*.

I … tell you about our evening last Saturday! We … to be at the Odeon at 7.15 to meet Brian and Olivia. But Olivia called to say they were not going. She had a funny voice, they … have had a row. We decided we'd leave at 6.30 and go by car, but it just refused to start. There … have been something wrong with the plugs. So, we … take a taxi. Unfortunately there were roadworks, the driver … take another route, a longer one, and we got there at 8.45!! We … book for another day and we … be so careless then or we'll never see the show.

3 Reformulez les phrases suivantes en exprimant l'idée de forte probabilité avec *must*.

a. I am quite sure the show has started, the lights are out in the hall.

b. I am certain she is the actress who played Cordelia.

c. You were probably joking when you said he was hopeless.

d. He forgot the tickets, that's for sure.

e. No doubt she is trying to get his autograph.

f. I'm convinced he is American.

g. I'm convinced he has lived in England for quite a while.

4 Traduisez les phrases suivantes.

a. Je ne dois pas oublier l'anniversaire de Dan.

b. Il doit dormir, je n'entends aucun bruit.

c. Les voisins ont dû oublier de fermer leur porte.

d. Elle a dû courir, elle est hors d'haleine.

e. Dites à Brian qu'il doit être ici demain à midi.

f. Ils doivent déménager.

g. Ils doivent déménager, il y a des cartons partout.

h. Elle a dû avoir peur.

9 English in a dictionary

SAVOIR

Si le dictionnaire – qu'il soit sur papier, sur CD-Rom ou en ligne – est un auxiliaire précieux qui vous permet de sortir d'embarras dans bien des cas, il est aussi un instrument à utiliser avec prudence. Une consultation rapide qui ne tiendrait pas compte de la complexité de certains articles, des différentes natures grammaticales pour un même mot, des sens multiples qu'un mot peut avoir selon le champ sémantique considéré, pourrait vous conduire à des erreurs regrettables.

Que vous consultiez la partie anglais/français ou la partie français/anglais d'un dictionnaire, il conviendra d'être attentif :

- **aux abréviations et symboles ;**
- **à la nature grammaticale des mots ;**
- **à la multiplicité des sens possibles (polysémie) ;**
- **au niveau de langue (familier, formel...) ;**
- **aux indications de civilisation.**

SAVOIR-FAIRE

pendant[1] [pãdã] **1.** hanging, pendent; dangling (legs); drooping (moustache); **oreilles pendantes,** flap ears, lop ears. **2.** pending, undecided, outstanding (lawsuit, question, etc.); in abeyance.
pendant[2] *n. m.* **1.** pendant; **p. (d'oreille),** drop earing; *Mil*: **p. de ceinturon,** sword-belt sling, frog. **2.** counterpart, match (of picture, etc.); **ces deux tableaux (se) font p.,** these two pictures make a pair.
pendant[3] **1.** *prep.* during; **p. l'été,** during the summer ; in summer; **restez là p. quelques minutes,** stay there for a few minutes; **route bordées d'arbres p. un kilomètre,** road lined with trees for a kilometre, *NAm*: kilometer. **2.** *conj. phr.* **p. que,** while; whilst; **p. que j'y pense,** while I think of it; **p. que vous y êtes,** while you're about it. **3.** *adv.* **avant la guerre et p.,** before and during the war.
relief[1] [ri'li f] *n.* **1.** *(a)* soulagement *m* (d'une douleur, etc.); allègement *m* (d'une détresse, etc.); **to bring r. to s.o.,** apporter du soulagement à qn; **to heave a sigh of r.,** pousser un soupir de soulagement; **that's, what, a r.!** ouf ! on respire ! *(b)* **blank wall without r.,** mur d'une nudité monotone; **it was a r. to the eye,** cela reposait la vue; *(c)* décharge *f*; **r. valve,** soupape *f* de sûreté; clapet *m* de décharge; **tax r.,** dégrèvement fiscal. **2.** secours *m*, assistance *f*, aide *f*; **r. fund,** caisse de secours (en cas de sinistre, etc.); **r. train,** (i) train de secours; (ii) (train) supplémentaire *(m)*. **3.** *(a) Mil*: délivrance *f*, dégagement *m* (d'une ville); **r. troops,** (troupes de) secours; *(b) Mil*: relève *f* (d'une garde, etc.); *Nau*: relève du quart; **r. worker,** travailleur suppléant. **4.** *Jur*: réparation *f* (d'un grief); redressement *m* (d'un tort).
relief[2] *n.* **1.** *Art*: relief *m*; modelé *m*; **high, low, r.,** haut relief, bas-relief; **in r.,** en relief; **to stand out in r.,** ressortir; se détacher (**against,** sur); **to bring, throw, sth. into r.,** relever qch.; faire ressortir qch.; **r. map,** carte, plan, en relief. **2.** *(a) Geog*: relief (terrestre); *(b) Typ*: **r. printing,** typographie f.

Savoir exploiter une définition

• Entraînez-vous à observer un article à la loupe. Consultez l'article sur le mot « pendant » de la partie français/anglais d'un dictionnaire puis faites l'activité proposée.

a. Les affirmations suivantes sont-elles vraies ou fausses ?

	Vrai	Faux
1. Trois natures grammaticales différentes sont répertoriées pour le mot « pendant ».	❑	❑
2. Les noms « pendant » et « grenouille » peuvent avoir la même traduction anglaise.	❑	❑
3. Quatre traductions sont proposées pour « pendant tout(e) ».	❑	❑
4. *While* est la traduction anglaise de « pendant » (préposition).	❑	❑
5. *Pendant* est une traduction anglaise possible du français « pendant ».	❑	❑

• Consultez maintenant l'article *relief* de la partie anglais/français d'un dictionnaire puis faites l'activité proposée.

b. Les affirmations suivantes sont-elles vraies ou fausses ?

	Vrai	Faux
1. Le mot *relief* appartient à une seule catégorie grammaticale.	❑	❑
2. L'article présente plus de six changements de sens.	❑	❑
3. Dans la plupart des cas, *relief* est un faux ami.	❑	❑
4. Les mots anglais *relief* et *help* peuvent se traduire par le même mot français.	❑	❑
5. Il est possible de traduire *relief* par « relief ».	❑	❑

FAIRE

1 **Observez cette série de douze phrases comportant toutes le mot « régime », puis répondez aux questions qui suivent.**

a. Le singe tenta d'attraper un régime de bananes.

b. Le moteur tourne à plein régime.

c. À ce régime, nous n'arriverons pas avant demain soir.

d. Je souhaite que tous les pays aient un régime démocratique.

e. Le régime climatique méditerranéen est chaud et sec.

f. Je suis au régime.

g. Nous avons atteint notre régime de croisière.

h. Le régime des prisons est souvent contesté.

i. Mon père doit suivre un régime sans sel.

j. Que seront les États-Unis sous le régime du nouveau président ?

k. Payait-on moins d'impôts sous l'Ancien Régime ?

l. C'est le régime jockey ici !

1. Dans quelles phrases emploierez-vous le même mot anglais pour traduire « régime » ?
2. Dans quelle phrase traduirez-vous « régime » par *administration* ?
3. Dans la phrase g., traduirez-vous « régime » par *rate*, *power* ou *speed* ?
4. Dans quelle phrase traduirez-vous « régime » par *conditions* ?
5. Y a-t-il une phrase dans laquelle « régime » sera traduit par *object* ?
6. Y a-t-il une phrase dans laquelle « régime » sera traduit par *regime* ?

2 **Les verbes à particules ou *phrasal verbs* sont très fréquents en anglais. On les trouve après l'entrée principale du verbe à la place alphabétique de la particule. Apprenez à privilégier ces verbes. Votre anglais en sera plus idiomatique. Reportez dans le tableau ci-dessous les *phrasal verbs* qui correspondent aux verbes proposés.**

put off *wind up* *make up* *back up* *give up*
trip up *get away* *wind down* *wheel around* *whip up*
twist up *mix up* *tie in* *bring about*

invent	abandon	escape	reduce	end	cause	support
spin	tangle	stumble	correspond	muddle	galvanize	postpone

3 **Sans changer de forme, un même mot anglais peut être soit un nom ou un verbe, soit un adjectif ou un verbe. Prêtez attention à la nature grammaticale du mot que vous cherchez. Inscrivez dans le tableau la traduction française du mot proposé selon sa catégorie grammaticale.**

	mot anglais	verbe	nom	adjectif
a.	warm			
b.	heat			
c.	empty			
d.	bend			
e.	back			
f.	weed			
g.	aim			
h.	murder			

4 **Le dictionnaire peut être très utile pour trouver des expressions familières imagées. Aucune des expressions suivantes ne contient le mot « poisson » et pourtant tous leurs équivalents anglais comportent le mot *fish*. Traduisez.**

a. J'ai d'autres chats à fouetter.

b. Un(e) de perdu(e), dix de retrouvé(e)s.

c. Ne pas se sentir dans son élément.

d. Une gloire locale.

Allemand

1 Directif et locatif / La négation

SAVOIR

VOKABELN

ausgeschlossen : exclu
ausschließen (o,o) : exclure
bei Rot : au feu rouge
billig : bon marché, peu cher
die Kreuzung (en) : le carrefour
die Stadtmitte (n) : le centre-ville
öffentlich : public
unbedingt : absolument
das Verkehrsmittel (-) : le moyen de transport

Warum fahren Sie Auto?

Michael und Claudia, zwei junge Berliner, gehen an einem heißen Tag auf die Straße und stellen den Autofahrern, die bei Rot an der Kreuzung halten, einige Fragen.

Michael: – Warum brauchen Sie unbedingt Ihren Wagen, wenn es so warm ist?
Erster Autofahrer: – Weil ich in der Stadtmitte arbeite und dreißig Kilometer entfernt wohne.
Claudia *(zu einem anderen Autofahrer)*: – Und Sie, fahren Sie jeden Tag mit Ihrem Opel?
Zweiter Fahrer: – Natürlich! Die Fahrt mit dem Opel ist viel billiger als mit der Bahn.
Michael *(zu einer Dame in einem eleganten BMW)*: – Warum benutzen Sie nicht die öffentlichen Verkehrsmittel?
Die Dame: – Das ist ausgeschlossen! Ich kaufe so viel ein, dass ich meinen großen Kofferraum für meine Einkäufe brauche. Allein kann ich nicht alles tragen. Es ist also praktischer, mit meinem Wagen zu fahren.
Claudia *(zu einem Studenten)*: – Und du, warum fährst du mit dem Auto? Hast du kein Rad?
Der Student: – Mein Fahrrad ist kaputt. Sonst fahre ich nie mit dem Wagen!

Directif et locatif

- Le **directif** répond à la question ***wohin*** ? C'est le lieu où l'on va.

Ex. : *Sie fährt in **die** Stadt.* — Elle va en ville.

D'une manière plus générale, le directif correspond à la notion de déplacement d'un lieu à un autre.

Ex. : *Er legt das Buch auf **den** Tisch.* — Il pose le livre sur la table.

- Le locatif répond à la question wo ? C'est le lieu où l'on est.

Ex. : *Sie kauft in **der** Stadt ein.* — Elle fait ses courses en ville.

D'une manière plus générale, le locatif correspond à la localisation, dans un endroit donné, d'une personne, d'un objet ou d'une action.

Ex. : *Das Buch liegt auf **dem** Tisch.* — Le livre est sur la table.

Le locatif n'exclut pas le mouvement, considéré dans son déroulement en un seul lieu.

Ex. : *Er lief **im** Garten hin und her.* — Il courait en tous sens dans le jardin.

La négation : *kein* et *nicht*

- On utilise *kein*, *keine*, *kein* pour la négation d'un groupe nominal indéfini ou sans article.

Ex. : *Hast du **kein** Rad?* — Tu n'as pas de vélo ?

- On utilise *nicht* pour la négation d'un groupe nominal défini, d'un adverbe ou d'un adjectif, ainsi que pour la négation globale de la phrase.

Ex. : *Sie nimmt **nicht** den Bus.* — Elle ne prend pas le bus.

- Dans le cas d'une négation partielle, ***kein*** ou ***nicht*** précède immédiatement l'élément nié, et la rectification éventuelle (après *sondern*) est introduite par *ein*.

Ex. : *Er hat **kein** Fahrrad, sondern **ein** Motorrad.* — Il n'a pas une bicyclette mais une moto.

SAVOIR-FAIRE

Savoir exprimer le directif et le locatif

• Avec les noms de villes et de pays sans article, on utilise ***nach*** pour le directif et ***in*** pour le locatif.

Ex. :	*Im Sommer fahre ich **nach** Berlin.*	Cet été, je vais à Berlin.
	*Er wohnt **in** Berlin.*	Il habite à Berlin.

• Avec les noms de personnes ou de professions, on utilise ***zu*** (+ D) pour le directif et ***bei*** (+ D) pour le locatif.

Ex. :	*Heute abend gehe ich **zu** Peter.*	Ce soir, je vais chez Peter.
	*Wann gehst du **zum** Friseur?*	Quand vas-tu chez le coiffeur ?
Ex. :	*Gestern war ich **bei** Claudia.*	Hier, j'étais chez Claudia.
	*Ich habe sie **beim** Bäcker gesehen.*	Je l'ai vue chez le boulanger.

• Avec les groupes nominaux, on utilise une préposition spatiale, suivie de l'accusatif pour le directif et suivie du datif pour le locatif. Il y a neuf prépositions spatiales :
an, auf, in, hinter, vor, unter, über, zwischen, neben.

Ex. :	*Sie gehen **auf die** Straße.*	Ils vont dans la rue.
	*Sie laufen **auf der** Straße.*	Ils marchent dans la rue.

Savoir exprimer la négation avec *kein*

La déclinaison de l'adjectif qui suit éventuellement ***kein***, ***keine***, ***kein*** est forte au singulier (comme avec *ein*, *eine*, *ein*) et faible au pluriel (comme avec *die*).

Ex. :	*Das ist **kein** großer Wagen.*	Ce n'est pas une grande voiture.
	*Das sind **keine** großen Wagen.*	Ce ne sont pas de grandes voitures.

FAIRE

1 Transposez du directif au locatif.

Ex. : *Michael und Claudia gehen auf die Straße. (sein)*
→ *Michael und Claudia sind auf der Straße.*

a. Die Autofahrer kommen an die Kreuzung. *(halten)*
b. Viele Autofahrer fahren in die Stadtmitte. *(parken)*
c. Michaels Freund fährt nach Frankreich. *(studieren)*
d. Claudias Freundin fährt zu ihren Großeltern. *(eine Woche bleiben)*
e. Jugendliche gehen in eine Fabrikhalle. *(tanzen)*
f. Michael und Claudia fahren nach Köln. *(wohnen)*

2 Répondez par la négative en formant des phrases complètes.

a. Benutzen Sie die öffentlichen Verkehrsmittel?
b. Brauchst du einen Wagen?
c. Können Sie das allein tragen?
d. Fahren Sie mit dem Wagen?
e. Haben Sie einen Hund?
f. Wohnen Sie in der Stadtmitte?

3 Introduisez, dans les phrases suivantes, le complément entre parenthèses à l'aide de la préposition qui convient.

a. Morgen esse ich mit Paula. *(Freunde)*
b. Ich musste hinaufsteigen. *(das Dach)*
c. Im Sommer möchte er reisen. *(Österreich)*
d. Sie wohnen dort seit zwei Jahren. *(Berlin)*

4 Complétez à l'aide de *nach* (directif) ou de *in* (locatif).

a. Wann fliegst du ..... Madrid?
b. Waren Sie schon ..... Österreich?
c. Morgen fahren wir ..... Frankreich zurück.
d. ..... Paris habe ich viele Bekannte.

5 Formez des phrases à l'aide des éléments suivants en veillant au régime des prépositions.

a. das chinesische Restaurant *(neben)* – ist – eine Apotheke
b. der Bus *(in)* – er – sein Bruder *(hinter)* – setzte sich
c. mein Bett *(über)* – ein Gemälde – hängt

6 Transposez du directif au locatif en utilisant le verbe indiqué entre parenthèses.

a. Ich möchte im Garten spielen. *(gehen)*
b. Die Katze schlief unter dem Bett. *(springen)*
c. Er saß zwischen mir und meinem Bruder. *(sich setzen)*
d. Ich lag auf dem Sofa. *(sich legen)*
e. Sie wohnen in Österreich. *(fahren)*

7 Comment diriez-vous en allemand ?

a. Assieds-toi à côté de moi !
b. J'ai suspendu un tableau au-dessus de mon lit.
c. Mes chaussures sont sous mon lit.
d. J'ai dû attendre une heure chez le dentiste.
e. As-tu mis le beurre sur la table ?

2 La proposition infinitive
Les prépositions

SAVOIR

VOKABELN

der Pferdemist : le crottin
der Handfeger (-) : la balayette
die Schaufel (n) : la pelle
der Diener (-) : le domestique
abweisen, wegschicken : renvoyer
der Smoking (s) : le smoking
der Zylinder (-) : le chapeau haut de forme
sich verneigen : s'incliner, se courber

Kleider machen Leute

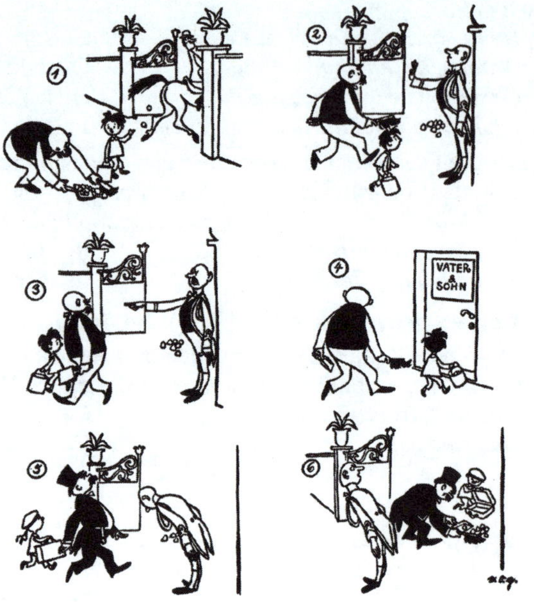

E. O. Plauen,
Vater und Sohn, 1949.

La proposition infinitive

• L'infinitif complément est toujours précédé de zu, sauf lorsqu'il est complément d'un verbe de modalité, des verbes lernen, lassen, helfen et de verbes de perception comme hören et sehen.

Ex. : *Ich habe noch viel **zu tun**.* — J'ai encore beaucoup à faire.
*Ich **muss** noch viel **trainieren**.* — Il faut que je m'entraîne encore beaucoup.

• Une virgule sépare en général l'infinitive de la principale (pour les exceptions, voir la rubrique « Savoir-faire »), et le verbe, dans l'infinitive comme dans toute proposition subordonnée, se place à la fin.

Ex. : *Ich habe vor, nach Deutschland zu fahren.*
J'ai l'intention d'aller en Allemagne.

• L'infinitive de but est introduite par ***um***. Elle est séparée de la principale par une virgule, et l'infinitif complément placé en fin de subordonnée est précédé de ***zu***. Le sujet sous-entendu de l'infinitive doit être le même que celui de la principale.

Ex. : ***Um** Fortschritte **zu** machen, muss ich viel studieren.*
Pour faire des progrès, il faut que j'étudie beaucoup.

Les prépositions

• Prépositions spatiales suivies de l'**accusatif** (pour le directif) ou du **datif** (pour le locatif) : *voir* p. 221.

• Prépositions toujours suivies de l'**accusatif** :
durch (par, à travers), *für* (pour), *gegen* (contre), *ohne* (sans), *um* (autour de).

Ex. : *Für dich habe ich Blumen gekauft.* — Pour toi, j'ai acheté des fleurs.

• Prépositions toujours suivies du **datif** :
aus (hors de), *bei* (chez), *mit* (avec), *nach* (vers), *seit* (depuis), *von* (de), *zu* (chez, vers).

Ex. : *Ich bin mit Freunden ins Kino gegangen.* — Je suis allé au cinéma avec des amis.

• Prépositions toujours suivies du **génitif** :
statt ou *anstatt* (au lieu de), *trotz* (malgré), *während* (pendant), *wegen* (à cause de).

Ex. : *Während der Ferien bin ich zu Hause geblieben.* — Pendant les vacances, je suis resté à la maison.

SAVOIR-FAIRE

Construire une proposition infinitive

• Savoir placer *zu* dans la proposition infinitive

Zu précède le verbe à l'infinitif, mais lorsque ce verbe comporte une particule séparable, ***zu*** s'intercale entre la particule et l'infinitif.

Ex. : *ausgehen → Ich habe Lust, heute abend auszugehen.* J'ai envie de sortir ce soir.

• Savoir utiliser la virgule

Lorsque le groupe infinitif se réduit à ***zu*** + infinitif (sans autre élément) ou lorsque l'infinitif n'est pas précédé de ***zu***, il n'y a pas de virgule entre la principale et l'infinitif complément.

Ex. : *Diese Bildgeschichte ist lustig zu lesen.* Cette histoire en images est amusante à lire.

• Savoir utiliser les formes contractées des prépositions suivies d'un article défini

Certaines prépositions peuvent se contracter avec l'article défini qu'elles régissent.

Ex. : *Ich traf ihn **beim** (= bei + dem) Bäcker.*
Je l'ai rencontré chez le boulanger.
***Vom** (von + dem) vierzehnten bis **zum** (zu + dem) siebzehnten Mai.*
Du quatorze au dix-sept mai.

FAIRE

1 Construisez ces phrases en utilisant l'infinitif entre parenthèses.

a. Sie – im Sommer – Zeit haben –? *(uns besuchen)*

. . . .

b. für mich – ein großes Vergnügen – sein *(in Urlaub fahren)*

. . . .

c. ich – vor den Ferien – noch – manches – haben *(erledigen)*

. . . .

d. ich – zunächst nach Deutschland – dann nach Schweden – vorhaben *(fahren)*

. . . .

e. Vater und Sohn - den ganzen Pferdemist – versuchen *(aufsammeln)*

. . . .

2 Réécrivez chaque phrase en intégrant l'infinitif entre parenthèses à l'aide de *um... zu*.

a. Ich brauche Geld. *(einkaufen)*

. . . .

b. Ich fahre nach Deutschland. *(Deutsch sprechen)*

. . . .

c. Der Wagen braucht Benzin. *(fahren)*

. . . .

d. Ich habe viele Bücher mitgebracht. *(studieren)*

. . . .

e. Wir müssen regelmäßig arbeiten. *(Fortschritte machen)*

. . . .

f. Vater und Sohn müssen elegante Kleider anhaben. *(eintreten dürfen)*

. . . .

3 Placez les virgules dans ces phrases.

a. Sie haben vor im Sommer nach Österreich zu fahren.

b. Ich finde es wichtig mit den anderen höflich zu sein.

c. Hast du Lust mit mir in die Stadt zu gehen?

d. Es ist doch angenehm ans Meer zu fahren.

e. Wir freuen uns sehr euch bald wieder zu sehen!

f. Da der Diener nicht bemerkt dass die eleganten Personen Vater und Sohn sind verneigt er sich.

4 Complétez à l'aide de *zu* lorsque c'est nécessaire. Dans les autres cas, indiquez *ø*.

a. *Kannst du mir bitte ... helfen?*

b. *Lass mich ... sehen, was du gemacht hast!*

c. *Ich habe noch viel ... tun!*

d. *Vergiss nicht ... schreiben, wenn du in Deutschland bist!*

e. *Sie hat vor, eine lange Reise ... machen.*

f. *Vater und Sohn haben vor, soviel Pferdemist ... sammeln wie möglich.*

3 Le prétérit / La proposition relative

SAVOIR

VOKABELN

der Auswanderer : l'émigrant
das Gericht (e) : le plat cuisiné
das Hackfleisch : la viande hachée
heimatlich : du pays natal
roh : cru
die Zwiebel (n) : l'oignon

Kommen die Hamburger aus Hamburg?

Was ist ein Hamburger? Ein Einwohner von Hamburg, natürlich!
Doch „Hamburger", das sind auch die runden Brötchen mit Hackfleisch, die wie in den USA in allen europäischen Städten verkauft werden. Warum?
Nach dem Autor Jeffrey Tennyson brachten im 19. Jahrhundert deutsche Auswanderer aus Hamburg ein heimatliches Fleischgericht, das aus Hackfleisch, rohen Eiern und Zwiebeln bestand, mit in die neue Welt.
Als „Hamburger Steak" erschien es zum ersten Mal 1834 auf der Speisekarte eines amerikanischen Restaurants in New York.
Man weiß aber nicht, wer die kluge Idee hatte, das Hackfleisch zwischen zwei Brötchen zu legen. Aber damit wurde es zum weltbekannten „Hamburger Sandwich".

Le prétérit

• Le prétérit correspond à l'utilisation, en français, du passé simple, de l'imparfait ou encore du passé composé (qui remplace souvent en français le passé simple).

• Pour les verbes réguliers (tel *spielen*), il se forme à partir du radical du verbe, auquel on ajoute ***-te*** puis les terminaisons ***[ ], st, [ ], n, t, n.***

Prétérit du verbe *spielen*
*ich spiel**te***
*du spiel**test***
*er/sie/es spiel**te***
*wir spiel**ten***
*ihr spiel**tet***
*sie spiel**ten***

• Pour les verbes forts (tel *gehen*) et pour les verbes faibles irréguliers (tel *bringen*), les terminaisons sont les mêmes que pour les verbes réguliers, mais il faut apprendre par cœur le radical du prétérit en même temps que l'infinitif. Reportez-vous à une liste de verbes irréguliers (en général à la fin des manuels de cours et de grammaire) pour apprendre systématiquement les formes du prétérit et du participe II.

Prétérit	
*gehen (**ging**, gegangen)*	*bringen (**brachte**, gebracht)*
ich ging	*ich brach**te***
*du ging**st***	*du brach**test***
er/sie/es ging	*er/sie/es brach**te***
*wir ging**en***	*wir brach**ten***
*ihr ging**et***	*ihr brach**tet***
*sie ging**en***	*sie brach**ten***

La proposition relative

• La relative est obligatoirement séparée de la principale par une virgule (si elle est intégrée dans une proposition, elle est encadrée par des virgules), et le verbe y occupe la dernière place (structure de subordonnée).

Ex. : *Das ist ein Problem, das wir auch kennen.*
C'est un problème que nous connaissons aussi.

• Le pronom relatif prend le genre et le nombre de son antécédent et le cas qui correspond à sa fonction dans la relative.

Ex. : *Gestern habe ich den Mann gesehen, von **dem** du mir erzählt hattest.*
Hier, j'ai vu l'homme dont tu m'avais parlé.

dem : pronom relatif masculin singulier, comme l'antécédent *Mann*; ***dem*** est au datif, car il est régi par la préposition *von* (voir *Les prépositions*, p. 222).

• Les formes du pronom relatif sont les suivantes :

	Masculin	Féminin	Neutre	Pluriel
Nominatif	*der*	*die*	*das*	*die*
Accusatif	*den*	*die*	*das*	*die*
Datif	*dem*	*der*	*dem*	*denen*
Génitif	*dessen*	*deren*	*dessen*	*deren*

SAVOIR-FAIRE

Savoir former le prétérit des verbes de modalité

Les verbes de modalité (*wollen, mögen, können, dürfen, müssen, sollen*) suivent la règle des verbes faibles réguliers et perdent l'inflexion quand ils en ont une :

wollen → wollte
mögen → mochte
können → konnte
dürfen → durfte
müssen → musste
sollen → sollte

Savoir utiliser le pronom relatif au génitif

Le pronom relatif au génitif n'est jamais suivi d'un déterminant. La structure est la même que pour le génitif saxon.

Ex. : *Ich habe deine Kusine Ulrike getroffen, deren großes Haus so schön ist.*
J'ai rencontré ta cousine Ulrike, dont la grande maison est si belle.

On peut rapprocher la structure *deren großes Haus* du génitif saxon *Ulrikes großes Haus.*

FAIRE

1 Transposez au prétérit.

Ex. : *Das Hamburger Fleischgericht besteht aus Hackfleisch, Eiern und Zwiebeln.*
→ Das Hamburger Fleischgericht bestand aus Hackfleisch, Eiern und Zwiebeln.

a. Die Einwohner von Hamburg nennt man Hamburger.
b. Im 19. Jahrhundert wandern viele Hamburger nach Amerika aus.
c. Sie bringen Hamburger Sandwiches mit.
d. Sie wollen ihre Traditionen behalten.

2 Transposez au prétérit.

a. Er redet so viel, dass ich einschlafe.
b. Wenn er mit uns spielt, gewinnt er immer.
c. Am Abend geht er aus und kommt erst spät zurück.
d. Sie bringt uns immer Kuchen und nennt uns „die Kleinen".
e. Ich darf nicht hinaus und muss zu Hause bleiben.

3 Complétez en conjuguant les verbes entre parenthèses au prétérit.

a. Er .... den ganzen Tag an seinem Schreibtisch. *(sitzen)*
b. Sie .... schon alle, als ich zurückkam. *(schlafen)*
c. Wir .... den ganzen Nachmittag. *(schwimmen)*
d. Er .... sich eine Scheibe Brot. *(schneiden)*
e. Es .... ihm gar nicht. *(gefallen)*

4 Transformez la seconde proposition en relative.

a. Mein Freund lächelte. Ich gratulierte ihm für seine Arbeit.
b. Die Frau meines Freundes freute sich. Ich hatte ihr Blumen geschenkt.
c. Der Architekt hat dieses Haus nicht gut gebaut. Die Tür des Hauses ist zu klein.
d. Diese Frau hat einen schönen Garten. Ihr Mann ist ein Gärtner.
e. Diese Kinder haben große Schlafzimmer. Ihr Vater hat das Haus selber gebaut.
f. Seine Freunde haben ihm schlechte Ratschläge gegeben. Er hat das Haus mit ihrer Hilfe gebaut.

4 *Damit* et *um... zu*

SAVOIR

VOKABELN

der Werbefilm (e) : le film publicitaire
die Werbung (en) : la publicité
das Kunstwerk (e) : l'œuvre d'art
auftauchen : surgir
erfolgreich : qui a du succès
werben (a,o ; i) für + A : faire de la publicité pour
die Steuer (n) : l'impôt
der Lohn (¨e) : le salaire
die Ware (n) : la marchandise, le produit
bestellen : passer commande

Werbefilme

Im Fernsehen sowie auch im Kino spielen die Werbefilme eine große Rolle. Manche sind echte Kunstwerke. Man ist jetzt daran gewöhnt, dass eine Reihe von Werbefilmen plötzlich mitten in einem Film auftaucht.

Manchmal engagiert man Stars, damit die Werbung attraktiver wird. Zum Beispiel spielt ein berühmter Sprinter in einer Werbung für – schnelle – Wagen. Erfolgreiche Top-Models werben für Diät-Kuren, vermutlich um ihre Steuern mit ihrem Lohn zu bezahlen.

Neues Interesse für klassische Musik erwecken Werbefilme für Versicherungen, Banken, Autos, Reisen... Man kennt den Komponisten nicht, aber man kennt die Ware, die mit dem Musikstück verbunden ist. Der Zuschauer sieht und hört in wenigen Sekunden magische Bilder und Töne, so dass die Ware an sich eine magische Wirkung zu haben scheint. Und dann wird bestellt, dann wird gekauft!

Damit et *um... zu*

Pour exprimer la finalité, on dispose en allemand de deux structures :
– ***um... zu*** + infinitif : pour, afin de...
– ***damit*** (conjonction de subordination) : pour/afin que...

Ex. : *Ich habe dich angerufen,* ***um*** *dich ein**zu**laden.*
Je t'ai téléphoné pour t'inviter.
Ich habe dich angerufen, ***damit*** *du weißt, dass ich zurück bin.*
Je t'ai appelé pour que tu saches que je suis de retour.

SAVOIR-FAIRE

Savoir employer *damit* et *um... zu*

• Quand utiliser *um... zu* ?

On ne peut utiliser *um...zu* que si le sujet est le même dans la principale et dans la dépendante.

Ex. : *Ich will nach Berlin fahren,* ***um*** *die Stadt* ***zu*** *besichtigen.*
Je veux aller à Berlin pour visiter la ville.

• Savoir placer *zu*

Lorsque le verbe comporte une particule séparable, *zu* s'intercale entre la particule séparable et le radical du verbe.

Ex. : *Er hat mir geschrieben,* ***um*** *seinen Besuch an**zu**kündigen.*
Il m'a écrit pour annoncer sa venue.

• Quand utiliser *damit* ?

Damit est une conjonction de subordination (verbe en dernière position). Le sujet est généralement différent dans les deux propositions (principale et dépendante), mais il peut être le même.

Ex. : *Er hat mich angerufen,* ***damit*** *ich ihm helfe.*
Il m'a téléphoné afin que je l'aide.

• Savoir placer la virgule

Il ne faut pas oublier la virgule, qui précède obligatoirement *um* (dans l'utilisation de *um... zu*) et *damit* dans le cas de la subordonnée conjonctive.

Ex. : *Ich muss schlafen gehen,* ***um*** *morgen frisch und munter* ***zu*** *sein.*
Il faut que j'aille dormir pour être en bonne forme demain matin.
Ruf mich an, wenn du ankommst, ***damit*** *ich dich abhole!*
Appelle-moi quand tu arrives pour que j'aille te chercher.

FAIRE

1 Transformez la seconde proposition en proposition de but à l'aide de *damit* (selon le modèle 1) ou de *um*… zu… (selon le modèle 2).

Modèle 1 : *Musik wird in den Werbespots benutzt. Der Zuschauer merkt sich die Ware besser. → Musik wird in den Werbespots benutzt, damit der Zuschauer sich die Ware besser merkt.*

Modèle 2 : *Top-Models werben für Schönheitsprodukte. Sie bezahlen ihre Steuern. → Top-Models werben für Schönheitsprodukte, um ihre Steuern zu bezahlen.*

a. Im Fernsehen werden Filme unterbrochen. Werbespots werden gezeigt.
b. Die Werbefilme benutzen klassische Musik. Sie verkaufen die Ware besser.
c. Die Zuschauer bestellen die Ware. Sie wollen die magische Wirkung wiederfinden.
d. Große Firmen engagieren Stars für Werbefilme. Sie verschönern die Stimmung.
e. Klassische Musik wird in den Werbespots benutzt. Die Ware sieht schöner aus.

2 Transformez la seconde proposition en infinitive à l'aide de *um… zu* ou en conjonctive à l'aide de *damit*.

a. Ich möchte Pralinen kaufen. Ich schenke sie meinen Freunden.
b. Könntest du mich bald anrufen? So kann ich meine Reise vorbereiten.
c. Ich habe ihn angerufen. Ich weiß, wie es ihm geht.
d. Wir haben viel überlegt. Wir fanden die Lösung des Problems.
e. Ich musste ihn mehrmals anrufen. Er kam endlich.

3 Transformez la première proposition en infinitive à l'aide de *um… zu* ou en conjonctive à l'aide de *damit*.

a. Endlich fand ich seine Wohnung. Ich musste lange suchen.
b. Du verfährst dich nicht. Ich gebe dir einen Stadtplan.
c. Ich kann dich anrufen. Gib mir deine Telefonnummer an!
d. Ich rufe dich an. Ich brauche deine Telefonnummer.
e. Du verfährst dich nicht. Benutze meinen Stadtplan
f. Er möchte den ganzen Abend wach bleiben. Er trinkt Kaffee.

4 Complétez (uniquement lorsque c'est nécessaire) à l'aide de *um* ou de *zu*.

a. Du musst den Text zweimal ..... lesen, ... besser ..... verstehen.
b. Er wollte die Tür ..... schließen, ... seine Ruhe ..... haben.
c. Ich möchte Pralinen ..... kaufen, ... sie unseren Freunden ..... schenken.
d. Können wir alle Koffer ..... packen, ... morgen früh sofort wegfahren ..... können?
e. Du solltest ihn mal anrufen, ... wissen, ob er mit ..... kommen möchte.
f. Hättest du Lust, ... mit mir in die Stadt ..... gehen, ... einige Einkäufe ..... machen?

5 Transformez la première proposition en infinitive avec ou sans *zu*, ou à l'aide de *um… zu*. (Vous commencerez vos phrases par la deuxième proposition.)

a. Ich reise jeden Monat nach Deutschland. Ich möchte es.
b. Ich besuche Freunde und ich spreche Deutsch. Ich fahre in Urlaub nach Deutschland.
c. Ich kann mehrere Sprachen sprechen. Ich finde es wichtig.
d. Ich lerne viele Leute kennen. Es ist sehr angenehm.

6 *Um… zu* ou *damit* ? Transformez la seconde proposition en subordonnée infinitive ou conjonctive selon le cas.

a. Er gab mir eine Straßenkarte. Ich verfahre mich nicht.
b. Sie übt jeden Tag zwei Stunden. Sie spielt gut Klavier.
c. Wir fahren am Wochende nach Paris. Wir besuchen die vielen Museen.
d. Sie sprachen ganz leise. Wir hörten nichts.
e. Ich habe schon alle Koffer gepackt. Wir verlieren morgen früh keine Zeit.

7 Traduisez en allemand.

a. Il faut manger pour vivre et non vivre pour manger.
b. Donne-moi ta nouvelle adresse pour que je puisse t'écrire.
c. J'ai acheté un livre pour l'offrir à nos amis.
d. As-tu pris ton maillot de bain pour aller à la piscine ?
e. Veux-tu que je mette la table pour que tu puisses te préparer ?

5 L'expression de l'hypothèse
Le participe II

SAVOIR

VOKABELN

die Grenze (n) : la frontière
heutzutage : de nos jours
die Lebensauffassung (en) : la conception de la vie
Meinungen austauschen : échanger des opinions
die Muttersprache (n) : la langue maternelle
die Sitten : les mœurs
überschreiten (i,i) : franchir
der Vertrag (¨e) : le contrat
einen Vertrag abschließen (o,o) : conclure un contrat

Fremdsprachen lernen: Warum?

Heutzutage reisen die Leute öfter und leichter als vorher. Die Grenzen haben sich geöffnet, manchmal sind sie sogar verschwunden.
Wenn man nur seine Muttersprache kann, sind die Kontakte in einem anderen Land sehr begrenzt. Wie kann man Meinungen austauschen, wenn man die Sprachgrenzen nicht überschreitet?
Wenn man ein fremdes Land wirklich kennen und verstehen will, dann muss man die Sprache dieses Landes lernen. Durch die Sprache entdeckt man neue Lebensauffassungen, neue Sitten und neue Gewohnheiten. Die Sprachkenntnisse liefern den Schlüssel zur Kultur eines Landes.
Auch für Geschäftsreisen ist es immer besser, die Sprache des Partners sprechen zu können. Große Firmen haben festgestellt, dass sie leichter Verträge abschließen, wenn sie Interesse für die Sprache des fremden Landes zeigen.

L'expression de l'hypothèse

• L'hypothèse s'exprime au moyen de la conjonction de subordination *wenn* (« si ») et de l'indicatif, lorsque l'action ou l'événement envisagé est une éventualité, un potentiel et non un irréel.

Ex. : ***Wenn** das Wetter schön ist, dann gehen wir spazieren.*
S'il fait beau, nous irons nous promener.

• Pour exprimer l'irréel, on utilise le **subjonctif II** dans les deux propositions

Ex. : ***Wenn** das Wetter schön **wäre**, dann **gingen** wir spazieren.*
S'il faisait beau, nous irions nous promener. (irréel du présent)
***Wenn** das Wetter schön **gewesen wäre**, dann **wären** wir **spazieren gegangen**.*
S'il avait fait beau, nous serions allés nous promener. (irréel du passé)

• Comme dans toute subordonnée, le verbe est à la fin de la proposition introduite par *wenn*. Cependant, on peut aussi utiliser, au lieu d'une subordonnée introduite par *wenn*, une subordonnée à verbe premier.

Ex. : ***Ist** das Wetter schön, dann gehen wir spazieren.* — S'il fait beau, nous irons nous promener.

***Wäre** das Wetter schön, dann gingen spazieren.* — S'il faisait beau, nous irions nous promener.

***Wäre** das Wetter schön **gewesen**, dann **wären** wir **spazieren gegangen**.*
S'il avait fait beau, nous serions allés nous promener.

Le participe II à forme d'infinitif

Lorsqu'on utilise un verbe de modalité avec un infinitif *(er kann kommen)*, la forme du participe II du verbe de modalité au parfait (et au plus-que-parfait) est semblable à l'infinitif.

Ex. : *Er hat kommen **können**.* — Il a pu venir.

SAVOIR-FAIRE

Savoir exprimer l'irréel

• Le subjonctif II est en allemand le mode de l'irréel, à la fois dans la principale et dans la subordonnée.

• Pour exprimer l'irréel du présent, on emploie le subjonctif II présent. Il se forme :
– pour les verbes **faibles réguliers**, à l'aide de l'auxiliaire ***werden*** conjugué au subjonctif II et de l'infinitif du verbe ;
Ex. : *Ich **würde** gern mit dir **spielen**!* Je jouerais volontiers avec toi !
– pour les verbes **forts**, à partir de leur **prétérit**, infléchi lorsque c'est possible.
Ex. : *Wenn du **kämest**, würde ich mich freuen!* Si tu venais, je serais content !

• Au subjonctif II, les terminaisons sont : ***-e, -est, -e, -en, -et, -en***.

Savoir utiliser le participe II à forme d'infinitif dans une subordonnée

Dans la subordonnée, la partie conjuguée du groupe verbal **précède**, contrairement à la règle générale, les autres éléments verbaux (infinitif et participe II à forme d'infinitif).
Ex. : *Ich weiß, dass er um fünf Uhr **hat kommen können**.*
Je sais qu'il a pu venir à cinq heures.

FAIRE

1 Transformez la première proposition en dépendante exprimant un potentiel avec *wenn*.
Ex. : *Man will ein fremdes Land wirklich kennen. Man muss die Sprache dieses Landes lernen.*
→ *Wenn man ein fremdes Land wirklich kennen will, muss man die Sprache dieses Landes lernen.*
a. Man will Meinungen austauschen. Man muss die Sprachgrenzen überschreiten.
b. Man möchte Verträge im Ausland abschließen. Man muss Interesse für die fremde Sprache zeigen.
c. Man spricht mehrere Sprachen. Man erweitert seine Kenntnisse und seine Lebensauffassung.
d. Man zeigt Interesse für die fremde Sprache. Man schließt leichter Verträge ab.

2 Transposez au parfait.
Ex. : *Viele Leute können reisen.* → *Viele Leute haben reisen können.*
a. Wir können unsere Meinungen austauschen.
b. Er muss die Sprache des Landes lernen.
c. Sie dürfen viele Grenzen überschreiten.
d. Sie können leichter Verträge abschließen.

3 Formez des phrases à l'irréel du présent (subjonctif II présent) puis à l'irréel du passé (subjonctif II passé).
a. Er will dieses Land nicht verstehen. Er muss die Sprache nicht lernen.
b. Sie ändern nicht ihr Leben. Ihr Gesundheitszustand verbessert sich nicht.
c. Sie verstand die Sprache ihres Partners nicht. Sie schloss keinen Vertrag ab.
d. Er war nicht hilfsbereit. Er lernte seine Mitmenschen nicht kennen.

4 Transposez au parfait.
a. Warum will er nicht nach Berlin fahren?
b. Kannst du ihm sagen, dass er mich anruft?
c. Ich weiß nicht, ob er ihn sehen will.
d. Ich bin sicher, dass er es nicht tun wollte, aber er musste es wohl.
e. Wir können leider nicht zu Ihnen kommen.
f. Er musste langsamer fahren, weil die Geschwindigkeit begrenzt war.
g. Er ging weg, denn er musste unbedingt heute abend zurück sein.

5 Réécrivez les phrases suivantes en utilisant des subordonnées à verbe premier.
a. Wenn er schon achtzehn wäre, könnte er einen Wagen fahren.
b. Wenn du morgen Zeit hast, räume bitte dein Zimmer auf!
c. Wenn wir an der See wohnten, könnten wir segeln.
d. Wenn er das gewusst hätte, wäre er nicht gekommen.
e. Wenn er mich noch einmal unterbricht, dann gehe ich einfach weg.

6 Comment diriez-vous en allemand ?
a. Ah, si seulement j'y avais pensé !
b. Comment réagirais-tu si tu gagnais le gros lot ?
c. Que choisiriez-vous si je voulais vous faire un cadeau ?
d. Si vous voulez venir à la plage, prenez un maillot de bain.
e. Si vous me l'aviez dit plus tôt, j'aurais pu faire quelque chose.

6 Les dépendantes conjonctives *Ob* et *wenn*

SAVOIR

VOKABELN

komisch : bizarre, bizarrement
die Bühne (n) : la scène (lieu)
gerührt : ému
die Not (¨e) : la détresse, le dénuement
die Gefahr (en) : le danger
der Held (en) : le héros

Ein Theaterabend : „Wilhelm Tell"

Heute abend waren Chris und Lisa im Theater. Es wurde „Wilhelm Tell" von Friedrich Schiller (1759-1805) gespielt.

Chris: - Na, wie hat's dir gefallen?
Lisa: - Mensch! Das war echt toll!
Chris: - Obwohl die doch komisch sprechen...
Lisa: - Was heißt *komisch*? Das ist doch klassische Sprache.
Chris: - So spricht aber keiner!
Lisa: - Eben! Auf der Bühne ist alles anders, auch die Sprache, die man benutzt:
„Wir wollen sein ein einzig Volk von Brüdern
In keiner Not uns trennen und Gefahr[1]."
Wie schön! Wihelm Tell und seine Freunde kämpfen für die Freiheit, sie sind Helden.
Chris: - Na, so gerührt bin ich nicht!

Friedrich von Schiller, *Wilhelm Tell (Guillaume Tell)*, [1804], Aubier-Montaigne, éd. bilingue.

1. Wir wollen... Gefahr : « Nous voulons être un seul peuple de frères et ne jamais nous diviser, ni dans la détresse, ni dans le danger. »

Les dépendantes conjonctives

• Dans la proposition dépendante, le verbe conjugué occupe la dernière place.

Ex. : *Lisa denkt,* ***dass*** *Wilhelm Tell und seine Freunde Helden* ***sind****.*
Lisa pense que Guillaume Tell et ses amis sont des héros.

• Quand il y a une dépendante en tête de phrase, la principale commence par le verbe, suivi du sujet.

Ex. : *Wenn man auf der Bühne ein klassisches Stück spielt,* ***spricht man*** *eine andere Sprache als im Alltag.*
Quand on joue une pièce classique au théâtre, on parle une autre langue que celle de tous les jours.

• Une virgule sépare obligatoirement la principale de la dépendante.

Ex. : *Ich weiß****, dass*** *du nicht so gerührt bist.* Je sais que tu n'es pas tellement ému.

Ob et *wenn*

• La conjonction de subordination ***ob*** sert à introduire l'interrogative indirecte.

Ex. : *Lisa fragt Christ,* ***ob*** *er das Stück nicht toll gefunden hat.*
Lisa demande à Chris s'il n'a pas trouvé la pièce formidable.

• La conjonction de subordination ***wenn*** sert à introduire une conjonctive temporelle (avec « quand ») ou de condition (avec « si »).

Ex. : *Wenn du den Kampf eines Helden für die Freiheit sehen willst, dann geh ins Theater, um Schillers „Wilhelm Tell" zu sehen.*
Si tu veux voir le combat d'un héros pour la liberté, va au théâtre voir *Guillaume Tell* de Schiller.

SAVOIR-FAIRE

Savoir distinguer *ob* et *wenn*

Ob et ***wenn*** correspondent tous deux au français « si » mais il ne faut pas les confondre.

– *Wenn* est un « si » de condition, d'hypothèse ou de regret :

Ex. : ***Wenn*** *du willst, kannst du mitkommen!* Si tu veux, tu peux venir avec nous !
Wenn *ich das gewusst hätte, wäre ich nicht gekommen.* Si j'avais su, je ne serais pas venu.

– *Ob* est un « si » interrogatif indirect :

Ex. : *Ich weiß nicht,* ***ob*** *er mitkommen wird.* Je ne sais pas s'il viendra.

– Il peut aussi introduire une interrogative directe :

Ex. : ***Ob*** *es morgen schön wird?* Est-ce qu'il fera beau demain ?

Savoir utiliser une subordonnée à verbe premier

Au lieu d'utiliser une subordonnée introduite par *wenn* exprimant une condition, une hypothèse, un souhait ou un regret, on peut utiliser une subordonnée à **verbe premier**. La principale est alors généralement introduite par *dann* ou par *so*.

Ex. : ***Wenn*** *es morgen regnet, gehen wir nicht spazieren./****Regnet*** *es morgen, dann gehen wir nicht spazieren.* S'il pleut demain, nous n'irons pas nous promener.

FAIRE

1 Transformez la première proposition en dépendante en passant de l'interrogation directe à l'interrogation indirecte.

Werden Wilhelm Tell und sein Volk ihre Freiheit erringen? Das wissen wir am Anfang nicht.
→ Wir wissen am Anfang nicht, ob Wilhelm Tell und sein Volk ihre Freiheit erringen werden.

a. Ist diese klassische Sprache doch nicht schön? Das fragt Lisa.
b. Kann man auch in Frankreich Schillers „Wilhelm Tell" sehen? Das wissen wir nicht.
c. Kann der Kampf eines Individuums ein ganzes Volk retten? Das weiß er nicht.
d. Spielte das Stück eine Rolle später in Deutschlands Geschichte? Das weiß ich nicht.

2 Complétez à l'aide de *ob* ou de *wenn*.

a. Wir fragen uns, …… viele Leute in Deutschland Schillers „Wilhelm Tell" gesehen haben.
b. …… es für dich wichtig ist, klassische Sprache zu lesen, dann lese auch Goethes und Thomas Manns Werke!
c. …… ich besser Deutsch könnte, dann würde ich jeden Tag klassische Texte lesen.
d. Ich weiß nicht, …… viele Franzosen die Werke von Schiller kennen.

3 Transformez la première proposition en dépendante conjonctive à l'aide de la conjonction indiquée.

a. Sie räumt ihr Zimmer auf ; sie hört gern Musik. *(indem)*
b. Er stand unter der Dusche ; das Telefon läutete. *(während)*
c. Sie ist krank ; sie darf nicht hinausgehen. *(solange)*
d. Mein Freund Hans kommt vorbei ; du sollst ihm dieses Buch geben. *(falls)*

4 Complétez à l'aide de *ob* ou de *wenn*.

a. Ich frage mich, ... es sich lohnt, in diesen Film zu gehen.
b. ..... ich ins Kino gehe, möchte ich nicht enttäuscht sein.
c. ..... du morgen mit ins Kino kommst?
d. ..... du Lust hast, können wir am Samstag ins Museum gehen.
e. Wer sind Sie, ... ich fragen darf?

5 Formez des phrases en faisant de la seconde proposition une subordonnée à verbe premier.

a. Du sprichst jeden Tag Deutsch. Du lebst in Deutschland.
b. Sie lernt auch Italienisch. Sie hat mehr Zeit.
c. Du kannst meine anderen Freunde kennenlernen. Du kommst zu uns.
d. Er kauft mehr Bücher und Platten. Er ist sehr reich.
e. Wir kommen natürlich. Man lädt uns ein.

6 Placez les virgules.

a. Ich weiß nicht ob ich ins Gymnasium gehen kann da ich so krank bin.
b. Da er gestern abend in der Disco war ist er heute morgen spät aufgestanden.
c. Da sie viele Haustiere haben können meine Freunde nicht in Urlaub fahren weil sie ihre Haustiere füttern müssen.
d. Dass die Deutschen zum Frühstück oft ein Ei essen wusste ich schon weil meine Deutschlehrerin es uns erzählt hatte.

7 Complétez à l'aide de *ob* ou de *wenn*.

a. ..... er zurückgekommen ist, weiß ich nicht.
b. Haben Sie eine Ahnung, ... diese Nachricht stimmen mag?
c. Er meinte, das Wochenende solle schön sein. ..... er recht hatte?
d. Ach, ... er nur recht haben könnte!
e. Ich habe nicht erfahren können, ... die Bücher, die ich bestellt hatte, schon da sind.
f. ..... wir unseren Termin auf nächsten Dienstag verschieben?
g. Wie wär's, ... wir unseren Termin auf nächsten Dienstag verschieben?
h. Kannst du bitte nachsehen, ... die Tür geschlossen ist?

7 Commenter un document iconographique

SAVOIR

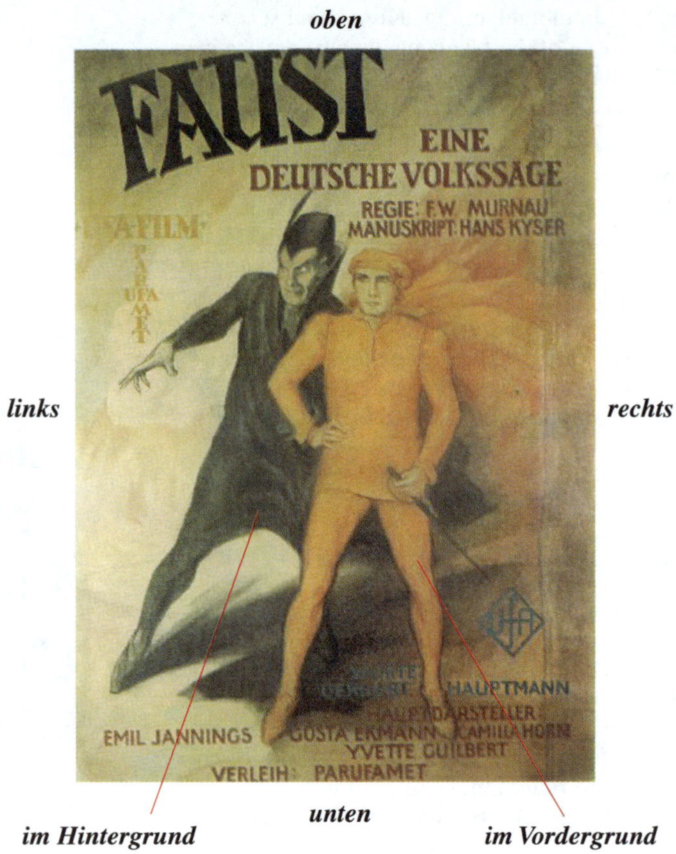

Faust ist eine historische Figur – ein Georg Faust lebte in Deutschland zwischen 1480 und 1540 –, die bald zur Legende geworden ist. Er war ein Gelehrter, Magister oder Doktor der Universität, der in den Städten Wittemberg, Erfurt, Ingolstadt wohnte. Medizin, aber auch Astrologie und Alchemie waren damals anerkannte und beliebte Wissenschaften. Man behauptete, Faust könnte mit einem Zaubermantel durch die Luft fliegen. Dann dachte man, dass Faust einen Pakt mit dem Teufel geschlossen hatte.
1587 erschien ein Volksbuch des Dr. Faust, das am Anfang einer langen Reihe von Texten den Gegensatz zwischen Gut und Böse darstellt, den wir auch auf diesem Filmplakat sehen. Inzwischen haben viele Schriftsteller diesen Stoff benutzt, insbesondere Christopher Marlowe in England (*The Tragical History of Doctor Faustus*, zwischen 1594 und 1605) und Johann Wolfgang Goethe in Deutschland, mit der großen Tragödie *Faust*, in zwei Teilen. Als Kind hatte Goethe die Faust-Geschichte durch Puppenspiele entdeckt und schon in den Jahren 1773-1774 fing er mit seinem eigenen *Faust* an. 1790 veröffentlichte er ein *Faust-Fragment*, 1808 den ersten Teil der Tragödie, und der zweite Teil wurde erst kurz vor seinem Tod beendet, so dass er sich fast sein ganzes Leben mit diesem Thema beschäftigt hat.

Filmplakat, 1926 : Faust – Eine deutsche Volkssage
(*Faust* – Une légende populaire allemande)

La description

das Bild (er) : l'image, le tableau, la photographie
das Gemälde (-) : le tableau
die Zeichnung (en) : le dessin
das Cartoon (s) : le dessin satirique
das Porträt (s) : le portrait
die Werbung (en) : la publicité
das Titelbild (er) : la couverture (d'une revue)
in der oberen (unteren) Bildhälfte : dans la moitié supérieure (inférieure) de l'image
der Rand (¨er) : le bord
der Rahmen (-) : le cadre
die Kulisse (n) : le décor
ganz vorne : au tout premier plan
ganz hinten : tout au fond
oben rechts/rechts oben : en haut à droite
unten rechts/rechts unten : en bas à droite
hinten links/links hinten : au fond à gauche
vorne links/links vorne : devant à gauche
in der Mitte : au centre

Le commentaire

die Vordergrundfigur (en) : le personnage du premier plan
die Hintergrundfigur (en) : le personnage de l'arrière-plan
die Szene (n) : la scène (action)
der Kontrast (e) : le contraste
ausdrücken : exprimer
einen Eindruck machen auf (+ A) : faire une impression à qqn
der Blick (e) : le regard
der Betrachter (-) : l'observateur
die Stellung (en) : la position
das Aussehen : l'apparence
der Gesamteindruck (¨e) : l'impression d'ensemble
der Aufbau des Bildes : la structure de l'image
darstellen : représenter
die Darstellung (en) : la représentation
das Symbol (e) : le symbole
symbolisieren : symboliser

SAVOIR-FAIRE

Savoir se poser les bonnes questions

• Sur l'image

Was stellt dieses Bild dar? Que représente cette image ?
Was fällt Ihnen beim Betrachten des Bildes besonders auf?
Qu'est-ce qui vous frappe particulièrement en regardant cette image ?
Inwiefern passen Bild und Titel zusammen? Dans quelle mesure l'image et le titre vont-ils ensemble ?

• Sur les personnages

Was stellen diese Figuren dar? Que représentent ces personnages ?
In welcher Haltung werden sie dargestellt? Dans quelle position sont-ils représentés ?
Was verkörpert die Figur links (rechts, in der Mitte, im Vordergrund, im Hintergrund)?
Qu'incarne le personnage de gauche (ou de droite, du milieu, du premier plan, de l'arrière-plan) ?

• Sur les objets

Welcher Gegenstand ist auf dem Bild zu sehen? Quel objet peut-on voir sur l'image ?
Welche (symbolische) Bedeutung hat dieser Gegenstand? Quelle signification (symbolique) a cet objet ?

Savoir décrire et commenter

• Impression générale

Dem Betrachter bietet sich hier ein Ausblick auf… (+ A).
Une vue de… s'offre ici au regard de l'observateur.
Was ins Auge fällt, ist… Ce qui saute aux yeux, c'est…
Was beim ersten Blick auffällt, ist… Ce qui frappe au premier coup d'œil, c'est…

• Observation détaillée

Bei näherer Betrachtung entdeckt man… En y regardant de plus près, on découvre…
Unsere Aufmerksamkeit wird auf diese Figur gelenkt. Notre attention est dirigée vers ce personnage.

• Analyse

Diese Figur ist die Personifizierung von… Ce personnage est la personnification de…
Die Farben haben eine symbolische Bedeutung. Les couleurs ont une signification symbolique.

FAIRE

Complétez avec les mots ci-dessous (en les déclinant si besoin) la présentation du *Faust* de Goethe et le commentaire de l'affiche du film : *(die) Ambivalenz – erleben – (der) Frieden – (das) Geheimnis(se) – der Kontrast(e) – (das) Plakat(e) – retten – (die) Seite(n) – sich verlieben – (der) Teufel(-) – (der) Untertitel – verführen – verurteilen*

In Goethes Stück sagt der Held : „Zwei Seelen wohnen, ach! in meiner Brust"

Am Anfang gibt es einen Prolog im Himmel, wo Mephistopheles eine Wette mit dem Herrn machen möchte, um Faust zu ……….. Der Herr sagt: „Es irrt der Mensch, solang er strebt". Dann sehen wir Faust als einen alten Gelehrten, der vergeblich versucht hat, alle ……….. der Wissenschaften und des Universums zu entdecken, der des Lebens müde ist und Selbstmord begehen möchte. Da trifft er Mephistopheles, einen Gesandten des ………..., und wird dank seiner Hilfe zu einem jungen Mann, der ……….. in die schöne Margarethe (Gretchen) ……….. . Leider wird er das Böse in das einfache Leben des jungen Mädchens bringen: Gretchens Mutter, Gretchens Bruder sterben, Faust geht mit Mephistopheles weg, während Gretchen ein Kind von Faust bekommt. Sie wird verstoßen, tötet das Kind, wird zum Tode ……….. . Am Ende des Dramas kommt Faust zurück und will sie ………..., aber es ist zu spät. Sie wird aber gerettet, während Faust mit Mephistopheles weggeht. Erst im zweiten Teil der Tragödie finden wir Faust wieder, der mehrere fantastische Abenteuer ………..., bevor er selbst weise wird, stirbt und gerettet wird. „Wer immer strebend sich bemüht, den können wir erlösen", sagen die Engel bei seinem Tode. Auf diesem ……….. sehen wir den Kontrast in den Farben, das Schwarze des Teufels und des Todes und das Rote des Lebens und der Liebe von Faust, der immer nach mehr Wissen strebt und auch Gretchens Liebe wünscht. Der ……….. „Eine deutsche Volkssage" zeigt in der Zeit der Weimarer Republik (1919-1933) die ……….. der verschiedenen Interpretationen von *Faust*. Der ……….. erinnert an die doppelte Seele von Faust in Goethes Stück: das Böse und das Gute, die Gewalt und die Ruhe, der Krieg und der ……….. werden hier symbolisch dargestellt. Die zwei Figuren können auch als zwei ……….. eines einzigen Individuums erscheinen, der im Sturm einer allgemeinen Dynamik gefangen zu sein scheint.

Espagnol

1 Comentar un documento

SAVOIR

À l'épreuve du baccalauréat, on attend de vous que vous soyez capable de communiquer avec l'examinateur, en espagnol, à partir d'un document, c'est-à-dire de « rendre compte de ce que vous aurez lu, vu ou entendu, formuler une opinion personnelle, porter un jugement motivé ».

SAVOIR-FAIRE

VOCABULARIO

un texto : un texte
un poema : un poème
un extracto : un extrait
una novela : un roman
una novela corta : une nouvelle
un artículo de periódico : un article de journal
un diálogo : un dialogue
una obra de teatro : une pièce de théâtre
un cuento : un conte
un relato : un récit
un cuadro : un tableau
una foto : une photo
un fotograma : une photo tirée d'un film
una publicidad : une publicité
un cómic : une bande dessinée
un dibujo humorístico : un dessin humoristique

Qu'il s'agisse d'un texte ou d'une image, prenez le temps d'observer, de lire et de relire le document.
Pour mieux le comprendre, aidez-vous des indications qui vous sont données : le titre (*el título*), le chapeau (*la introducción*), les notes (*las notas*)…

Présenter le document

- ***El tipo de documento*** : ce peut être un texte ou un document iconographique.
- ***El autor*** : *el poeta, el escritor, el pintor, el fotógrafo, el publicista, el dibujante…*
- ***El país*** (point de vue, codes de lecture, langue… peuvent varier selon les pays.).
- ***La fecha, la época*** (la date et l'époque sont à prendre en compte pour éviter contresens ou anachronisme).

Analyser, commenter

- **Éviter la paraphrase** (la répétition sous une forme généralement moins heureuse), en se posant des questions :

Qui ? Chercher des noms propres et les énumérer ne présente aucun intérêt. Se demander plutôt qui sont les personnages, quel lien existe entre eux, quel âge ils ont, à quel groupe social ils appartiennent, quel aspect de leur personnalité est montré…
Quand ? Chercher des indices : les salutations, les repas, la végétation, le temps qu'il fait, la lumière, l'évocation d'un personnage historique…
Où ? Espagne, Amérique, ville, village, campagne, intérieur, extérieur…
Quoi ? *El asunto* (le sujet) *del texto… El documento trata de… El cuadro evoca…*

- **Approfondir**

Comment ? Pourquoi ?
Que veut nous dire l'auteur ? Comment s'y prend-il pour nous convaincre ? Analyser les figures de style, les images, les métaphores, les répétitions, la structure des phrases… Pour une image, trouver les lignes directrices, les couleurs, la lumière, la répartition des masses…
Pourquoi les personnages agissent-ils ainsi ? Quels sont les sentiments qui les animent ?

Conclure

- Dire ce qu'inspire le document, ce qu'il évoque : c'est le moment de montrer que vous êtes capable d'établir des liens entre le document étudié et vos connaissances personnelles.
- Donner son **avis motivé** sur le document.

Es un texto irónico, satírico, nostálgico...	Il s'agit d'un texte ironique, satirique, nostalgique...
La descripción es cómica, conmovedora, porque...	La description est comique, émouvante, car...
En este extracto vemos cómo el autor pone en escena los personajes...	Dans cet extrait, nous voyons comment l'auteur met en scène les personnages...
cómo describe con nostalgia una escena de su infancia…	comment il décrit avec nostalgie une scène de son enfance...
cómo se burla de…	comment il se moque de...
cómo plantea el problema de…	comment il pose le problème de…
cómo intenta explicar…	comment il tente d'expliquer…
(No) Comparto su opinión pues…	Je (ne) partage (pas) son opinion car…
Imagino que…	J'imagine que…
Para concluir, puedo decir que…	Pour conclure, je peux dire que…

FAIRE

1 Lisez le texte et répondez aux questions.

– ¿Qué pensó usted señor Cayo?
– Pensar ¿de qué?
– De Franco, de que se hubiera muerto[1].
El señor Cayo dibujó con sus grandes manos un ademán ambiguo.
– Mire, para decir verdad, a mí ese señor me cogía un poco a trasmano.
– Pero la noticia era importante, ¿no? Nada menos que pasar de la dictadura a la democracia.
– Eso dicen en Refico.
– Y usted ¿Qué dice?
– Que bueno.
Laly le miraba comprensiva, amistosamente.
Añadió:
– De todos modos, al comunicárselo Manolo, algo pensaría usted.
– ¿de lo de Franco?
– Claro
– Mire, como pensar que le habrían dado tierra.
Ahí sí que somos todos iguales.
Rafa bebió otra taza de vino.Tenía las orejas y las mejillas congestionadas. Dijo excitado:
– Pues ahora tendrá usted que participar, señor Cayo, no queda otro remedio. ¿Ha oído el discurso del Rey? La soberanía ha vuelto al pueblo.
– Eso dicen.
– ¿Va a votar el día 15[2]?
– Mire, si no está mal el tiempo, lo mismo me llego a Refico con Manolo.
– ¿Votan ustedes en Refico?
– De siempre, sí señor. Nosotros y todo el personal de la parte de aquí, de la montaña.
– Y ¿Ha pensado usted qué va a votar?
El señor Cayo introdujo un dedo bajo la boina y se rascó ásperamente la cabeza. [...]. Murmuró al fin:
– Lo más seguro es que vote que sí, a ver, si todavía vamos a andar con rencores...
Rafa se echó a reír. Levantó la voz:
– Que eso era antes, joder, Señor Cayo. Esos eran los inventos de Franco, ahora es diferente, que no sabe usted ni de qué va la fiesta.
– Eso – dijo humildemente el señor Cayo.
La voz de Rafa se fue haciendo, progresivamente, más cálida, hasta alcanzar un tono mitinesco:
– Ahora es un problema de opciones, ¿ me entiende? Hay partidos para todos y usted debe votar la opción que más le convenza. Nosotros, por ejemplo.

Miguel Delibes,
El disputado voto del señor Cayo,
© Destino, 1978.

1. Franco fue jefe del estado durante cuarenta años. Murió en 1975. 2. 15 de junio de 1977.

a. Presentar el documento: el tipo de documento, el autor y su nacionalidad, la fecha.
b. ¿Quiénes son los personajes?
- El señor Cayo:
  1. es ❑ viejo / ❑ joven.
  2. es ❑ hombre político / ❑ campesino / ❑ obrero.
  3. Vive ❑ en Refico / ❑ en la montaña / ❑ en Madrid.
- Rafa y Laly son:
  1. ❑ chicas / chicos / ❑ un chico y una chica
  2. ❑ amigos / ❑ adversarios políticos / ❑ hermanos.

c. ¿Dónde pasa la escena?
❑ en Madrid / ❑ en un pueblo / ❑ en Refico.
d. ¿Cuándo pasa la escena?
❑ en 1975 / ❑ en 1977 / ❑ en 1978.
e. ¿Cuál es el asunto del texto?
❑ la muerte de Franco / ❑ el último referéndum / ❑ las elecciones.

2 Relevez les indices qui permettent de situer les textes suivants en Amérique.

Texte 1
– No hay monos en la sierra. Tampoco Saínos. No cazan las gentes de la sierra.
– ¿Y qué comen entonces?
– Lo que se puede. Papas, maíz. A veces un puerco o una gallina, para las fiestas.

Luís Sepúlveda,
Un viejo que leía novelas de amor, 1993.

Texte 2
El árbol de Navidad, cada año más pelado, [...], y siempre cubierto de algodón, contrastaba con el calor sofocante del día.

Alfredo Bryce Echenique, *Huerto cerrado*, 1968.

Texte 3
A medida que avanzaban hacia el sudoeste, la pampa se abría más y más, el paisaje se volvía imponente. Ahora Martín se sentía útil: tuvieron que cambiar una cubierta, cebaba mate, preparaba el fuego.

Ernesto Sábato, *Sobre héroes y tumbas*, 1961.

Texte 4
Neto: ¿Que este carro no es placa ciento setenta y cinco RB...? ¿Y está pintado de amarillo, no?
Taxista: ¿Y qué?
Neto: ¿Cómo que qué...? pos que me manda Teógenes con usted, para que me pase del otro lado de la frontera, y aquí traigo mis mil pesos...

Arau, *Mojado Power*, 1979.

2 Comentar una historieta

SAVOIR-FAIRE

VOCABULARIO

una historieta, un tebeo (TBO) : une bande dessinée, une BD
una tira : une bande dessinée, une ligne
la organización, la disposición : l'organisation, la disposition
una viñeta : une vignette
el encuadre : le cadrage
los planos : les plans
primer plano : gros plan
plano medio : plan moyen
plano de conjunto : plan d'ensemble
la desproporción : la disproportion
un globo, un bocadillo : une bulle
una onomatopeya : une onomatopée
las letras : les caractères
mayúsculas : majuscules
negrillas : caractères gras
bastardillas : italiques
el tamaño : la taille

Lire la bande dessinée

- **Lire** une première fois pour prendre connaissance de l'anecdote et découvrir l'intention de l'auteur.
- **Relire** afin de mieux saisir le sens et la valeur des éléments qui ont pu nous échapper, car certains d'entre eux ne deviennent vraiment compréhensibles qu'après la chute.
- **Tenir compte** de ce que vous aurez découvert pour éviter les contresens et attirer l'attention sur certains détails significatifs, **sans dévoiler la chute**.

Présenter la BD

Présenter le dessinateur, les personnages (Tintin, Mafalda…) s'ils sont connus et le thème de la bande dessinée.

Décrire la BD

- **L'image**

Le cadrage permet au dessinateur de montrer ce qu'il veut bien montrer d'une scène. Il peut donc aussi choisir de ne pas montrer des éléments parfois essentiels, pour mieux ménager certains effets.
Dans le dessin, chaque détail a son importance. Il s'agit donc de bien observer tous les personnages et leurs expressions, de déterminer où et quand se passe la scène, non seulement en fonction des éléments du dessin, mais aussi en s'aidant de ce que la lecture complète aura révélé.
Noter éventuellement les éléments manquants ou dont on ne voit qu'une partie, ceux qui vont changer, disparaître ou qui vont jouer un rôle dans le déroulement de l'histoire.
Entre deux images, l'action continue de se dérouler. Il faut donc imaginer ce qui a pu se passer entre deux plans (changement de lieu, temps écoulé, retour en arrière, événement non représenté …).

- **Les bulles**

Il faut également prêter attention à **la forme** de la bulle et à son contenu : texte (taille et épaisseur des **caractères**), ponctuation (**?** : *signo de interrogación* ; **!** : *signo de exclamación* ; **…** : *puntos suspensivos*), signes codés, onomatopées, dessins…
La bulle donne un éclairage sur le dessin de la vignette. Elle peut renforcer ce qui est montré, le nuancer et même le contredire.

Dégager l'intention de l'auteur

Il y a souvent, dans une bande dessinée, une satire (*la sátira*) sociale, morale ou politique. Lors du commentaire, il faut l'identifier et analyser son traitement. L'auteur peut utiliser le mode humoristique, l'effet de surprise, le décalage ou l'exagération (*lo cómico, lo sorprendente*).

Conclure

En conclusion, il est recommandé de donner son point de vue sur le sujet (*el tema*) en s'aidant éventuellement des connaissances acquises dans d'autres disciplines.

FAIRE

1 Commentez la bande dessinée ci-dessous en suivant les consignes données.

***La liberación de la mujer*, Quino.**

a. Présentez le document.
Tipo de documento: ...
Autor: ...
Tema: ...

b. Complétez la description de la bande dessinée.

1. La primera viñeta es un plano............... Sirve para..
2. Gracias al plano .... de la segunda y de la tercera viñeta, vemos que Mafalda .... y va descubriendo ....
3. En la última viñeta Mafalda..................
4. El único globo .... indicando que Mafalda..
5. Las letras .... lo que indica que Mafalda .... a medida que .... y ....
6. El efecto cómico nace de la oposición entre .... y.......................

c. Quelle est l'intention de l'auteur ? Quino quiere mostrar que..

d. Rédigez votre conclusion sur une feuille de papier. Da tu opinión sobre este problema de la liberación de la mujer.

2 Commentez la scène ci-dessous et répondez aux questions sur une feuille de papier.

***No se me occure nada*, Quino.**

a. ¿Cómo nos entera Quino del tema?
b. ¿Qué detalles indican en la primera y en la segunda viñeta que estamos en la calle?
c. ¿Por qué no nos muestra el entorno desde el principio?
d. ¿Qué idioma domina en los rótulos, carteles y letreros que aparecen en la última viñeta?
e. ¿Qué podría ocurrírsele a Felipe?

3 Commentez cette illustration.
Recuerda lo que sabes de las relaciones Norte-Sur. Puedes sacar provecho de este dibujo del mexicano **Helguera** que ilustra a su manera el imperialismo de Estados Unidos para con su país.

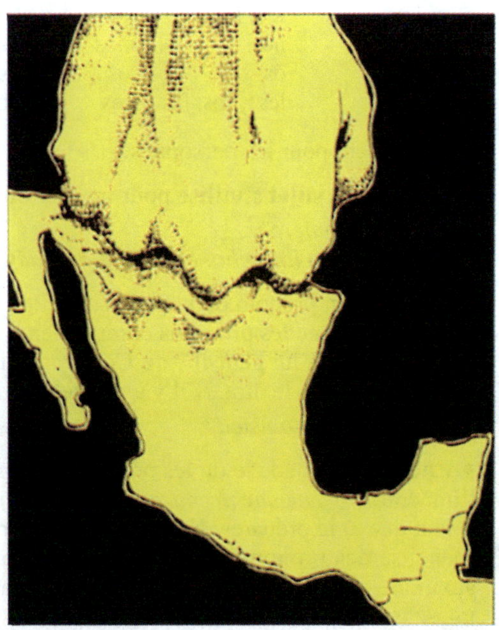

Espagnol

3 Les constructions affectives
Les pronoms personnels

SAVOIR

VOCABULARIO

agradar : plaire
apetecer : avoir envie de
chiflar : raffoler
doler : avoir mal
extrañar : étonner
tocar : échoir
(*a ti te toca* : c'est à ton tour)
fascinar : fasciner
ilusionar : adorer
costar : avoir du mal à

Les constructions « affectives »

• **Construction affectives « simples », du type gustar (plaire)**

gustar : ***a** Pedro le gustan los tebeos*

complément — sujet

Dans ce type de construction, le sujet est généralement placé derrière le verbe qui est toujours conjugué à la 3e personne. Sur ce modèle se construisent un certain nombre de verbes (*voir* le vocabulaire ci-contre).

• **Constructions affectives des verbes réfléchis**

Avec les verbes réfléchis, on garde la même construction et on ajoute le pronom réfléchi de la 3e personne (personne à laquelle le verbe est conjugué).

Olvidarse : oublier — ***Se** me olvidó decírselo.*
Acordarse : se souvenir — *No **se** le acordó darme el libro.*
Ocurrirse : venir à l'esprit — *¿No **se** os ocurre nada?*
Figurarse : s'imaginer — ***Se** nos figuraba otra cosa.*
Antojarse : prendre la fantaisie — ***Se** le antojó irse sin avisar a nadie.*

Une connaissance correcte des pronoms personnels vous est indispensable pour construire convenablement les verbes dits « affectifs ».

Les pronoms personnels

En espagnol, comme en français, les pronoms personnels ont des formes différentes selon leur fonction.

Sujet	Réfléchi	COD	COI	Après préposition	Après *con*
yo	me	me	me	a mí	conmigo
tú	te	te	te	a ti	contigo
él, ella, usted	se	le*, lo, la	le	a él, a ella, a usted	con él, ella, usted, consigo,
nosotros, -as	nos	nos	nos	a nosotros, -as	con nosotros, -as
vosotros,-as	os	os	os	a vosotros, -as	con vosotros, -as
ellos, ellas, ustedes	se	les*, los, las	les	a ellos, a ellas, a ustedes	con ellos, ellas, ustedes, consigo

* uniquement pour les personnes.

• **Le pronom sujet** s'utilise pour insister ou différencier.

Ex. : *Yo no quiero ir.* — **Moi**, je ne veux pas y aller.
Él vino a las ocho, ella llegó después. — Il est venu à huit heures, elle est arrivée après.

• ***Usted*** est un pronom de la 3e personne qui correspond au vouvoiement français.
On utilisera donc les pronoms compléments de la 3e personne.
¿Le gusta? Cela lui plaît-il ? **ou** Cela vous plaît-il ?
Le contexte vous le dira. S'il y a risque de confusion, on ajoutera un pronom.
Ex. : *¿Le gusta a usted?*

• **Enclise** : on soude le ou les pronoms compléments à la fin du verbe à l'infinitif, au gérondif et à l'impératif : *Tiene que **prepararse**. Estamos **preparándonos**. **Prepárate**.*
Il faut que tu te prépares. Nous sommes en train de nous préparer. Prépare-toi.
L'enclise des pronoms est facultative à l'infinitif et au gérondif s'ils sont précédés d'un verbe auxiliaire ou semi-auxiliaire. Dans ces cas-là, on place le pronom complément devant.
Ex. : ***Se** tiene que **preparar**. **Nos** estamos **preparando**.*

SAVOIR-FAIRE

Construire un verbe « affectif »

Pour construire un verbe « affectif », il faut chercher le sujet (en français, celui-ci est souvent le complément).

Ne pas oublier que le verbe est toujours conjugué à la 3e personne (du singulier ou du pluriel). Le pronom complément peut être repris ou précisé par un complément, toujours introduit par a. Avoir présent à l'esprit l'équivalence « aimer-plaire » :

Ex. :	*A Pedro le gustan los videojuegos.*	Pierre aime les jeux vidéo (Les jeux vidéo plaisent à Pierre).
	(A vosotros) os gusta el deporte.	Vous aimez le sport (Le sport vous plaît).

FAIRE

1 Construisez des phrases à partir des éléments suivants en utilisant les tournures affectives.

a. (Ayer) yo / ocurrirse / leer estos tebeos.
b. Nosotros / chiflar / la música moderna.
c. Tú / olvidarse / el móvil.
d. Tus padres / gustar / ir a España.
e. Vosotros / interesar / los cómics.
f. Felipe / costar / hacer la redacción.

2 Répondez en réutilisant le verbe de la question. (Attention aux pronoms compléments !)

a. ¿Te duelen los pies?
– Sí, ...
b. ¿Qué se te figuraba?
– (algo mejor).....
c. ¿Les apetecen a ustedes unos churros?
– No, ...
d. ¿Os extraña que no hayan llegado?
– Sí, ...
e. ¿Les costaría tanto a tus padres prepararlo?
– No, ...
f. ¿Se os acordaron las direcciones web?
– Sí, ...

3 Construisez convenablement le verbe entre parenthèses et conjuguez au bon temps.

a. Seguimos yendo a clases porque (interesar) los estudios.
b. (extrañar) que no sepas cómo funciona.
c. Cuando trabajaba mucho en el ordenador, (doler) los ojos.
d. Ustedes pueden probarlo, pero temo que no (gustar).
e. No podéis entrar si (olvidarse) los billetes.
f. Felipe conoce a todos los héroes de historietas porque (chiflar) los tebeos.

4 Remplacez le COI et le COD par des pronoms compléments.

a. La profesora explica las lecciones a los alumnos.
b. Doy un libro a mi amigo.
c. Descargas música para tu hermano.
d. Les compramos un DVD a los niños.
e. Ustedes hacen la compra para la abuelita.

5 Transformez suivant le modèle.

No te preparo el trabajo.
→ *No quiero preparártelo.*

a. No le cantas la canción.
b. No me prestan sus libros.
c. No les regalamos la flor.
d. No os dan su contraseña.
e. No nos decís la verdad.
f. No me pongo las botas

6 Répondez aux questions en faisant une double enclise.

a. ¿Me quieres leer este libro?
b. ¿Te pueden facilitar la entrada?
c. ¿Os están mostrando las fotos?
d. ¿Les estáis escribiendo un mail?
e. ¿No nos debéis dar los folletos?
f. ¿Te puedo hacer este trabajo?

4 La concordance des temps Le style direct, le style indirect

SAVOIR

Concordance des temps

La concordance des temps consiste à maintenir une unité de temps entre la principale et la subordonnée.

Ex. : présent : *No me dice adónde va.* → passé : *No me dijo adónde iba.*
Présent : *Creo que le gustará.* → passé : *Creí que le gustaría.*

Lorsque la subordonnée est au subjonctif, on respecte scrupuleusement la concordance des temps.

Principale	Subordonnée au subjonctif	Exemples
Indicatif présent passé composé futur Impératif	Présent ou passé composé	*No pienso que lo haya visto.* *Me ha dicho que lo coja.* *Se lo daré para que lo lea.* *Dile que pase.*
Indicatif imparfait passé simple plus-que-parfait Conditionnel	Imparfait ou plus-que-parfait	*Pensaba que se lo hubieran dicho.* *Lo guisé para que lo probaras.* *Le había aconsejado que se fuera.* *Me gustaría que vinieras.*

Style direct, style indirect

On peut rapporter les propos ou la pensée de quelqu'un de différentes façons.

• **Au style direct** : on rapporte les paroles telles qu'elles ont été prononcées.
Ex. : *"No me gustan las películas de horror" dijo.*

• **Au style indirect** : on les insère dans un autre discours sous la forme d'une proposition subordonnée.
Ex. : *Dijo que no le gustaban las películas de horror.*

SAVOIR-FAIRE

Savoir passer du style direct au style indirect

Le passage du style direct au style indirect entraîne des modifications de ponctuation, de temps, de mode, de personne, d'adverbe, de démonstratif…

• **Changement de mode et de temps**

Le style indirect utilise un verbe introducteur, qui peut être :

– Un verbe déclaratif : *decir, declarar, afirmar, contestar, pretender, confesar…*

a. Si le verbe déclaratif est au présent, au passé composé ou au futur → pas de changement de temps au style indirect.

Ex. : *Le confirma: "Vivo en Madrid".* → *Le confirma que vive en Madrid.*
Le preguntaré: "¿Quieres venir a mi casa?" → *Le preguntaré si quiere venir a mi casa.*

b. Si le verbe déclaratif est à un temps du passé → respecter la concordance des temps.

Style direct			Style indirect	
Présent :	*"Salgo a las ocho."*	→	Imparfait :	*Dijo que salía a las ocho.*
Passé simple : Passé composé :	*"No lo hice adrede."* *"No lo he hecho adrede."*	→ →	Passé simple : Plus que parfait :	*Dijo que no lo hizo adrede.* *Dijo que no lo había hecho adrede.*
Futur :	*"Se lo diré."*	→	Conditionnel :	*Dijo que se lo diría.*

– Un verbe exprimant un ordre, une prière : *pedir, decir, rogar, ordenar…*

Le verbe de la subordonnée au subjonctif respectera la concordance des temps (*voir* tableau en haut de page).

- **Changement de personne**

Le changement de personne entraîne un changement des possessifs et des pronoms personnels.
Ex. : *"Vete a **tu** cuarto" le ordenó su padre. → Su padre le ordenó que **se fuera** a **su** cuarto.*
*Su madre les ha dicho: "**Iré** a por **vuestros** libros". → Su madre les ha dicho que **iría** a por **sus** libros.*

- **Changement de démonstratifs et d'adverbes de temps et de lieu**

Ils peuvent changer si le verbe introducteur est au passé.
Este, este → aquel ; *hoy* (aujourd'hui) → *aquel día* (ce jour-là) ; *ayer* (hier) → *la víspera* (la veille) ; *mañana* (demain) → *al/el día siguiente* ; *ahora* (maintenant) → *entonces* (alors) ; *aquí* (ici) → *ahí* (là).
Ex. : *"**Mañana**, arreglaremos **esto**". → Me dijo que arreglaríamos **aquello el día siguiente**.*

FAIRE

1 **Mettez les phrases suivantes au passé.**

a. Mis padres no quieren que salga.
b. No me gusta lo que estás haciendo.
c. Te lo dejamos para que lo leas.
d. Os pedimos que digáis la verdad.
e. ¿Crees que lo lograrán?
f. La profesora exige que sepamos la lección.
g. No recuerdo lo que me dijiste.
h. Prefiero que sigas poniendo tu blog al día.

2 **Mettez chaque phrase au présent.**

a. No le dijimos lo que había pasado.
b. ¿Querías que fuéramos a España?
c. Me rogó que le acompañara.
d. No me hizo gracia lo que me contó.
e. Le aseguré que lo haría.
f. No pude decirle lo que sentía.

3 **Passez le dialogue suivant au style indirect.**

– ¿Tú conoces alguna buena discoteca?
El camarero pareció desorientado [...].
– No sé, señor, depende.
– Tiene que haber muchas – insistió el Lagarto.
– En realidad, yo voy a una que está cerca de la Plaza Real, pero no sé si a usted...

Raúl Núñez, *Sinatra*, 1984.

4 **Écrivez les phrases suivantes au style indirect.**

a. "intentaré explicártelo" dijo.
b. El señor Torres lamentó: "Lástima que no podamos salir hoy hasta el salar".
c. – "Haz lo que te hé dicho" ordenó el padre.
d. – "No creo que sea posible encontrarlo en la Web" dije.
e. – " Dejen el equipaje dónde puedan y vengan corriendo" les gritó.
f. – "¿Cómo queréis que se enteren si nadie les dice nada?" preguntaron los dos.

5 **Écrivez les phrases suivantes au style direct.**

a. Me confiaron que sus padres habían quedado en Cuba.
b. Dijo que no sabía cuál era el suyo.
c. Nos preguntaron si era posible que les ayudáramos.
d. Le dije que se preparara rápidamente y que se fuera para la escuela.
e. Nos explicó que habían venido el día anterior y que no había nadie.
f. Prometí que volvería el día siguiente con mi hermano si aceptaban que se lo presentara.

6 **Passez le dialogue suivant au style indirect.**

– ¿Me dirás de una vez la verdad?
– La verdad no la sé. No me quedan verdades. Te puedo decir la mía. Te conté lo que pasó la noche del allanamiento. No. No fue como te lo conté.

Manuel Vázquez Montalbán, *Quinteto de Buenos Aires*, 1997.

7 **Imaginez le dialogue et rédigez-le.**

El director le dijo que no se hiciera ilusiones de que iba a firmar artículos ni a viajar por cuenta de su periódico, que le contrataba únicamente para que editara trabajos firmados por sus mejores firmas y para que redactara los pies de las fotografías. Le preguntó si había entendido cuál iba a ser la naturaleza de su trabajo.
Juan asintió. Lo había entendido. Aquél era su primer trabajo. Estaba de acuerdo.

D'après Ignacio Carrión, *Cruzando el Danubio*, © Destino, 1995.

5 Comentar una publicidad

SAVOIR

A propósito de la publicidad

• On peut distinguer deux types de campagnes publicitaires : celles dont l'objectif est de vendre un produit ou un service et celles qui visent à défendre l'intérêt général ou de grandes causes (anti-tabac, femmes battues…).
• Souvenez-vous qu'une campagne publicitaire donne lieu à de nombreuses enquêtes préliminaires, coûte très cher et doit rapporter. Par conséquent, rien n'est laissé au hasard. Une publicité doit attirer l'attention *(llamar la atención)* et si possible la retenir. L'utilisation d'images chocs, de jeux sur les mots et les structures, de répétitions ou de glissements de sens est donc fréquente et doit être rigoureusement analysée quand vous commentez ce type de document.

SAVOIR-FAIRE

VOCABULARIO

el soporte : le support
la empresa : l'entreprise
la prensa : la presse
un cartel : une affiche
un anuncio : une publicité
el lema, el eslogán : le slogan
el logo(tipo) : le logo
el anunciante : l'annonceur
un juego de palabras : un jeu de mots
el mensaje : le message
la sigla : le sigle
el consumidor : le consommateur
pregonar, alabar, promover : promouvoir un produit

Présenter la publicité

Il s'agit de relever les différents éléments qui permettent de situer la publicité : *¿Cúal es la empresa anunciadora? ¿Cuál es su propósito? ¿Qué vende? ¿Cuál es el soporte? ¿A quién se dirige esta publicidad?*

Décrire les différents éléments

Décrire précisément la forme du texte : *la imagen* (l'image), *el eslogan* (le slogan), *el logo* (le logo)…
Penser à la valeur des couleurs ; on dit habituellement que : *el roio excita* (le rouge excite), *el azul tranquiliza* (le bleu apaise), *el verde evoca la naturaleza* (le vert évoque la nature)…

Analyser

• **Quels sont les moyens utilisés pour convaincre ?**
– Le matraquage (*el machacar).*
– Le ton : *el humorismo, el misterio, la sorpresa* (la surprise), *el miedo* (la peur), *suscitar un deseo* (susciter un désir)…
– Les arguments ou la promesse : *el bienestar* (le bien-être), *el éxito* (le succès), *la libertad, la tranquilidad, el amor, la aventura…*
– L'utilisation d'éléments qui en rappellent d'autres, bien connus : *refranes* (proverbes), *personajes célebres* (personnages célèbres), *lugares famosos* (lieux fameux)…
– La composition : *¿Qué importancia se da a los diferentes elementos?* (Quelle importance donne-t-on aux différents éléments ?)
– Les sentiments ou les envies suscités : *sensibilidad, razón* (raison), *agresividad, sueño* (rêve), *sexo* (sexe)…

• **Quelle image de notre société la publicité nous renvoie-t-elle ?**

Remarque : si l'on travaille sur un message radio ou TV, il faut analyser le son et les techniques cinématographiques.

Conclure

Donner et justifier son opinion : la publicité semble-t-elle réussie (*acertada*) ? Est-elle plaisante à regarder ? Pourquoi ? Est-elle drôle (*divertida*), émouvante (*emocionante*), choquante (*chocante*)… ? Est-elle efficace ? (Essayez de vous mettre à la place du public ciblé.) Serait-on enclin à obéir à la consigne donnée ?

FAIRE

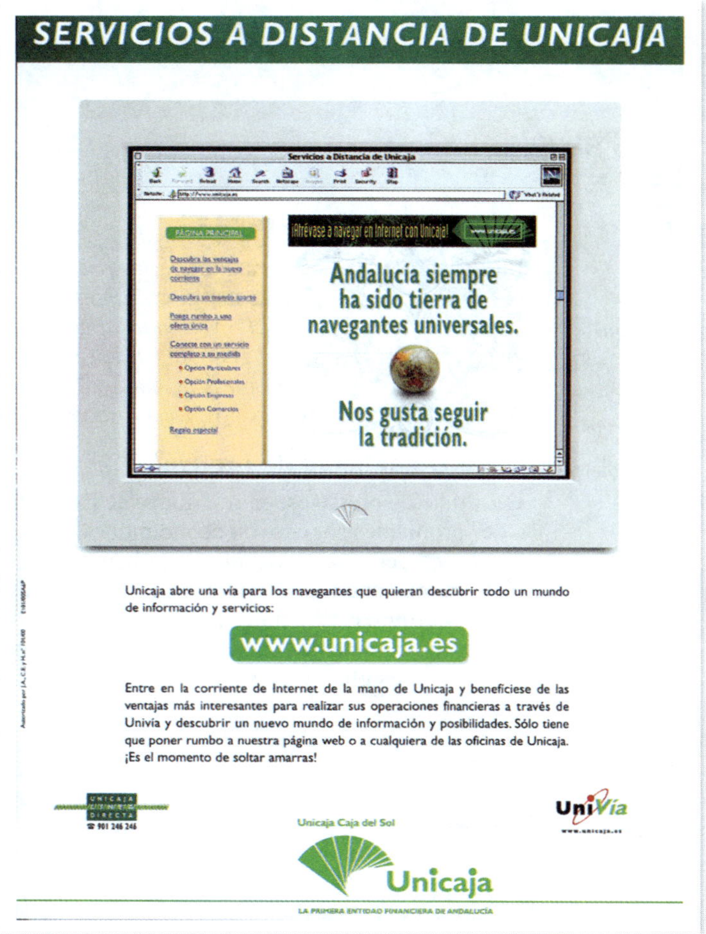

1 Présentez la publicité.

Soporte: . . . .

Empresa anunciadora: . . . . .

Propósito: . . . .

2 Décrivez la publicité.

Texto: . . . .

Eslogan: . . . .

Logo: . . . .

Imagen: . . . .

Color dominante: . . . .

3 Relevez les répétitions sur une feuille de papier.

a. ¿Cuántas veces se repite el nombre de la empresa anunciadora (Unicaja)?

b. ¿Qué otras palabras aparecen varias veces?

c. Apuntar las palabras que pertenecen al vocabulario marítimo.

4 Trouvez les associations suggérées par cette publicité et les références culturelles utilisées.

a. Los servicios a distancia de Unicaja se asocian con:
   1. El amor.
   2. El bienestar.
   3. La aventura.
   4. El éxito.
   5. La libertad.

b. Andalucía es asociada con:
   1. El sol.
   2. Las vacaciones.
   3. Los descubridores.

c. ¿A qué acontecimiento famoso alude la publicidad?
   1. El descubrimiento de América.
   2. La toma de Granada.
   3. La exposición universal de Sevilla.

d. ¿Con qué personaje famoso puede identificarse el lector?
   1. Carlos Quinto.
   2. Cristobal Colón.
   3. El Cid.
   4. Los Reyes Católicos.

5 Commentez la publicité en vous aidant des questions suivantes.

a. Fíjate en la utilización del vocabulario, en la oposición entre lo tradicional y lo moderno.
   1. ¿Qué te parece la frase: ¡Atrévase (*osez*) a navegar en Internet con Unicaja! ¿Será peligrosa la navegación en la Web? ¿Qué otro camino propone la publicidad para beneficiarse de las ventajas que ofrece Unicaja?
   2. ¿A quién se dirige este anuncio? Si formaras parte de este grupo, ¿qué harías?

b. Concluye diciendo si esta publicidad te parece acertada y si te gusta, y por qué.

6 Comentar un artículo de prensa

SAVOIR

VOCABULARIO

la prensa : la presse
el periodista : le journaliste
una investigación : une enquête
un suceso, un acontecimiento : un événement
una revista : une revue
un diario : un quotidien
un semanario : un hebdomadaire
un mensual : le mensuel

La prensa en España

En Espagne paraissent chaque jour près de 150 quotidiens, dont une grande partie a une diffusion exclusivement régionale. Les plus connus des journaux nationaux sont : *El País*, *El Mundo*, *ABC*, *La Vanguardia*. Plus de 300 revues sont également publiées chaque année. Les revues généralistes les plus lues sont : *Interviú*, *Cambio 16*, *Época.* Parmi les principaux journaux hispano-américains, on peut citer *La Nación* (Buenos Aires), *El Excelsior* (México), *La Jornada* (México), *El Comercio* (Lima).

Un artículo de prensa

Un article de presse est en relation avec l'actualité. Il permet de réfléchir notamment à des problèmes sociaux ou économiques.
Si l'on ne peut consacrer plusieurs heures à la lecture des journaux, on commence d'abord, en général, par parcourir **les titres** et éventuellement les « chapôs ».
C'est pourquoi le titre doit à la fois présenter le thème et retenir l'attention du lecteur.
Lorsqu'on commente et analyse un article de presse, il faut être conscient que les jeux de mots et les glissements de sens sont souvent utilisés.

SAVOIR-FAIRE

Présenter l'article

- Donner le nom du journal, sa nationalité et sa date de publication.

Ex. : *Este artículo es sacado de* (tiré de...), *periódico* (*español...*). *Se publicó...* (Il a été publié...).

- Dans quelle rubrique l'article est-il publié ? *Deporte* (sport), *educación, política, sociedad, cultura, economía, internacional, nacional, opinión, anuncios clasificados* (petites annonces)...
- De quel type de texte s'agit-il ? ***Investigación, análisis, humor, relato*** **(récit)...**
- De quel sujet l'article traite-t-il ?

Ex. : *El periodista cuenta...* (raconte), *analiza..., critica..., presenta... El tema del artículo es...*

Analyser, commenter

- Lire l'article en se posant les questions habituelles : Qui ? Où ? Quand ? Quoi ?

Comment le sujet est-il traité ? Quelle(s) question(s) plus générale(s) soulève-t-il ? Quelle(s) question(s) laisse-t-il en suspens ?
Quels moyens utilise le journaliste pour nous faire réagir ? *Sorpresa, indignación, toma de conciencia* (prise de conscience), *crítica, denuncia. Es un texto divertido.* (C'est un texte amusant.)
Remarque : un même fait peut être présenté de façons très différentes selon la tendance politique du journal, son pays ou sa région d'origine.

- Donner son opinion sur les faits exposés, sur le parti pris du journaliste. On peut partager *(compartir)* ou non la conviction de l'auteur. Dans les deux cas, il ne faut pas oublier d'argumenter, voire de présenter des contre-exemples.

Conclure

Essayer de dégager ce qui fait la force du texte : *el impacto del texto reside en...*
Expliquer le titre s'il comporte un jeu de mots ou un glissement de sens.

FAIRE

Pueblos indígenas en peligro. Progreso que mata

Miles de indígenas salieron a la calle la pasada semana en Colombia en una marcha pacífica por la reivindicación de sus tierras. Tierras que, en este caso concreto, les son arrebatadas[1] en aras[2] de un "progreso" que responde al nombre de una alta rentabilidad para el país de los cultivos de palma. Cultivos de palma en este caso que pueden ser sustituidos en otros tantos por intereses madereros, arroceros, ganaderos, petroleros o incluso la construcción de carreteras en estos terrenos sin que la ecuación varíe ni un ápice[3]. En Colombia en concreto han muerto más de 1.253 nativos, al tiempo que otros 54.000 han sido expulsados de sus tierras ancestrales desde que el presidente Álvaro Uribe[4] subiera al poder. Varios de los cerca del centenar de pueblos indígenas que existen en este país están a punto de desaparecer. Sin embargo, desgraciadamente, no se trata éste de un caso aislado sino, más bien, de un paradigma[5] representativo de la situación de extremo peligro a la que se están viendo abocados multitud de pueblos indígenas en todo el mundo.

Por Lorena Bajatierra, *http://Cambio 16.info*, 27 de octubre – 02 de noviembre 2008.

1. arrebatar: quitar con violencia. 2. aras: altar en que se ofrecen sacrificios. 3. un ápice: parte pequeñísima. 4. presidente de Colombia de 2002 a 2010. 5. paradigma: ejemplo.

Para completar...

Los proyectos que desalojan a los indígenas de sus tierras e imponen el "progreso" causan una miseria incalculable. Eso no es sorprendente: el "progreso" – la convicción de que "nosotros" sabemos más – comparte con el colonialismo el efecto de apropiación de tierras y recursos nativos. Los pueblos indígenas no sobreviven a esta situación. Por el contrario, cuando están en sus propias tierras y eligen su propio desarrollo, simplemente prosperan.

Informe de Survival International, *El progreso puede matar*, 2010.

1 Présentez les textes.
¿En qué rúbrica se publicó el primer texto?
¿Qué denuncian los autores en los dos textos?

2 Commentez les textes.

a. ¿Cierto o falso?

	C	F
1. Los indios cultivan la palma.	❑	❑
2. Con la palma se hace aceite.	❑	❑
3. La palma tiene un rendimiento excepcional.	❑	❑
4. El cultivo de la palma es bueno para el medio ambiente.	❑	❑
5. Con la palma los impresores ganan mucho dinero.	❑	❑

b. En vous reportant au premier texte, répondez aux questions suivantes.
1. ¿Qué reivindican los indios? ¿Cómo?
2. ¿Qué representan para ellos estas tierras ancestrales?
Busca en el texto palabras que evocan la violencia.
3. ¿Quién ejerce esta violencia? ¿Contra quién? ¿Por qué?
4. ¿Qué otros "intereses" amenazan las tierras de los indígenas según la periodista? ¿Puedes dar otros ejemplos de peligros que amenazan a esta población?
5. ¿Es un problema propio de Colombia?

3 Para concluir.

a. ¿Qué es el progreso?
¿Es sólo tecnología, abundancia de bienes y servicios?
b. Entre las palabras siguientes: "peligro", "alta rentabilidad", "pacífica", "mata" ¿cuál te parece más próxima a la idea de progreso?
c. ¿Puede ser la eliminación de pueblos indígenas compatible con el progreso?
d. ¿Bajo qué condiciones podría ser la "alta rentabilidad" sinónimo de progreso?
e. ¿Tienen la libertad y la justicia reivindicadas por los indígenas algo que ver con el progreso?

7 L'expression des modalités de l'action

SAVOIR

Durée, continuité, progression

• *Estar* + gérondif : être en train de...
Ex. : *Están chateando.* → Ils sont en train de tchatter.

• *Quedarse* + gérondif : rester à...
Ex. : *Me quedé durmiendo.* → Je restai à dormir.

• *Andar, ir, venir* + gérondif : faire... peu à peu.
Ex. : *Fuile queriendo bien.* → Petit à petit, je me mis à l'aimer.

• *Seguir* + gérondif : continuer à + infinitif.
Ex. : *Sigue leyendo.* → Il continue à lire.

• *Llevar* + gérondif + complément de temps : temps écoulé depuis le début d'une action.
Ex. : *Llevaba media hora hablando.* → Cela faisait une demi-heure qu'il parlait.

• *A medida que, conforme, según* + verbe à l'indicatif ou au subjonctif : au fur et à mesure que...
Ex. : *Lo leeré conforme lo vayan publicando.* → Je le lirai au fur et à mesure qu'il sera publié.

• *Cada vez más* : de plus en plus. *Cada vez menos* : de moins en moins.
Ex. : *Me gusta cada vez más esta película.* → Ce film me plaît de plus en plus.

Début de l'action

• *Comenzar, empezar a/por...* + gérondif : commencer à/par...
Ex. : *Empezamos preguntando lo que se podía hacer.* →
Nous commençâmes par demander ce que l'on pouvait faire.

• *Echarse a, ponerse a* + infinitif : se mettre à...
Ex. : *Echó a correr.* → Il se mit à courir.

• *Ir a* + infinitif : aller + infinitif (futur immédiat).
Ex. : *Voy a preguntarle si le apetece.* → Je vais lui demander s'il en a envie.

Fin de l'action

• *Acabar, terminar* + gérondif : finir par...
Ex. : *Acabó denunciando al gato.* → Il finit par dénoncer son chat.

• *Acabar de* : venir de
Ex. : *No sé lo que pasa, acabo de llegar.* → Je ne sais pas ce qui se passe, je viens d'arriver.

Répétition, habitude

• *Volver a* + infinitif : refaire.
Ex. : *No está bien, vuelve a hacerlo.* → Ce n'est pas bien, refais-le (recommence).

• Verbe + *de nuevo/otra vez* : faire de nouveau, encore.
Ex. : *¡Otra vez está tirando piedras a este pobre perro!* → Il est encore en train de jeter des cailloux à ce pauvre chien !

• *Cada vez que* + indicatif : chaque fois que…
Ex. : *Cada vez que sale, se resfría.* → Chaque fois qu'il sort, il prend froid.

• *Soler* + infinitif : avoir l'habitude de.
Ex. : *Suelo levantarme a las siete.* → Je me lève à sept heures (régulièrement).

Simultanéité

- *Al* + infinitif est équivalent à *cuando* + verbe : en/quand...

Ex. : *Al llegar a casa, encendio el ordenador.* → En arrivant à la maison, il alluma l'ordinateur.

- *En* + gérondif : dès que...

Ex. : *En llegando a casa, se fue a la cama.* → Dès qu'il arriva à la maison, il se mit au lit.

- *Mientras, en cuanto, tan pronto como* + indicatif ou subjonctif : pendant que, tant que, dès que.

Ex. : *Tan pronto como llega, enciende el ordenador.* → Dès qu'il arrive, il allume l'ordinateur.
¿Quieres callar mientras estoy hablando? → Veux-tu te taire pendant que je parle ?
Mientras no trabaje, no podré comprarlo. → Tant que je ne travaillerai pas, je ne pourrai pas l'acheter.

Transformation

Selon la nature de la transformation, il y a plusieurs façons de traduire « devenir ».

- *Volverse* + adjectif ou nom : exprime un changement brusque et définitif.
- *Ponerse* + adjectif : exprime un changement brusque et passager.
- *Convertirse en* + nom : exprime un changement progressif.
- *Hacerse* + nom ou adjectif : exprime un changement progressif par la volonté du sujet.
- *Llegar a ser* + nom : exprime un changement progressif avec durée exprimée.

FAIRE

1 Transformez suivant le modèle.

Ex. : *He dormido durante dos horas.*
→ *Llevo dos horas durmiendo.*

a. Ha viajado durante tres meses.
b. Sólo han estudiado durante diez minutos.
c. Han reñido durante toda la tarde.
d. Has jugado durante demasiado tiempo.
e. Hemos buscado esta calle durante horas.

2 Réécrivez les phrases suivantes en remplaçant les mots en gras par des structures équivalentes avec *ir, soler, seguir* ou *volver*.

a. Esta mujer ha tenido un accidente muy grave pero **anda de nuevo** como antes.
b. **Siempre mira** la tele después de cenar.
c. No quiero que **salgas otra vez**.
d. **Poco a poco** las niñas **aprenden** a leer.
e. **Me molesta siempre** que no llegues a la hora.
f. Manuel **iba a menudo** al parque para ver a sus amigos.
g. El tren **está a punto de llegar.**
h. **Tocaremos** música hasta que los vecinos se impacienten.
i. Su mujer es española, y **las más veces cenan** más tarde que nosotros.
j. Siempre habían pasado las fiestas de Navidad con la abuela y lo **hicieron** hasta el último año.

3 Traduisez en français.

a. Después de 138 años, el jean sigue siendo de moda.
b. Sus padres solían mandarle turrón para Navidad.
c. Nunca se hicieron amigos.
d. Al llegar a casa de su abuela, le pedía que le contara un cuento.
e. Llevaba dos horas intentando instalar el antivirus.
f. Ya van comprendiendo cómo funciona este programa.
g. ¡No vuelvas nunca a decir esto!
h. Tan pronto como te enteres, dímelo.

4 Reliez les débuts de phrase à leur fin.

a. Cada vez que sonaba el teléfono…
b. Mientras tecleas en el buscador…
c. Al comprobar el aspecto de Juanito…
d. Desde que salimos de Santurce…
e. Conforme nos íbamos acercando…
f. A pesar de los años…
g. En cuanto acabe de comer…

1. sigue siendo muy activa.
2. aumentaba el ruido.
3. mandó avisar al médico.
4. iré a navegar por la red.
5. yo busco en el diccionario.
6. estoy conduciendo al tacto.
7. mi papá me iba a buscar para que yo atendiera.

Espagnol

Français

1 page 9

1 a. Le lexique religieux (« sentiment religieux », « foi », « église », « Pères », « bénirez ») est associé à un lexique appréciatif (« véritable », « très vif »), qui marque l'intensité du sentiment. Le présentatif « C'est avec », l'expression « n'en sont pas moins » et le recours au discours direct mettent en évidence l'attitude religieuse de la foule qui, paradoxalement, vient défendre la Révolution française. L'évocation du sacrifice dans le deuxième paragraphe renvoie aussi à la thématique religieuse. **b.** Michelet insiste sur le dénuement des hommes (l. 2-3), leur sincérité (l. 9-10) et la force de leur conviction (lexique du cœur) ; leur « impuissance pour exprimer ce qu'ils [sentent] » devient une qualité car elle manifeste la pureté de leur cœur. Le lexique hyperbolique (« véritablement universel, immense et sans bornes »), l'utilisation des pluriels et l'union des hommes (« tous leurs cœurs, d'un même élan ») dans le sacrifice mettent en évidence l'admiration de Michelet : le peuple est le héros de la scène. **c.** Registre épique. **2 a.** Le thème est celui du temps, représenté par l'allégorie de l'« Ennemi ». **b.** Le lyrique est visible à travers la présence du « je » représentant le poète, l'expression des sentiments (« Ô douleur ! ») et le choix du thème : évocation du temps qui passe, image des saisons. Mais le poème prend une tonalité pathétique et même tragique dans le dernier tercet : le poète est soumis à la fatalité du temps, qui conduit inexorablement à la mort ; le Temps est l'Ennemi, le monstre qui se nourrit du poète. **3** L'incipit de *Candide* utilise les éléments traditionnels du conte : formule d'ouverture (« Il y avait ») qui renvoie à un passé indéfini, lieu (un château) et figures aristocratiques (baron, gentilhomme…), présentation des personnages dans une évocation idyllique (lexique appréciatif). Cependant, Voltaire introduit différents procédés qui viennent rompre l'harmonie apparente : raisonnements faussement logiques (lien entre la puissance et le nombre de portes et de fenêtres, entre la considération et le poids), dénonciation implicite de l'apparence (« meute dans le besoin ») notamment. Le texte appartient donc au registre comique et joue sur l'ironie avec le décalage entre ce qui est dit et ce qui est sous-entendu. La dimension satirique et critique de l'œuvre est ainsi mise en place.

2 page 11

1 a. « qui semblaient des colosses » / « des nains » : comparaison et métaphore ; ces deux expressions forment une antithèse • « les faits matériels tombent, et les idées grandissent » : double antithèse, entre deux groupes nominaux et entre deux verbes • « cette grande chose, ce décret fécond » : hyperbole • « adopté… consacré… placé… au sommet de… » : gradation • anaphore de « comme » repris quatre fois • « comme une sorte de porte ouverte » : comparaison • antithèse entre « obscurs » et « lumière » **b.** L'ensemble de ces figures met en valeur la force du progrès que constitue l'abolition de la peine de mort pour des motifs politiques : les antithèses soulignent le caractère révolutionnaire de la mesure (qui renverse totalement l'ordre du monde et des valeurs) ; les hyperboles lui confèrent éclat et grandeur ; la gradation inscrit une tonalité épique faisant de cette avancée des lois une action quasi héroïque. On comprend donc qu'ici Hugo fait l'éloge de l'abolition de la peine de mort politique, qu'il voit comme une première étape vers l'abolition totale. **2** Hyperboles : « Ô nuit désastreuse ! ô nuit effroyable », « cette étonnante nouvelle » (sens fort de l'adjectif : qui frappe comme la foudre), « un mal si étrange », « de toutes parts ». Comparaison : « comme un coup de tonnerre ». Gradation : « Madame se meurt, Madame est morte », « Le Roi… tout… ». Anaphores : « partout… partout », « toute… tout… tout… tout… ». Bossuet souligne ici combien la nouvelle de la mort d'Henriette d'Angleterre a profondément frappé les esprits ; il donne ainsi la mesure de ce que la cour et le pays ressentent selon lui comme un désastre, mais il entend ainsi opposer ce désespoir à la parole biblique pour montrer que là où les hommes voient de l'injustice, il ne s'agit que de la réalisation de l'ordre divin du monde. Donc tout en rendant hommage à la défunte, il rappelle, comme un avertissement, aux hommes leur fragilité pour les conduire à se tourner vers Dieu. **3** Dans tout le poème : comparaison entre les fleuves et les amants ; vers 2 : métonymie du cœur qui renvoie au poète aimant ; vers 6/7 : suite d'antithèses et parallélisme de construction.

3 page 13

1 a. Ce tableau est une nature morte qui a pour titre *Vanité*. Le mot renvoie ici à la fugacité de l'existence, à la fragilité de la vie, à l'aspect illusoire des divertissements face à la réalité de la mort. Le crâne, symbole de la mort au centre du tableau, est entouré d'éléments symboliques : plaisirs de la vie et divertissements – le savoir et l'écriture (livre, lunettes, papier et encrier) ; la musique (flûte et partition) ; le jeu (les dés) ; la richesse (les pièces). Cependant, ceux-ci sont dominés par d'autres symboles montrant la fragilité de l'existence : le papillon, à la vie éphémère, auprès de fleurs qui se fanent ; le sablier, qui marque la fuite du temps, le livre (lumière), lui-même ouvert à la page « Le tombeau des plaisirs » ; et surtout, le crâne (lumière), évoquant le squelette, la décomposition du corps, le tombeau et le cimetière. **c.** Il s'agit pour le peintre, à travers ce tableau, de rappeler à l'homme sa condition mortelle et la vanité des divertissements. **2** Ce tableau ne met en scène aucun soldat ou aucun bombardier. L'accent est donc mis sur la douleur et la souffrance des personnages, dans un univers noir et blanc. L'absence de perspective classique tord les corps, disproportionnés, et amplifie la souffrance. Les personnages humains, des femmes et des enfants, sont les victimes du massacre : enfant mort dans les bras de sa mère, femme s'échappant d'une maison en flammes… Autres personnages : la statue du soldat brisée au premier plan, épée dérisoire, arme d'une autre époque ; le cheval et le taureau, que certains ont interprétés comme le symbole du fascisme (le cheval) s'emparant de l'Espagne (le taureau).

4 page 15

1 a. Le poème se construit à partir de la comparaison : les quatrains introduisent les comparants (« Comme », v. 1, « Et comme », v. 5), le premier tercet introduit le comparé (« Ainsi », v. 9). Le passage du premier au second tercet marque le passage comparé-comparant, reprenant ainsi l'image initiale. La comparaison emprunte ses images au domaine agricole (comparant) pour évoquer, à travers le déroulement des saisons, l'histoire de Rome (comparé) : naissance, croissance et mort. **b.** Le rythme plus saccadé (utilisation de termes monosyllabiques) évoque la déchéance progressive de Rome, la marche pesante du glaneur. Le terme « tombant », accentué et placé avant la césure, est particulièrement mis en évidence. **2 a.** Sonnet régulier : rimes embrassées pour les quatrains, rimes CCD-EED pour les tercets, ensemble syntaxique pour les quatrains. Après l'évocation de l'agonie, le premier tercet évoque les réactions de l'entourage (le « je » est moins présent), pitié et compassion, et les derniers mots du poète. Le dernier vers éclaire différemment le sonnet : la mort du poète préfigure la mort des autres hommes (termes à la césure), et la description de sa mort est généralisable à tous les hommes. Ainsi, Ronsard rappelle à l'homme sa condition mortelle. **b.** Le vers 1, construit en chiasme, met en évidence autour de la césure l'image du cadavre (« os » et « squelette ») ; le son [k] et les sifflantes renforcent le lien entre les termes. Le vers 2 est un tétramètre (3/3//3/3) construit à partir d'une énumération de participes adjectivés de 3 syllabes ; ces termes sont construits à l'identique : préfixe privatif « dé » (évocation de la dégradation du corps) et terminaison en « é », ce qui crée un réseau sonore. Le vers 8 a un rythme beaucoup plus ample (6//6), les sonorités à la fois assourdies et douces évoquent la mort progressive ; la rime intérieure marque le lien entre la mort et la « dislocation » du corps. **3** Les quatrains présentent chacun le même système de rimes (AAAA-BBBB), les tercets suivent le modèle dit français. Le premier quatrain évoque le cadre automnal, tandis que le deuxième s'attache davantage aux sentiments. **4** Ce sonnet énumère au vers 1 les différentes voyelles en leur associant une couleur ; la suite du poème développe les correspondances entre la lettre et la couleur sous la forme d'images. Chaque strophe s'attache à une voyelle, sauf la deuxième, qui évoque le « e » et le « i ». L'évocation se fait sous la forme d'une énumération de phrases généralement nominales. Les correspondances peuvent s'expliquer par la symbolique des couleurs, par les formes, les sons, les sensations, par le contexte ou la connotation.

5 page 17

1 Le poème est une petite ode (ou odelette) : octosyllabes, trois strophes égales. La présence du « je », l'expression des sentiments, le thème de l'amour et du temps qui passe, l'évocation de la jeune fille, la fugacité de la « rencontre » et l'idéalisation de l'inconnue sont des caractéristiques classiques du registre lyrique. **2** L'écriture poétique apparaît notamment dans la construction du poème (paragraphes de longueurs différentes, sans que les liens logiques apparaissent toujours), dans le jeu sur les oppositions et les paradoxes (1ère phrase), dans les figures stylistiques et le rythme des phrases (énumérations, anaphores, périodes oratoires [l. 4-5]), dans le rythme ternaire (l. 8-9) et les antithèses. Le « je » est l'observateur mais aussi le poète, à la fois narrateur, créateur et destinataire de sa propre création (« je me la raconte à moi-même »). Le deuxième paragraphe débute par une anecdote qui met en scène le regard (« j'aperçois »). Puis le récit de cette expérience vécue permet l'invention d'une histoire, d'une « légende », ce qui montre l'action de l'imagination (« j'ai refait »). Le personnage peut changer, la démarche reste la même. La création poétique est donc observation des autres et découverte de soi (dernier paragraphe). **3** Poème en vers libres : mètres différents, disparition des rimes, strophes irrégulières. La première strophe, la plus longue, évoque le « jardin de France », la seconde synthétise les caractéristiques. La troisième, constituée d'un vers éclaté, introduit une rupture, marquée par le « Mais » et la déstructuration du discours : au caractère paisible de la France s'oppose la musique du tam-tam, évocatrice de l'Afrique. Cette dynamique musicale est marquée par le rythme du vers et la place des mots sur la page, ainsi associés au lexique (« bondissant »), et révèle le sentiment de nostalgie du poète, évoqué dans la dernière strophe. **4** **a.** Ce poème est constitué d'un seul vers. Il s'agit d'un monostiche. **b.** L'expression « unique cordeau » semble désigner métaphoriquement la forme même du poème (un vers, une ligne).

6 page 19

1 Alexandrin : 12 syllabes. Hendécasyllabe : 11. Octosyllabe : 8. Tétrasyllabe : 4. Pentasyllabe : 5. Heptasyllabe : 7. Décasyllabe : 10. Trisyllabe : 3. Ennéasyllabe : 9. Hexasyllabe : 6. **2** **a.** Ce quatrain est constitué de rimes croisées et le mètre utilisé est l'alexandrin. **b.** Le premier vers est un tétramètre (4 mesures égales : 3/3//3/3), mais la coupe du second hémistiche est moins marquée (absence de virgule). On remarque ainsi les deux éléments du cadre (« soleil » et « sable » sous l'accent) dans le premier hémistiche et l'apparition du personnage dans le second, défini par deux adjectifs antithétiques. **c.** La femme aimée est endormie et le cadre harmonieux, paisible et propice à l'amour, révèle la sensualité de la scène et du personnage. Si le sommeil évoque le calme et la langueur et permet la contemplation, la femme est aussi une « lutteuse » à la « joue ennemie ». La femme aimée est donc source de bonheur, mais la relation amoureuse est aussi une lutte, un combat qui peut provoquer des « pleurs ». Les rimes croisent les thèmes antithétiques et les rimes intérieures amplifient l'effet. **3** **a.** Sonnet avec un schéma rimique du type : ABBA / ABBA / CCD / EED. **b.** Rythme accentuel des quatre premiers vers identique : 3333. **c.** Le poème repose sur un jeu de paronomases (mots identiques sur un plan sonore, à un son ou une syllabe près : la mer/ l'amour/ l'amer ; la mer/ amère / la mère / l'amour, etc.), renforcé par l'allitération en [m] et les assonances en [a] et en [ou] notamment. Ce jeu sur les sonorités renforce le sentiment de la douleur amoureuse qu'exprime le texte qui sonne comme une plainte. **4** **a.** Le poème est une ode (voir p. 22) composée de deux dizains d'octosyllabes. Les rimes sont embrassées, puis plates, puis de nouveau embrassées. **b.** Le poème traduit l'image d'un monde instable et inattendu par les verbes de mouvement, le lexique de la chute dans la première strophe, puis par le chaos qui renverse l'ordre du monde (avec des séries d'antithèses et de paradoxes) et sa logique naturelle. Le poète crée ainsi un monde inquiétant qui fait écho aux incertitudes baroques du temps, où tous les repères sont remis en cause. Le « je » poétique est à la fois témoin et victime de ces bouleversements. **5** **a.** La première strophe met en place la scène (un homme, une ville), la deuxième met en évidence les éléments importants, la troisième annonce le discours de l'homme et la quatrième le révèle. On remarque une concentration sur l'homme dans l'univers de la ville. Les vers, d'abord longs, évoquent la marche de l'homme à travers la ville, présentée de façon négative. La diminution progressive du vers renforce l'isolement et l'errance de l'homme, la déshumanisation du lieu. Le vers 9, bref, met en évidence le cri, et la dernière strophe, la plus courte, montre à la fois la révolte et l'appel au secours. Le dernier vers, bref aussi, met en évidence l'appel sur le mode impératif. **b.** La ville est donc un lieu froid, aux rues longues et anonymes, univers déshumanisé, présenté la nuit, avec de rares lumières. L'homme tente dans cet univers, « Entre deux lampadaires », de créer un lien, une relation avec un humain, et ce cri lancé dans le vide et le silence est la revendication de son existence.

7 page 21

1 Le calligramme permet de représenter visuellement le sens du texte : la disposition des mots reproduit le contour d'un miroir et, comme lorsque l'on se regarde dans une glace, le « je », le visage, apparaît au centre : ici, le nom du poète est « enclos » par les mots. **3** **a.** Le texte est réparti en différentes strophes, de longueurs inégales, mais généralement courtes. Cet éclatement permet au poète de peindre différentes scènes, en introduisant des considérations plus générales, en mettant en scène des moments différents, des personnages différents, en créant des images denses et suggestives. **b.** Les procédés de répétition (anaphores de « Visages », « les femmes et les enfants », « Hommes »…) créent l'illusion d'un discours immobile, mais les variations montrent la progression du discours : par exemple, les strophes VIII, IX et X se ressemblent, mais l'image du sang se met progressivement en place. Le dernier vers est un chant d'espoir, l'assurance de la victoire collective, marquée par le futur et l'emploi du « nous ».

8 page 23

1 a. Raisonnement par l'absurde : l'auteur entre dans la fausse logique des esclavagistes pour en révéler le caractère non fondé. **b.** Raisonnement par induction, à partir d'un exemple, le mépris de l'or, qui suffirait à traduire l'absence de raison. Le raisonnement est ici ironique. **c.** Montesquieu veut convaincre le lecteur, le scandaliser en révélant les arguments fallacieux des esclavagistes mais aussi par l'ironie (soulignée d'entrée par l'emploi de la formule hypothétique), qui repose sur des antiphrases (« On ne peut se mettre dans l'esprit que... »). **2** Force de persuasion : engagement de l'auteur (« je », « nous »), porte-parole des « anciens », marques multiples du jugement et du sentiment (« formidable », « le plus passionné », « les plus honnêtes et les plus solides », « terribles »), enthousiasme du propos (exclamations, relance du discours par « et », termes forts, accumulations par la juxtaposition des expressions et des propositions). Dimension polémique (opposition entre le monde de la justice démocratique et celui de la dictature, entre termes mélioratifs et termes péjoratifs) ; recours à des images percutantes : métaphore architecturale de la construction (« ouvrière », « assises », « vaste édifice », « bâtir ») pour désigner la marche vers le progrès. Métaphore de « la moisson » (pour désigner le combat pour la démocratie), images violentes de la dictature et de l'injustice (« botte d'un maître sur la poitrine », « sabre du dictateur », « poids faux du mauvais juge »). Volonté d'impliquer fortement le destinataire (apostrophe « jeunesse », emploi du « tu », impératifs). Enjeux : discours injonctif d'un homme mûr à la jeunesse pour la convaincre de poursuivre le combat pour une véritable démocratie, entrepris par Zola et ses compagnons lors de la défense du capitaine Dreyfus.

9 page 25

1 a. 1er paragraphe : la caricature ; refus d'écrire un traité ou un ouvrage d'histoire du genre (travail qu'il pense intéressant mais dont il ne peut faire qu'une partie) ; « quelques réflexions qui me sont venues », « me soulager », « un article de philosophe ou d'artiste », « j'ai pensé que » soulignent le caractère personnel, spontané, de la réflexion entreprise. Refus d'un examen objectif ou scientifique de la question. **b. 2e paragraphe** : Baudelaire s'oppose (dans une sorte de faux dialogue) à ceux qui représentent l'institution artistique (professeurs, académiciens), qui considèrent la caricature comme une activité de second ordre, vulgaire, qui ne peut être assimilée à un genre artistique. Dimension polémique : ironie (« jurés de sérieux », « braves gens »), vocabulaire extrêmement péjoratif (« charlatans », « cadavres pédantesques », « fantômes avares », « pareilles hérésies »).
2 a. La peur de la mort. **b.** Absence de lien logique marqué : tout d'abord, réflexion générale sur la peur de la mort, puis analyse de la manière de dire la mort (chez les Romains, et aujourd'hui), recours à sa propre expérience. **c.** « Le remède du vulgaire, c'est de n'y pas penser », « la plupart s'en signent comme du nom du diable », « cette syllabe frappait trop durement leurs oreilles », « s'empêcher du pensement de choses si éloignées ». Montaigne dit au contraire que l'on doit penser à la mort, en parler, car on ne peut y échapper. Il considère l'attitude des hommes comme « un grossier aveuglement », comme une « folie ». Il prend donc, conformément au genre de l'essai, le contre-pied de l'opinion commune. **d.** Par les marques personnelles (présence du « je ») et les références autobiographiques, le texte dépasse la simple réflexion théorique sur la mort. Le poète fait le bilan de sa propre existence et réfléchit au temps qui passe, à l'approche de la mort.

10 page 27

Comme l'indique son titre, le texte 1, écrit au lendemain des traumatismes de la Seconde Guerre mondiale, où la notion même d'humanité s'est trouvée anéantie, est une forme de réponse au sentiment d'absurdité qui conduit les hommes à ne plus comprendre le sens même de leur existence. La révolte, pour Camus, est la réponse à l'absurdité du monde et au désespoir des hommes ; elle restaure l'humanité car c'est par la révolte que l'homme prend conscience d'appartenir à une collectivité. La révolte unit les hommes, les arrache à leur solitude tragique. Le texte 2 explore la figure idéale de l'honnête homme du XVIIe siècle : il s'agit de définir ce que peut être l'homme en société selon un système de valeurs qui correspond aussi à l'idéal classique : simplicité, esprit de mesure, ordre et justice, clairvoyance. On peut y lire l'aspiration à une forme de vertu sociale et morale dans la conformité à ces valeurs. Le texte 3 a été rédigé en pleine révolution industrielle : il reflète les bouleversements sociaux et économiques du milieu du XIXe siècle (ascension de la bourgeoisie, développement du capital, naissance du prolétariat), où l'homme devient un produit économique, soumis aux lois de l'argent. Marx et Engels dénoncent la déchéance de l'humanité et l'exploitation de l'homme par l'homme. Enfin, le texte 4 fait de la liberté la valeur fondamentale : pour le philosophe des Lumières, être un homme, c'est d'abord être libre, acquérir une autonomie en se libérant des dogmes et du poids de la religion.

11 page 29

a. Texte 1 : tragédie classique (monologue). **Texte 2** : comédie (monologue). **Texte 3** : drame romantique (dialogue puis monologue). **b.** Solitude d'Oreste après son crime (désespoir et remords). Figaro caché attendant de surprendre Suzanne. Recherche de la solitude par Lorenzo, qui chasse Catherine et qui a besoin de faire le point. **c.** Prédominance de la 1ère personne (personnages qui se parlent à eux-mêmes, qui se posent des questions sur eux-mêmes), avec également dans le texte 2 un discours qui prend à parti directement le comte (absent). Personnages en situation d'extrême agitation, qui semblent presque au bord de la folie (texte 1) : accumulation de questions et d'exclamations ; idem textes 2 et 3 (avec aussi dans le texte 2 des points de suspension traduisant une sorte d'égarement intérieur). **d.** Pitié pour Oreste, criminel malgré lui. Dimension pathétique du monologue de Figaro, mais aussi une certaine admiration pour ce valet prêt à affronter son maître. Curiosité et malaise face à Lorenzo, personnage en quête de lui-même dont les questions conduisent aussi le spectateur à s'interroger sur la nature humaine.

12 page 31

1 a. Langage paraverbal : ton (donné par les didascalies et la ponctuation) et ses variations (désespoir initial et même panique d'Amédée, qui essaie de reprendre son sang-froid pour consoler Madeleine, puis qui retombe dans un désespoir encore plus grand) ; pleurs de Madeleine, qui sombre dans une sorte d'hébétude (répétitions et points de suspension dans sa dernière réplique) ; bruits inquiétants (danger du cadavre encombrant). Langage non verbal : présence du cadavre, gestes, posture et regards des personnages comme signes de leur désespoir et de leur impuissance (voir en particulier les deux dernières didascalies). **b.** Éléments qui renforcent le caractère absurde de leur situation (à la fois comique et tragique) : les éléments paraverbaux suggèrent l'inutilité de la parole dans cette situation (à la fin, Amédée parle « à part ») et les éléments non verbaux, l'impossibilité d'agir à laquelle ils sont réduits. Ils sont pris au piège absurde de ce cadavre encombrant, symbolisant leur propre existence.

13 page 33

1 a. Théâtre de l'absurde. **b.** Une pièce quasi vide (sauf une chaise et une table, celle de l'écrivain qu'est Amédée, avec une machine à écrire), une fissure au mur (le décor craque) ; costumes banals et contemporains (ces personnages pourraient être nous) ; cadavre sur scène posant un problème technique (tête au début, puis cou et bras. Prendre une sorte de mannequin gonflable et gigantesque pour marquer la progression du corps mort). **c.** Tragique : le ton, les pleurs, le désespoir verbal et gestuel. Comique : les suggestions d'Amédée, sa maladresse à consoler Madeleine, son égoïsme final (il pense à ses pièces). Dramatique : le bruit, le cadavre (menace). Pathétique : (gestuelle et impuissance d'Amédée, réduit à tourner en rond à la fin). Mettre en valeur par des variations subites dans le ton et les gestes (jouer successivement sur tous les registres en les accentuant fortement), position respective des personnages (distance au début, rapprochement au milieu, éloignement final, chacun réduit à la solitude de son désespoir). Intensité sonore de la voix de Madeleine qui baisse progressivement jusqu'à l'inaudible, parallèlement à des craquements de plus en plus forts. **2** La photographie permet d'analyser différents éléments scéniques : le décor semble dépouillé ; seul le mobilier, réduit au strict nécessaire, est mis en valeur : nous sommes dans un appartement et dans une scène de la vie quotidienne. L'extrême banalité du décor contraste avec l'étrangeté de l'événement : un énorme pied (celui du cadavre qui grandit) envahit la scène, pénètre dans ce lieu domestique. La représentation mêle ici réalisme (un lieu du quotidien) et symbolisme (le pied comme symbole de l'absurde qui vient envahir le quotidien). La lumière accentue l'inquiétude que peut faire naître cette scène, mais le comique (de l'absurde) n'est pas pour autant absent (il est lié ici au non-sens que représente sur la scène le pied géant). La gestuelle des personnages exprime leur étonnement voire leur frayeur ; la posture du personnage assis sur la chaise évoque l'impuissance de l'homme face à l'absurdité du monde.

14 page 35

a. Le texte oppose une conception passée où l'imagination jouait dans l'écriture romanesque un rôle clé, parce que le genre avait pour visée première de divertir le lecteur, et une conception présente, moderne, où elle n'est plus la première qualité du romancier. Celui-ci s'appuie en effet d'abord sur la vie quotidienne qu'il observe et analyse ; les péripéties mêmes de l'action sont moins le fruit de sa simple imagination que l'aboutissement logique des caractéristiques des personnages (notamment les données du milieu et de l'hérédité chez Zola). Le texte insiste ainsi sur le réalisme de l'œuvre romanesque : « créatures vivantes », « naturel », « cacher l'imaginaire sous le réel ». Il ne s'agit donc pas pour Zola de dire que l'imagination a disparu, mais qu'elle ne doit plus s'afficher comme telle et qu'elle n'est plus qu'un ressort secondaire pour le travail du romancier. **b.** Cette conception se rattache explicitement aux courants réaliste et naturaliste du XIXe siècle, dont Zola est d'ailleurs le « chef de file ».

15 page 37

1 L'extrait met en abyme une conception naturaliste du personnage romanesque : le questionnement de Jacques sur sa famille souligne en effet le rôle de l'hérédité (on relèvera alors les termes significatifs), vécue comme une fatalité dont il paie aujourd'hui le prix. C'est à cette « fêlure héréditaire » qu'il attribue les troubles extrêmes dont il se sent affecté jusqu'à cette sauvagerie qui le ravale au rang de la bête brute. Cette représentation du personnage romanesque renvoie à une approche qui n'est plus à proprement parler psychologique de la personne humaine, mais plus radicalement scientifique et même biologique. **2** Cet extrait du roman de Stendhal permet une découverte des personnages à travers le point de vue interne de Mme de Rênal. Ce point de vue interne révèle au lecteur autant le personnage vu que celui qui voit. Julien apparaît comme un « jeune paysan », un « enfant » « pâle », « qui venait de pleurer ». Sont ainsi mises en valeur des caractéristiques à la fois sociales, physiques (avec des détails que l'on peut relever) et morales (modestie, fragilité, jeunesse). Le second paragraphe accentue encore cette image par le rapprochement qui est établi entre Julien et « une jeune fille déguisée », « une pauvre créature ». Ce jugement de Mme de Rênal renvoie aux sentiments qu'elle éprouve face au jeune homme : surprise, pitié, attendrissement. Ils dessinent ainsi les contours du personnage féminin : maternité, sensibilité, humanité et un certain naturel.

16 page 39

1 Dans le premier paragraphe, on remarque l'utilisation de la troisième personne avec un narrateur apparemment extérieur à l'histoire. Ce premier système de narration se trouve bouleversé dans la suite du texte par l'intervention directe du narrateur, l'interpellation du lecteur-narrataire, l'emploi du « vous » et le jeu des questions. Dans les dernières lignes du passage, Zola utilise les mêmes procédés que dans le premier paragraphe. Une telle approche déstabilise les habitudes du lecteur qui se trouve pris à partie. Le romancier joue du genre romanesque : il s'amuse à briser l'illusion réaliste et révèle la toute-puissance du narrateur. **2** L'incipit frappe par l'emploi d'un système de narration original : emploi du « vous », du présent donnant l'illusion d'une simultanéité de l'action racontée et de la lecture, approche quasi anatomique du personnage. Dans la lignée des innovations du Nouveau Roman, Butor remet en question les codes traditionnels du genre romanesque et nous donne à lire les pensées que son personnage s'adresse à lui-même : on entre donc comme par effraction à l'intérieur d'une conscience, avec ceci de particulier que l'emploi du « vous » tend à introduire une confusion entre le statut du personnage et celui du lecteur. **3** Le texte 1 semble opter pour un point de vue omniscient : il est capable de décrire avec une profusion de détails le paysage ; il connaît ses variations selon les saisons, etc. Ce ne peut donc être le regard que porte le personnage sur le monde qui l'entoure. Seul le nom du personnage demeure inconnu et des incertitudes demeurent sur son âge (on semble à ce moment davantage en focalisation externe). Le texte 2 adopte lui un point de vue interne : on partage le regard du personnage (« il ne voyait même pas ») et la description reflète son désarroi et sa solitude.

17 page 41

1 Roman épistolaire et exotisme • Roman policier et thème politique • Science-fiction et qualité du héros • Recueil poétique et tonalité mélancolique • Nom du héros espagnol • Comédie et genre baroque • Autobiographie fictive, roman historique, et nom du narrateur • Essai sur la folie • Autobiographie fictive, profession du narrateur. **3 b. Œdipe** : héros mythologique (victime des dieux, tue son père, épouse sa mère). **Lancelot** : chevalier de la Table ronde. **Emma Bovary** : héroïne de Flaubert, confond vie réelle et vie rêvée. **Ulysse** : héros de *L'Odyssée* d'Homère. **Le Cid** :

héros cornélien, amant de Chimène. **Carmen** : héroïne de Mérimée, figure de la femme fatale. **Nana** : héroïne de Zola, prostituée. **Sganarelle** : valet dans les comédies de Molière (voir *Dom Juan*). **Monsieur Jourdain** : personnage de bourgeois ridicule dans *Le Bourgeois gentilhomme* de Molière. **Candide** : héros naïf du conte de Voltaire. **c.** XIIe : Chrétien de Troyes. XVIe : Ronsard, Rabelais. XVIIe : Racine, La Fontaine. XVIIIe : Montesquieu, Voltaire, Diderot. XIXe : Hugo, Zola, Flaubert, Balzac, Verlaine. XXe : Éluard, Aragon. **4 a.** *Les Lettres persanes*, *La Nouvelle Héloïse*. **b.** *Carmen*, *Les Liaisons dangereuses*. **c.** *Sonnets pour Hélène*. **d.** *Phèdre*, *Bérénice*. **e.** *Essais*, *Le Prince*. **f.** Picasso. **5** *Les Fleurs du mal* (Baudelaire), *Les Regrets* (du Bellay), *Lucien Leuwen* (Stendhal), *Rhinocéros* (Ionesco), *Voyage au bout de la nuit* (Céline), *Les Lettres persanes* (Montesquieu), *Aurélien* (Aragon), *Le Neveu de Rameau* (Diderot). **6** La première couverture semble suggérer que la bête humaine est la locomotive ; elle met l'accent sur le milieu dans lequel se déroule ce roman naturaliste, celui des chemins de fer. La seconde représente un personnage et lui donne une certaine noirceur ; elle souligne se folie et fait naître l'inquiétude : la « bête humaine » est donc ce personnage.

18 page 43

1 Exemple de plan : I. L'outrance et la démesure
A) Un style hyperbolique (lexique, imparfait, structure)
B) La vision de l'orgie impériale (importance des comparaisons et des métaphores : feu, curée, monstres…)
C) Pulsion sexuelle et désir de possession matérielle
II. Le pamphlet, la dénonciation
A) L'énonciation : le regard du moraliste
B) Le pamphlet contre la société impériale (procédés de généralisation, l'image de la maladie, de la curée, la mise en cause de Napoléon III et de ses comparses)

2 Exemple de lecture analytique (plan) :
I. Une opposition structurante A) Opposition des champs lexicaux B) Présence de plus en plus envahissante de la mort C) Opposition temporelle
II. L'image de Nusch : un hymne à l'amour A) Image de la création et de la fécondité B) La lumière C) Absence et présence

3 Exemple de lecture analytique (plan) :
I. Le choix d'une structure efficace et persuasive : entrée en matière, anecdote, généralisation
II. Récit anecdotique et ironie : la précision, les explications pseudo scientifiques, l'ironie du narrateur
III. La leçon du texte : étude des trois constats, qui montre l'importance de la science et de la raison pour s'opposer à l'obscurantisme et à la superstition

20 page 47

1 a. La mort. **b.** Chez Montaigne, analyse de la peur de la mort, qui conduit les hommes à l'oublier. **c.** Cette même appréhension de la mort se retrouve dans la lettre de Mme du Deffand (ce qui entraîne une réflexion sur la foi) et est illustrée dans la fable par la réaction du malheureux (strophe 2) et par la moralité. **d.** L'image traite le même thème, mais elle n'évoque pas l'horreur de la mort. Au contraire, la représentation de la mort rappelle son caractère inéluctable et enseigne le caractère vain et illusoire des choses terrestres. **2** Pistes de réponses. **Document 1** : un essai philosophique qui met en œuvre une réflexion très personnelle (Montaigne y évoque sa propre expérience de la mort), à laquelle peut se confronter le lecteur. **Document 2** : un tableau où la représentation du crâne heurte immédiatement, par sa violence, la sensibilité du lecteur et rappelle la vanité de la vie et la présence de la mort. **Document 3** : une correspondance particulière où s'expriment les sentiments intimes de l'auteur sur la mort et ses interrogations (texte à valeur délibérative). C'est au lecteur d'y apporter ses propres réponses. **Document 4** : une fable constituée d'un apologue et d'une moralité suggérant une certaine sagesse pratique quant au rapport avec la mort. Le choix de la fable permet de divertir (par le récit) et d'instruire dans le même temps. Réponse à la dernière question dépendant du choix de l'élève.

21 page 49

1 tirade • anaphore • point d'exclamation • 6, 10, 12, 15 et 19 • subjonctif • « immoler », « déchire ses entrailles », « déluge de feux », « cendres », « poudre », « dernier soupir », « mourir » • gradation • « Que le courroux du ciel allumé par mes vœux / Fasse pleuvoir sur elle un déluge de feux » • « Puissé-je de mes yeux y voir tomber ce foudre » • « détruire » ; « foudre » • (vers 2 à 4) • « Rome, unique objet de mon ressentiment », « Rome que je hais ». **2** Le classicisme, le registre tragique, la versification, les formes théâtrales. **3** Proposition de plan :
I. Un texte à visée démonstrative A) La structure du texte : expression d'une thèse et apologue B) La leçon du texte : une mise en garde contre les erreurs de jugement
II. L'art du récit : plaire et instruire A) Son efficacité : brièveté, organisation chronologique, chute… B) Le registre comique : satire et ironie
III. Un texte précurseur de l'esprit des Lumières A) La connivence avec le lecteur : vulgariser la pensée philosophique B) La critique scientifique et l'avènement de la méthode expérimentale

22 page 51

1 a. Contraintes formelles. **b.** et **f.** Travail de transposition, de réécriture. **c.** et **e.** Écrire à la manière de… **d.** Poursuivre ou compléter l'écriture d'un texte. **3 a.** Propositions 4, 5, 6 et 9. **b.** Propositions 2 et 6.

23 page 53

I. Certes, le « plaisir de la surprise » est important pour le spectateur dont il s'agit de susciter et d'entretenir l'intérêt (esthétique de la surprise)
A) Rôle des coups de théâtre, des rebondissements pour provoquer le rire ou accentuer le pathétique ou le tragique, le plaisir étant lié à l'irruption d'un élément inattendu
B) Création et accentuation du suspense ; interrogations du spectateur sur l'évolution de l'action ou du personnage
C) Rôle du dénouement dont l'effet de surprise permet de mettre en évidence l'intention de l'auteur (exemple : *On ne badine pas avec l'amour*)
II. Mais la connaissance de l'intrigue et du dénouement reste malgré tout secondaire
A) Exemples des tragédies antiques fondées sur des épisodes mythiques, connus des spectateurs grecs
B) Les réécritures de pièces : le spectateur connaît l'histoire ; la surprise et le plaisir viennent alors de la réécriture (exemple : *La Machine infernale* de Cocteau)
C) Les différentes mises en scène d'une pièce : l'intérêt ou le plaisir du spectateur résident, non plus dans la découverte de l'histoire, mais dans la vision d'une nouvelle mise en scène
III. Car le théâtre vise différents objectifs
A) Divertir le public, et le plaisir de la surprise joue son rôle
B) Mais aussi critiquer, éveiller la conscience du spectateur, voire l'inquiéter : voir notamment le théâtre moderne (auteurs comme Camus, Sartre, Brecht, Beckett…)

Maths

1 page 59

1 a. Si $a < b$, alors $0{,}7a - 10 < 0{,}7b - 10$; f est croissante sur $\mathbb{R}$. **b.** Si $a < b$, alors $-2a > -2b$, donc $-2a + 6 > -2b + 6$; f est décroissante sur $\mathbb{R}$.
c. Si $m > 0$, la fonction affine est croissante ; si $m < 0$, elle est décroissante.

2 a. On développe le second membre.
b. Si a et b sont de même signe et si $a < b$, alors $a - b < 0$ et $a^2 + ab + b^2 > 0$, donc $a^3 - b^3 < 0$, $a^3 < b^3$, $a^3 - 2 < b^3 - 2$; donc f est croissante sur $\mathbb{R}$.

3 La fonction inverse est décroissante sur $]0 ; +\infty[$. Si $a < b$, alors $5 + \dfrac{1}{a} > 5 + \dfrac{1}{b}$; f est décroissante sur $]0 ; +\infty[$.

4 $x(x - 4) = x^2 - 4x = (x - 2)^2 - 4$.
Si $a < b < 2$, alors $a - 2 < b - 2 < 0$, $(a - 2)^2 > (b - 2)^2$, car la fonction carré est décroissante sur $]-\infty ; 0]$, puis $(a - 2)^2 - 4 > (b - 2)^2 - 4$; donc f est décroissante sur $]-\infty ; 2]$.

5 a. $f(3) = 4$; pour tout x sauf 3, $-(x - 3)^2 < 0$; $-(x - 3)^2 + 4 < 4$; donc 4 est le maximum de f sur $[1 ; 5]$.

b.

x	1		3		5
Variations de $f(x)$	0	↗	4	↘	0

c. Solutions : 2 et 4.

6 a. Maximum 6 pour $x = 4$; minimum 0 pour $x = 8$.
b. $g(1) < g(3)$; $g(6) > g(7)$; pour $g(-1)$ et $g(2)$, on ne sait pas car -1 et 2 ne sont pas dans le même intervalle.

7 a. $[0 ; 7]$. **b.** $B(x) = g(x) - f(x) = -0{,}1x^2 + 0{,}6x - 0{,}3$.
c. Graphiquement, le maximum de B est obtenu pour $x = 3$, soit 30 objets.

2 page 61

1 a. Solutions : $-3{,}5$ et 1.
b. Par symétrie, l'abscisse du milieu est $\dfrac{-3{,}5 + 1}{2} = -1{,}25$; $f(-1{,}25) = -10{,}125$. **c.** $S = [-3{,}5 ; 1]$.

2 a. Oui : en développant $g(x) = -0{,}5x^2 + 6x - 10$; $a = -0{,}5$; $b = 6$ et $c = -10$.
b. $g(x) = -0{,}5(x - 2)(x - 10)$. **c.** La courbe C'.

3 a. Oui : en développant $h(x) = 3x^2 - 12$; $a = 3$; $b = 0$ et $c = -12$. **b.** $h(x) = 3x^2 - 12$.

4 a. $\Delta = -4$. Comme $\Delta < 0$, l'équation n'a pas de solution.
b. Pour tout réel x, $5x^2 + 7 > 7 > 0$; donc l'équation n'a pas de solution. **c.** $x^2 - 1 = (x + 1)(x - 1)$. Avec la règle du produit nul, les solutions sont : -1 et 1.
d. $\Delta = 0$, l'équation a une solution : $x_0 = \dfrac{-b}{2a} = \dfrac{-20}{4} = -5$.

5 a. $\Delta = 29$. Comme $\Delta > 0$, l'équation a deux solutions :
$x_1 = \dfrac{-b - \sqrt{\Delta}}{2a} = \dfrac{3 - \sqrt{29}}{10}$ et $x_2 = \dfrac{-b + \sqrt{\Delta}}{2a} = \dfrac{3 + \sqrt{29}}{10}$.
b. Factorisation :
$$5x^2 - 3x - 1 = 5\left(x - \frac{3 - \sqrt{29}}{10}\right)\left(x - \frac{3 + \sqrt{29}}{10}\right).$$

c. Tableau de signes :

x	$-\infty$		x_1		x_2		$+\infty$
Signe de $x - x_1$		−	0	+		+	
Signe de $x - x_2$		−		−	0	+	
Signe de $5x^2 - 3x - 1$		+	0	−	0	+	

6 a.

x	$-\infty$		-2		3		$+\infty$
Signe de $x + 2$		−	0	+		+	
Signe de $x - 3$		−		−	0	+	
Signe de $(x + 2)(x - 3)$		+	0	−	0	+	

L'ensemble des solutions de $(x + 2)(x - 3) \geqslant 0$ est : $]-\infty ; -2] \cup [3 ; +\infty[$.
b. $-x^2 + 3x - 4$ a pour discriminant $\Delta = -7$; $\Delta < 0$, donc le polynôme ne s'annule pas et garde, pour tout x, le signe du coefficient a de x^2. Comme $a = -1$, le polynôme est toujours négatif ; l'inéquation $-x^2 + 3x - 4 > 0$ n'a pas de solution.
c. $\Delta = 1 > 0$; l'équation $2x^2 + 7x + 6 = 0$ admet deux solutions $x_1 = -2$ et $x_2 = -1{,}5$. On factorise : $2x^2 + 7x + 6 = 2(x + 2)(x + 1{,}5)$.
$2x^2 + 7x + 6 < 0$ a pour ensemble de solutions l'intervalle $]-2 ; -1{,}5[$.

7 a.

x	−3	−2,5	−2	−1,5	−1	−0,5	0	0,5	1	1,5	2
$f(x)$	−2	−0,75	0	0,25	0	−0,75	−2	−3,75	−6	−8,75	−12

b.

x	$-\infty$		$-1{,}5$		$+\infty$
Variations de $f(x)$		↗	0,25	↘	

x	$-\infty$		-2		-1		$+\infty$
Signe de $f(x)$		−	0	+	0	−	

3 page 63

1 a. $f(0) = g(0) = 3{,}5$. **b.** f n'est pas définie lorsque x vaut 2, donc f est représentée par C_1 ; g n'est pas définie en -2, donc g est représentée par C_2.

2 a. $f(x) = \dfrac{3x - 7}{x - 2}$; $g(x) = \dfrac{3x + 7}{x + 2}$. **b.** $\dfrac{7}{3}$. **c.** $-\dfrac{7}{3}$.

3 a. $f(2) = -2$ et $f(4) = 0$.
b. On résout le système : $\begin{cases} \alpha + \beta = 0 \\ \alpha - \beta = -2 \end{cases}$; $\alpha = -1$ et $\beta = 1$;
$$-1 + \frac{1}{x - 3} = \frac{-(x - 3) + 1}{x - 3} = \frac{-x + 4}{x - 3}.$$

4 a.

x	$-\infty$		3		$+\infty$
Variations de $f(x)$		↘	‖	↘	

b. f est décroissante sur $[0 ; 3[$; donc, si $u < v$, alors $f(u) > f(v)$. **c.** La droite d'équation $y = -1$ ne coupe pas la courbe, l'équation $f(x) = -1$ n'a pas de solution.
$\dfrac{-x + 4}{x - 3} = -1$ équivaut à $-x + 4 = -x + 3$, soit $1 = 0x$; cette équation n'a pas de solution.
d. La courbe est au-dessus de l'axe des abscisses sur $]3 ; 4]$. Par le calcul, il faut faire un tableau de signes.

5 a. $D =]-\infty ; -2[\cup]-2 ; 2[\cup]2 ; +\infty[$.

b. Le numérateur est un polynôme du second degré.
$\Delta = 1 > 0$; $x_1 = 1$ et $x_2 = 2$.

c. On factorise : $f(x) = \dfrac{(x-1)(x-2)}{(x+2)(x-2)}$; pour $x \neq 2$, $f(x) = \dfrac{x-1}{x+2}$, donc f est une fonction homographique.

d. $\dfrac{x-1}{x+2} > 1$; $\dfrac{x-1}{x+2} - 1 > 0$; $-\dfrac{3}{x+2} > 0$; $x + 2 < 0$; donc $x < -2$. L'ensemble des solutions est $]-\infty\,;-2[$.

6 a. $]-\infty\,;-1[\,\cup\,]-1\,;+\infty[$.

b. $5 = \dfrac{2}{x+1}$; $5(x+1) = 2$; $x = -0{,}6$.

c. Deux inéquations : $4{,}8 \leqslant 5 - \dfrac{2}{x+1}$ et $5 - \dfrac{2}{x+1} \leqslant 5$; $E = [9\,;+\infty[$.

4 page 65

1 a. $[0\,;0{,}25[$. **b.** $[100\,;+\infty[$.

2 $a^2 = (2+\sqrt{6})^2 = 10 + 4\sqrt{6}$ et $b^2 = (2 \times \sqrt{5})^2 = 20$; $a^2 - b^2 = 4\sqrt{6} - 10$; $(4\sqrt{6})^2 = 96$ et $10^2 = 100$; donc $4\sqrt{6} < 10$; $4\sqrt{6} - 10 < 0$; donc $a^2 < b^2$ et donc $a < b$.

3 a. f est définie sur $[-3\,;+\infty[$ et g sur $]-\infty\,;-1]$.
b. $f(-2) = g(-2) = 1$. **c.** C représente g et C' représente f.
d. $[-3\,;-2[$.

4 Pour f : $D =]-\infty\,;-2] \cup [2\,;+\infty[$; pour g : $D = [-2\,;-1]$.
(Revoir le chapitre 2 sur le signe d'un polynôme du second degré.)

5 $a > 0$, donc $|a| = a$; $b < 0$, donc $|b| = -b = \sqrt{2} - 1$.

6 $c = 2$. Si $x = -4$, $d = 0$; si $x < -4$, $d = -x - 4$; si $x > -4$, $d = x + 4$.

7 $-0{,}1$ et $0{,}1$ ont pour valeur absolue $0{,}1$.
$|x - 1| = 0{,}1$ équivaut à $x - 1 = -0{,}1$ ou $x - 1 = 0{,}1$. Deux solutions : $0{,}9$ et $1{,}1$.

8 a. $f(x) = |x - 2|$. **b.** $-0{,}5$ et $4{,}5$. **c.** $]1\,;3[$.

9 a. Si $x > 0$, $\sqrt{x^2} = x = |x|$;
si $x < 0$, $\sqrt{x^2} = \sqrt{(-x)^2} = -x = |x|$.
b. $g(x) = |x - 3|$; $h(x) = |x + 2|$.
Si $x > 3$, $g(x) = x - 3$; si $x < 3$, $g(x) = -x + 3$.
Si $x > -2$, $h(x) = x + 2$; si $x < -2$, $h(x) = -x - 2$.

10 C : $f(x) = |x| + 1$; C' : $g(x) = 1 + \sqrt{x}$.

5 page 67

1 a. La fonction inverse u est décroissante sur $]0\,;+\infty[$.
b. $f = u - 2$; donc f est décroissante sur $]0\,;+\infty[$.
c. $g = -5u$; donc g est croissante sur $]0\,;+\infty[$.

2 a. $u(x) = 2x - 8$; le coefficient directeur 2 est positif, donc u est croissante sur $\mathbb{R}$;
$u(4) = 0$; $u > 0$ si $x > 4$ et $u < 0$ si $x < 4$.
b. $f = \sqrt{u}$; f est définie et croissante sur $[4\,;+\infty[$.

3 a. $u(x) = -3x + 6$; le coefficient directeur -3 est négatif, donc u est décroissante sur $\mathbb{R}$;
$u(2) = 0$; $u > 0$ si $x < 2$ et $u < 0$ si $x > 2$.
b. $f = \sqrt{u}$; f est définie et décroissante sur $]-\infty\,;2]$.

4 a. v est croissante et w est décroissante sur $[0\,;2{,}5]$.
b. $f(x) = x^2 - 2x + 5 = (x-1)^2 + 4$

x	0	1	2,5
Variations de $f(x)$	↘	4	↗

5 a. u et v sont croissantes sur $\mathbb{R}$.
b. $f(x) = (x+1)(2x+1) = 2x^2 + 3x + 1 = 2(x + 0{,}75)^2 - 0{,}125$.

x	$-\infty$	$-0{,}75$	$+\infty$
Variations de $f(x)$	↘	$-0{,}125$	↗

c. Faux (voir le contre-exemple ci-avant).

6 a. Vrai (le coefficient directeur est positif).
b. Faux ; $u(x) = 3x + 1$ et $v(x) = -2x + 4$ alors $(u + v)(x) = x + 5$; $u + v$ est croissante.
c. Faux ; $f(x) = (-x)(-x+2) = (x-1)^2 - 1$; f est décroissante sur $]-\infty\,;1]$.

7 a. u est croissante sur $[-3\,;0]$ et décroissante sur $[0\,;3]$; u est positive sur $[-3\,;3]$. **b.** f est définie sur $[-3\,;3]$.

x	-3	0	3
Variations de $f(x)$	0 ↗	3	↘ 0

8 f est croissante sur $[0\,;+\infty[$.

6 page 69

1 $f(2) = 2$; $f(2+h) = (2+h)^2 - 2 = h^2 + 4h + 2$;
$f(2+h) - f(2) = h(h+4)$.
$\dfrac{f(2+h) - f(2)}{h} = \dfrac{h(h+4)}{h} = h + 4$.
Lorsque h tend vers 0, $h + 4$ tend vers 4. Donc $f'(2) = 4$.

2 a. $f(4) = 13$; $f(4+h) = 13 + 5h$; $f(4+h) - f(4) = 5h$.
$\dfrac{f(4+h) - f(4)}{h} = \dfrac{5h}{h} = 5$; $f'(4) = 5$.
b. Pour tout x, $\dfrac{f(x+h) - f(x)}{h} = \dfrac{5h}{h} = 5$ et $f'(x) = 5$.

3 a. $f(4+h) - f(4) = -6h$; $\dfrac{f(4+h) - f(4)}{h} = \dfrac{-6h}{h} = -6$; $f'(4) = -6$.
b. Pour tout x, $f'(x) = -6$.

4
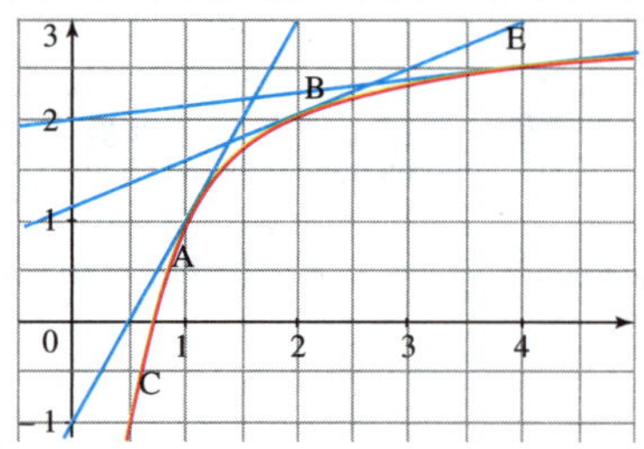

5
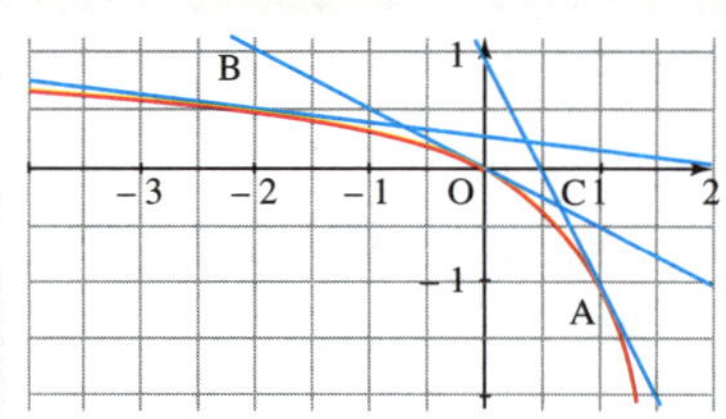

6 $y = -2x + 13$.

7 $y = 4x + 12$.

8 $y = 1{,}5$. (Cette tangente est parallèle à l'axe des abscisses.)

9 $f'(-2) = 4{,}5$; $f'(-1) = 0$; $f'(0) = -1{,}5$; $f'(1) = 0$; $f'(2) = 4{,}5$.

7 page 71

1 a. $f'(t) = 3t^2 + 2t$. **b.** $f'(0{,}5) = 1{,}75$; cela signifie qu'à la mi-journée, la vitesse de prolifération des bactéries est de 1,75 millions par jour.

2 a. $f'(x) = 10x - 7$. **b.** $g'(x) = 4x^3 + 6x^2 - 6x + 1$.

3 a. $f(x) = \dfrac{3}{2\sqrt{x}}$. **b.** $g'(x) = 1 \times \sqrt{x} + \dfrac{(x-2) \times 1}{2\sqrt{x}} = \dfrac{3x-2}{2\sqrt{x}}$.

4 a. $f'(x) = 4x - 2$; $g'(x) = 3x^2 - 1$.
b. $f(1) = g(1) = 1$ et $f'(1) = g'(1) = 2$; la tangente commune a pour équation $y = 2x - 1$.

5 **a.** $f'(x) = (4x - 3) \times (x^2 + 2) + (2x^2 - 3x + 1) \times (2x)$
$= 8x^3 - 9x^2 + 10x - 6$.
b. $f(x) = 2x^4 - 3x^3 + 5x^2 - 6x + 2$;
donc $f'(x) = 8x^3 - 9x^2 + 10x - 6$.

6 **a.** $f'(x) = \dfrac{-22}{(2x-4)^2}$. **b.** $g'(x) = -\dfrac{4}{(x+1)^2}$.

7 **a.** $D = \mathbb{R} \setminus \{1 ; 3\}$. **b.** $f'(x) = \dfrac{-x^2 - 4x + 11}{(x^2 - 4x + 3)^2}$.

8 **a.** $f'(x) = 1 - \dfrac{1}{x^2} = \dfrac{x^2 - 1}{x^2}$.

b.

x	0,5	1	1,5	2	2,5	3	3,5	4
$f(x)$	1,5	1	1,17	1,5	1,9	2,33	2,79	3,25
$f'(x)$	− 3	0	0,56	0,75	0,84	0,89	0,92	0,94

9 **a.** $f'(x) = \dfrac{-1}{(x-1)^2} + \dfrac{1}{(x-5)^2} = \dfrac{8x - 24}{(x-1)^2(x-5)^2}$;
$g'(x) = \dfrac{8x - 24}{(x-1)^2(x-5)^2}$. **b.** $f(3) = 1$ et $g(3) = 2$; donc les fonctions f et g ne sont pas égales. (Observez leurs courbes sur l'écran d'une calculatrice.)

8 page 73

1 **a.** $f'(x) > 0$ sur $[1 ; 4[$ et $f'(x) < 0$ sur $]4 ; 6]$.
b. Donc f est croissante sur $[1 ; 4]$ et décroissante sur $[4 ; 6]$.
2 En traçant les tangentes en 0 aux deux courbes, on observe que : $f'(0) = -1 = g(0)$ et $g'(0) = 2 \neq f(0)$. De plus la courbe C_1 montre une fonction décroissante et la courbe C_2 une fonction négative. Donc $g = f'$.
3 **a.** $f'(x) = 3x^2 + 1$; $f' > 0$, donc f est strictement croissante sur $\mathbb{R}$. **b.** $f(0) = -2$; $f(1) = 0$ et f strictement croissante sur $[0 ; 1]$, donc, si $x \in [0 ; 1]$, alors $f(x) \in [-2 ; 0]$.
c. $f(1) = 0$ et f strictement croissante sur $[1 ; +\infty[$, donc, si $x > 1$, alors $f(x) > 0$.
4 **a.** $f'(x) = -\dfrac{9}{(x-6)^2}$, $f' < 0$, donc f est strictement décroissante sur $[-6 ; 6[$.
b. $f(-6) = 0{,}25$; $f(-3) = 0$ et f décroissante sur $[-6 ; -3]$, donc, si $x \in [-6 ; -3]$, alors $f(x) \in [0 ; 0{,}25]$.
5 **a.** $f'(x) = \dfrac{3}{(x-1)^2}$; $f' > 0$, donc f est strictement croissante sur $]1 ; +\infty[$. **b.** $f(2{,}5) = 0$ et f croissante sur $]1 ; 2{,}5[$, donc, si $x \in]1 ; 2{,}5[$, alors $f(x) < 0$.
6 $V'(x) = 2\sqrt{3}(9x^2 - 20\sqrt{3}x + 25)$; $\Delta = 300$;
$x_1 = \dfrac{5\sqrt{3}}{9} \approx 0{,}96$, $x_2 = \dfrac{5\sqrt{3}}{3} \approx 2{,}886$.
Le maximum est obtenu pour $5\dfrac{\sqrt{3}}{9}$ et vaut environ 37 cm³.

9 page 75

1 **a.** $f'(x) = -6x + 5$.

x	$-\infty$		$\frac{5}{6}$		$+\infty$
$f'(x)$		+	0	−	
$f(x)$		↗	$\frac{1}{12}$	↘	

b. Avec l'axe des ordonnées : A(0 ; − 2), T_A : $y = 5x - 2$.
Avec l'axe des abscisses, on résout l'équation du second degré $-3x^2 + 5x - 2 = 0$; $\Delta = 1 > 0$, il existe donc deux solutions $x_1 = \dfrac{2}{3}$ et $x_2 = 1$; $E\left(\dfrac{2}{3} ; 0\right)$, T_E : $y = x - \dfrac{2}{3}$,
F(1 ; 0), T_F : $y = -x + 1$.

2 **a.** $f'(x) = 3x^2 - 4x + 5$; $\Delta = -44 < 0$; $f'(x) > 0$ pour tout x, donc f est croissante sur $\mathbb{R}$.
b. $f(0) = -4$; $f'(0) = 5$; T_0 : $y = 5x - 4$;
$f(1) = 0$; $f'(1) = 4$; T_1 : $y = 4x - 4$.
c. Par observation graphique, C est au-dessous des tangentes sur $]-\infty ; 0[$, entre les deux tangentes sur $]0 ; 1[$ et au-dessus des tangentes sur $]1 ; +\infty[$.
3 **b.** $f'(x) = 4x^3 - 4x = 4x(x^2 - 1) = 4x(x+1)(x-1)$.

x	$-\infty$		-1		0		1		$+\infty$
$f'(x)$		−	0	+	0	−	0	+	
$f(x)$		↘	-1	↗	0	↘	-1	↗	

c. $f(x) = x^2(x^2 - 2) = x^2(x + \sqrt{2})(x - \sqrt{2})$.

x	$-\infty$		$-\sqrt{2}$		0		$\sqrt{2}$		$+\infty$
$f(x)$		+	0	−	0	−	0	+	

4 **a.** $f'(x) = \dfrac{1}{(2x-3)^2}$; f est croissante sur $]-\infty ; 1{,}5[$ et sur $]1{,}5 ; +\infty[$.
b. $f(0) = -\dfrac{1}{3}$; $f'(0) = \dfrac{1}{9}$; T_0 : $y = \dfrac{1}{9}x - \dfrac{1}{3}$;
$f(1) = 0$; $f'(1) = 1$; T_1 : $y = x - 1$;
$f(2) = -1$; $f'(2) = 1$; T_2 : $y = x - 3$.
5 **a.** $f'(x) = \dfrac{(x+3)(x-1)}{(x+1)^2}$.

x	$-\infty$		-3		-1		1		$+\infty$
$f'(x)$		+	0	−	‖	−	0	+	
$f(x)$		↗	-6	↘	‖	↘	2	↗	

b. $x - 1 + \dfrac{4}{x+1} = \dfrac{(x-1)(x+1) + 4}{x+1} = \dfrac{x^2 + 3}{x+1} = f(x)$,
donc $f(x) - (x - 1) = \dfrac{4}{x+1}$.
La position relative de C et de d est donnée par le signe de $\dfrac{1}{x+1}$; donc si $x < -1$, C est au-dessous de d et si $x > -1$, C est au-dessus de d.
6 **a.** $x^2 - 2x - 3 = (x+1)(x-3)$. $D = \mathbb{R} \setminus \{-1 ; 3\}$.
b. $f'(x) = \dfrac{8x - 8}{(x^2 - 2x - 3)^2}$.
c. La dérivée s'annule pour $x = 1$; elle est positive si $x > 1$ et négative si $x < 1$; donc f est décroissante sur $]-\infty ; -1[$ et sur $]-1 ; 1[$, puis croissante sur $]1 ; 3[$ et sur $]3 ; +\infty[$.

10 page 77

1 **a.** $x^2 + 1 = -\dfrac{1}{x}$ équivaut à $(x^2 + 1)x = -1$,
soit $x^3 + x + 1 = 0$.
b. Une solution a comprise entre − 1 et 0.

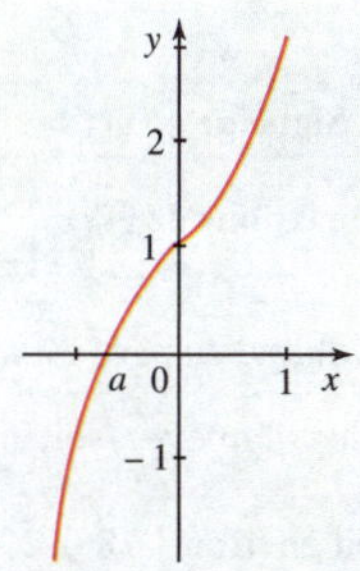

Corrigés

c. $f'(x) = 3x^2 + 1$, $f' > 0$, donc f est strictement croissante sur $\mathbb{R}$. $f(-1) = -1$ et $f(0) = 1$; donc l'équation $f(x) = 0$ ne peut pas avoir de solutions dans $]-\infty\,;-1[$ et dans $]0\,;+\infty[$.

d.

x	$f(x)$
$-0{,}69$	$-0{,}02$
$-0{,}68$	$0{,}01$

Donc $a \in\,]-0{,}69\,;-0{,}68[$.

2

x	-2		0		2
$g'(x)$		$-$	0	$+$	
$g(x)$		↘	5	↗	

5 est le minimum de la fonction g, donc l'inéquation $g(x) < 5$ n'a pas de solution.

3 a. deux solutions : 2 et 5. **b.** $x = 3$. **c.** $]2\,;5[$. **d.** $]1\,;3[$.

4 a. 2. ; **b.** 3. ; **c.** 2. ; **d.** 2.

11 page 79

1 a. $\mathrm{SH} = \dfrac{x\sqrt{3}}{2}$;

$f(x) = \dfrac{x}{2} \times \dfrac{x\sqrt{3}}{2} + x(6 - x) = x^2\left(-1 + \dfrac{\sqrt{3}}{4}\right) + 6x$;

$D = [0\,;6]$.

b. $f'(x) = 2x\left(1 - \dfrac{\sqrt{3}}{4}\right) + 6$; $f'(x) = 0$ si $x = \dfrac{12}{4-\sqrt{3}}$, soit environ 5,29.

f' est une fonction affine de coefficient directeur négatif, d'où le tableau de variations :

x	0		$\dfrac{12}{4-\sqrt{3}}$		6
$f'(x)$		$+$	0	$-$	
$f(x)$	0	↗	$\dfrac{144+36\sqrt{3}}{13}$	↘	$18\sqrt{3}$

Donc l'aire est maximale pour environ 5,29 cm et vaut environ 15,87 cm².

c. $\dfrac{x}{2} \times \dfrac{x\sqrt{3}}{2} = x(6 - x)$ donc $x = 0$ ou $x = \dfrac{24}{4+\sqrt{3}}$, soit environ 4,19 cm.

2 a. $f(x) = x^2(1 - x) = x^2 - x^3$;

$g(x) = 2x^2 + 4x(1 - x) = -2x^2 + 4x$.

b. $f'(x) = 2x - 3x^2 = x(2 - 3x)$; $g'(x) = -4x + 4$.

x	0		$\dfrac{2}{3}$		1
Signe de $f'(x)$	0	$+$	0	$-$	
Variations de $f(x)$	0	↗	$\dfrac{4}{27}$	↘	0

x	0		1
Signe de $g'(x)$		$+$	
Variations de $g(x)$	0	↗	2

c. Le volume du pavé est maximum pour $x = \dfrac{2}{3}$, la hauteur est $\dfrac{1}{3}$, le volume $\dfrac{4}{27}$, soit environ 0,148 m³ ; l'aire totale est $\dfrac{16}{9}$, soit environ 1,78 m².

d. $g(x) = 1{,}5$ si $x = 0{,}5$; $f(x) = 1{,}5$ n'a pas de solution car 1,5 est supérieur au maximum de f ; $f(x) = 0{,}1$ pour environ 0,41 et 0,86.

3 a. $y = \dfrac{640}{x}$. **b.** $(x - 8)(y - 5)$;

$f'(x) = -5 + \dfrac{5\,120}{x^2} = \dfrac{-5(x-32)(x+32)}{x^2}$.

c. f est croissante sur $]0\,;32]$ et décroissante sur $[32\,;40]$.

d. $x = 32$ et $y = 20$.

12 page 81

1 a. On a $u_0 = -2 \times 0 + 6 = 6$,

de même : $u_1 = 4$, $u_2 = 2$, $u_3 = 0$ et $u_4 = -2$.

b. $u_{n+1} = -2 \times (n + 1) + 6 = -2n - 2 + 6 = -2n + 4$.

$u_{n-1} = -2(n - 1) + 6 = -2n + 2 + 6 = -2n + 8$.

$u_{n+1} - u_{n-1} + 3u_n = -2n + 4 - (-2n + 8) + 3(-2n + 6)$
$= -6n + 14$.

2 a. On obtient facilement : $u_0 = 4$, $u_1 = 5$, $u_2 = 12$, $u_3 = 25$ et $u_4 = 44$.

b. $u_{n+1} = 3(n + 1)^2 - 2(n + 1) + 4 = 3n^2 + 4n + 5$

$u_{n-1} = 3(n - 1)^2 - 2(n - 1) + 4 = 3n^2 - 8n + 9$

$u_{n+1} - u_{n-1} + 3u_n$

$= 3n^2 + 4n + 5 - (3n^2 - 8n + 9) + 3(3n^2 - 2n + 4)$

$= 9n^2 + 6n + 8$.

3 a. On obtient ici $u_0 = 2$, $u_1 = \dfrac{1}{2}$, $u_2 = 0$, $u_3 = -\dfrac{1}{4}$ et $u_4 = -\dfrac{2}{5}$.

b. $u_{n+1} = \dfrac{2-(n+1)}{(n+1)+1} = \dfrac{1-n}{n+2}$; $u_{n-1} = \dfrac{2-(n-1)}{(n-1)+1} = \dfrac{3-n}{n}$

$u_{n+1} - u_{n-1} + 3u_n = \dfrac{1-n}{n+2} - \dfrac{3-n}{n} + \dfrac{6-3n}{n+1}$

$= \dfrac{-3n^3 + 6n - 6}{n(n+1)(n+2)}$.

4 a. Pour la suite (u_n) : $u_0 = \dfrac{4}{3}$, $u_1 = -\dfrac{3}{5}$, $u_2 = \dfrac{10}{7}$, $u_3 = -\dfrac{5}{9}$ et $u_4 = \dfrac{16}{11}$. Pour la suite (v_n) : $v_0 = \dfrac{4}{3}$, $v_1 = \dfrac{7}{5}$, $v_2 = \dfrac{10}{7}$, $v_3 = \dfrac{13}{9}$ et $v_4 = \dfrac{16}{11}$.

b. Ces deux suites ne sont pas égales car les termes de rangs impairs sont différents.

c. $u_{2n} = (-1)^{2n} + \dfrac{2n+1}{4n+3} = 1 + \dfrac{2n+1}{4n+3} = \dfrac{6n+4}{4n+3}$

et $v_{2n} = \dfrac{6n+4}{4n+3}$ ainsi $u_{2n} = v_{2n}$: tous les termes de rangs pairs sont égaux.

5 a. $u_{n+1} = 1{,}15 \times u_n - 300$.

b. On a $u_1 = 3\,000$;

et $u_2 = 1{,}15 \times u_1 - 300 = 1{,}15 \times 3\,000 - 300 = 3\,150$;

puis $u_3 = 1{,}15 \times u_2 - 300 = 1{,}15 \times 3\,150 - 300 = 3\,322{,}5$.

Il y a donc 3 150 spectateurs au deuxième match et 3 322 au troisième match.

c. Un stade rempli aux deux tiers comporte 12 000 spectateurs.

La calculatrice nous permet d'affirmer que c'est au 18e match que le stade sera rempli aux deux tiers.

n+1	dn+1
16	10137
17	11357
18	12761
19	14375

Algorithme :

```
VARIABLES
  n EST_DU_TYPE NOMBRE
  i EST_DU_TYPE NOMBRE
  spectateurs EST_DU_TYPE nombre
DEBUT_ALGORITHME
  spectateurs PREND_LA_VALEUR 3000
  LIRE n
  Si (n>=2) ALORS
    DEBUT_SI
    POUR i ALLANT_DE 1 A n-1
      DEBUT_POUR
      spectateurs PREND_LA_VALEUR 1.15*spectateurs-300
      FIN_POUR
    spectateurs PREND_LA_VALEUR floor(spectateurs)
    AFFICHER "Le nombre de spectateurs au énième match est égal à "
    AFFICHER spectateurs
    FIN_SI
FIN_ALGORITHME
```

6 a. $u_{n+1} - u_n = -u_n^2 - 6u_n - 9 = -(u_n^2 + 6u_n + 9) = -(u_n + 3)^2 \leqslant 0$; ainsi la suite (u_n) est strictement décroissante.
b. Les termes de la suite (u_n) sont strictement positifs et $\dfrac{u_{n+1}}{u_n} = \left(\dfrac{3^{n+1}}{n+1}\right) \times \left(\dfrac{n}{3^n}\right) = \dfrac{3n}{n+1}$;
or $\dfrac{3n}{n+1} > 1 \Leftrightarrow 3n > n+1 \Leftrightarrow n > \dfrac{1}{2}$, ainsi on a pour tout $n > 0$, $\dfrac{u_{n+1}}{u_n} > 1$ et la suite (u_n) est donc strictement croissante.
c. On crée la fonction f définie sur $[0 ; +\infty[$ par $f(x) = \dfrac{2x-3}{x+2}$; on a facilement $f'(x) = \dfrac{7}{(x+2)^2} > 0$ ainsi f est strictement croissante sur $[0 ; +\infty[$ et la suite (u_n) l'est aussi.
d. Cette suite n'est ni croissante, ni décroissante : toutes les suites ne sont pas monotones.

7 a. $f'(x) = \dfrac{1}{x^2}$ donc la fonction f est strictement croissante.
b. $u_n = f(n) = -\dfrac{1}{n} + 2$; (u_n) a le même sens de variation que f donc est strictement croissante.
c.

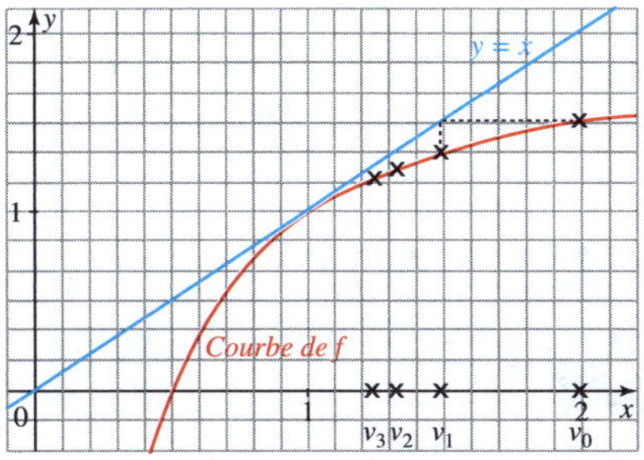

Il semble que (v_n) soit décroissante. En effet
$v_{n+1} - v_n = -\dfrac{1}{v_n} + 2 - v_n = \dfrac{-1 + 2v_n - v_n^2}{v_n}$
$= -\dfrac{(v_n - 1)^2}{v_n} < 0$, car $v_n > 0$; ainsi la suite (v_n) est strictement décroissante.

13 page 83

1 $u_{n+1} - u_n = \dfrac{-2 + 3(n+1)}{4} - \dfrac{-2 + 3n}{4} = \dfrac{3}{4}$, la suite (u_n) est donc arithmétique de raison $r = \dfrac{3}{4}$ et de premier terme $u_0 = -\dfrac{1}{2}$.

2 a. $u_{n+1} - u_n = \dfrac{2}{n+2} - \dfrac{2}{n+1} = -\dfrac{2}{(n+1)(n+2)}$, la différence dépend de n, cette suite n'est donc pas arithmétique. **b.** $v_{n+1} - v_n = \dfrac{1}{3}$, la suite (v_n) est donc arithmétique de raison $r = \dfrac{1}{3}$ avec $v_0 = -5$.
c. $w_n = \dfrac{\left[\left(\frac{1}{2}\right)n + 1\right] + \left[\left(\frac{1}{2}\right)(n+1) + 1\right]}{2} = \left(\dfrac{1}{2}\right)n + \dfrac{5}{4}$, puis $w_{n+1} - w_n = \dfrac{1}{2}$: on en conclut que (w_n) est une suite arithmétique de raison $r = \dfrac{1}{2}$ avec $w_0 = \dfrac{5}{4}$.

3 a. $u_0 = 0$, $u_1 = 3$, $u_2 = 8$, $u_3 = 15$, $u_4 = 24$ et $u_5 = 35$.
$v_0 = u_1 - u_0 = 3$, $v_1 = 5$, $v_2 = 7$, $v_3 = 9$ et $v_4 = 11$.
Il semble donc que la suite (v_n) soit arithmétique de raison $r = 2$, de premier terme $v_0 = 3$.
b. $v_n = u_{n+1} - u_n = 2(n+1) + (n+1)^2 - 2n - n^2 = 2n + 3$ puis $v_{n+1} - v_n = 2$, ainsi la suite (v_n) est bien arithmétique de raison $r = 2$ avec $v_0 = 3$.

4 a. $v_{n+1} = (u_{n+1})^2 = (u_n)^2 + 3 = v_n + 3$, donc (v_n) est arithmétique de raison 3 et on a pour tout n entier naturel $v_n = v_0 + 3n = 1 + 3n$.
b. On a immédiatement : $u_n = \sqrt{v_n} = \sqrt{1 + 3n}$.

5 a. $u_1 = \dfrac{u_0}{1 + 3u_0} = \dfrac{1}{4}$, de même $u_2 = \dfrac{1}{7}$, $u_3 = \dfrac{1}{10}$, $u_4 = \dfrac{1}{13}$ et $u_5 = \dfrac{1}{16}$.
b. $v_{n+1} = \dfrac{1}{u_{n+1}} = \dfrac{1 + 3u_n}{u_n} = \dfrac{1}{u_n} + 3 = v_n + 3$:
(v_n) est arithmétique de raison $r = 3$ avec $v_0 = 1$.
c. On a pour tout entier naturel $n \geqslant 1$: $v_n = 1 + 3n$ d'où $u_n = \dfrac{1}{1 + 3n}$. **d.** On a de façon évidente $u_n > 0$ et $\dfrac{1}{1+3n} - \dfrac{1}{3} = -\dfrac{n}{3n+1} < 0$, donc $u_n < \dfrac{1}{3}$.

6 $u_{n+1} - u_n = \dfrac{1}{3n+4} - \dfrac{1}{3n+1} = -\dfrac{3}{(3n+4)(3n+1)} < 0$ donc la suite (u_n) est décroissante.

7 a. $u_{14} = u_3 + 11r$, soit $r = \dfrac{u_{14} - u_3}{11} = -7$, puis $u_0 = u_3 - 3r = 75 - 3(-7) = 75 + 21 = 96$.
b. $r = -7 < 0$, donc cette suite est décroissante.
c. On a alors pour tout entier naturel n, $u_n = 96 - 7n$, d'où $-349 = 96 - 7n \Leftrightarrow 7n = 445$; or 7 ne divise pas 445 donc il n'existe pas de n tel que $u_n = -349$.

8 On a $\dfrac{n(n+1)}{2} = 595 \Leftrightarrow n^2 + n - 1\,190 = 0$, on obtient $n = 34$: le livre de Paul a 34 pages.

9 S = 5 050.
S′ = S – (1 + 2 + 3 +... + 50) = 5 050 – 1 275 = 3 775.
S″ = 2 × (1 + 2 + 3 +... + 50) = 2 550.

14 page 85

1 On a $\dfrac{u_{n+1}}{u_n} = \left(\dfrac{2^{n+1}}{5^{n+4}}\right) \times \left(\dfrac{5^{n+3}}{2^n}\right) = \dfrac{2}{5}$, ainsi (u_n) est géométrique de raison $q = \dfrac{2}{5}$ avec $u_0 = \dfrac{1}{125}$.

2 a. $u_0 = 1$, $u_1 = 6$ et $u_2 = 12$; $\dfrac{u_1}{u_0} \neq \dfrac{u_2}{u_1}$, donc (u_n) n'est pas géométrique.

Corrigés

b. $2v_{n+1} - 3v_n = 0 \Leftrightarrow v_{n+1} = \left(\frac{3}{2}\right)v_n$, donc (v_n) est géométrique de raison $q = \frac{3}{2}$ avec $v_0 = -5$.

c. $w_{n+1} - w_n = \frac{3}{7}$: on reconnaît en (w_n) une suite arithmétique de raison $r = \frac{3}{7}$.

3 a. $u_0 = 3$, $u_1 = 4 - 3u_0 = 4 - 9 = -5$;
de même $u_2 = 19$, $u_3 = -53$ et $u_4 = 163$.
b. On constate que : $v_0 = 2$, $v_1 = -6$, $v_2 = 18$, $v_3 = -54$ et $v_4 = 162$: il semble donc que la suite (v_n) soit géométrique de raison $q = -3$.
c. $v_{n+1} = u_{n+1} - 1 = 4 - 3u_n - 1 = 3 - 3u_n$
$= -3(u_n - 1) = -3v_n$, ce qui prouve que (v_n) est géométrique de raison $q = -3$ et de premier terme $v_0 = u_0 - 1 = 2$.

4 a. On a pour tout entier naturel n : $v_n = 2(-3)^n$ d'où $u_n = v_n + 1 = 2(-3)^n + 1$.
b. On en déduit alors que $u_{10} = 2(-3)^{10} + 1 = 118\,099$.

5 a. $u_{n+1} = u_n - 0{,}2u_n = 0{,}8\,u_n$; u est géométrique de raison 0,8. **b.** $u_{10} = 7 \times 0{,}8^{10} \approx 0{,}75$.

6 a. $v_1 = 1{,}0475v_0 = 3\,142{,}5$; $v_2 = 1{,}0475v_1 \approx 3\,291{,}8$ et $v_3 = 1{,}0475v_2 \approx 3\,448{,}1$.
b. $v_{n+1} = 1{,}0475v_n$, la suite (v_n) est géométrique de raison $q = 1{,}0475$.
c. On a donc pour tout entier n : $v_n = 3\,000 \times 1{,}0475^n$.
d. On cherche à partir de quel n on a $v_n > 2v_0$ soit $3\,000 \times 1{,}0475^n > 6\,000$, ce qui revient à résoudre à la calculatrice $1{,}0475^n > 2$: on obtient $n = 15$, ainsi le capital de Pierre aura doublé au 01/01/2026.

7 a. $v_{n+1} = u_{n+1} + \alpha = \left(\frac{1}{2}\right)u_n - 4 + \alpha = \left(\frac{1}{2}\right)(u_n - 8 + 2\alpha)$, (v_n) sera géométrique à condition que $-8 + 2\alpha = \alpha$, soit $\alpha = 8$. Ainsi (v_n) est géométrique de raison $q = \frac{1}{2}$.
b. On a pour tout entier naturel n : $v_n = v_0 \times q^n = 11 \times \left(\frac{1}{2}\right)^n$ d'où $u_n = 11 \times \left(\frac{1}{2}\right)^n - 8$.

8 a. Ici : $q = -\frac{1}{3} < 0$, donc la suite (u_n) n'est pas monotone. **b.** $u_n = -3 \times \left(\frac{5}{4}\right)^n$, donc $q = \frac{5}{4} > 1$. $\left(\frac{5}{4}\right)^n$ est une suite croissante, en multipliant par $u_0 = -3 < 0$ on obtient une suite décroissante.
c. On a ici une suite géométrique de raison $q = \frac{2}{\sqrt{3}} > 1$ avec $u_0 = 2 > 0$, donc (u_n) est croissante.

9 a. $S = 2^0 + 2^1 + 2^2 + \ldots + 2^{20} = \frac{1 - 2^{21}}{1 - 2} = 2^{21} - 1$
$= 2\,097\,151$.
b. $S = 2(1 - 3 + 9 - 27 + \ldots + 6\,561)$
$= 2((-3)^0 + (-3)^1 + (-3)^2 + \ldots + (-3)^8)$
$= 2\left(\frac{1 - (-3)^9}{1 - (-3)}\right)$, donc $S = \left(\frac{1}{2}\right)(1 + 3^9) = 9\,842$.

15 page 87

1 Soit $I =]a\,;b[$ un intervalle ouvert contenant 0 ;
$a < \frac{1}{\sqrt{n}} < b \Leftrightarrow \sqrt{n} > \frac{1}{b}$, soit $n > \frac{1}{b^2}$.
On en conclut que pour tout $n > \frac{1}{b^2}$, u_n appartient à l'intervalle I, donc (u_n) converge vers 0.

2 On procède par l'absurde en supposant que (u_n) converge vers un réel l. On choisit l'intervalle $I = \left]l - \frac{1}{2}\,;\,l + \frac{1}{2}\right[$ d'amplitude 1 qui devrait donc contenir tous les termes de la suite (u_n) à partir d'un certain rang. Or il ne peut contenir à la fois 1 et -1 car I serait alors d'amplitude 2 : les termes de la suite ne peuvent donc pas tous être dans I à partir d'un certain rang, on en conclut que (u_n) diverge.

3 a. On a $\lim\limits_{n \to +\infty} -\frac{3}{n^2} = 0$, ainsi $\lim\limits_{n \to +\infty} u_n = 2$.

b. $\lim\limits_{n \to +\infty} \frac{1}{n} = \lim\limits_{n \to +\infty} \frac{2}{n^2} = 0$;
ainsi, par différence, $\lim\limits_{n \to +\infty} u_n = 0$.

c. $\lim\limits_{n \to +\infty} \frac{1}{n} = \lim\limits_{n \to +\infty} \frac{3}{n} = 0$, d'où $\lim\limits_{n \to +\infty} 2 - \frac{1}{n} = 2$
et $\lim\limits_{n \to +\infty} \frac{3}{n} - 5 = -5$; donc, par produit, $\lim\limits_{n \to +\infty} u_n = -10$.

d. De même, $\lim\limits_{n \to +\infty} 2 + \frac{1}{n} = 2$ et $\lim\limits_{n \to +\infty} \frac{2}{n^2} - 3 = -3$; donc, par quotient, $\lim\limits_{n \to +\infty} u_n = -\frac{2}{3}$.

4 $-1 \leqslant \sin\left(\frac{n\pi}{4}\right) \leqslant 1$, donc, pour tout $n > 0$,
$-\frac{1}{n} \leqslant u_n \leqslant \frac{1}{n}$.
Or $\lim\limits_{n \to +\infty} \frac{1}{n} = 0$, donc d'après le théorème d'encadrement (dit « des gendarmes »), la suite (u_n) converge vers 0.

5 a. Comme précédemment : $-1 \leqslant (-1)^n \leqslant 1$, donc $-\frac{1}{n} \leqslant \frac{(-1)^n}{n} \leqslant \frac{1}{n}$, soit $-\frac{1}{n} + 3 \leqslant u_n \leqslant \frac{1}{n} + 3$.

b. $\lim\limits_{n \to +\infty} \frac{1}{n} = 0$. Donc $\lim\limits_{n \to +\infty} -\frac{1}{n} + 3 = \lim\limits_{n \to +\infty} \frac{1}{n} + 3 = 3$, et la suite (u_n) converge vers 3.

6 $v_n = f(n)$ avec f définie sur $[0\,;+\infty[$ par $f(x) = \frac{3 + x}{x^2 + 2}$.
On démontre à l'aide des théorèmes sur les limites de fonctions que $\lim\limits_{x \to +\infty} f(x) = 0$, on en conclut alors que $\lim\limits_{n \to +\infty} v_n = 0$.

7 a. Il semble que la suite (u_n) converge vers $\frac{1}{4}$:

n+1	dn+1
7	0.2508
8	0.2502
9	0.25
10	0.25

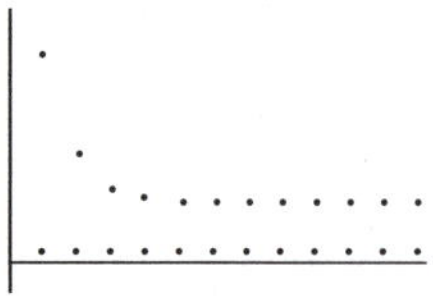

b. $v_{n+1} = u_{n+1} - \frac{1}{4} = \left(\frac{1}{3}\right)u_n + \frac{1}{6} - \frac{1}{4} = \left(\frac{1}{3}\right)u_n - \frac{1}{12}$
$= \left(\frac{1}{3}\right)\left(u_n - \frac{1}{4}\right) = \left(\frac{1}{3}\right)v_n$, (v_n) est donc géométrique de raison $q = \frac{1}{3}$ de premier terme $v_0 = 2 - \frac{1}{4} = \frac{7}{4}$.
On a alors pour tout entier naturel n :
$v_n = \left(\frac{7}{4}\right)\left(\frac{1}{3}\right)^n$ et $u_n = \left(\frac{7}{4}\right)\left(\frac{1}{3}\right)^n + \frac{1}{4}$.

c. $q = \frac{1}{3}$ donc (v_n) converge vers 0 ; or $u_n = v_n + \frac{1}{4}$, donc (u_n) converge vers $\frac{1}{4}$, ce qui valide la conjecture émise en **a.**

8 a. $q = \frac{\pi}{2} > 1$ et $u_0 = -3 < 0$, donc $\lim\limits_{n \to +\infty} u_n = -\infty$. (u_n) est donc divergente.

b. $0 < q = \frac{\sqrt{3}}{2} < 1$, donc $\lim\limits_{n \to +\infty} u_n = 0$. (u_n) converge vers 0.

c. $q = -\frac{\pi}{2} \leqslant -1$ et $u_0 = 4$, donc (u_n) n'a pas de limite.

d. $u_n = \left(\frac{1}{3}\right)^0 + \left(\frac{1}{3}\right)^1 + \left(\frac{1}{3}\right)^2 + \ldots + \left(\frac{1}{3}\right)^n = \dfrac{1 - \left(\frac{1}{3}\right)^{n+1}}{1 - \frac{1}{3}}$,

or $\lim\limits_{n \to +\infty} \left(\frac{1}{3}\right)^{n+1} = 0$, donc $\lim\limits_{n \to +\infty} u_n = \dfrac{1}{1 - \frac{1}{3}} = \frac{3}{2}$.

16 page 89

1 a. $x_I = \frac{x_A + x_B}{2}$, $y_I = \frac{y_A + y_B}{2}$. **b.** A(3 ; 1), B(5 ; 2), C(6 ; 5). **c.** I(4 ; 1,5), J(5,5 ; 3,5).

2 a. $\overrightarrow{AB}(2 ; 1)$, $\overrightarrow{BC}(1 ; 3)$, $\overrightarrow{AC}(3 ; 4)$.
b. $\overrightarrow{AB} + \overrightarrow{BC} = \overrightarrow{AC}$; en abscisses : $2 + 1 = 3$, en ordonnées : $1 + 3 = 4$.

3 $\overrightarrow{AB}(2 ; 1)$, $\overrightarrow{DC}(2 ; 1)$, donc $\overrightarrow{AB} = \overrightarrow{DC}$, donc ABCD est un parallélogramme.

4 $\vec{v}(6 ; 3)$; $\overrightarrow{AM}(x - 3 ; y - 1)$; $x - 3 = 6$ et $y - 1 = 3$; donc $x = 9$ et $y = 4$. M = E.

5 $\overrightarrow{BD}(-1 ; 2)$, $\overrightarrow{BF}(2 ; -4)$; $\overrightarrow{BF} = -2 \cdot \overrightarrow{BD}$, donc B, D et F sont alignés.

6 $\overrightarrow{BC}(1 ; 3)$, $\overrightarrow{EF}(-2 ; -6)$; $1 \times (-6) - (-2) \times 3 = 0$, donc $\overrightarrow{BC}$ et $\overrightarrow{EF}$ sont colinéaires, donc (BC) // (EF).

7 a. $\overrightarrow{AL}(-3 ; y - 1)$, $\overrightarrow{AF}(4 ; -3)$, $-3 \times (-3) - 4 \times (y - 1) = 0$, soit $13 - 4y = 0$. **b.** $y = \frac{13}{4}$.

8 a. $12 \times 10 - (-15) \times (-8) = 0$.
b. $12m + 8 = 0$; $m = -\frac{8}{12} = -\frac{2}{3}$.

9 a. $\sqrt{2} \times (6\sqrt{2}) - (-4) \times (-3) = 12 - 12 = 0$; $\vec{u}$ et $\vec{v}$ sont colinéaires.
b. $4 \times 7 - 5 \times 2 = 18 \neq 0$; $\vec{u}$ et $\vec{v}$ ne sont pas colinéaires.

10 a. $AB = \sqrt{(x_B - x_A)^2 + (y_B - y_A)^2}$.
b. $BD = \sqrt{5}$, $BE = \sqrt{20}$ et $DE = 5$. $DE^2 = BD^2 + BE^2$, donc, d'après le théorème de Pythagore, BDE est rectangle en B.
c. $\|\vec{i}\| = 1$, $\|\vec{j}\| = 1$, $\|\vec{u}\| = \sqrt{11}$.

17 page 91

1 $-2x + 3y - 14 = 0$.

2 d_1 : **e.** ; d_2 : **b.** ; d_3 : **f.** ; d_4 : **d.** ; d_5 : **a.** ; d_6 : **c.**

3 $\vec{v_1}(0 ; 1)$; $\vec{v_2}(-1 ; 2)$; $\vec{v_3}(3 ; 5)$; $\vec{v_4}(10 ; 7)$; $\vec{v_5}(5 ; 3)$; $\vec{v_6}(1 ; 0)$.

4 d_1 est parallèle à l'axe des ordonnées, donc n'admet pas de coefficient directeur ;
$m_2 = -2$; $m_3 = \frac{5}{3}$; $m_4 = 0{,}7$; $m_5 = \frac{3}{5}$; $m_6 = 0$.

5 $2x - 3y - 4 = 0$.

6 a. $\vec{u}(-4 ; 1)$. **b.** $m = -0{,}25$. **c.** $x + 4y - 14 = 0$.

7 (5 ; 3).

8 A(3 ; – 2), B(7 ; 1), C(0 ; 4).
Équations des médianes issues de A, B et C :
$9x - y - 29 = 0$; $y - 1 = 0$; $9x + 10y - 40 = 0$.
Centre de gravité : $G\left(\frac{10}{3} ; 1\right)$.

9 $d_1 : x + 5y - 14 = 0$; $d_2 : x - 4y = 0$; $F\left(\frac{56}{9} ; \frac{14}{9}\right)$.

18 page 93

1 AFBE est un parallélogramme.

2 $\vec{u} = \overrightarrow{ED}$; $\vec{v} = 2 \cdot \overrightarrow{BC} + \overrightarrow{AC}$,
ou encore : $\vec{v} = -2 \cdot \overrightarrow{AB} + 3 \cdot \overrightarrow{AC}$.

3 $\vec{u} = -\overrightarrow{AB} + \overrightarrow{BC} - \overrightarrow{BD} = \overrightarrow{BA} + \overrightarrow{BC} - \overrightarrow{BD} = \overrightarrow{BD} - \overrightarrow{BD} = \vec{0}$.
$\vec{v} = 2 \cdot \overrightarrow{OA} - \overrightarrow{BA} + \overrightarrow{AD} = \overrightarrow{CA} + \overrightarrow{AB} + \overrightarrow{BC} = \overrightarrow{CC} = \vec{0}$.

4 $\overrightarrow{CE} = \overrightarrow{CB} + \overrightarrow{BE}$, donc $\overrightarrow{CE} = \overrightarrow{CB} + \frac{2}{3} \cdot \overrightarrow{BA}$.
$\overrightarrow{CF} = \overrightarrow{CD} + \overrightarrow{DF}$,
donc $\overrightarrow{CF} = -\overrightarrow{DC} + \frac{3}{2} \cdot \overrightarrow{DA} = \overrightarrow{BA} + \frac{3}{2} \cdot \overrightarrow{CB}$.
On « constate » que : $\overrightarrow{CF} = \frac{3}{2} \cdot \overrightarrow{CE}$.
Donc C, E et F sont alignés.

5 a. $\overrightarrow{EF} = -\frac{1}{3} \cdot \overrightarrow{AB} - \frac{1}{2} \cdot \overrightarrow{AD}$. **b.** $\overrightarrow{EF} = \frac{1}{6} \cdot \overrightarrow{AB} - \frac{1}{2} \cdot \overrightarrow{AC}$.

6 a., b., c., d. sont vraies, **e.** est fausse (relation de Chasles, valable pour tous les points N du plan).

7 a. ABCD est un parallélogramme, donc $\overrightarrow{CA} = \overrightarrow{CB} + \overrightarrow{CD}$, donc $\overrightarrow{CA} - \overrightarrow{CB} - \overrightarrow{CD} = \vec{0}$.
b. $\overrightarrow{CJ} = 1{,}5 \cdot \overrightarrow{CI}$. **c.** $\overrightarrow{BJ} = -\frac{3}{4} \cdot \overrightarrow{AB} + \frac{1}{4} \cdot \overrightarrow{AD}$.

8 $2 \cdot \overrightarrow{MI} = \overrightarrow{MA} + \overrightarrow{MC}$, car I est le milieu de [AC].
L'ensemble des points M tels que MI = 0,5.AB est le cercle de centre I et de rayon 0,5.AB.

9 $\overrightarrow{GA'} = -2 \cdot \overrightarrow{GA}$, etc. ; G est le centre de gravité de A′B′C′.

19 page 95

1 a. 45°, 135°, 210°, 300°. **b.** $\frac{2\pi}{3}$, $\frac{3\pi}{2}$, $\frac{11\pi}{6}$.

2

t, en radians	1	2	3	4	5	6
Mesure en degrés	57,3°	114,6°	171,9°	229,2°	286,5°	343,8°

3 a. $\frac{-\pi}{2}$. **b.** $\frac{2\pi}{3}$. **c.** $\frac{-\pi}{3}$. **d.** $\frac{-3\pi}{4}$.

4 $\frac{\pi}{6}$, $\frac{\pi}{4}$, $\frac{\pi}{3}$, $\frac{5\pi}{6}$, $\frac{5\pi}{4}$, $\frac{5\pi}{3}$.

5 a. $\cos\left(\frac{\pi}{6}\right) = \frac{\sqrt{3}}{2}$, $\sin\left(\frac{\pi}{6}\right) = \frac{1}{2}$, $\cos\left(\frac{\pi}{4}\right) = \sin\left(\frac{\pi}{4}\right) = \frac{\sqrt{2}}{2}$,
$\cos\left(\frac{\pi}{3}\right) = \frac{1}{2}$, $\sin\left(\frac{\pi}{3}\right) = \frac{\sqrt{3}}{2}$.

b. $\cos(0) = 1$, $\sin(0) = 0$, $\cos\left(\frac{\pi}{2}\right) = 0$, $\sin\left(\frac{\pi}{2}\right) = 1$,
$\cos(\pi) = -1$, $\sin(\pi) = 0$, $\cos\left(\frac{-\pi}{2}\right) = 0$, $\sin\left(\frac{-\pi}{2}\right) = -1$.

6 a. M(cos(*t*) ; sin(*t*)) et OM = 1,
$OM = \sqrt{(\cos(t))^2 + (\sin(t))^2} = 1$.
b. cos(*t*) est l'abscisse d'un point M sur le cercle de centre O et de rayon 1, donc cos(*t*) est aussi l'abscisse du projeté orthogonal H de M sur l'axe des abscisses. H appartient au segment [I′I] ; donc pour tout *t*, $-1 \leqslant \cos(t) \leqslant 1$.
Le même raisonnement sur l'axe des ordonnées donne $-1 \leqslant \sin(t) \leqslant 1$.

7 a. Faux, par exemple : $\frac{\pi}{4}$, car $\cos\left(\frac{\pi}{4}\right) = \frac{\sqrt{2}}{2}$ et $\sin\left(\frac{\pi}{4}\right) = \frac{\sqrt{2}}{2}$.

b. Faux, par exemple : $\frac{-\pi}{4}$, car $\cos\left(\frac{-\pi}{4}\right) = \frac{\sqrt{2}}{2}$ et $\sin\left(\frac{-\pi}{4}\right) = \frac{-\sqrt{2}}{2}$.

c. Vrai, par exemple $\frac{5\pi}{4}$, car $\cos\left(\frac{5\pi}{4}\right) = \frac{-\sqrt{2}}{2}$ et $\sin\left(\frac{5\pi}{4}\right) = \frac{-\sqrt{2}}{2}$.

8 a. $t \in \left[\frac{\pi}{2} ; \pi\right]$, donc $\cos(t) < 0$; $(\cos(t))^2 + (0{,}3)^2 = 1$; $(\cos(t))^2 = 0{,}91$.
Comme $\cos(t) < 0$, alors $\cos(t) = -\sqrt{0{,}91}$.
b. En mode radian, $t \approx 2{,}84$.

20 page 97

1 $\cos\left(\frac{-\pi}{3}\right) = \frac{1}{2}$, $\sin\left(\frac{-\pi}{3}\right) = -\frac{\sqrt{3}}{2}$,
$\cos\left(\frac{4\pi}{3}\right) = -\frac{1}{2}$, $\sin\left(\frac{4\pi}{3}\right) = -\frac{\sqrt{3}}{2}$.

2 $M\left(-\frac{\sqrt{3}}{2} ; \frac{-1}{2}\right)$.

3 $\sin(t) = 0{,}6$; $\cos(\pi - t) = -0{,}8$; $\cos\left(\frac{\pi}{2} + t\right) = -0{,}6$; $\sin\left(\frac{\pi}{2} - t\right) = 0{,}8$.

4 $\cos(t) = \frac{-2}{\sqrt{5}}$; $\cos(\pi + t) = \frac{2}{\sqrt{5}}$; $\sin(\pi + t) = \frac{1}{\sqrt{5}}$.

5 $A = 0$.

6 $B = 2\cos(t)$.

7 a. $\frac{\pi}{3} + 2k\pi$ et $\frac{-\pi}{3} + 2k\pi$, $k \in \mathbb{Z}$.
b. $\frac{5\pi}{6} + 2k\pi$ et $\frac{-5\pi}{6} + 2k\pi$.
c. $\frac{-5\pi}{6} + 2k\pi$ et $\frac{-\pi}{6} + 2k\pi$.
d. $\frac{-\pi}{2} + 2k\pi$.

8 a. $(\cos(x) - 0{,}5)(\cos(x) + 0{,}5) = 0$.
Solutions : $\frac{\pi}{3}$; $\frac{-\pi}{3}$; $\frac{2\pi}{3}$; $\frac{-2\pi}{3}$.
b. $\left(\sin(x) - \frac{\sqrt{3}}{2}\right)\left(\sin(x) + \frac{\sqrt{3}}{2}\right) = 0$.
Solutions : $\frac{\pi}{3}$; $\frac{2\pi}{3}$; $\frac{-\pi}{3}$; $\frac{-2\pi}{3}$.
c. $-2(\sin(x))^2 = 0$. Solutions : 0 et π.

9 a. $\frac{\pi}{3} + \frac{\pi}{2} = \frac{5\pi}{6}$; $\frac{5\pi}{6} + \frac{\pi}{2} = \frac{4\pi}{3}$; $\frac{4\pi}{3} + \frac{\pi}{2} = \frac{11\pi}{6}$;
ABCD est un carré.
b. $A\left(\frac{1}{2} ; \frac{\sqrt{3}}{2}\right)$, $B\left(-\frac{\sqrt{3}}{2} ; \frac{1}{2}\right)$, $C\left(-\frac{1}{2} ; -\frac{\sqrt{3}}{2}\right)$, $D\left(\frac{\sqrt{3}}{2} ; -\frac{1}{2}\right)$.

10 $B(-\sin(a) ; \cos(a))$, $C(-\cos(a) ; -\sin(a))$, $D(\sin(a) ; -\cos(a))$.

21 page 99

1 a. $\overrightarrow{AB} \cdot \overrightarrow{AD} = 6 \times 3 \times \cos\left(\frac{\pi}{3}\right) = 9$. **b.** Dans le triangle ADK rectangle en K, $AK = AD \times \cos\left(\frac{\pi}{3}\right) = 1{,}5$ $AH = 7{,}5$;
$\overrightarrow{AB} \cdot \overrightarrow{AC} = AB \times AH = 45$ (vecteurs de même sens).

2 a. D'après le théorème de Pythagore dans le triangle ADK rectangle en K, $DK^2 = AD^2 - AK^2$, d'où $DK = \frac{3\sqrt{3}}{2}$.
b. $\overrightarrow{BD} \cdot \overrightarrow{BC} = (\overrightarrow{BK} + \overrightarrow{KD}) \cdot (\overrightarrow{BH} + \overrightarrow{HC})$
$= \overrightarrow{BK} \cdot \overrightarrow{BH} + \overrightarrow{BK} \cdot \overrightarrow{HC} + \overrightarrow{KD} \cdot \overrightarrow{BH} + \overrightarrow{KD} \cdot \overrightarrow{HC}$;
$\overrightarrow{BK}$ et $\overrightarrow{HC}$ sont orthogonaux,
donc $\overrightarrow{BK} \cdot \overrightarrow{HC} = 0$, de même $\overrightarrow{KD} \cdot \overrightarrow{BH} = 0$, donc :
$\overrightarrow{BD} \cdot \overrightarrow{BC} = -BK \times BH + KD^2 = -4{,}5 \times 1{,}5 + 6{,}75 = 0$.

3 $\overrightarrow{AB} \cdot \overrightarrow{AC} = 9$; $\overrightarrow{AB} \cdot \overrightarrow{AD} = -6$; $\overrightarrow{AB} \cdot \overrightarrow{CD} = -15$; $\overrightarrow{CA} \cdot \overrightarrow{CB} = 16$; $\overrightarrow{AD} \cdot \overrightarrow{BC} = 16$.

4 a. $\overrightarrow{AC}(-4 ; 3)$, $\overrightarrow{BD}(-4 ; -5)$,
donc $\overrightarrow{AC} \cdot \overrightarrow{BD} = (-4) \times (-4) + 3 \times (-5) = 1$.
b. Le produit scalaire de $\overrightarrow{AC}$ et $\overrightarrow{BD}$ n'est pas nul donc (AC) et (BD) ne sont pas perpendiculaires.

5 $\overrightarrow{AB} \cdot \overrightarrow{AC} = AB \times AC \times \cos(\widehat{BAC})$, $\cos(\widehat{BAC}) = -0{,}5$, $\widehat{BAC} = \frac{2\pi}{3}$.

6 a. $\vec{u} \cdot \vec{v} = -6$, $\|\vec{u}\| = \sqrt{20} = 2\sqrt{5}$, $\|\vec{v}\| = \sqrt{26}$.
$(\|\vec{u} + \vec{v}\|)^2 = (\|\vec{u}\|)^2 + 2 \cdot \vec{u} \cdot \vec{v} + (\|\vec{v}\|)^2$,
donc $\|\vec{u} + \vec{v}\| = \sqrt{40} = 2\sqrt{10}$.
b. $-6 = 2\sqrt{5} \times \sqrt{26} \times \cos(\vec{u}, \vec{v})$, une valeur approchée de $(\vec{u}, \vec{v})$ est 1,837 radians.

7 $\vec{u} \cdot \vec{w} = 3x + 6$; $x = -2$.

8 AEF est équilatéral, (AB) est la médiane issue de A dans ce triangle. Soit I le point d'intersection de (AB) et (EF) ; I est le milieu de [EF] et (AI) est aussi la hauteur et la bissectrice issues de A dans le triangle AEF.
Dans le triangle ABF est rectangle en F, $\frac{AF}{AB} = \cos(30°)$, donc $AF = \sqrt{3}$, puis $FB = 1$; dans le triangle AIF rectangle en I, $\frac{IF}{AF} = \sin(30°)$, donc $IF = \frac{\sqrt{3}}{2}$; puis $AI = 1{,}5$.
Première méthode :
$\overrightarrow{AE} \cdot \overrightarrow{AF} = (\overrightarrow{AI} + \overrightarrow{IF}) \cdot (\overrightarrow{AI} + \overrightarrow{IE}) = AI^2 - IF^2$,
car $\overrightarrow{IE} = -\overrightarrow{IF}$, donc $\overrightarrow{AE} \cdot \overrightarrow{AF} = 1{,}5$.
$\overrightarrow{BE} \cdot \overrightarrow{BF} = BI^2 - IF^2 = -0{,}5$.
Deuxième méthode :
$\overrightarrow{AE} \cdot \overrightarrow{AF} = AE \times AF \times \cos(\widehat{EAF}) = \sqrt{3} \times \sqrt{3} \times 0{,}5 = 1{,}5$;
$\overrightarrow{BE} \cdot \overrightarrow{BF} = BE \times BF \times \cos(\widehat{EBF}) = 1 \times 1 \times (-0{,}5) = -0{,}5$,
car $\widehat{EBF} = 120°$.

22 page 101

1 a. $CA^2 + CB^2 = 2CI^2 + \frac{1}{2}AB^2$,
donc $CI^2 = \frac{64 + 16 - \frac{36}{2}}{2} = 31$, $CI = \sqrt{31}$.
b. $a^2 = b^2 + c^2 - 2bc\cos(\hat{A})$,
donc $\cos(\hat{A}) = \frac{b^2 + c^2 - a^2}{2bc}$; $\cos(\hat{A}) = \frac{84}{96} = \frac{7}{8} = 0{,}875$,
$\hat{A} \approx 29°$.
$\cos(\hat{B}) = \frac{c^2 + a^2 - b^2}{2ca} = -\frac{12}{48} = -\frac{1}{4} = -0{,}25$,
$\hat{B} \approx 104{,}5°$.
La somme des angles d'un triangle vaut 180°, donc $\hat{C} \approx 46{,}5°$.

2 $AC = \sqrt{37}$, $BD = \sqrt{79}$.

3 a. $MI^2 = 25$, soit $MI = 5$. Donc E' est le cercle de centre I et de rayon 5.
b. $MI^2 = \frac{k - 18}{2}$; si $k > 18$, E_k est le cercle de centre I et de rayon $\sqrt{\frac{k - 18}{2}}$; si $k = 18$, E_k est réduit au point I ; si $k < 18$, E_k est l'ensemble vide.

4 a.
$MA^2 - MB^2 = (\overrightarrow{MA}+\overrightarrow{MB})\cdot(\overrightarrow{MA}-\overrightarrow{MB}) = 2\times\overrightarrow{MI}\cdot\overrightarrow{BA}$,
comme I est le milieu de [AB], $\overrightarrow{MA}+\overrightarrow{MB} = 2\overrightarrow{MI} = -2\cdot\overrightarrow{IM}$;
$\overrightarrow{MA}-\overrightarrow{MB} = \overrightarrow{MA}+\overrightarrow{BM} = \overrightarrow{BA} = -\overrightarrow{AB}$.
b. $\overrightarrow{IM}\cdot\overrightarrow{AB} = (\overrightarrow{IH}+\overrightarrow{HM})\cdot\overrightarrow{AB} = \overrightarrow{IH}\cdot\overrightarrow{AB}+\overrightarrow{HM}\cdot\overrightarrow{AB}$
$= \overrightarrow{IH}\cdot\overrightarrow{AB}$, car $\overrightarrow{HM}$ et $\overrightarrow{AB}$ sont orthogonaux.
F est l'ensemble des points M du plan tels que
$2\times\overrightarrow{IH}\cdot\overrightarrow{AB} = 24$, $\overrightarrow{IH}\cdot\overrightarrow{AB} = 12$.
Les points I, H, A et B sont alignés ; on cherche alors le point H de la droite (AB) tel que les vecteurs colinéaires $\overrightarrow{IH}$ et $\overrightarrow{AB}$ sont de même sens et tels que IH × AB = 12, soit IH = 2.
L'ensemble F est la droite passant par H et perpendiculaire à (AB).

5 $\sin\left(\frac{5\pi}{12}\right) = \frac{\sqrt{2}+\sqrt{6}}{4}$.

6 $\frac{11\pi}{12} = \frac{2\pi}{3}+\frac{\pi}{4}$, $\cos\left(\frac{11\pi}{12}\right) = \frac{-\sqrt{2}-\sqrt{6}}{4}$,
$\sin\left(\frac{11\pi}{12}\right) = \frac{\sqrt{6}-\sqrt{2}}{4}$.

7 a. $BC^2 = x^2+x^2-2\times x\times x\times\cos\left(\frac{\pi}{4}\right) = x^2(2-\sqrt{2})$,
donc $BC = x\sqrt{2-\sqrt{2}}$.
b. (AI) est la bissectrice de $\widehat{BAC}$. Le triangle ABI est rectangle en I, $\sin\left(\frac{\pi}{8}\right) = \frac{BI}{AB} = \frac{\sqrt{2-\sqrt{2}}}{2}$;
$AI = \frac{x\sqrt{2+\sqrt{2}}}{2}$, $\cos\left(\frac{\pi}{8}\right) = \frac{AI}{AB} = \frac{\sqrt{2+\sqrt{2}}}{2}$.
c. $\cos\left(\frac{\pi}{4}\right) = 2\left(\cos\left(\frac{\pi}{8}\right)\right)^2-1$, $\left(\cos\left(\frac{\pi}{8}\right)\right)^2 = \frac{2+\sqrt{2}}{4}$
et $\cos\left(\frac{\pi}{8}\right) > 0$, donc $\cos\left(\frac{\pi}{8}\right) = \frac{\sqrt{2+\sqrt{2}}}{2}$.

8 $f(x) = \cos\left(x+\frac{\pi}{4}\right)+\cos\left(x-\frac{\pi}{4}\right) = \cos(x)\cos\left(\frac{\pi}{4}\right)$
$-\sin(x)\sin\left(\frac{\pi}{4}\right)+\cos(x)\cos\left(\frac{\pi}{4}\right)+\sin(x)\sin\left(\frac{\pi}{4}\right)$;
$\cos\left(\frac{\pi}{4}\right) = \frac{\sqrt{2}}{2}$, donc, pour tout x, $f(x) = \sqrt{2}\cos(x)$.

9 Pour tout réel x, $g(x) = 0$.

23 page 103

1 a. $-4x+y+21 = 0$. **b.** $-x-4y+18 = 0$.
2 a. $x+y-3 = 0$. **b.** $6x-y-2 = 0$. **c.** $H\left(\frac{5}{7}\,;\,\frac{16}{7}\right)$.
3 $\vec{n}(3\,;-4)$; $\vec{n'}(4\,;3)$; $3\times4+(-4)\times3 = 0$, donc $\vec{n}\perp\vec{n'}$ et $d\perp d'$.
4 a. $x+3y-5 = 0$. **b.** $x^2+y^2-4x-2y-5 = 0$.
5 a. $(x-5)^2+(y-3)^2 = 16$; centre (5 ; 3), rayon : 4.
b. Le centre du cercle appartient à d, donc d est un diamètre du cercle.
$y = x-2$; on résout : $(x-5)^2+(x-5)^2 = 16$;
$2x^2-20x+34 = 0$; $\Delta = 32$; il y a deux points d'intersection d'abscisses $5-2\sqrt{2}$ et $5+2\sqrt{2}$.
6 a. $x^2+y^2 = 9$. **b.** $x_M = 3\times\cos\left(\frac{5\pi}{6}\right)$ et $y_M = \sin\left(\frac{5\pi}{6}\right)$,
$M\left(\frac{-3\sqrt{3}}{2}\,;\,\frac{3}{2}\right)$.
$\overrightarrow{OM}$ est normal à T ; $\frac{-3\sqrt{3}}{2}x+\frac{3}{2}y-9 = 0$.
7 a. $(x-2)^2+(y-1)^2 = 5$; $x^2+y^2-4x-2y = 0$;
$O(0\,;0)\in C$. **b.** $T : 2x+y = 0$.
8 $(x+1)^2+(y-3)^2 = 0$: cercle de centre (– 1 ; 3) et de rayon 0 (réduit à un point) ;
$(x+1)^2+(y-3)^2 = -16$: il n'existe pas de couple (x ; y) vérifiant cette équation ;
$(x+1)^2+(y-3)^2 = 25$: cercle de centre (– 1 ; 3) et de rayon 5.
9 a. $\overrightarrow{MA}\cdot\overrightarrow{MB} = (6-x)\times(-x)+(-y)\times(4-y)$
$= x^2+y^2-6x-4y$.
b. $(x-3)^2+(y-2)^2 = 13$; E est le cercle de centre (3 ; 2) et de rayon $\sqrt{13}$.
10 a. $\vec{w}$ est un vecteur directeur de d. **b.** d et C n'ont pas de point commun.

24 page 105

1 Moyenne : 6,6 ; variance : 4,32 ; écart-type : 2,08.
2 a. Moyenne : 12,29 ; variance : 10,79 ; écart-type : 3,28.
b. Médiane : 12 ; premier quartile : 10 ; troisième quartile : 15.
3 a. $\bar{x} = 42\,050$; $s \approx 41\,089$; 92 % des festivals ont entre 0 et 83 000 spectateurs.
b. $Me = 30\,000$; $Q_1 = 17\,000$; $Q_3 = 60\,000$;
$Q_3 - Q_1 = 43\,000$. 50 % des festivals ont entre 17 000 et 60 000 spectateurs.
c. $\bar{x_1} = 35\,800$; $s_1 \approx 26\,020$; 76 % des festivals ont entre 9 800 et 51 800 spectateurs. La moyenne et l'écart-type sont sensibles aux valeurs extrêmes.
$Me = 30\,000$; $Q_1 = 17\,000$; $Q_3 = 37\,000$; $Q_3 - Q_1 = 20\,000$.
50 % des festivals ont entre 17 000 et 37 000 spectateurs.
La médiane n'est pas sensible à l'élimination de la plus grande valeur.

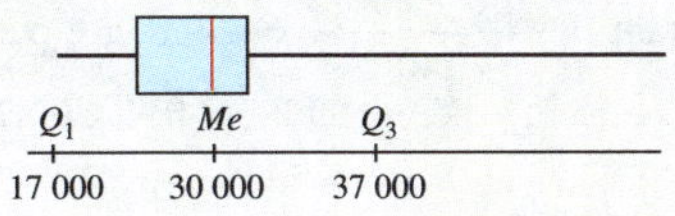

25 page 107

1 a. 7 doubles ; pour les autres, cela revient à dénombrer le nombre de droites que l'on peut tracer à partir de 7 points non alignés 3 à 3 : il y en a : $\frac{7\times6}{2}$, soit 21.
b. $\bar{C}$: « la somme des deux numéros est inférieure ou égale à 4 » ; $p(\bar{C}) = \frac{9}{28}$; $p(C) = \frac{19}{28}$.
D est un événement impossible (on ne peut pas obtenir de multiple de 7 en multipliant deux nombres inférieurs à 6) ; $p(D) = 0$.
c. $p(A\cap C) = \frac{4}{28}$; $p(A\cup C) = \frac{22}{28}$;
$B\cap C = \varnothing$; $p(B\cup C) = \frac{22}{28}$.
2 $p(T) = \frac{8}{32} = 0{,}25$; $p(\bar{H}) = \frac{12}{32}$; $p(H) = \frac{20}{32} = 0{,}625$;
$p(T\cap H) = \frac{5}{32}$; $p(T\cup H) = \frac{23}{32}$.
3 a. B2 =ALEA.ENTRE.BORNES(1;6) ; D2 = B2 + C2.
b. $\frac{77}{500}\approx 0{,}144$; $\frac{81}{500}\approx 0{,}162$; $\frac{83}{500}\approx 0{,}166$.
c. $\frac{6}{36} = \frac{1}{6}$ soit environ 0,167.
d.

e_i	2	3	4	5	6	7	8	9	10	11	12	total
p_i	$\frac{1}{36}$	$\frac{2}{36}$	$\frac{3}{36}$	$\frac{4}{36}$	$\frac{5}{36}$	$\frac{6}{36}$	$\frac{5}{36}$	$\frac{4}{36}$	$\frac{3}{36}$	$\frac{2}{36}$	$\frac{1}{36}$	1

Les 11 éventualités n'ont pas la même probabilité ; la loi n'est pas équirépartie sur l'ensemble E.

26 page 109

1 a.

x_i	– 2	5	10	Total
$P(X = x_i)$	0,7	0,2	0,1	1

b. $E(X) = 0,6$; $V(X) = 17,44$; $\sigma(X) \approx 4,18$.
c. Y prend les valeurs 32, 17 et – 4. $E(Y) = 3 \times E(X) = 1,8$; $V(Y) = 3^2 \times 17,44 = 156,96$; $\sigma(X) \approx 12,53$.
2 a. $E(X) = 1,34$; en moyenne une personne va 1,34 fois au cinéma par mois. **b.** $\sigma(X) \approx 1,31$.
3 a. X prend les valeurs 200, 20 et 0 avec les probabilités $\frac{5}{800} = 0,00625$; $\frac{25}{800} = 0,03125$ et $\frac{770}{800} = 0,9625$.
b. $E(X) = 1,875$ €.
4 a. X prend les valeurs $-m$, 0, $20 - m$ et $100 - m$.
b. $P(X = -m) = 1 - \frac{1}{8} - \frac{1}{20} - \frac{1}{40} = \frac{32}{40} = \frac{4}{5}$.
c. $E(X) = -m \times \frac{4}{5} + 0 \times \frac{1}{8} + (20 - m) \times \frac{1}{20} + (100 - m) \times \frac{1}{40} = \frac{140 - 35m}{40}$.
d. $E(X) < 0$ équivaut à : $140 - 35m < 0$; soit $m > 4$; on fixera donc le prix à 5 €.
e. $1\,250 \times 0,7 + 160 \times 0,85 = 1\,011$ personnes; l'espérance de gain étant de $\frac{140 - 35 \times 5}{40} = -0,875$ € par personne, les élèves peuvent espérer récolter $1\,011 \times 0,875 \approx 885$ €.

27 page 111

1 a. Le tirage d'un jeton est une épreuve de Bernoulli. La probabilité de succès S « obtenir le C » est $\frac{1}{5}$, soit 0,2.
On recommence trois fois ; X suit la loi binomiale de paramètres $n = 3$ et $p = 0,2$.
L'événement $(X = 0)$ correspond au chemin SSS de l'arbre.
$P(X = 0) = 0,2^3 = 0,008$.
L'événement $(X = 2)$ correspond aux chemins SSE, SES, ESS.
$P(X = 2) = 3 \times 0,2^2 \times 0,8 = 0,096$.
b. Dans l'arbre, il y a six chemins contenant deux C :
CC– –, C–C–, C– –C, –C–C, –CC, –CC–,
X suit la loi binomiale de paramètres $n = 4$ et $p = 0,2$.
$P(X = 2) = 6 \times 0,2^2 \times 0,8^2 = 0,153\,6$.

2 $\binom{4}{2} = 6$, $\binom{9}{1} = 9$, $\binom{5}{3} = 10$, $\binom{10}{0} = 1$, $\binom{7}{7} = 1$.

3 Le tirage d'une boule est une épreuve de Bernoulli. La probabilité de succès S « obtenir une boule noire » est 0,1. On recommence quatre fois ; soit X le nombre de boules noires obtenues ; X suit la loi binomiale de paramètres $n = 4$ et $p = 0,1$.
a. $p(X = 2) = \binom{4}{2} 0,1^2 (0,9)^2 = 0,048\,6$.
b. $p(X = 4) = \binom{4}{4} 0,1^4 (0,9)^0 = 0,000\,1$.

4 a. $p(X = 5) = \binom{5}{5} 0,8^5 (0,2)^0 = 0,327\,68$, soit environ 33 %.
b. $p(X = 3) = \binom{5}{3} 0,8^3 (0,2)^2 = 0,204\,8$, soit environ 20 %.

5 Celui qui ne présente pas de symétrie, en effet :
$p(X = 0) = \binom{5}{0} 0,4^0 (0,6)^5 = 0,076\,8$
et $p(X = 5) = \binom{5}{5} 0,4^5 (0,6)^0 = 0,010\,24$.

6 a. $E(X) = 2$, $V(X) = 1,2$. **b.** $E(X) = 4$, $V(X) = 0,8$.
c. $E(X) = 5$, $V(X) = 2,5$.

7 a. $p(X = 4) = \binom{30}{4} \left(\frac{1}{6}\right)^4 \left(\frac{5}{6}\right)^{24} \approx 0,266$.
b. $E(X) = 5$.

Physique-Chimie

1 page 117

1 a. $\frac{1}{\overline{OA'}} = \frac{1}{\overline{OA}} + \frac{1}{f'} = \frac{1}{-0,12} + \frac{1}{0,05} = 11,67$,
soit $\overline{OA'} = 0,086$ m. On devra placer l'écran 8,6 cm derrière la lentille.
b. $\gamma = \frac{\overline{A'B'}}{\overline{AB}} = \frac{\overline{OA'}}{\overline{OA}}$,
donc $\overline{A'B'} = \overline{AB} \times \frac{\overline{OA'}}{\overline{OA}} = 3,0 \times \frac{8,6}{-12} = -2,1$ cm.
c. L'image est renversée (et plus petite que l'objet).

2 a. $C = \frac{1}{f'} = \frac{1}{0,017} = 59$ δ.
b. $\overline{OA'} = 17$ mm $= 0,017$ m et $\overline{OA} = -0,50$ m ; la relation de conjugaison donne : $\frac{1}{f'} = 61$, soit $C' = 61$ δ.
c. $\overline{OA'} = 17$ mm $= 0,017$ m et $\overline{OA} = -0,25$ m ; on trouve $\frac{1}{f'} = 63$, soit $C'' = 63$ δ.
3 a. Pour un objet très éloigné, la distance entre l'objectif et le capteur est égale à la distance focale de la lentille : $\overline{OA'} = 50$ mm.
b. Relation de conjugaison avec 50 mm = 0, 050 m et $\overline{OA} = -1,5$ m ; on trouve $\frac{1}{\overline{OA'}} = 19,3$, soit $\overline{OA'} = 0,052$ m.

c. $\gamma = \frac{\overline{A'B'}}{\overline{AB}} = \frac{\overline{OA'}}{\overline{OA}}$
donc $\overline{A'B'} = \overline{AB} \times \frac{\overline{OA'}}{\overline{OA}} = 1,1 \times \frac{0,052}{1,5} = 3,8 \cdot 10^{-2}$ m.

2 page 119

1 a.

Lumière qui éclaire	Drapeau français			Drapeau de l'Eire		
Lumière blanche	bleu	blanc	rouge	vert	blanc	jaune
Lumière bleue	bleu	bleu	noir	noir	bleu	noir
Lumière verte	noir	vert	noir	vert	vert	vert
Lumière jaune	noir	jaune	rouge	vert	jaune	jaune

b. Ils paraissent identiques en lumière rouge.
2 Sapin vert : vert ; boule bleue : bleu ; boule blanche : rouge, vert, bleu ; boule rouge : rouge ; étoile jaune : rouge, vert ; tronc noir : aucun.

3 a. La lumière rouge est préférentiellement absorbée par la mer, qui diffuse donc les lumières bleue et verte. **b.** Bleu vert = cyan. Cyan et rouge sont complémentaires car leur superposition donne du blanc. **c.** La lumière rouge du Soleil couchant est absorbée par la mer.

3 page 121

1 a. Thomas Edison. **b.** Le tungstène. **c.** L'argon. **d.** Un gaz halogène, comme le diiode, peut être ajouté dans l'ampoule ; il a pour but de limiter la sublimation du tungstène constituant le filament et son dépôt sur le verre de l'ampoule. La durée de vie de la lampe est donc plus longue et sa température de fonctionnement plus élevée permet d'obtenir une lumière plus blanche tout en évitant le ternissement du verre de l'ampoule. **e.** Ampoule classique :

$$\lambda_m = \frac{2,9 \cdot 10^{-3}}{T} = \frac{2,9 \cdot 10^{-3}}{2\ 800} = 1,036 \cdot 10^{-6} \text{ m} = 1\ 036 \text{ nm}.$$

Lampe halogène : $\lambda_m = \frac{2,9 \cdot 10^{-3}}{3\ 100} = 9,35 \cdot 10^{-7} \text{ m} = 935 \text{ nm}.$

f. La lumière produite par une lampe halogène est plus proche de celle du Soleil (la production de rayonnements ultraviolets est elle aussi en hausse).

2 a.

185 nm	254 nm	366 nm	405 nm	436 nm	546 nm	577 nm	579 nm
UV	UV	UV	violet	bleu	vert	jaune	jaune

b. Seule la radiation 546 nm est transmise, on obtient une lumière monochromatique de couleur verte.

4 page 123

1 $E = h \cdot \frac{c}{\lambda} = 6,63 \cdot 10^{-34} \times \frac{3,00 \cdot 10^{8}}{193 \cdot 10^{-9}} = 1,03 \cdot 10^{-18}$ J.
$E = 6,44$ eV.

2 a. $E_1 = -13,6$ eV ; $E_2 = -3,40$ eV ; $E_3 = -1,51$ eV ; $E_4 = -0,850$ eV.

b.

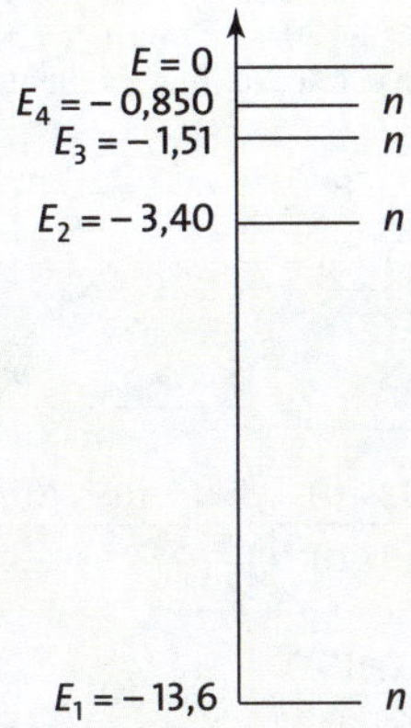

c. 13,6 eV.

d. $\lambda_{3\text{-}2} = \frac{hc}{E_3 - E_2} = \frac{6,63 \cdot 10^{-34} \times 3,00 \cdot 10^{8}}{(-1,51 + 3,40)1,6 \cdot 10^{-19}}$
$= 6,58.10^{-7}$ m = 658 nm.

$\lambda_{4\text{-}2} = \frac{hc}{E_4 - E_2} = \frac{6,63 \cdot 10^{-34} \times 3,00 \cdot 10^{8}}{(-0,850 + 3,40)1,6 \cdot 10^{-19}}$
$= 4,88 \cdot 10^{-7}$ m = 488 nm.

3 a. L'atome de sodium $^{23}_{11}$Na est constitué de 23 nucléons, 11 protons, de 12 neutrons et de 11 électrons.

b. $\lambda_2 = 819$ nm : domaine de l'infrarouge.

c. $\nu = \frac{c}{\lambda} = \frac{3,00 \cdot 10^{8}}{819 \cdot 10^{-9}} = 3,66 \cdot 10^{14}$ Hz.
$E = h\nu = 6,63 \cdot 10^{-34} \times 3,66 \cdot 10^{14} = 2,43 \cdot 10^{-19}$ J = 1,52 eV.

d. La transition s'effectue entre le niveau $n = 4$ et $n = 2$ ($E_4 - E_2 = -1,51 + 3,03 = 1,52$ eV).

5 page 125

1 a. Le schéma du montage doit comporter un support élévateur, un chauffe-ballon, un ballon et un réfrigérant à boules. **b.** Le chauffe-ballon doit pouvoir être écarté du reste du montage lorsque le support est en position basse. **c.** La pierre ponce agit pour réguler l'ébullition lors d'une synthèse. **d.** Au niveau du réfrigérant se condensent les vapeurs qui se sont formées à cause du chauffage. **e.** L'obtention de 3 taches sur le chromatogramme permet de supposer l'existence de 3 pigments dans le paprika.

2 Pb^{2+}(aq) + CrO_4^{2-}(aq) → $PbCrO_4$(s).

3 a.

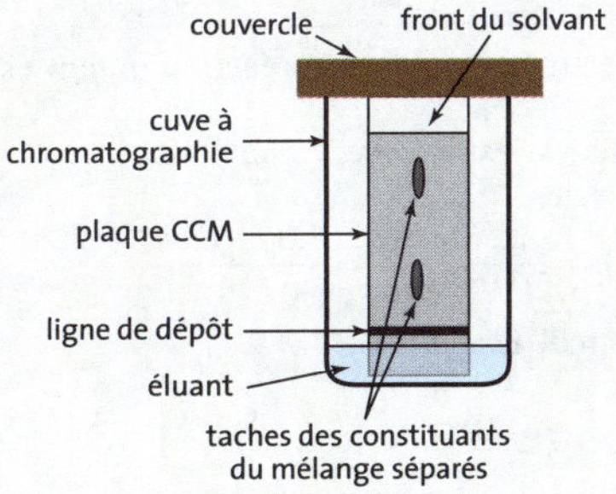

b. L'éluant permet la migration vers le haut de la plaque des différentes espèces déposées : plus l'espèce est soluble dans l'éluant, plus elle migre haut.

c. La révélation permet de rendre visibles les taches qui ne le sont pas. Or ici, on étudie des colorants qui sont visibles.

d. h(E122) = 0,75 × 5,0 = 3,8 cm ; h(E124) = 0,47× 5,0 = 2,3 cm.

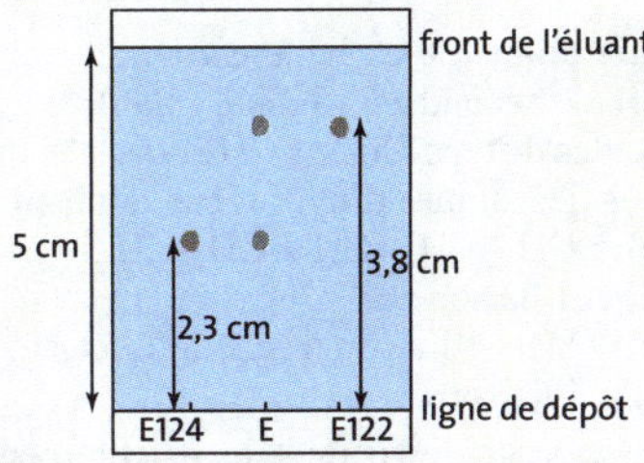

6 page 127

1 a. $\lambda_{max} = 425$ nm (bleu). **b.** La solution de tartrazine est jaune (couleur complémentaire du bleu).

2 a. Réalisation des solutions filles par dilution.
La solution mère est prélevée à l'aide d'une pipette jaugée et est introduite dans une fiole jaugée de 50 mL.
La quantité de matière de soluté se conserve, la relation $c_{\text{mère}}V_{\text{mère}} = c_{\text{fille}}V_{\text{fille}}$ permet de calculer le volume de solution mère à prélever (solution 1 : 5 mL ; solution 2 : 10 mL ; solution 3 : 20 mL ; solution 4 : 25 mL). **b.** On choisit la longueur d'onde pour laquelle A est maximum, ce qui correspond au maximum de sensibilité.

c.

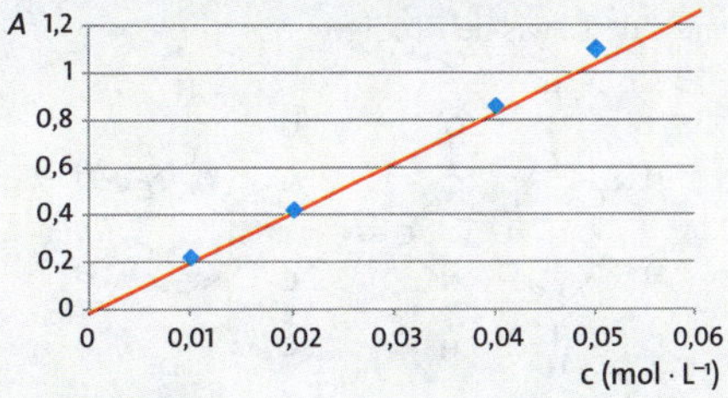

Corrigés

d. Le coefficient directeur de la droite vaut $a = 22\ \text{L}\cdot\text{mol}^{-1}$. D'après la loi de Beer-Lambert, $A = \varepsilon(\lambda) \times l \times c$; $\varepsilon(\lambda) = \dfrac{a}{l} = \dfrac{22}{1,0} = 22\ \text{L}\cdot\text{mol}^{-1}\cdot\text{cm}^{-1}$.

e. $c = \dfrac{0,78}{22} = 3,5\cdot 10^{-2}\ \text{mol}\cdot\text{L}^{-1}$.

3 a. $n_i(MnO_4^-) = c_1\ V_1 = 9,5\cdot 10^{-4} \times 20\cdot 10^{-3} = 1,9\cdot 10^{-5}$ mol.
$n_i(H_2C_2O_4) = c_2\ V_2 = 2,5\cdot 10^{-3} \times 10\cdot 10^{-3} = 2,5\cdot 10^{-5}$ mol.

b.

	$2\ MnO^-_{4(aq)}$ +	$5\ H_2C_2O_{4(aq)}$ +	$6\ H^+_{(aq)}$	$\rightarrow 2\ Mn^{2+}(aq) + \dots$
État initial (mol)	$1,9\cdot 10^{-5}$	$2,5\cdot 10^{-5}$	$n_i(H^+)$	0
En cours de transformation (mol)	$1,9\cdot 10^{-5} - 2x$	$2,5\cdot 10^{-5} - 5x$	$n_i(H^+) - 6x$	$2x$
État final (mol)	$1,9\cdot 10^{-5} - 2x_{max}$	$2,5\cdot 10^{-5} - 5x_{max}$	$n_i(H^+) - 6x_{max}$	$2x_{max}$

c. $x_{max} = 5,0 \cdot 10^{-6}$ mol et le réactif limitant est l'acide oxalique.
d. La solution est encore violette car il reste des ions permanganate.
e. $[Mn^{2+}]_f = \dfrac{n_f(Mn^{2+})}{(V_1 + V_2)} = \dfrac{1,0\cdot 10^{-5}}{30\cdot 10^{-3}}$
$= 3,3\cdot 10^{-4}\ \text{mol}\cdot\text{L}^{-1}$.

7 page 129

1 a. C : $(K)^2(L)^4$; H : $(K)^1$; O : $(K)^2(L)^6$.

Nombre de doublets dans la molécule : $\dfrac{(2 \times 4 + 4 + 6)}{2} = 9$.

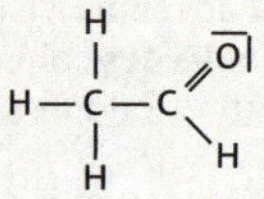

b. Le premier atome de carbone est tétragonal (structure tétraédrique) ; le second est trigonal (plan).
2 Les molécules de type CHA = CHB, dans lesquelles A et B ne sont pas des atomes d'hydrogène donnent lieu à une isomérie Z/E : $CH_3{-}CH_2{-}CH = CH{-}CH_3$.
3 a. $_1$H : $(K)^1$: 1 liaison ;
$_{17}$Cl : $(K)^2(L)^8(M)^7$: 1 liaison (règle de l'octet) ;
$_6$C : $(K)^2(L)^4$: 4 liaisons.
b. Représentation de Lewis du 1,1,1-trichloroéthane (voir ci-dessous, schéma de gauche). **c.** Un seul isomère (voir ci-dessous, schéma de droite).

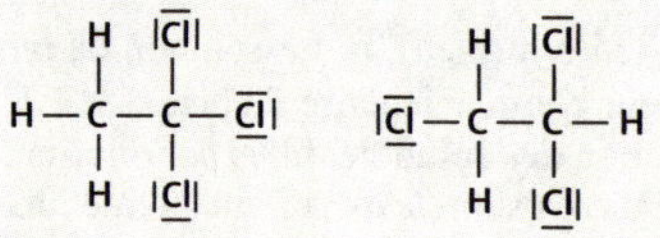

8 page 131

1 a. L'indigo est utilisé pour teinter les jeans.
b. C $(K)^2(L)^4$; H$(K)^1$; N$(K)^2(L)^5$; O$(K)^2(L)^6$.
Nombre total d'électrons externes dans la molécule d'indigo : $16 \times 4 + 10 + 2 \times 5 + 2 \times 6 = 96$, soit 48 doublets.
c. Formule de Lewis de l'indigo :

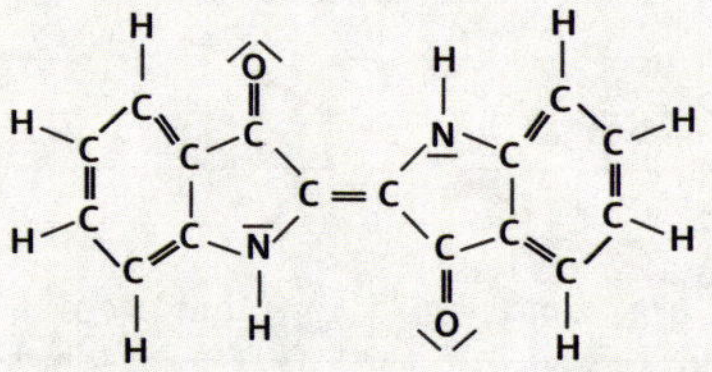

d. Doublets liants : 42 ; doublets non liants : 6 ; liaisons simples : 24 ; liaisons doubles : 9.
e. La solution d'indigo ne transmet que les radiations de longueurs d'onde inférieures à 500 nm, ce qui correspond bien au bleu et au violet.
f. La pourpre royale possède deux atomes de brome que n'a pas l'indigo.

g. $n_i\,(C_7H_5NO_3) = \dfrac{m(C_7H_5NO_3)}{M(C_7H_5NO_3)} = \dfrac{1,0}{151} = 6,6\cdot 10^{-3}$ mol.
$n_i\,(HO^-) = [OH^-] \times V = 2,0 \times 5,0\cdot 10^{-3} = 1,0\cdot 10^{-2}$ mol.
$n_i\,(C_3H_6O) = \dfrac{\rho(C_3H_6O) \times V(C_3H_6O)}{M(C_3H_6O)} = \dfrac{0,79 \times 20}{58}$
$= 2,7\cdot 10^{-1}$ mol.
h. Un tableau d'avancement permet de déterminer que le réactif limitant est le 2-nitrobenzaldéhyde et que $x_{max} = 3,3\cdot 10^{-3}$ mol.
i. $n_f(C_{16}H_{10}N_2O_2) = x_{max}$
$m_f(C_{16}H_{10}N_2O_2) = n_f(C_{16}H_{10}N_2O_2) \times M(C_{16}H_{10}N_2O_2)$
$= 3,3\cdot 10^{-3} \times 262 = 0,87$ g d'indigo.
2 a. Les doubles liaisons C=C sont progressivement bromées. **b.** Il y a suppression de doubles liaisons, et donc moins de conjugaison. **c.** Au fur et à mesure de la disparition des doubles liaisons, la longueur d'onde à laquelle le jus de tomate absorbe devient de plus en plus petite : le jus de tomate prend une couleur qui va du rouge au bleu. Comme la bromation n'a pas lieu d'une manière homogène dans le liquide, on voit un dégradé de couleur apparaître.

9 page 133

1 a. Z : numéro atomique (nombre de protons) et A : nombre de nucléons.
b. (38,94) et (38,95), (54,139) et (54,140), (92,235) et (92,238) sont isotopes.
2 a. $Z = \dfrac{q}{e} = 80$. **b.** $200 - 80 = 120$ neutrons. **c.** $^{200}_{80}$Hg.
d. $m = 80 \times 1,673\cdot 10^{-27} + 120 \times 1,675\cdot 10^{-27} + 80 \times 9,108\cdot 10^{-31} = 3,349\cdot 10^{-25}$ kg.
e. $m' = 80 \times 1,673\cdot 10^{-27} + 120 \times 1,675\cdot 10^{-27} = 3,348\cdot 10^{-25}$ kg.
La masse d'un atome est approximativement égale à celle de son noyau.
3 a. $^1_1$H. **b.** $F^e_{\text{électron/proton}} = F^e_{\text{proton/électron}} = \dfrac{k \times |q_{proton}| \times |q_{électron}|}{d^2}$
$= \dfrac{9,0 \times 10^9 \times (1,6\cdot 10^{-19})^2}{(5,3\cdot 10^{-11})^2} = 8,2\cdot 10^{-8}$ N.

c. $F^g_{\text{électron/proton}} = F^g_{\text{proton/électron}} = \dfrac{G \times m_{proton} \times m_{électron}}{d^2}$
$= \dfrac{6,67\cdot 10^{-11} \times (1,673\cdot 10^{-27}) \times (9,108\cdot 10^{-31})}{(5,3\cdot 10^{-11})^2}$
$= 3,6\cdot 10^{-47}$ N.

d. $\dfrac{F^e_{\text{électron/proton}}}{F^g_{\text{électron/proton}}} = \dfrac{8,2\cdot 10^{-8}}{3,6\cdot 10^{-47}} = 2,3\cdot 10^{39}$.

L'interaction électrique assure principalement la cohésion de l'atome d'hydrogène.

10 page 135

1 $^{210}_{84}Po \rightarrow\ ^{206}_{82}Pb + ^4_2He$; $^2_1H + ^2_1H \rightarrow\ ^3_2He + ^1_0n$;
$^{59}_{26}Fe \rightarrow\ ^{59}_{27}Co + ^0_{-1}e^-$.
2 a. À la date $t = 0$ jour, $A_0 = \dfrac{N_{dés}}{\Delta t} = \dfrac{73}{500} = 1,5\cdot 10^{-1}$ Bq.
À $t = 1$, $A_1 = 1,2\cdot 10^{-1}$ Bq ; à $t = 2$, $A_2 = 1,0.10^{-1}$ Bq ; à $t = 3$, $A_3 = 8,2\cdot 10^{-2}$ Bq ; à $t = 4$, $A_4 = 7,2\cdot 10^{-2}$ Bq ; à $t = 5$, $A_5 = 6,0\cdot 10^{-2}$ Bq ; à $t = 6$, $A_6 = 4,6\cdot 10^{-2}$ Bq ;

à $t = 7$, $A_7 = 4{,}0 \cdot 10^{-2}$ Bq ; à $t = 8$, $A_8 = 3{,}2 \cdot 10^{-2}$ Bq ; à $t = 9$, $A_9 = 2{,}8 \cdot 10^{-2}$ Bq.

b.

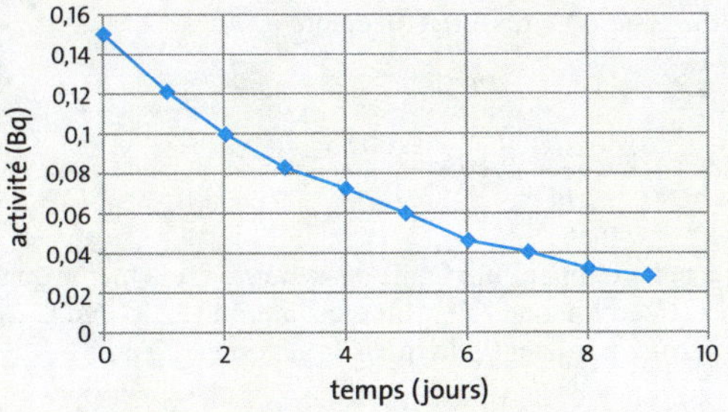

c. $t_{1/2} = 3{,}8$ jours (l'activité vaut alors $\dfrac{1{,}5 \cdot 10^{-2}}{2} = 7{,}5 \cdot 10^{-2}$ Bq).

d. $A_0 = 1{,}5 \cdot 10^{-1}$ Bq pour 120 mL d'air, soit $\dfrac{0{,}15 \times 10^6}{120}$ $= 1{,}3 \cdot 10^3$ Bq/m³ d'air. Le seuil d'alerte est dépassé.

3 a. $A = 235 + 1 - 94 - 3 = 139$ et $Z = 92 - 54 = 38$.

b. $E_{libérée} = [(m_{U235} - m_{Sr94} - m_{Xe139} - 2m_n]c^2 = [3{,}902 \cdot 10^{-25} - 1{,}559 \cdot 10^{-25} - 2{,}306 \cdot 10^{-25} - 2 \times 1{,}675.10^{-27}] \times (2{,}9979 \cdot 10^8)^2 = 3{,}146 \cdot 10^{-11}$ J $= 1{,}966 \cdot 10^8$ eV $= 196{,}6$ MeV.

c. Nombre d'atomes dans 1,0 g d'uranium 235 :

$N = \dfrac{1{,}0 \cdot 10^{-3}}{3{,}902 \cdot 10^{-25}} = 2{,}6 \cdot 10^{21}$ atomes.

$E_{libérée}' = 3{,}146 \cdot 10^{-11} \times 2{,}6 \cdot 10^{21} = 8{,}2 \cdot 10^{10}$ J.

d. La masse de pétrole qui produirait la même quantité est :

$m_{pétrole} = \dfrac{8{,}2 \cdot 10^{10}}{42 \cdot 10^3} = 1{,}9 \cdot 10^6$ g $= 1{,}9 \cdot 10^3$ kg.

11 page 137

1 a. Géométrie tétraédrique.

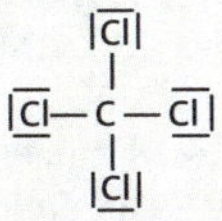

b. L'atome de chlore est plus électronégatif que l'atome de carbone. La liaison est polarisée : $^{\delta+}C - Cl^{\delta-}$.

c. La molécule n'est pas polaire car le barycentre de charges partielles négatives est confondu avec le barycentre des charges partielles positives.

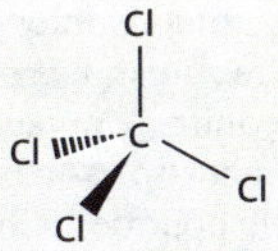

d. Un solvant polaire et un solvant non polaire sont en général non miscibles.

2 a. Soluté : diiode ; solvant : eau. **b.** Le cyclohexane et l'eau sont non miscibles et le cyclohexane est moins dense que l'eau. **c.** Il s'agit d'une extraction liquide-liquide. Le diiode, plus soluble dans le cyclohexane, va s'y concentrer. Après repos, la phase aqueuse appauvrie en diiode est presque incolore, alors que la phase organique enrichie en diiode devient rose.

3 a. *Hydrophile* : qui a de l'affinité pour l'eau ; *hydrophobe* : qui n'a pas d'affinité pour l'eau ; *lipophile* : qui a une affinité pour les graisses, les solvants organiques.

b.

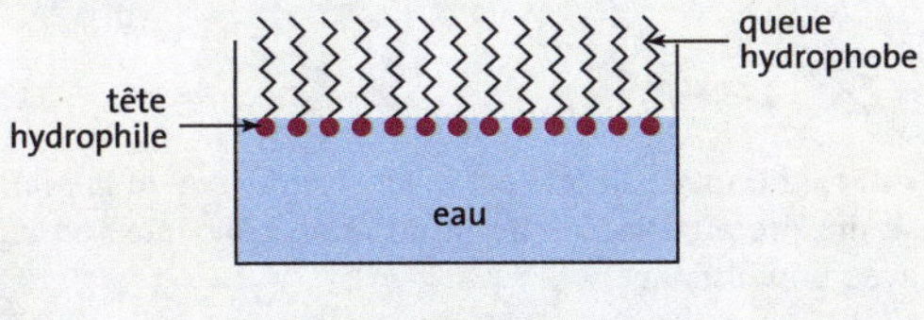

c.

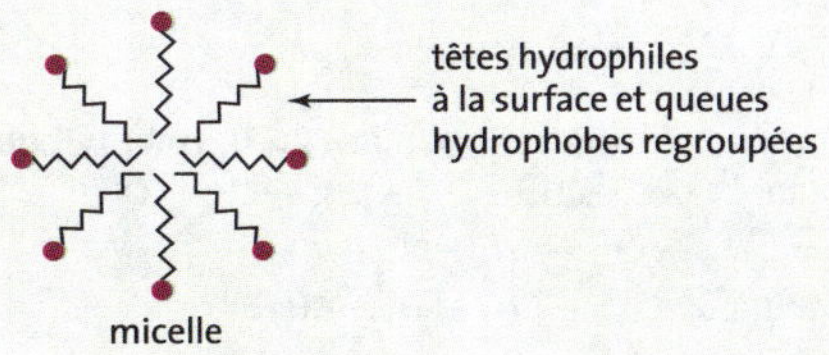

d. L'ion palmitate $CH_3-(CH_2)_{14}-COO^-$ est un tensioactif, sa partie hydrophile est $-COO^-$.

12 page 139

1 a.

	2,2-diméthylbutane
formule semi-développée	$CH_3-C(CH_3)_2-CH_2-CH_3$
écriture topologique	

	butan-2-ol
formule semi-développée	$CH_3-\underset{\overset{\vert}{OH}}{CH}-CH_2-CH_3$
écriture topologique	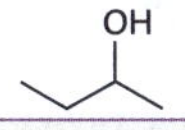

	cyclopentane
formule semi-développée	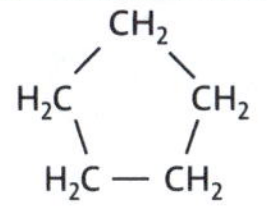
écriture topologique	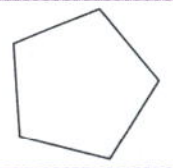

	2-méthylpropan-1-ol
formule semi-développée	$CH_3-\underset{\overset{\vert}{CH_3}}{CH}-\underset{\overset{\vert}{OH}}{CH_2}$
écriture topologique	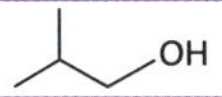

b. 2-méthylbutan-2-ol ; 3-éthyl-3-méthylpentane.

2 butan-1-ol : $CH_3-CH_2-CH_2-CH_2-OH$.

butan-2-ol : $CH_3-\underset{\overset{\vert}{OH}}{CH}-CH_2-CH_3$.

2-méthylpropan-1-ol (ramifié) : $CH_3-\underset{\overset{\vert}{CH_3}}{CH}-\underset{\overset{\vert}{OH}}{CH_2}$.

2-méthylpropan-2-ol (ramifié) : $CH_3-\overset{\overset{OH}{\vert}}{\underset{\underset{CH_3}{\vert}}{C}}-CH_3$.

3 a. Formule générale d'un alcane : C_nH_{2n+2}.

b. $\%(C) = \dfrac{n}{3n+2} \times 100$.

c. $\dfrac{n}{3n+2} \times 100 = 30{,}77$; $n = 8$; C_8H_{18}.

4 a. $C_2H_6O(l) + 3\,O_2(g) \rightarrow 2\,CO_2(g) + 3\,H_2O(g)$.

b. Réactifs : CH_3-CH_2-OH et $O{=}O$.
Produits : $O{=}C{=}O$ et $H-O-H$.

c. $n(\text{éthanol}) = \dfrac{\rho(\text{éthanol})V(\text{éthanol})}{M(\text{éthanol})}$

avec $\rho(\text{éthanol}) = 0{,}789$ g·cm⁻³ $= 789$ g·L⁻¹ ;

$n(\text{éthanol}) = \dfrac{789 \times 40}{46} = 6{,}9 \cdot 10^2$ mol.

$\Delta E = n(\text{éthanol}) \times \Delta E_m = 6{,}9 \cdot 10^2 \times 1\,250 = 8{,}6 \cdot 10^5$ kJ.

13 page 141

1 a. $\theta_{éb}$(pentan-1-ol) > $\theta_{éb}$(pentane) > $\theta_{éb}$(méthylbutane)
b. pentanol : $CH_3-CH_2-CH_2-CH_2-CH_2-OH$.
pentane : $CH_3-CH_2-CH_2-CH_2-CH_3$.
méthylbutane : $CH_3-CH(CH_3)-CH_2-CH_3$.

c. 1 : Colonne de Vigreux ; 2 : ballon ; 3 : mélange ; 4 : chauffe-ballon ; 5 : thermomètre ; 6 : réfrigérant ; 7 : erlenmeyer. **d.** Le méthylbutane.

2 a. $mc\Delta t = 100 \cdot 10^{-3} \times 2\,460 \times (78{,}5 - 20) = 14{,}4$ kJ.

b. $Q = n \times L_{\text{vaporisation}} = \dfrac{m}{M(\text{éthanol})} \times L_{\text{vaporisation}}$

$= \dfrac{100}{46} \times 39{,}3 = 85{,}4$ kJ.

c. 14,4 + 85,4 = 99,8 kJ.

3 L'éther est très volatile ; il se vaporise rapidement et ce changement d'état se fait en prenant de la chaleur à la peau, dont la température s'abaisse.

4 Entre la plaque et la casserole se produit un transfert thermique par conduction, sans déplacement de matière : les atomes constituant la plaque possèdent une énergie cinétique plus grande qu'ils communiquent, de proche en proche, aux atomes constituants la casserole.
Entre la casserole et l'eau le phénomène de transfert thermique s'accompagne de mouvement du fluide (ici l'eau) des parties chaudes vers les parties froides : on parle de transfert thermique par convection.

14 page 143

1 a. Le champ de pesanteur est identifié au champ de gravitation : $g = \dfrac{G \times M}{(R+z)^2}$.

b. $g_{0\text{Terre}} = G \times \dfrac{M_{\text{Terre}}}{(R_{\text{Terre}})^2} = \dfrac{6{,}67 \cdot 10^{-11} \times 5{,}97 \cdot 10^{24}}{(6\,378 \cdot 10^3)^2}$

$= 9{,}79$ N·kg^{-1}.

$g_{0\text{Soleil}} = G \times \dfrac{M_{\text{Soleil}}}{(R_{\text{Soleil}})^2} = \dfrac{6{,}67 \cdot 10^{-11} \times 1{,}99 \cdot 10^{30}}{(696 \cdot 10^6)^2}$

$= 274$ N·kg^{-1}.

c. Pour z quelconque : $g = g_0 \times \dfrac{R^2}{(R+z)^2}$.

d. Pour $z = 35\,786$ km :
$g_{35\,786} = \dfrac{9{,}79 \times (6\,378)^2}{(6\,378 + 35\,786)^2} = 0{,}224$ N·kg^{-1}.

2 a. et **b.**

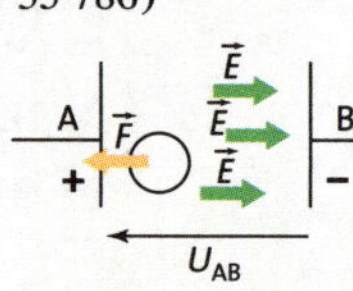

$E = \dfrac{U_{AB}}{d} = \dfrac{250}{0{,}10} = 2{,}50 \cdot 10^3$ V·m^{-1} (ou N·C^{-1}).

c. $q = \dfrac{F}{E} = \dfrac{8 \cdot 10^{-4}}{2{,}50 \cdot 10^3} = 3 \cdot 10^{-7}$ C.

15 page 145

1 Conservation de l'énergie mécanique de la pierre entre A et B : $\dfrac{1}{2}mv_A^2 + mgz_A = mgz_B$

$z_B = z_A + v_A^2/(2g) = 2{,}8$ m

2 a. L'énergie interne du ressort (son énergie potentielle élastique) diminue. **b.** L'énergie cinétique de la fléchette augmente.
c. En l'absence de frottements, il y a conservation de l'énergie du système « ressort + fléchette ».

$\dfrac{1}{2} \times k \times \Delta l^2 = \dfrac{1}{2}mv^2$

$v^2 = k \times \dfrac{\Delta l^2}{m} = 16 \times \dfrac{0{,}0025}{0{,}015} = 2{,}67$

$v \approx 1{,}6$ m·s^{-1}

3 a. La température finale du cylindre est la même que celle de l'eau lorsque l'équilibre est atteint (22°C). **b.** L'énergie perdue par le cylindre a été transférée à l'eau :
$m_{\text{cuivre}} \times c_{\text{cuivre}} \times (\theta_2 - \theta_3) = m_{\text{eau}} \times c_{\text{eau}} \times (\theta_3 - \theta_1)$;
$c_{\text{cuivre}} = 3{,}8 \cdot 10^2$ J·kg^{-1}·°C^{-1}.

4 a. On prend l'origine de l'E_{pp} en bas de la piste.
En haut de la piste (en A) :

$E_{PP}(A) = mgh$ avec $h = 80 \times \dfrac{8}{100} = 6{,}4$ m (car une pente à 8 % signifie qu'en faisant 100 mètres le skieur descend de 8 mètres).
$E_c(A) = 0$ J. $E_m(A) = mgh$
En bas de la piste (en B) : $E_{PP}(B) = 0$ J (par choix de l'origine).
$E_c(B) = \dfrac{1}{2}mv^2 \cdot E_m(B) = \dfrac{1}{2}mv^2$.

$\Delta E_m = \dfrac{1}{2}mv^2 - mgh = \dfrac{1}{2} \times 70 \times 11^2 - 70 \times 9{,}8 \times 6{,}4$
$= -1{,}6 \cdot 10^2$ J.

b. Le skieur est soumis à des forces de frottement car son énergie mécanique diminue. **c.** L'énergie perdue par le skieur se retrouve sous forme d'énergie thermique (échauffement de la glace et fusion).

16 page 147

1 a. 900/2,0 = 450. La puissance d'une tranche de centrale nucléaire est 450 fois plus grande que la puissance d'une éolienne. **b.** $P_e = 900$ MW $= 900 \cdot 10^3$ kW.
$W_e = P_e \times \Delta t = 900 \cdot 10^3 \times 200 \times 24 = 4{,}3 \cdot 10^9$ kWh.
c. $P_e = 2{,}0$ MW $= 2{,}0 \cdot 10^3$ kW.
$W_e = 2{,}0 \cdot 10^3 \times 365 \times 24 : 4 = 4{,}4 \cdot 10^6$ kWh.
d. $4{,}3 \cdot 10^9 / 4{,}4 \cdot 10^6 = 9{,}8 \cdot 10^2$ éoliennes pour remplacer la tranche de centrale nucléaire.
e. Avantages de la centrale nucléaire : permet de remplacer les combustibles fossiles ; ne crée pas de gaz à effet de serre ; puissance importante ; coût compétitif de l'électricité produite. Avantages de l'éolienne : permet de remplacer les combustibles fossiles ; ne crée pas de gaz à effet de serre ; utile pour des habitations isolées ; démantèlement facile.
Inconvénients de la centrale nucléaire : gestion des déchets ; sécurité. Inconvénients de l'éolienne : énergie intermittente ; dénature les paysages ; nuisances sonores (pour les éoliennes de première génération) ; danger pour les oiseaux.

2 a. Le charbon, le pétrole, le gaz naturel sont trois combustibles possibles. Le dioxygène O_2 est nécessaire à la combustion. **b.** L'énergie chimique se transforme en énergie thermique dans la chaudière ; l'énergie thermique se transforme en énergie mécanique au niveau de la turbine ; l'énergie mécanique se transforme en énergie électrique au niveau de l'alternateur. **c.** Le rôle du condenseur est de condenser la vapeur en sortie des turbines pour qu'elle reprenne sa forme liquide.

17 page 149

1 a. La f.e.m. de la pile est la tension à vide de la pile, elle se mesure aux bornes de la pile non connectée au circuit avec un voltmètre.

b.

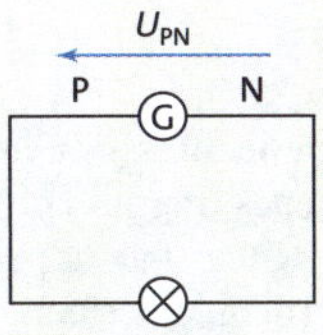

c. Aux bornes de la pile, $U_{PN} = E - rI = 4{,}4 - 3{,}6 \times 0{,}250 = 3{,}5V$.
d. $W_e = U_{PN} \times I \times \Delta t = 3{,}5 \times 0{,}250 \times 5{,}0 \times 60 = 2{,}6 \cdot 10^2$ J.
e. L'énergie électrique transférée à l'ampoule est transformée en énergie thermique et en énergie de rayonnement.
f. L'énergie chimique transformée dans la pile correspond à l'énergie totale fournie par le générateur W_t :
$W_t = E \times I \times \Delta t = 4{,}4 \times 0{,}250 \times 5{,}0 \times 60 = 3{,}3 \cdot 10^2$ J.
g. $Q_J = rI^2\Delta t = 3{,}6 \times 0{,}250^2 \times 5{,}0 \times 60 = 68$ J.
h. $\eta = \dfrac{U_{PN}}{E} = 0{,}80$, soit un rendement pour cette pile de 80 %.

2 a. $W_e = U_{AB}\, I\, \Delta t = 3{,}0 \times 0{,}17 \times 1{,}6 = 0{,}82$ J.
$P_e = U_{AB} I = 3{,}0 \times 0{,}17 = 0{,}51$ W.
b.

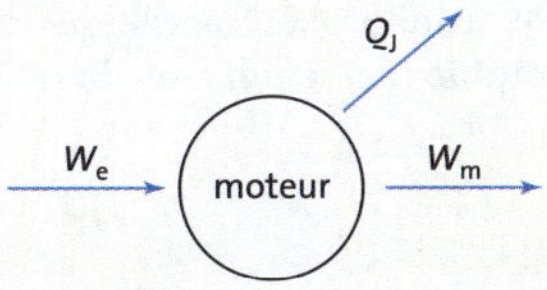

bilan énergétique

c. L'énergie convertie par le moteur en énergie mécanique correspond à la variation d'énergie potentielle de l'objet : $W_m = mgh = 0{,}100 \times 9{,}8 \times 0{,}50 = 0{,}49$ J.
d. $\dfrac{0{,}49}{0{,}82} = 0{,}60$, soit un rendement de 60 %.

3 $P_e = \dfrac{12}{100} \times 1{,}0 \times 15 = 1{,}8$ kW.

18 page 151

1 a. L'électrode de cuivre est la borne négative de la pile.
b. Oxydation du cuivre : $Cu(s) = Cu^{2+}(aq) + 2\,e^-$ et réduction des ions argent : $Ag^+(aq) + e^- = Ag(s)$.
c. L'équation de la réaction traduisant le fonctionnement global de cette pile est :
$$Cu(s) + 2\,Ag^+(aq) \rightarrow 2\,Ag(s) + Cu^{2+}(aq).$$
2 a. Anode : oxydation du H_2 : $H_2(g) = 2\,H^+(aq) + 2\,e^-$.
Cathode : réduction du O_2 : $O_2(g) + 4\,H^+(aq) + 4\,e^- = 2\,H_2O(l)$.
L'équation de fonctionnement de la pile s'écrit alors :
$$O_2(g) + 2\,H_2(g) = 2\,H_2O(l).$$
b. Avantages : véhicule non polluant, silencieux, pile inusable. Inconvénients : voitures coûteuses, problème de stockage du dihydrogène.

19 page 153

a. Le chauffe-ballon permet d'élever la température du mélange réactionnel ce qui accélère la réaction chimique. Les vapeurs se condensent dans le réfrigérant à eau et retombent dans le ballon. **b.** Le menthol est un alcool et la menthone une cétone.
c. $MnO_4^-(aq) + 8\,H^+(aq) + 5\,e^- = Mn^{2+}(aq) + 4\,H_2O(l)$.
$C_9H_{18}CO + 2\,H^+ + 2\,e^- = C_9H_{18}CHOH$.
d. $2\,MnO_4^-(aq) + 5\,C_9H_{18}CHOH + 6\,H^+(aq)$
$\rightarrow 2\,Mn^{2+}(aq) + 5\,C_9H_{18}CO + 8\,H_2O(l)$.
e. $n_i(MnO_4^-) = cV = 0{,}5 \times 30 \cdot 10^{-3} = 1{,}5 \cdot 10^{-2}$ mol.
$$n_i(C_9H_{18}CHOH) = \frac{m(C_9H_{18}CHOH)}{M(C_9H_{18}CHOH)} = \frac{4{,}7}{156{,}2} = 3{,}0 \cdot 10^{-2} \text{ mol.}$$

Si MnO_4^- est réactif limitant, alors $x_{max} = 7{,}5 \cdot 10^{-3}$ mol.
Si $C_9H_{18}CHOH$ est réactif limitant, alors $x_{max} = 6{,}0 \cdot 10^{-3}$ mol.
Le réactif limitant est donc le menthol, $x_{max} = 6{,}0 \cdot 10^{-3}$ mol et $n_{max} = 5\,x_{max} = 3{,}0 \cdot 10^{-2}$ mol.
f. La menthone est un liquide à température ambiante.
g. La phase supérieure est constituée de cyclohexane, moins dense que l'eau, et de menthone.
h. La distillation est un procédé de séparation judicieux car la menthone et le cyclohexane ont des températures d'ébullition différentes.
i. Calculons la masse m théorique (maximale) de menthone que l'on pourrait obtenir :
$m_{max} = n_{max} \times M(\text{menthone}) = 3{,}0 \cdot 10^{-2} \times 154{,}2 = 4{,}6$ g ;
$\rho = \dfrac{m}{m_{max}} = \dfrac{3{,}1}{4{,}6} = 0{,}67$, soit 67 %.

20 page 155

1 a. $CH_2 = CH_2(g) + Cl_2(g) \rightarrow ClCH_2 - CH_2Cl(g)$.
$ClCH_2 - CH_2Cl(g) \rightarrow HCl(g) + CH_2 = CHCl(g)$.
$n\,CH_2 = CHCl \rightarrow -(CH_2 - CHCl)_n-$.
b. $M_{monomère} = 62{,}5\ g \cdot mol^{-1}$. $M_{PVC} = n \times M_{monomère}$ $= 600 \times 62{,}5 = 37{,}5 \cdot 10^3\ g.mol^{-1} = 37{,}5\ kg \cdot mol^{-1}$.
2 a. $V = \dfrac{4}{3}\pi R^3 = \dfrac{4}{3} \times \pi \times (1{,}0 \cdot 10^{-6})^3 = 4{,}2 \cdot 10^{-18}\ m^3$.
$S = 4\pi R^2 = 4 \times \pi \times (1{,}0 \cdot 10^{-6})^2 = 1{,}3 \cdot 10^{-11}\ m^2$.
b. $v = \dfrac{4}{3}\pi R^3 = \dfrac{4}{3} \times \pi \times (10 \cdot 10^{-9})^3 = 4{,}2 \cdot 10^{-24}\ m^3$.
$s = 4\,\pi R^2 = 4 \times \pi \times (10 \cdot 10^{-9})^2 = 1{,}3 \cdot 10^{-15}\ m^2$.
c. Ordre de grandeur du rapport des volumes : 10^6.
Ordre de grandeur du rapport des surfaces : 10^4.
Pour un volume 10^6 fois plus petit, la surface de réaction est seulement 10^4 fois plus petite.
d. La taille des nanomatériaux (plus petits que les cellules du corps humain) augmente leur capacité à pénétrer dans nos tissus et organes ; de plus, ayant une grande surface de contact avec l'environnement, les nanomatériaux présentent une importante réactivité chimique.
3 Si la température est élevée, les chaînes de polymère peuvent changer de position : le polymère est flexible. Mais si la température est plus basse (notamment si elle est inférieure à une certaine température, appelée température de transition vitreuse du polymère), les chaînes sont moins mobiles : l'échantillon de polymère devient dur et fragile, il risque de casser.

SVT

1 page 159

1 a. : **2** et **4** ; **b.** : **2** et **4**. **2 A** : phase G1 ; **B** : phase S ; **C** : phase G2 ; **D** : prophase ; **E** : métaphase ; **F** : anaphase ; **G** : interphase ; **H** : mitose.

2 page 161

1 a et **b**. **2** Voir ci-dessous :

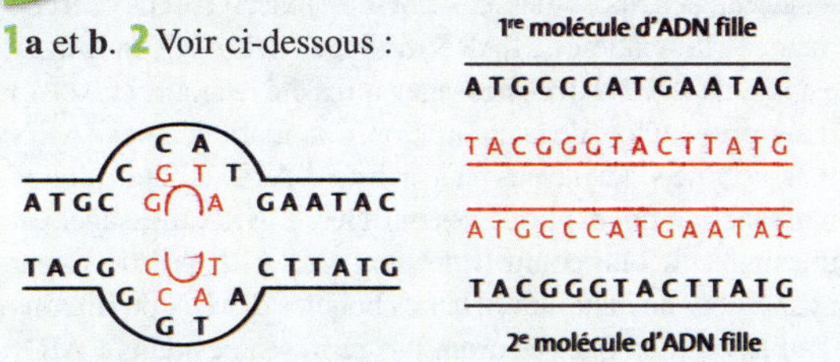

Œil de réplication (phase S) — Deux molécules d'ADN (phase G2)

3 À la génération G1, l'ADN est hybride. L'hypothèse conservative est rejetée car on aurait dû avoir 1/2 normal et 1/2 hybride. À la génération G2, on obtient 1/2 d'ADN léger, 1/2 d'ADN mixte. Avec la réplication dispersive, on aurait dû avoir de l'ADN mixte. La seule hypothèse correcte est la **réplication semi-conservative**.

3 page 163

1 **Délétion** : perte de matériel génétique. **Translocation** : soudure d'un fragment de chromosome sur un autre chromosome. **Cellule germinale** : cellule à l'origine des gamètes.
2 **Éléments de comparaison des allèles B et O par rapport à l'allèle A :**
Nombre de nucléotides codant – B : 1 062 (comme l'allèle A). **O** : 351.
Différences – B : 523. Substitution, C remplace D. **O** : 258. Délétion, suppression de D (décalage).
Conséquences – B : 175e acide aminé différent. Arginine remplacée par glycine. **O** : UAA codon stop. Protéine raccourcie.
Remarque : les protéines A et B ont 353 acides aminés ; à cause du codon stop, la protéine O n'a que 116 acides aminés
3 Les levures ont 2 couleurs différentes. Quelle est l'influence de l'environnement sur l'expression de la couleur ? Dans le document 1, les levures de phénotype [rouge] ont l'allèle *m* car elles ne fabriquent pas l'adénine ; les levures de phénotype [blanc] ont l'allèle *n* du même gène. Le document 2 montre que la mutation de l'allèle *m* s'explique par le remplacement du nucléotide n° 103 (sur 1 716). T est remplacée par G permettant la synthèse d'adénine responsable du phénotype blanc. Le document 3 illustre le rôle des rayons UV sur les levures. L'existence de levures blanches avant l'exposition (2 colonies) montre qu'il doit y avoir des mutations spontanées de l'allèle *m* en *n*. En présence d'UV, le nombre de colonies de levures blanches augmente (10 colonies après une exposition de 10 secondes). Mais le nombre total de levure baisse (de 50 colonies sans exposition à 10 colonies pour une exposition de 10 secondes). Au-delà, les UV sont mortels (on parle de dose létale).
Ainsi, les UV ont un **rôle mutagène** sur le gène étudié mais également un **pouvoir létal** à forte dose.

4 page 165

1 ARN messager : **AUG UUU AAA GGG GAG UAG** ; **traduction** dans le ribosome ; formation du polypeptide : méthionine (**initiation**) puis phénylalanine, lysine, glycine, glycine (**allongement**) et stop (**terminaison**). La molécule se sépare du ribosome (remarque : la première méthionine sert d'amorce ; elle est supprimée en fin de synthèse). **2** **a.** Un **nucléotide** est constitué d'un acide phosphorique, du désoxyribose (sucre) et d'une base azotée (adénine, thymine, guanine ou cytosine). **b.** La **traduction** se déroule dans le cytoplasme, au niveau des ribosomes. **c.** Le **brin transcrit d'ADN** sert de matrice à la synthèse de l'ARN messager. **d.** L'**ARN messager** est issu de l'**ARN pré-messager** qui a été raccourci (excisé) dans le noyau lors de la maturation. **3** **a.** La molécule d'ARN messager ne s'adapte pas bien au brin d'ADN qui lui a donné naissance ce qui explique ces **boucles**. L'ARN messager est une molécule plus courte. Elle vient d'un ARN pré-messager ayant subi une maturation. **b.** Les boucles d'ADN ou **introns** sont les parties qui ne seront pas représentées dans l'ARN messager. **4** **a.** : **2** et **4** ; **b.** : **3** et **4**.

5 page 167

1 De nombreuses molécules ont un **effet mutagène**, surtout sur certains gènes fragiles comme celui contrôlant l'expression d'autres gènes par la **protéine 53**. Ce gène muté n'est plus performant et les cellules se divisent alors de façon anarchique (tumeur). Les agents mutagènes sont les hydrocarbures aromatiques contenus, par exemple, dans la fumée de cigarette ou dans les vapeurs d'essence.
2 **a.** : **1** et **2** ; **b.** : **1** ; **c.** : **1, 2** et **3** ; **d.** : **4**.

6 page 169

1 **a.** 200 km pour 2 Ma soit $v = 2 \cdot 10^7$ cm/$2 \cdot 10^6$ ans soit **20 cm · an**$^{-1}$. **b.** Comme la distance entre la dorsale et le temps mesuré en un point ne varient pas de façon proportionnelle, la vitesse d'expansion océanique **n'est pas constante**. **2** **Paléomagnétisme** : enregistrement des inversions du champ magnétique terrestre passé. **Accrétion** : augmentation de la lithosphère océanique à partir de la dorsale. **Topographie** : représentation du relief. **3** **b.** et **c.**

7 page 171

1 **b.** et **c.** :

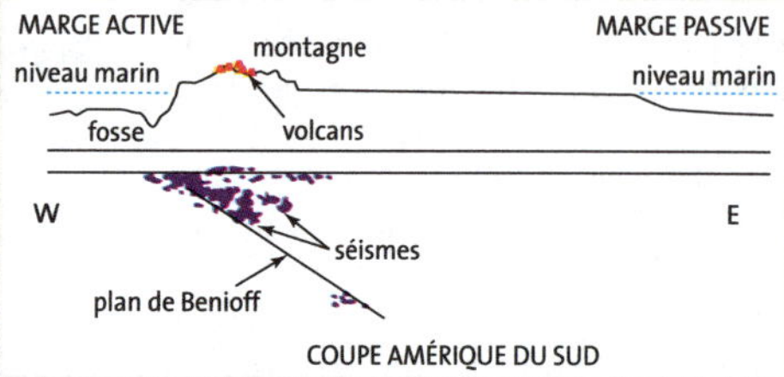

2 **Éléments de comparaison des marges active (A) et passive (P) :**
Points communs – Bordure d'un continent (entre milieu continental et milieu océanique). Rencontre d'une lithosphère océanique et continentale.
Plaque(s) – A : Deux plaques en convergence. **P** : Même plaque lithosphérique.
Tectonique – A : Séismes, volcanisme. **P** : Pas d'activité.
Relief – A : Positif : montagne. Négatif : fosse. **P** : Passage progressif (talus) entre les domaines continental et océanique.
Mouvements – A : Opposés. **P** : De même sens.

3 **a.** : **1** et **3** ; **b.** : **2** et **3** ; **c.** : **2** et **3**.

8 page 173

1 **a.** Voir ci-dessous.

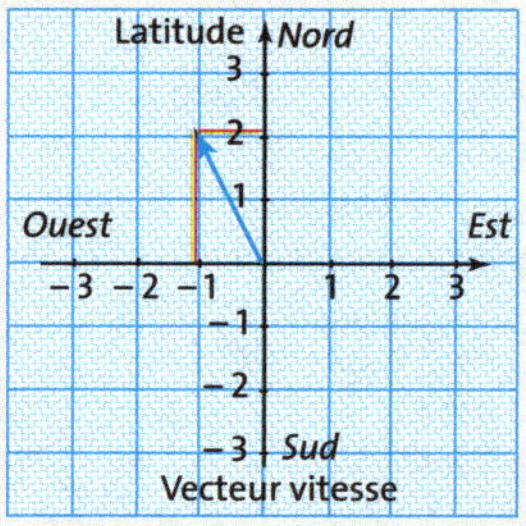

b. Norme du vecteur vitesse :

$$\sqrt{2{,}123^2 + 1{,}1491^2}$$
$$= \sqrt{4{,}507 + 1{,}320}$$
$$= \sqrt{5{,}827} = \mathbf{2{,}41}.$$

2 **a.** tectonique ; **b.** surface de la Terre ; **c.** convergence ; **d.** divergence ; **e.** cisaillement ; **f.** côtes ; **g.** fossiles ; **h.** les océans ; **i.** les continents ; **j.** magnétiques ; **k.** fonds océaniques ; **l.** point chaud ; **m.** satellites ; **n.** vitesse ; **o.** plaques lithosphériques. **3** Vitesse d'expansion : $70 \cdot 10^5$ cm/$3 \cdot 10^6$ ans = 7/3 = **2,33 cm · an^{-1}**.

9 page 175

1 **a. Équidistance** : 25 m. **b. Échelle** : 1 cm sur la carte donne 500 m sur le terrain soit 1/50 000. **2** Les **limites des couches** sédimentaires suivant pratiquement les **courbes de niveau** : ces strates sont horizontales. **3** **a.** 1/10 000 donne **1 mm sur la carte qui correspond à 10 m sur le terrain.** L'échelle 1/50 000 signifie que 1 mm sur la carte correspond à 50 m en réalité. La carte de la première échelle donne **donc plus de détails** que la seconde. **b.** Pour une carte de même format, elle couvre **moins de terrain** que celle au 1/50 000. **4** Pour qu'une roche soit favorable à la formation d'un gisement pétrolier, il faut qu'il y ait un **dépôt abondant de matières organiques planctoniques. L'enfouissement rapide** de ce plancton empêche la dégradation aérobie. Grâce à la **subsidence**, la **température va augmenter** ce qui permettra la transformation des sédiments en pétrole dans la roche mère.

10 page 177

1 L'**efficience** correspond à la capacité d'obtenir de bonnes performances énergétiques. À **chaque passage de maillon** le rendement est faible (10 % du gain du maillon précédent). Il faut donc une grande quantité de producteurs pour nourrir peu de consommateurs de 1er ordre ; ceux-ci doivent être nombreux pour satisfaire la croissance du maillon suivant… Cela s'explique par les nombreuses pertes. Écrit en 1966, **ce texte prédit** ce qui est aujourd'hui un problème réel : la production agricole ne suffit plus à nourrir la population mondiale et il faudra consommer moins de viandes pour compenser ces carences productives. **2** Avec moins de passereaux, il y a moins de rapaces donc les chenilles pullulent. Il y a plus d'araignées donc moins de coccinelles et les pucerons abondent. **Ainsi chenilles et pucerons, plus nombreux**, provoquent la destruction de la pinède.

11 page 179

1 **Schéma de la pollution azotée des nappes phréatiques**

2 **Culture vivrière** : culture réalisée pour la consommation alimentaire locale du pays. **Remembrement** : aménagement du territoire visant à regrouper les parcelles agricoles disséminées. **Intrants** : divers produits extérieurs apportés aux terres agricoles. **Développement durable** : développement économique conciliant la préservation de l'environnement.

12 page 181

1 **a.** : 3 ; **b.** : 5 ; **c.** : 1 ; **d.** : 2 ; **e.** : 4. **2** La carence en E3 entraîne un **manque de testostérone**. L'AMH provoque l'**atrophie des canaux de Müller**. Sans testostérone, les **canaux de Wolff sont peu développés** donc il y a une atrophie de l'ensemble de l'appareil génital chez les mâles transgéniques. **3** **a.** : **3** ; **b.** : **4** ; **c.** : **2** ; **d.** : **1** et **2**.

13 page 183

1 **a.** Le cycle ovarien n'est pas perturbé après ablation de l'utérus : l'**utérus ne commande pas le cycle ovarien. b.** Le cycle utérin est supprimé après ovariectomie : l'**ovaire contrôle le fonctionnement de l'utérus. c.** Le cycle utérin est rétabli par injection d'extraits ovariens : **le contrôle est hormonal. d.** L'hypophysectomie indique que l'**hypophyse commande le cycle ovarien, lui-même régulant le cycle utérin**. **2** **a.** : **3** ; **b.** : **4**.

14 page 185

1 **a. A** : neurone activateur du neurone à dopamine ; **B** : neurone à dopamine ; **C** : vésicule d'exocytose à dopamine ; **D** : récepteurs au GABA ; **E** : vésicules d'exocytose à GABA ; **F** : neurone à GABA ; **G** : récepteurs aux enképhalines ; **H** : vésicules d'exocytose à enképhaline ; **I** : axone ; **J** : neurone à enképhaline. **b.** En absence de stimulations agréables, il n'y a pas de libération d'enképhaline. Les **neurones à GABA** fonctionnent et **inhibent l'action des neurones à dopamine** à l'origine des sensations de plaisir. **2** **a.** Le contraceptif empêche la fécondation (la conception) alors que le contragestif empêche la gestation. **b.** Seul le préservatif masculin assure une protection contre les IST. **c.** Par son irritation locale dans l'utérus, le stérilet est déconseillé aux primipares car leur utérus n'ayant jamais porté d'enfant est trop étroit. **d.** Oui, le mois suivant peut être suivi d'un rapport sexuel fécondant après l'arrêt de la pilule. **3** **a.** : **4** ; **b.** : **1** et **2**.

15 page 187

1 **a. Risque du couple III3/III4** : 2/3 × 2/3 × 1/4 = 4/36 = **1/9**. **Risque pour 2 individus non apparentés**, sans mucoviscidose familiale : 1/40 × 1/40 × 1/4 = **1/6 400**. Le **risque de la transmission** d'une maladie génétique entre 2 personnes apparentées est tel que la société réprouve ce genre d'union. **b.** Les jumeaux II7 et II8 sont de même sexe. L'une est saine et l'autre est malade. Elles n'ont pas le même équipement allélique ; ce sont deux **fausses jumelles**. **2** **Homozygote** : individu possédant deux fois le même allèle pour un gène. **Récessif** : le fait, pour un allèle, de ne pouvoir s'exprimer phénotypiquement que s'il est homozygote. **Autosomal** : lié aux chromosomes non sexuels. **3** La génétique humaine est difficile à étudier car on ne peut pas réaliser une **reproduction orientée** entre 2 individus, la **maturité sexuelle** est lente donc 2 générations sont souvent séparées de plus de 25 ans, notre **génome est complexe** (26 paires de chromosomes et 30 000 gènes) et le **nombre de descendants** est faible (rarement plus de 1 enfant par couple). **4** **b.**, **c.** et **d.**

16 page 189

1 **b.** et **d.** **2** Le **nombre de cancers du sein** passe de 57, en 1980, à 90 en 2000. On note une augmentation de **57,9 % environ en 20 ans** qui s'explique par une recherche plus poussée des causes de maladies et peut-être par l'augmentation de facteurs environnementaux cancérigènes. La **stabilité de la mortalité** s'explique par une détection plus minutieuse et par l'amélioration des soins.

17 page 191

1 La **fovéa** ne contient que des cônes. Ces cellules assurent la vision colorée. La discrimination entre 2 points est excellente car chaque cône n'est relié qu'à une seule cellule nerveuse. Le nombre de cellules est moins important en **rétine périphérique**. On y trouve surtout des bâtonnets, cellules assurant une vision noir et blanc avec de faibles intensités lumineuses. De plus, la discrimination est moins précise car plusieurs cellules réceptrices ne sont reliées qu'à un seul neurone. La **rétine centrale** permet une **vision précise et colorée** pour des **intensités lumineuses importantes** alors que la **rétine périphérique** assure une **vision non colorée**, **une faible discrimination** mais la sensibilité se fait pour de **faibles intensités lumineuses**. **2** **a.** : **5** ; **b.** : **4** ; **c.** : **1** ; **d.** : **3** ; **e.** : **6** ; **f.** : **2**.

18 page 193

1 **b.** et **d.** **2** Le 2e scanner montre une zone sombre à l'arrière du crâne ; c'est le centre d'intégration visuelle. Une hémorragie est donc responsable de la cécité du patient. **3** **Plasticité cérébrale** : possibilité de l'encéphale de modifier ses connexions entre neurones pour répondre à des changements de l'environnement. **Hallucinogène** : drogue provoquant une modification de la perception ce qui entraîne des hallucinations. **Chiasma optique** : croisement des fibres des deux nerfs optiques.

Histoire

1 page 197

1. Ce graphique superpose l'évolution de deux types de données, avec ordonnées et unités de valeur propres, durant la seconde moitié du XXe siècle : les protections tarifaires en pourcentage (diagramme en bâtons) ; un indice, dont la valeur de base (100) correspond au volume d'échanges en 1950 (courbes). **2** Les protections tarifaires aux frontières diminuent considérablement entre 1947 et 1994, passant de près de 40 % à moins de 5 %. Parallèlement, les échanges de biens matériels explosent : ils sont multipliés par 10 pour les produits miniers et agricoles, et par plus de 50 pour les produits manufacturés. **3** La baisse des tarifs douaniers a encouragé l'accroissement des échanges. Mais cette corrélation doit être nuancée : l'échelle des échanges est logarithmique, leur croissance est donc exponentielle, beaucoup plus rapide que la baisse des taxes ; de plus, on observe une décélération dans les années 1970 et 1980, puis une accélération, à l'inverse des tendances douanières. D'autres facteurs déterminants interviennent donc dans l'essor des échanges (baisse des coûts de transport, recherche de bas salaires, etc.).

2 page 199

Introduction : De l'entre-deux-guerres aux dernières décennies du XXe siècle, les États-Unis d'Amérique s'imposent comme la première puissance économique mondiale, succédant à la Grande-Bretagne. Dans un monde en voie de décolonisation et dans le contexte de la guerre froide, leur suprématie structure durablement l'ordre mondial et s'accompagne de la diffusion d'un modèle de société toujours vivace. Comment comprendre cette domination d'une économie-monde américaine ?
Annonce du plan : Pour répondre à cette question, nous expliquerons, dans un premier temps, l'affirmation de la prééminence américaine. Nous montrerons ensuite que cette économie-monde s'appuie sur des ressorts variés et se nourrit d'un contexte international particulier. Enfin, nous examinerons son recul relatif en articulant les facteurs internes et externes qui y conduisent.
Conclusion : Issue des victoires américaines lors des deux guerres mondiales, de l'effacement des puissances européennes et d'une dynamique de croissance endogène, l'économie-monde américaine se traduit par une forme d'impérialisme économique et culturel largement alimenté par les logiques de la guerre froide, le capitalisme libéral et des entreprises extraverties. L'affirmation de puissances autonomes depuis les années 1980 et la contestation du modèle ont ensuite fragilisé cette domination des États-Unis qui, moins hégémoniques, restent néanmoins la seule puissance complète du globe.

3 page 201

1 Œuvre d'art, ce document est plus qu'un témoignage. Mais Otto Dix a combattu durant la Grande Guerre et ce travail résulte de son expérience combattante. Ce triptyque, intitulé *La Guerre*, peut témoigner du traumatisme qui habite encore l'auteur autour de 1930. **2** Structuré comme les triptyques religieux médiévaux, le tableau comporte une grande image centrale, et deux volets latéraux, qui le mettent en perspective. Une lecture chronologique peut en être faite : à gauche, les soldats partent au combat ; au centre, la bataille fait rage ; à droite, un soldat indemne secoure un blessé parmi les morts. On peut proposer une lecture cyclique du tableau, les survivants repartant au front. **3** Otto Dix exprime son dégoût pour une guerre chaotique, rendu par la confusion et la désolation du paysage central, où les hommes sont déshumanisés (vivants masqués et morts déchiquetés), après avoir massivement et anonymement rejoint le front (personnages de dos à gauche). À droite, les survivants sont noyés dans les flammes, peinent à se mouvoir et leur lividité souligne la marque indélébile de la déshumanisation. Otto Dix condamne la guerre sans nuance.

4 page 203

Le totalitarisme peut s'appliquer et au nazisme et au stalinisme, deux régimes guidés par une idéologie qui les amène à user d'un autoritarisme violent : collectivisation forcée, famines et purges en URSS ; assassinats, pogroms et lois discriminatoires en Allemagne. Culte du chef, parti unique, propagande et embrigadement des masses allongent « la liste des ressemblances » soulignée par l'historien H. Rousso, ce qui confirme la validité du concept de totalitarisme. Mais les dissemblances entre les deux régimes sont tout aussi importantes : la révolution communiste dont se revendique le stalinisme se situe aux antipodes de l'idéal nazi, qui naît en 1919 pour combattre notamment les spartakistes allemands, inspirés par les bolcheviks. Les réformes mises en œuvre dans les deux pays diffèrent donc radicalement. Le pacte germano-soviétique de 1939 est d'ailleurs bien plus un arrangement circonstanciel qu'une véritable alliance idéologique et stratégique. Le concept de totalitarisme insiste donc sur des similitudes réelles, mais ne saurait suffire à comprendre les spécificités, voire les antagonismes profonds, qui animent ces différents régimes.

5 page 205

1 Extrait de la charte des Nations unies de 1945, qui définit le fonctionnement de la future institution internationale. Tirés des chapitres 5 et 7, les passages reproduits portent sur le Conseil de sécurité, organe restreint, distinct de l'Assemblée générale de l'ONU. 2 Le Conseil de sécurité a en charge la « responsabilité principale du maintien de la paix et de la sécurité ». Pour être « rapide et efficace », cette instance dispose de moyens d'action en cas de « menace » ou de « rupture de la paix », allant de simples sanctions à l'emploi de la force armée des Membres des Nations Unies (art. 41/42). 3 Einstein s'inquiète des pouvoirs du Conseil de sécurité. Selon lui, l'ONU n'est pas démocratique, puisque les nations du Conseil de sécurité s'avèrent plus puissantes que les autres en droit (art. 24). D'autre part, l'ONU elle-même lui semble affaiblie par l'art. 27, qui exige l'accord « de tous les Membres permanents », conférant à chacun d'eux un « droit de veto », plus paralysant que protecteur.

6 page 207

1 Cette affiche de propagande soviétique dénonce une politique américaine hypocrite et menaçante, qui véhicule un message pacifique tout en implantant des bases militaires à l'Ouest de l'URSS. 2 Les propos du speaker sont « Paix, défense et désarmement », associés à l'épi de blé qu'il tient en main comme promesse de prospérité. Mais son micro est relié à une liasse de dollars et le blé cache une bombe A. Le dollar imprimé sur le revolver à ses côtés accentue le message : le capital achète la docilité internationale pour mieux déployer son arsenal militaire et étendre ses profits. 3 Éditée en 1952, cette affiche s'en prend à la fois au plan Marshall, qui finance la reconstruction en Europe de l'Ouest de 1947 à 1952, et à l'OTAN, priorité des États-Unis depuis 1949. L'influence de ceux-ci s'étend : sur l'affiche, un drapeau américain est planté sur la Grèce, dernière venue dans l'OTAN. 4 Jdanov voit dans la stratégie américaine une volonté impérialiste d'étendre son hégémonie sur un nombre croissant d'États, en manipulant les nations grâce à sa puissance financière.

7 page 209

Le blocus de Berlin, voulu par Staline en 1948 pour contrer l'initiative occidentale d'une réforme monétaire en Allemagne, apparaît bien comme la première crise majeure de la guerre froide. En effet, la situation est grave puisqu'elle remet en cause les traités internationaux et menace de dégénérer en conflit ouvert entre les deux grands vainqueurs de la Seconde Guerre mondiale. Ceux-ci, l'année précédente, s'étaient réciproquement définis comme adversaires irréductibles à l'occasion de la formulation des doctrines Truman et Jdanov. La rivalité et l'incompatibilité devient, avec cette crise, une quasi guerre, qui reste néanmoins « froide », dans la mesure où les crises et tensions épousent le modèle du blocus de Berlin : défiance et défis mais pas d'affrontement militaire direct. Berlin, l'Allemagne et le monde se divisent.

8 page 211

1 *I.* La IIIe République : l'enracinement de la culture républicaine. *a.* Naissance. *b.* Œuvre fondatrice. *c.* Oppositions et consolidation. *II.* De Vichy à la IVe République : des périls à la refondation. *a.* Vichy contre la République. *b.* Résistance et refondation. *c.* La IVe République en difficulté. *III.* La Ve République : rénovation et adaptations. *a.* Naissance. *b.* Nouveaux marqueurs institutionnels. *c.* Adaptations. 2 IIIe Rép.: régime parlementaire. IVe Rep : régime parlementaire à la proportionnelle. Ve Rép. : régime mixte à l'exécutif fort. 3 **a.** Depuis la fin du XIXe siècle, la République présente une certaine continuité : les symboles (Marianne, hymne), les principes (suffrage universel, représentation), les institutions (parlement, ministres, président) et les acteurs (partis politiques) sont restés fondamentalement les mêmes. Deux nuances doivent toutefois être apportées : d'une part, la République a pris trois formes institutionnelles différentes (IIIe, IVe et Ve Rép.) et, d'autre part, Vichy constitue une brève mais profonde rupture signalant la fragilité républicaine en situation de crise. **b.** La République française a connu des mutations majeures au cours du XXe siècle. Fébrile au départ, elle s'enracine profondément dans une forme très parlementaire durant la IIIe Rép. Puis, sous la IVe Rép., la démocratie s'étend aux femmes et la Constitution propose un autre équilibre des pouvoirs, favorisant les combinaisons instables. Enfin, à partir de 1958, la Ve Rép. impose un exécutif renforcé, émanant à la fois du suffrage populaire (président) et de la majorité parlementaire (gouvernement). Vivement critiqué, ce pouvoir évolue (décentralisation, cohabitations puis quinquennat). Mais, malgré toutes ces transformations, la République s'appuie sur une tradition et des valeurs presque inchangées.

9 page 213

Ce document est la reproduction partielle d'un discours prononcé par le député radical Georges Clemenceau à l'Assemblée Nationale le 30 juillet 1885. Celui-ci entend répondre au ministre Jules Ferry qui défend l'entreprise coloniale menée par la France au nom de la civilisation. L'Indochine est alors en train d'être conquise et placée sous tutelle française après une guerre contre la Chine. Ce document témoigne donc de l'existence, parmi les républicains, d'une opposition à l'expansion coloniale qui s'accélère.

10 page 215

1 Relatifs aux étrangers immigrés durant l'entre-deux-guerres, ces deux documents sont très différents. Doc. 1 : photographie d'un événement ponctuel (expulsion de familles polonaises du Nord de la France en 1934) ; doc. 2 : extrait du rapport du député Mallarmé défendant la naturalisation des étrangers en 1927. 2 Durant les années 1930, face aux tensions du marché du travail, le doc. 1 témoigne d'une mesure d'expulsion d'immigrés qui concurrencent les travailleurs nationaux. Signe d'une stigmatisation des étrangers, il ne peut suffire à expliquer la « disparition » de 500 000 d'entre eux en 5 ans : ni l'ampleur, ni la durée de telles expulsions ne sont mentionnées. 3 La mesure défendue par Mallarmé, adoptée pour enrayer l'« angoissant » « problème de la natalité française », explique mieux l'ampleur du recul

Corrigés

du nombre d'étrangers. Elle ouvre en effet une vague de naturalisations : 400 000 immigrés « étrangers » deviennent français entre 1927 et 1940.

11 page 217

Le doc. 1 traite des rapports entre hommes et femmes dans les sociétés modernes. Très différent, le doc. 2 fait la promotion d'appareils électroménagers et montre un homme et une femme. Il est donc possible d'interroger la place de la femme dans la société française, après qu'elle est devenue l'égale civique de l'homme en 1944. Le féminisme de Simone de Beauvoir ne cherche pas à dénoncer une situation politique, mais à démontrer la subordination sociale et culturelle de la femme à « la société des hommes » : elle est « cantonnée » à son « rôle reproducteur et domestique », pour satisfaire le « besoin » du « mâle ». Son approche entend donc réorienter le combat féministe. En véhiculant les représentations dominantes, la publicité Moulinex valide l'argumentaire de Simone de Beauvoir. La cible commerciale est la femme (« pour elle, un Moulinex »), seule utilisatrice de la cuisine domestique. L'affiche est loin de suggérer l'émancipation voulue par Beauvoir : c'est l'homme, dont le costume témoigne de l'insertion sociale, qui offre un Moulinex à son épouse en tablier (économiquement dépendante car « cantonnée » au foyer), profitant, en retour, des « bons petits plats » préparés par elle. Il ne semble pas ici que les outils proposés soient employés par l'homme. On perçoit, à travers la confrontation de ces deux documents, une rupture importante dans l'évolution du féminisme. Après-guerre, les luttes féministes, par-delà leur diversité, visent à ébranler l'ordre social dominant qui confère une supériorité à l'homme, voire tendent à redéfinir complètement la place du genre dans la société.

Géographie

1 page 219

1 Nice, ville du sud-est de la France, dans le département des Alpes-Maritimes, et ville azuréenne, est la 2e métropole de la région PACA. Elle concentre 347 000 hab. et l'agglomération 535 000 hab. (dernier recensement). La carte topographique, établie au 1/25 000e (1 cm sur la carte = 250 m sur le terrain), permet d'observer la répartition des hommes et des activités dans l'espace urbain et les grands ensembles du paysage de la région niçoise. 2 Le « H niçois » : constitué d'un axe majeur à l'est et d'un autre axe à l'ouest, qui, partant du front de mer, dessert les quartiers et collines situés au nord de la ville. Chaque axe s'étire sur une longueur comprise entre 3 et 4 km. Un axe perpendiculaire situé au-delà de la ligne du chemin de fer, long de 600 m, relie les deux axes majeurs. En revanche, la partie nord de l'axe est du H niçois est moins marquée dans l'espace urbain. Elle est relayée par un axe parallèle Auguste Raynaud-Gorbella qui permet de se connecter à l'autoroute A8. 3 *Paysage urbain* : la ville est ceinturée de part et d'autre par les collines, sur lesquelles l'urbanisation déborde. Le mitage urbain s'y caractérise par la construction de villas individuelles. Le paysage urbain majeur fait apparaître les différentes évolutions de l'urbanisation niçoise : au sud-est, le Vieux-Nice médiéval, caractérisé par l'étroitesse des ruelles, des constructions serrées, l'absence de plan d'ensemble de construction. La ville du XIXe siècle, à l'ouest de la vieille ville, a pour site la plaine inondable du Paillon et son embouchure. Elle s'est ensuite étirée en direction de la gare et vers le nord. L'espace urbain de Nice étant saturé, la plaine du Paillon, longtemps redoutée à cause des caprices du cours d'eau, concentre aujourd'hui de nombreuses infrastructures : palais des congrès Acropolis, palais des expositions, hôtels, Musée d'art moderne, lycée, bibliothèque, places, zone piétonne, casino, axe de transports (tramway, bus). Le littoral, avec la baie des Anges et la promenade des Anglais, est un espace majeur du tourisme niçois. *Retour du tramway* : l'aménagement de la ligne 1 a permis d'élargir les trottoirs, de modifier certains axes de circulation, notamment l'axe est du H niçois. Autres modifications observables le long du tracé du tramway : réaménagement de places, zones piétonnes, création de parkings, terminaux de tramway à la place d'anciens hangars ou locaux d'entreprise… Entrant dans le processus de piétonisation du centre-ville, le tramway, mode de transport peu polluant, répond aux enjeux du développement durable.

2 page 221

1 L'eurorégion Arc-Manche comprend les régions françaises (Nord-Pas-de-Calais, Picardie, Haute-Normandie, Basse-Normandie, Bretagne) et britanniques (Kent, West Sussex, Devon, Hampshire, Brighton and Howe City, Southampton) en bordure de la Manche. Cet espace de 196 609 km² regroupe de nombreuses îles et îlots. 2 L'Arc-Manche compte près de 55 M hab., dont 29 M côté français et 26 M côté anglais, et 9 îles avec plus de 200 hab. permanents. Densité de population forte : près de 620 hab/km². 3 La Manche, porte d'entrée et de sortie de l'UE, est une puissante

interface entre l'Europe et le monde, lieu de jonction entre l'Atlantique, la mer du Nord et la Baltique. Elle est donc un couloir de passage obligé vers les grands ports de l'Europe du Nord et de l'Amérique du Nord. Espace riche : son PIB brut en 2000 dépasse 1 327 375 M€ ; PIB/hab. (1998-2000) : 24 284 €. Tourisme très développé : en 2004, 83,8 M touristes (France : 52,3 M ; Angleterre : 31,4 M). Activité portuaire dynamique : plusieurs dizaines de ports de pêche et plus d'une centaine de ports de plaisance. La mise en œuvre du projet EMDI (« espace Manche développement initiative ») vise à développer et renforcer la coopération franco-britannique autour de la Manche. Budget du projet : 2,1 M€, dont 48 % sont financés par le Feder (programme Interreg IIIB de l'Europe du Nord-Ouest). 4 Problème de la langue : bilinguisme peu développé de part et d'autre de la Manche ; accentuation des risques maritimes en raison de la concentration des activités.

3 page 223

2

Un territoire dominé par Millau	
	Zone urbaine
	Zone rurale, pâturages, agriculture
	Commune rurale
	Vallée
Et refaçonné par le viaduc	
	Viaduc de Millau
	Axe majeur A75
	Axe secondaire
	Rivière du Tarn

3

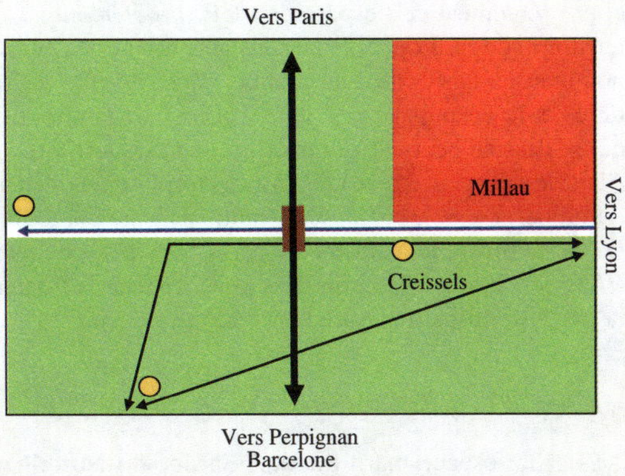

4 page 225

1

forte densité	région d'élevage
moyenne densité	région céréalière
faible densité	vieille région industrielle
pays développés	pays pauvres

pôle urbain	ville monde
ville secondaire	métropole
port	technopôle

axe majeur	flux financier
axe secondaire	flux de marchandises
axe ferroviaire	flux migratoire
interface	

2

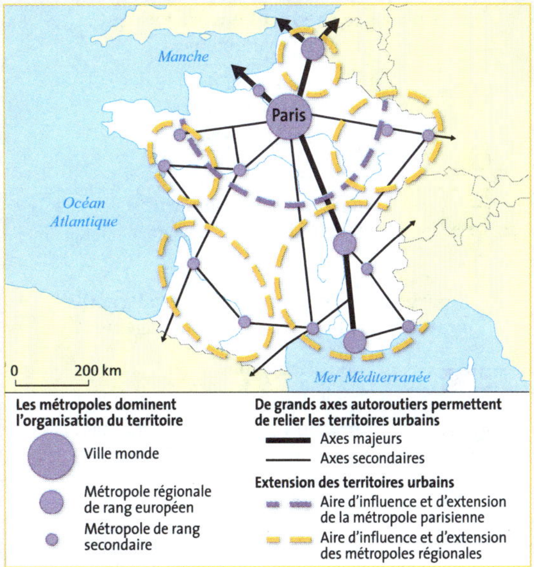

5 page 227

1 Espace productif français : lieux de création ou de production de richesses, de biens ou de services sur le territoire métropolitain et ultramarin ; mutations : changements. 2 Secteurs productifs : primaire (activités agricoles), secondaire (activités industrielles), tertiaire (activités marchandes et non marchandes), tertiaire supérieur ou quaternaire (recherche et développement). Où sont-ils : Bassin parisien (céréales, élevage), régions de l'Ouest (céréales, viticultures, élevage), vallée du Rhône (maraîchage, viticulture), zones de montagnes du Massif central, Alpes et Jura (élevage). Les régions du Nord et du Nord-Est concentrent encore l'essentiel de la production industrielle. La production de services se concentre dans les aires urbaines. Paris, ville globale, domine fortement la production de services (recherche développement, transport, administration, enseignement, presse, banques, assurance, tourisme). Les métropoles régionales Lyon, Lille, Marseille, Nice, Toulouse, Bordeaux (...) et les villes secondaires complètent le tableau des espaces producteurs de services. Les nouveaux espaces productifs : ce sont les régions de l'Ouest et du Sud qui ont bénéficié de la déconcentration industrielle, automobile en Bretagne, aéronautique en Midi Pyrénées et recherche développement dans l'arc des technopôles (un ensemble de haute technologie et de parcs d'activités ceinturant l'ouest et le sud de Brest à Grenoble). Ce sont aussi les zones de montagne dont

le développement est fortement lié au tourisme. Et le développement de pôles tertiaires dans les périphéries urbaines qui contribue à la déconcentration des services des centres villes. Informations sur le croquis : il faut éviter de surcharger le croquis, et par conséquent toutes les informations ne sont pas à figurer. Le croquis doit montrer les permanences de l'espace productif français. Utilisez des figurés de surface pour représenter l'espace agricole de l'ouest, du bassin parisien ou du Nord industrialisé ; ainsi que les nouveaux espaces productifs. Représentez et hiérarchisez par des figurés ponctuels les principales métropoles françaises et leurs différentes fonctions tertiaires. 3 et 4 Trois parties majeures devraient constituer votre légende. Reportez-vous à la proposition de légende ci-après, sans oublier qu'il n'y a pas de plan type.

Un espace productif encore marqué par des permanences	
	Forte production de céréales dans le Bassin parisien
	Cultures spécialisées, vignoble, maraîchage
	Le Nord-Ouest fortement spécialisé dans l'élevage

Émergence de nouveaux espaces attractifs impulsée par la politique d'aménagement	
	Forte attraction méditerranéenne
	Attraction exercée par la montagne (tourisme et sports d'hiver)
	Espace industriel en reconversion

Des mutations dominées par les activités tertiaires	
	Puissante centralisation tertiaire parisienne en dépit des mouvements de déconcentration
	Métropole régionale disposant d'importants services tertiaires
	Pôle industriel et portuaire

6 page 229

1 Planisphère (échelle mondiale) dont la projection est centrée sur l'équateur. 2 Zones de décollage des avions dans le monde. 3 Forte déformation de l'hémisphère Nord avec un gonflement particulier du continent nord-américain et de l'Europe de l'Ouest. Amenuisement de l'hémisphère Sud, en particulier du continent africain dont les territoires tendent à un effacement généralisé. 4 Les grandes zones de départ des flux aériens se concentrent dans les espaces majeurs de la mondialisation. Les contours des États-Unis sont démesurément gonflés au détriment de ceux du Canada et du Mexique. Ceux de la France sont rétrécis au sud-ouest en faveur de l'Espagne. Le gonflement spatial des micro-États que sont Antigua et la Barbade (moins de 500 km^2) et Monaco (moins de 2 km^2) qui occupent les premiers rangs dans le classement mondial (cf. tableau doc. 2) est peu significatif à cause de la très faible superficie de ces territoires. Ces micros États sont néanmoins les plus grands émetteurs de flux de départs d'avions rapportés à leur population. Ce sont d'importantes plateformes d'immatriculations de compagnies aériennes en raison de certains avantages fiscaux. Monaco, par exemple, ne compte pas un seul aéroport. Cependant le décompte de décollage d'avions réalisé à partir du territoire d'immatriculation permet à la principauté d'occuper les premières places du classement mondial.

7 page 231

1 Le phénomène migratoire clandestin, flux de personnes qui tentent d'entrer de manière irrégulière dans un territoire donné. 2 La carte est à l'échelle régionale, la représentation étant centrée sur le bassin méditerranéen. Le texte aborde le phénomène migratoire clandestin à l'échelle d'un État. 3 D'après la carte, entre 1993 et 2009, de nombreux immigrants clandestins sont morts dans le pourtour méditerranéen (nombre de morts très élevé sur les côtes italiennes, tunisiennes et libyennes, dans le détroit de Gibraltar et dans l'archipel des Canaries). Les immigrants clandestins meurent le plus souvent par noyade. Le texte donne une analyse plus détaillée du phénomène : en mars 2009, en un jour, près de 250 immigrants clandestins embarqués dans des bateaux de fortune se sont noyés ou ont été portés disparus au large des îles italiennes.

8 page 233

Analyse des mots clés du sujet : « Unité » = ensemble solide et soudé, identifié en géographie par un ou plusieurs phénomènes. On parle d'unité spatiale ou territoriale. L'unité fait la force du territoire. « Diversité » : il faut comprendre que le mot renvoie ici à multiple et à mosaïque : l'Europe est une mosaïque de peuples, une multiplicité d'États, de frontières. « Europe » : espace d'étude ; il s'agit du continent européen et pas seulement de l'espace de l'UE. *Problématique* : les territoires de l'Europe sont en constante mutation depuis de nombreuses années dans un continent qui a inventé les frontières et le découpage politique. L'Europe sans frontières qui se dessine peut-elle gommer les identités territoriales ? *Plan* : le sujet peut être étudié à travers trois thèmes majeurs : *I.* Europe, ensemble composé de multiples fragments de territoires. *II.* Territoires caractérisés par de multiples contrastes. *III.* Créer de nouvelles frontières pour atténuer la fragmentation et les disparités entre territoires européens.

9 page 235

1 Doc. 1 : espace maritime de l'Europe du Nord. Carte centrée sur les façades maritimes de la Manche et de la mer du Nord, en particulier sur celle de la Northern Range. Mais ce n'en est qu'une représentation partielle, dans la mesure où l'extrême nord de la façade, à savoir la zone portuaire de Hambourg, ne figure pas sur la carte. 2 Doc. 1 et 2 : trafic maritime en constante progression. Augmentation régulière du trafic maritime entre 2000 et 2007 dans tous les ports de la façade : Rotterdam (+ 24 %), Anvers (+ 25 %), Le Havre (+ 23 %), Hambourg (+ 53 %). Les années 2000 représentent la dernière période d'une ère de 20 ans durant laquelle le trafic maritime s'est fortement développé dans les ports de la façade. Elles correspondent aussi au développement du transport par conteneur.

3 Distribution spatiale inégale des ports dans la façade. *Espace dominant* : situé aux débouchés du Rhin, il se caractérise par la concentration de grands ports dominés par Rotterdam ; son développement s'appuie sur un hinterland fortement peuplé, au niveau de vie très élevé. *Espace périphérique* : entre Calais et Le Havre, il se distingue par l'absence de grands ports, excepté celui du Havre, 5e port européen, qui, situé à l'embouchure de la Seine, dessert un arrière-pays de près de 20 M d'habitants et s'appuie sur la puissance de la métropole parisienne.

10 page 237

1 IDE réalisés par les principaux partenaires commerciaux de la France. Deux séries de données composent chaque période de référence : la première exprime la valeur des IDE en Mds € (valeur absolue) ; la seconde l'exprime en pourcentage (valeur relative). Période de référence : années 2008-2009, ce qui permet d'entrevoir l'évolution des données sur une période très rapprochée. **2** Sur 42 Mds € investis en France, 31 Mds proviennent des pays de l'UE, soit 73 % du total des IDE. Avec 17 milliards d'IDE investis en 2008, le Luxembourg réalise près de 40 % des IDE en France. L'Europe de l'Est, l'Asie (Japon, Chine) investissent peu en France ; ils représentent les valeurs les plus faibles (moins de 2 Mds €), soit entre 1 et 2 % de la valeur totale des IDE. **3** Principaux partenaires commerciaux de la France : les pays de l'UE, qui assurent plus de 70 % des IDE. À l'inverse, les autres pays riches (États-Unis, Japon) investissent peu en France au regard de leurs capacités financières.

Anglais

1 page 241

1 Time/American/May 17, 2010/Brian Walsh/mess, oil, environmental, catastrophe, accident, energy. **2** aF ; bT ; cF ; dF ; eT. **3** **a.** inexorably ; **b.** fruitlessly ; **c.** potentially ; **d.** terribly ; **e.** nearly. **4** a8 ; b7 ; c4 ; d2 ; e1 ; f9 ; g3 ; h10 ; i6 ; j5. **5** a1 ; b2 ; c1 ; d1 ; e2. **6** **a.** His opinion is negative "left its energy policy be driven by the emotion of disasters, rather than by smart, long-term and realistic decisionmaking" ; **b.** not the only subject "like so much else in the country" ; **c.** "something worthwhile to rise out of the muck..." cf. heading "the accident could at last provide the impetus to craft an energy policy that is smart, pragmatic and green".

2 page 243

1 **a.** are/were made ; **b.** was built ; **c.** will be finished ; **d.** had been stolen ; **e.** have just been painted ; **f.** be done. **2** **a.** The government is thought to be wrong. **b.** Harry is said to be somewhere in Australia. **c.** She was considered to be a genius. **d.** She was thought to be crazy. **e.** James's paintings are highly thought of. **3** **a.** Mr Bevin is expected to be named Secretary of State. **b.** Hawaii is said to be a dream island. **c.** The explorers were thought to have been lost in the desert. **d.** Mary is known to have been a victim of her parents' ambition. **e.** They're said to be millionaires, I don't believe it. **f.** The president is expected to make a statement before the opening of the session. **g.** That minister is said to be the most popular of all. **h.** If the barometer is to be trusted, we'll have a storm!

3 page 245

1 **a.** no ; **b.** 1949 ; **c.** No, this refers to something which has just been said. **d.** two ; **e.** at home, "...when you come home..." ; **f.** mother and son, "...Mom?" ; **g.** Biff's father, "But what about your father?" **2** **a.** don't you? ; is he? ; doin'. ; can you? ; will ya? ; **b.** Mom?, my pal ; **c.** dear ; Biff. **3** **a.** 3, 5, 10, 13, 14 ; **b.** 2, 3, 5, 6, 8, 10. **4** a2 ; b3 ; c1 ; d3 ; e1. **5** **a.** no ; **b.** "lamely" (stage direction) ; **c.** "Why didn't you ever write me about this, Mom?" ; "He's not like this all the time, is he?"

4 page 247

1 a3 ; b5 ; c6 ; d2 ; e4 ; f1. **2** **a.** isn't he? ; **b.** haven't they? ; **c.** haven't they? ; **d.** shall we? ; **e.** do they? ; **f.** can't they? **3** **a.** He wasn't really listening, was he? **b.** I should write to thank them, shouldn't I? **c.** You haven't said anything to her/him, have you? **d.** Everybody has seen Death of a Salesman, haven't they? **e.** Let's go and see the play, shall we? **4** **a.** Edward has been a dentist for x months/since March. **b.** Sarah has lived in Singapore for 2 years/since 20.. **5** **a.** We've been rehearsing for hours, since twelve in fact. **b.** How long have you been queuing? For three quarters of an hour. **c.** The audience clapped (their hands) for long minutes.

5 page 249

1 **a.** half the advert ; **b.** close-up of two faces on both sides of the photo with a ball between them, in the middle ; **c.** the ball ; **d.** the globe ; **e.** Ronaldo and Zidane ; **f.** any five ; **g.** sportswear, a club, sports equipment... **2** **a.** Above and beneath the photo ; **b.** Poverty, millions of people ; **c.** two best-paid football players. **3** **a.** No, they're extremely wealthy ; **b.** paradoxical, unexpected, unusual ; **c.** millions/two ; **d.** both. **4** **a.** statement in disguise; **b.** sport ; **c.** United Nations Development Programme ; **d.** 2 ; **e.** Everyone will be richer without poverty. **f.** 2, 3, 1. **6** aT ; bT ; cF ; dT ; eF ; fF ; gT.

6 page 251

1 the most glamorous ; the biggest ; the tiniest ; the most solemn ; the silliest. **2** **a.** It's not as far as I thought. **b.** I think those ink cartridges are better than the ones we usually buy. **c.** It's the gloomiest place on earth! **d.** Don't you feel better that way? **e.** Are your problems worse than ours? **f.** He is luckier than I am. **3** (suggestions) Who is the older/the younger? ; Who trains most? ; Who is the heavier/the lighter? ; Who chose the more traditional music? **4** **a.** The more you wait, the harder it will be. **b.** We get more and more accurate information. **c.** The area is getting less and less safe. **d.** The more I think of it, the more scared I get. **e.** The closer we get to the time of the ceremony, the more restless the kids get. **f.** There are fewer and fewer visitors. **g.** Which is the bigger monument, the museum or the palace?

7 page 253

1 aT ; bT ; cF ; dF ; eT ; fF ; gT ; hF ; iT. **2** **a.** NY harbor ; **b.** Ellis Island Café ; **c.** no ; **d.** yes ; **e.** 25 or more adults. **3** **a.** entrance fee ; admission charge ; **b.** information desk ; **c.** daily ; **d.** available ; **e.** first steps ; **f.** nearest ; **g.** gratefully ; **h.** overlooking ; **i.** items ; **j.** gemstone ; **k.** square foot ; **l.** main ; **m.** devoted to ; **n.** Seeing Eye dog ; **o.** chaperoned.

4 a. Immigrants to the USA had to go through the island. **b.** a wall with names of immigrants on it **c.** Italy, Russia, Hungary, Austria, Germany ; **d.** religious persecution, political oppression, economic hardship ; **e.** 1892-1931 ; **f.** Because of the outbreak of several wars (in particular the First World War) in Europe and the favorable immigration laws in America ; **g.** France ; **h.** F. Bartholdi and G. Eiffel ; **i.** 1886 ; **j.** The Declaration of Independence. **5 a.** à **d.** : movie making ; **e.** : theatre ; **f.** : literature.

8 page 255

1 a. 2, 5, 6 ; **b.** 1, 3, 4, 7, 8 **2** I must ; We had ; they must ; There must ; So, we had to ; had to ; We must ; we mustn't. **3 a.** The show must have started… **b.** She must be … **c.** You must have been joking… **d.** He must have forgotten… **e.** She must be trying to… **f.** He must be… **g.** He must have lived… **4 a.** I mustn't forget Dan's birthday. **b.** He must be asleep, I can't hear a sound. **c.** The neighbours must have forgotten to lock their door. **d.** She must have been running, she is out of breath. **e.** Tell Brian he must be here tomorrow at noon. **f.** They must move. **g.** They must be moving, there are boxes all over the place. **h.** She must have been scared!

9 pages 257

1 1. f ; i ; l ; **2.** j ; **3.** speed ; **4.** e ; **5.** non ; **6.** k.

2

invent	abandon	escape	reduce	end	cause	support
make up	give up	get away	wind down	wind up	bring about	back up
spin	tangle	stumble	correspond	muddle	galvanize	postpone
wheel around	twist up	trip up	tie in	mix up	whip up	put off

3

a.	warm	réchauffer		chaud
b.	heat	chauffer	chaleur	
c.	empty	vider		vide
d.	bend	courber	virage	
e.	back	soutenir	dos	
f.	weed	arracher les mauvaises herbes	mauvaise herbe	
g.	aim	viser à	but	
h.	murder	assassiner	meurtre	

4 a. I have other fish to fry. **b.** There are plenty more fish in the sea. **c.** To feel like a fish out of water. **d.** A big fish in a small pond.

Allemand

1 page 261

1 a. halten an der Kreuzung. **b.** parken in der Stadtmitte. **c.** studiert in Frankreich. **d.** bleibt eine Woche bei ihren Großeltern. **e.** tanzen in einer Fabrikhalle. **f.** wohnen in Köln. **2 a.** Nein, ich benutze die öffentlichen Verkehrsmittel nicht. **b.** Nein, ich brauche keinen Wagen. **c.** Nein, das kann ich nicht allein tragen. **d.** Nein, ich fahre nicht mit dem Wagen. **e.** Nein, ich habe keinen Hund. **f.** Nein, ich wohne nicht in der Stadtmitte. **3 a.** … bei Freunden. **b.** … auf das Dach … . **c.** … nach Österreich … . **d.** … in Berlin … . **4 a.** nach ; **b.** in ; **c.** nach ; **d.** In. **5 a.** Neben dem chinesischen Restaurant ist eine Apotheke. **b.** Im Bus setzte er sich hinter seinen Bruder. **c.** Über meinem Bett hängt ein Gemälde. **6 a.** … in den Garten … . **b.** … unter das Bett. **c.** Er setzte sich zwischen … . **d.** … auf das Sofa. **e.** … nach Österreich. **7 a.** Setz dich neben mich! **b.** Ich habe über mein Bett ein Gemälde gehängt. **c.** Meine Schuhe sind unter meinen Bett. **d.** Ich musste beim Arzt eine Stunde warten. **e.** Hast du die Butter auf den Tisch gestellt?

2 page 263

1 a. Haben Sie im Sommer Zeit, uns zu besuchen? **b.** Es ist für mich ein großes Vergnügen, in Urlaub zu fahren. **c.** Vor den Ferien habe ich noch manches zu erledigen. **d.** Ich habe vor, zunächst nach Deutschland, dann nach Schweden zu fahren. **e.** Vater und Sohn versuchen, den ganzen Pferdemist aufzusammeln. **2 a.** um einzukaufen. **b.** um Deutsch zu sprechen. **c.** um zu fahren. **d.** um zu studieren. **e.** um Fortschritte zu machen. **f.** um eintreten zu dürfen. **3 a.** Sie haben vor, im Sommer nach Österreich zu fahren. **b.** Ich finde es wichtig, mit den anderen höflich zu sein. **c.** Hast du Lust, mit mir in die Stadt zu gehen? **d.** Es ist doch angenehm, ans Meer zu fahren. **e.** Wir freuen uns sehr, euch bald wieder zu sehen! **f.** Da der Diener nicht bemerkt, dass die eleganten Personen Vater und Sohn sind, verneigt er sich. **4 a.** ø **b.** ø **c.** zu **d.** zu **e.** zu **f.** zu.

3 page 265

1 a. nannte ; **b.** wanderten ; **c.** brachten ; **d.** wollten. **2 a.** redete/einschlief ; **b.** spielte/gewann ; **c.** ging/kam ; **d.** brachte/nannte ; **e.** durfte/musste. **3 a.** saß ; **b.** schliefen ; **c.** schwammen ; **d.** schnitt ; **e.** gefiel. **4 a.** Mein Freund, dem … gratulierte, lächelte. **b.** Die Frau …, der … geschenkt hatte, freute sich. **c.** Der Architekt …, dessen … ist, … gebaut. **d.** Diese Frau, deren … ist, hat … . **e.** Diese Kinder, deren … gebaut hat, haben … . **f.** Seine Freunde, mit deren … gebaut hat, haben … gegeben.

4 page 267

1 a. damit Werbespots gezeigt werden. **b.** um die Ware besser zu verkaufen. **c.** um die magische Wirkung wiederzufinden. **d.** damit sie die Stimmung verschönern. **e.** damit die Ware schöner aussieht. **2 a.** um sie meinen Freunden zu schenken. **b.** damit ich meine Reise vorbereiten kann? **c.** um zu wissen, wie es ihm geht. **d.** um die Lösung des Problems zu finden. **e.** damit er endlich kam. **3 a.** Um endlich seine Wohnung zu finden. **b.** Damit du dich nicht verfährst. **c.** Damit ich dich anrufen kann. **d.** Um dich anzurufen. **e.** Um dich nicht zu verfahren. **f.** Um den ganzen Abend wach zu bleiben, trinkt er Kaffee. **4 a.** ølesen/um/zu ; **b.** øschließen/um/zu ; **c.** økaufen/um/zu ; **d.** øpacken/um/zu ; **e.** um/zu/ø ; **f.** ømit/zu/um/zu. **5 a.** ø. **b.** …, um Freunde zu besuchen und Deutsch zu sprechen. **c.** … sprechen zu können. **d.** …, viele Leute kennenzulernen. **6 a.** damit ich mich nicht verfahre. **b.** um gut Klavier zu spielen. **c.** um die vielen Museen zu besuchen. **d.** damit wir nichts hörten. **e.** damit wir morgen früh keine Zeit verlieren. **7 a.** Man muss essen, um zu leben, und nicht leben, um zu essen. **b.** Gib mir deine neue Adresse, damit ich dir schreiben kann. **c.** Ich habe ein Buch gekauft, um es unseren Freunden zu schenken. **d.** Hast du deine Badehose mitgenommen, um ins Schwimmbad zu gehen? **e.** Willst du, dass ich den Tisch decke, damit du dich vorbereiten kannst?

5 page 269

1 a. Wenn man … will, muss man … . **b.** Wenn man … möchte, muss man… . **c.** Wenn man … spricht, erweitert man … . **d.** Wenn man … zeigt, schließt man … ab. **2 a.** Wir haben … austauschen können. **b.** Er hat … lernen müssen. **c.** Sie haben viele Grenzen überschreiten dürfen. **d.** Sie haben … abschließen können. **3 Irréel du présent : a.** Wenn er dieses Land verstehen wollte, müsste er die Sprache lernen. **b.** Wenn sie ihr Leben ändern würden, würde sich ihr Gesundheitszustand verbessern. **c.** Wenn sie die Sprache ihres Partners verstünde, schlösse sie einen Vertrag ab (Wenn sie die Sprache ihres Partners verstehen würde, würde sie einen Vertrag abschließen). **d.** Wenn er hilfsbereit wäre, lernte er seine Mitmenschen kennen. **Irréel du passé : a.** Wenn er dieses Land hätte verstehen wollen, hätte er die Sprache lernen müssen. **b.** Wenn sie ihr Leben geändert hätten, hätte sich ihr Gesundheitszustand verbessert. **c.** Wenn sie die Sprache ihres Partners verstanden hätte, hätte sie einen Vertrag abgeschlossen. **d.** Wenn er hilfsbereit gewesen wäre, hätte er seine Mitmenschen kennengelernt. **4 a.** … hat … fahren wollen? **b.** Hast … können, … anruft? **c.** Ich habe nicht gewusst, … hat sehen wollen. **d.** Ich bin … gewesen, … hat tun wollen, … er hat … gemusst. **e.** Wir haben … kommen können. **f.** Er hat … fahren müssen, … begrenzt gewesen ist. **g.** Er ist weggegangen, … hat … zurück sein müssen. **5 a.** Wäre er schon achtzehn, so könnte er einen Wagen fahren. **b.** Hast du morgen Zeit, dann räume bitte dein Zimmer auf! **c.** Wohnten wir an der See, so könnten wir segeln. **d.** Hätte er das gewusst, dann wäre er nicht gekommen. **e.** Unterbricht er mich noch einmal, dann gehe ich einfach weg. **6 a.** Ach, hätte ich nur daran gedacht! **b.** Wie würdest du reagieren, wenn du das große Los gewännest? **c.** Was würden Sie wählen, wenn ich Ihnen ein Geschenk machen wollte? **d.** Wenn Sie auf den Strand kommen möchten, nehmen Sie eine Badehose mit! **e.** Wenn Sie es mir früher gesagt hätten, dann hätte ich etwas tun können.

6 page 271

1 a. Lisa fragt, ob diese klassische Sprache doch nicht schön ist. **b.** Wir wissen nicht, ob man Schillers „Wilhelm Tell" auch in Frankreich sehen kann. **c.** Er weiß nicht, ob der Kampf eines Individuums ein ganzes Volk retten kann. **d.** Ich weiß nicht, ob das Stück später eine Rolle in Deutschlands Geschichte spielte. **2 a.** ob. **b.** Wenn. **c.** Wenn. **d.** ob. **3 a.** Indem sie ihr Zimmer aufräumt, … . **b.** Während er unter der Dusche stand … . **c.** Solange sie krank ist … . **d.** Falls mein Freund Hans vorbeikommt … . **4 a.** ob ; **b.** Wenn ; **c.** Ob ; **d.** Wenn ; **e.** wenn. **5 a.** Lebst du in Deutschland, so sprichst du jeden Tag Deutsch. **b.** Hat sie mehr Zeit, so lernt sie auch Italienisch. **c.** Kommst du zu uns, so kannst du meine anderen Freunde kennenlernen. **d.** Ist er sehr reich, so kauft er mehr Bücher und Platten. **e.** Lädt man uns ein, so kommen wir natürlich. **6 a.** … nicht, ob … gehen kann, da … bin. **b.** Da … war, ist … . **c.** Da … haben, können … fahren, weil … . **d.** Dass … essen, wusste ich schon, weil … erzählt hatte. **7 a.** Ob ; **b.** ob ; **c.** Ob ; **d.** wenn ; **e.** ob ; **f.** Ob ; **g.** wenn ; **h.** ob.

7 page 273

verführen – Geheimnisse – Teufels – sich – verliebt – verurteilt – retten – erlebt – Plakat – Untertitel – Ambivalenz – Kontrast – Frieden – Seiten.

Espagnol

1 page 277

1 a. Diálogo sacado de una novela escrita en 1978 por Miguel Delibes, autor español. **b.** viejo ; es campesino ; montaña ; chico ; chica ; **c.** amigos ; pueblo. **d.** 1977 ; **e.** Las elecciones. **2** Texte 1 : Monos y saínos (pécaris). Papas (patatas) y maíz. Texte 2 : El calor sofocante del día de navidad. Texte 3 : La pampa. Cebaba mate. Texte 4 : Carro (coche en español). Mil pesos (moneda mexicana).

2 page 279

1 a. Cómic de Quino, autor argentino, en el cual Mafalda se interesa a la condición femenina. **b. 1.** medio / presentar. **2.** de conjunto / está en casa / la ropa planchada, los instrumentos de limpieza de la casa, instrumentos de la esclavitud de la mujer. **3.** se encuentra frente a su madre, limpiando el suelo, a gatas. **4.** cubre toda la tira / sigue hablando mientras recorre la casa. **5.** se van haciendo cada vez más pequeñas / baja la voz a medida que descubre lo que pasa / va tomando consciencia de la realidad cuotidiana de su mamá. **6.** el discurso de Mafalda / la situación de su mamá. **c.** la liberación de la mujer es todavía más una idea que una realidad. **2 a.** con la pregunta de Mafalda. **b.** Viñeta 1 : el suelo ; viñeta 2 : la nube ; **c.** Porque así crea un efecto de sorpresa ; **d.** Inglés ; **e.** no existe independencia nacional.

3 page 281

1 a. Se me ocurrió leer…; **b.** (A nosotros) nos chifla…; **c.** Se te olvidó… ; **d.** A tus padres les gusta…; **e.** (A vosotros) os interesan…; **f.** A Felipe le cuesta… **2 a.** Sí, me duelen … ; **b.** Se me figuraba … ; **c.** No, no nos apetecen … ; **d.** Sí, nos extraña ; **e.** No, no les costaría … ; **f.** Sí, se nos acordaron. **3 a.** nos interesan ; **b.** me extraña ; **c.** me dolían ; **d.** les guste ; **e.** se os olvidaron ; **f.** le chiflan. **4 a.** La profesora se las explica ; **b.** Se lo doy ; **c.** Se la descargas ; **d.** Se lo compramos ; **e.** Se la hacen. **5 a.** No quieres cantársela ; **b.** No quieren prestármelos ; **c.** No queremos regalársela ; **d.** No quieren dárosla ; **e.** No queréis decírnosla ; **f.** No quiero ponérmelas. **6 a.** No quiero léertelo ; **b.** Sí, pueden facilitármela ; **c.** Sí, están mostrándonoslas ; **d.** Sí, estamos escribiéndoselo ; **e.** Sí, debemos dároslos ; **f.** No, no puedes hacérmelo.

4 page 283

1 a. Mis padres no querían que saliera.**b.** No me gustaba lo que estabas haciendo. **c.** Te lo dejamos para que lo leyeras. **d.** Os pedimos que dijerais la verdad. **e.** ¿Creías que lo lograrían? **f.** La profesora exigía que supiéramos la lección. **g.** No recordaba lo que me habías dicho. **h.** Prefería que siguieras poniendo tu blog al día. **2 a.** No le decimos lo que ha pasado. **b.** ¿Quieres que vayamos a España? **c.** Me ruega que le acompañe. **d.** No me hace gracia lo que me cuentas. **e.** Le aseguro que lo haré. **f.** No puedo decirle lo que siento. **3** Le preguntó si conocía … . Contestó que no sabía, que dependía. El Lagarto insistió diciendo que tenía … . El camarero contestó que … que estaba cerca … que no sabía si a él… **4** **a.** Dijo que intentaría explicárselo. **b.** El señor Torres lamentó que no pudieran salir aquel día hasta … . **c.** El padre le ordenó que hiciera lo que le había … . **d.** Dije que no creía que fuera posible encontrarlo en la Web. **e.** Les gritó que dejaran el equipaje donde pudieran y que vinieran … . **f.** Preguntaron los dos que cómo queríamos que se enteraran si nadie les decía … . **5** **a.** Nuestros padres se han quedado en Cuba. **b.** No sé cual es el mío. **c.** ¿Pueden (Podéis) ayudarnos? **d.** Prepárate rápidamente y vete para la escuela. **e.** Venimos ayer pero no había nadie. **f.** Volveré mañana con mi hermano, si aceptan que se lo presente. **6** Le preguntó si le diría de … . Ella contestó que la verdad no la sabía, que no le quedaban … . Que le podía decir la suya. Que le había contado lo que pasó … . Que no. Que no había sido como se lo contó. **7** – No se haga ilusiones – le dijo el director – de que va … Lo contrato … para que edite trabans … nuestras … redacte… ¿Ha entendido cuál va …? – Sí. Lo he entendido. Es mi … . Estoy … .

5 page 285

1 Periódico ; … Unicajas Andalucía (es un banco) ; hacer que la gente visite su página web y utilice sus servicios a distancia. **3** **a.** 9 ; **b.** mundo ; servicios. Navegantes/navegar ; **c.** navegantes ; corriente ; rumbo ; soltar amarras. **4** **a.** 3 ; **b.** 3 ; **c.** 1 ; **d.** 2. **5** Tradición y modernismo son las dos palabras que te ayudarán.

6 page 287

1 sociedad; la condición de los pueblos indígenas. **2** **a.** 1 F ; 2 C ; 3 C ; 4 F ; 5 C; **b. 1.** sus tierras; pacíficamente; **2.** una vida digna; arrebatadas; muerto; expulsados; extremo peligro; **3.** los gobiernos y las empresas; contra los indígenas; por que quieren ganar más; **4.** tala del bosque, cultivo del arroz, ganado, petróleo, construcción de carreteras; alcoholismo, enfermedades, contaminación del agua, desaparición de la caza…; **5.** Es un problema mundial. **3** **a.** no; **b.** "pacífica"; **c.** no; **d.** aprovechar a todos; **e.** son esenciales.

7 page 289

1 **a.** Lleva tres meses viajando ; **b.** Sólo llevan diez minutos estudiando ; **c.** Llevan toda la tarde riñendo ; **d.** Llevas demasiado tiempo jugando ; **e.** Llevamos horas buscando esta calle. **2** **a.** Vuelve a andar ; **b.** Suele mirar ; **c.** Vuelvas a salir ; **d.** Las niñas van aprendiendo ; **e.** Me sigue molestando ; **f.** Solía ir ; **g.** Va a llegar ; **h.** Seguiremos tocando ; **i.** Suelen cenar ; **j.** Lo siguieron haciendo. **3** **a.** 138 ans plus tard, le jean est toujours à la mode. **b.** Ses parents lui envoyaient toujours du turron pour Noël. **c.** Ils ne devinrent jamais amis. **d.** Quand ils arrivaient chez leur grand-mère, ils lui demandaient de leur raconter une histoire. **e.** Cela faisait deux heures qu'il essayait d'installer l'antivirus. **f.** Ils commencent à comprendre comment fonctionne ce programme. **g.** Ne répète jamais cela ! **h.** Dès que tu seras au courant, dis-le moi. **4** **a.** 7 ; **b.** 5 ; **c.** 3 ; **d.** 6 ; **e.** 2 ; **f.** 1 ; **g.** 4.

MIXTE
Papier issu de sources responsables
FSC® C022030
N° projet : 10233713
Dépôt légal : mars 2017
Imprimé en Italie
par La Tipografica Varese